长沙县年鉴

长沙县人民政府 主办

长沙县史志档案局 编

2017

总第9期

方志出版社
Publishing House of Local Records

图书在版编目（CIP）数据

长沙县年鉴. 2017 / 长沙县史志档案局编. —— 北京：方志出版社，2017.11

ISBN 978-7-5144-2768-4

Ⅰ. ①长… Ⅱ. ①长… Ⅲ. ①长沙县—2017—年鉴
Ⅳ. ①Z526. 44

中国版本图书馆CIP数据核字（2017）第296785号

长沙县年鉴（2017）

编　　者：长沙县史志档案局
责任编辑：齐　笑
出 版 人：冀祥德
出 版 者：方志出版社
地址：北京市朝阳区潘家园东里9号（国家方志馆4层）
邮编：100021
网址：http://www.fzph.org
发　　行：方志出版社图书经销中心
电话（010）67110500
经　　销：各地新华书店
印　　刷：湖南宏图印务有限公司
开　　本：787 × 1092　　1/16
印　　张：26
字　　数：806千字
版　　次：2017年11月第1版　2017年11月第1次印刷
印　　数：0001~1000册
ISBN 978-7-5144-2768-4　　定价：200.00元

长沙县年鉴 2017

《长沙县年鉴（2017）》编纂委员会

《长沙县年鉴》编辑部

地址
长沙县星沙街道望仙路598号

电话
0731-85059406

传真
0731-84392225

长沙县年鉴QQ群
20231126

电子邮箱
csxnj@sina.com

《长沙县年鉴（2017）》组稿人员

（按姓氏笔画顺序排序）

王飞跃	王　芳	王洪勇	王　浩	王　新	王意达
方艺惟	丑　娟	孔艳辉	邓灿斌	邓郁清	邓玲芝
石　妮	龙赛斌	田　甜	朱世朝	朱立辉	全伟宾
刘诗洁	刘姿君	刘　祥	刘　娟	刘塑琪	刘曙山
江　洁	安　慧	孙启翔	孙理楠	孙潇棵	阳迎军
苏子涵	李阳岳	李　栋	李　婕	李　维	李　遂
李　路	李嘉嘉	杨　宁	杨　帆	杨　柳	杨　娟
杨蕙伊	吴　让	吴再翼	吴光明	吴　旭	吴素云
吴　琼	何　姣	余向阳	余　杰	余佳友	谷　佳
汪　雄	宋　妙	张小妹	张　伟	张校银	张　敏
张　婕	张　晶	张瑞波	陆　林	陈亚萍	陈宇平
陈灿畅	陈俊融	陈胜知	陈美云	陈　展	陈晚霞
陈　偲	陈彩云	范姿怡	欧阳志	易　统	罗慧娟
周小藤	周松田	周　思	周　湘	郑　杰	郑　珍
单　婵	赵　兵	胡　彦	胡　穗	侯　韬	袁　吉
徐　泽	徐　靓	徐　婷	凌　炜	郭小杰	唐建辉
唐　姣	唐　薇	黄　宇	黄艳娟	黄　微	梁金梅
寇冠乔	彭　衔	彭　晶	蒋兰萍	蒋　洁	粟　昕
喻泽兰	舒　洁	鲁专娟	童程远	曾　征	谢晓琳
裴　航	廖　杰	廖麓山	谭丽娟	谭　涛	黎金凤
薛静莉					

编辑说明

一、《长沙县年鉴》以马克思列宁主义、毛泽东思想、邓小平理论、“三个代表”重要思想、科学发展观、习近平新时代中国特色社会主义思想为指导，坚持辩证唯物主义和历史唯物主义的立场、观点和方法，全面系统记述长沙县（含长沙经济技术开发区）自然、政治、经济、文化、社会、生态等方面情况。《长沙县年鉴（2017）》主要记述2016年长沙县各项事业的发展状况和最新成就。

二、本卷采用分类编辑法，分为“类目”“分目”“条目”三级结构层次，部分涉及面较广的“分目”下增设“副分目”，以字体、字号等版式设计区分不同层次。《长沙县年鉴（2017）》设特载、专文、大事记、长沙县概况、中国共产党长沙县委员会、长沙县人民代表大会常务委员会、长沙县人民政府、中国人民政治协商会议长沙县委员会、纪检·监察、人民团体·工商联、法治、军事、园区建设、经济管理与监督、农业·水务·气象、工业·建筑业、城乡建设与管理、生态环境保护、交通·邮政·通信、商贸·旅游、财政·税务、金融、科学技术·知识产权、教育、文化·体育、卫生·计划生育、社会民生、镇街要览、人物、文件、统计资料、综录、索引等33个类目。条目为记述的基本单元，标题用黑体字加“【】”表示。

三、为发挥图片资料对文字的补充和辅助作用，力求图文并茂，本卷在卷首设置公益彩页，按内容分成系列，并适当选配随文图照。

四、为避免内容上的重复记述，本卷中凡县级以下由镇（街）管理的开发园区继续在“镇街要览”相关镇（街）中记述。

五、本卷特载采用有关单位提供的原件，大事记和长沙县概况系从各单位提供的资料中选辑。其他文稿均由各单位专人撰写，领导审核，年鉴编辑部编辑人员加工整理后再反馈原单位核对，最后由编委会定稿。统计资料由县统计局提供，未列入统计范围的，以各单位录入的数据为准，敬请读者在查阅和引用时注意。

六、本卷收录县级以上领导和各镇（街）、县直各单位负责人名单为2016年1月1日至2016年12月31日担任实职的在职人员。因年内机构改革，各撤销单位领导人任职时间均统一至单位撤销月份，合并或新组建单位以及其他单位的领导人名录任免时间均以县委组织部发文时间为准，部分与实际到职时间不一，敬请读者在查阅和引用时注意。

七、本卷收录图片由各组稿单位以及星沙时报社等提供。因多方原因，部分图片的作者未能一一署名，在此一并致谢。

幸福美丽 長沙县

地域名片 全国十八个改革开放典型地区之一

区域定位 湖南省会次中心

土地面积 1756平方千米

户籍人口 74.3万人

所辖镇（街）

黄兴镇　江背镇　黄花镇　春华镇　果园镇　路口镇
高桥镇　金井镇　开慧镇　福临镇　安沙镇　青山铺镇
北山镇　星沙街道　湘龙街道　泉塘街道　长龙街道　榔梨街道

功能分区

长沙经济技术开发区（国家级开发区）
长沙临空经济区
星沙松雅湖商务区
黄兴会展经济区
长沙现代农业区(长沙县国家现代农业示范区)

发展主线 强南富北　民生立县　挺进五强

发展战略 改革活县　产业强县　民生立县
生态美县　协调兴县　依法治县

综合实力

全国县域经济与县域基本竞争力百强县第七位

中国中小城市综合实力百强县第六位

全国十佳“两型”中小城市第一位

国家级荣誉(2016年)

1月26日	获评“国家卫生县城”“全国农村基层团建示范县”
3月3日	获评“全国农村生活污水治理示范县”
6月25日	获评“国土资源节约集约模范县”
10月15日	获评“全国特色茶旅资源区”
11月18日	获评“2016年全国书香城市（区县级）”
11月	入选“国家全域旅游示范区”创建名单
12月1日	获评“2016中国最具幸福感城市(县级)”
12月	获评“国家级妇幼健康优质服务示范县”

长沙县2016年度“十大新闻事件”

01 长沙县十三届一次党代会胜利召开

2016年8月14日至17日，中国共产党长沙县第二三届代表大会第一次胜利召开，长沙县委书记曾超群代表中国共产党长沙县第十二届委员会向大会作《为率先实现基本现代化而努力奋斗》的工作报告。会议明确：未来五年，始终围绕“强南富北、民生立县、挺进五强”这一发展主线，全面实施“改革活县、产业强县、民生立县、生态美县、协调兴县、依法治县”六大发展战略，不断推动经济社会发展迈上新台阶，加快建成更高水平全面小康社会、率先实现基本现代化。

02 县域经济基本竞争力、中国中小城市科学发展排名分别跃升至第7位、第6位，连续三年荣登“中国十佳两型中小城市”榜首

2016年，第十六届全国县域经济与县域基本竞争力百强县排名中，长沙县位列第七，连续3年稳居中西部第一；2016年中国中小城市综合实力百强名单中，长沙县位列第六，连续5年领跑中西部；2016年全国十佳“两型”中小城市排名中，长沙县实现三连冠。

03 国务院批准设立长沙黄花综合保税区

2016年5月31日，黄花综合保税区获国务院正式批准成立；9月29日，正式开工建设。11月5日，首批招商引资项目签约仪式举行；12月19日，在香港成功签约7个项目。黄花综合保税区在封关运行3年之内，将力争引进外经贸企业80家以上，实现外贸进出口总额超50亿美元。

04 长沙县全面完成年度脱贫攻坚任务

2016年，长沙县精准扶贫安排各类资金2.2亿元。据统计，长沙县有5519户16692个建档立卡贫困人口、12个省定贫困村。全县实现建档立卡贫困人口全部“清零”，省定贫困村全部“摘帽”。

05 长沙县举办首期“青年干部训练营”

2016年10月5日，长沙县第一期青年干部训练营在湖南师范大学人民武装学院开班，来自全县各单位、镇街的101名30岁以下优秀青年干部参训。“长沙县青年干部训练营”将对全县500余名30岁以下青年干部分期分批进行轮训，每期人数100人左右。训练主要利用晚上及周末时间进行，内容除课堂培训外，还有封闭式军事训练、社会实践、志愿服务等。

06 湖南首个县级行政执法局成立

经过5年的试点运作，2016年4月21日，长沙县在全省率先正式成立行政执法局并挂牌，将原本分散在23个不同职能部门的行政执法权统一收编、统一执法。2016年6月，长沙县首推综合行政执法体制改革被评为“湖南省十大最具影响力法治事件”之一。

07 长沙县获评“最具幸福感城市（县级）”荣誉称号

2016年12月1日，以“人民获得感”为主题的“2016中国最具幸福感城市”调查推选结果在北京发布，长沙县获评2016中国最具幸福感城市(县级)。是年，全县民生支出91.7亿元。

08 2016湖南·星沙走进东盟经贸系列活动举办

2016年3月28日至4月1日，2016湖南·星沙走进东盟经贸系列活动在长沙县成功举办，是迄今为止区县最大的商务外经外贸活动，内容包括省长会见东盟驻华使节、湖南—东盟投资贸易推介会暨重大项目签约仪式等多项主题活动。期间，共有东盟10国25位使节出席活动，对外发布项目68个，促成合作项目51个，其中现场签约12个、场外签约39个，合同金额35.65亿美元。

09 引入优质教育资源，促进教育均衡发展

2016年，长沙县不断优化教育资源配置，实施“三个匹配”“三个一流”教育发展战略。

是年，长沙县与湖南师大附中举行合作办学签约仪式，将“大同”引进星沙，与北京师范大学签订教育文化合作框架协议，拟建北师大附属学校。年内，长沙县成立第一个本土教育集团——盼盼教育集团。

10 黄兴会展经济区挂牌

2016年5月25日，长沙县“五大功能区”之一的黄兴会展经济区挂牌。区域内长沙国际会展中心于2016年11月8日开馆运营，已成功举办湖南住宅产业博览会、第十八届中国中部(湖南)农博会等6场展会。

数说2016

GDP

增长10.9%

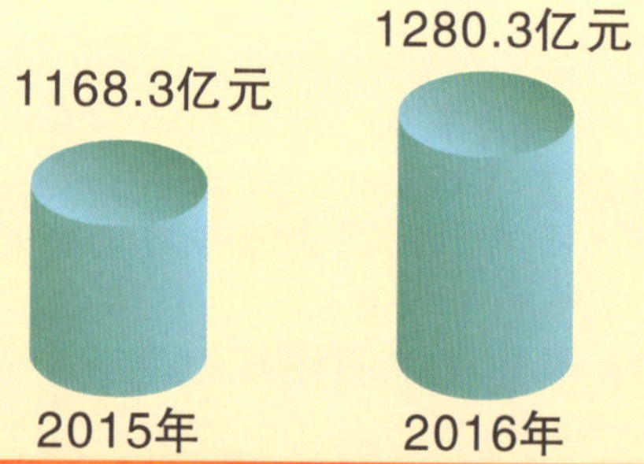

第一产业增加值

增长4.5%

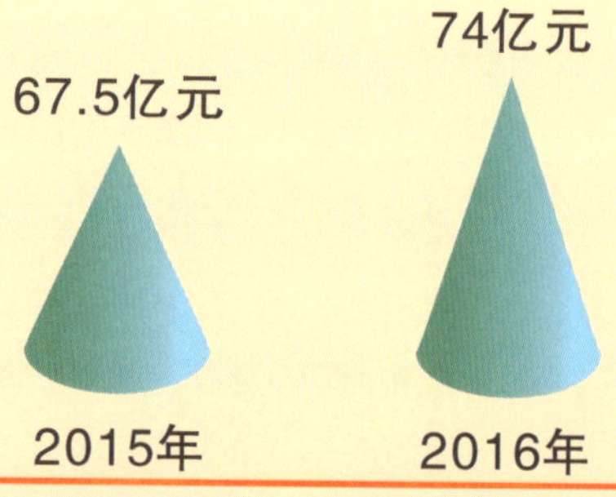

第二产业增加值

增长10.7%

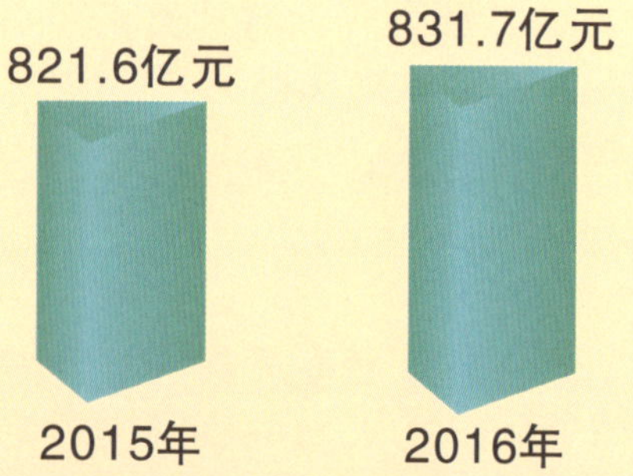

第三产业增加值

增长13%

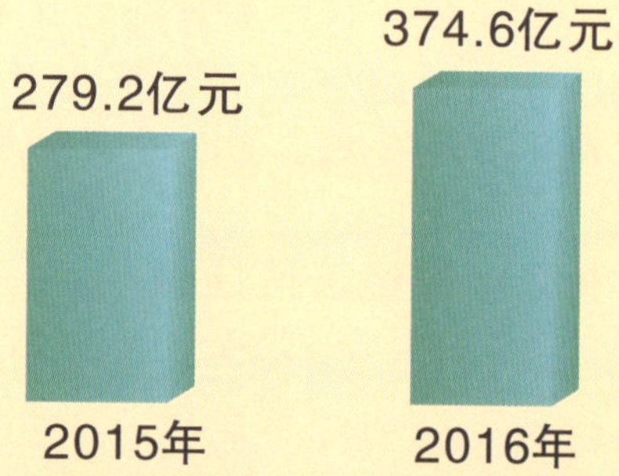

固定资产投资总额

增长16.3%

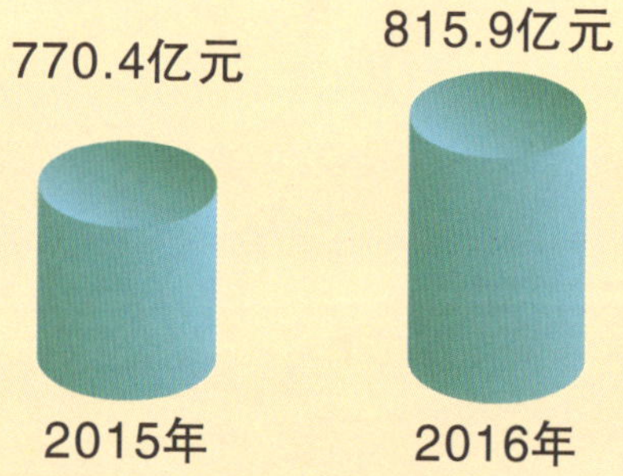

社会消费品零售总额

增长14.8%

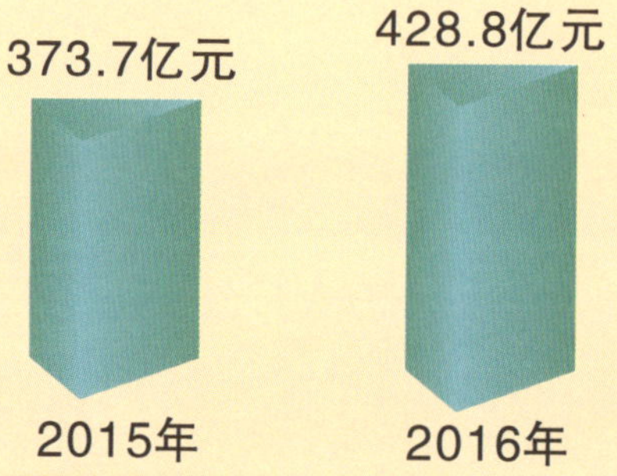

财政收入

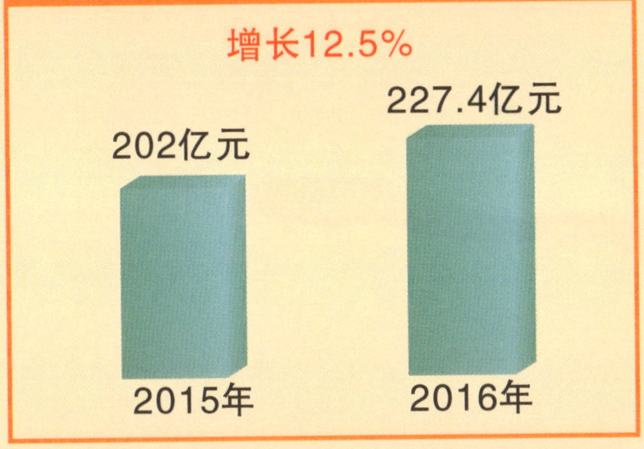

财政总支出

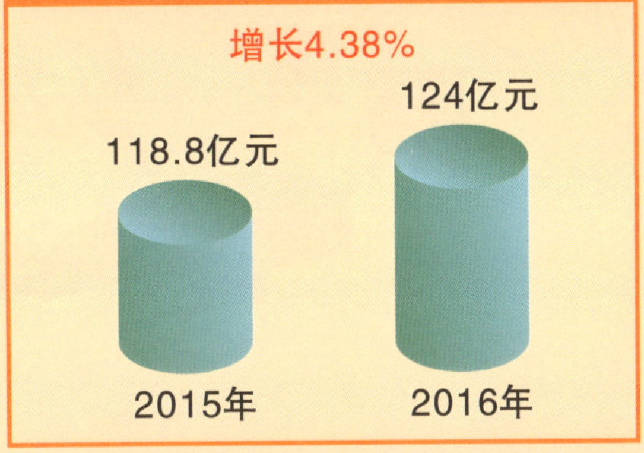

到位外资

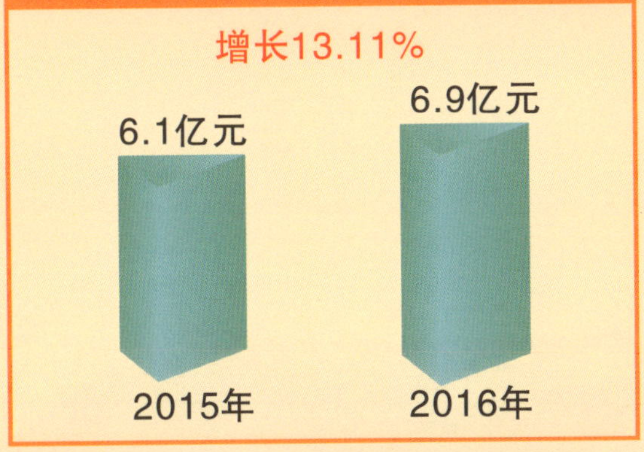

外贸出口总额

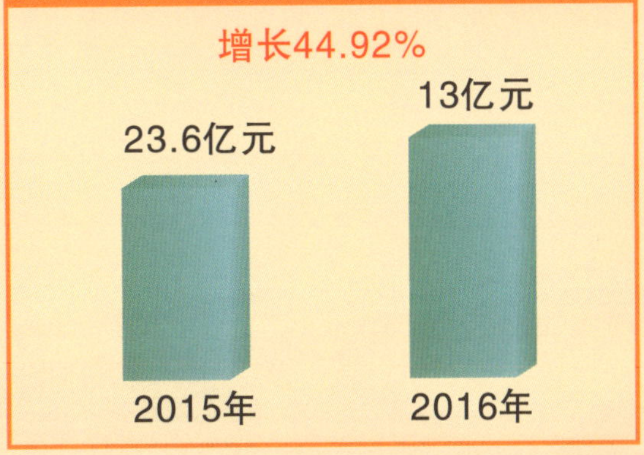

城镇居民人均可支配收入

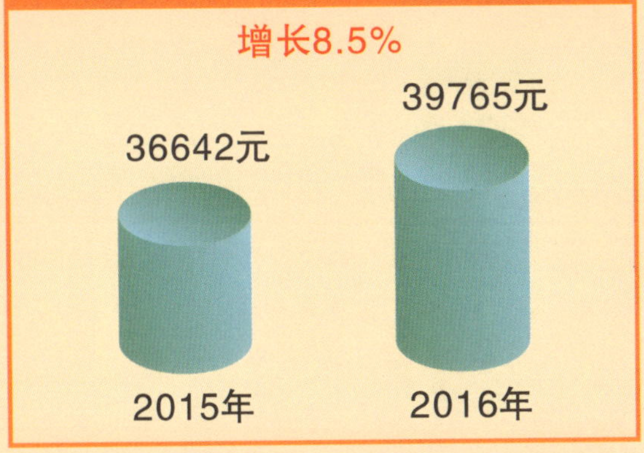

城镇居民人均消费支出

农民人均可支配收入

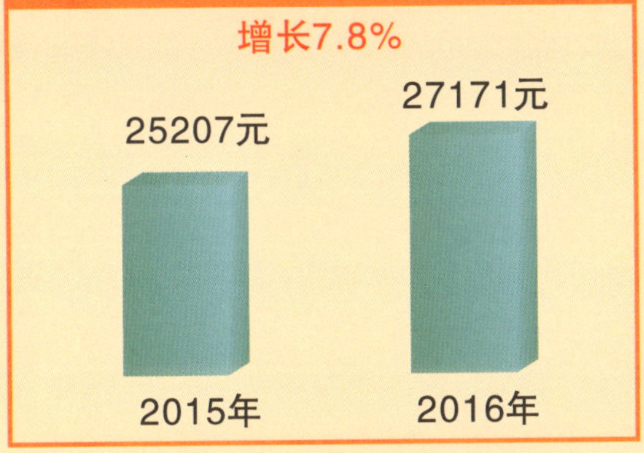

农村居民人均消费支出

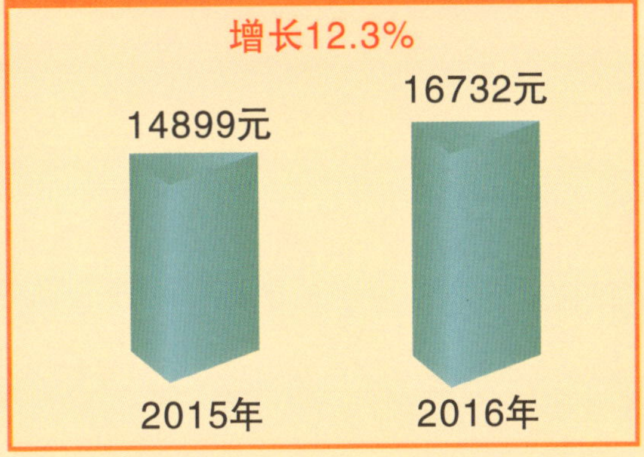

11月10日，省委书记杜家毫（前排右一）考察长沙会展中心　　（曾诗怡 摄）

11月28日，省委副书记、省长许达哲（前排右二）出席中国（长沙）国际轨道交通博览会（曾诗怡 摄）

4月6日，省政协主席、省委常委、省委政法委书记李微微（左五）率省政协重点课题调研组到浔龙河生态艺术小镇，就“推进我省供给侧结构性改革的对策建议”主题开展调研　　　　（县委组织部 提供）

2016年，省委常委、市委书记易炼红（右二）多次到长沙县考察调研，图为8月22日易炼红实地查看黄花机场二跑道建设情况 （曾诗怡 摄）

4月27日，中央文明办一局副巡视员、调研员王朝彬(左一)一行在开慧镇调研农村精神文明建设

（县委宣传部 提供）

5月30日，中央组织部党员教育和干部测评中心主任、全国基层办副主任陈燕楠（右二）到浔龙河村调研指导基层党建工作

（县委组织部 提供）

9月6日，市委常委、统战部部长文树勋（右二）到路口镇上杉市村调研精准扶贫工作（曾诗怡 摄）

9月22日，市政协主席范小新（右二）调研少儿托管（曾诗怡 摄）

11月2日，副省长何报翔（前排左二）到长沙黄花综合保税区，实地察看项目建设进展情况 （曾诗怡 摄）

11月5日，市委副书记、市长胡衡华(前排 左一)考察黄兴会展中心 （曾诗怡 摄）

11月9日，中央宣讲团成员、中央文献研究室主任冷溶（前排左二）到果园镇浔龙河村考察（曾诗怡 摄）

12月18日，长沙市委副书记、代市长陈文浩（前排中）到长沙县、长沙经开区进行专题调研（曾诗怡 摄）

聚焦2016 重要活动

1月29日，“我们的中国梦，文化进万家”2016年长沙县文化集市暨文化志愿者服务活动启动

（人民网 提供）

3月26日，长沙县首届红樱文化旅游节在江背镇锦绣江南现代农庄开幕

（曾诗怡 摄）

4月15日，长沙县第三届村（社区）文化艺术节在黄兴镇光达村文化广场启动

（县委宣传部 提供）

4月19日，红色湘女之情学术研讨会在杨开慧纪念馆举行

（周进银 摄）

4月21日，2016年长沙县（区）知识产权宣传周启动式在长沙师范学院举行

（长沙经开区志办 提供）

5月19日，2016年长沙县科技活动周暨送科技下乡活动启动仪式在青山铺镇举行（县科技局 提供）

5月27日，2016长沙县“五彩星沙”广场文体活动启动 （县委宣传部 提供）

6月7日，2016年中国第十一个“文化遗产日”暨长沙县非遗项目展演活动在金井镇金井茶厂茶园基地举行

（县委宣传部 提供）

7月9日，“美丽开慧 荷香飘峰”长沙县首届荷花旅游节启动

（县委宣传部 提供）

7月16日，2016相约长沙最美乡村走进春华暨首届春华镇荷花文化旅游活动月启动
（县委宣传部 提供）

9月14日，“秉月夜读 情溢中秋”诵读比赛 （县委宣传部 提供）

聚焦2016 实力园区

1月9日，福田汽车长沙汽车厂推出的“欧辉品牌”环保装备专用车在广州举行车展亮相
（长沙经开区志办 提供）

1月10日，众泰汽车众泰云100S下线暨上市发布会举行 （长沙经开区志办 提供）

1月22日，工程机械二手设备产业联盟运营暨国际零部件交易中心开工
（长沙经开区志办 提供）

3月19日，国产首台全电脑三臂凿岩台车在铁建重工下线
（长沙经开区志办 提供）

3月30日，湖南-东盟投资贸易推介会暨重大项目签约仪式在长沙县经开区举行
（长沙经开区志办 提供）

4月8日，千山慢病精准管理与服务中心项目开工　（长沙经开区志办 提供）

7月13日，三一重工、中联重科、蓝思科技3家企业上榜中国企业500强
（长沙经开区志办 提供）

7月19日，湖南中车时代通信信号有限公司运营暨轨道交通信号系统湖南省工程研究中心揭牌　（长沙经开区志办 提供）

7月26日，航天凯天环保科技股份有限公司揭牌　（长沙经开区志办 提供）

8月26日，广汽三菱国产欧蓝德下线　（长沙经开区志办 提供）

9月29日，直径12.81米的“国产首台铁路双线大直径泥水平衡盾构机”和直径10.87米的“国产首台高铁大直径泥水平衡盾构机”在长沙经开区铁建重工下线

（长沙经开区志办 提供）

11月8日，长沙国际会展中心开馆 （曾诗怡 摄）

磁悬浮列车　（黄兴镇 提供）

海吉星国际农产品物流园　（黄兴镇 提供）

恒广国际物流园　（安沙镇 提供）

黄兴会展经济区　　　　（黄兴镇 提供）

上海大众汽车有限公司长沙分公司　　　　（黄兴镇 提供）

黄花综合保税区　（刘塑琪 摄）

中南汽车世界　（湘龙街道 提供）

聚焦2016 幸福乐园

松雅湖

（肖毅 摄）

星沙文化中心　　（县重点工程管理局 提供）

长沙县妇幼保健院　　　　（曾诗怡 摄）

醉美浏阳河

（江背镇 提供）

白鹭湖 （高桥镇 提供）

明月山

印山村 （彭宇 摄）

（高巍 摄）

开慧镇双冲村木鱼神组

（开慧镇提供）

晨曦（金井镇脱甲村）

（县委宣传部 提供）

泉塘公园

安沙镇和平村乐和大院　　（章帝摄）

（泉塘街道 提供）

路口镇

福临镇 （福临镇 提供）

春华镇悦荷园 （春华镇 提供）

目录

长沙县人民代表大会常务委员会

长沙县行政区划图

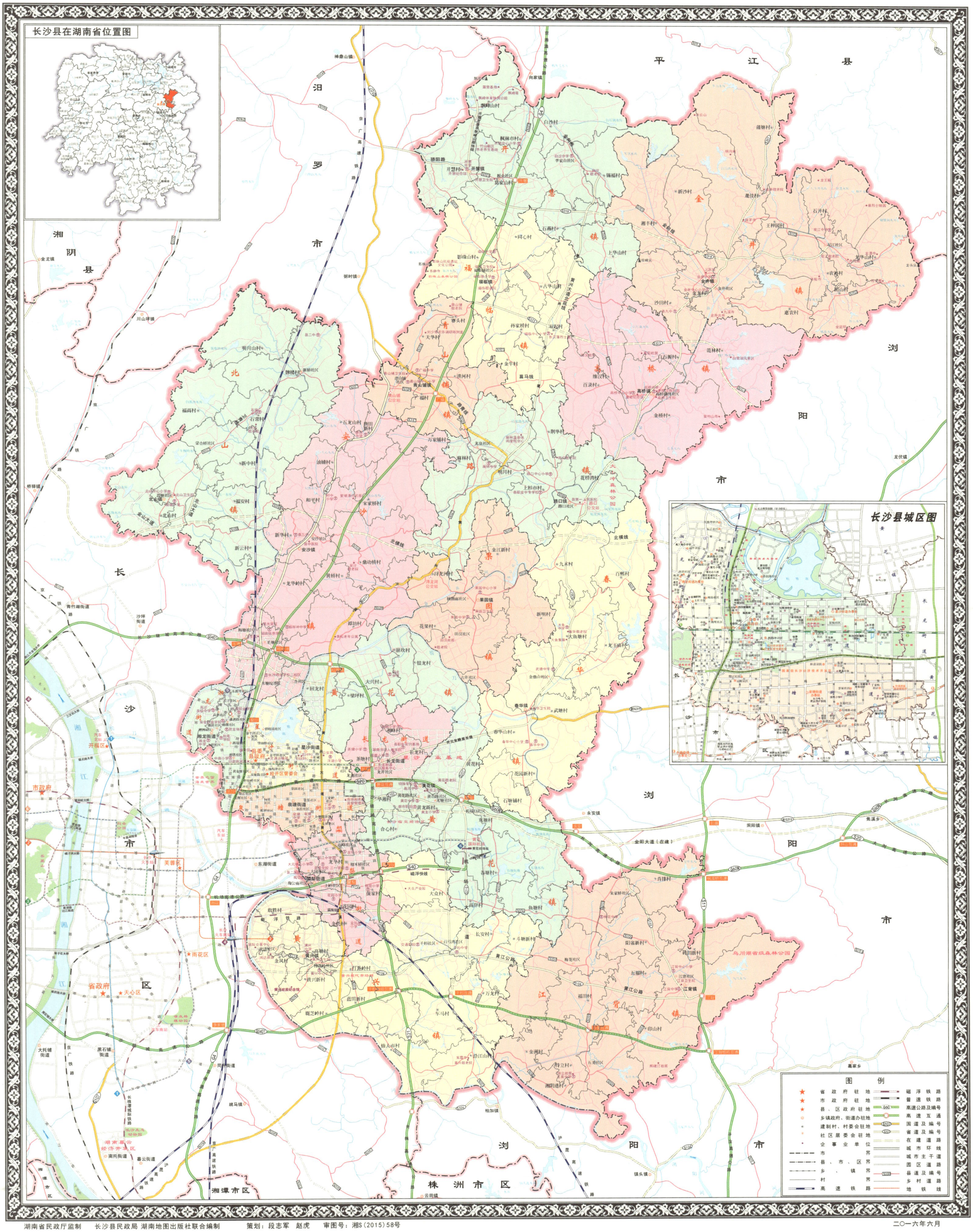

湖南省民政厅监制　长沙县民政局 湖南地图出版社联合编制　策划：段志军 赵虎　审图号：湘S（2015）58号　二〇一六年六月

法　治

综　述

法治政府建设

公　安

检　察

法　院

司法行政

军　事

地方武装

武装警察

消　防

人民防空

园区建设

长沙经济技术开发区

·综述·

星沙产业基地

经济管理与监督

发展规划管理

国有资产管理

市场和质量监督管理

安全生产监督管理

价费管理

审　计

统计管理

行政执法

农业·水务·气象

综　述

种植业

林木花卉业

养殖业

商贸·旅游

财政·税务

金　融

文化·体育

卫　生

人物

文件

统计资料

综录

索引

Main Contents

Special Records

Special Articles

Major Events

Overviews of Changsha County

Changsha County Committee of the CPC

Standing Committee of Changsha County People' s Congress

Changsha County People's Government

Changsha County Committee of the CPPCC

Discipline Inspection and Supervision

People Organizations & Association of Industry and Commerce

Goverment by law

Military

Construction of Develop Areas

Economic Management and Supervision

Agriculture , Water Conservancy and Meteorology

Industry and Construction

Urban-rural Construction and Management

Eco-environmental Protection

Transportation, Post&Telecommunication

Business & Tourism

Finance and Taxation

Banking

Science, Technology & Intellectual Property

Education

Culture & Sports

Health

Social Life

Survey of Towns and Streets

Figures

Documents

Statistics

Appendix

Index

在中国共产党长沙县第十三届代表大会第一次会议上的报告（摘要）

长沙经济技术开发区党工委书记、中共长沙县委书记 曾超群

（2016 年 8 月 14 日）

长沙经济技术开发区党工委书记、中共长沙县委书记 曾超群

一、回顾过去五年的发展成就，全县上下奋勇争先，我们已经站在率先建成全面小康社会的新起点

县十二届一次党代会以来的五年，是长沙县应对重大挑战、经受重大考验、取得重大成就的五年，也是综合实力提升最快、城乡面貌变化最大、人民群众得实惠最多的时期之一。面对经济发展新常态，县委坚持协调推进“四个全面”“四化两型”等战略布局，以深入开展“六个走在前列”大竞赛活动为抓手，以“三个共同”“三个共享”“三个率先”为追求，团结带领全县干部群众，抢抓机遇，埋头苦干，圆满完成了各项预定目标，在全省率先建成全面小康社会。

过去五年，是综合实力大幅跃升的五年。产业结构不断优化，工程机械、汽车及零部件、电子信息三大主导产业进一步做大做强，三一重工、中联重科等一批企业成功跻身世界 500 强，电子商务、现代物流产业呈现良好发展势头。项目建设持续发力，蓝思科技、住友轮胎、广汽三菱、上海大众、广菲克等项目建成投产，海吉星物流园、恒广国际物流园等项目建成运营，长沙国际会展中心、黄兴现代市场群、空港城等项目建设加快推进。镇域经济蓬勃发展，湘龙、星沙、高桥、春华等一批镇（街道）先后获评全市“十强十快”乡镇（街道）。2015 年，全县实现地区生产总值 1168.3 亿元、财政总收入 202 亿元、工业总产值 2286.2 亿元、全社会固定资产投资 770.4 亿元，分别是 2010 年的 1.9 倍、2.7 倍、2 倍、2.4 倍；在全国县域经济基本竞争力、中国中小城市综合实力百强排名中，分别从 2010 年的第 25 位、31 位跃升至第 8 位、第 6 位，连续多年稳居中西部第一。

过去五年，是城乡品质明显提升的五年。道路基础设施不断改善，人民东路东延线、万家丽路北延线、黄兴大道、磁浮快线等项目建成通车，机场联络线、星沙联络线、地铁 3 号线、地铁 5 号线、农村公路提质改造等项目建设加快推进。城区品质大幅提升，旧城改造、智慧城市建设加快推进，松雅湖成为湖南省最大的城市生态湖泊，成功获批国家湿地公园试点建设。城乡统筹步伐加快，“12+4”新型城镇化建设成效显著，涌现出开慧“板仓小镇”、金井“茶乡小镇”、㮾梨“水乡古镇”、浔龙河生态艺术小镇等一批特色名镇，在全省率先实现自来水、污水处理、数字电视镇（街道）全覆盖，在全国率先实现城乡公交镇（街道）全覆盖。生态两型建设扎实推进，在全省率先建立生态补偿机制、率先倡导两型生活方式，在全国率先建立县级“两型”建设指标体系、率先启动首个“零碳县”创建工作，蝉联中国十佳“两型”中小城市榜首，成功创建湖南省首个国家级生态县。城乡环境综合整治持续推进，“三年造绿”行动、“两河”流域治理、禽畜养殖污染治理成效明显。美丽乡村创建工作深入开展，连续多年获评全省新农村建设先进县。

过去五年，是改革创新不断深化的五年。关键领域和重点环节改革取得新突破，五大功能区建设、行政综合执法改革进入实质运行，政府机构改革、合镇并村等工作顺利推进，园区体制、商事制度和行政审批改革成效明显，产城融合、绿色政绩考核、农村创客平台建设、政府和社会资本合作等创新工作走在全国前列。科技创新实力不断增强，创新能力位居全国县（市）第9位，成功获评全国科技进步先进县、全省创新创业带动就业示范县。基层社会治理能力不断提升，“三个管住”、乐和乡村建设经验在全国推介。开放型经济发展步伐加快，综合保税区成功获批，成功创建国家级出口食品农产品质量安全示范区，成功举办“湖南·星沙走进东盟”活动，外贸进出口总额占全市的1/4、全省的1/10。

过去五年，是民生事业持续改善的五年。坚持每年新增财力的80%用于民生，五年来民生投入累计达到344亿元。2015年，城乡居民人均可支配收入分别达到36642元、25207元，分别是2010年的1.8倍、2.3倍。社会保障水平不断提升，在全省率先实现城乡居民养老保险和医疗保险并轨运行，食品安全监管模式获评全国“2015民生示范工程”，基本构建了全域覆盖的公共服务网和民生保障网。教育事业不断发展，新建、扩建了一批中小学校，城区“大班额”问题有效缓解；成功引进北师大、湖南师大附中、大同等一批优质教育资源，被评为全省“教育强县”、全国义务教育发展基本均衡县。文化体育事业卓有成效，在全省率先建成三级公共文化服务网络，先后获评全国文化先进县、群众体育先进县、县域网络形象十佳县和县级文明城市提名城市。平安法治建设持续推进，成功获评全省平安县、中国最具幸福感城市，群众安全感和满意度不断提升。住房保障、卫生和计划生育等事业全面进步。

过去五年，是执政能力不断加强的五年。扎实开展创先争优、党的群众路线教育实践活动和“三严三实”专题教育、“两学一做”学习教育，各级党组织的凝聚力、战斗力明显增强，获评全国创先争优先进县委。创新实施“党建+”模式、“党建O2O”服务模式和党建强村富民工程，党建工作对经济社会发展的渗透力、推动力和贡献力不断增强，基层党建工作经验在全省推广。出台了《关于解决“有错无为、不在状态”问题形成奋发有为新状态的实施意见》，干部队伍干事创业的精气神焕然一新。全面落实从严治党主体责任，认真接受省委巡视组巡视，巡视反馈问题得到及时整改。坚持把党的纪律和规矩挺在前面，始终保持惩治腐败的高压态势，党风廉政建设取得新成效。人大及其常委会依法履职，围绕中心议大事，强化监督重实效，开展评议提效能，关注民生求特色，为服务经济社会发展、营造良好民主政治生态做出了积极贡献。人民政协主动服务大局，创新协商形式，坚持民主监督，积极参政议政，汇集各界力量，为推动发展、促进和谐做出了应有贡献。党管武装工作全面加强。统战、史志档案、工青妇、工商联、科协、残联、党校、老干、民宗等各项工作取得新成效，先后获评全国十大党员教育示范培训基地、全国科普示范县、全国农村基层团建百强示范县。

各位代表！五年的励精图治，我们创造了辉煌的业绩；五年的生动实践，我们积累了宝贵的经验。五年的奋斗历程，让我们深深地体会到：**一要始终坚持发展为要。**面对社会转型时期的各种矛盾和问题，只有坚持把发展作为第一要务，才能有效整合各方资源推动跨越发展，在全国前十强的激烈竞争中占有一席之地，有更多的办法和能力来解决发展中的问题。**二要始终坚持改革创新。**面对发展的新任务、新要求，只有坚持解放思想、与时俱进、锐意变革，才能从变化的形势中捕捉和把握发展机遇、在逆境中发现和培育有利因素，变劣势为优势、变不能为可能，在激烈的竞争中立于不败之地、在严峻的挑战中实现跨越发展。**三要始终坚持民生至上。**只有牢固树立“以人为本、民生至上”的理念，坚持发展为了人民、发展依靠人民、发展成果由人民共享，才能赢得人民的信赖和拥护，才能更好地凝聚民心民力共谋发展，办成一批多年想办而没有办成的事。**四要始终坚持项目带动。**只有牢固树立县域经济就是项目经济的理念，把项目建设作为第一支撑，坚持招大引强与扶持中小微企业发展并举，县域经济发展才会更具活力和韧劲，受市场风险影响的幅度才会越小，才能走出一条具有长沙县特色的发展之路。**五要始终坚持党的领导。**只有不断加强和改进党的领导，把党的建设融入经济社会发展各个领域，锻造一批阵地坚固、基础坚实、信念坚定的战斗堡垒，锻造一支思想过硬、能力过硬、作风过硬的干部队伍，营造一种以发展论英雄、以实绩排位次的工作氛围，才能推动经济社会更好更快发展。

各位代表，过去五年取得的成绩，归功于市委的坚强领导；归功于历届县委和各位老领导打下的坚实基础；归功于全县广大干部群众的团结拼搏。在此，我代表县十二届委员会，向所有参与、支持、关心长沙县发展的同志们、朋友们，致以崇高的敬意和衷心的感谢。

在肯定成绩的同时，我们也清醒地看到发展中仍然存在一些问题和不足，主要表现在：改革创新能力还不够强，创新性开展工作的思路和办法还不够多；高端服务业发展还相对滞后，县域经济结构有待进一步优化；社会思想多元化和利益诉求多样化日益凸显，社会治理精细化水平有待进一步提升；城乡居民贫富差距依然较大，共享改革发展成果有待进一步扩面提质；各级党员干部引领科学发展能力亟待提高，领导班子和干部队伍建设有待进一步加强。对此，我们务必增强责任意识、忧患意识和机遇意识，在今后的工作中切实加以尽快解决。

二、展望未来五年发展愿景，机遇大于挑战，我们要始终筑牢五大发展理念，率先迈向基本现代化新征程

今后五年，是我县推进全面小康达到更高水平、向率先实现基本现代化阔步迈进的重要时期。这个更高水平全面小康是由全面小康迈向基本现代化的过渡阶段，强调的就是覆盖的领域更全面，是“五位一体”全面进步的小康，要确保每一个方面都不能落后；就是覆盖的区域更全面，是城乡区域共同的小康，要确保每一个镇（街道）和村（社区）都不能落下；就是覆盖的人口更全面，是惠及全县人民的小康，要确保每一个人都不能掉队。基本现代化则是由高水平全面小康迈向全面现代化的必经阶段，是一个地区综合竞争力的全面体现，突出表现为发展更科学、社会更和谐、文化更繁荣、生态更文明、人民更幸福，涵盖了经济、政治、文化、社会、生态等各个方面，核心是人的现代化。与高水平全面小康相比，基本现代化不是全面小康基础上简单量的扩张，而是在发展的全面性、协调性、可持续性等方面质的提升。

立足新的起点审时度势、展望未来，县委认为长沙县建成更高水平全面小康、率先迈向基本现代化正当其时：**一是具有向好的外部宏观形势。**“十三五”时期，国际经济仍处于曲折复苏的深度调整期，新一轮科技革命和产业变革蓄势待发，国内经济全面进入增长速度换挡期、结构调整阵痛期、前期政策消化期的发展新常态，发展方式加快转变，新的动力正在形成，经济长期向好的基本面没有改变。特别是随着“中国制造2025”“互联网+”“大众创业、万众创新”等国家战略的深入实施，以及在深化简政放权、供给侧结构性改革等方面力度的持续加大，必将为我们全面推动产业现代化转型升级、加快经济结构调整带来前所未有的发展机遇。**二是具有利好的区域竞争优势。**近年来，随着国家“一带一路”、长江经济带建设等重大战略的 实施，以及湖南“一带一部”、长沙“一区一廊”等省市区域发展战略的同步实施，为我们在更大范围、更高水平、更深层次上，谋求区域协调发展和对外开放构筑了新优势，作为地处长沙东部开放型经济走廊核心区域的长沙县，已由沿海开放的内陆变为内陆开放的前沿，完全可以在基本现代化建设上率先破题。**三是具有良好的内在发展潜力。**我县地处长株潭城市群核心地带，具有临空、临铁、临港的独特区位优势，特别是随着我县与长沙市主城区28个对接口的逐步联通，地铁3号线与京广、沪昆高铁的无缝对接，以及北横线、南横线的即将启动建设，将实现与主城区的全面融合。新交通格局的形成和直通全球的战略平台建设，将有利于长沙县全面实现国际国内“零距离换乘”和“无缝化对接”。同时，随着五大功能区的差异化建设，以及一批重大产业项目的陆续投产达产，必将为我县未来新一轮跨越发展持续释放新动能。

建成更高水平全面小康、率先实现基本现代化，既是我们把握阶段特征的“顺势而为”，也是我县继续领跑争先的“不二选择”。未来五年，全县发展总的指导思想是：深入贯彻党的十八大和十八届三中、四中、五中全会精神，以习近平总书记系列重要讲话精神为根本遵循，以“四个全面”“五大发展理念”为引领，紧扣省委“三量齐升”“五化同步”、市委“三市”“三倍”“四更”等系列战略部署，始终围绕“强南富北、民生立县、挺进五强”这一发展主线，全面实施“改革活县、产业强县、民生立县、生态美县、协调兴县、依法治县”六大发展战略，不断推动经济社会发展迈上新台阶，加快建成更高水平全面小康社会、率先实现基本现代化。到2020年，力争地区生产总值迈上2000

亿元、工业总产值迈上4000亿元、财政总收入迈上400亿元台阶，主要经济指标基本达到现代化发展要求。

实现上述目标，事关全县人民的福祉，事关长沙县在全省乃至全国发展大格局中的地位。当前，率先实现基本现代化的接力棒，已经传递到我们手中，全县上下务必时刻保持登高致远的境界、敢为人先的精神、开放包容的气度、勤廉务实的作风，正确处理好改革、发展、民生之间的关系，以抓铁有痕、踏石留印的力度和韧劲，攻坚克难，强劲突破，确保各项工作落到实处，力争再创一个五年乃至更长时间的黄金发展期。具体来说，要重点抓好以下六个方面的工作：

（一）坚持改革活县，着力掀起创新创业新热潮。改革创新是贯穿长沙县经济社会发展的核心灵魂，是我县多年来一直走在中西部乃至全国发展前列的动力源泉。我们必须始终坚持全面深化改革，加快形成以创新为主要引领和支撑的经济体系和发展模式，不断释放改革红利。*一要深化改革增添动力*。按照“大胆假设、小心求证”的原则，深化重点领域和关键环节改革，充分发挥市场在资源配置中的决定性作用，加快形成有利于转型发展的体制机制。持续推进功能分区、“零碳县”创建、行政综合执法、国资国企、农村集体产权、投融资、政府和社会资本合作等各项改革，进一步深化商事制度和行政审批制度改革，让深化改革的勇气和智慧成为长沙县的特质和标签。*二要扩大开放挖掘潜力*。加快推进综保区建设，确保明年5月如期封关运行，努力使之成为长沙乃至湖南“开放发展的新引擎、外贸服务的新基地、临空经济的新平台、结构优化的新战场”。积极围绕“三引”做文章，坚持在引进目标企业来县创业、引导重点企业外贸本地化、引领中小企业抱团出海等方面发力，重点鼓励县内优势企业开展海外并购、建立海外生产加工和综合服务体系，支持工程机械、汽车及零部件制造等企业“走出去”，着力把长沙县打造成东部开放型经济走廊的核心示范区，不断提升长沙县在国际价值链中的地位。*三要加大创新激发活力*。充分发挥科技创新在供给侧结构性改革中的基础、关键和引领作用，不断提高科技创新供给的质量和效率。加快完善以企业为主体、市场为导向、产学研相结合的科技创新体系，实现产业链、创新链、资金链深度融合，着力培育一批具有核心技术的创新型企业，努力集聚一批优秀科技领军人才和创新创业人才。积极实施创新创业带动就业五年行动，加快推进北部农村创客平台建设，着力打造一批知名创客小镇、众创基地，努力把长沙县建设成为国内外知名的创业之都。

（二）坚持产业强县，着力培育经济发展新优势。牢固树立“服务发展、服务企业、服务园区”的发展理念，以推进供给侧结构性改革为主线，有力有度有效落实“三去一降一补”，加快构建产业新体系，培育发展新动能。*一要推动新型工业高端发展*。抢抓“工业4.0”“中国制造2025”等战略机遇，推动新一代信息技术与工程机械、汽车及零部件等产业深度融合，努力打造全国制造业转型升级典范。大力支持长沙经开区争创国家级转型升级示范开发区，支持星沙产业基地争创省级工业园，积极争取更多的国家级高新项目落户。大力实施品牌战略，鼓励企业弘扬工匠精神，参与国内外和行业标准的制定，推动长沙县“制造”向“创造”“质造”转型，全力打造“高端智能制造基地”和“信息技术产业龙头”。大力发展战略型新兴产业，重点围绕新材料、节能环保、军民融合、新气候经济等领域，着力培育2个以上百亿级新兴产业。大力扶持中小微企业加快发展，努力形成大中小微企业协调发展的生动局面。*二要推动现代服务业做大做强*。突出高端引领，重点支持星沙、黄兴、黄花、㮾梨等片区“优二提三”，加快推动会展经济、临空经济等新兴服务业向高效化、集群化、规模化发展，全力促进全县现代服务业发展提速、比重提高、结构提升。优先发展生产性服务业，加快培育现代物流、金融服务、服务外包、软件开发等新型服务业态，抓紧推动汽车后市场建设和中南汽车城等服务业市场转型升级。大力提升生活性服务业，加快发展居民和家庭服务、健康养老养生等产业，合理规划一批特色风情街、文化美食街、休闲娱乐街，着力引进一批国内外顶级的高端服务业，努力培育具有长沙县特色的品质消费。大力发展知识型服务业，重点支持文化创意、研发设计、信息服务、商务服务、教育培训等先导产业做大做强。*三要推动现代农业“接二连三”*。依托大数据、云计算、物联网、移动互联网等新技术，积极策划“聚土地”“筹农场”“筹乡村旅游”等农业众筹项目，促进农业由“生产导向”向“消费导向”转型。加快推动农业机械化、信息化、标准化建设，大力发展智慧农业、跨界农业，着力打造都市高效农业示范区、旅游休闲农业引领区、休闲农业和乡村旅游示范县，引导农业由“种得好”向“卖得好”转变。大力引进和培育国家级农业龙头企业，努力打造一批享誉全国的农业品牌。积极破解城市工商资本下乡瓶颈，大力扶持以农民为主体的农村经济合作组织，推动粮食、茶叶、蔬菜、花卉苗木等农业产业做大做强。

（三）坚持民生立县，着力迈向美好幸福新时代。“人民对美好生活的向往，就是我们的奋斗目标。”我们一定要始终突出全民共享、全面共享和共建共享，努力让全县人民更好地共享改革发展成果，不断提升群众幸福指数。**一要让人民生活更富裕。**大力实施城乡居民收入增长计划，突出抓好失地农民、中低收入者和困难家庭等重点群体就业，稳步提高最低工资、最低生活保障等标准，确保城乡居民人均可支配收入分别达到5万元和3.9万元。持续开展精准扶贫，更加注重主体作用发挥、更加注重精准确定目标、更加注重细节跟踪到位、更加注重扶贫合力形成、更加注重常态长效保持，确保每一户贫困家庭都不在全面小康中掉队。严格执行住房公积金、住房补贴等有关政策规定，进一步建立健全村干部待遇增长机制。**二要让社会保障更有力。**大力实施以基本养老保险、基本医疗保险为重点的全民参保计划，加快建立被征地农民刚性进保机制，进一步建立健全覆盖城乡、自由转接、优势互补的社会保障体系。扎实推进机关事业单位养老保险制度改革，抓紧落实职业年金制度。认真落实居民大病医疗保险制度，不断提高城乡居民大病保险保障水平。积极完善社会救助、住房保障、养老服务体系，重点解决城市低收入家庭、农村危房户、新就业职工、外来务工人员住房困难问题。**三要让社会事业更繁荣。**坚持区域开发优先规划建设教育、医疗、文化、市场等公共服务设施，积极引导优质教育、医疗等资源下乡，不断提升公共服务均等化水平。坚持教育优先发展，对农村学校进一步提质改造和完善功能，积极探索教育集团化办学，推动城乡教育均衡优质发展。大力发展特色职业教育，积极支持大中专职业院校与企业、园区联合办学。深入推进医疗卫生体制改革，积极引导优质医疗资源下沉，加快建立符合县情的分级诊疗服务体系，逐步缓解群众“看病难”“看病贵”问题。**四要让城乡品质更优越。**按照市委提出的打造“宜居宜业、精致精美、人见人爱”的品质长沙的总体要求，坚持以国际化视野规划城乡，更加注重城市建设总体规划、经济社会发展规划、土地利用规划的相互协调，力争城乡规划水平走在全省乃至全国前列。按照“把城市当客厅来建设、把乡村当花园来打造”的理念，坚持以国际化标准建设城乡，努力打造一批经得起历史检验的精品工程，力争在新型城镇化建设方面引领中西部发展。坚持以国际化理念管理城乡，深入开展精品城乡创建活动，不断提高城乡管理水平，努力为城乡居民创造更加舒适的生活环境。

（四）坚持生态美县，着力建设宜居宜业新家园。始终将绿色发展的理念、原则、目标，全面融入经济社会发展全过程，积极构建多层次、多功能、立体化、复合型的生态空间格局，努力把长沙县建设成为国家级生态文明县、国家低碳城市。**一要推进产业发展绿色化。**坚持将生态、环保理念融入产业发展，严格执行环保准入制度、产业政策指导目录，积极培育壮大低碳产业，努力推动产业结构“调优调绿”。大力发展循环经济，积极推动传统产业绿色化转型、重点企业清洁化生产、工业园区生态化改造。坚持注重运用市场机制和经济手段，有序化解过剩产能，坚决淘汰“三高一低”企业。深入挖掘历史文化资源，把旅游与文化、农业等产业紧密结合起来，积极培育县域生态旅游品牌，将县域农村打造成为风貌景观、建设精品、产业融合、设施人性、服务标准、管理一体的全域旅游示范区、绿色经济新高地。**二要推进资源利用集约化。**大力实行能源和水资源消耗、建设用地等总量和强度“双控”行动，大力推广农业节水灌溉设施、工业节水技术工艺、中水回收利用；深入开展城乡建设用地集中清理行动，全面清理闲置用地，积极盘活低效用地，从严控制新增用地，努力实现土地投资强度、产出效益“双提升”。**三要推进生活方式低碳化。**深入开展保护生态、爱护环境、节约资源等宣传活动，引导广大群众不断增强生态价值、生态忧患和生态责任意识。大力推广绿色建筑、绿色交通、绿色消费，重点打通城乡道路交通微循环，加快推进公交都市和城市慢行系统建设。持续开展城乡环境综合整治，全面推行垃圾分类处理，不断提升垃圾减量化、无害化和资源化水平。深入开展大气、水、土壤污染防治行动，努力建设天蓝、地绿、水清的美丽长沙县。深入推进美丽乡村建设，进一步挖掘本地资源，努力打造一批“一镇一特”“一镇一品”的特色精品小镇。鼓励支持现代农庄改建成乡村公园，让农民共建共享低碳生活。

（五）坚持协调兴县，着力开创统筹发展新局面。因地制宜补短板、强基础，切实增强发展的整体性、均衡性和可持续性，努力在强整体中拓宽发展空间，在补短板中增强发展后劲，不断开创城乡协同、强南富北、共同发展的崭新局面。**一要统筹推进功能分区发展。**始终坚持规划引领，着力抓好“三规合一”，以规划一体化推动区域一体化，努力使空间结构更加优化，区域发展更加协调。深入推进体制机制改革，进一步理顺功能区与市、县、镇（街道）之间的关系，进一步细化人、财、物、事等权限划分，不断优化各功能区的管理体制、运行模式和职能配备。加快探索出台产业、招商、投资、土地、环保、财税、考核等差异化政策，统筹推进各功能区产业布局、基础设施、项目铺排等工作，最大限度地实现资源要素集约节约利用，努力把各功能区打造成为县域经济发展的重要增长极。**二要统筹推进南北城乡发展**。持续推动发展重心北移和“六个集中”建设，加快推进“强南富北”，努力实现城市资本向农村聚集、城市公共服务向农村覆盖、城市基础设施向农村延伸、城市现代文明向农村辐射。紧紧围绕打造省会次中心的目标定位，加快县城与市主城区融城对接步伐，有序推动智慧城市、海绵城市、综合管廊、智能停车系统等建设，扎实开展老城区旧城改造、老行政区改造和社区提质提档，加快把松雅湖建设成为湘江东岸城市发展的新地标。深入推进“五网下乡”，进一步加大农村道路、水利、电力、通信、燃气、公交等基础设施建设，重点加快启动北横线、南横线、农村干线公路网络等道路建设，力争早日实现村村通公交、村村通自来水。不断发展壮大村级集体经济，努力打造一批全国知名的新农村建设示范村。**三要统筹推进两个文明建设**。持续推进全国文明城市创建工作，努力把社会公德、职业道德、家庭美德、个人品德教育融入精神文明建设，积极培育优良家风、文明乡风和新乡贤文化，让家风乡愁与现代文明高度统一。积极推动诚信社会建设，不断完善政务、商务、社会三位一体的诚信体系。继续实施文体设施提升工程，不断完善县、镇（街道）、村（社区）三级公共文体服务网络，让人民群众文体活动有阵地、休闲娱乐有品位、展示身手有舞台。加大优秀传统文化挖掘力度，支持创作一批体现时代风采、本土特色的精品力作，积极开展非物质文化遗产进校园、进村（社区）、进企业、进机关活动，努力让群众在享受优质文化服务中感受到快乐。

（六）坚持依法治县，着力营造平安和谐新环境。牢固树立现代法治理念，不断推进社会治理体系和治理能力现代化，努力营造更加公平公正、和谐稳定的社会环境。**一要大力发扬社会主义民主**。毫不动摇地坚持、维护和完善人民代表大会制度，认真贯彻中央和省、市委关于做好新时期人大工作的要求，坚持将人大工作摆在事关全局的突出位置来谋划、部署和推进，全力支持和保障人大及其常委会依法行使职权，认真听取人大代表的意见建议。充分发挥人民政协专门协商机构和事前协商、民主协商的重要渠道作用，进一步健全和完善协商民主制度和工作机制，深入推进协商民主广泛多层制度化发展。高度重视武装工作，认真落实党管武装制度，推动军民融合深度发展。严格执行《中国共产党统一战线工作条例（试行）》，大力推进“同心工程”，不断深化“四同创建”，继续巩固和壮大最广泛的爱国统一战线。进一步支持工青妇等群团组织，依照法律和章程开展工作、参与社会治理和公共服务，努力在社会治理和社会矛盾化解中彰显更大作为。**二要全面推进“法治长沙县”建设**。进一步健全党委依法决策机制，严格落实“三重一大”、专家论证、风险评估等制度。加强法治政府建设，坚持依法行政，规范行政执法。坚决维护法院和检察院依法独立公正行使职权，促进公正司法，维护法律权威。积极运用新媒体等开展法治宣传教育，不断增强全民法治意识，努力营造办事依法、遇事找法、解决问题用法、化解矛盾靠法的良好社会氛围。大力弘扬社会正气，坚决打击歪风邪气和违法犯罪行为，不断强化正导向、增强正能量。**三要深入推进社会治理精细化**。坚持把精细化社会治理作为“讲政治的体现、抓发展的基础、保民生的前提”，全力以赴抓好信访维稳、安全生产、舆情应对等工作，绝不允许发生政治事件、群体性事件、较大以上生产安全事故、恶性舆情事件。深入开展“乐和乡村”等新型村级治理建设，进一步提升村民自我管理、自我教育、自我监督、自我服务的能力。全面落实党政同责要求，继续深化高位监管模式创新，用最严谨的标准、最严格的监管、最严厉的处罚、最严肃的问责，严把从农田到餐桌的每一道防线，确保“舌尖上的安全”，努力争创全国食品安全示范县。积极推进高危行业电子监测监控和风险评估，探索建立安全生产领导包案销案、舆情处置、矛盾纠纷化解等体制机制，不断完善城乡治安防控和流动人口管理体系，扎实推进平安长沙县建设。

三、肩负全新的发展使命，重在责任担当，我们务必全面从严治党，为率先实现基本现代化提供坚强保障

建成更高水平全面小康、率先实现基本现代化，关键在党、核心在人。要切实加强和改善党的领导，把党的政治优势不断转化为发展优势。

（一）着力锻造信念坚定、忠诚可靠的政治品格。加强意识形态工作领导，以开展“两学一做”学习教育为抓手，深入学习贯彻习近平总书记“七一”重要讲话精神，切实增强政治意识、大局意识、核心意识、看齐意识，进一步坚定道路自信、理论自信、制度自信、文化自信，确保在思想上、政治上、行动上，始终与中央和省、市委保持高

度一致。紧紧围绕县镇换届、重大项目建设、城乡一体化建设、深化改革创新、社会治理精细化和民生保障等重大工作，进一步增强学习调研的针对性和实效性，不断提升服务水平。严格执行周、月工作调度会议制度，以“钉钉子”精神抓好工作落实，确保中央和省、市、县委的决策部署，不折不扣地落细落实。

（二）着力建设想为敢为、勤为善为的干部队伍。牢固树立“干部要干事，为官要有为”的理念，认真贯彻落实中央“好干部”标准、市委“六用六不用”用人导向，突出注重品德、注重一线、注重实绩、注重公认，不断强化县管领导班子整体功能，确保圆满完成县镇换届。加大年轻干部培养选拔力度，坚持在急难险重岗位上锻炼干部，努力锻造一支想干事、会干事、干成事、不出事、好共事的年轻干部队伍。坚持县委党校培训与外出考察培训相结合，教育引导党员干部深入学习理解“五大发展理念”，科学把握市场经济规律，不断提升科学推动工作的能力。进一步健全干部考核评价体系，推进公务员职务与职级并行工作，严格落实领导干部能上能下机制，探索推行干部召回处理机制。持续推进思想激励、科学用人、权责对等、示范带动、宽容失误、研判处置、人文关怀等激励机制的落实，为“担当者”撑腰壮胆，为“有为者”鼓励加油，加快形成“想为敢为、勤为善为”的干事创业氛围。

（三）着力打造服务群众、服务发展的坚强堡垒。严格落实党建工作责任制，分层分类建立党建责任清单，全面推进各领域党的建设，不断增强基层党组织的政治引领、服务引领、发展引领功能。建立健全党员发展、管理、退出机制，创新开展三会一课、主题教育、参观培训等活动，不断增强广大党员干部的身份意识、为民服务意识、创先争优意识。大力实施基层骨干队伍“三五”计划，切实抓好村（社区）“带头人”队伍建设，努力培养出更多“王再德”式的村级带头人。持续抓好合镇并村后续工作，继续整顿软弱涣散基层党组织，全面加强村级阵地标准化建设。深入推进“党建+”模式，探索推行“党建O2O”服务模式和“小微权力清单”制度，加快建设基层党建大数据库，着力打造“智慧党建”。进一步创新基层党建工作载体，继续分领域确定党建示范点，坚持把小区业委会建设作为社区党组织工作重点，着力打造一批特色亮点。

（四）着力树立清正廉洁、干净干事的良好形象。全面强化党章党规党纪意识，更加严明政治纪律和政治规矩，努力营造风清气正的政治生态。全力落细落实“两个责任”，推进全面从严治党向基层延伸。全面深化“一岗双责”，严格执行《问责条例》，压实任务清单，强化责任追究，促进主体责任、监督责任和领导责任落地生根。深入学习贯彻《准则》和《条例》，加强正反典型教育。把握运用好“四种形态”，抓早抓小、防患未然，让咬耳扯袖、红脸出汗成为常态，在日常监管中体现严管厚爱。深化纪律检查体制改革，扎实推进惩治和预防腐败体系建设。驰而不息纠“四风”，始终保持惩治腐败的高压态势，严肃查办重点领域和群众身边的腐败案件，以反腐败的实际成效取信于民。

同志们，当今时代已是风起云涌，加快发展更是任重道远。站在历史新起点，面对发展新机遇，谱写时代新篇章，既是人民的殷切期盼，更是我们的神圣使命，我们一定要紧密团结在以习近平同志为总书记的党中央周围，在市委的正确领导下，团结带领全县人民，不忘初心、继续前进，为率先实现基本现代化而努力奋斗！

名词解释：

1. 四个全面：全面建成小康社会、全面深化改革、全面依法治国、全面从严治党。

2. 四化两型：“四化”是指新型工业化、农业现代化、新型城镇化、信息化；“两型”是指资源节约型、环境友好型。

3. 六个走在前列：在加快转型创新发展中走在前列、在城市规划建设和管理中走在前列、在加快两型社会建设中走在前列、在共建共享全面小康中走在前列、在维护社会和谐稳定中走在前列、在提高党的建设科学化水平中走在前列。

4. 三个共同：幸福与经济共同增长、乡村与城市共同繁荣、生态宜居与发展建设共同推进。

5. 三个共享：全民共享经济发展成果、全民共享基本公共服务、全民共享平等发展机遇。

6. 三个率先：率先建成全面小康社会、率先建成两型社会和率先实现基本现代化。

7. “12+4”新型城镇化：“12”指的是江背镇、黄花镇、春华镇、果园镇、路口镇、高桥镇、金井镇、开慧镇、福临镇、青山铺镇、北山镇、安沙镇。“4”指的是金井镇惠龙村、果园镇浔龙河生态艺术小镇、双江片区、白沙片区。

8. 两河：浏阳河、捞刀河。

9. 三个管住：通过管住村干部来管住农村社会稳定、管住绩效考核来管住农村科学发展、管住污染源来管住农村生态环境。

10. 三严三实：严以修身、严以用权、严于律己，谋事要实、创业要实、做人要实。

11. 两学一做：学党章党规、学系列讲话，做合格党员。

12. 党建 O2O：把微信群和微信公众号作为“线上”联系群众的问询台，把党建服务窗口和党员服务窗口作为“线下”服务群众的办事点，实现百姓“线上”点菜下单，干部“线下”接单服务。

13. 五位一体：经济建设、政治建设、文化建设、社会建设、生态文明建设。

14. 中国制造 2025：中国实施制造强国战略第一个十年的行动纲领，坚持“创新驱动、质量为先、绿色发展、结构优化、人才为本”的基本方针，坚持“市场主导、政府引导，立足当前、着眼长远，整体推进、重点突破，自主发展、开放合作”的基本原则，通过“三步走”实现制造强国的战略目标。

15. 一带一路：丝绸之路经济带、21 世纪海上丝绸之路。

16. 一带一部：东部沿海地区和中西部地区过渡带、长江开放经济带和沿海开放经济带结合部。

17. 一区一廊：湘江新区、东部开放型经济走廊。

18. 五大发展理念：创新、协调、绿色、开放、共享。

19. 三量齐升：经济总量、运行质量和人均均量同步提升。

20. 五化同步：工业化、信息化、城镇化、农业现代化、绿色化同步发展。

21. 三市：全面小康之市、两型引领之市、秀美幸福之市。

22. 三倍：产业倍增、收入倍加、城乡品质倍升。

23. 四更：能量更大、实力更强、城乡更美、民生更爽。

24. 三去一降一补：去产能、去库存、去杠杆、降成本、补短板。

25. 工业 4.0：以智能制造为主导的第四次工业革命。

26. 接二连三：农业产业与第二产业、第三产业融合发展。

27. “三高一低”企业：高投入、高能耗、高污染、低效益的企业。

28. 三规合一：将国民经济和社会发展规划、城市总体规划、土地利用规划中涉及的相同内容统一起来，并落实到一个共同的空间规划平台上，各规划的其他内容按相关专业要求各自补充完成。

29. 六个集中：资本集中下乡、土地集中流转、产业集中发展、农民集中居住、生态集中保护、公共服务集中推进。

30. 五网下乡：水、电、路、气、讯。

31. 四同创建：同心园区、同心项目、同心乡村、同心社区创建。

32. 三重一大：重大问题决策、重要干部任免、重大项目投资决策、大额资金使用。

33. 六用六不用：六用是指，选拔重用政治坚定、忠诚可靠的干部；选拔重用改革创新、开拓进取的干部；选拔重用勤奋敬业、扎实肯干的干部；选拔重用公道正派、坚持原则的干部；选拔重用顾全大局、维护团结的干部；选拔重用作风优良、清正廉洁的干部。六不用是指，坚决不用信念不牢、品德不佳的干部；坚决不用故步自封、精神不振的干部；坚决不用作风散漫、纪律松弛的干部；坚决不用以权谋私、行为失范的干部；坚决不用拉帮结派、破坏团结的干部；坚决不用“官”念过重、脱离群众的干部。

34. “三五”计划：重点培养 50 名左右“王再德式”优秀村党组织书记、50 名左右优秀大学生村官、50 名左右优秀农村党小组长。

35. 四种形态：党内关系要正常化，批评和自我批评要经常开展，让咬耳扯袖、红脸出汗成为常态；党纪轻处分和组织处理要成为大多数；对严重违纪的重处分、做出重大职务调整应当是少数；严重违纪涉嫌违法立案审查的只能是极少数。

36. 四风：形式主义、官僚主义、享乐主义和奢靡之风。

政府工作报告（摘要）

——在2017年2月27日在长沙县第十七届人民代表大会第二次会议上

长沙县人民政府县长　张作林

长沙县人民政府县长 张作林

一、2016年工作回顾

2016年，在县委的正确领导下，我们围绕“强南富北、民生立县、挺进五强”发展主线，攻坚克难、团结拼搏，完成了县十六届人大五次会议确定的各项目标任务。全年完成地区生产总值1280.3亿元，同比增长（下同）10.9%；规模工业总产值2417.9亿元，增长15.1%；固定资产投资815.9亿元，增长16.3%；财政总收入227.4亿元，增长12.5%；社会消费品零售总额428.8亿元，增长14.8%。在全国县域经济基本竞争力、中国中小城市综合实力百强排名中，分别跃居第7位、第6位，继续领跑中西部。

一年来，我们主要做了五个方面的工作：

（一）项目引领夯实发展基础。构筑开放平台。黄花综保区成功签约项目17个，今年5月将封关运行。长沙百联奥特莱斯广场、顺丰电商产业园、中国联通数字阅读基地、普洛斯长沙空港物流中心、奥凯航空湖南分公司等项目开工建设。黄花机场迈入双跑道时代，获批进口冰鲜水产品、进境食用水生动物指定口岸。大力引进项目。实际利用外资6.9亿美元，实现进出口总额31.9亿美元。成功举办“湖南·星沙走进东盟”、沪洽周等系列经贸活动，促成项目51个，合同金额35.65亿美元。全力建设项目。建立县级领导联系帮促重大项目工作机制，强化项目建设调度和督查，批回土地1269.8公顷，完成重点项目投资206.9亿元，政府投资项目、社会投资项目办结时限分别缩短至68、48个工作日。

（二）创新驱动推进转型升级。工业经济平稳发展。经开区获评国家生态工业示范园区，星沙产业基地获批省创新创业园区。汽车产业年整车生产能力达60万辆，广汽菲克、上汽大众产值双双突破百亿元。完成高新技术产值1700亿元，增长10%。现代服务业量质齐升。实现服务业增加值374.6亿元，增长13%。长沙国际会展中心、黄兴海吉星国际农产品物流园、安沙国际建材城、恒广国际物流园投入运营，湖南首个标准化通用机场——华星通航开建。成功入选“国家全域旅游示范区”创建单位，获评年度全国特色茶旅资源区。高效农业加快推进。实现农林牧渔业总产值118.8亿元，增长4.6%。新增省级龙头企业3家、国家五星级农庄3家，获评省粮食生产先进县。完成水利建设投资12.25亿元，水渡河闸坝下闸蓄水，白石洞水库启动主体工程建设。

（三）城乡提质创造美好生活。城市规划合理布局。完成县城13片控规的规划编制，实施《星沙新城绿地系统专项规划》。获评全国国土资源节约集约模范县。国内首条自主研发的中低速磁浮专线建成运行，黄江大道等干线公路实现通车，星沙联络线、机场大道加快推进。城乡品质不断提升。新改建公园6座，新增停车位1038个，提质道路12.4万平方米，拆除违章建筑31.6万平方米。星沙文化中心、县档案馆、图书馆建成，全面启动村（社区）阵地标准化建设。获评国家卫生县城。松雅湖晋升国家级湿地公园。生态环境持续改善。创建3个省级森林公园、2个全国生态文化村，建成区绿化覆盖率达45%，成为全省首个国家生态县，获评全国农村生活污水治理示范县。重点建设6大县级美丽乡村示范片区、26个市级示范村和特色村、17个县级示范村，获评省级美丽乡村建设先进县。

（四）优质均等增进民生福祉。社会事业全面繁荣。新建中小学校8所，改扩建学校36所，引进北师大、湖师大等优质教育资源合作办学。县妇幼保健院即将投用，成功创建国家级妇幼健康优质服务示范县、湖南省慢性病综合防控示范区，获评省人口计生工作先进模范县。着力打造有书香、有静气、有温度的城市，获评全国书香城市（区县级）。社会保障提档扩面。新建创业基地14个，新增创业主体14374个，城镇登记失业率2.9%。城乡低保实现一体化，启动城乡居民养老保险应用社保卡试点，社会保险基本实现全覆盖。建成公共租赁住房1800套（间）、改造棚户区4050户。扎实推进精准扶贫，易地扶贫搬迁301人，12个省定贫困村实现脱贫。社会管理创新局面。有效化解征地拆迁、信访维稳、食品监管等领域突出问题，严厉打击黄赌毒、非法集资、传销等违法犯罪行为，刑事发案率下降10.76%，获评全省平安县、综治工作先进县。全面开展安全生产隐患排查和整治行动，安全生产形势保持平稳，荣获全省安全生产工作先进县。

（五）理顺机制提升政府效能。全面推进依法行政。认真执行"三重一大①"集体决策制度，建立政府法律顾问服务质量考评制度。强化绩效考核结果刚性运用，市对县绩效考核总体进位。自觉接受县人大及其常委会的法律监督、工作监督和县政协的民主监督，续办人大议案2件，办理代表建议102件、政协提案128件。切实规范权力运行。重新修订《政府工作规则》，健全政府投资项目管理、土地出让、招标采购、招商引资等系列制度。推动责任清单和权力清单向基层延伸，开展金井镇扩权强镇试点。全面推进国库集中支付，强化债务管理，县与区、县与镇街财税体制进一步理顺。健全跟踪督查督办机制，有效推进政府决策落实。持续推进正风肃纪。扎实开展"两学一做"学习教育。圆满完成县、镇两级政府换届选举工作。保持惩治腐败高压态势，立案查处各类党员干部违纪案件226件，移送司法机关23人。深入开展文明城市创建，荣获"全国县域网络形象十佳县"称号。

其他各项工作都取得了新成绩。在此，我代表县人民政府，向各位人大代表、政协委员及各界人士，向全县人民和所有关心、支持长沙县发展的朋友们，表示衷心的感谢！

二、2017年工作安排

2017年是加速"挺进五强"的关键之年，是全面开启"二次创业"的起跑之年，是建成更高水平全面小康社会、率先实现基本现代化的接力之年。长沙县已经站在新的起点上，面对新的历史机遇和发展挑战，我们要以更高的层次来谋划事业，要以更大的合力来凝聚人心，要以更实的举措来推动工作。

2017年政府工作的总体思路是：深入贯彻党的十八大和十八届三中、四中、五中、六中全会精神，紧扣中央、省、市、县经济工作会议精神，以及省、市、县党代会和"两会"精神，始终围绕"强南富北、民生立县、挺进五强"发展主线，全面推进"二次创业"，建设更高层次、更高水平的"第一县""第一极""第一城"，加快挺进全国县域经济五强。

2017年全县经济社会发展的主要预期目标是：地区生产总值增长10%，力争达到11%；规模工业总产值增长12%，力争达到14%；固定资产投资增长16%，力争达到18%；社会消费品零售总额增长12.5%，力争达到15%；财政总收入增长10.8%，力争达到14.6%；城乡居民人均可支配收入增长8.6%以上。

为实现以上目标任务，我们将重点做好以下六个方面的工作：

（一）全面深化改革，激发全民创新活力

深化重点领域改革。加快农村产权制度改革，做好农村土地"三权分置②"工作试点，持续放大农业农村发展活力。深化供销合作社综合改革，提升供销合作社市场竞争力。积极实施和完善新一轮财税分成体制，充分激发园区、镇街培植财源的积极性。建立跨年度预算平衡机制，推进国库电子支付。深化国地税合作，完善税收征管机制。提高金融支持实体经济的精准度和实效性，发挥PPP项目在吸引民间投资中的重要作用。健全债务预算管理与风险防控机制，切实防范金融风险。健全招投标监督管理机制，整合公共资源交易平台，建设电子评标系统，优化评标办法。严格落实房地产调控措施，促进房地产市场平稳健康发展。

强化创新要素保障。整合各条线资金，设立产业引导基金。出台招商引资项目操作规程，围绕主导产业延链补链强链、新业态新模式开展精准招商。以经开区孵化基地、星沙产业基地博士创新创业园为示范，设立产业创新特色园区，建设开元智能化产业孵化园，健全以企业为主体的技术创新体系。优化聚才育才用才机制，大力引进高端人才，充分盘活本地人才，以政策优势激活人才优势，化创新优势为发展优势。

优化双创生态环境。大力开展高新技术企业强基工程，实施知识产权战略，加强知识产权保护。深化政产学研合作，促进科技成果转化，支持星沙机床中科院电工所产学研基地建设。推动北部农村创客基地发展，建立健全政策引导、资金扶持、市场运作、大众参与的服务机制，降低创新创业门槛，浓厚创客支持氛围。

（二）不断扩大开放，开启二次创业征程

积极拓展开放平台。高标准规划建设临空经济区，积极申报长沙临空经济示范区。推动国家自贸区可复制经验在黄花综保区、临空经济区落地。加快建设对外劳务合作服务中心，新增进口肉类查验场，扩大进出口产品种类。引进跨境电商龙头企业，打造跨境电商公共服务平台。深入实施“政关检”合作机制，引进多家通关服务专业代理机构，着力提高口岸通关效率。高速高质完成黄花综保区必检设施建设，确保5月如期验收封关、15家以上企业同步投入运营。

全面打通开放通道。积极支持黄花机场三跑道、T3航站楼建设，增开至俄罗斯、英国、韩国等国际客运货运航线。加快完善基础设施，建设思源路、盛祥路、小康路等片区道路，加速推进机场大道、岳汝联络线、金阳大道、机场高速北辅道等项目，无缝连接会展中心、高铁和机场，厚植空铁联运优势，打造长江经济带重要空铁联运枢纽。

大力发展开放产业。坚持航空特色、现代服务、绿色环保的产业发展理念，以临空经济区、黄兴会展经济区为平台，构建优势明显、配套完善的临空产业体系。加快长沙百联奥特莱斯、奥凯航空等项目建设，建成国际邮快件中心、中东欧16国（中部）国际商贸总部中心，力争实现进出口额超10亿美元。以湖南省进口药品指定口岸为平台，依托综保区冷链仓储，做大进口医药产业。推动重点优势企业参与境外经贸合作园区建设。加快出台开放型经济发展专项资金管理办法等政策，吸引更多大型航空公司及世界500强企业落户。

（三）加快转型升级，构建现代产业体系

聚焦智能制造，振兴实体经济。抢抓长沙打造国家智能制造中心战略机遇，支持经开区打造自主创新示范区和5000亿级园区。推动三一重工、铁建重工、山河智能、中联重科等工程机械企业智能化转型。以广汽三菱发动机及二期扩建项目、大众配套产业园为示范，加大核心零部件研发引进力度，提高汽车配件本地配套率。支持上汽大众、广汽菲克、长丰集团等重点企业做大做强，支持众泰、梅花等企业抢占新能源汽车市场，推动汽车产业向千亿集群迈进。充分发挥蓝思科技、国科微电子等企业引领辐射作用，扩张电子信息产业体量。大力发展节能环保、军民融合、住宅工业、新材料等新兴产业，改造提升食品、建材等传统产业，引导建筑企业园区化发展。严格落实减税降费政策，积极发挥商会桥梁纽带作用，扶助中小微企业成长，构建“亲”“清”的政商关系。

聚焦现代服务业，补齐产业短板。围绕生产性服务业扩张、生活性服务业提质目标，积极对接市服务业发展“112计划[③]”，打造临空经济区、黄兴会展经济区、松雅湖商务区三大服务业聚集区。重点推进黄兴海吉星国际农产品物流园二期、广汽品牌销售园、长沙鲜禽冷链物流中心、新城吾悦广场建设。积极引进高端酒店、商贸商城、科技服务等现代服务业态，大力发展会展经济及衍生产业。科学布局现代物流，加快推进致远物流、展通物流等项目建设。壮大总部经济、楼宇经济、金融产业，吸引金融保险企业设立总部或分支机构，支持山东商会总部基地、太平洋人寿南方基地、星滔网络中南运营总部建设。深入推进商事制度改革，鼓励企业“主辅分离[④]”，全面推进“个转企[⑤]”，着力提升服务业占比。

聚焦全域旅游，加快富北步伐。全面启动“国家全域旅游示范区”创建，编制全域旅游发展规划，助推旅游业转型升级。突出“两河一线[⑥]”，打造板仓小镇、田汉戏剧艺术文化园、影珠山、金井虎园等特色景区。复制推广浔龙河、慧润模式，引进旗舰型项目，开发精品线路，实施旅游宣传“五进[⑦]”工程，让经典旅游产品、良好旅游形象走出湖南。深入推进农业供给侧结构性改革，稳步提高粮食综合生产能力，大力发展特色农业，加大优质绿色农产品供给。加快构建新型农业社会化服务体系，推进现代农业成果展示中心、农产品精深加工园、同超农产品集配中心建设，做优省会近郊农副产品供应基地。

（四）提升城乡品质，建设生态美丽家园

全力打造品质新城。强化规划引领，拉开城市骨架，丰富城市内涵，不断提高城市承载力和吸引力。科学编制城区重点地块和重要节点详规等7个规划，完成全县土地规划调整，推动县区、产业、产城融合发展。打通星沙联络线、湘龙西路、地铁3号线等出入城区主要通道。高端开发人民东路两厢，打造产城融合典范。彰显生态湿地优势，加快基础设施配套，大力引进项目，全力将松雅湖打造成为长沙城市名片。盘活城市闲置低效用地，合理布局文体场所、农贸市场、停车场、公交站点等城市配套。健全城区路网体系，畅通交通微循环。全面提质提档松雅、泉星等17个社区，新建9个城市公园。瞄准国内一流，整体设计、分步实施城区美化绿化亮化工程，提质城区主干道、主要出入口景观。积极创建全国县级文明城市，全面整治违章建筑、违章停车、超限超载、流动摊担等城市乱象。打造精品特色小区，创新物业管理机制，共建美丽和谐社区环境，让群众幸福感在家门口彰显。

全域建设美丽乡村。整合资金分批次、有计划重点打造一批特色小镇，加快“18+6”市级美丽乡村示范村、特色村建设，探索农村住宅产业化，建设高桥白鹭湖生态小镇。全面规划和建设北部路网，完成G107调规（青山铺、路口段），启动北横线建设，打通S323（福临至东八线段）、开慧联络线。提质改造春垅路、好三线等农村公路，大力实施村级公路连接工程，加快实现北部干线公路、农村公路外联内畅。建设湘龙BRT等4个公交首末站、城乡公交中心客运枢纽，不断扩大城乡公交覆盖面。完善城镇供水设施，建设金井水厂。实施“民办公助”小农水项目，完成白石洞水库大坝枢纽工程年度建设任务。开展农网升级改造，建设光达、北山110千伏输变电工程。

全面保护生态环境。深入贯彻绿色发展理念，守牢环境保护底线，争创国家生态文明建设示范县。扎实开展新三年造绿大行动，推进磁浮生态景观（二期）、环城绿带建设，加快大山冲国家森林公园创建步伐，高标准建设北山森林公园，不断提升森林覆盖率。严格落实环保主体责任，实施最严环境保护，加大环保考核权重，积极迎接环保督察。坚持铁腕治污，全面推行“河长制”，扎实开展浏阳河、捞刀河、松雅湖水环境保护和治理，建成浔龙河、江背污水处理厂，新建临空经济区综合污水处理中心。深入开展城乡环境卫生整洁行动，完成11个市级垃圾分类示范村建设。加强扬尘污染防控，全面清零黄标车。

（五）坚持民生至上，提高人民幸福指数

更加注重惠民乐民。实施教育提升三年行动计划，建成3所公办幼儿园，新建望仙小学、凉塘中学等10所学校，改扩建县一中、县实验中学等10所学校。继续引进优质资源合作办学，加快北师大长沙附属学校落地。深化“医联体[8]”建设，完善分级诊疗制度，健全村（社区）卫生服务网络。建设县人民医院，筹备搬迁县精神病医院，积极创建国家级慢性病综合防控示范区。深化计生服务管理改革，全面推进家庭发展能力建设。加快县体育中心、老年大学建设，争创国家一级档案馆。精心筹办纪念田汉诞辰120周年系列活动，高标准建设“田汉艺术文化地标”。举办高品位旅游节庆和文化交流活动，精心打造环松雅湖体育赛事品牌，满足群众对文化的新期待新需求。

更加注重扶民助民。持续推进生态扶贫移民工程，扎实开展产业扶贫、金融扶贫，建立贫困人口动态管理机制，确保脱贫质量。实施更加积极的就业政策，扶持高校毕业生等重点群体就业。加快县社会福利中心、春华健康产业园、青松老年公寓二期建设，健全覆盖城乡的养老服务体系。深化机关事业单位养老保险改革，建立职业年金制度。落实居民大病保险和医疗救助制度，提高城乡居民最低生活保障和特困人员救助供养标准。扎实办好重点民生实事工程，切实增进民生福祉。

更加注重利民安民。创新农村社会治理体系，完成村（居）委会换届选举工作。扎实做好国防动员和双拥工作，支持驻军落实改革。严格执行安全生产三年行动计划，推进安全生产监管县区一体，建设安沙、星沙产业基地消防站和公路生命防护工程，争创全省安全生产示范县。健全社会治安防控体系，加强矛盾纠纷排查化解，开展社会化禁毒，推动县区劳动仲裁一体化。强化信访源头治理，畅通群众合理诉求渠道。积极创建国家食品安全示范城市，建立应急管理科学长效机制，建成“天网三期”“天网补盲”工程，全力保障社会大局和谐稳定。

（六）强化责任落实，提升政府执行力

始终坚持依法行政。坚决贯彻县委决策部署，自觉接受县人大及其常委会的法律监督、工作监督和县政协的民主监督，定期向人大报告工作，向政协通报情况。认真执行县人大及其常委会的决议决定，办好代表议案建议和政协提案。强化制度约束和权力内控，建立法治政府指标体系，严格落实“三张清单[9]”，打造法治政府建设样板。

始终坚持科学施政。完善产业引导、财政资金、人才激励、行政管理等制度，以制度红利释放发展新动能。推进“智慧政务”建设，探索大数据应用服务，实行帮（代）办服务，构建大政务服务体系，高效服务实体经济。深化机关星级服务创建，擦亮“星沙政务”服务品牌。强化学习的精准性和有效性，拓宽干部干事创业的眼界和思路。

始终坚持从严治政。重点防范公共资源交易、工程招投标、政府采购等领域廉政风险，规范村级“三务[10]”管理，坚决遏制腐败现象的发生。健全政府工作高密度、全过程督查及监察审计全覆盖机制。加强政府效能建设，建立抓落实台账，严格考核，刚性兑现，坚决打通政令畅通的“最后一米”。

各位代表，发展全凭实干、奋斗成就未来。让我们在县委的坚强领导下，与全县人民一道，以改革的精神、开放的思维、务实的作风，加快建成“第一县”“第一极”“第一城”、早日挺进全国县域经济五强，以优异的成绩迎接党的十九大胜利召开！

名词解释：

① 三重一大：重大事项决策、重要干部任免、重要项目安排、大额资金的使用，必须经集体讨论做出决定的制度。

② 三权分置：农村集体土地所有权、承包权、经营权分置。

③ 112计划：2017年市重点建设100个重大服务业项目，培育100家服务业领军企业，新增20个服务业集聚区。

④ 主辅分离：企业将生产经营过程中的原材料采购、产品运输、安装、包装、营销等非核心辅助性的业务从其主营业务中分离出来，集中力量发展主业的做法及模式。

⑤ 个转企：注册的个体工商户（不含港、澳、台居民申办的个体工商户）升级为企业（包括个人独资企业、合伙企业、公司制企业）。

⑥ 两河一线：浏阳河、捞刀河和北横线。

⑦ 五进：进机场、进高铁、进会展、进企业、进终端。

⑧ 医联体：指区域医疗联合体，是将同一个区域内的医疗资源整合在一起，通常由一个区域内的三级医院与二级医院、社区医院、村医院组成的一个医疗联合体。

⑨ 三张清单：权力清单、责任清单和负面清单。

⑩ 三务：党务、村务、财务。

（责任编辑 周进银）

长沙县综合行政执法体制改革

·长沙县行政执法局·

2015年，长沙县主动适应改革形势，立足县域实际，采取“城管综合执法+X”的模式，全面整合23个领域的行政执法职能，组建湖南省首个县级综合行政执法局——长沙县行政执法局，探索出一条符合实际、富有特色的行政执法改革之路。2016年，中央、省、市媒体、部门报道推介长沙县行政执法局改革经验285次，其中5月15日《人民日报》以“‘20=1’带来什么”为题专题推介；8月4日新华社《国内动态清样》3025期（新华社最高级别内参，呈送省部级以上领导）以《湖南长沙县探索行政执法改革破解推诿难题》为题刊发；6月，湖南省《县域经济参考36期》（呈送湖南省四大家领导、省直各单位）以“长沙县依法行政改革加快法治政府建设”专题推介。2016年7月，长沙县首推综合行政执法体制改革获评“2015年度湖南省最具影响力法治人物和法治事件”。

一、基本情况

（一）改革背景

改革前，由于行政执法机构多，体制机制不顺畅，导致部门之间职责交叉，权限不清，多头执法等问题日益凸显。除原城管局外，原有22家涉改行政执法部门执法机构人员编制相对分散（11名以上的有7个、6~10名的有10个、5名以下的有5个，有的未设立执法机构），部分行政执法单位无专业执法人员或执法人员太少，行政执法网络不足以覆盖全县，农村偏远地区在某种程度上成行政执法的“盲区”。

2011年以前，在23家涉改行政执法部门中，32%的部门没有办理过行政执法案件，办理案件总数在10件以下的单位占38%，比例严重失衡。特别是社会关注度高、群众反映较多的城市管理、食品药品安全、生态环境、城乡建设等领域群众满意率不高，执法的社会效益不明显，执法形象不佳，与群众追求幸福生活的美好向往存在较大差距，与长沙县“中西部第一县”的地位极不相符，行政执法改革亟待推进。

（二）改革推进

2004年，依据《湖南省省人民政府关于在长沙县开展相对集中行政处罚权工作的批复》精神，长沙县将原城管综合执法大队更名为城市管理行政执法大队，负责行使城市管理领域“9+1”的行政处罚权。2011年，长沙县启动行政执法改革工作，先后整合环保、建设、卫生计生、农业等17个部门执法人员，组成四个执法大队，集中力量开展行政执法工作。2015年，依据《中共中央 国务院法治政府建设实施纲要（2015—2020年）》《中共中央 国务院关于深入推进城市执法体制改革改进城市管理工作的指导意见》《湖南省人民政府关于长沙县进一步推进相对集中行政处罚权工作的批复》（湘政函〔2014〕46号）文件精神，长沙县结合自身改革经验，将城市管理综合执法与水务、规建、环保、交通等23个领域的行政执法职能整合，成立长沙县行政执法局，2016年4月21日正式挂牌，实现“城管综合执法+X”的大综合。

（三）机构设置

根据“三定方案”，长沙县行政执法局共核定编制563个（其中机关行政编制30名，全额拨款事业编制531名，机关后勤服务全额拨款事业编制2名）。局机关设办公室、执法调度指挥中心、纪检监察室、法制科、政工人事科、财务审计科、行政处罚中心、宣教科、后勤保障科9个内设机构；下辖县城市管理行政执法大队（加挂县行政执法直属分局牌子）、县行政执法一分局至六分局、行政执法督查大队、行政执法信息中心等9个事业单位。2016年8月起至2017年2月，先后新设黄兴、黄花、金井三个属地分局。

长沙县行政执法局行使23个领域1608项行政处罚权及与之相关的行政强制权（其中，行政处罚权1501项，行政强制权107项），按照机构改革的统一安排，将食品药品、安全生产等方面的行政处罚权及强制权分别委托给县市场监管局和县安监局。2016年，长沙县行政执法局致力创新执法方式，规范执法行为，提升执法成效，开展各类专项执法行动1698次，联合执法行动543次，检查单位35万家，立案4440起，结案4289起，到位罚没款2240万元，处置"12345"工单1485起，回复率100%，满意率96.5%。

二、主要做法

（一）再造流程，全省首个县级综合行政执法局成熟运转。一是下移执法重心。按照"点线面结合"的思路，建成"县级层面7个专业分局+镇街层面3个属地分局+N个镇街执法中队（关口卡点）"的基层监管网络。并进一步强化基层执法力量配备，确保全局近900名干部职工有90%以上执法在一线。切实将执法重心下移，满足一线执法工作需要；二是规范队伍管理。完成"执法车辆、执法文书、执法证件、执法服装"的"四统一"和"集中办公、集中执法、集中审批、集中培训"的"四集中"，并通过轮训、集训、以案代训、岗位培训等方式提升业务能力，加快实现由城管单一领域专业执法向"城管+X"多领域综合执法的转变；三是理顺体制机制。省市领导高度重视，省法制办颁发综合执法证，市委、市政府召开会议解决上级发文、绩效考核、人员培训等问题。县委明确县行政执法局为政府组成部门，调整完善权力清单和责任清单，厘清县行政执法局与23个涉改职能局的责任边界，构建县级层面的行政执法联席会议、行政执法监督委员会等机制，及时协调解决改革推进过程中出现的新难点新问题。

（二）创新机制，建设全省首个县级行政执法综合管理服务平台。一是打造信息平台。县行政执法局开发建设全省首个具有自主知识产权的县级行政执法综合管理服务平台，平台涵盖功能、数据信息广度全省第一。将县域内的平安城市、治超站点、环境保护等视频资源统一接入，整合原数字化城管、大数据管理局等信息资源，打造一个集视频调度、执法办案、信息查询、执法痕迹、纪律监察等功能于一体的信息平台，率先实现中央提出的"全过程记录，可回溯管理"要求；二是统一投诉电话。成立行政执法调度指挥中心，整合原城管、环保等23个领域投诉举报热线，开通行政执法"110"，统一受理群众投诉、监督、举报，直接指派一线执法队员迅速处置，投诉处理结果、群众满意度由指挥调度中心统一进行反馈、调查。实现执法指挥的扁平化和信息化，确保群众监督渠道畅通有效。城管领域投诉案件办结率、群众满意度由2015年的73.2%、81.4%分别提升到2016年的100%、96.6%。

（三）规范执法，首次实现执法办案在线流转、执法数据在线查询。一是信息化办案。依托执法办案和执法查询系统，对执法案件进行在线办理和在线审核，对行政处罚结果进行网上公示，依托信息化手段规范执法行为，提高案件查处快速反应能力，实现中央提出的"案件公示制度"，立案率明显增加，办案效率明显提升。2016年立案4440起，同比增长173.5%，其中城市管理领域案件办理案件2597起，同比增长248%。二是制度化规范。相继制定出台《重大案件集体讨论制度》《案件层级审核制度》《规范自由裁量权基准实施办法》《行政执法过错追究制度》等制度，确保执法规范，2016年成立以来，共受理34起行政复议或诉讼案件，未发生一起行政复议被撤销和行政诉讼败诉案件。三是数字化管理。为全局每位执法人员配备执法记录仪，每个办公场所配备数据采集站，实现一线执法实时记录，视频数据当日回传，局督查大队、纪检监察室不定期对视频数据信息随机抽样检查，以数字化管理确保执法规范。2016年以来，未发生一例粗暴、野蛮、不文明执法现象和媒体负面报道。

三、改革成果

（一）在执法领域、执法效率上实现"加法"

按照"城管综合执法+X"的模式，集中行使23个领域1608项部门的行政处罚权，执法职能明显加强，执法人员更加规范、专业，实现行政执法领域全覆盖，构建一个全天候无缝隙的执法监管网格，在多个领域实现行政执法"零"的突破，特别是在文明创建、城市管理、安全生产、环境保护、拆违控违、运政路政等方面，充分发挥综合执法这一利器作用，执法成效明显。

（二）在执法机构、执法队伍上实现"减法"

通过改革，共撤并涉改执法机构17个（其中正科级2个、副科级6个、其余9个），整合执法主体，减少执法层级，建立权责统一、权威高效的行政执法体制，实现"一支执法队伍管全部"的管理模式，有效解决多头执法、重复执法等问题。

（三）在执法形象、群众满意上实现“乘法”

初步打造一支专业化、法制化的执法队伍，解决群众投诉无门，优化企业发展环境，群众反映较为强烈的油烟扰民、噪音污染、违章搭建等民本民生问题，也能够及时得到有效解决，每起案件的查处情况均依托案件查询平台及时公开，主动接受社会监督，执法队伍形象、群众满意度、政府公信力得到进一步提升，长沙县首推行政执法改革获评“2015 年度湖南省十大最具影响力法治事件”，长沙县行政执法局党委书记、局长朱智勇获评“2016 年度湖南省十大最具影响力法治人物”。

（四）在执法难点、城市顽疾上实现“除法”

依托综合执法优势，集中执法力量，在超载超限、非法营运、环境保护等领域积极开展专项整治，特别是在城市管理领域推出“分类管理”“亭长制”“体验式城管”“错时执法”等一系列创新性城管执法措施，解决流动摊贩、店外经营、违规夜市、违章搭建、违章广告等一系列城市顽疾。

从前期改革情况来看，长沙县综合行政执法改革做到了放权而不放任，达到理顺体制，整合资源，提高水平，改善形象，降低成本，普遍认可的效果，切实提升政府效能、激发市场活力、改善发展环境。下一步，长沙县将继续坚持问题导向，对执法难点和共性问题进行分析，进一步优化基层执法机构设置，积极争取中央深改办、北大、中科院的智力支持，不断提升改革成效，加快长沙县综合行政执法改革向纵深推进。

2016 湖南·星沙走进东盟经贸系列活动

·长沙县商务局·

“2016 湖南·星沙走进东盟经贸系列活动”贯穿 2016 年全年，由湖南省商务厅、长沙市人民政府主办，长沙经济技术开发区管委会、长沙县人民政府承办，湖南省人民政府外事侨务办公室协办，以“对接国家战略牵手东盟十国”为主题，旨在建立湖南与东盟企业的对接平台，促进湖南与东盟的经贸文化合作，实现产业的无缝对接。

3 月 22 日，“2016 湖南·星沙走进东盟经贸系列活动”新闻发布会召开。湖南省商务厅副厅长周越，长沙市副市长廖健，长沙县委常委、常务副县长杨莉等领导参加新闻发布会，并就相关问题答记者问。长沙县委常委、宣传部长彭勇主持新闻发布会。此举标志着“2016 湖南·星沙走进东盟经贸系列活动”正式拉开帷幕，是长沙县有史以来规模最大、规格最高的外事经贸活动。

3 月 28 日至 4 月 1 日，“2016 湖南·星沙走进东盟经贸系列活动”（东盟使节星沙行）在星沙举办。活动主要包含项目推介会暨签约仪式、专场项目对接会、实地考察等一系列活动。活动成功举办，成果丰硕。

组织机构齐，前期筹备足。省、市、区县领导高度重视此次活动，活动启动前，省、市、区县成立 2016 湖南·星沙走进东盟经贸活动组委会。副省长何报翔任顾问；省商务厅厅长徐湘平，市长胡衡华任主任；省商务厅副厅长周越，副市长廖健，省外侨办副主任邱爱华，时任县委书记、长沙经开区党工委书记杨懿文，长沙经开区管委会主任李科明，县长张庆红任副主任；省、市、县有关领导任组委会成员、秘书长、副秘书长。区县成立活动协调领导小组。杨懿文、李科明任顾问，张庆红任组长，常务副县长杨莉

3 月 30 日，湖南—东盟投资贸易推介会暨重大项目签约仪式举行（陆林 摄）

任常务副组长，6位县级领导担任副组长，成员单位34个。组委会于1月11日集中办公，抽调专职人员23人，其中常驻人员15人，工作人员以县商务局为主，县政府办、县委宣传部、县外事办、区招商局、区产业环保局、县经信局、县农林局、县公安局、县国安局、县接待办等部门高度配合。主体活动开展前，组委会秘书处组织召开10次筹备调度会，每一次筹备调度会都明确阶段目标任务，强化责任落实，各部门加强协调配合，充分发挥各自职能作用，组委会各部根据总体方案要求，制定具体实施方案，及时分解目标，落实责任，切实抓好各项筹备工作的落实，确保活动顺利开展。

*活动形式新，实际效果好。*活动期间，举办省长会见东盟驻华使节、湖南—东盟投资贸易推介会暨重大项目签约仪式、城市交通和新型工业化考察活动、外出交流以及专场推介等多项主体活动。在湖南—东盟投资贸易推介会暨重大项目签约仪式上，湖南各级领导分别介绍当地开放型经济发展情况及投资环境，参会的东盟10国使节分别对各国项目进行重点推介。推介会后，中外客商纷纷称赞推介会精彩，对彼此很有吸引力。在城市交通和新型工业化考察活动中，东盟使节和客商先后到长沙中低速磁浮工程、北汽福田汽车股份有限公司长沙汽车厂、长沙众泰汽车工业有限公司、三一集团考察，考察团一行对长沙县的汽车及工程机械产业也表现出浓厚兴趣，纷纷表示，希望借此次走进东盟经贸系列活动的契机进一步增进解，加强在经贸、文化、旅游等领域的交流合作，为推进共同发展、实现互利共赢注入新的动力。此次活动是长沙县近年来承办的规格最高、主题最新颖、内容最丰富、嘉宾层次最高、亮点最突出、成效最明显的一次，全面提升了长沙县的影响力。

*嘉宾规格高，客商范围广。*省商务厅、区县领导赴北京拜访东盟十国使馆、商务部、中国—东盟秘书处等，共邀请东盟驻华使节24人，其中文莱驻华大使张慈祥、菲律宾驻华大使艾尔琳达·巴西里奥、缅甸驻华大使吴帝林翁、马来西亚驻华大使扎伊努丁·叶海亚、老挝驻华大使万迪·布达萨冯5位驻华大使现场出席；对接和邀请省商务厅驻泰国、老挝、越南、柬埔寨、新加坡、印尼商务代表处或境外湖南商会负责人，采取境外商协会邀请，东盟十国使馆推荐，省、市、区县企业推荐等多种形式，邀请东盟十国政府官员11人，其中副部级官员2人，境外商协会代表14人，东盟企业65家127人。通过省市、区县商务部门对省市重点涉外企业进行摸底调查，严格筛选推荐省市、区县参加活动企业，邀请省重点外经贸企业32家，32人，市重点外经贸企业20家，20人；区县重点外经贸企业58家，58人。

*项目推介实，签约成果丰。*项目对接部在全省范围内进行摸底，挖掘湖南省与东盟国家经贸往来项目，并努力推动双边合作与往来，活动期间，促成合作项目51个，合同金额35.65亿美元。51个项目中，投资类项目18个、工程承包类7个、对外技术合作类1个、援外项目1个、贸易类项目24个。在湖南—东盟投资贸易推介会暨重大项目签约仪式上，就12个经贸项目现场签约，其余39个项目场外签约。

为加强省内外贸企业与东盟国家的沟通和解，扩大省内企业知名度，推动企业“走出去”，经过收集筛选，对有意向对外投资的企业和项目进行推介汇编。活动期间，发布推介项目68个，其中包括20个平台（区县12个，东盟8个），48个企业项目（省市5个，区县43个），主要涉及装备制造、食品及农产品加工行业、工程承包及建安行业、汽车及零部件配套等。编制星沙投资环境研究报告，在活动期间进行推广发布，增进东盟国家对长沙县和长沙经开区的了解。

*新闻宣传广，活动氛围浓。*活动期间，全方位、多角度、立体式的开展宣传报道。据统计，关于活动的新闻报道和转载总量近500篇，营造良好氛围，充分展示出湖南、星沙的良好形象。3月22日，举办“2016湖南·星沙走进东盟经贸系列活动”新闻发布会，邀请中央、省、市及境外驻湘媒体20余家，对走进东盟活动的做法和意义等进行前期发布，引发媒体对本次活动的广泛关注和持续报道。县电视台、《星沙时报》、星沙新闻网等县内媒体开设专题、专栏，派出多路记者，24小时待命，对此次活动全程跟踪采访及宣传报道，为活动广泛宣传造势，起到外树形象、内聚人心的良好效果。同时，充分利用各种宣传媒体，开动多种传播渠道，为活动营造良好社会氛围。从3月初开始，利用长沙电视台、县电视台播放走进东盟系列宣传片，为活动预热造势；利用机场广告、电子显示屏、户外广告牌、公交车站广告牌、道旗、彩旗等社会宣传载体载体，营造办会氛围；利用网站、APP、微信等自媒体平台宣传优势，为走进东盟系列活动营造良好网上舆论环境。邀请专业团队对“湖南－东盟投资贸易推介会暨重大项目签约仪式”进行网络直播，微信直播平台观看量达7万，同时在新浪首页、乐视首页进行网络直播；新浪、腾讯、红网、凤凰网等网站重点推荐走进东盟系列活动宣传稿件，相关报道实现网站首页、APP首页、弹窗全覆盖。极大的汇聚网络

人气，为活动营造强大舆论声势。

后勤服务优，宾客评价高。接待后勤部按照“接待热情、服务周到、安排细致、确保安全”总体要求，以高度的政治责任，精湛的业务技能，扎实的工作作风，努力做好各项后勤接待工作，让每位使节和客商高兴而来满意而归，按照“零失误、零差错、零投诉”的总原则，确保活动取得圆满成功。

热心做好迎送服务。按照“一对一”接待方案，后勤接待部迎送组选聘31名政治素质较高、英语对话较好、热情大方的志愿者。在服务过程中，志愿者坚持发挥吃苦耐劳，坚忍不拔的工作作风。全体男生志愿者28—29日坚持全天候坚守在机场、高铁接待到长外宾外商，直至24时；叶司、艾静等10名志愿者利用30日中午的间隙，对外商返程信息进行登记备案，为宾客便利返程和车辆组工作安排提供有效保障。

全心做好车辆保障服务。后勤接待部车辆服务组按照安排严谨、管理规范、节约资金、安全正点要求，对整个活动制定详细的工作方案和应急预案，并在推进过程中随时跟进，修改完善活动方案。活动开展前，工作人员提前到机场、高铁站及相关路线进行踩点探路，确保车辆服务的安全有序。

细心做好食宿服务。根据外宾不同的生活习惯、宗教信仰的禁忌妥善、周到安排饮食。住宿安排根据客人的身份、人数、性别、年龄、生活习惯和工作需要合理安排，同一个国家基本安排在同一楼层，无烟层、助手房配备合理，部分楼层两端考虑小型休息室和会议室，以便客人随时碰面商谈交流。热情周到、体贴入微、善解人意的服务，让来宾有“宾至如归”之感。

安全保障全，活动开展顺。按照“加强控制区，严密核心区，确保中心区”的原则，安保维稳部对驻地控制区进行摸排，对重点人员进行重点管控；对中心区进行地毯式安全检查，进入人员和物品严格安检；对核心区进行彻底的安全大检查，实行封闭式“真空”管理。为加强社会面控制，县公安局在活动开始前一周组织全县公安机关开展三次集中清查和设卡盘查行动，提高全警的治安防范意识。刑侦、治安、交警、禁毒、消防等各警种分别牵头开展专项整治。做好参与活动人员的背景审查，共审查687人，全部登记造册。并对参与活动的所有人员逐人核对，严格监督发放证件，共计发放证件1719个。

此次活动涉及面广、时间长、安保任务重，各部门、各警种通力合作，认真做好现场管控、搜排爆及交通疏导等工作。活动期间，县商务局每天投入警力400余人，重点对活动驻地、考察地点、车站广场、商贸区等重点部位和人员密集场所进行高密度巡逻，做到处处有警、一眼见警。负责驻地酒店内部安保的警力每天24小时轮流值守，县治安大队大队长郑苗作为凤凰酒店主楼警戒工作的负责人，5天4晚坚守工作岗位，不满2岁的小孩发高烧也顾不上回家照顾；负责酒店外围警戒和周边秩序维护的星沙派出所警力克服疲劳厌战情绪，以严整的警容警姿、高昂饱满的精神状态认真履职，得到领导和来宾的一致好评；负责交通秩序维护交警大队警力风雨无阻，交通指挥有序，确保交通畅通。活动期间，消防隐患排查、城市卫生保洁、医疗后勤保障、电力保障、食品安全保障按照要求，各司其职，确保活动的安全顺利开展。

领导重视是此次活动取得成功的根本保证。省委副书记、省长杜家毫，省委常委、常务副省长陈向群，副省长何报翔于2015年对活动作出具体批示；省商务厅厅长徐湘平，长沙市人民政府市长胡衡华、副市长廖健多次过问并亲自审定总体方案；省外事办专题就拜访东盟十国驻华大使馆事宜向外交部发函；省商务厅领导向商务部汇报活动方案；市商务局对秘书处衔接的工作及时回应、及时指导。时任县委书记、长沙经开区党工委书记杨懿文在2015年12月30日第十二届第六次党代会上指出：“积极融入国家‘一带一路’战略，加快把长沙县打造成东部开放型经济走廊的桥头堡”。经开区管委会主任李科明要求经开区招商、产业环保等部门加紧衔接，确保实效。县委副书记、县长张庆红在今年1月13日召开的第十六届人大会第五次会议上强调：“创新对外开放和对外开拓的新思路，坚持招大引强与选优补缺并举，坚持开发国外市场与消化过剩产能并重，认真组织好‘走进东盟’大型外贸商务活动。”

活动筹备期间，省商务厅副厅长周越先后两次听取筹备工作汇报，并指定省厅有关处室做好对接联络工作，亲自出席相关活动。省商务厅亚洲处处长陈大扬、副处长符亮，省外事办礼宾处处长郭向丽，市商务局副局长汪东华等省市领导多次参加筹备调度会，亲自把关各项活动。县委常委、县人民政府常务副县长杨莉亲自挂帅，担任组委会综合协调部部长，坐镇指挥，统揽活动筹备工作，亲自部署，亲自督查。县委常委、县委宣传部部长彭勇，县委常委、县委办主任王国良，经开区党工委委员张湘鸿，长沙县人民政府副县长黄粱、彭迟平、李开兴、喻志刚等县区领导靠前指挥，各负其责，亲自上阵；县委、县政府、县人大、县政协，经开区相关领导亲自出席有关活动，省直、市直有关单位，县区有关科局、镇街、园区积极配合，确保各项活动有条不紊进行。

敢于创新是此次活动取得成功的关键之举。本次活动参会嘉宾规格高，东盟10国使节出席；参会规模大，邀请到会的省、市、县各级领导100多人，中外嘉宾和客商200多人，新闻媒体20多家，工作人员1000多人；活动内容丰富，时间紧，任务重，难度显而易见。在筹备过程中，组委会克服无过往经验、无参照模式、无成功做法等困难，开拓创新，积极探索，将省市县区掌握的丰富的客商资源与县区独具特色的发展资源结合起来，将办会水平提升到一个新高度。

*尽早谋划是此次活动取得成功的重要保障。*一是早谋划、早安排。为使走进东盟经贸系列活动期间邀请东盟十国驻华使节和东盟重要客商，签约更多的项目，自去年11月份以来，省、市、县（区）商务部门就已着手准备各项筹备工作。2015年11月20日，县政府县长办公会议对活动进行专题研究，并印发会议纪要。12月，省政府、市政府批准活动方案。2016年1月，县委办、经开区办、县政府办印发活动总体方案。二是主动抓好双边项目对接。自2015年11月起，组委会秘书处组织多层级项目对接活动。2015年12月举办泰国湖南工业园项目对接推介会；2016年1月，举办区县企业走进东盟项目对接会，越南、柬埔寨、泰国、老挝首席商务代表参加。这些前期的项目对接活动为会议期间签约和洽谈一批重大招商引资项目奠定坚实基础。

*团结协作是此次活动取得成功的重要抓手。*活动由省商务厅和长沙市政府主办，长沙县、长沙经开区承办，省外事办协办，是省、市、县（区）三级首次联合开展工作，协调难度大，工作程序多，但在办会过程中，省、市、县（区）三级分工明确、组织有序、配合高效、服务周到，做到相互补台。组委会制定总体方案，各部按照总体方案制定各部工作方案，每一项活动都有具体细案，落实各项活动牵头单位、各部工作职责，明确工作分工，将每一项工作责任到人，确保每一个环节都有专人负责；在活动过程中，注重细节，善抓重点，分工协作，不仅极大的提高工作效率，也进一步提升工作人员的能力和水平，为将来筹备各类活动积累丰富的经验、打下良好的基础。

（责任编辑 周进银）

2016 年长沙县大事记

1 月

4 日 省政法委副书记阳红光率队到长沙县调研司法体制改革工作。市、县领导钟钢、杨懿文、彭迟平等陪同调研。

9 日 福田汽车长沙汽车厂推出“欧辉品牌”环保装备专用车在广州亮相。欧辉环境装备拓展清扫、清洗、清运、清污等系列产品，拥有整车控制集成、智能安全、检测技术等领先新能源核心技术。

10 日 “云汽车 轻生活”——众泰云 100S 下线暨上市发布会在长沙经开区众泰新能源基地举行。

12—14 日 中国人民政治协商会议湖南省长沙县第八届委员会第五次会议召开。全县各界、各条战线 264 名政协委员参会。

13—15 日 长沙县第十六届人民代表大会第五次会议隆重召开。各个选区、各个行业 200 余名人大代表参会。

15 日 县委书记、长沙经开区党工委书记杨懿文主持召开长沙县委常委班子“三严三实”专题民主生活会。市委副书记、市长胡衡华到会指导。全体长沙县委常委参加会议，县人大常委会主任李建章、县政协主席王益枝列席会议。

22 日 工程机械二手设备产业联盟在长沙经开区运营，国际零部件交易中心开工。项目投资方湖南泰宇投资公司与三一重工、中联重科、山河智能、利氏拍卖中国公司现场签订二手设备产业联盟战略合作协议。市委常委、副市长张迎春，长沙经开区管委会主任李科明等出席活动。

23 日 中国国际城市化发展战略研究委员会、综合开发研究院（中国深圳）主办的长沙县县域改革发展典型案例集《改革就是创造——一个县域改革发展的全息样本》首发暨县域发展研讨会在北京举行。县委书记、长沙经开区党工委书记杨懿文出席研讨会并讲话。县委副书记吴新伟，县科学发展顾问吴京生，县委常委、县委办主任王国良，县科学发展顾问雷学军，县委办、县委宣传部、县发改局、县生态办等有关负责人参加活动。

26 日 长沙县获评“全国农村基层团建示范县”称号。

27 日 市委常委、组织部长程水泉带队到长沙县督查春节前安全生产工作。县领导张庆红、杨莉等参加督查。

29 日 市委副书记徐宏源，市委常委、纪委书记李军到长沙县黄花镇，为当地困难群众送上春节前慰问。县领导张庆红、胡维龙、李开兴参加慰问。

▲ 副市长黎春秋率队到长沙县调度长沙机场大道工程建设项目，并召开调度会。副县长黄梁、黄波参加会议。

2 月

4 日 副省长戴道晋，省政府副秘书长曹英华，副市长陈中一行到长沙县，向长沙县全国劳模曹国兴送上新春慰问。县领导张庆红、吴新伟、李开兴陪同参加慰问。

5 日 凯天环保科技股份有限公司通过协议转让方式在全国股转系统挂牌公开转让，成为园区又一家登陆新三板挂牌交易企业。

▲ 长沙县召开 2016 湖南 · 星沙走进东盟经贸系列活动筹备工作调度会，研究部署活动有关工作。区、县领导杨懿文、杨莉、彭勇等参加会议。

12—14 日 中国人民政治协商会议湖南省长沙县第八届委员会第五次会议召开。全县各界、各条战线的 264 名政协委员参会。

14 日 县委书记、长沙经开区党工委书记杨懿文主持召开长沙县"四大家"班子成员新年见面会，通报春节假日期间全县有关情况，安排部署开年有关工作。

▲ 长沙县召开研究并村工作会商会议，听取村级集体经济、信访维稳、基层组织建设及并村工作准备等情况汇报，研究部署下阶段工作。县委书记、长沙经开区党工委书记杨懿文，县委副书记、县长张庆红出席会议并讲话。县领导吴新伟、杨莉、王国良等参加会议。

15 日 县委书记、长沙经开区党工委书记杨懿文"新春第一访"到星沙商务写字楼及市民服务中心，为一线工作人员送上新春问候同时查看科局节后工作状态等，并召开座谈会研究部署有关工作。县领导吴新伟、杨莉、王国良、喻名团、张小春参加走访和座谈会。

16 日 省委常委、市委书记易炼红到万通科技、三一众智新城调研工业经济运行情况，市、区负责人张迎春、夏建平、杨懿文、李科明、张庆红等陪同调研。

18 日 副市长陈中一行到长沙县调研水利建设工作，考察太阳滩水闸建设。副县长李开兴陪同调研。

21 日 长沙县 2016 年工作动员大会召开。县委书记、长沙经开区党工委书记杨懿文出席会议并讲话，县委副书记、县长张庆红主持会议，县委常委、常务副县长杨莉作项目建设及功能区建设工作动员，县委副书记吴新伟作并村工作动员。县领导李建章、王益枝、胡维龙等出席会议。

▲ 中共长沙县第十二届纪委第五次全会召开。会议深入学习贯彻习近平总书记重要讲话和中央、省、市纪委全会精神，总结 2015 年党风廉政建设和反腐败工作，安排 2016 年工作任务。县委书记、长沙经开区党工委书记杨懿文出席会议并讲话，县委副书记、县长张庆红主持会议。县领导吴新伟、李建章等出席会议。县委常委、县纪委书记胡维龙代表县纪委常委会作工作报告。

24 日 省科技厅副厅长罗亚军一行到长沙县调研松雅湖项目建设和水安全情况。县领导吴新伟、喻名团参加调研。

3 月

8 日 长沙县召开党务工作暨乡镇党委换届工作动员大会，贯彻落实上级党务工作和换届工作会议精神，总结回顾过去一年绩效考核工作，安排部署全县党务、绩效考核和乡镇党委换届等工作。县领导杨懿文、张庆红、吴新伟等出席会议。

11 日 市委副书记徐宏源率队到长沙县，调研长沙磁浮铁路（长沙县段）生态景观走廊提质改造一期项目建设情况。县领导杨懿文、谭浩然等陪同调研。

12 日 "埃塞俄比亚·湖南装备制造合作园区"合作备忘录签署仪式在长沙举行。该园区是中国目前唯一一个由省级政府推动，组织省内龙头企业（三一重工）和央企（中地海外）形成产业联盟，获得中国商务部和发改委认可，并由中国进出口银行等金融机构支持，在非洲推动建设第一个境外装备制造合作园区。长沙经开区管委会主任李科明、党工委委员张湘鸿出席仪式。

14 日 市人大常委会主任袁观清率主任会议成员到长沙县就经济社会发展情况、重点项目建设及人大工作进行调研。区、县领导李科明、李建章、杨莉等陪同调研。

16 日 省委常委、省委秘书长许又声到长沙县调研党委办公室工作，并召开长沙市党委办公室工作座谈会。市委常委、市委秘书长夏建平主持座谈会，县委书记、长沙经开区党工委书记杨懿文汇报相关工作。县委常委、县委办主任王国良及其他各区县（市）委办负责人先后发言。

▲ 省人大常委会副主任陈君文率队到长沙县，就两型住宅产业化工作开展实地调研。县领导李建章、李开兴等陪同调研。

17 日 湖南省委调研组一行到长沙县北山镇调研重金属污染耕地修复治理工作，副县长李开兴参加调研。

18 日 长沙科技新城项目开工。该项目定位为"集高端生产制造、研发设计、中试成果转化、企业总部、产品展示和生产性服务、配套设施于一体都市型产业集聚地"，主要引进电子信息、检验检测、生物医药、高新技术、能源环保等高新技术企业，长沙经开区党工委委员张文球出席开工活动。

19 日 国产首台全电脑三臂凿岩台车在铁建重工下线，是企业顺应"互联网 +"智能制造时代重大创新，填补中国工程机械行业在隧道工程施工装备领域空白。

21 日 副市长陈中率队到长沙县金井镇和开慧镇调研美丽乡村建设，副县长李开兴陪同调研。

22 日 2016 湖南·星沙走进东盟经贸系列活动召开新闻发布会，省、市、县领导周越、廖健、杨莉等参加发布会。

24 日 长沙县召开创建食品安全示范县动员大会。县委副书记、县长张庆红在会上对相关工作进行安排部署。区、县领导王维倩、柳铁强、黄粱、李开兴、杜宏亮出席动员大会。

25 日 罗马尼亚比斯特里察－讷瑟乌德省省长埃米尔·拉杜·莫尔多瓦率代表团到长沙县松雅湖国际友谊林，

种下一株象征“和平、友好、合作”的桂花树。省、市、县领导陈向群、张迎春、张庆红等参加活动。

26日 浏阳河文化旅游产业带长沙县首届红樱文化旅游节在江背镇锦绣江南现代农庄开幕。市委常委、宣传部长张湘涛宣布活动开幕，副市长陈中及市有关部门负责人，县领导张庆红、杨莉、彭勇等出席开幕式。

29日 省委副书记、省长杜家毫在长沙会见出席2016湖南·星沙走进东盟经贸系列活动文莱驻华大使张慈祥、菲律宾驻华大使艾尔琳达·巴西里奥、缅甸驻华大使吴帝林翁、马来西亚驻华大使扎伊努丁·叶海亚、老挝驻华大使万迪·布达萨冯及柬埔寨、越南、新加坡、泰国、印度尼西亚使节团一行。省、市、县领导何报翔、胡衡华、杨懿文、杨莉等参加会见。

30—31日 由省商务厅、市政府主办，长沙经开区管委会、长沙县人民政府承办的2016湖南·星沙走进东盟经贸系列活动举行。活动期间，湖南与东盟共对接签约经贸合作项目51个，合同总金额35.65亿美元。长沙经开区对接项目23个，合同金额9.59亿美元。其中山河智能、三一集团、北汽福田、远大空调5个项目在湖南－东盟投资贸易推介会暨重大项目签约仪式上进行现场签约，签约总金额7.24亿美元。省、市、县领导熊方平、徐湘平、廖健、杨懿文、张庆红、李建章、高杰、巩固、杨莉等出席推介会。

31日 山河智能项目推介会在山河工业城举行，会上，山河智能装备股份有限公司分别与马来西亚、缅甸、老挝三个国家的项目代表现场签约。副县长黄梁、喻志刚出席活动。

4月

6日 省政协主席、省委常委、省委政法委书记李微微率省政协重点课题调研组到长沙县，就“推进湖南省供给侧结构性改革对策建议”主题开展调研。省政协副主席孙建国，市、区、县领导徐宏源、范小新、张迎春、谢明德、李科明、张庆红、王益枝、王国良等参加调研。

8日 湖南省旅游局党组书记、局长陈献春率队到长沙县，调研房车营地装备制造、北部乡村旅游发展等工作，推动长沙县创建湖南省全域旅游改革创新示范县。区、县领导张庆红、彭勇、王国良等陪同调研或参加座谈会。

▲ 由湖南千山制药机械股份有限公司旗下子公司湖南千山慢病健康管理有限公司投建“千山慢病精准管理与服务中心项目”开工，副市长何寄华、长沙经开区管委会主任李科明等出席开工动员活动。

15日 三一众创孵化器在孵企业湖南光蓝科技发展有限公司吴东方博士研发智能型光纤安防预警系统，获第44届日内瓦国际发明展金奖。

19日 “红色湘女之情”研讨会在长沙县开慧镇杨开慧纪念馆举行，省委常委、省委统战部部长黄兰香，全国政协常委、中国中共党史学会常务副会长、中央党史研究室原副主任龙新民，中国军事科学院军事战略研究部副部长毛新宇出席会议并讲话。市、县领导徐宏源、张庆红、王国良、沈光出席活动。

20日 国家住建部总经济师赵晖到长沙县果园镇，就镇危房改造及新农村建设工作进行调研。省住建厅党组书记、厅长蒋益民，县领导张庆红、吴新伟陪同调研。

21日 最高人民法院党组成员、副院长李少平到长沙县法院调研司法改革工作，一行人首先参观正在建设县法院新审判庭，随后进行座谈，听取县法院“三分式”审理模式汇报，并发表意见。湖南省高院党组书记、院长康为民，长沙市中级人民法院党组书记、院长罗衡宁，长沙县委副书记、县长张庆红，县委常委、政法委书记常利民陪同调研。

▲ 市委常委、宣传部长张湘涛一行到长沙县调研文化产业发展工作。县领导杨莉、彭勇陪同调研。

▲ 长沙县行政执法局正式挂牌。县领导柳铁强、喻名团、郭艳红出席挂牌仪式。

24日 长沙黄兴海吉星国际农产品物流园正式开业运营，副省长何报翔出席典礼并宣布开业。市、县领导袁观清、谢树林、芮英姿、廖健、谢明德等出席开业典礼。

26日 省人大常委会党组书记、副主任韩永文率队到长沙县，围绕县镇人大换届选举准备工作及贯彻落实中发〔2015〕18号文件、湘发〔2015〕26号文件有关情况进行调研。市、县领导袁观清、张庆红、李建章等参加调研。

▲长沙县在全市率先召开“两学一做”学习教育工作座谈会，深入学习习近平总书记关于“两学一做”学习教育重要指示精神和中央、省委、市委有关会议精神，就全县开展“两学一做”学习教育工作进行专题部署。县领导张庆红、吴新伟、胡维龙、彭勇、王国良出席座谈会。

5月

4日 在2016年度全省节约集约用地先进单位评选活动中，长沙经开区在全省83个省级及以上开发区中再次获得节约集约用地先进单位一等奖。

▲ 省、市、县政府分管国土领导到长沙县考察不动产登记工作并召开工作经验交流会。县领导张庆红、谭浩然参加交流会。

6日 耐普泵业举行“石化、LNG（液化天然气）、海洋工程专用泵技术中心”授牌仪式暨全国LNG海水泵技术研讨会。技术中心设立，标志着耐普泵业在石化、LNG海水泵领域取得技术成果，打破长期以来国外厂家在该行业内垄断格局。

▲ 第69个“5·8”世界红十字日宣传活动周启动仪式在长沙县举行。市、县领导何寄华、喻名团出席启动仪式。

9日 中华全国总工会授予长沙经开区总工会主席丁仁义“全国优秀工会工作者标兵”称号，并颁发奖牌和奖杯。全国共30人获得此项称号，丁仁义是湖南省唯一获评工会工作者。

▲ 联合国开发计划署授予长沙县果园镇浔龙河村“节能砖与农村节能建筑市场转化项目节能建筑推广村”，长沙市住建委授予果园镇“长沙市农村地区推广应用新型墙材示范乡镇”。县领导谭浩然出席授牌、揭牌仪式。

10日 省委常委、省军区司令员黄跃进率队到长沙县果园镇浔龙河村实地考察基层民兵营典型抓建。县领导陈晓成、李开兴等陪同考察。

12日 中国品牌价值500强评审委员会揭晓第十届中国品牌价值500强榜单。中联重科、铁建重工、三一重工入榜“中国品牌价值500强”。

16日 中国发明协会第七次全国会员代表大会暨第十届“中国发明家论坛”开幕式、第九届“发明创业奖·人物奖”颁奖典礼在北京人民大会堂举行。山河智能董事长何清华、光蓝科技董事长吴东方获第九届“发明创业奖·人物奖”，同时何清华还被授予“当代发明家”称号。

17日 长沙县检察院获授“全国先进基层检察院”称号。

19日 副省长蔡振红到蓝思科技（榔梨厂区）生产车间和公租房小区，实地考察湘西贫困劳动力转移长沙就工作、生活情况。省委组织部副部长、省人社厅厅长贺安杰，长沙经开区管委会主任李科明、党工委副书记高杰等陪同考察。

20日 国土资源部副部长曹卫星一行到长沙县，实地调研金井镇涧山村土地整治项目。省、市、县领导方先知、黎春秋、张庆红等陪同调研。

▲ 三一众创孵化器“智青春·创未来”三湘汇二期创业路演活动举行。活动期间，三一集团、三一众创孵化器先后与国信证券、中信银行、华夏方圆律师事务所等单位签订战略协议。三一集团与长沙经济技术开发集团有限公司共同签约发起成立规模3.5亿元“三一创业投资基金”，助推湖南创业企业发展。

23日 湖南省农村公路现场会在长沙县召开。长沙县农村公路通车里程、路网密度及硬化率均居全省之首。省、市、县领导胡建新、陈中、刘明理、黄梁参加会议。

25日 黄兴会展经济区挂牌。

27日 国家卫生计生委综合监督局局长赵廷配一行到长沙县进行计划生育行政执法专项督查。县领导吴新伟、喻名团陪同督查。

30日 中央组织部党员教育和干部测评中心主任陈燕楠一行到长沙县果园镇浔龙河村调研基层党建工作，市、县领导程水泉、张庆红、沈光陪同调研。

31日 黄花综合保税区获国务院正式批准成立。

6月

3日 湖南省暨长沙市2016年“安全生产月”启动仪式在长沙县举行。省、市、县领导戴道晋、张迎春、张庆红、杨莉等出席活动。

6日 长沙县综合行政执法体制改革被评为“湖南省十大最具影响力法治事件”之一。

7日 省委书记、省人大常委会主任徐守盛就深入推进供给侧结构性改革，加快建设长株潭核心增长极，深入长沙经开区部分企业实地调研。省、市、县领导许又声、易炼红、胡衡华、张迎春、李科明、张庆红等陪同调研。

8日 比利时埃诺省省长托米·勒克耐率省政府代表团到长沙县，前往松雅湖国际友谊林种下一棵象征两省友好关系的桂花树。省、市、县领导向力力、陈中、吴新伟、喻志刚等陪同植树。

9日 中共中央原政治局委员、十届全国人大常委会副委员长李铁映到长沙县高桥镇考察，实地走访李维汉故居和维汉小学。省委常委、市委书记易炼红，县领导张庆红、彭勇、王国良、彭迟平陪同考察。

14日 长沙市贯彻实施食品安全“一法一条例”情况汇报会在长沙县召开。省、市、县领导彭宪法、胡衡华、张庆红等出席会议。

15日 省人大常委会秘书长彭宪法率队到长沙县开展食品安全执法检查。检查组一行先后到海吉星国际农产品物流园、丁家岭生鲜市场、香湘食品有限公司、觉缘农业科技有限公司实地走访。市、县领导芮英姿、廖健、张庆红等陪同检查。

▲ 长沙县召开负责干部会议，宣布省、市委有关干部调整决定：曾超群任中共长沙县委委员、常委、书记，免去其中共长沙市天心区委书记、常委、委员职务。

17日 省委常委、市委书记易炼红，市委副书记、市长胡衡华率市委、市人大、市政府、市政协四大家领导、各市直部门主要负责人以及各区县（市）负责同志到长沙县，现场观摩“长沙磁浮生态绿带走廊”造绿复绿项目。县领导曾超群、张庆红、吴新伟等陪同观摩。

23日 长沙县召开全县负责干部会议，宣布省、市委干部任免决定：张庆红由原兼任长沙经开区党工委副书记、管委会副主任改为专职，并主持管委会全面工作，免去其中共长沙县委副书记、常委、委员，提名免去其长沙县人民政府县长职务；张作林任中共长沙县委委员、常委、副书记，提名为长沙县人民政府县长候选人，免去其中共浏阳市委常委、委员，提名免去其浏阳市人民政府副市长职务；吴新伟任中共浏阳市委委员、常委、副书记，提名为浏阳市人民政府市长候选人，免去其中共长沙县委副书记、常委、委员、县委党校校长职务。

27日 湖南省武术段位制进校园现场经验交流会在长沙县召开。副县长喻名团参加经验交流会。

28日 长沙工程机械二手设备交易展示中心运营暨利氏兄弟长沙首场国际拍卖会在长沙二手设备交易展示中心举行。副省长张剑飞，市委常委、副市长张迎春，中国工程机械工业协会会长祁俊，长沙经开区党工委副书记、管委会副主任张庆红、党工委副书记高杰，湖南省贸促会及国际商会秘书长杨恩奇，湖南机械工业协会会长何建国，利氏拍卖亚太区总裁霍尔木出席活动。

29日 副市长陈中到长沙县金井镇调研美丽乡村建设工作。副县长李开兴陪同。

7月

1日 长沙县召开庆祝中国共产党成立95周年大会。县领导曾超群、张作林、李建章等出席大会。

2日 县委书记曾超群主持召开防汛紧急调度会，县委常委、县委办主任王国良，副县长李开兴参加调度会。

4日 省委常委、市委书记易炼红调研长沙建设工作，到长沙县黄兴镇高铁新城劳动东路东延线综合管廊建设施工现场，实地查看工程进度。市、县领导夏建平、黎春秋、曾超群、张作林、王国良、谭浩然参加调研。

5日 铁建重工高端地下装备制造项目在长沙经开区正式动工。省、市、县领导易炼红、胡衡华、曾超群、张庆红、张作林等出席活动。

6日 副市长黎春秋带队到长沙县燃气企业、粮食机械制造企业、住房建设工地等企业生产一线和项目建设现场开展安全生产检查。县领导曾超群、谭浩然等参加检查。

13日 2016年中国500强排行榜发布，三一重工、中联重科、蓝思科技3家企业上榜。其中，三一重工以营业收入233.667亿元、利润1.386亿元稳居行业分榜单榜首。榜单显示，三一重工第235名，中联重科第261名，蓝思科技第307名。

15日 省委常委、市委书记易炼红率队到长沙县黄兴镇调研长沙国际会展中心项目建设。市、县领导黎春秋、廖健、曾超群、张作林等陪同调研。

19日 湖南中车时代通信信号有限公司（简称中车时代通号）正式运营暨轨道交通信号系统湖南省工程研究中心揭牌仪式在星沙举行，市委副书记、市长胡衡华为中车时代通号揭牌。市、区、县领导文树勋、张庆红、张作林等出席仪式。

▲ 市委常委、常务副市长陈泽珲到长沙县开慧镇调研城乡一体化建设及精准扶贫工作。区、县领导张作林、张文球、李开兴陪同调研。

20日 民政部社会救助司副司长王斌带队，到长沙县调研城乡低保规范管理工作，副县长李开兴陪同调研。

21日 长沙市委副书记徐宏源在调研全市供销系统工作时，率队到长沙县路口供销社，考察供销社改革情况。县领导曾超群、王国良、李开兴陪同调研。

▲ 长沙县（经开区）安全生产工作会议召开。区、县领导曾超群、张作林、杨莉等参加会议。

23日 国家卫计委组织相关专家到长沙县调研预防艾滋病、梅毒和乙肝母婴传播项目工作。副县长喻名团参加调研。

26日 航天凯天环保科技股份有限公司揭牌暨战略合作签约活动在长沙经开区管委会举行，副省长张剑飞、中国航天科工集团公司党组书记、董事长高红卫共同为“航天凯天环保科技股份有限公司”揭牌。市、区、县领导张迎春、曾超群、张庆红、张湘鸿出席活动。

28日 县委书记曾超群率队实地查看综保围网选址情况，并主持召开专题调度会，安排部署下阶段工作。县领导张作林、杨莉、王国良参加会议。

29日 县委书记曾超群走访慰问部分驻县部队官兵，县领导王国良、陈晓成、李开兴参加慰问。

8月

2日 罗伯特博世电机（中国）有限公司独立运营启动活动在长沙举行，标志博世起动机和发电机中国区业务迈入新纪元。市、区、县领导胡衡华、曾超群、张庆红等出席活动。

4日 湖南省农村环境综合整治验收工作组到长沙县对该项工作开展三天考核验收。县领导曾超群、黄梁、李开兴等出席验收汇报会。

12日 长沙县召开文明城市创建推进会，传达贯彻全市文明创建会议精神，安排部署创建迎检具体工作。区、县领导曾超群、张作林、杨莉等出席会议。

14日～16日 中国共产党长沙县第十三届代表大会第一次会议召开。曾超群代表中国共产党长沙县第十二届委员会向大会作《为率先实现基本现代化而努力奋斗》工作报告，胡维龙代表中国共产党长沙县纪律检查委员会作工作报告。大会选举县委委员、候补委员、县纪委委员、出席市第十三次党代会代表，表决通过关于十二届县委工作报告决议和关于县纪委工作报告决议。

16日 中国共产党长沙县第十三届委员会举行第一次全体会议，大会选举县委常委、书记、副书记，通过县纪委一次全会选举结果报告，曾超群就今后长沙县领导班子建设提出五点要求。

18日 市委常委、常务副市长陈泽珲，市委常委、统战部长文树勋分别率队到长沙县，深入企业一线，检查安全生产工作。县领导曾超群、谭浩然、黄梁参加检查。

22日 省委常委、市委书记易炼红率队调研长沙县工作。先后实地查看黄花机场二跑道、黄花机场联络线、长沙黄花综合保税区建设情况，并参观考察长沙县市民图书馆。县、区领导曾超群、张庆红、张作林等陪同调研。

23日 市人大常委会主任袁观清率市人大常委会组成人员到长沙县黄兴镇鹿芝岭村，围绕美丽乡村建设开展考察。县领导曾超群、张作林、李建章等陪同考察。

24日 省人大常委会联工委主任王刚率联工委党支部全体党员到长沙县，围绕工业企业、重点项目建设情况进行调研。一行人先后到长沙黄兴海吉星国际农产品物流园、上汽大众长沙工厂、浔龙河生态小镇等地开展实地走访并召开座谈会。县领导李建章、喻志刚、黄梁等陪同调研。

25日 长沙县召开贯彻落实易炼红重要讲话精神暨项目建设大会，传达贯彻落实易炼红重要讲话精神，通报1—7月项目建设情况，安排部署项目建设有关工作。县领导曾超群、张作林、杨莉等出席会议。

26日 长沙县召开精准扶贫工作调度会，县领导曾超群、杨莉、谭浩然、毛葵出席会议。

▲ 广汽三菱国产欧蓝德下线仪式在广汽三菱总装车间举行。省委常委、常务副省长陈向群出席并致辞，省委常委、市委书记易炼红宣布新车下线，副省长张剑飞，市委副书记、市长胡衡华，县委书记曾超群，长沙经开区党工委副书记、管委会副主任张庆红等出席下线仪式活动。

▲ 2016湖南省海关特殊监管区专题招商推介会在深圳举行。会上，长沙国际邮快件综合服务平台建设项目正式签约落户长沙黄花综合保税区，签约金额4.2亿元。县领导王国良参加会议。

27日 中国旅法勤工俭学蒙达尔纪纪念馆开馆，正式向社会免费开放。全国人大常委会委员、中国中共党史学会会长、中国中共党史人物研究会会长欧阳淞，中国驻法国大使翟隽，省长杜家毫特别代表、长沙市市长胡衡华，法国中部地区行政署长梅达，法国中央大区政府主席博诺出席开馆仪式并致辞，湖南省人民政府外事侨务办公室主任肖百灵主持，长沙县委副书记、代县长张作林出席。仪式上，长沙县与蒙达尔纪市互相递交协议书，正式结为友好城市。

31日 市委副书记徐宏源、副市长廖健到黄花综合保税区调研建设情况。县领导曾超群、张作林参加调研。

▲ 长沙县首个乡镇行政执法分局——长沙县行政执法局黄兴分局举行揭牌仪式。县领导喻志刚、喻名团参加仪式。

9月

3日 长沙县松雅书院主题读书活动之松雅讲坛开讲第一课。县领导曾超群、王国良、谭浩然、杨溢参加活动。

6日 市委常委、统战部部长文树勋率队到长沙县路口镇上杉市村开展精准扶贫工作调研，实地考察该村精准扶贫产业基地及硬化道路等基础设施建设，并走进贫困户家中开展慰问。县领导曾超群、杨莉、毛葵等参加调研。

8日 长沙县召开庆祝第32个教师节暨“感动星沙·十大魅力教师”先进事迹报告会。长沙县委书记曾超群出席会议并讲话，县领导张作林、谭浩然、曹艳萍、喻名团、陈沃辉出席会议。

9日 由中铁工程装备集团有限公司、中铁五局集团有限公司、山河智能装备有限股份有限公司共同发起设立中铁山河地下工程装备股份有限公司揭牌仪式在山河工业城举行，区、县领导曾超群、张庆红、张湘鸿等出席活动。

12日 科技部火炬中心公示第三批国家级众创空间名单，三一众创空间获评国家级众创空间，也是长沙经开区首家国家级众创空间。

21日 市委常委、长沙警备区司令员王忠斌率队到长沙县青山铺镇天华村，召开精准扶贫现场办公会。县领导陈晓成、毛葵陪同调研。

22日 湖南省政府副秘书长、省信访局局长许忠建率队到长沙县调研信访工作。调研组一行先后到县矛盾调解中心、交通事故调解中心等地实地走访考察，随后召开座谈会。县领导张作林、杨莉、李开兴、彭迟平陪同调研或参加座谈。

▲长沙市政协主席会议成员到长沙县考察中小学生校外托管规范化管理工作。市、县领导范小新、钟新莲、王力力、曾超群、王益枝等参加考察或出席座谈会。

23日 县委书记曾超群主持召开县委常委会议，传达学习省委副书记、代省长许达哲关于安全生产工作重要讲话精神和《长沙市安全生产“党政同责、一岗双责”实施办法》有关内容，研究部署长沙县安全生产等工作。

28日 长沙县水业控股集团有限公司（简称“水业集团”）揭牌成立。县领导毛葵出席揭牌仪式。

▲ 开慧通用机场开工仪式举行，该项目进入实质性建设阶段，标志着长沙县通用航空产业迈上新台阶。县领导黄泽红出席开工仪式。

29日 湖南首个依托航空港发展建设综合保税区——长沙黄花综合保税区正式开工建设。市、县领导胡衡华、徐宏源、曾超群、张作林等出席开工仪式。

▲ 副省长何报翔率队调研长沙国际会展中心建设，实地查看会展场馆建设情况，并召开座谈会听取工作汇报，安排部署下阶段有关工作。市、县领导廖健、曾超群、黄泽红等参加调研。

▲ 长沙县召开学习传达市党代会精神暨贯彻落实省委常委、市委书记易炼红重要讲话精神工作部署会，就贯彻落实有关精神进行安排部署。县委书记曾超群出席会议并讲话，县委副书记、代县长张作林传达市党代会精神和易炼红重要讲话精神，县委副书记杨莉主持会议。

▲ 由铁建重工联合中铁十四局、中铁十六局、中南大学等共同研发，拥有完全自主知识产权国产首台高铁大直径泥水平衡盾构机、国产首台铁路双线大直径泥水平衡盾构机同时在铁建重工掘进机制造总厂（二期）下线。市委常委、常务副市长张迎春，市政府党组成员、督导李科明，长沙经开区党工委副书记高杰、管委会副主任常利民、党工委委员王维倩、党工委委员张湘鸿等出席干线仪式活动。

10月

5日 长沙县第一期青年干部训练营在湖南师范大学人民武装学院开班，全县各单位、镇街101名30岁以下优秀青年干部参训。县委书记曾超群出席开班典礼并作动员讲话，县领导张作林、李建章、沈光、谭浩然出席开班典礼。

13日 市人大常委会主任袁观清率队到长沙县调研禁毒工作。实地走访星沙街道金茂路社区服务中心禁毒工作站，详细了解社区禁毒工作开展情况，并观看禁毒宣传片。市、县领导刘新程、曾超群、李建章、彭迟平等参加调研。

14日 由省发改委主办、省科协承办2016湖南省大众创业万众创新活动周在省展览馆开幕，三一众创、新长海基地作为创业孵化园区亮相2016年湖南省双创活动周。

19日 市人大常委会主任袁观清率市人大常委会组成人员到长沙县，围绕重点工程建设情况开展视察。县领导曾超群、李建章、谭浩然、喻志刚参加调研。

▲ 长沙县纪念红军长征胜利80周年文艺晚会隆重举行。县领导曾超群、杨莉、谭浩然、 杨溢、陈沃辉与现场观众一起观看演出。

20日 2016湖南•星沙机电产品走进泰国对接会暨泰国湖南工业园嘉鹏农机KD项目推介会在长沙县举行。区、县领导杨莉、张湘鸿、黄泽红出席会议。

▲ 长沙县举行县乡两级人大换届选举，顺利选举产生县人大代表269人，镇人大代表（金井镇、开慧镇、黄兴镇除外）684人。当天，县委、县人大、县政府、县政协全体班子成员分赴各大选区投票或委托投票，与广大选民一起对代表候选人投下庄严而神圣的一票，并对县乡两级人大换届投票选举工作进行督查指导。

25日 市委常委高山率队到长沙县，实地走访查看湖南省冶金材料研究院、湖南国科微电子有限公司、铁建重工等科研院所和企业，调研政产学研工作。县领导曾超群、张作林等参加调研。

26日 长沙县开展党建工作现场观摩活动。县委书记曾超群出席座谈会并讲话，县领导沈光、 喻志刚、毛葵，全县18个镇（街道）党（工）委书记，分管党建、民政工作负责人及县直相关单位主要 负责人参加观摩及座谈会。

27 日 省卫生计生委主任张健率队调研长沙县卫生计生工作。县领导曾超群、张作林等陪同调研。

28 日 长沙县召开县委常委（扩大）会议，集中学习传达贯彻党十八届六中全会精神。县委书记曾超群主持会议并讲话，县委、县人大、县政府、县政协在职领导、法检两长和各镇（街道）、各部门主要负责同志参加会议。

▲工信部、财政部公布 2016 年国家技术创新示范企业名单，山河智能入围榜单，成为国家技术创新示范单位。

31 日 2016 年长沙市全民终身学习活动周开幕式暨长沙县启动仪式在星沙玮希国际学校举行。市、县领导黎春秋、曾超群、喻名团等出席开幕式。

11 月

2 日 副省长何报翔率队调研长沙黄花综合保税区建设工作，实地察看项目建设进展，听取相关工作汇报。市、县领导徐宏源、曾超群、张作林等参加调研。

5 日 市委副书记、市长胡衡华率队到长沙国际会展中心项目现场，实地调研展馆周边建设及开展筹备工作。县领导曾超群、张作林参加调研。

▲ 长沙黄花综合保税区首批招商引资项目签约仪式举行，市、县领导徐宏源、曾超群、张作林等出席签约仪式。

7 日 2016 年中国中小城市综合实力百强名单在京公布，长沙县蝉联第 6 位。

8 日 长沙国际会展中心正式开馆运营。省委常委、市委书记易炼红出席并宣布场馆启用，副省长何报翔致辞，市委副书记、市长胡衡华主持启动仪式。县领导曾超群、张作林等出席启用仪式。

▲ 长沙经开区 5 条穿梭巴士开始试运行，将企业和员工集中居住小区串成线，解决员工出行问题。本次试运行线路是在原穿梭巴士运营基础上，对原穿梭巴士 A、B、C、X108 线营运线路和站点进行优化，新增穿梭巴士 D 线。五条运行线路配车 24 台，全面覆盖东四路至东十二路区域。运营时间：6 ：30—20 ：00，运行间隔为高峰期 20 分钟，平峰期 30 分钟。

9 日 中央宣讲团成员、中央文献研究室主任冷溶一行到长沙县果园镇浔龙河村，与当地基层党员干部群众互动交流，帮助大家进一步加深对党十八届六中全会精神的理解。省委副书记乌兰，省委常委、市委书记易炼红，市、县领导夏建平、黎春秋、曾超群、张作林等陪同考察和座谈。

10 日 省委书记杜家毫到长沙国际会展中心参观 2016 中国（长沙）住宅产业化与绿色建筑产业博览会，强调长沙国际会展中心要着力打造中部会展高地，争办世界一流品牌展会。省、市、县领导易炼红、张剑飞、胡衡华、曾超群等陪同参观。

15 日 国家卫生计生委家庭司副司长何炤华率督查组到长沙县，实地督查计划生育特殊家庭扶助关怀和出生人口性别比综合治理工作。县领导张作林、喻名团陪同督查。

16 日 湖南省计划生育特殊家庭扶助关怀和出生人口性别比综合治理工作汇报会在长沙县召开。县领导张作林、喻名团出席会议。

18 ~ 20 日 由湖南省人民政府台湾事务办公室、湖南省经信委、湖南省商务厅、长沙市人民政府联合主办，长沙经开区管委会、长沙市人民政府台湾事务办公室、台湾区电机电子工业同业公会承办首届海峡两岸长沙电博会在长沙国际会展中心举行。本届电博会设 500 个标准展位，台湾有 200 多家企业参展。

20 日 长沙县召开传达贯彻省第十一次党代会精神及省委书记杜家毫重要讲话精神会议，并特邀曹允春教授作“发展临空经济区，促进开放崛起”专题授课。长沙县委书记曾超群传达会议精神并讲话，县委副书记、代县长张作林主持。

24—28 日 中国人民政治协商会议湖南省长沙县第九届委员会第一次会议召开。大会应到政协委员 236 人，因病因事请假 1 人，实到 235 人。大会顺利完成各项议程，选举产生长沙县第九届委员会主席、副主席、秘书长、常委。

25—29 日 长沙县第十七届人民代表大会第一次会议召开。大会选举产生长沙县出席长沙市第十五届人民代表大会代表，长沙县第十七届人民代表大会常务委员会主任、副主任，长沙县人民政府县长、副县长，长沙县人民法院院长，长沙县人民检察院检察长。

28 日 省委副书记、代省长许达哲在长沙国际会展中心出席中国（长沙）国际轨道交通博览会暨高铁经济论坛开幕式并宣布开幕。省委常委、市委书记易炼红致辞，副省长张剑飞主持。市、县领导夏建平、曾超群等出席。

▲ 市委副书记徐宏源赴长沙国际会展中心检查农博会各项筹备工作。县领导彭迟平、黄泽红等陪同检查。

29 日 2016 中国中部（湖南）农业博览会在长沙国际会展中心开幕。省、市、县领导乌兰、徐宏源、彭迟平、毛葵、黄泽红等出席开幕式。

12 月

1 日 长沙县获评“2016 中国最具幸福感城市(县级)”。

▲ 全国首个现代农庄协会在长沙县成立。县领导杨莉、毛葵等出席会议。

8 日 市委常委、副市长付胜华到长沙县调研金融工作。县领导曾超群、张作林等参加调研。

9 日 长沙县(经开区)召开安全生产工作会议，分析通报当前安全生产形势及全县安全生产工作情况，安排部署岁末年初安全生产重点工作。市安委办主任、安监局局长胡春山到会指导。

13 日 长沙临空经济区首批 5 个社会投资类重大项目正式开工开建。省委常委、市委书记易炼红率队到工地现场看望慰问建设者。市、县领导徐宏源、曾超群、张作林等陪同慰问。

▲ 湖南省第三次全国农业普查宣传月暨全国统计法制宣传日活动在长沙县春华镇举行。副县长毛葵出席活动。

14 日 县委书记曾超群，县委副书记、县长张作林率队观摩长沙县 2016 年全面深化改革工作。

15 日 财政部、住建部领导一行到长沙县，就 PPP 模式开展专项督查调研。副县长黄梁参加调研。

16 日 水利部副部长田学斌率队到长沙县调研基层农田水利综合改革、高效节水灌溉、农田水利管理、基层服务体系建设及水利信息化等工作。市、县领导徐宏源、曾超群、张作林、毛葵等参加调研。

▲ 第十六届全国县域经济与县域基本竞争力百强县排名公布，长沙县再进一位，排名第 7 位。

18 日 市委副书记、代市长陈文浩到长沙县及经开区进行专题调研。县领导曾超群、张庆红、黄波等参加调研。

19 日 长沙黄花综合保税区(香港)招商推介会在香港会议展览中心举行。县领导张作林、王国良、黄泽红参加招商推介会。

▲ 湖南省卫生计生委副主任龙开超率队调研长沙县人民医院及基层医疗卫生服务体系建设等工作。县领导李建章、喻名团参加调研。

▲ 长沙黄花综合保税区(香港)招商推介会在香港会议展览中心举行。会上签约 7 个项目，可实现进出口额近 9 亿美元。

22—23 日 全市项目建设流动观摩现场会召开，省委常委、市委书记易炼红，市委副书记、市政府代市长陈文浩与各区县(市)、园区和市直部门负责人实地观摩、点评、督导项目建设推进工作。长沙经开区项目观摩点长丰华湘(猎豹)工业园项目、铁建重工高端地下装备制造项目获三个全市第一。

25 日 长沙经开区召开负责干部会议，宣布省、市委有关干部任免决定，曾超群任长沙经济技术开发区党工委书记。市委常委、组织部部长张宏益出席会议并讲话。

27 日 长沙县与北京师范大学签订教育文化合作框架协议，双方携手合作，拟在长沙县新建北师大附属学校。北京师范大学党委常委、副校长陈光巨，县领导曾超群、喻名团等出席签约仪式。

28 日 长沙市第十五届人大代表长沙县第三调研组调研黄兴会展经济区。县领导李建章、黄波、彭迟平等参加调研或出席座谈。

(责任编辑 张 娜)

长沙县概况

自然地理

【位置面积】 长沙县位于湖南省东部偏北，湘江下游东岸，湖南省会长沙市近郊。东邻浏阳市，南接长沙市雨花区，西毗长沙市芙蓉区、开福区、望城区，北靠平江县、汨罗市。2016年，全县总面积1756平方千米。

【地质地貌】 长沙县属长衡丘陵盆地的北部，地处幕阜山、连云山与大龙山余脉的南端，株洲隆起带的北缘。龙华、乌川诸山雄峙于东，陶家排、炭盆坡横亘于南，影珠、明月两座大山蜿蜒于西北，兴云、飘峰两山耸立于北。北山镇境内的明月山为最高峰，海拔659米。地势由北、东、南三面逐渐向中西部倾斜，形成一个不规则的“畚箕”形状。境域内有变质岩、沙砾岩、灰岩、红岩、红土、砂页岩、花岗岩七种岩层及岗地、平原、山地、丘陵、水面五类地貌，以岗地平原为主。

【自然资源】 矿产资源较为丰富，经探查已发现钨、锡、镍、铍、铌、钽、钴、钼、铜、铅锌、金、硅、煤、高岭土、石灰石、萤石、花岗岩、独居石砂等20多个矿种。已发现矿产地113处，其中大型矿床1处、中型4处、小型62处、矿（化）46处。已被开采利用的主要为与建筑材料有关的砖瓦黏土、硅石、石英砂、建筑石料等非金属矿种，占全部矿产地的80%，其余大多数矿种因产地规模小尚未开发利用。境内矿产资源总体特征是以花岗岩、高岭土、砖瓦用页岩等非金属矿产为主，金属矿产地多为小型、矿化点。县境西北部北山—青山铺—福临镇一带广泛发育花岗岩，是我县花岗岩矿的重要产出地；鼎功、福临一带高岭土资源较为丰富；中部春华山、黄花、黄兴、干杉至江背的广大地区为砂、页岩发育区，是境内主要砖瓦用页岩矿开采区；东南部江背镇河田一带有石灰岩产出；北部与平江县交界的中低山区，分布有钨、金及多金属矿；路口镇麻林桥发现有地下热水资源。野生动物有兽类10种，鸟类48种，蛇类10多种，其中穿山甲、果子狸、猴面鹰、白鹇、虎皮蛙为国家二级保护动物；野生植物有药用植物120余种，木本植物80多种。其中银杏、杜仲、福建柏等为国家二级保护植物，水杉为省一级保护植物。“罗代黑猪”为国家地理标志保护产品，“金井”“湘丰”茶叶为“中国驰名商标”。森林覆盖率43.74%，林木绿化率49.83%，森林总蓄积418.5万立方米。

【水文气候】 长沙县除县境北部开慧镇境内的车对河、黎家嘴河、双江口河注入汨罗江，属汨罗江水系外，其余诸河均属湘江水系。浏阳河自浏阳市跃龙乡车田段进入长沙县江背镇五美小埠港，经湘阴港、桃树湾、金潭、筒车棚入浏阳市柏加镇浏坪村，再入长沙县黄兴镇，长沙市雨花区跳马镇与黄兴镇隔河（浏阳河）相望，经长沙县㮾梨街道后入长沙市芙蓉区东岸街道，在县境内流程22.5千米，流域面积428平方千米。捞刀河由浏阳市北乡永安市界牌桥进入长沙县春华镇横坑，经春华山、赤石河，会枫林港水，经崩坳至水渡河，与白沙河会合，经罗汉庄入开福区捞刀河镇，在县境内流程28.6千米，流域面积1296.64平方千米。有胭脂港、泥湾子、金井河、石灰嘴河、望仙桥港、水渡河、白沙河、观音塘港等8条二级支流，全长181.1千米。有丁家洞河、芙蓉桥河、脱甲河、范林桥河、桥里河、上杉市河、大坝桥河、麻林河、浔龙河、新桥港、常家冲港、将军塘、安沙港、白云河、乌溪桥港等15条支流，全长204.1千米。县内有乌川湖、白鹭湖等180多座中小型水库，形成以水库为骨干，塘坝为基础，大、中、小相结合的水利灌溉网络。县内河流水位受年内降水量变化的影响而有升有降，高水位多出现在每年的5～8月，低（枯）水位多出现在11月至次年的2月。

长沙县地处东亚季风区，属亚热带湿润气候。由于位居盆地内部，距海较远，受冬夏季风转换，地势向西北倾斜等因素的影响，全县气候春温变化大，夏初雨水多，伏秋高温久，冬季严寒少。具有两个主要特征：一是水热充足，生长期长。年均气温16℃～20℃，全年无霜期260～300天，日照时数1600～1800小时，热量充足。年均降水量1877.1毫米，在省内居中等略偏少的地位，降水集中在春夏两季。多雨期与高温期一致，生长期长，对农业生产有利。但降水年际变化大。二是气候温和，四季分明，夏冬季长，春秋季短。春季从3月中旬到5月中下旬，为期70天左右，期间气温升高很快，对春播有利。春季天气阴雨潮湿，降水量占全年40%以上。夏季从5月中、下旬至9月下旬，为期约132天，季节长、气温高是夏季突出特点。秋季从9月下旬至11月中旬，近60天，是全年最短的季节。冬季从11月中旬到次年3月上旬，为期3个半月，月均气温大多在6.1℃以上。冬季降水量占全年的16%，是一年中降水最少季节。2016年，全县平均气温18.0℃，极端最高气温39.1℃，极端最低气温-6.7℃，降水量1617.2毫米。

历史人文

【建置沿革】长沙县的建制远溯秦汉（秦为湘县、汉称临湘），隋开皇九年（589年），改临湘县为长沙县，为长沙县名之始。自秦汉以来，长沙一直是湖南历代郡、州、道、路、行省和省的治所，西汉和五代还分别是长沙国和马楚国的王都，其治乱兴衰始终关系着湖南的大局，为历代中央政府所高度关注。民国元年（1912年）善化县并入长沙县，结束长沙、善化两县同城分治的局面。民国22年（1933年）析长沙县城及城郊的东屯渡、新开铺等地设置长沙市，市、县同城分治。1950年设立长沙市郊区办事处，领导长沙市外四区。1951年划出县境湘江以西的5个区及湘江以东的3个乡设置望城县。1959年3月，望城县和长沙市郊区并入长沙县，县内的龙头铺公社划入株洲县。1962年恢复长沙市郊区。1977年复置望城县，同时将县辖的大托、洞井、黎托、望岳4个公社划入郊区。1984年5月撤销人民公社，建立乡镇，全县辖9区1镇41个乡。1995年撤区并乡建镇，全县辖14个镇7个乡。1996年1月，县治由长沙市开福区潘家坪迁至星沙镇（今星沙街道、湘龙街道和泉塘街道全境），结束1933年市、县分治以来长沙县“有县无城”的历史；同年7月，捞刀河镇划入长沙市开福区，全县辖13个镇7个乡。为适应经济社会快速发展，长沙县对乡镇村级行政体制进行较大调整，先后撤乡建镇、撤镇设立街道，减少行政村数量，扩大规模。2015年1月14日，暮云街道、南托街道划入长沙市天心区，跳马镇划入长沙市雨花区。至2016年年末，全县辖5个街道（星沙街道、湘龙街道、泉塘街道、长龙街道、㮾梨街道）和13个镇（江背镇、黄兴镇、金井镇、高桥镇、春华镇、路口镇、果园镇、黄花镇、开慧镇、福临镇、青山铺镇、安沙镇、北山镇），有114个村和83个社区。县城星沙建成区面积70平方千米。

【人文特征】长沙县人民勤劳、勇敢，具有光荣的革命传统。两千多年来，他们用勤劳、智慧和血汗哺育和繁荣这块土地。近代以来，不少仁人志士忧国忧民，为推翻“三座大山”，建立新中国赴汤蹈火，英勇斗争，辛亥革命元勋黄兴、无产阶级革命家李维汉、毛泽东的夫人杨开慧、坚定的共产主义战士柳直荀、无产阶级教育家徐特立，为革命南征北战的解放军大将许光达、解放军后勤工作的创始人杨立三、中国共产党第一位女党员缪伯英等一批叱咤风云、名扬青史的杰出人物均诞生于此。还有1000多名革命英烈为革命胜利献出宝贵生命。这里也是第三代党和国家领导人朱镕基和李铁映的家乡。袁守谦、黄杰、李默庵、张辉瓒等一批国民党著名将领也出生在此。

长沙县人文荟萃，代有贤才。唐代书法家怀素，研习“狂草”如痴如醉，有《苦笋》和《自叙》传世。清代李文炤，乡里授徒，潜心著述，撰有《周易本义拾遗》等书。管学大臣张百熙，上溯古制，参考列邦，所著《学堂章程》，开中国系统教育先河。一代经学大师王先谦，终其一生，共著、编、校、注、辑、刊各类书籍50余种，3200多卷。黄萱祐创建隐储女子学堂，首开湖南女子入学之禁。民国时期，彭海坤创办开物乙种农业学校，为长沙县培养第一批农业科技人才。杨昌济治学严谨，教育有方，抱“欲栽大木拄长天”宏愿，培养毛泽东、蔡和森等一批国家中流砥柱。姜济寰三任长沙县知事，发展教育事业，培养革命青年，与毛泽东等人发起成立“俄罗斯研究会”，宣传革命真理。李国钦发现钨矿，首创《炭化钨冶炼法》，获国内外殊荣。戴庆祥技艺超群，精研《冷热水淬钢法》，所创捞刀河剪刀与北京“王麻子”和杭州“张小泉”齐名。剧作家田汉毕生从事新文化运动，创作话剧、歌剧、戏剧剧本130多部，所作《义勇军进行曲》歌词，慷慨激昂，唤起千百万中国人民齐心抗日，中华人民共和国成立后定为国歌。郑家溉潜心书法，成为一代书法名家，抗日战争时期长沙沦陷后，拒任日伪维持会长，以身殉国。当代法学家周鲠生，潜心国际法研究，所著《国际法》将中国倡导的和平共处五项原则提升为《现代国际法》的基本准绳。

【文化遗存】长沙县文物古迹较多，境内有距今4000年前的黄兴镇鹿芝岭遗址，有新石器时代至商周时期遗址12处，有宋元时期的南阳城遗址和明代的俄阳遗址（城址），有始建于南朝梁代的陶公庙，建于唐代的铁炉寺，有建于清代的河图观，另有众多摩崖石刻。黄兴镇黄兴故居、江背镇徐特立故居为国家级重点文物保护单位；开慧镇杨开慧故居、缪伯英故居，高桥镇李维汉故居、柳直荀故居，黄兴镇许光达故居、果园镇田汉故居等为省级文物保护单位，并被辟为市（县）级爱国主义教育基地及党员教育基地。至2016年年底，全县有国家级文物保护单位2处，省级文物保护单位11处，市级文物保护单位27处，县级文物保护单位16处。（年鉴编辑部）

人口·民族

【人口】2016年年末，全县户籍户数24.1万户，户籍人口76.5万人。其中男性381977人，女性382892人，男女比例99.76∶100。全县出生13918人，人口出生率18.8‰；死亡5544人，死亡率7.5‰；人口自然增长率11.3‰。出生人口性别比例107∶100。年末常住人口94.6万人，其中城镇人口59.6万人，城镇化率63%。

（县统计局　县公安局）

【民族】2016年，全县有土家族、苗族、侗族等37个少数民族，土家族人口最多，苗族、侗族人口次之，少数民族人口1万余人。（县民宗局）

国民经济和社会发展

【综述】2016年，长沙县围绕“强南富北、民生立县、挺进五强”的发展主线，攻坚克难，团结拼搏，经济社会快速和谐发展。是年，地区生产总值（GDP）1280.3亿元，按可比价计算，比上年增长10.9%。其中第一产业增加值74亿元，增长4.5%；第二产业增加值831.7亿元，增长10.7%；第三产业增加值374.6亿元，增长13%。第一、二、三次产业分别拉动GDP增长0.3%、7.5%、3.1%。三次产业结构由上年的5.8∶70.3∶23.9调整为5.8∶65∶29.2。按常住人口计算，全县人均生产总值13.8万元。全县财政总收入227.4亿元，比上年增长12.5%，其中地方财政收入（市口径）166亿元，增长20.1%；税收收入149.7亿元，比上年增长23%。地方财政收入占GDP的比重13%。在全国第十六届县域经济基本竞争力百强县名单中位列第七，在全国中小城市综合实力百强（科学发展百强）名单中位列第六，稳居中西部第一；在2016年中国十佳“两型”中小城市排名中继续位列榜首，实现三连冠。（县统计局）

【农业】全县农林牧渔业总产值118.8亿元，比上年增长4.6%，其中农业总产值69.9亿元，增长8.5%；林业总产值3.8亿元，增长3.2%；牧业总产值41亿元，下降2.8%；渔业总产值2.9亿元，增长7%。粮食总产量548619吨，豆类产量11869吨，油料产量15494吨；蔬菜产量1202241吨，增长1.8%；茶叶产量25703吨；水果产量104491吨，增长3%。肉类总产量15万吨，下降6.2%；水产品产量18809吨，增长0.1%。全县规模以上农产品加工企业49家，销售收入96.1亿元。有农民专业合作社组织1593个。农业机械总动力153.4万千瓦，农业机械化综合水平79.3%。

（县统计局　县农林局）

【工业和建筑业】工业经济稳步增长。全县工业总产值2670.2亿元，比上年增长14.9%，其中规模工业总产值2417.9亿元，比上年增长15.1%。工业增加值709.7亿元，增长11.2%，其中规模以上工业企业销售产值2339.9亿元，增长16.7%；利润总额36亿元，增长-28.1%；利税总额103亿元，增长7%。工程机械、汽车及零部件、电子信息三大产业实现规模工业总产值774.7亿元、825.3亿元、259.4亿元，三大支柱产业产值占全县规模工业总产值的76.9%。

全县具有资质以上建筑企业60家，建筑业总产值394.7亿元，比上年增长21%。其中省内建筑业总产值257.2亿元，比上年增长19%。房屋建筑施工面积2463.5万平方米，房屋建筑竣工面积711.5万平方米。（县统计局）

【固定资产投资和房地产】投资规模稳中趋优。全县固定资产投资815.9亿元，比上年增长16.3%。在固定资产投资中，第一产业投资2.43元，第二产业投资359.5亿元，第三产业投资 454.1 亿元，固定资产投资在三次产业中的比重由 2013 年的 1.9 ： 43.8 ： 54.3 调整为 1.9 ： 43.8 ： 54.3。全县 1 亿元以上投资项目 272 个，完成投资 500.7 亿元，占固定资产投资总额的 61.4%。

房地产开发投资增长迅速。全县房地产开发投资 120.6 亿元，比上年增长 20.4%。商品房新开工面积 307.5 平方米，比上年增长 37.9%。商品房屋销售面积 389.7 万平方米，比上年增长 37.3%，其中住宅销售面积 34521 万平方米，增长 35.4%。

【贸易和经济合作】 全年社会消费品零售总额 428.8 亿元，比上年增长 14.8%，其中：城镇消费品零售额 334.2 亿元，增长 15.5%；农村零售额 94.6 亿元，增长 12.3%。批发、零售业零售额 414.2 亿元，住宿、餐饮业零售额 14.6 亿元。全年进出口总额 31.9 亿美元，比上年增长 10%，其中：出口总额 13 亿美元，增长 −18.6%；进口总额 18.9 亿美元，增长 44.9%。全年机电产品出口总额 72.6 亿元、高新技术产品 30.6 亿元，分别比上年增长 −16.8% 和 −22.7%。全年利用外资项目（企业）9 个，到位外资 6.9 亿美元，比上年增长 14.1 %；引进市外境内资金形成固定资产投资 160.5 亿元，增长 14%；引进省外境内资金 74.5 亿元，增长 14.7%。

（县统计局）

【交通、邮电、电力和旅游】 交通运输平稳发展。全年交通运输、仓储和邮政业增加值 36.2 亿元，比上年增长 5.6%。旅客周转量 40 万人千米，货物周转量 109894.4 万吨千米。乡村公路通车总里程 3543.8 千米，行政村客运（公交）班线通达率 100%。

邮电通信事业快速发展。全年邮电通信业务收入 15.8 亿元，比上年增长 16.5%。年末全县移动电话用户 161.2 万户，比上年增长 10.2%；本地电话用户（不含移动用户）22.7 万户，比上年增长 23.6%。全县互联网络用户 27 万户，比上年增长 25.7 %。

电力建设。负责维护 220 千伏变电站 3 座（120 万千伏安）、110 千伏变电站 14 座（105.95 万千伏安）、35 千伏变电站 10 座（14.545 万千伏安），35 千伏～110 千伏线路 58 条（708.701 千米），10 千伏配电变压器 4380 台（128.0815 万千伏安），10 千伏配电线路 306 条（4783.61 千米）。35 千伏及以上用户变电站 10 座（41.125 万千伏安）。服务客户 49.2 万余户。综合电压合格率 99.807%，供电可靠率 99.9054%。全年供电量 49.82 亿千瓦时，比上年增长 18.01%；最高负荷 99.3 万千瓦，日最大供电量 2061.2 万千瓦时。110 千伏光达变电站开建。35 千伏青山铺变电站建成并投入运行，增容改造 35 千伏惠农—安福、江五线 T 接、35 千伏果园变电站。完成 207 个村（社区）农网改造，总投资 7750 万元。新建改造 10 千伏线路 101.23 千米，改造低压线路 623.97 千米，新增改造变压器 328 台。解决低电压用户 3826 户。

旅游产业蓬勃发展。全年接待国内外游客 846.1 万人次，比上年增长 35%；旅游总收入 94.3 亿元，比上年增长 28%。年末有星级酒店 3 家（其中五星级 1 家），AAA 级旅游景区 2 家（黄兴故居为年内新增），AAAA 级以上风景区 1 处。

（县统计局　县电力局）

【财政与金融】 财政收入稳定增长。全县财政总收入 227.4 亿元，比上年增长 12.5%，其中：地方财政收入（市口径）166 亿元，比上年增长 20.1%；税收收入 149.7 亿元，比上年增长 23%。地方财政收入占 GDP 的比重 13%。公共财政保障能力继续增强，民生支出力度加大。公共财政预算支出 124 亿元，比上年增长 4.3%。全年医疗、教育、文化、社会保障等民生领域支出 35.1 亿元。

金融市场发展态势良好。全县有工商银行、中国银行、农业银行等 21 家驻县银行，年末金融机构人民币存款余额 1020.2 亿元，比上年增长 21.1%。其中，储蓄存款余额 450 亿元，比上年增长 17.4%。金融机构人民币贷款余额 944 亿元，增长 38.4%。金融机构网点数 181 个，职工总人数 2157 人。

（县统计局　县金融证券办）

【科技与教育】 科技创新加快推进。全社会研究与发展（R&D）活动经费 47 亿元，占地区生产总值的 3.67%。年末拥有国家级工程研究（技术）中心 8 家、省级工程研究（技术）中心 44 家、市级工程研究（技术）中心 17 家、博士后工作站 7 个、行业协同技术创新服务平台 3 个。承担科技部项目 54 项、湖南省科技计划项目 118 项、长沙市科技项目 518 项，组织县级科技计划项目 429 项。专利申请量 4442 件，专利授权量 2204 件；其中，发明专利申请量、授权量分别为 1511 件和 458 件，分别比上年增长 34%、—23.3%。高新技术企业 170 家，高新技术产业产值 1700 亿元，高新技术产业增加值占 GDP 的 42%。注册商标 4315 件，中国驰名商标 12 个，著名商标 71 个。

教育现代化快速推进。全县有各类全日制学校194所(不含幼儿园)，其中职业中专4所、普通高中8所、乡镇农校10所、初级中学32所、小学139所、特殊教育学校1所。共有幼儿园256所，其中公办幼儿园35所。全县在校中小学生115524人，在园幼儿44514人。其中：普通高中14130人；职业高中6506人；初中27377人，小学67397人，特校114人。初中入学率、巩固率均为100%；小学学龄人口入学率、巩固率均为100 %；免除9.47万人次学生杂费，义务教育阶段学生杂费免除率100 %。对各级各类贫困学生资助金额1804万元。平均受教育年限11.5年。

【文化、体育和卫生】 文化事业繁荣发展。全县有文化站18个、文化馆1个，公共图书馆1个，电影院10个，档案馆1个。全年送戏下乡36场、电影2888场。广播电视户户通等文化惠民工程扎实开展，广播综合人口覆盖率和电视综合人口覆盖率均为100%。有线电视用户10.7万户，比上年增长6%，有线电视入户率56%。星沙文化中心建成并正式开放。

各类体育场地1433个，面积158.1万平方米，其中：标准体育馆7座，标准运动场4个，标准游泳池4个，各种训练综合用房123个。开展大型群众体育活动20次，全民健身运动参加人数30万人次。

卫生事业持续发展。年末有各类卫生机构450个，其中医院、卫生院31个，卫生防疫和防治机构1个，妇幼卫生保健机构1个，社区服务中心（机构）5个。各类卫生机构拥有病床5100张。卫生技术人员5354人，其中执业医师、执业助理医师2209人，注册护士2355人，卫生防疫和防治机构卫生技术人员55人，妇幼卫生机构卫生技术人员384人。每千人拥有病床数5.4张，每千人拥有卫生技术人员数5.7人。

【环境保护与安全生产】 环境保护持续改善。全年环境污染治理投资额4.8亿元。全县城镇生活垃圾无害化处理率100%、污水处理率96%。全年环境空气质量二级以上天数293天。全县林木绿化率49.8%，森林资源蓄积量增长率4%，城镇建成区绿化覆盖率32%。

全年发生各类生产经营性事故(不含火灾事故)57起，事故死亡22人。全县亿元GDP事故死亡率0.017，道路交通事故万车死亡率0.594。危险化学品、农业机械、水上交通、民爆物品、公众聚集场所、城镇燃气、建筑施工等领域未发生死亡事故。

【人民生活与社会保障】 居民收入稳定增长。城乡居民人均可支配收入33952元，比上年增长8.6%。其中，工资性收入24133元，经营性收入4135元，财产性收入4239元，转移性收入1444元。城乡居民人均消费支出23862元，增长11.8%。其中：城镇居民人均消费支出29973元，增长10.8%。城乡居民人均自有住房面积45.7平方米，其中城镇居民40平方米，农村居民52.4平方米。居民文教娱乐服务消费支出占消费总支出的17.3%。

社会保障扩面提标。新建创业基地14个，新增创业主体14374个，城镇登记失业率2.9%。城乡低保实现一体化，启动城乡居民养老保险应用社保卡试点，社会保险基本实现全覆盖。全县企业职工基本养老保险、城镇职工基本医疗保险、失业保险参保人数分别为17.2万人(含参保离退休人员1.5万人)、17万人(含参保退休人员)和12.2万人；参保率分别为95%、94%、90%。建成公共租赁住房1800套(间)、棚户区改造户数4050户。推进精准扶贫，易地扶贫搬迁301人，12个省定贫困村实现脱贫。社会救助体系不断完善。各类养老机构24个，社会福利收养性单位床位数4075张，收养1400余人。困难群体慈善救助力度加大，全县全社会救助总人数4.9万人次，共有1.8万人纳入低保范围，其中城镇低保对象750户、1307人；农村低保对象5775户、12865人。大病保险制度和大重病患者长效补助机制更加健全。

（县统计局）

“两型社会”建设

【概况】 推进“两型”示范创建工作。继续在全县七个领域开展“两型”示范创建活动。出台《长沙县2016年度“两型社会”示范单位(家庭)及“两型”示范片区创建工作实施细则》(长县发改〔2016〕31号)，确定18家示范创建单位和39户“两型”示范创建家庭，成功创建开慧镇葛家山村等3个省级“两型”示范单位。启动2015年省级“两型”专项资金绩效评价工作，通过督查和绩效评价，确保专项资金使用安全，提高专项资金使用效率。启动“两型”标准实施与认证试点。出台《长沙县2016年“两型”标准实施与认证试点工作实施方案》，召开“两型”标准认证摸底动员、部署工作会议。经初步筛选，实地比选，向市“两型”办申报“两型”旅游景区3个、“两型”机关2个、“两型”村庄10个、生态猪场3个，共计18家认证审核单位，其中1个景区、2个村庄向第三方认证机构提出认证申请。创建3个省级森林公园、2个全国生态文化村，建成区绿化覆盖率45%，成为全省首个国家生态县，获评全国农村生活污水治理示范县。重点建设六大县级美丽乡村示范片区、26个市级示范村和特色村、17个县级示范村，获评省级美丽乡村建设先进县。（县发改局）

【创建“零碳县”】 以打造“零碳县”为目标，申报创建全国低碳城市。长沙县低碳城市申报方案获省、市发改委初审，被省发改委列入“4+1”名单报国家发改委审批。9月14日，由县委常委、常务副县长王国良带队赴北京参加国家发改委组织的第三批国家低碳城市实施方案点评会，继续跟进低碳城市申报进展，力争获得全国第一个县级低碳城市。组织开展“零碳”示范单位创建，完成全县2015年“零碳”示范创建单位验收、拨款工作，并部署2016年项目。（县发改局）

体制改革

【综合行政执法体制改革】 1月，县委、县政府召开长沙县行政执法局组建动员大会，对涉改划转人员等组建工作进行具体部署，行政执法局正式进入实质性运转。4月21日，湖南省首个县级行政执法局——长沙县行政执法局经过5年的试点运作后挂牌，核定编制531名。该局主要整合卫生、商务、农业、水务、环保、建设等多个政府职能部门的执法队伍，行使23个领域1608项行政处罚权及与之相关的行政强制权。6月，长沙县首推综合行政执法体制改革被评为“湖南省十大最具影响力法治事件”之一。是年，开展各类专项执法行动1698次，联合执法行动543次，检查单位35万家，立案4440起，结案4289起，到位罚没款2240万元，处置“12345“工单1485起，回复率100%，满意率96.5%。

【行政村合并】 行政村合并是长沙县乡镇区划调整改革工作第二阶段工作任务。主要任务是撤并76个建制村，即从190个村合并为114个，实现“合强、合大、合富”，2月正式启动。此次合并村工作严格按照“强村带弱村、大村带小村、富村带穷村”“重点合并党组织软弱涣散村、信访维稳问题突出的村、集体经济薄弱村和空壳村”等思路和原则，在经过调查研究、充分论证、广泛听取干部群众意见的基础上，4月初全部完成，合并后全县减少76个建制村。至此，全县有行政村114个、社区83个。

【公共资源交易平台整合】 7月25日，公共资源交易平台整合工作动员部署会议召开。会议明确公共资源交易平台整合工作的整合范围、整合要求、时间表和任务书。制定《长沙县公共资源交易平台整合方案》，8月12日由市公管委批复。随后，制定长沙县公共资源交易平台整合工作任务分解表，明确各阶段15项具体工作的牵头单位、配合单位、事项完成的时间节点要求。9月底前，长沙经济技术开发区和县级交易事项纳入交易平台进行交易。年末，机构编制调整方案上报市编委审批。

【公务用车制度改革】 年内主要对全县公务用车开展数据摸底和审核，所拟《长沙县县直党政机关公务用车制度改革实施方案》于11月17日获长沙市公务用车制度改革领导小组办公室批准。12月2日，《长沙县党政机关公务用车制度改革实施方案》经第十七届县政府第1次政府常务会议审议通过。公车改革方案提出，取消一般公务用车，保留必要的机要通信、应急、特种专业技术用车和符合规定的一线执法执勤岗位车辆及其他车辆。12月22日，长沙县组织召开公务用车制度改革工作培训座谈会。各镇（街）、县直各单位公车改革工作分管领导和公车专干共160余人参会。县公务用车改革领导小组成员单位分别就各自分管车改工作进行业务培训。县机关事务管理局就涉改保留车辆信息上报、组织过户及标识喷涂等具体事宜进行重点培训。

【不动产登记制度改革】 2015年12月底长沙县不动产登记和交易中心成立后，根据国家关于不动产登记改革的要求，将土地登记、房屋登记、林地登记等不动产登记职责统一由国土部门负责，将不动产登记申请、受理、审核、登簿、发证等环节统一到不动产登记和交易中心，实现土地登记、房屋登记、林地登记等统一整合登记，并按照“登记机构、登记簿册、登记依据和信息平台”四统一要求，逐步建立健全不动产权籍调查体系和工作机制。实施一站式服务，居民通过一个窗口即可办证并在30个工作日内领证。不动产权利证书不仅标注权利人、共有情况、坐落位置等，还新增不动产单元号、权利性质、用途、使用期限等内容。在权利类型中，标明“国有建设用地使用权／房屋所有权”，标志着土地证和房产证“两证合一”。不动产权证书同时新增具有查询和防伪功能的二维码防伪标识。2016年4月29日，该中心率先全省（除试点区域外）颁发第一本不动产权利证书。至12月月底，受理各类不动产登记和交易业务近6万笔，发放不动产证书2万多本，不动产登记证明4.3万余张。

【金井镇扩权强镇工作】 金井镇是全县唯一一个扩权强镇试点乡镇。金井镇扩权强镇工作包括小微权力试点和扩权强镇试点两个部分。4月，该镇小微权力试点在全县率先启动，梳理出38条村级“小微权力”和31条便民服务内容，融合划分为农村房改申报、户籍管理、小农水项目申报、村级工程管理等十二大类，并编制成《金井镇一站式便民服务手册》，村官照“单”用权，村民使用方便快捷。通过运行，实现村级重点工作的流程化、规范化。11月9日，金井镇扩权强镇工作推进会召开。《长沙县金井镇扩权强镇改革试点实施方案》经第十六届县人民政府第44次常务会议审议通过并正式印发。 （县年鉴编辑部）

精神文明建设

【文明创建】 文明创建工作继续推进。坚持大力培育和践行社会主义核心价值观，健全文明城市常态化创建机制，层层分解责任，加大文明创建统筹推进力度，文明创建工作进步明显。广泛开展道德讲堂、文明创建进校园活动，举办“文明城市‘三有’星沙”第六届书画比赛、基层最美人物评选等活动，创新文明创建载体，让文明理念广泛深入。肖自力获评“中国好人”，钟高明获评“感动湖南十大人物”。加强社会主义核心价值观等公益宣传，刊播“讲文明 树新风”公益广告，宣传文明之风。不断深化文明城市、文明村镇、文明单位、文明家庭、文明校园创建，推动社会文明程度整体提升。是年，金井镇、开慧镇获评省级文明镇，县人民检察院获评省级文明单位，县国税局、县地税局、县烟草专卖局（分公司）获评省级文明标兵单位，泉塘街道办事处机关、县水务局获评市级文明标兵单位，春华镇获评市级文明镇，北山镇福高村、果园镇新明村、北山镇牌楼村获评市级文明村，黄花镇黄花路社区、泉塘街道向星社区获评市级文明社区，县联通公司获评市级文明窗口示范单位，县委宣传部、县卫计局、县文广局、县商务局、长龙街道办事处机关、黄花派出所、开慧供电所、县地税六分局获评市级文明单位，王小艳等9人为长沙市文明市民标兵；另评定出县级文明单位8个，县级文明村2个，县级文明社区5个，“十星级”文明户标兵15个，“三好”文明市民标兵10个。继续保持“市级文明社区”称号的有星沙街道望仙桥社区等5个社区，继续保持“市级文明镇”称号的有黄兴镇等3个镇，继续保持“市级文明村”称号的有黄兴镇万龙村等7个村，继续保持“市级文明标兵单位”称号的有县规划建设局等12个单位，继续保持“市级文明单位”称号的有县人社局等65个单位。深入开展农村精神文明建设，通过弘扬中国优秀传统文化，移风易俗，提升社会整体文明程度，“乡村文化复兴项目”获中国青年志愿项目大赛金奖。文明创建成绩在全市排名中首次进入一类。12月，开展推荐评选表彰第二届长沙县道德模范活动，道德模范评选设“助人为乐模范”“见义勇为模范”“诚实守信模范”“敬业奉献模范”和“孝老爱亲模范”五个类别，各类别分别评选2人。 （县委宣传部）

组织机构与领导人名录

中共长沙县委员会

书　记	杨懿文（至3月）
	曾超群（6月始）
副书记	张庆红（至6月）
	张作林（6月始）
	吴新伟
常　委	胡维龙
	杨　莉（女）
	赖坤明
	王国良
	沈　光
	陈晓成
	谭浩然
	彭　勇（至8月）
	杨　溢（女，8月始）
	常利民（至8月）
	李开兴（8月始）
	喻志刚（8月始）

中共长沙经济技术开发区工作委员会

书　　记　杨懿文（至4月）
　　　　　曾超群（12月始）
副书记　李科明（至6月）
　　　　　张庆红
　　　　　高　杰（至12月）
委　　员　巩　固
　　　　　丁仁义
　　　　　周志远
　　　　　常利民（7月始）
　　　　　杜海霞（女，12月始）
　　　　　张贤长
　　　　　张文球
　　　　　王维倩
　　　　　张湘鸿

长沙经济技术开发区管理委员会

主　　任　李科明（至6月）
副主任　张庆红（6月始）
　　　　　巩　固
　　　　　常利民（8月始）
　　　　　杜海霞（女，12月始）
调研员　刘逢春
　　　　　刘运雄
督办专员　郑安龙
　　　　　蒋君山
　　　　　黄思晓
副调研员　郑安龙
　　　　　唐益民
　　　　　黄庆怀
　　　　　刘正凯
　　　　　田洪林

中共长沙经济技术开发区纪律检查工作委员会

书　　记　周志远
副书记　刘光辉
委　　员　石　浪（至2月）
　　　　　刘正凯（至2月）
　　　　　徐震山（至2月）
　　　　　彭国奇（至2月）
　　　　　熊志新（至2月）
　　　　　苏　平（女）
　　　　　谭超纲（2月始）
　　　　　王萍萍（女，2月始）
　　　　　李布春（2月始）
　　　　　陈新明（2月始）
　　　　　周　芳（女，2月始）
　　　　　周枝栋（2月始）
　　　　　贺正强（2月始）
　　　　　胡祥伟（2月始）

长沙县人大常委会

主　　任　李建章
副主任　周安伟
　　　　　柳铁强（至11月）
　　　　　曹艳萍（女）
　　　　　彭军其
　　　　　唐俊兴
　　　　　曹伟兴（11月始）

长沙县人民政府

县　　长　张庆红（至6月）
　　　　　张作林（11月始，7—11月为代县长）
副县长　杨　莉（女，至8月）
　　　　　王国良（8月始）
　　　　　谭浩然（至8月）
　　　　　黄　梁
　　　　　黄　波
　　　　　李开兴（至8月）
　　　　　彭迟平
　　　　　喻志刚（3月始，至8月）
　　　　　喻名团（3月始，1—3月为提名人选）
　　　　　毛　葵（11月始）
　　　　　黄泽红（女，11月始）
副调研员　杨光荣
　　　　　张敬伟
　　　　　张劲松
　　　　　肖建军
　　　　　高胜利
　　　　　刘宗正
　　　　　丁　文
　　　　　刘立如

政协长沙县委员会

主　　席　王益枝
副主席　杜宏亮
　　　　　李楚屏（女）
　　　　　郭艳红（女）
　　　　　陈沃辉
　　　　　张小春
党组书记　王益枝
副书记　杜宏亮
　　　　　彭克让（至11月）
秘书长　文清良

长沙县人民武装部

部　　长　陈晓成（7月始）
副部长　禹　丹
政　　委　刘立如（至9月）

中共长沙县纪委

书　　记　胡维龙
副书记　陈　诚（至11月）
　　　　　蒋炳桃（至11月）
　　　　　刘义红（11月始）
　　　　　吴　曲（2月始）
　　　　　庄　虎（11月始）
常　　委　罗来好（至8月）
　　　　　苏宽良
　　　　　彭菊泉
　　　　　汤志国
　　　　　胡皓坤（女，8月始）

符广宇（11月始）

监察局

局　长　陈　诚（至12月）

刘义红（12月始）

副局长　苏宽良

袁书钦（女）

预防腐败局

局　长　陈　诚（至12月）

刘义红（12月始）

副局长　苏宽良

陈永恒（至12月）

县委工作机构

办公室

主　任　王国良（至8月）

谭浩然（8月始）

副主任　彭春华（兼）

吴　昊（至11月）

梁　山

张建军（至11月）

张先坤（11月始）

祖春峰（11月始）

组织部

部　长　沈　光

常务副部长

李建军（10月始）

黄泽红（至8月）

副部长　李顺林

刘桂良

刘高祥（至8月）

朱剑斌（至11月）

阳　智（女，至11月）

基层办主任

李顺林

宣传部

部　长　彭　勇（至8月）

杨　溢（女，8月始）

副部长　张电波

马　搏

饶　晗

王海燕（女，至11月）

陶自立（至11月）

余　米（女，11月始）

统战部

部　长　沈　光（至8月）

杨　莉（女，8月始）

副部长　黄毅力（至11月）

范文略（11月始）

黄柏强

何龙彪（至11月）

吴　英（11月始）

艾　英

政法委员会

书　记　常利民（至7月）

李开兴（7月始）

副书记　余孟洋

胡文波

周卫军（至11月）

王伟山

龚锋武（至12月）

许海玲（女）

维稳办主任

王伟山

县机构编制委员会办公室

主　任　胡　革

副主任　廖健夫（至11月）

副主任　凌云峰（至11月）

副主任　罗来好（11月始）

党组书记　胡　革

党组成员　廖健夫（至11月）

凌云峰（至11月）

罗来好（11月始）

信访局

局　长　周向阳

副局长　陈群芳（女）

黄　军

邓曙光

群众工作部

部　长　宋伟奇

副部长　陈群芳（女）

老干部局

局　长　朱剑斌（至11月）

阳　智（女，11月始）

副局长　钟铁毛

毛利华（女）

县直属机关工作委员会

书　记　毛武林（至11月）

彭志坚（11月始）

副书记　蔡国华

黄龙辉

乔　昱（女）

台办

主　任　黄柏强

副主任　曾令红

党校（行政学院）

常务副校长

罗静良（女）

副校（院）长

谢社江

潘应军（女，至12月）

彭凤鸣（女，至2月）

吴辉球（至2月）

杨开慧纪念馆

馆　长　彭春华

党组副书记

党组书记　杨晓明（女）

副馆长　刘向上

向　春

长沙经济技术开发区党工委和管委会工作机构

·工作机构·

办公室

主　　任　黄庆怀

副 主 任　范丁贵

　　　　　梁颖昊（女）

综合处处长

　　　　　罗利明（女，至1月）

机要处处长

　　　　　李艳芳（女，2月始）

电子信息处处长

　　　　　张建平

优化发展环境处处长

　　　　　肖　梁（女，2月始）

督查室

主　　任　刘运雄（兼，至2月）

副 主 任　唐益民（兼，2月始）

人力资源与社会保障局

局　　长　刘　曙（女）

副 局 长　李布春

　　　　　陈小英（女）

　　　　　彭庄利（兼）

绩效处处长

　　　　　陈海燕（女，2月始）

人才处处长

　　　　　翟　亮（2月始）

党群工作局

局　　长　王怀庄

副 局 长　王　璎（女）

　　　　　朱正海

党建处处长

　　　　　彭　辉（2月始）

宣传处处长

　　　　　黄　姿（女，2月始）

统战处处长

　　　　　彭　虹（女，至2月）

纪检监察审计室

主　　任　刘光辉

副 主 任　陈新明

　　　　　王萍萍（女）

综合监督处处长

　　　　　袁　鸣（2月始）

纪检监察处处长

　　　　　高　鹏（2月始）

监督审计处处长

　　　　　饶佳威（女）

优化效能处处长

　　　　　李勇清（至2月）

招商合作局

局　　长　黄天际

副 局 长　周枝栋

　　　　　王　项

　　　　　齐迎美（女）

综合处处长

　　　　　赵春丹（女，至2月）

　　　　　刘晓蕾（女，2月始）

招商处处长

　　　　　刘　军（至2月）

　　　　　赵春丹（女，2月始）

投资促进处处长

　　　　　邱永峰（2月始）

外经外贸处处长

　　　　　刘　军（2月始）

产业环保局

局　　长　熊　伟

副 局 长　周　芳（女）

　　　　　姚震宇

　　　　　肖　锐

总经济师　王仲湘

综合管理处处长

　　　　　夏绿林（2月始）

统计处处长

　　　　　任雨舟（至2月）

　　　　　李坤田（2月始）

科技与知识产权处处长

　　　　　杨佳文（2月始）

投资与能源处处长

　　　　　黄　妮（女，2月份）

环境保护处处长

　　　　　黄　妮（女，至2月）

安全生产处处长

　　　　　洪　琼（2月始）

财政局

局　　长　刘建龙（兼，至3月）

　　　　　胡立忠（兼，3月始）

常务副局长

　　　　　石　浪

副 局 长　贺正强

　　　　　邱友梅（女）

总会计师　易波勇

综合处处长

　　　　　秦道永（2月始）

资产管理处处长

　　　　　谭玉梅（女，至9月）

　　　　　韩智军（9月始）

行财处处长

　　　　　王　睿（女，至2月）

　　　　　周　旭（女，2月始）

经建处处长

　　　　　王　睿（女，2月始）

建设发展局

局　　长　李乔岚

副 局 长　苏　平（女）

　　　　　陈玖颖

总工程师　胡　嵩（女）

综合处处长

　　　　　谢　媛（女，2月始）

重点工程管理处处长

　　　　　周麒麟（2月始）

建工管理处处长

李　力（至2月）

杨文胜（2月始）

总工室主任

袁大伟（2月始）

质安监站站长

杨文胜（至2月）

谢成塔（至12月）

社会事业局

局　　长　梁应文（兼）

常务副局长

徐震山

副 局 长　田洪林（兼）

莫　阳（女）

综合安置处处长

周　斌

综治维稳处处长

李学辉

公用事业处处长

于志刚（至2月）

李　力（2月始）

经济研究室

副 主 任　胡　鸽（女，2月始）

总值班室

主　　任　肖志成

副 主 任　谢　亮

·党群组织·

企业工作委员会

书　　记　高　杰（至12月）

常务副书记

王维倩

副 书 记　王怀庄

宋登红

熊　伟（6月始）

委　　员　周　芳（至6月）

蔡光云

张跃赛

孙建南

朱正海（6月始）

机关委员会

书　　记　张贤长

副 书 记　周跃成

王怀庄

组织委员　黄庆怀

宣传委员　刘　曙（女）

纪检委员　刘光辉

青年委员　石　浪

群工委员　李乔岚

统战委员　徐震山（3月始）

郑安龙（至3月）

妇女工作委员会

副 主 任　饶佳威（女）

委　　员　陈　果（女）

贺琼玲（女）

彭　清（女）

谢　媛（女）

总工会

主　　席　丁仁义

副 主 席　陈建辉

罗　菁（女）

综合文体部部长

郭　英

曹　瑾（女）

权益保障部部长

周祎刚

人民武装部

部　　长　张贤长

专　　干　彭　虹（女）

共青团工作委员会

副 书 记　吕向龙（4月止）

朱正海（4月始，主持工作）

李标志（至6月）

张尚德（至6月）

组织部长　周　芳（至6月）

宣传部长　黄天际（至6月）

委　　员　齐迎美（女，至6月）

贺琼玲（女，至6月）

陈　果（女，至6月）

唐成龙（至6月）

黄志雄（至6月）

袁　娅（至6月）

袁　鸣（6月始）

翟　亮（6月始）

段苏媛（女，6月始）

黄　宇（6月始）

周舒越（女，6月始）

陈　杰（6月始）

苏冰阳（6月始）

丁文文（女，6月始）

·派驻机构·

国土分局

局　　长　戴新煌

副 局 长　范新国（兼）

罗文莲（女，至3月）

粟飞跃

熊远求（3月始）

综合处处长

陈站稳（女）

供应处处长

易紫高（2月始）

管理处处长

黄莲莲（女，2月始）

规划分局

局　　长　姚泽兴

书　　记　杨之金

副 局 长　汤照照

李　巍（8月始）

市政综合管理处处长

刘　瑛（女，2月始）

规划编制管理处处长

周麒麟（至2月）

张　娴（女，2月始）

建设工程规划管理处处长

夏成龙（2月始）

工商分局

局　　长　宋登红

副 局 长　李太平

纪 检 员　袁忠东（6月始）

副 局 长　刘　伟（6月始）

副 局 长　谭四新

办 公 室　符　军

注册登记科科长

廖泽钧

公平交易科科长

夏　志（至5月）

质监分局

局　　长　李　伟

副 局 长　龙　镭

梁邦进（1月始）

办公室主任

陈　忆（女）

质量监督科科长

何志刚

特种设备安全监察科科长

易　翔

标准计量科科长

周晗露（女）

消防大队

大 队 长　李　振

教 导 员　肖亚华（至11月）

长沙市财政局驻经开区副县级联络员

瞿明仙

国税局

局　　长　潘平波（女）

副 局 长　蒲王灿

喻兴无

熊明千

徐周灿

贺　文（女）

纪检组长　缪明扣

地税局

党组书记、局长

周万里

党组成员、副局长

崔向阳

伍少波

金湘明

党组成员、纪检组长

张又能

副调研员　申华平

工会主席　周跃双

第六税务分局局长

马小平（至6月）

黄智勇（6月始）

安监局

局　　长　范文略（至10月）

曾　林（11月始）

副 书 记　金西林

副 局 长　杨运宏

新安派出所

所　　长　孟　湘

教 导 员　陈祥友

副 所 长　陈炎奎

李海明

郭利成

泉塘派出所

所　　长　朱江波

教 导 员　李伟雄

副 所 长　杨勋毅

肖追雁

李　杰

交警新安中队

中 队 长　桑爱军

指 导 员　陈　琳

职务犯罪预防监察室

主　　任　易飞扬

法庭

庭　　长　袁波涌

副 庭 长　汤立波（至1月）

民三庭

庭　　长　左　登（至3月）

常　维（3月始）

·直属事业单位·

政务服务中心

主　　任　肖泽祥

副 主 任　张　鹏（2月始）

投资评审中心

主　　任　黄　科

副 主 任　谢意平（女）

政府采购与招投标办公室

主　　任　陈宇星

副 主 任　韩智军（2月至9月）

谭玉梅（女，9月始）

创业服务中心

主　　任　吴信村

副 主 任　杨　飞

人才交流服务中心

主　　任　曾知山

副 主 任　于志刚（2月始）

征地拆迁办公室

主　　任　胡祥伟

副 主 任　彭国奇（至2月）

罗　卫

拆迁事务所

主　　任　陈　晋
副 主 任　佘　洪
建设工程质量安全监督站站长
　　陈玖颖（兼，12 月始）
副 站 长　谢成塔（12 月始）

长沙经济技术开发集团有限公司

董 事 长　郭汉辉
监事会主席
　　谭超纲
常务副经理
　　马　鑫
副总经理　吕向龙
　　李雪春
董　　事　熊志新
　　易美奇
　　欧建雄

水质净化工程有限公司

经　　理　黄红旗
副总经理　佘　虹
　　曾　涛

星沙供水工程有限公司

总 经 理　易美奇
书　　记　贺琼玲（女）
副总经理　杨革新
　　周鹏程

工程建设开发有限公司

总 经 理　熊志新
副总经理　卢俊义
　　陈海龙
总工程师　周　高

县人大常委会工作机构

办公室

主　　任　彭　涛
副 主 任　王继强（至 11 月）
　　卢文杰（至 11 月）
　　游　滋（女，12 月始）

内司工委

主　　任　李德兴

教科文卫工委

主　　任　何静宜（12 月始）

财经工委

主　　任　杨　琳（至 11 月）

选联工委

主　　任　彭　辉（女）

农工委

主　　任　何都益

城环工委

主　　任　刘智平（至 11 月）
　　陈　诚（12 月始）
副 主 任　饶　珏（女）

县政府工作机构

办公室

主　　任　魏　检
副 主 任　唐宪伟
　　杜红旗
　　蒋勇文
　　罗扬坤
　　谭振华
　　唐自力
　　余青燕（女）
　　吴再文
　　彭细祥
纪检组长　杨　立（女）

发展和改革局（县物价局）

局　　长　曹　雄（至 11 月）
　　胡超钢（11 月始）
党组副书记
　　朱建民
副 局 长　姜正阳
　　唐　智
　　高　洁（女，1 月始）
纪检组长　李志勇
总经济师　邓剑侠

经济和信息化局

局　　长
党组书记　刘新平
党组副书记
　　汤立平（女，至 11 月）
副 局 长　汤立平（女，至 10 月）
　　何铁建
　　游　晓（女，至 10 月）
　　刘　刚
纪检组长　胡永俊

教育局

党委书记
局　　长　陈卫球
党委副书记
　　曾利满（3 月始）
　　侯建国
主任督学
　　侯建国
副 局 长　毛照平（至 3 月）
　　杨　晓（3 月始）
　　杨次平（至 11 月）
　　胡永俊（至 3 月）
　　廖名跃（至 3 月）
　　陈　晓
　　肖红波（3 月始）
纪委书记　王　容（女，至 3 月）
　　陈　渊（3 月始）

科学技术局（知识产权局）

党组书记　周月明（至 11 月）

朱忠良（12 月始）
副书记 吴延琼（1 月始）
副局长 周 伟（1 月始）
纪检组长 邓青于（1 月始）

安监局

局 长 曾 林（11 月始）
范文略（至 11 月）
副书记 金西林
副局长 杨运宏
柳铁进
总工程师 彭 坚（12 月始）
纪检组长 杨 宇（女）

民政局

党组书记 周习彬（至 11 月）
朱剑斌（11 月始）
局 长 周习彬（至 11 月）
朱剑斌（11 月始）
党组副书记
吴文先
副局长 吴文先
高 军
符 杰
纪检组长 张新明

财政局

党组书记
局 长 胡立忠
党组副书记
周 勇
副局长 周 勇
冯梅秀（女）
胡立明
纪检组长 胡皓珅（女）

人力资源和社会保障局

党组书记 李建军（至 10 月）
刘高祥（10 月始）
局 长 李建军（至 10 月）
刘高祥（10 月始）
党组副书记
王建洪
彭 刚（1 月始）
纪检组长 赵军林
副局长 彭庄利（至 12 月）
杨 曲
周 艳（女）

国土资源局

党组书记
局 长 范新国
副书记 龙征兵（3 月始）
副局长 陶 权
吴宇红（女）
蒋卫民
纪检组长 陈 娟（女）
测绘总工程师
龚 毅
执法大队大队长
雷 彬

环境保护局

局 长
党组书记 杨喜平
副局长 舒易波
孙欣栋
总工程师 石欣灵（女）
纪检组长 唐 妙（女）

交通运输局

局 长 刘义红
副局长 柳检军
刘桂刚
王 军
徐柱杰（借调星沙产业基地）
纪检组长 袁国栋

水务局

局 长 高新良（11 月始）
党委副书记
张根冶
副局长 陶肖泉
邹国良
裴治宇
陈宇波
纪委书记 马志强

农业和林业局

局 长 鄢兴杰（1 月始）
党组副书记
张慧利（12 月始）
副局长 黄松印（1 月始）
叶春德（1 月始）
黄 虹（女，1 月始）
刘拥军
李良成（1 月始）
曾建新（1 月始）
李明慧（1 月始）
纪检组长 柳伟文（11 月始）

商务局

局 长 郭贺亭（11 月始）
党组副书记
罗 伟
副局长 游松明
范文广
陈 洁
纪检组长 何 浪

文化体育广播电视局

局 长 冯武斌
副局长 沈 俊（女）
罗 晶（女）
党组书记 冯武斌
党组副书记
刘 瑞
党组成员 沈 俊（女）
罗 晶（女）
纪检组长 刘 瑞

卫生和计划生育局

局 长 唐 锋（女，12 月始）

张再明（至12月）

党委副书记

吴迎波

熊大坤

副 局 长 唐益群

李凤英（女）

陈 瑛（女）

龚发军

杨曼琼（女）

纪委书记 熊大坤

审计局

局 长 陈 波

副 局 长 陈万磊

刘兴益

晏 均

纪检组长 王 容（女）

城乡规划局

局 长 谢德求

副 局 长 郭检罗

袁 红（女）

龙 江

张新生

石碧娟（女）

罗胜利（至11月）

纪检组长 戴丰伟

安全生产监督管理局

局 长 曾 林（11月始）

范文略（至11月）

党组副书记

金西林

副 局 长 柳铁进

杨运宏

总工程师 彭 坚（12月始）

纪检组长 杨 宇（女）

人民防空办公室

党组书记
主 任 胡孟东

党组副书记
副 主 任 杨 碧

副 主 任 李翊超（至11月）

纪检组长 唐建辉（女）

市场和质量监督管理局

局 长 舒 曲

副 局 长 王 彪

张 义

朱尚明

傅正坤

陈 玲（女）

石超刚

肖俊斌

曾尚亮

万兴兰

袁 霞（女）

纪检组长 王 芳（女）

城市管理局

局 长 梁应文

副 局 长 毛照平

韦树波

张 任（女）

纪检组长 黄长庚

行政执法局

书 记 朱智勇

委 员 陈自力

刘京昌

徐 猛

曹 平

局 长 朱智勇

副 局 长 陈自力

徐 猛

曹 平

法制办

主 任 徐 杨（女）

副 主 任 杨 玲（女，3月始）

石欣灵（女，至3月）

胡 达（至3月）

国资中心

主 任 唐念群

副 主 任 胡 达

周智宇（女，1月始）

纪检书记 白林霖（1月始）

县政协工作机构

办公室

主 任 文清良

副 主 任 王行楚（至11月）

文 越（12月始）

群团联络委

主 任 黄长庚（至11月）

唐念群（11月始）

副 主 任 聂 敏

陈 敏（女）

经济科技委

主 任 曹 青（至11月）

王行楚（11月始）

副 主 任 胡小丽（1月始）

人口资源环境委

主 任 刘正超

副 主 任 聂平辉（至1月）

陈长辉（12月始）

法制提案委

主 任 童树国（至11月）

陶自立（11月始）

副 主 任 刘利娟（1月始）

文教卫体委

主 任 熊 健

县政法机关

公安局

局　　长　彭迟平
政　　委　孙　晓（1月始）
副 局 长　常天健
　　　　　宋晓峰
　　　　　韩　伟
　　　　　周刚强
　　　　　吴　鑫
　　　　　刘　波（2月始）
　　　　　杨卫平（3月始）
副 政 委　罗俊强
　　　　　刘娟慧（女，至11月）
纪检书记　罗俊强

检察院

党组书记　石　华（至8月）
　　　　　盛　智（8月始）
检 察 长　石　华（至8月）
　　　　　盛　智（8月始）
副检察长　黎　军
　　　　　余学军
　　　　　朱忠义
　　　　　何志刚
　　　　　汪海渊
党组成员　黎　军
　　　　　余学军
　　　　　周湘波（女）
　　　　　何志刚
　　　　　汪海渊
　　　　　李　杰
　　　　　余　伟
纪检组长　周湘波（女）

法　院

党组书记　何文哲
党组副书记
　　　　　文继光
党组成员　李国军
　　　　　陈力军
　　　　　胡志宏
　　　　　肖　强
　　　　　王懿林
院　　长　何文哲
副 院 长　文继光
　　　　　李国军
　　　　　文军伟
　　　　　陈力军
纪检组长　胡志宏
执行局局长
　　　　　肖　强
专职委员　王懿林

司法局

局　　长　江　涌
党组副书记
　　　　　彭凤鸣（女）
副 局 长　杨建刚
　　　　　康广平
纪检组长　范伟霞（女）

县委、县政府直属事业单位

史志档案局

局　　长　李　勇
副 局 长　罗朝晖
　　　　　廖再攀

统计局

局　　长　沈建民
副 局 长　胡　娟（女）
　　　　　陈立云
　　　　　陈渊智（至11月）

粮食局

党组书记
局　　长　余仲双（至11月）
　　　　　何　典（11月始）
党组副书记
　　　　　杨俊权
副 局 长　张福清
　　　　　何楚雄

旅游局

局　　长　陈佑谷（至11月）
　　　　　王海燕（11月始）
副 局 长　聂建新
　　　　　范乐赛
党组书记　陈佑谷（10月始）
　　　　　王海燕（女，11月始）
副 书 记　聂建新
党组成员　范乐赛

住房保障局

局　　长　唐铁钧（至9月）
　　　　　陈世峰（10月始）
副 局 长　王新华
　　　　　裴见存
　　　　　彭　刚（至12月）
纪检组长　张　翠（女）

政务服务中心

主　　任　张小春（至11月）
　　　　　王文凯（11月始）
书　　记　何　武
副 主 任　王蓓高（女，至11月）
　　　　　杨树兴（女）

供销合作社联合社

书　　记
主　　任　曹　青
副 主 任　罗海权
　　　　　陈　全
办公室主任
　　　　　刘义彬

招标采购局

局　　长　毛旭平
党组书记　盛仲斌
副 局 长　冯　叶（至11月）
　　　　　袁　起（至2月）
　　　　　周智宇（女，至2月）
纪检组长　胡学军（2月始）

重点工程管理局

局　　长　刘高祥（至 9 月）
　　　　　胡朝钦（10 月始）
副 局 长　孙革辉
　　　　　黄凯明
　　　　　尹红兵
　　　　　尹小龙
　　　　　唐德洋
　　　　　彭长林
　　　　　周文军
纪检组长　黄凯明

派出机构

现代农业创新示范区

党工委书记
　　　　　孟立祥
副 书 记　彭万贵
委　　员　刘雁冰（女，至 3 月）
　　　　　饶培元
　　　　　朱长安
纪工委书记
　　　　　刘雁冰（女，至 3 月）

空港城管委会

常务副主任
　　　　　彭正球（4 月始）
　　　　　常格亮（至 4 月）
副 主 任　李命命（女）
　　　　　曾利满（女，至 5 月）
　　　　　李靓熹（至 4 月）
规划建设部部长
　　　　　兰伟强
招商服务部部长
　　　　　曹江辉
财务融资部部长
　　　　　李晓阳
综合办公室副主任
　　　　　龙赛斌
社会事务部副部长
　　　　　周敬平
规划建设部副部长
　　　　　李光成
财务融资部副部长
　　　　　朱新光

人民团体

县总工会

主　　席　彭克让（11 月始）
副 主 席　杨德胜（至 11 月）
　　　　　傅亿安（女）
　　　　　胡海艳（女，11 月始）
党组书记　彭克让（11 月始）
　　　　　杨德胜（至 11 月）

团县委

书　　记　范维新
副 书 记　陈　展（女）
　　　　　罗　维

县妇联

主　　席　阳　智（女，至 11 月）
　　　　　袁　雁（女，11 月始）
副 主 席　张新红（女）
　　　　　杨春艳（女）

县工商联（商会）

主　　席
（会 长）　李楚屏（女，至 10 月）
　　　　　张小春（11 月始，至 12 月）
副 主 席
（副会长）　陈　彬
　　　　　李　欢（女）
党组书记　艾　英

县残联

理 事 长　别　若
副理事长　高爱娥
　　　　　罗胜利（11 月始）

县科协

主　　席　李红军（女）
副 主 席　黄再富
　　　　　杨次平（12 月始）
　　　　　张红霞（女，至 12 月）

县侨联

主　　席　吴　英（11 月始）
副 主 席　陈合宴
　　　　　曾应明（兼）
　　　　　陈先明（兼）

县文联

主　　席　饶　晗（至 11 月）
副 主 席　易术平
专业干部　李　洁
　　　　　沈建波
　　　　　谭　旦

县红十字会

副 会 长　夏声朝

其他正科级事业单位

接待办

副 主 任　胡海艳（女，至 11 月）
　　　　　陈渊智（11 月始）

民族宗教事务局

局　　长　饶晓刚
副 局 长　米湘峰

星沙松雅湖商务区管委会

党工委书记
　　　　　陈小虎
管委会主任
　　　　　廖春红（1 月始）
管委会副主任
　　　　　盛　卓（1 月始）
　　　　　周广积
纪工委书记
　　　　　余向阳（1 月始）

星沙产业基地

党工委书记
　　　　　黄士玮

副 书 记　唐艳灵（女）
纪工委书记
　　唐艳灵（女）
委　　员　吴　微（至12月）
　　何　展
　　柳　怡（至12月）
主　　任　黄士玮
副 主 任　吴　微
　　何　展
　　柳　怡

机关事务管理局

党组书记　陈世峰（至9月）
　　张　荣（女，9月始）
局　　长　陈世峰（至10月）
　　张　荣（女，10月始）
党组副书记
　　罗达松
副 局 长　柳铁祥（至3月）
　　李秀丽（女，至3月）
　　陈云辉（3月始）
纪检组长　廖名跃（1月始）

广播电视台

台　　长　陶自立（至11月）
　　饶　晗（11月始）
党组副书记
　　李雨蓉
副 台 长　周　萍（女）
　　李昱磊
纪检书记　李雨蓉

镇·街道

·黄兴镇·

中共黄兴镇委员会

书　　记　唐五一（至8月）
　　喻志刚（8月始）
副 书 记　饶逢春
　　张栋材（至6月）
　　李坤明（至10月）
　　彭少波（6月始）
委　　员　曹　剑（至12月）
　　游益龙（至6月）
　　游　江
　　童　创
　　刘　威
　　陈　明
　　吴文斗（至4月）
　　伍　晗（女，至11月）
　　章汉湘（10月始）
　　曹　光（11月始）
　　陈　军（12月始）

人大主席团

主　　席　刘思敏（至6月）
　　张栋材（至12月）
　　曹　剑（12月始，提名人选）
副 主 席　陈　军（至12月）
　　杨　洪（12月始，提名人选）

镇人民政府

镇　　长　饶逢春
副 镇 长　游　江
　　童　创
　　陈　明
　　刘　威
　　余　丰
　　杨　浩
　　吴文斗（至4月）
　　陈　军（12月始，提名人选）

政协联络处

主　　任　曹　剑（至12月）
　　陈　明（12月始，提名人选）

·江背镇·

中共江背镇委员会

书　　记　高新良（至11月）
　　张登武（11月始）
副 书 记　张登武（至11月）
　　张　韧（至9月）
　　商　瑜（至4月）
委　　员　冯典为（至4月）
　　商　瑜（4月始）
　　夏卫书
　　王伟明
　　吴文斗（4月始）
　　王　丹（4月始）
　　彭　荣（4月始）

人大主席团

主　　席　商　瑜
副 主 席　彭　荣（至4月）
　　陈　虎（4月始）

镇人民政府

镇　　长　张登武
副 镇 长　冯典为（至4月）
　　王　丹（至4月）
　　张　莎（至4月）
　　吴文斗（4月始）
　　夏卫书
　　彭　荣（4月始）
　　禹　玥（女，4月始）

政协联络处

主　　任　张　韧（至4月）
负 责 人　吴文斗（4月始）

·黄花镇·

中共黄花镇委员会

书　　记　彭正球
副 书 记　黎文革
　　罗征宇
　　罗成利（至4月）
委　　员　张力强
　　李勇军（4月始）
　　潘　军
　　杨　华（4月始）
　　刘镇西（4月始）
　　刘　登（4月始）

人大主席团

主　　席　罗成利（至4月）
　　张力强（10月始）
副 主 席　刘泽辉（至4月）

冯伟桥（10月始）

镇人民政府

镇　　长　黎文革

副 镇 长　刘镇西（10月始）

刘　登（10月始）

杨　华（10月始）

徐立平（女）

张力强（至10月）

王　伟（至4月）

政协联络处

主　　任　吴立新（至4月）

张力强（至10月）

杨　华（10月始）

·春华镇·

中共春华镇委员会

书　　记　魏　检（至11月）

李壮宇（11月始）

副 书 记　张　荣（女，至9月）

李壮宇（9月始至11月）

刘智平（11月始）

唐利坤（女，4月始）

袁　康（至4月）

委　　员　郑旭辉

游益龙（4月始）

周益巍（4月始）

唐新明（4月始）

肖　坚（4月始）

骆高松（至4月）

李勇军（至4月）

罗　建（挂职7月始）

人大主席团

主　　席　袁　康

副 主 席　李国栋（至4月）

王彬宇（4月始）

镇人民政府

镇　　长　张　荣（女，至9月）

李壮宇（9月始至11月）

刘智平（11月始）

副 镇 长　郑旭辉

李　威

肖　坚（至4月）

游益龙（4月始）

周益巍（4月始）

政协联络处

主　　任　唐利坤（女，至4月）

郑旭辉（4月始）

·果园镇·

中共果园镇委员会

书　　记　覃　芳（女，10月始）

陈　虎（至8月）

副 书 记　李坤明（10月始）

彭朝溪

伍　晗（女，至4月）

委　　员　罗卫滋

付　窈（女，12月始）

罗　芳（女，至12月）

李治宏（12月始）

田　涤（4月始）

涂开来（至4月）

粟　光（至12月）

王　旭（至4月）

谢浪波（至12月）

戴定安（12月始）

人大主席团

主　　席　罗卫滋（4月始）

彭朝溪（至4月）

副 主 席　李　育

镇人民政府

镇　　长　李坤明（10月始）

副 镇 长　田　涤

涂开来（至4月）

粟　光（至12月）

周　宾（至12月）

吴晓芬（女，至4月）

龚金果（10月始）

政协联络处

主　　任　席　剑

·路口镇·

中共路口镇委员会

书　　记　胡　阑

副 书 记　彭　鹏（至11月）

李学文（11月始）

李祖荫

委　　员　张慧利（女）

邓志强

唐新明（至4月）

田　涤（至4月）

陈　琳（4月始）

李国栋（4月始）

隆　晓

人大主席团

主　　席　张慧利（女）

副 主 席　杨钟浩

镇人民政府

镇　　长　彭　鹏（至11月）

李学文（11月始）

副 镇 长　邓志强

田　涤（至4月）

陈　琳（4月始）

李国栋（4月始）

隆　晓

杨再兴

政协联络处

主　　任　杨再兴（至4月）

邓志强（4月始）

·高桥镇·

中共高桥镇委员会

书　　记　栗　柱

副 书 记　盛振宇（至4月）

李志明（至4月）

苏　波（4月始）

委　　员　张瑞祥（至4月）

苏　波（至4月）

付　窈（女，至11月）

沈建强（4月始）

王　旭（4月始）

史学范(4月始)
朱会雄(4月始)

人大主席团

主　　席　盛振宇
副 主 席　朱会雄(至10月)
周　正(10月始)

镇人民政府

镇　　长　王文凯(至11月)
副 镇 长　杨　浩(至4月)
刘　威(至4月)
沈建强(4月始)
史学范(4月始)
朱会雄(10月始)
张　莎(女，4月始)

政协联络处

主　　任　张瑞祥(至4月)
沈建强(4月始)

·金井镇·

中共金井镇委员会

书　　记　石　争
副 书 记　王乐君
宋　辉
黄　轲(至4月)
李志明(4月始)
陈　兰(女，挂职)
委　　员　周孟龙(至4月)
沈建强(至4月)
史学范(至4月)
柳　怡(至4月)
龚海军(至4月)
肖　勇
邹玉屏(女)
王　雁(女)
刘　坤(2月始)
陈昱烨(女，4月始)
黄向阳(4月始)

人大主席团

主　　席　宋　辉(至4月)
黄　轲(4月始)
副 主 席　黄向阳(至4月)
龙青松(3月始)
龙青松(至4月)
黄　超(4月始)

镇人民政府

镇　　长　王乐君
副 镇 长　沈建强(至4月)
史学范(至4月)
肖　勇
柳　怡(至4月)
陈启钱(至4月)
邹玉屏(4月始)
刘　坤
陈昱烨(女)
冯伟桥(至4月)
黄向阳(4月始)
龙青松(4月始)
吴赐华(4月始)

政协联络处

主　　任　周孟龙(至4月)
肖　勇(4月始)

·开慧镇·

中共开慧镇委员会

书　　记　冯赛军(至9月)
叶照君(9月始)
副 书 记　宋海晏(女)
李坤明(至5月)
戈承武(5月始)
祖春峰(至11月)
委　　员　冯典为(5月始)
张　勇
陈　祥
陈　明(至5月)
邹玉屏(女，至5月)
彭齐芳(女)
胡一舟
曹　光(至11月)
向　宽
李辉浩(11月始)

人大主席团

主　　席　李坤明(至5月)
冯典为(5月始)
副 主 席　陈　祥(至5月)
谢浪波(至5月)
黎　栋(5月始)

镇人民政府

镇　　长　宋海晏(女)
副 镇 长　张　勇
陈　祥(4月始)
胡一舟
曹　光(至11月)
向　宽
李辉浩(11月始，提名人选)
范家铭(11月起借调至湘龙街道)
王贺春

政协联络处

主　　任　张　勇(至12月)

·福临镇·

中共福临镇委员会

书　　记　唐　锋(女，至11月)
吴　昊(11月始)
副 书 记　李文杰
喻孟华
委　　员　罗　芳(女，至4月)
张　霞(女，至12月)
彭　伟
冯勇波
周万清(4月始)
罗卫滋(至4月)
龚海军(4月始)
李治宏(至12月)

人大主席团

主　　席　喻孟华(至3月)
彭　伟(3月始)
副 主 席　李治宏(至3月)
唐寒非(3月始)

镇人民政府

镇　　长　李文杰

副 镇 长　罗　芳（女，至 4 月）

彭　伟（至 3 月）

游　艳（女）

冯勇波

龚海军（4 月始）

李治宏（3 月始）

唐　懿（至 4 月）

政协联络处

主　　任　罗卫滋（至 4 月）

龚海军（4 月始）

周万清（12 月始）

·青山铺镇·

中共青山铺镇委员会

书　　记　王志国

副 书 记　李学文（至 11 月）

彭　鹏（11 月始）

李　彪（至 4 月）

周春林（4 月始）

屈小青（女，12 月始）

委　　员　李　彪（至 12 月）

张栋材（12 月始）

彭勇金

周春林（至 4 月）

吴晓芬（女，4 月始）

李　娟（女，4 月始）

向林霖（12 月始）

李良辉（4 月始）

唐百宁（12 月始）

人大主席团

主　　席　李　彪（至 12 月）

副 主 席　李良辉（至 4 月）

唐百宁（10 月始）

镇人民政府

镇　　长　李学文（至 11 月）

副 镇 长　彭勇金

李　娟（至 12 月）

李良辉（10 月始）

陈启钱（10 月始）

政协联络处

主　　任　姜妙华（至 12 月）

彭勇金（12 月始）

·安沙镇·

中共安沙镇委员会

书　　记　朱忠良（至 11 月）

李　洪（11 月始）

副 书 记　李　洪（至 11 月）

戈承武（至 4 月）

何静宜（至 9 月）

马国军（11 月始）

委　　员　熊　创（至 4 月）

杨全党

肖　钢

王　玲（女）

陈军跃（4 月始）

席　剑（4 月始）

陈　全（4 月始）

人大主席团

主　　席　何静宜（至 9 月）

王　玲（10 月始）

副 主 席　周万清（至 4 月）

唐　懿（4 月始，提名人选；10 月当选）

镇人民政府

镇　　长　李　洪（至 11 月）

马国军（11 月始）

副 镇 长　熊　创（至 4 月）

杨全党（至 10 月）

童晓庆（女）

周益巍（至 4 月）

陈军跃（4 月始，提名人选；10 月当选）

席　剑（4 月始，提名人选；10 月当选）

陈　全（4 月始，提名人选；10 月当选）

政协联络处

主　　任　方建秋（至 4 月）

陈军跃（4 月始）

·北山镇·

中共北山镇委员会

书　　记　黄建国

副 书 记　郭贺亭（女，至 11 月）

熊　创（5 月始）

蒋炳桃（11 月始）

委　　员　姚　军

范小林（女）

马志文

陆　宇（至 11 月）

邱赞亮

章汉湘（5 月始，至 10 月）

人大主席团

主　　席　姚　军

副 主 席　邱赞亮（至 5 月）

镇人民政府

镇　　长　郭贺亭（女，至 11 月）

蒋炳桃（11 月始）

副 镇 长　范小林（女）

马志文

陆　宇（至 11 月）

钟元太

政协联络处

主　　任　范小林

·星沙街道·

中共星沙街道工作委员会

书　　记　喻志刚（至 8 月）

陈小虎（10 月始）

副 书 记　郭　刚

委　　员　杨胜喜（女）

曾　林（至 10 月）

林友祥

人大工作委员会

主　　任　龙新伟（女）

副 主 任　易仲林

街道办事处

主　　任　郭　刚

副 主 任　曾　林（至10月）

林友祥

陈　恳

张　宇

政协工作联络处

主　　任　汪虎国（至9月）

林友祥（10月始）

·湘龙街道·

中共湘龙街道工作委员会

书　　记　徐虎踞

副 书 记　孙卫国

周　创

屈小青（女）

委　　员　吴　铌

罗　琼（女）

杨　章

人大工作委员会

主　　任　周　创

副 主 任　杜红艳

街道办事处

主　　任　孙卫国

副 主 任　吴　铌

杨　章

胡晓明

胡　杰

政协工作联络处

主　　任　粟湘鸿

·泉塘街道·

中共泉塘街道工作委员会

书　　记　宁　铁

副 书 记　李壮宇（至10月）

马国军（至11月）

王立新

委　　员　周国旺

袁　惠（女）

杨燕芳（女）

人大工作委员会

主　　任　马国军（至11月）

街道办事处

主　　任　李壮宇（至10月）

副 主 任　周国旺

袁　惠（女）

唐炼波

李辉浩（至11月）

政协联络处

主　　任　吴三贵

·㮾梨街道·

中共㮾梨街道工作委员会

书　　记　毛　葵（至9月）

冯赛军（9月始）

副 书 记　叶照君（至9月）

余　米（女，至11月）

张　韧（9月始）

陈　勇

委　　员　陈魁宇（至11月）

刘志伟

罗　芳（女，12月始）

黄　忠

邹玉屏（女，12月始）

柳　建

张延灿

人大工作委员会

主　　任　刘志伟

副 主 任　马　进

街道办事处

主　　任　叶照君（至9月）

张　韧（9月始）

副 主 任　陈魁宇（至11月）

黄　忠

柳　建

张延灿

罗　坚

·长龙街道·

中共长龙街道工作委员会

书　　记　鄢兴杰（至11月）

章铭康（11月始）

副 书 记　章铭康（至11月）

粟　力

袁　雁（女，至11月）

委　　员　黄　英（女）

周兴武

王秋庆

杨伟进

人大工作委员会

主　　任　粟　力

街道办事处

主　　任　章铭康（至11月）

副 主 任　黄　英（女）

周兴武

胡孟洪

罗　佳

政协工作联络处

主　　任　陈长辉

省、市垂直管理单位

县国税局

党组书记

局　　长　潘平波（女）

副 局 长　浦王灿

喻兴无

熊明干

徐周灿

贺　文（女）

纪检组长　缪明扣

县地税局

局　　长　周万里

副 局 长　崔向阳

伍少波

金湘明

纪检组长　张又能

副调研员　申华平
工会主席　周跃双

县供电公司

总 经 理
党委副书记
　　蒋　锐
副总经理
党委书记　黄先晃
纪委书记　陈　倩（女，至5月）
　　王　剑（5月始）
工会主席　陈　倩（女，至5月）
　　王　剑（5月始）
副总经理　黄　硕
　　云文兵　（至5月）
　　许利平

县烟草专卖局（分公司）

局长（经理）
　　谭耀奇
副 局 长　龙济岚
副 经 理　廖　文
纪检组长　冯　仆

县气象局

局　　长　李仁鹏（至1月）
　　黄正才（2月始）
副 局 长　常　炬
　　王健龙

县公路管理局

局　　长　周海燕
副 局 长　张朝阳
　　蒋海山
　　刘　宝
　　罗　湘（借调至星城建设投资有限公司）

县电信分公司

总 经 理　陈学问
副 经 理　李复湘
　　刘　峰

县移动分公司

经　　理　张晓滨
副 经 理　吴　波
　　黄　伟（10月始）
　　李　权
　　方　印
经理助理　龚路路（女）
工会主席　方　印

县联通分公司

总 经 理　盛　钊
副总经理　王晓维
　　李　超

县人寿保险公司

经　　理　杨　熠（女）

驻县部队（部分）

县武警中队

中 队 长　陈祖进
指 导 员　全伟宾
副中队长　刘中平

县消防大队

大 队 长　郑梅华
教 导 员　佘光辉
副大队长　何年平（至4月）
　　刘　武（9月始）
副教导员　刘可凡（至4月）

驻县金融机构（部分）

工商银行星沙支行

行　　长　张　毅
副 行 长　李翊平
　　罗　刚
　　胡屹坚
　　庹先平（至5月）
工会主席　李海奇

农业银行长沙县支行

行　　长　周绍恒
副 行 长　曹戈江（至5月）
　　曾　禹（5月始）
　　李一璋
　　谈　微（女）

建设银行星沙支行

行　　长　金大明
副 行 长　王俊伟（至4月）
　　廖志刚
　　申勇健
　　张朝晖
　　李　献（4月始）
　　龚文湘（12月始）
纪委书记　刘传华

中国银行星沙支行

行　　长　张　智
副 行 长　陈英勇
　　李运红
　　曹　阳（女）
　　杨　越
　　饶　洁（女，挂职，8月始）

邮政储蓄银行股份有限公司长沙县支行

行　　长　戴　杰
副 行 长　李　峰
　　刘向忠

（各单位　提供）

（责任编辑　张　娜）

中国共产党长沙县委员会

综　述

【概况】2016 年，县委充分发挥领导核心作用，团结带领全县干部群众，紧紧围绕省委常委、市委书记易炼红对长沙县提出的“三个第一”发展目标，坚持以“强南富北、民生立县、挺进五强”为发展主线，全面掀起“二次创业”热潮，经济社会实现又好又快发展。是年，地区生产总值 1280.3 亿元，增长 10.9%；规模工业总产值 2405 亿元，增长 14.1%；固定资产投资 770 亿元，增长 16%；财政总收入 227.38 亿元，增长 12.6%；社会消费品零售总额 420 亿元，增长 16.7%。在全国县域经济基本竞争力、中国中小城市综合实力百强排名中，分别跃居第 7 位、第 6 位，继续领跑中西部。

自觉筑牢四个意识，与党中央保持一致。县委常委会坚持在党爱党、在党忧党，及时深入学习贯彻党的十八届三中、四中、五中、六中全会和习总书记系列重要讲话精神，始终在思想上、政治上、行动上与以习近平同志为核心的党中央保持高度一致，切实做到表里如一、知行合一。认真履行“把方向、管大局、作决策、保落实”的职责，坚持用“四个意识”武装头脑、协调行动、指导实践，真正做到把“四个意识”体现在加强党的领导上、体现在谋划长沙县发展上、体现在狠抓工作落实上。

加快结构调整步伐，转型升级成效显著。博世公司工业 4.0 升级引领新一轮智能制造，铁建重工成为全国最大地下工程装备产业集团；汽车产业不断壮大，年整车生产能力 60 万辆，汽车及零部件产业占规模工业比重达 27.8%；电子信息产业占规模工业比重 11%，获评“全国科技进步先进县”“国家知识产权强县工程示范县”。长沙国际会展中心、海吉星农产品物流园投入运营，长沙家禽市场等项目加快建设，全县在建项目面积占全市 1/4，在全市项目观摩会中项目工作获得单项第一、县（市、区）第一、经开区第一。湖南首个临空综合保税区——长沙黄花综合保税区已成功签约项目 17 个，可实现进出口总额约 17 亿美元。现代农业加快发展，省级以上农业龙头企业达 14 家，形成传统特色产业、休闲旅游、精深加工等多种业态共同繁荣的发展新格局。

不断深化改革开放，内生动力日益增强。大力推进建设领域审批改革，通过推行并联审批、“多评合一”“多图联审”等审批机制，办理时限压缩 52%。全面强化土地利用规划管理，被评为“全国国土资源节约集约模范县”。9 大类 52 大项 181 小项改革任务按照时间节点推进，行政综合执法、功能分区、投融资、政府和社会资本合作等改革走在全市乃至全省前列，综合行政执法改革被《人民日报》专题推介，被评为“湖南省十大最具影响力法治事件”之一，法院“三分式”审理模式被全国推介。举办 2016 年全面深化改革工作观摩会，得到领导高度肯定。开放型经济发展水平显著提高，成功举办“湖南·星沙走进东盟”系列活动，率先全省建立政、关、检合作机制，境内世界 500 强企业 31 家，外贸进出口总额占全市的 1/3、全省的 1/8。

统筹推进城乡发展，强南富北效果明显。推动智慧城市建设，城镇化率 62%。星沙联络线、机场大道、北部干线公路加快建设，农村公路达 1280 千米，天然气管道通达 9 个镇（街道），星沙文化中心等一批城市配套设施建成投入使用。积极推行城管数字化，拆除违章建筑 120.8 万平方米。黄花镇、金井镇获评全国重点镇，春华镇率先创建全国美丽宜居小镇。长沙县获评“湖南省美丽乡村建设先进县”，再次获评“国家卫生县城”，连续三年蝉联中国十佳“两型”中小城市榜首。

全力发展社会事业，民生福祉不断改善。全年民生支出 91.7 亿元，城乡居民人均可支配收入分别达 40120 元、27730 元。全面实施精准扶贫，重点推进扶贫生态移民工程，全县建档立卡贫困人口全部“清零”、省定贫困村全部摘帽。成功引进北师大、师大附中、大同小学等优质资源合作办学，获评“湖南省教育强县”。完成县妇幼保健院择址新建，基层医疗服务能力全面提升。推进创新创业，获评全市唯一“湖南省创新创业带动就业示范县”。着力打造“有书香、有静气、有温度”的城市，获评全国“书香城市（区县级）”。加强食品安全监管，获评全国“2016年民生示范工程”。坚持“四个绝对不允许发生”，全力以赴抓好信访维稳、安全生产和舆情管控等工作，蝉联“中国最具幸福感城市”。

全面加强党的建设，执政能力稳步提升。深入开展“两学一做”学习教育，探索推行“党建+”模式和党建O2O服务模式，党建工作对经济社会发展的渗透力、推动力和贡献度全面提升。坚持“注重实绩、干群公认”的选人用人导向，完成县镇两级党委、人大、政府和县政协换届。积极创新青年干部成长激励机制，制定出台青年干部成长工程三年行动计划，举办第一期青年干部训练营。推进社区提质提档，对全县村（社区）阵地全面进行标准化建设。坚持把纪律和规矩挺在前面，严格落实监督执纪“四种形态”和“两个责任”，探索建立“三书”制度，党风廉政建设取得新成效。

【常委分工】 **杨懿文** 长沙经开区党工委书记、县委书记（至3月），主持县委和长沙经济技术开发区党工委全面工作，主持县人民武装委员会工作。

曾超群 长沙经开区党工委书记（12月始）、县委书记（6月始），主持县委全面工作，主持县人民武装委员会工作。

张庆红 县委副书记、县长（至6月），主持县政府全面工作，主持县国防动员委员会工作，主管财政、审计、监察工作。

张作林 县委副书记（6月始）、代县长（7月任）、县长（11月任），主持县政府全面工作，主持县国防动员委员会工作。

吴新伟 县委副书记、县委党校校长（至6月），协助书记分管党的建设、处理日常事务，分管农业、农村工作，联系人大、政协、工青妇和群众工作，主管县委党校工作。

杨 莉（女） 县委常委、县政府党政副书记、副县长（常务）（至8月），县委副书记（8月始），协助书记分管党的建设、处理日常事务，主管统战、县委党校工作，分管农业和农村、文明创建工作，联系人大、政协、工青妇工作。

胡维龙 县委常委、纪委书记，主管纪检、监察工作。

赖坤明 县委常委。

沈 光 县委常委、组织部部长、统战部部长（至8月），县委常委、组织部部长（8月始），主管组织工作。

王国良 县委常委、县委办主任（至8月），县委常委、县政府党组副书记（8月始），县委常委、县政府党组副书记、副县长（常务）（11月始），负责县政府日常工作。

陈晓成 县委常委、人武部部长，主管人武部工作。

谭浩然 县委常委、县政府党组成员、副县长（至8月），县委常委、县委办主任（8月始），主持县委机关日常工作。主管县委办公室工作。

彭 勇 县委常委、宣传部部长（至8月），主管宣传工作。

杨 溢 县委常委、宣传部部长（8月始），主管宣传工作。

常利民 县委常委、政法委书记（至8月），主管政法工作。

李开兴 县委常委、政法委书记（8月始），主管政法工作。

喻志刚 县委常委、黄兴镇党委书记（8月始），主持黄兴镇全面工作。

重要会议

【中共长沙县第十三届代表大会第一次会议】 8月14—16日，中国共产党长沙县第十三届代表大会第一次会议召开，310多名党代表、130多名列席人员和特邀到宾聚一堂，共议长沙县未来五年发展大计。县委书记曾超群代表中国共产党长沙县第十二届委员会作题为《为率先实现基本现代化而努力奋斗》的工作报告，提出要始终围绕“强南富北、民生立县、挺进五强”这一发展主线，全面实施“改革活县、产业强县、民生立县、生态美县、协调兴县、依法治县”六大发展战略，不断推动经济社会发展迈上新台阶，加快建成更高水平全面小康社会、率先实现基本现代化。大会选举产生新一届县委常委领导班子、县委委员、候补委员和县纪委委员。

【县委常委会议】 2016年，县委常委会议共召开28次，县委常委会议深入贯彻落实中央、省委、市委有关会议精神和工作部署要求，正确研判发展形势，部署重点工作。年内，县委常委会议传达学习《中国共产党问责条例》，习近平总书记关于换届工作的重要指示精神、省委书记杜家毫在全省市州委书记座谈会上的讲话精神，

8月14日，中国共产党长沙县第十三届代表大会第一次全体会议（开幕式）召开
（章 帝 摄）

主席孙建国，市、区、县领导徐宏源、范小新、张迎春、谢明德、李科明、张庆红、王益枝、王国良等参加调研。

【许又声调研】3月16日，省委常委、省委秘书长许又声到长沙专题调研党委办公室工作。许又声强调，各级党委办公室要加强自身建设，充分发挥“坚强前哨”“巩固后院”的作用，不断提高办公室工作科学化水平。市、县领导夏建平、杨懿文、王国良参加调研。

代省长许达哲在省政府第84次常务会议上的讲话精神，省委常委、市委书记易炼红到县调研讲话精神，省委举办的市厅级主要领导干部学习贯彻党的十八届五中全会精神专题研讨班、党建专题培训班、以及市绩效考核暨“六个走在前列”大竞赛讲评会，上级国有企业党建工作会议，湖南信访工作座谈会等中央、省委、市委重要会议、重要讲话、重要文件精神。研究部署乡镇区划调整改革合并村、全县“两学一做”学习教育、纪检监察一体化、精准扶贫、深化改革、建设开放型经济强县、公务用车制度改革、青年干部培养等工作。

领导考察与友好往来

【李铁映到高桥镇考察】6月9日，中共中央原政治局委员、十届全国人大常委会副委员长李铁映到高桥镇考察，实地参观李维汉故居和维汉小学。省委常委、长沙市委书记易炼红，县领导张庆红、彭勇、王国良、彭迟平陪同考察。

【部分民主党派全国人大代表考察】11月23日，部分民主党派全国人大代表到县考察，调研长沙县检察机关依法保障和促进非公经济健康发展工作情况。市、县领导袁观清、曾超群、杨莉、柳铁强陪同考察。

【刘鹏到湖南优冠实业集团有限公司调研】9月13日，国家体育总局局长刘鹏到长沙县实地调研湖南优冠实业集团有限公司。省委副书记、代省长许达哲，市、县领导胡衡华、曾超群、张作林、谭浩然、喻名团陪同调研。

【杜家毫到长沙国际会展中心考察】11月10日，省委书记杜家毫到长沙国际会展中心，考察正在举办的2016中国（长沙）住宅产业化与绿色建筑产业博览会。省委常委、市委书记易炼红，副省长张剑飞参加考察。市、县领导夏建平、曾超群、张作林、谭浩然、喻志刚、黄泽红陪同考察。

【李微微调研】4月6日，省政协主席、省委常委、省委政法委书记李微微率省政协重点课题调研组到长沙县，就“推进湖南省供给侧结构性改革的对策建议”主题开展调研。省政协副

【易炼红调研】6月17日，省委常委、市委书记易炼红，市委副书记、市长胡衡华率市委、市人大、市政府、市政协四大家领导、各市直部门主要负责人以及各区县（市）负责人到长沙县，现场观摩“长沙磁浮生态绿带走廊”造绿复绿项目。县、区领导曾超群、张庆红、吴新伟、常利民、王国良、谭浩然、李开兴、彭迟平等陪同观摩。7月4日，省委常委、市委书记易炼红在调研长沙建设工作时，到位于长沙县黄兴镇的高铁新城劳动东路东延线综合管廊建设施工现场，实地察看工程进度。市、县领导夏建平、黎春秋、曾超群、张作林、王国良、谭浩然参加调研。7月15日，省委常委、市委书记易炼红赴长沙国际会展中心项目建设工地进行现场办公。他强调，要高标准推进项目建设，加快完善配套设施，确保开馆精彩亮相，把长沙国际会展中心建成中部乃至全国一流的多功能会展交易基地。市、县领导黎春秋、廖健、曾超群、张作林、黄波、喻志刚参加调研。8月22日，省委常委、市委书记易炼红率队调研长沙县工作，他强调：长沙县一定要把务实进取、真抓实干的优良传统和鲜明标志传承

好、坚持好、发扬好，以实干创造实绩，推动长沙县经济社会发展再上新台阶、实现新跨越，加快挺进全国五强，市、县领导夏建平、刘明理、曾超群、张作林、王国良、谭浩然参加调研。

【陈文浩调研】 12月18日，市委副书记、代市长陈文浩到长沙县、长沙经开区进行专题调研。县、区领导曾超群、张庆红等参加调研。

【袁观清到县考察重点工程建设】 10月19日，市人大常委会主任袁观清率市人大常委会组成人员到长沙县，考察重点工程建设情况。县领导曾超群、李建章、谭浩然、喻志刚陪同考察。

【广西柳州市党政代表团考察】 3月18日，广西柳州市委书记郑俊康，市委副书记、市长吴炜率党政代表团到县就新型工业化、城乡一体化和生态文明建设等进行考察调研。市、县领导胡衡华、夏建平、杨懿文、王国良参加考察。

【常德市武陵区党政代表团考察】 10月13日，常德市武陵区区委书记莫汉桃率队到县考察生态城市建设理念、建设模式等方面的先进经验。县委常委、县委办主任谭浩然参加考察。

【广西北海市党政代表团考察】 10月21日，广西壮族自治区党委常委、北海市委书记王可一行到长沙县开慧镇板仓国际露营基地考察。县领导曾超群、谭浩然陪同考察。

【岳阳临湘市党政代表团考察】 11月4日，岳阳临湘市党政代表团一行到县考察全域旅游发展先进经验。县委常委、县委办主任谭浩然，副县长毛葵陪同考察。 （鲁专娟）

组织工作

【概况】 2016年，全县组织工作紧扣县委“强南富北、民生立县、挺进五强”发展主线，选干部、配班子，建队伍、聚人才，抓基层、强基础。党建和组织工作得到中央组织部部长赵乐际批示1次，省委组织部部长郭开朗批示1次，市委书记易炼红批示5次、副书记徐宏源批示2次、主任程水泉批示5次，市组织部部长张宏益到长沙县调研组织工作时给予充分肯定，中央、省、市各级内刊、媒体报道130余次。在市州委书记抓基层党建述职评议考核工作调查核实中，长沙县代表长沙市迎检获满分。组工调研信息和网宣工作排名全市前列。

干部选拔任用。坚决贯彻中央“好干部”标准和市委“六用六不用”要求。坚持“三个面向”和“四个注重”用人导向，完成县乡两级换届，调整干部9批次、556人，其中提拔干部70名，有近60名是来自经济发展、征地拆迁、综治维稳一线，提拔重用39名80后年轻干部。乡镇“三类人员”比选事前公布比选规则、事后第一时间公布比选成绩。把强化班子整体功能和质量放在首位，实现领导班子从“硬结构、软功能”向“硬功能、优结构”大转变。用大数据思维全面开展综合分析研判工作，多渠道、多层次、多侧面掌握干部情况。制订出台《关于进一步规范县管干部选拔任用工作的通知》（长县组发〔2016〕29号），首次对县管干部选拔任用中的提拔、重用、转任等情形及适用程序进行明确分类，建立健全以单位党组织名义、主要负责人签字书面不定向推荐优秀干部和干部任免全程纪实、科级领导干部报告个人有关事项制度等举措，干部选任进一步规范。

干部管理。坚持综合施策、标本兼治、立破并举，全面落实《关于解决“有错无为、不在状态”问题形成奋发有为新状态的实施意见》（长县发〔2015〕13号），构建广大干部想为、敢为、勤为、善为的长效机制。出台《长沙县青年干部成长工程三年行动计划》（长县发〔2016〕16号），创办“长沙县青年干部训练营”，对全县所有30岁以下青年干部进行不脱产强化轮训，从中提拔4名优秀学员，实现由“伯乐相马”向“赛场选马”转变。强化绩效考核“指挥棒”作用，出台科学管用的绩效考核办法，严格将考核结果与奖惩挂钩，突出权责对等，对乡镇的考核项目从54项减少到38项，推动市对县考核排名跃居四县（市、区）第二，实现争先进位。为担当者担当，为4名有不实信访举报的党政主要负责人澄清事实、消除负面影响，对66名科级领导干部进行提醒谈话，保护一批想干事、能干事的干部。坚持反向约束，传导干事压力，明确22种“有错无为、不在状态”问题的具体情形和10种问责措施，以更严的约束倒逼干部不得不为、不敢乱为，展现干事创业政治生态。

基层党建。推进“两学一做”学习教育，参学率99.5%以上。获中央组织部、省委组织部通报表扬。推进“党建+”模式，党建工作对全县经济社会发展的渗透力、推动力和贡献度增强。探索推行党建O2O服务群众机制，出台《关于在全县开展党建O2O服务的实施方案（试行）》。搭建微信群和集群公众号的“线上”服务平台，全县18个镇（街道）建立四级微信群近700个，覆盖党员群众21477人。坚持“每周提示、每月调度、每季督查”，查找出失联党员92名，纳入组织有效管理76名，组织处置16名；清理出未按规定给予党纪政纪处分和组织处理的党员8名；基层党组织换届325个；补缴党费650万元；新成立非公和社会组织党组织43个；率先出台党建促脱贫攻坚“五条”举措，12个贫困村通过省、市脱贫验收；领导机关、领导干部学习教育“灯下黑”问题得到有效整治。制定《长沙县社区全面提质提档三年行动计划考核标准和计分办法》，组织召开社区提质提档工作现场观摩会，9个提质提档社区通过考核验收。指导合并村完成党组织设置工作，整顿17个软弱涣散党组织。面向期满解聘大学生村官选聘60名专职党务工作者，改扩建24个村（社区），197个村（社区）实现“五统一”，1867个村（社区）党小组实现规范化。承办中组部贵州台江县农村党组织书记抓党建促脱贫攻坚专题培训班。

（黎金凤）

宣传工作

【概况】2016年，县委高度重视并部署全县意识形态工作。制定意识形态工作责任制实施方案，成立意识形态领域情况分析研判小组等工作机构，实行意识形态党委主要领导负责制，明确领导干部“四个绝对不允许”和“四个带头”，认真落实“书记抓”和“抓书记”工程。明确意识形态工作“六个纳入”，组织意识形态中心组专题学习，开展工作督查，严格责任追究。首次将意识形态工作作为基层党建述职考评重要内容，组织部分县直单位、乡镇（街道）党（工）委书记就意识形态工作进行集中述职。

理论学习。坚持把学习贯彻习近平总书记系列重要讲话精神作为首要政治任务，围绕解读中央治国理政新理念、意识形态工作、临空经济等专题组织开展县委中心组学习。创新开展“微理论·微宣讲”系列活动，组织“我是宣讲家”微宣讲比赛和“党理论进基层”微宣讲系列活动，承办中央宣讲团十八届六中全会精神宣讲干部群众座谈会。创新“微宣讲+”传播形式，用讲故事、文艺宣传、微动漫等多种形式。开展“书香星沙”全民阅读学习活动，全年开展各类读书学习活动920余场次，形成“松雅书院”“国学经典诵读”等10个读书品牌，“书香星沙”阅读品牌获“湖南省公图书馆服务成果奖”一等奖，长沙县荣获全省唯一全国“书香城市”称号。

宣传引导。2016年，发表报道3800余篇（次），其中人民日报头版，新华社《半月谈》，中央电视台《新闻联播》《东方时空》《焦点访谈》等央级媒体报道112篇，省级媒体1400余篇。在各镇（街）选拔优秀人员担任网评员，成立长沙县百人网评员队伍，聘请知名评论员担任特约评论员。新闻发言日趋规范，明确乡镇一把手为单位新闻发言第一人，强化专业培训，提升全县新闻发言和舆情处置能力。处突引导客观主动，明确新闻突发事件1小时口头报告、2小时书面报告制度。

文化事业产业。现代公文化服务体系建设提质增效，县、镇（街）、村（社区）三级公文化服务网络基本建成。“五彩星沙”广场文化、镇街文化集市、村（社区）文化艺术节，形成县、乡、村三级群众文化活动品牌。组织“理论沙龙——文艺创作专题”讲座28次，聘请省内外知名文艺家来县举办文艺创作讲座。创作编辑《点亮艺术人生》《长沙影珠山》《善化遗风——长沙县非物质文化遗产项目》丛书等系列书籍。成立长沙县文化创意产业协会，举办长沙县文化创意产业高峰研讨会。大力推进浏阳河文化产业带建设，完善基础设施建设，重点围绕“梦里水乡”榔梨街道段、“峥嵘岁月”黄兴镇段、“秀美乡野”江背镇段三大主题文化旅游圈开展工作，深度挖掘浏阳河自然、生态、人文资源。

文明创建工作。健全文明城市常态化创建机制，层层分解责任，加大文明创建统筹推进力度。广泛开展道德讲堂、文明创建进校园活动，举办“文明城市‘三有’星沙”第六届书画比赛、基层最美人物评选等活动，创新文明创建载体，让文明理念广泛深入。肖自力获评“中国好人”，钟高明获评“感动湖南十大人物”。加强社会主义核心价值观等公益宣传，全方位刊播“讲文明 树新风”公益广告，宣传文明之风。不断深化文明城市、文明村镇、文明单位、文明家庭、文明校园创建，推动社会文明程度整体提升。深入开展农村精神文明建设，通过弘扬中国优秀传统文化，移风易俗，提升社会整体文明程度。

【承办中央宣讲团调研和十八届六中全会宣讲座谈会】11月9日，中央宣讲团成员、中央文献研究室主任冷溶到长沙县果园镇浔龙河村，与当地基层党员干部群众互动座谈，宣讲党十八届六中全会精神。省委副书记乌兰，省委常委、市委书记易炼红、市县领导夏建平、黎春秋、曾超群、张作林、谭浩然、杨溢陪同考察和座谈。座谈中，冷溶认真听取基层干部群众踊跃提问，结合十八届六中全会精神一一作出回应。冷溶指出，六中全会专题研究全面从严治党，既是经验总结又是全面部署，这标志着党中央“四个全面”战略布局总体框架逐步完善。新制定《关于新形势下党内政治生活若干准则》突出密切联系群众、批评与自我批评、民主集中制、党内民主等内容，将强化政治意识、大局意识、核心意识、看齐意识，系统解决当前一些地方党内政治生活出现庸俗化、随意化等问题，为全面从严治党筑牢根基。

12月16日，杨莉考察访问斯里兰卡投资局　　（邓亚平　摄）

【长沙县获评2016年全国“书香城市（区县级）”称号】 11月18日，中国图书馆学会2016年“书香城市（区县级）”颁奖典礼在浙江宁波隆重举行。全国有56个城市（区县级）参与申报，19个城市入选，长沙县是中部地区唯一获此称号城市。

【获评第三届中国青年志愿项目大赛金奖】 12月1—3日，中国青年志愿服务项目大赛暨2016青年志愿交流会在宁波举行（志交会），长沙县乐和社工协会“复礼兴乐，留住乡愁——乡村文化复兴项目”（以下简称“文化复兴项目”）荣获本次项目大赛金奖。

【长沙县举办“2016湖南·星沙走进东盟系列经贸活动”新闻发布会】 举办“2016湖南·星沙走进东盟经贸系列活动”新闻发布会。组织中央、省、市各级媒体对县域经贸活动开展全方位、多角度、立体式宣传报道，经济日报、中新社等主流媒体推出报道40多篇，为整个活动顺利开展营造良好舆论氛围。湖南日报推出《星沙——签手东盟走世界》《让资本点燃牵手东盟激情》2个专版，长沙晚报推出《筑就凤凰台，引得凤凰来》《企业湘军吹响进军东盟集结号》2个专版，有力促进长沙县外向型经济发展，提升长沙县县域形象。

【建立新闻发言人管理制度】 长沙县率先在全省建立新闻发言人管理制度，对全县新闻发言人队伍统一指导、统一管理、统一考核。举办县委党校、南京大学新闻发言人培训班，通过新闻理论、新闻宣传、新媒体发展、舆情处置、模拟新闻发布会等课程学习，开阔眼界，提升基层新闻发言人整体素质，打造一支战斗力强发言人队伍。

（曾　征）

统战工作

【概况】 2016年，中共长沙县委统一统战工作部坚持讲政治、守规矩，履职履责，认真贯彻落实上级关于换届选举有关文件和会议精神，严格把好人大代表、政协委员和工商联（商会）会员人选政治关、素质关、结构关，确保换届工作依法依规和风清气正。

教育学习。推进“两学一做”学习教育。加强信息调研宣传工作。信息被中央、省委、市委统战部分别采用1条、13条、71条，调研成果《促进非公经济转型创新发展对策研究》获评全市二等奖，在上级内刊内网和主流媒体上稿290余篇。组织参加“湖南网上社院”学习、统战知识竞赛、“献计新发展，建功‘十三五’”主题征文等活动。组织召开长沙县第十三次党代会工作报告征求意见建议座谈会、“忠诚、干净、担当”主题党外领导干部座谈会等系列座谈会，组织参与“红色湘女之情”研讨会、纪念李维汉诞辰120周年等系列活动，支持代表人士参政议政、建言献策和进行民主监督。重视同盟者利益，科学规划好实职安排、政治安排和社会安排。

服务管理。全面落实民族政策，开展“民族团结进步行”活动，连续五年深入湘西进行爱心扶贫助学。帮助翻天娃食品企业完成伊协清真食品认证。依法管理宗教事务，健全三级宗教工作网络、两级宗教工作责任制和联合执法抵御渗透联动机制，开展“平安和谐寺观教堂”创建，引导宗教界参与公益慈善事业，稳妥处置非法宗教活动，加强民间信仰管理，宗教领域秩序正常。承办长沙市佛教协会宗教政策法规讲座暨第五届讲经说法交流会。接待西藏新转世活佛考察团考察交流。

交流合作。深化与港澳台同胞、海外华人华侨交流合作，双向互动交流日益密切。接待香港师生历史教育团、中华海峡两岸经贸文化协会、日本田汉文化交流会、伦敦布罗姆利市长考察团等团体参访，组织参与海峡两岸青少年文化交流夏令营（长沙）活动和纪念辛亥革命105周年暨黄兴逝世100周年系列活动。组织出访缅甸、越南、斯里兰卡等国家，巩固2016湖南·星沙走进东盟经贸系列活动成果，加强与当地华人华侨联络联谊。黄兴故居纪念馆、影珠山抗战文化遗址公园被授予首批“长沙市海峡两岸交流基地”（全市仅3家）。科学处置旅美华侨钟武雄信访问题和台资企业长沙统力兴业信访问题。鼓励引导非公经济人士履行社会责任，长沙县企业冠名奖教助教奖学助学金发放仪式上，爱心企业和个人捐款1500余万元。组织参加2016’湖南·星沙走进东盟经贸系列活动，举办中小企业领军人才素质提升班，邀请英国著名时事评论员艾波、美国维基百科集团英国分公司创始人之一何泽仪举行《大视野·大数据》专题讲座，提升非公经济人士国际视野，增强非公企业发展动力。32个基层商（协）会组织服务非公经济发展能力不断增强，县工商联获评全国“五好”县级工商联。

【成立县委统一战线工作领导小组】为加强和规范全县统一战线工作，根据《中国共产党统一战线工作条例（试行）》，3月9日，成立县委统一战线工作领导小组（长县办发〔2016〕11号）。领导小组主要职责是负责对全县统一战线贯彻落实中央重大方针、政策、法律法规和省委、市委、县委重大决策部署情况进行研究、协调指导和督促检查。领导小组由县委书记任组长，县委副书记任第一副组长，县委统战部部长、县人民政府分管相关工作副县长任副组长，成员包括县委办、人大办、政协办、组织部、宣传部、统战部、台办、侨联、工商联、教育局、民政局、民宗局、国资中心、总工会、团委、妇联等单位有关负责人。领导小组办公室设在县委统战部，负责领导小组日常工作，由县委统战部部长兼任办公室主任。

【“四同创建”】制订《长沙县深化和拓展“四同创建”活动工作方案》，创新推行“初创－成熟－验收－授牌－强化”五步工作法，着力增强主体动力、凝聚各方合力、扩大活动张力，创建工作乘积效应和叠加效应进一步扩大，“梦工厂”“百川港湾”“时间银行”“创新创业在基层”等特色品牌不断巩固，辐射作用明显，新申报省级示范点1个，新创建市级示范点2个，广大统战成员参与创建活动主动性、性高涨。创新指导民建长沙经开区支部成立长沙县同心创新创业者协会，鼓励支持其发挥平台与纽带作用，团结民建会员和示范其他民主党派及无党派人士主动对接投身“大众创业，万众创新”战略，更好履行民主党派职责和义务。

【党外代表人士队伍建设】实施培养选拔党外领导干部工作“五年规划”，抓住集中换届有利契机进一步优化党外领导干部配备，配备有党外领导干部40名。深入开展党外后备干部资源摸底调查，及时充实党外干部后备人才库，储备党外后备干部76名。组织党外代表人士参加各级培训和调训，始终坚持专题调研模式，不断完善联谊交友、统战部长“谈心日”、对口联系与特约人员、履职报告等制度，鼓励支持参政议政、建言献策和进行民主监督，党外代表人士议政建言能力、水平和性切实提高。10月24日，围绕“忠诚、干净、担当”主题，创新组织召开长沙县党外科级领导干部座谈会。县委副书记、统战部部长、党校校长杨莉出席会议并讲话，指出：党外干部与党员干部一样都是党干部，要严格落实习近平总书记提出“对党忠诚、个人干净、敢于担当”要求，着力提升能力，主动作为，充分发挥优势，致力为经济社会转型升级发展多做贡献；统战部门要不遗余力落实工作责任，为党外干部健康成长发展创新搭建学习培训、沟通交流、参政议政等各种平台　　（廖麓山）

其他工作

·县直机关党务工作·

【概况】2016年，长沙县发展党员22名，按期转正预备党员20名，培训95名入党积极分子（含部分县直党委单位）；推荐获评县级先进基层党组织、优秀党务工作者、优秀产党员分别6个、9个、16个，获评机关工委先进基层党组织、优秀党务工作者、优秀产党员分别6个、9个、45个；重视党员培训教育，开展3期党建＋大课堂，举办3期党员轮训班，轮训党员346名，举办1期基层党组织负责人培训班，培训党（总）支部书记

63 名，全年所属各支部讲党课 586 次；落实党费收缴，全年收缴党费 118.62 万元，补缴 2008 年 4 月至 2015 年 12 月党费 223.28 万元。开展“两学一做”学习教育活动。2016 年，新成立县人防办、县红十字会、星沙时报社 3 个党支部，规范县城乡规划建设局、县重点工程管理局、县城市管理局、县农林局 4 个重组单位党组织建设，设立中建五局星沙联络线、中建三局华润置地广场、中建三局红星中茂商业广场、湖南星大建设集团佳美紫郡和 S207 黄金大道 5 个项目临时党支部，129 个党（总）支部完成成立、换届或改选工作。

【推进党建 + 工作】 号召县直单位开展党建先锋生态林义务植树活动，县直机关党员植树 8000 余棵，竖立 58 块党建先锋生态林牌；8 月 26 日、10 月 9 日、12 月 2 日，分别举办党建 + 民生、党建 + 文化、党建 + 生态三期党建 + 大课堂，参学党员 345 名；创新党建 + 项目工作思路，探索在工地设立临时党支部工作方法，在规划建设局和重点工程管理局配合下，最终确立在中建五局星沙联络线、S207 黄金大道、中建三局华润置地广场、中建三局红星中茂商业广场、湖南星大建设集团佳美紫郡五个项目设立临时党支部。

【党员发展培训教育】 举办县直机关 2016 年度入党积极分子培训班，通过考试测评，95 名入党积极分子拿到结业证书；举办为期 3 天县直机关 2016 年发展对象培训班，22 名发展对象按期结业，并于 7 月 1 日晚，在通程广场集中宣誓；按期转正 20 名预备党员；组织县直机关 346 名党员在县委党校轮训，县直单位在职党员参与轮训 34.7%，举办基层党组织负责人培训班，县直机关所属 63 位党（总）支部书记参加培训，5 月、7 月组织党建专干专题培训发展党员和党费收缴工作。

【选举出席县第十三届党代会县机关区党代表】 8 月 5 日，召开县直机关党代表会议，无记名投票方式，选举产生 73 名出席中国共产党长沙县第十三届代表大会代表。73 名当选代表中，有各级领导干部 43 名，占 58.9%；各类专业技术人员 14 名，占 19.1%；先进模范 16 名，占 22%。女同志 17 名，占 23.2%。少数民族 2 名，占 2.7 %。45 岁以下中青年 40 名，占 54.8 %。随后连同县直机关其他党委选举出 20 名代表 93 名党代表被分成 3 团，每团设团长、副团长、联络员各 1 名，联络员均由该委工作人员担任，做好平时联络、传达、会期服务等工作。

【选举长沙县第五选区人大代表】 作为长沙县第五选区县直机关选举小组，负责长沙县第五选区人大代表选举工作。登记、公示有选举权选民 6539 人，于 10 月 20 日，分别设立开源剧院、县政府一楼大厅、老住建局机关、公安局、市场和质量监管局、行政执法局、商务写字楼四楼连廊会议室 7 个现场投票点组织选民投票，一次性成功选举曹伟兴、周德辉、丁妮 3 名县人大代表，落实县委意图，完成选区选举任务。

（裴　航）

·机构编制工作·

【概况】 长沙县机构编制委员会开展控编减编工作。明确机构编制办事流程，制定《长沙县机构编制委员会工作规则》。理顺黄兴会展经济区职能职责及事权划分。拟订星沙松雅湖商务区管理委员会、长沙现代农业区管理委员会“三定”规定。推进承担行政职能事业单位改革。长沙县承担行政职能事业单位 4 家。结合政府机构改革，县畜牧局与县农业局等单位合并为县农林局；县动物卫生监督所承担行政职能划入县农林局机关；县渔政监督管理站、县货运管理撤销，承担行政职能分别划入县农林局、县交通局机关。维护机构编制实名制数据库。对机构编制实名制数据库做到实时更新、定期核查，对于涉及机构编制调整事项在发文后 10 个工作日内更新至数据库中，对新入编人员均要求用人单位及时采集人员信息，导入实名制数据库后方可出具用编通知单，确保入库信息全面准确。探索推进扩权强镇改革试点。制定《长沙县金井镇扩权强镇改革试点实施方案》。金井镇完成扩权强镇实施细则报县人民政府审议；编制相关配套改革方案送各职能部门审批；派人到各单位学习承接事项办理业务；与下放权限职能部门签订委托书，初步实现权力事项下放。编制镇街权力清单与责任清单。推动责任清单和权力清单向基层延伸，形成《长沙县镇街权力清单和责任清单》，乡镇权力清单 79 项、街道权力清单 37 项、乡镇责任清单 52 项、街道责任清单 41 项。推进政府职能事项向社会组织转移。梳理出台《长沙县第一批政府职能事项向社会组织转移目录》，编制《长沙县政府职能事项向社会组织转移管理办法》。推进建设领域项目审批流程提速改革。配合政务中心制定《长沙县建设项目并联审批试行办法》《长沙县重大建设项目审批绿色通道指导意见》及实施细则、《长沙县政务服务帮（代）办工作试行办法》，政府及社会投资建设项目审批时限分别压缩为68个、48个工作日。落实园区行政审批制度改革任务。按照《长沙经开区深化园区行政审批制度改革实施方案》，前期向经开区授权18项基础上，全年向经开区授权15项县级经济社会管理权限。县政务中心开辟一窗受理绿色通道，为园区重大涉企项目报建审批提质增速，配合经开区完成园区权力清单、责任清单、流程清单编制，出台《长沙经开区行政审批基本流程规范办法》《长沙经开区行政审批监督管理办法》，改进审批措施，加强审批监管，升级代办服务。规范行政审批中介服务。出台《关于清理规范县政府部门行政审批中介服务事项通知》，明确行政审批中介服务事项，其中保留53项、规范调整10项、取消2项；对原水利规划设计院等3家承担中介服务机构进行改革；对领导干部在中介机构兼职任职情况进行排查，没有违规情况；出台《长沙县建设领域中介机构管理办法》。简化优化公共服务流程。按照《长沙市简化优化公共服务流程方便基层群众办事创业工作方案》，长沙县全面梳理公共服务事项，出台《关于公布〈长沙县公共服务事项目录〉通知》，各类服务事项136项。县审改办向各县直、镇（街）转发《长沙市行政审批基本流程规范办法》。县政务中心审核出台公共服务事项办事指南。推进统一社会信用代码赋码。年初举办事业单位网上登记业务培训，3月31日之前完成全县事业单位年度报告工作，并进行公示。5月份举办县直机关、群团统一信用代码赋码工作培训，已发放统一社会信用代码证书70本。中文域名和网站标识管理。全县各单位共申请中文域名659个，悬挂网站标识94家，实现中文域名注册和加挂标识两个全覆盖。（赵　兵）

·党校（行政学院）工作·

【概况】 2016年，县委党校、县行政学院举办各类会务和培训班98期13000余人次。其中主体班19个27期，培训学员3800余人次，异地培训班12期1247余人次，对全省5251名国贫省贫县市区党组织书记进行轮训。12月9日，中组部正式为长沙县委党校"全国党员教育培训示范基地"授牌。

干部教育培训。全年举办包括中组部送训贵州台江县农村党组织书记培训班、省委组织部送训国贫省贫县市区贫困村党组织支部书记抓党建促脱贫攻坚农村培训班、长沙县中青年干部培训班、科级干部培训班等19个27期主体班。坚持"开放办学"，完善"菜单式"培训模式，灵活运用情景模拟式、案例式、研讨式、互动式教学方法，结合长沙县挺进全国百强县特色和经验，实施互动教学与现场教学相结合。强化"党校（县级）+分校（镇街）+教学点（村、社区）+农家课堂（农家）"四级培训模式，开辟浔龙河教学点，研究基层宣讲特点，成立宣讲小分队，有针对性确定宣讲专题和内容，全年坚持送课145堂次，听众近20000人次。落实学员管理制度。严格按照《学员守则》《考勤纪律》《主体班学员管理办法》等规章制度进行日常管理。坚持学员晚上住宿查寝、主体班干部培训到课情况大厅公示等制度，干部培训到课率、参考率98%以上。实行主体班跟踪管理制。明确班主任负责，派专人跟班管理，成立临时党支部；推行培训结业考试考核制度，对学员笔记、心得体会、结业论文、出勤情况、在校表现等进行全面考核。拓宽学员管理途径。拓展杨开慧纪念馆、黄兴故居等县内及周边红色资源为主党性教育基地；远大科技、三一重工、上海大众等大型企业为主园区经济发展实践基地；黄龙新村、"乐和乡村"示范点、浔龙河生态小镇等为主特色教学基地。设主题活动。举办演讲赛、辩论赛、拔河赛、篮球赛、文艺会演、拓展训练、体能拉练、趣味运动会、学习成果汇报等活动。建立和完善学员学习培训档案。开展优秀学员评选，及时反馈学员培训情况，与送训单位与组织部门全面对接。规范管理，强化服务保障。校园管理服务走上专业化道路。对公卫生间升级装修，更换教学设备，增加文体设施，在干训楼与食堂建成避雨连廊，改善口味，种植放心蔬菜，强化餐饮服务管理。

教学科研。全年开发《新一届中央领导集体治国理政基本思路—深入学习习总书记系列讲话精神》《贯彻五大发展理念　实现百年奋斗目标》《让守纪律讲规矩成为一种政治自觉》《同营造风清气正政治生态—党十八届六中全会精神解读》等10个新教学专题。结项省级课题4个，立项省级课题3个，市级课题1个，县级主要领导批示课题5个。在县级以上刊物发表文章16篇：其中省级6篇、市级1篇、县级9篇。全年参加省、市、县各类研讨会和征文活动投稿获奖16篇：其中获一等奖1篇，二等奖8篇，三等奖7篇。全建业参加全省"好声音讲坛——三新进基层"百姓微宣讲总决赛荣获二等奖。罗校长论文《以良好家风树清廉作风——浅谈新时期领导管干部作风建设》在第十一届中国杰出管理者年会上被评为优秀论文一等奖。

队伍建设。完善制度。将《权利制度运行汇编》进行全面修订，规范办公室工作流程和管理，强化学习。将全体职工纳入“两学一做”学习范围，全年开展中心组学习、党校讲堂集中学习20次。引进2名优秀教师充实队伍。全年到中央党校、各类高校参加培训学习24人次，同时鼓励教职工加强业余自学。创新管理。开展主题鲜明支部活动，经过层层推选确定五名优秀产党员示范岗，对其优秀事迹进行宣传，发挥示范作用；坚持对教师引入教学互评机制，实施教学评估制度，提高授课质量。对培训管理全程采用项目负责制，每月例会各科室呈报特色亮点工作，抽签即兴发言等活动，极大地调动教职工积极性。继续推行党务、校务、财务公开工作，在重大节点公布举报电话，自觉接受上级及群众监督。

校园建设。完善更新报告厅、教室、走廊、学员宿舍、校园绿地等处文明礼仪和名言警句，宣传党知识、政策，营造文化氛围。配备时代星沙新闻客户终端，及时传播时事热点，加强网站管理建设，宣传学校各项工作，全年刊发新闻稿件100多条，党性教育网上展馆建设通过验收，扩大对外宣传影响。组织庆七一“八个一”活动、“工间操”锻炼；成立气排球队、篮球队、门球队，丰富职工生活。党校以东、东七线以西3.33公顷用地划拨手续批回。旧教学楼改造成学员客房，校内水、电设施进行彻底更新改造，建成新变电站，党校内外道路全部“白改黑”，拆除危旧食堂建成生态停车场和廉政公园。完成太阳能光伏发电和分选式垃圾站项目建设，导光板项目建设。（李阳岳）

·政策研究·

【概况】参政设谋提质提量。始终立足“当高参、设大谋”，超前思维，主动服务，重点在文稿起草、调查研究、内刊信息上下功夫，不断提高为领导决策服务的能力和水平。文稿服务方面，坚持掌握上情、立足实情、把握下情，突出文稿针对性、指导性，全面加强文稿服务。全年起草县委领导讲话、向省市领导的综合汇报材料、署名文章等各类文字材料近200篇。在国家、省市主要报刊和主流媒体上发表文章20余篇，其中《把党内监督落实到“神经末梢”》在《人民日报》发表，《坚持党政同责共治 保障舌尖上的安全》被《中国食品安全报》采用。同时，按照“宣传党的政策，展示星沙风貌，指导基层工作，促进长沙县发展”的办刊宗旨，编发9期《星沙论坛》，刊发各类文章近180篇，推介典型50多个，舆论导向和政策指导作用进一步增强。调查研究方面，围绕全县经济社会发展方面的热点和难点问题，紧扣新情况、新问题，有计划地深入基层、深入群众、深入实际开展调查研究，掌握第一手资料，准确反映客观真实情况，敏锐地发现问题，增强调研工作的全局性、前瞻性、针对性。全年形成调研报告10余篇，黄兴和谐拆迁的典型经验材料得到各级领导高度肯定。

·综合调研工作·

【概况】协调服务精细精到。注重发挥总揽全局、牵头抓总职能作用，做到时时事事想在前、冲在前、干在前、走在前，保障县委工作的高效、有序运转。办文办会精简高效。按照“精简会议活动、切实改进会风”的要求，严控文件会议简报，从严管控会议规模、数量和支出，共组织或指导党代会、办公室系统工作会议、县委常委扩大会议等各类大型会议30余次。办理请示性公文380件、传阅件802件，印发各类公文204件，做到呈签规范、校核准确、格式无误、办理及时、流转有序，基本实现办文工作“零失误”，党内规范性文件清理稳步推进，全年党内规范性文件报备率和及时率均达100%。拟订县委常委会议事规则，建立健全常委会会议组织流程，流转批示件120多件，会议纪要整理周期缩短到1天之内，县委领导批示件落实期限缩短在1周之内。后勤保障细致缜密。严格执行《党政机关国内公务接待管理规定》，进一步规范接待标准与要求，按照节俭大方、热情周到的原则，精心做好接待服务工作。坚持“安全第一、服务至上”的原则，强化安全教育，加强车辆管理，规范车辆调度，严格遵守公务车辆的使用范围、出车原则、有关纪律等，及时落实公车改革相关要求，公务用车更加安全、有序、规范。接待上级单位和兄弟县市区委办领导到县调研考察50余批次，筹办12次县委书记的重点工作调研活动安排。服务群众热情周到。坚持把维护社会稳定、保障民生民利摆在首位，按照《信访条例》及有关规定，积极稳妥、耐心细致地做好各类来信来访工作。2016年，接待信访人员80余批次，收到并流转各类上访信件70余件，切实为群众解决一些急事、难事、琐事。加强值班工作安排。按照“快速反应、及时汇报、迅速落实”的要求，加强周工作、月工作调度，精心编排周月工作计划，严格执行值班制度，确保值班值守及时到位。

·保密工作·

【概况】机要保密安全通畅。严格按流程做好文电收发管理工作，全年未发生密码电报失泄密事件。做到24小时值班严守岗位，所有紧急通知随到随办，全年发布夜间临时性通知70余次，处理各类紧急信息50余次，接收处理各类公文40余次。

·信息工作·

【概况】及时收集分析信息，为县委领导提供全面、准确的经验作法和基层动态；着力挖掘长沙县有特色、有亮点的信息，提供给省、市有关部门；突出抓好涉访信息的搜集、报送和研判，搞好重点、热点、难点问题和紧急信息的报送。向省、市委办公厅报送信息410多条，编发《信息专报》31期，编发《信息专报（内刊）》4期，编发《手机信息》240多条，办理市委书记窗口网民留言回复49条，创办《每日县情》。党委信息报送工作在全省的排名位于第一方阵，在全市的排名连续10个月位列第一。

·督查工作·

【概况】始终紧紧围绕县委工作重点，开展督促检查工作，开展各类督查120余次，督查各类工作70余项，形成督查报告（通报、专报）92期，18次得到县委书记肯定性批示。多次采取“四不两直”（不发通知、不打招呼、不听汇报、不用陪同接待、直奔基层、直插现场）的方式对全县的安全生产、项目建设、防汛等工作进行督查，督查结果的真实性、有效性大幅提升。坚持督研结合，将发现问题作为督查工作的基本要求，将推动工作作为督查的最终目的，采取“事前建账—事中查账—事后算账”全过程督查，对照工作中的难题逐项逐条分析原因，提出解决问题的建议和意见，及时向县委主要领导汇报，为领导决策提供参考，督查督促问题整改落实的职能得到充分发挥。

·史志工作·

【概况】2016年，长沙县史志档案局继续履行党史、方志工作职能。史志宣教：拓展党史宣教广度，擦亮地方文化名片，着力于党史“八进”（进机关、进社区、进村镇、进企业、进学校、进干部培训课堂、进青少年校外活动阵地、进爱国主义教育基地）。在《长沙晚报》刊载何德全后人回忆抗战将军的勤俭清廉故事《一顶蚊帐打补丁17处 儿子孙子都回乡务农》以及《双江：香格里拉变身有机第一镇》《田汉儿时如何对倒督学》等文章；在《星沙时报》开辟专栏，连载《华国锋在春华扮禾》等党史文章10余篇；全年各镇（街道）党史联络员上报党史文章30余篇，被市党史研究室网站采用5篇；依托县史志档案网等加强网络宣传。3月，省委党史研究室在杨开慧纪念馆举办《红色湘女之情》学术研讨会，作为协办单位，该局积极做好相关协调服务工作，向与会者赠送《自是花中第一流——百年风云中的长沙县巾帼英杰》100余册。此外，向各镇街、县直各单位、群众工作联系点江背镇阳雀新村等捐赠《血与火中的不朽人生》《热血忠魂留胜迹》等史志书籍400余册，向县实验中学以及全县各单位赠送《湘潮》2000余期。史志编研：启动编纂《长沙县年鉴（2016）》，联合县委党史联络组编辑出版《血与火的不朽人生——新民主主义革命时期的长沙县共产党人》《热血忠魂留胜迹——长沙县革命遗址通览》《自是花中第一流——百年风云中的长沙县巾帼英杰》3本书，为县委成立90周年献上一份厚礼。以《璀璨星沙——长沙县历史陈列》展品征集为契机，征集各类图片200余张。挖掘地情特色，推进镇（村）史编撰，《菌美高桥行》《走进史册的乡亲——维汉村史话》由高桥镇编辑出版。参与《长沙经济技术开发区志（1992—2012）》校对和评审。完成《湖南省年鉴（2016）》《长沙年鉴（2016）》长沙县部分的概况及条目的撰写，计1.5万字；做好长沙年鉴2015年度人物及事件推荐及评选，长沙县所推候选人——朱建新获评长沙年鉴’2015年度人物。《长沙县年鉴（2015）》获评湖南省第四届年鉴奖一等奖。

【《璀璨星沙——长沙县历史陈列》布展工作】根据创建国家一级档案馆标准和省档案局批复，县委、县政府研究决定，由长沙县史志档案局担任项目法人，在新档案馆三楼设立长沙县历史陈列布展。展厅面积1600平方米，中标金额1425万元。年内，通过设计方、县委党史联络组、县史志档案局以及各级各部门的共同努力，长沙县历史陈列布展项目有序推进。经过内容设计、形式设计与施工一体化招标，多次形式设计方案修改和完善，专家预审、评审会议等流程，布展初步完成，正在进一步整改和优化。

（朱立辉）

·老干部工作·

【概况】 2016年，长沙县有离休干部52人，县处以上退休干部142人，县委老干部局，提高老干部管理服务水平，为全县经济社会发展营造良好发展环境。

【抓好“两项建设”】 组织老干部集中学习阅文，开展理论大讲堂和形势报告会，参加县委中心组学习。为老干部免费订阅报纸杂志，加强离退休干部党支部建设，新创建市级“五好”离退休干部党支部示范点2个，全年8个市级“五好”离退休干部党支部示范点。

【落实“两项待遇”】 组织老干部代表参加县党代会、人大、政协“两会”等重大会议和县委春节座谈会、重阳节座谈会等重大节庆活动；组织老干部参观考察江背镇、开慧镇、黄兴镇、福临镇、泉塘街道经济社会发展情况，让老干部亲身感受县域经济社会发展新变化。春节、重阳节、“七一”“八一”上门走访慰问老干部570人次。离休干部生日上门祝寿69人，到医院看望住院离退休干部120人次，对10名病故离退休干部进行了吊唁并协助家属办理丧葬事宜等后续工作。均衡保障生活待遇，增发离退休干部一次性生活补贴2000元/人；落实离退休干部享改革发展成果费和副县级以上退休干部春节慰问费按地方一般预算收入同比增长机制，2016年分别为18000元/人和15000元/人。2016年全县建39个老年教育网络课堂示范站点，并通过市级验收。老年大学开设15个专业22个班级，学员人数达2800多人次。全县“四就近”服务站有40个，实现镇街全覆盖。全县有12个“五老”团队被评为市级“发挥五老作用”示范阵地。2016年32名县级“五老”宣讲员深入基层开展各类宣讲340多场次，听众约6.6万人。（王洪勇）

·对台工作·

【概况】 2016年，长沙县先后接待台湾华侨协会总会理事长陈三井一行40人参访团、全国人大原常委会副委员长周铁农、民革中央副主席郑建邦一行、台湾宇宙光人文关怀机构总干事、台湾中原大学林治平教授一行27人台湾“历史寻根之旅”文化交流团等台湾知名人士及参访团到长沙县交流参访与投资考察，并组织参加长沙市组织赴台交流团，进一步开展对台交流联络联谊工作，同时打造一批具有影响力两岸交流品牌：影珠山抗战遗址文化公园和黄兴故居纪念馆（湖南辛亥革命人物纪念馆），被授予首批“长沙市海峡两岸交流基地”（全市仅3家），成为深化两岸文化交流重要窗口和两岸同胞共同精神园地。

宣传调研。全年长沙县涉台信息稿件在上级内刊内网及两岸主流媒体上稿100余篇。其中《黄兴长孙黄伟民讲述二三事》及《黄兴家与宫崎家三代情》在国台办杂志《两岸关系》中刊登。《李维汉：丰富和发展毛泽东思想》《九霄杨柳春常在——李淑一祭奠杨开慧纪实》《李淑一与柳直荀二三事》等文章全版刊登于《湖南日报》及新湖南客户端。《影珠山下两岸情》《两岸联手圆长沙赴台探亲梦》《长沙县利用网络新媒体服务台胞台商》等文章信息被数十家中央、省、市台办网站及《湖南对台工作》等两岸杂志媒体采用。同时创新涉台宣传方式方法，指导长沙县三家长沙市涉台教育基地——黄兴故居纪念馆、黄兴中学、牛角冲社区开展涉台宣传教育活动；在台湾杂志《长沙旅讯》刊登文章，向岛内宣传推介长沙县与各镇街风采；创新运用新媒体宣传，建立网络微信平台，更好地联络及服务长沙县台商、台胞及重点台属，并推介县域经济社会文化发展、宣传政策法规和惠台政策等，充分利用党报党刊、内刊内网和台北长沙同乡会刊物《长沙旅讯》及网络新媒体等，构建起涉台宣传立体模式。

涉台对象服务。向岛内发送春节慰问信100多封，发送信息400多条；春节前后，逐一走访慰问县域内所有台企重点台商、台胞、台属，解他们生活状态。宣传并落实《中华人民共和国台湾同胞投资保护法》及实施细则，依法依规处理台胞台属维权与来信来访和突发事件，维护台胞合法权益。依托乡、镇、村及社区力量，形成整体联动制度，加强对台胞台属联系协调、服务维权等工作，将矛盾化解在萌芽状态，切实保障台属合法权益；并联络各方帮助县妇幼王希宁教授等台属赴台寻亲；协助长沙市台商协会星沙分会举行迎春茶话会与参访活动，增进海峡两岸之间团结与交流。

【首批“长沙市海峡两岸交流基地”】 8月17日，长沙市海峡两岸交流基地授牌仪式举行，全市首批3家单位被授予“长沙市海峡两岸交流基地”称号。其中，长沙县黄兴故居纪念馆（湖南辛亥革命人物纪念馆）、影珠山抗战文化遗址公园2家单位获此称号。

（郭小杰）

·信访工作·

【概况】 2016年，长沙县上访信访量为进京219人次，非访登记26人次，劝返193人次；到省登记17批52人次，劝返155人次；去市登记45批261人次，劝返1026人次；来县228批452人次，劝返1584人次；收到群众来信、网上建议投诉118件。信访总量比上一年下降58%。建立健全信访工作机制。拟定《关于进一步加强信访工作意见》，完善领导干部公开接访下访、联系帮促化解积案、信访工作联席会议等工作机制；科学制定月通报、季讲评、年考核信访工作绩效考核办法；建立健全复查复核、督查督办、矛盾纠纷排查、信访事项受理分流、接访劝返应急处置等十余项信访内部工作机制。畅通信访渠道。开展县级领导公开接访。每周四定期开展县级领导公开接访，全年接待信访群众583人次；对全县300余件初信初访进行交办和处理，组织召开38次信访问题协调会，及时就地解决信访问题。全年发放信访救助资金200余万元，救助特别困难信访对象146人。强化信访督查督办，严格责任追究。强化工作督查。县“两办”督查室、政法委、县联席办定期对信访工作实施专项督查，对督查发现情况及时通报，并实施点对点扣分。强化绩效考核。对信访工作实行月通报、季讲评、年考核办法，科学设立考核项目，细化考核内容。强化追责措施。对责任落实不力造成赴省市集体上访和进京非访单位或个人，严格按照《湖南省信访工作责任追究办法》进行追责。加强队伍建设，健全信访工作机构。强化基层信访工作。县委、县政府通过从基层聘用29名信访调解员，全面掌握基层信访信息动态；全力把矛盾纠纷和信访问题解决在当地、化解在萌芽状态。加大教育、培养、交流和使用力度。组织全县信访工作人员150余人，开展为期两天信访工作业务培训，强化基层信访问题化解、网上信访信息使用等能力水平提升。加强对信访干部管理，认真执行县委、县政府关于转变作风各项要求，要求信访干部带着责任和感情为人民群众办实事、做好事、解难事，以良好作风和形象赢得人民群众信任。

【开展信访积案攻坚行动】 2016年，长沙县开展信访积案化解行动，对省交办3件积案，市交办8件积案实行县级领导包案。市交办8件积案全部办结，化解率100%。同时，县联席办对2014年至2016年全县重点信访问题进行全面梳理，筛选20件群体性上访案件和20件重点积案（含省交办2个）。根据县级领导职责分工和所联点镇（街道）来明确信访积案县级包案领导，涉及案件镇（街道）和县直有关部门主要领导为此次活动主要责任单位和责任人，县政法委和县信访局领导班子成员担任积案化解联络员。由县级包案领导亲自参与调查，亲自主持研究，亲自谈话答复，借鉴“七个层级”“三个环节”化解模式，化解过程充分发挥村民议事会、镇党政办公会、县信访联席会“三个环节”作用，巧用信访听证，因案施策，多措并举，定期调度，集中化解。

【创新信访工作机制】 推行网上信访。深度应用湖南信访信息系统，充分发挥“长沙县信访局”公众号平台作用，开通“县长信箱”“信访意见箱”，打造网上信访主渠道，让“数据多跑路、群众少跑腿”有效化解信访突出问题。构建大信访工作格局。加强部门联动，建立以责任部门牵头、相关部门参与会商制度。针对非法集资、房地产纠纷、劳资纠纷等涉众型热点信访问题，各职能部门要积极协同、密切配合，开展专题调研，成立专项小组，精准施策，妥善化解信访问题。

（王 新）

·党的群众工作·

【概况】 2016年，长沙县派驻844名优秀干部入村，走访群众22万余户次，收集群众反映意见建议3558条，收集群众反映问题5921个，解决群众反映问题5827个，化解矛盾纠纷2056件，承诺实事办理700余件，与群众交朋友1425户。创新联系服务新模式。探索推行党建O2O服务模式，“线上”建立镇（街道）、村（社区）、组三级微信群和以“长沙县党建O2O”微信号为核心，连通18个镇（街道）集群微信公众号，“线下”建立镇（街道）、村（社区）、组三级党建O2O服务站（办、点），充分发挥党建O2O服务平台宣传教育、党群互动、管理服务、监督考核等功能，着力打造掌上信息集散中心、口袋党建阵地、移动便民服务窗口和微型管理考核体系。完善规范化站点建设。2016年长沙县“县镇同步换届”和“并村区划调整”，所有群工站完成规范化建设，由县委群众工作部统一制作并提供给各镇（街道）194个群众工作站。落实主体责任。全县所有村（社区）把县派各类工作队、工作组原则上合并到群众工作站开展工作。群众工作站为平台和抓手，切实提高群众工作水平。落实群众工作任务。全年走访群众22万余户次，机关干部结对认亲1425户困难群众。全县收集群众反映意见建议3558条，收集群众反映问题5921个，解决群众反映问题5827个，化解矛盾纠纷2056件。（吴 让）

·接待工作·

【概况】 2016年，长沙县接待办公室有工作人员10人，内设4个科室，分别为综合科、管理科、接待一科、接待二科。全年，长沙县接待办公室接待103批，接待5600余人，其中外县团队考察（包括外事接待）52批，1500余人；上级各类调研、视察、工作督（检）查37批，1600余人；重大活动、会议9次，2500余人。其中包括江西省萍乡市安源区党政代表团、黑龙江省林甸县考察团、吉首市考察团、怀化市沅陵县考察团等外地团队来县考察，以及新加坡驻广州总领事馆总领事罗德伟先生、波兰沃斯集团董事长曾小辉先生等外宾来县交流，重点参与接待“2016湖南·星沙走进东盟”经贸活动、松雅湖国家湿地公园评估验收、农村环境综合治理整治整县推进项目省级验收、全市重大项目建设专项督查、黄花综合保税区开工仪式的后勤保障工作。严格按照《长沙县党政机关国内公务接待实施办法》操作，不违反作风建设任何规定。耐心细致零失误，坚持用“100-1=0”公式要求每位接待员。强调接待特色化。在衔接协调中，积极与相关单位联系，转达对方要求，确定最优线路。在接待安排中，既遵照有关规定，又彰显县域特色，不仅有效推介长沙县“PPP融资模式”“乐和乡村”“零碳县”等首创工作方面经验，也让外县（市）领导真正学到相关经验。

（梁金梅）

（责任编辑 周进银）

长沙县人民代表大会常务委员会

综　述

【概况】2016 年，县十六届人大常委会举行人大常委会会议 8 次，主任会议 18 次，听取和审议"一府两院"及其部门专项工作 16 次，组织开展专题调研视察 7 次，发出审议意见书 6 份，作出决议决定 8 项。议决重大事项。紧扣"十三五"规划、黄花综合保税区和空港城综合开发 PPP 项目等重大事项，审慎作出决议决定。坚持党管干部原则与人大依法任免有机统一，全年依法任免国家机关工作人员 92 人次。依法实施监督。率先在全市建立审计查出问题整改情况向人大常委会报告并接受测评工作机制。深入开展"司法公正长沙行"活动，组织对中小企业促进法及其实施办法开展执法检查前期调研，做好规范性文件备案审查，督办涉法涉诉信访案件。促进民生改善。专题调研美丽乡村建设，听取审议档案工作情况报告，集中视察公安立体防控体系建设，专题询问县卫生、水务、交通等部门评议整改落实情况。全力助推县人民医院建设、高桥易地扶贫等民生项目。深化"双联"活动内涵，开展"12345"代表主题活动，编辑《砥砺前行》代表风采录。加强"五优"代表活动室建设，开展观摩交流活动。落实"主任督办、分线督办、跟踪督办、测评问效"工作机制，县十六届人大五次会议 94 件建议全部答复。换届选举。全县登记选民 65.9 万人，选举产生县人大代表 269 名、镇人大代表 925 名。组织召开县十七届人大一次会议，首次设立法制委和财经委，依法完成新一届人大、政府班子和"法检"两长选举工作。县十七届人大常委会召开 1 次常委会会议和 3 次主任会议，组织 52 名出席长沙市第十五届人民代表大会代表开展初任培训、分组课题调研、会前视察高铁新城建设情况；依法接受主任会议和"一府两院"提请任免人员 30 人次。

重要会议

【概况】2016 年，召开长沙县第十六届人民代表大会第五次会议、长沙县第十七届人民代表大会第一次会议，举行人大常委会会议 9 次（其中，十六届人大常委会会议 8 次、十七届人大常委会会议 1 次），主任会议 21 次（其中，十六届人大常委会主任会议 18 次、十七届人大常委会主任会议 3 次），听取和审议县人民政府、县法院、县检察院及其部门专项工作 16 次。

【长沙县第十六届人民代表大会第五次会议】1 月 12—15 日，在星沙源剧院召开长沙县第十六届人民代表大会第五次会议开。全县 257 名代表参加会议。大会审议批准长沙县人民政府工作报告、长沙县国民经济和社会发展第十三个五年规划纲要、长沙县 2015 年国民经济和社会发展计划执行情况及 2016 年国民经济和社会发展计划、长沙县 2015 年财政预算执行情况与 2016 年财政预算、长沙县人民政府关于 2015 年环境状况和环境保护目标完成情况报告、长沙县人大常委会工作报告、长沙县人民法院工作报告、长沙县人民检察院工作报告，明确长沙县 2016 年目标任务和工作重点。大会期间，首次集中审议城市规划建设管理工作、首次使用电子表决器对大会决议进行表决、首次组织新当选人大常委向宪法宣誓，收到代表书面建议、批评和意见 88 件。

【长沙县第十七届人民代表大会第一次会议】11 月 25—29 日，在星沙开源剧院召开长沙县第十七届人民代表大会第一次会议。全县 267 名代表参加会议。大会审议批准长沙县人民政府工作报告、长沙县人大常委会工作报告、长沙县人民法院工作报告、长沙县人民检察院工作报告，书面审查长沙县人民政府计划工作报告和财政工作报告，明确长沙县未来五年目标任务和工作重点。大会选举产生长沙县第十七届人民代表大会常务委员会主任、副主任和委员，长沙县人民政

11 月 28 日，县人大常委会主任李建章在长沙县第十七届人民代表大会第一次会议第二次全会上作报告 （县人大办 提供）

府县长、副县长，长沙县人民法院院长，长沙县人民检察院检察长，以及长沙县出席长沙市第十五届人民代表大会代表。大会还决定设立长沙县第十七届人民代表大会法制、财政经济委员会，并通过其组成人员人选。

【长沙县第十六届人大常委会第二十六次到第三十三次会议综述】 2016 年，长沙县第十六届人大常委会召开常委会会议 8 次，其中有关人事任免会议 7 次，任免国家机关工作人员 92 人次，其中任免人大系统工作人员 11 人次、政府系统工作人员 25 人次、检察院系统工作人员 8 人次、法院系统工作人员 15 人次，接受市、县人大代表辞职 14 人次，补选县人大代表 19 人次。其中，第 26 次常委会会议决定免去杨忠文、陈计伟长沙县人民政府副县长职务，决定郭润葵县第十六届人民代表大会代表资格自行终止，决定接受吴文先、吴延琼、彭刚辞去长沙县第十六届人民代表大会代表职务；第 27 次常委会会议决定任命喻志刚、喻名团为长沙县人民政府副县长；第 29 次常委会会议决定任命张作林为长沙县人民政府副县长、接受张庆红辞去长沙县人民政府县长职务，决定副县长张作林为长沙县人民政府代理县长；第 30 次常委会会议决定接受杨莉、谭浩然、李开兴、喻志刚辞去长沙县人民政府副县长职务，决定任命盛智为长沙县人民检察院检察员、检察委员会委员、副检察长，决定接受石华辞去长沙县人民检察院检察长职务，决定副检察长盛智为长沙县人民检察院代理检察长；第 31 次常委会会议决定接受盛利兴辞去长沙县第十六届人民代表大会代表职务；第 32 次常委会会议决定接受阳智、魏检、朱忠良、高新良、鄢兴杰、唐锋、刘智平、马国军、蒋炳桃辞去长沙县第十七届人民代表大会代表职务。

常委会依法行使重大事项决定权，全力助推县委重大决策部署有效落实。1 月 7 日，听取审议《关于长沙县 2015 年国民经济发展和社会发展计划执行情况及 2016 年计划初步方案报告》《关于长沙县国民经济和社会发展第十三个五年计划规划纲要方案报告》《关于长沙县 2015 年财政预算执行情况及 2016 年财政预算初步方案报告》；3 月 17 日，听取 2015 年县本级部门预算执行情况及 2016 年县本级部门预算编制情况报告；8 月 24 日，听取审议 2015 年度预算执行情况和其他财政收支情况审计报告，听取审议 2015 年度财政决算及 2016 年 1—6 月份财政预算执行情况报告草案，作出关于批准 2015 年财政决算决议草案；10 月 29 日，听取审议《关于长沙县 2016 年国民经济和社会发展计划及政府投资项目计划调整方案（草案）报告》，作出关于批准长沙县 2016 年国民经济和社会发展及政府投资项目计划调整决议草案，听取审议关于长沙县 2016 年财政预算调整方案（草案）报告，作出关于批准长沙县 2016 年财政预算调整决议草案。3 次听取“一府两院” 建议、批评、意见和审议意见书办理工作情况报告，分别是：1 月 7 日，听取审议县政府办关于县十六届人大三次、四次会议代表所提建议、批评和意见办理工作情况报告，听取审议“一府两院”关于审议意见书办理工作情况，并进行满意度测评，听取和审议县城乡规划局关于城乡规划执行情况报告；10 月 29 日，听取县政府关于县十六届人大常委会对全县投融资工作审议意见书再办理情况报告、长沙县 2016 年 1—9 月投融资工作情况汇报；11 月 23 日，听取审议县政府办关于长沙县第十六届人民代表大会四五次会议代表所提建议办理情况报告。3 次听取审议“一府两院”重大事项，分别是：3 月 17 日，听取审议关于《长沙县人民政府关于提请审议长沙县与山东聊城江北水城旅游度假区缔结“零碳”友好县区议案》，听取审议全县档案工作情况报告；10 月 29 日，听取审议县政府关于提请审议长沙黄花综合保税区 PPP 项目有关事项议案、长沙黄花综保区建设工作领导小组办公室 PPP 项目情况汇报，作出关于批准《县政府关于提请审议长沙黄花综合保税区 PPP 项目有关事项议案》决定草案；11 月 23 日，听取审议县政府关于提请审议空港城建设及综合开发PPP项目被占用土地置换情况议案、关于空港城建设及综合开发PPP项目被占用土地置换情况报告，作出关于批准《长沙县人民政府关于提请审议空港城建设及综合开发PPP项目被占用土地置换情况议案》决定草案。

【长沙县第十七届人大常委会第一次会议综述】12月30日，召开十七届人大常委会一次会议，审议通过县人大常委会关于陈诚等4名同志、县人民政府关于彭迟平等26名同志任职议案。

主要工作

【概况】2016年，县人大常委会开展专题教育、依法作出重大决定、多次接待组织视察调研、认真组织代表活动。

组织换届选举。常委会切实履行换届选举组织责任，指导各镇规范召开新一届人民代表大会。1月16日，召开金井、开慧、黄兴镇人大换届选举工作动员暨业务培训会议，三镇换届选举工作至3月底结束。4月5—20日，举办长沙县人大干部履职能力提升暨换届选举业务培训班，90余人赴中国政法大学厦门培训中心培训学习。8月2日，召开领导班子换届风气专题民主生活会。9月1日，召开长沙县县乡两级人大换届选举工作业务培训会。9月28日，李建章率队先后赴长龙街道和江背镇督查选民登记工作。9月30日，召开选举委员会全体成员（扩大）会议，对前期工作进行总结，对下一阶段工作进行安排部署。10月12日，召开选举委员会成员单位（扩大）会议，对换届选举工作进行安排部署。10月17日上午，召开县乡两级人大严肃换届纪律工作会议，就换届纪律和换届工作进行再强调、再部署、再动员，县委书记曾超群出席会议并讲话。10月20日，省市人大换届选举指导组一行到长沙县换届选举会场进行观摩指导。同日，全县有64.16万名选民参加投票，参选率97.24%，选举产生县人大代表269名、镇人大代表684名。11月2日，召开镇街人大工作联席会议，总结前段县乡两级人大换届选举工作，安排部署下阶段工作。

开展专题询问。常委会紧贴新时期人大监督工作时代要求，坚持依法和创新思路理念，改进监督方式。6月7日，听取并专题询问县交通运输局、县卫生和计划生育局、水务局工作评议整改落实情况汇报，确定北部干线公路工程进度慢、城乡公交一体化推进慢、危桥改造不到位等9个重点询问议题。走访过程中，调研组随机对城乡公交运行情况进行查访，对县、镇、村三级医疗卫生机构基本药物配备进行调查，对星沙、黄花等7个地区居民区自来水进行抽样检测，并拍摄视频专题片，确保议题选择有依据，反映问题更直观。

加强财政监督。常委会高度关注经济运行质量，强化对计划、预算审查和监督，探索新常态下财经监督新模式。强化对预算编制、执行、调整、决算和绩效情况全方位监督，三次审议预算执行情况，建议政府及相关部门进一步加强预算管理、债务管理和绩效管理，严格资金预算和使用审批程序，尽快出台政府债务管理办法，健全完善政府性债务计划管理、规模控制、举借审批等制度，促进预算编制、执行更加规范。强化对资金使用全过程监督，加强部门沉淀存量财政资金清理和审计整改力度，完善审计整改责任单位向人大常委会报告整改情况和责任追究制度，出台《长沙县人民代表大会常务委员会关于建立审计查出问题整改情况报告机制实施意见》，8月24日，听取审议示范区管委会关于2014年度县本级预算执行和其他财政收支审计工作报告指出问题整改情况报告，并进行满意度测评。

组织代表视察调研。8月3日，长沙县人大常委会主任（扩大）会议成员围绕公安立体防控体系建设工作开展视察，县人大常委会主任李建章，副主任周安伟、柳铁强、曹艳萍、彭军其、唐俊兴参加视察，副县长、县公安局长彭迟平陪同视察。8月11日，县人大常委会组成人员围绕美丽乡村建设工作开展视察，县人大常委会主任李建章，副主任周安伟、柳铁强、曹艳萍、彭军其、唐俊兴参加视察，副县长李开兴陪同视察。12月23日，组织开展市第十五届人大代表长沙县联组代表会前视察调研活动暨新一届市人大代表初任培训，县人大常委会主任李建章，副主任周安伟、曹艳萍、彭军其、唐俊兴、曹伟兴，副县长黄梁参加调研。（张瑞波）

（责任编辑 张 娜）

长沙县人民政府

综 述

【概况】 2016年，县人民政府围绕“强南富北、民生立县、挺进五强”发展主线，全力调结构、促改革、抓项目、优生态、惠民生，攻坚克难，团结拼搏。全年地区生产总值1280.3亿元，比上年增长（下同）10.9%；规模工业总产值2417.9亿元，比上年增长15.1%；固定资产投资815.9亿元，比上年增长16.3%；财政总收入227.4亿元，比上年增长12.5%；社会消费品零售总额428.8亿元，比上年增长14.8%。长沙县在全国县域经济基本竞争力、中国中小城市综合实力百强排名中，分别跃居第7位、第6位。成为全省首个国家生态县，获“全国县域网络形象十佳县”称号。

【政府领导分工】 张作林 县长，主持县政府全面工作；主持县国防动员委员会工作；主管财政、审计、监察、编制工作（财政局、审计局、监察局、编委办）。

王国良 县委常委、常务副县长，协助县长主持县政府日常工作，协助县长分管财政、审计、编制工作（政府办、政务中心、财政局、审计局、编委办）；主管空港城管委会全面工作及综合保税区相关工作（空港城、空港城建设投资有限公司、长沙综合保税区）；主管“二创办”工作；分管综合经济、发展改革、税务金融、国有资产、劳动人事及社会保障、安全生产、招标采购及创业富民工作（发改局、统计局、人社局、安监局、招标采购局、国资管理中心、国税局、地税局、银行、保险公司、金融办、星城建设投资有限公司、星城鸿源投资管理有限公司）；负责县政府与经开区的协调工作；联系县人大、县政协、人武部、老干工作及分管领域的重点项目建设、征地拆迁工作。

黄 梁 副县长，分管工业发展、质量和技术监督、分管食品安全工作（经信局、市场监管局）；分管交通、邮政、通讯、电力发展工作（交通局、公路局、交建投、邮政局、电信公司、供电公司、移动公司、联通公司）；分管星沙产业基地建设工作（星沙产业基地管委会）；分管国有集体企业改革改制及遗留问题处理工作（轻工总公司、商业总公司）；联系分管领域的重点项目建设、征地拆迁工作；联系企业家协会、老年科技者协会。

黄 波 副县长，分管国土资源管理及拆迁安置、规划、建设、人防、重点工程管理、城镇管理、黄兴会展经济、房地产业发展和住房保障工作（国土局、征地办、规划建设局、重点工程局、城管局、人防办、黄兴会展经济区、住保局、住房公积金中心）。

彭迟平 副县长、县公安局长，主持县公安局全面工作（公安局）；分管政法维稳、信访、应急、禁毒、消防工作（司法局、信访局、维稳办、应急办、消防大队）；联系法院、检察院、国安分局、防范和处理邪教办工作。

喻名团 副县长，分管教育、科技、信息化、文化、卫生、计生、广电事业发展、依法行政、综合行政执法、机关事务、史志档案及星沙松雅湖商务区工作（教育局、科技局、文广局、卫计局、广播电视台、科协、电子政务办、红十字会、法制办、行政执法局、机关事务局、史志档案局、星沙松雅湖商务区）；联系分管领域的重点项目建设、征地拆迁工作。

毛 葵 副县长，分管农村农业发展、城乡一体化（含试点镇建设）、环境保护和农村环境综合治理、水利水务、精准扶贫、易地扶贫搬迁、对口帮扶、民政和民兵预备役工作〔长沙现代农业区、农林局、水务局、民政局、环保局、残联、粮食局、供销社、气象局、生态办、城乡一体化办、防雷办、瑞农现代农业投资开发有限公司、水业（集团）控股有限公司〕；联系分管领域的重点项目建设、征地拆迁和高炮团工作。

黄泽红 副县长，分管招商引资、现代服务业和会展、旅游、外事侨务、民族宗教和对台工作（商务局、旅游局、外事侨务办、侨联、民宗局、台办、烟草局）；联系工、青、妇、工商联工作（总工会、团委、妇联、工商联）；联系分管领域的重点项目建设、征地拆迁工作。

杨光荣 副调研员，协助黄梁抓好分管工作；负责星安片区拆迁指挥部工作、治超工作。

张敬伟 副调研员，协助工国良抓好分管工作；负责安委办工作。

张劲松 副调研员，协助黄波抓好分管工作；负责黄兴片区拆迁指挥部工作。

肖建军 副调研员，协助毛葵抓好分管工作；协助抓好白石洞水库建设。

高胜利 副调研员，协助彭迟平抓好分管工作；负责城市管理考评工作。

刘宗正 副调研员，协助喻名团抓好分管工作；负责拆违控违工作。

丁　文 副调研员，协助黄泽红抓好分管工作；负责禁毒委工作。

刘立如 副调研员，协助王国良抓好分管工作。

魏　检 县政府办主任，协助县长、常务副县长处理县政府日常工作；主持县政府办公室全面工作，负责县政府重要活动、重大事项的联络协调工作；协管监察、审计、财政、人事编制、绩效考核工作。　（县政府办）

政务纪要

【概况】2016年，县人民政府召开2次政府全体会议和15次政府常务会议及17次县长办公会议，对需要由县人民政府决策和实施全县重大问题进行研究，作出相应决议。

【政府全体会议研究事项】2016年1月6日，县政府召开长沙县第十六届人民政府第六次全体（扩大）会议，讨论和审定下列事项：通报2015年全县党风廉政建设及案件查处情况；通报2015年全县审计工作情况；通报2015年全县依法行政工作情况；通报2015年全县政务督查工作情况；讨论通过《2015年政府工作报告（草案）》及《十三五规划纲要报告（草案）》；2016年11月18日，县政府召开长沙县第十六届人民政府第七次全体（扩大）会议，讨论和审定下列事项：通报全县依法行政工作情况；通报县政府系列制度建设情况；讨论通过《第十六届县政府工作报告（草案）》。

【县政府常务会议研究事项】2016年1月6日至2016年12月29日，县政府召开常务会议15次。

1月6日，召开长沙县第十六届人民政府第三十八次常务会议，听取关于2015年经济社会发展指标、政府投资项目计划执行及2016年经济社会发展指标、政府投资项目计划安排情况汇报；听取关于2015年财政收支结算及2016年财政收支预算安排情况汇报。

3月1日，召开长沙县第十六届人民政府第三十九次常务会议，听取关于全县重点工程项目建设情况汇报；听取几个项目调研督办情况汇报：1. 城北新区两路一桥；2. 白石洞水库；3. 星沙二水厂；4. 北部乡镇人工湿地；5. 松雅湖项目及招商工作；听取城北新区、老行政区规划情况汇报；听取关于星沙国际卡丁赛车城项目培训中心用地有关情况汇报；听取关于机场高速加油加气站地块挂牌出让情况汇报；研究有关人事任免事项。

3月10日，召开长沙县第十六届人民政府第四十次常务会议，听取关于2015年清理议事协调机构情况汇报；听取关于县管国有企业章程有关事项汇报；听取关于与山东聊城江北水城旅游度假区协商建“零碳”县区情况汇报；听取浔龙河项目有关问题汇报。

4月7日，召开长沙县第十六届人民政府第四十一次常务会议，审定乡镇区划调整合并村方案；研究审议《关于切实做好义务教育阶段招生入学工作实施办法》；研究有关项目变更事宜；听取关于白石洞水库资金概算调整情况汇报；研究审议《长沙县创业劳动就业五年行动计划（2016-2020）》；听取关于人防指挥信息系统相关情况汇报；听取关于湖南鑫瑞祥建材城项目绿地率调整问题汇报；紫气东来项目商住比调整研究；研究长沙县整合涉农建设资金支持新农村建设改革（试点）方案；研究海驿物流项目桥梁建设模式；研究蔬菜产业专项扶持资金审计问题整改和处理意见；研究有关人事任免事项。

5月10日，召开长沙县第十六届人民政府第四十二次常务会议，听取关于促进与东盟经贸合作若干政策措施制定情况汇报；审议长沙县国有建设用地监管领导小组会议暨2016年长沙县第一次国土会审会议有关事项；研究碧桂园公司环保有关问题。

7月5日，召开长沙县第十六届人民政府第四十三次常务会议，研究有关人事任免事项；研究审议《长沙县乡村教师支持计划（2016—2020年）实施细则》。

8月12日，召开长沙县第十六届人民政府第四十四次常务会议，研究金井镇简政放权工作；研究政府职能事项向社会转移工作；研究项目变更有关事宜；研究《长沙县行政执法举报奖励实施办法》；听取关于李培勇违纪案件情况汇报。

9月8日，召开长沙县第十六届人民政府第四十五次常务会议，研究审议《关于建设开放型经济强县若干意见》《长沙县、长沙经开区开放型经济战略行动方案（2016—2020年）》；听取关于我县推进镇（街）国库集中支付制度改革工作汇报；听取关于新一轮城市维护物业外包有关工作情况汇报；听取关于土地储备实施政府购买和组建地产投资公司相关情况汇报；研究审议《长沙县政府投资项目计划编制工作实施方案（草案）》；听取关于长沙市天水混凝土有限公司修建环保型混凝土搅拌站及办理临时用地手续情况汇报；关于长沙宏强混凝土有限公司增设干混砂浆生产线项目情况汇报；听取关于长沙县精准扶贫工作汇报；听取关于全县档案工作情况审议意见复函；听取关于杨佳祥违纪案件情况汇报。

9月29日，召开长沙县第十六届人民政府第四十六次常务会议，审议《长沙县政府投资项目工程变更增补管理暂行办法（送审稿）》；审议《长沙县建设项目并联审批试行办法（送审稿）》《长沙县重大建设审批绿色通道指导意见（送审稿）》《长沙县政务服务帮（代）办工作试行办法（送审稿）》；审议《关于做好病死动物无害化处理工作通知（代拟稿）》；听取关于空港城建设及综合开发PPP项目被占用土地置换情况汇报；审议《县政府工作规则（送审稿）》；审议《关于县人大常委会专题询问交通、卫生、水务工作评议整改落实情况审议意见复函（代拟稿）》；审议《关于进一步促进我县城乡区域协调发展专题协商座谈会协商意见复函（代拟稿）》。

10月16日，召开长沙县第十六届人民政府第四十七次常务会议，审议长沙县国有建设用地监管领导小组会议暨2016年长沙县第二次国土会审会议有关事项；审议《长沙县政府投资项目管理办法（送审稿）》；听取关于县政府序列议事协调机构清理调整汇报；审议《长沙县平时绩效考核奖金分配暂行办法（送审稿）》；审议《长沙县法律顾问管理办法（送审稿）》；研究项目变更有关事宜；审议《长沙黄花综合保税区招商引资优惠政策（送审稿）》；听取全县安全生产工作情况汇报；审议《长沙县预拌商品混凝土企业场站建设管理办法（送审稿）》。

10月26日，召开长沙县第十六届人民政府第四十八次常务会议，审议《长沙县人民政府关于加快发展养老服务业实施意见（送审稿）》；听取关于现代服务业发展情况汇报；审议长沙县2016年国民经济和社会发展计划及政府投资项目计划调整情况；听取《2016年财政收支预算调整草案》情况汇报；听取星沙产业基地关于提前征收部分土地及房屋搬迁情况汇报；听取关于万明渠水系整治工程项目建设情况汇报；听取关于松雅湖捞刀河南路东延线线型确定汇报；研究有关干部人事任免事项。

11月12日，召开长沙县第十六届人民政府第四十九次常务会议，研究审议《第十六届县政府工作报告（征求意见稿）》；研究审议《长沙县第十六届人大期间国民经济和社会发展计划执行情况及第十七届人大期间计划（草案）报告》；审议《财政工作报告》；审议《长沙县农田水利综合改革实施方案》《长沙县小型水利工程管理养护实施办法》；审议《关于进一步加强村务公开和民主管理工作意见》；听取关于我县禁毒工作情况汇报；研究有关干部人事任免事项。

12月2日，召开长沙县第十七届人民政府第一次常务会议，听取关于长沙县与北师大全面深化合作情况汇报；审议《长沙县重大行政决策目录管理暂行办法（送审稿）》；审议《长沙县2016年高标准农田（农村土地整治项目）实施方案》；审议长沙县国有建设用地监管领导小组会议暨2016年长沙县第三次国土会审会议有关事项；听取关于浔龙河项目相关情况汇报；听取关于加快解决60号令签约项目相关问题情况汇报；审议《长沙县党政机关公务用车制度改革实施方案》。

12月21日，召开长沙县第十七届人民政府第二次常务会议，研究审议《长沙县人民政府关于征地拆迁补偿安置工作若干问题规定（讨论稿）》；听取有关项目完善招标手续情况汇报；研究审议《长沙县政府投资项目管线迁改工程管理规定（送审稿）》；听取关于星沙联络线建设影响金岸小区和机电市场相关问题及解决方案情况汇报；研究审议《长沙县2017—2019年造绿大行动总体方案》《长沙县新三年造绿大行动2017年度实施方案》《长沙市环城绿带生态圈（捞刀河—浏阳河段）长沙县段建设工程勘察设计项目初步设计》；听取关于做好迎接中央环保督察有关工作情况汇报；听取关于日供水1000吨或服务人口10000人以上集中式饮用水源保护区划分工作情况汇报；研究有关干部人事任免事项。

12月29日，召开长沙县第十七届

人民政府第三次常务会议，研究审议《长沙县工业和信息化发展第十三个五年规划（2016—2020）（送审稿）》；研究审议《关于进一步加强村级组织活动场所和城区社区办公服务用房建设通知》；研究审议《学校建设三年行动计划（送审稿）》；研究审议长沙县国有建设用地监管领导小组会议暨2016年长沙县第四次国土会审会议有关事项；听取关于北山圣毅园项目相关事项情况汇报；听取关于浔龙河生态示范点污水处理工程投资模式方案情况汇报；研究审议《长沙县妇女儿童发展规划（2016—2020年）（送审稿）》；传达学习《中中央国务院关于推进安全生产领域改革发展意见》；研究有关干部人事任免事项；听取关于新城吾悦广场项目支持政策方案情况汇报。

【县长办公会议研究事项】 2016年1月22日至2016年12月9日，县政府召开县长办公会议17次。

1月22日，召开第一次县长办公会，听取关于“易通新城二期”公租房项目防范建设风险有关事项汇报；听取关于长沙县与经开区城乡供水一体化合作项目实施方案汇报；听取关于我县生活垃圾清运历史遗留问题情况汇报；听取关于长沙县2015年特色小城镇创建评选结果情况汇报；听取关于干杉墓地有关情况汇报；研究审议《长沙县乡镇区划调整改革合并村工作方案》；听取关于黄花机场油库迁建相关问题情况汇报。

1月28日，召开第二次县长办公会，听取关于城市道路穿越高速公路施工时确定高速公路交通组织实施单位情况汇报；听取关于商务写字楼及市民服务中心项目拖欠农民工工资情况汇报；听取关于规划公开公示规定情况汇报；听取关于轨道3号线与忠武燃气管道潜湘支线长沙县段线路迁改方案有关问题汇报；听取关于“丽景鑫城”富余限价房源处理情况汇报；研究阿里巴巴农村电子商务合作有关事项；听取关于规范国家专项基金申报工作汇报；听取驻县海关、出入境检验部门绩效考核问题情况汇报；听取关于解决香港佳欣投资建校问题情况汇报。

3月3日，召开第三次县长办公会，听取关于举办浏阳河文化旅游产业带首届红缨文化旅游节情况汇报；研究关于远大科技集团超高效燃气分布式能源系统装备项目完善相关国土、规划手续有关事项；研究长沙磁浮工程补征用地划拨方案；听取关于专项审计中涉及15家农业企业2011—2013年度土地流转财政补助资金核查情况汇报；听取关于湖南焕燃能源光伏项目情况汇报；听取关于长沙湘丰智能装备股份有限公司申请中国农发基金签约回购主体情况；听取恒基小学项目建设有关情况汇报；听取关于《长沙县城乡居民大病保险实施方案》情况汇报；听取关于2015年镇（街）分成及转移支付安排情况汇报。

3月11日，召开第四次县长办公会，听取关于全面推行“营改增”工作情况汇报；研究春华健康城招商引资优惠政策；研究空港城前期重点招商项目支持政策；听取关于将G107调规公路、S104黄江公路供水管道建设纳入道路建设一并实施情况汇报；听取关于长沙经开区产业工人活动中心项目免除基础设施配套费情况汇报；听取晟象智慧物流园项目有关情况汇报；研究审定安全生产专项经费；研究长沙县2016年农村危房改造工作实施方案；听取关于调整“一点两线”磁浮线路段绿化景观设计方案情况汇报。

4月6日，召开第五次县长办公会，听取县政府办有关工作情况汇报；研究高桥镇桐仁桥村生态扶贫移民方案；研究消防有关工作；研究县域饮用水水源保护区划分工作；研究乡镇开征污水处理费和垃圾处理费问题；听取关于安沙工业小区2处渣土消纳场选址情况汇报；听取关于湘龙街道2处渣土消纳场选址情况汇报。

4月28日，召开第六次县长办公会，听取关于修改城市商业综合体标准情况汇报；研究2016年城市基础设施建设相关事宜；听取关于华星通航申请延期偿还借款汇报；听取黄兴会展经济区有关事项汇报；听取世景国际广场项目有关情况汇报；听取山东商会总部基地项目有关情况汇报；听取长沙国际金融物流港建设项目有关情况汇报；听取华星航空直升机基地项目有关情况汇报；听取关于长沙市水业集团长沙县辖区内土地变性及转增注册资本相关工作汇报；听取关于三润燃气延期一年取得燃气经营许可证情况汇报。

5月10日，召开第七次县长办公会，研究城西污水处理厂选址方案；关于白石洞水库主坝建设工程项目施工招标情况汇报；听取关于冰宇燃气、百江燃气搬迁及项目建设情况汇报；研究湘郡未来实验学校发展问题；听取关于建设长沙县书画艺术院相关事宜汇报。

5月26日，召开第八次县长办公会，研究审议《长沙县农村集体经济组织成员资格界定指导意见》；听取关于调整白石洞水库建设投资概算情况汇报；研究长沙县校车保养、修理及停放场所项目土地价格相关问题；

研究商务楼食堂运营补贴方案；听取关于金鹰机电市场国有土地征收补偿方案情况汇报；研究东业地产和省国安厅业务技术用房缴纳报建费相关问题；听取关于市轨道公司申请2号线一期黄兴段上盖物业项目土地出让收入返还情况汇报；研究地铁6号线有关用地回报事项；研究建良置业项目建设有关事项。

6月6日，召开第九次县长办公会，研究审议《长沙县城区义务教育阶段2016年秋季新生入学办法》；听取人防工作情况汇报；研究有关项目完善招标手续事项；听取关于明城国际大厦规划建设情况汇报；听取关于鑫建投退出鼎都担保公司情况汇报；听取关于北部乡镇管道燃气特许经营权授权情况汇报；研究福临镇、路口镇调研有关事项；天舟文化、金光华项目研究；听取关于将消防官兵纳入县政府绩效考核对象情况汇报；县政府“两学一做”学习教育第一次专题学习讨论。

6月13日，召开第十次县长办公会，研究东方航标楼盘处置有关事项；研究省发改委国际咨询中心项目有关事项。

7月1日，召开第十一次县长办公会，关于部署全县大检查大管控大整治集中行动暨重点（行业）领域专项整治工作；当前工作部署。

7月22日，召开第十二次县长办公会，听取关于明确马栏山变电站至特立路口电力隧道建设问题情况汇报；听取关于捞刀河南路征收湖南俊甫混凝土有限公司国有土地协商情况汇报；听取关于万家丽北路与绕城互通项目用地协商情况汇报；听取关于湘龙家园东北角土地挂牌情况汇报；听取关于浔龙河污水处理项目建设方案汇报；研究县农林局归还省农行贷款问题；当前工作部署。

8月24日，召开第十三次县长办公会，听取关于全县农贸市场建设相关问题汇报；听取关于万家丽北路与绕城高速互通项目4户申请自愿搬迁情况汇报；听取关于星沙联络线项目部分村民申请自愿搬迁情况汇报；听取关于调整全县工业项目报建费相关项目情况汇报；听取关于审定《贯彻落实〈中中央国务院关于打赢脱贫攻坚战决定〉实施方案》情况汇报。

9月13日，召开第十四次县长办公会，听取高桥镇关于生态移民暨易地搬迁项目情况汇报；审议《长沙县地产投资开发有限公司章程》及《委托监管协议》。

11月13日，召开第十五次县长办公会，听取关于全县生态建设与环境治理工作情况汇报；听取关于取消长沙县居民医保门诊一般诊疗费政策汇报；听取关于全县实施公交IC卡优惠补贴情况汇报；研究有关项目完善招标手续事项；听取关于捞刀河南路项目部分村民自愿搬迁情况汇报；听取关于黄兴镇、湘龙街道境内渣土消纳场选址情况汇报；听取关于明确乡镇区划调整后统一征地补偿标准汇报。

11月22日，召开第十六次县长办公会，听取关于全县2016年度水务建设计划情况汇报；研究星城房产公司处置方案；研究黄兴镇调整土地收益资金县乡分成比例等优惠政策；审议《长沙县农贸市场建设三年（2017—2019）行动计划方案（送审稿）》；听取关于加快推进长沙县110千伏临空等四座变电站建设工作情况汇报。

12月9日，召开第十七次县长办公会，听取关于高桥镇易地扶贫搬迁项目室外工程招投标问题情况汇报；听取关于对黄花综保区新增房建项目设计、监理采取费率方式招标情况汇报；听取关于公交候车亭问题处理情况汇报；听取长沙县启动机关事业单位养老保险制度改革有关工作情况汇报；听取关于将行政执法产生拖移、保管车辆费用纳入财政支付汇报；听取关于不动产统一登记外网平台和内网数据处理有关事项汇报。　（县政府办）

人事人才

【概况】2016年，县人力资源和社会保障局坚持稳慎推进改革为茎，突出抓创新管理。人事管理更加规范。率先启动机关事业单位工作人员平时考核机制试点工作，出台长沙县机关事业单位工作人员平时考核工作实施细则。拟出台《长沙县一般工作人员交流暂行办法》《长沙县不胜任现职干部召回管理暂行办法》，深入治理“机关病”和“慵懒散”现象。推进公务员职务与职级并行工作，全县45家单位281名人员职务与职级晋升审批工作；推行标准化人事代理服务，受理档案托管749人次，全年取消档案收费200万元。安全高效组织16批次人事考试，报名7000余人，参考录编内外人员752人。对接清华、浙大等高校，举办8期公务员、企事业单位人才培训班，计培训1367人。对接“3635”人才计划，申报省市引智项目12个，认定高级职称63人次，中级职称18人次，严谨做好5000余名教师职称过渡工作。率先在全市实现档案数字化管理，提质改版升级长沙星沙人才网，完善“互联网＋星沙人才”微信公众号平台。完成人力资源市场设计工作，初步建成长沙县首个“互联网＋人力资源公服务”一体化人力资源市场。

【中小学教师职称改革】2016年，启动中小学教师职称改革工作，本次改革重点是将原来独立中学教师职务系列与小学教师职务系列统一并入新设置中小学教师职称（职务）系列。在职称等级上，设置从正高级职称到员级5个等级，依次为正高级教师、高级教师、一级教师、二级教师、三级教师，与职称正高、副高、中级、助理、员级相对应，并完善与之相配套评价标准和办法。本次改革最大变化是适当提高中学高级教师岗位结构比例，同时在小学增设高级教师职称，综合考虑乡村学校实际，适当调整乡镇及以下学校教师岗位结构比例，对乡村教师予以适当倾斜，稳定和吸引优秀教师在乡村扎根。中小学（包括幼儿园）教师可评审正高级教师职称，正高级教师数量由国家实行总量控制，省、市统筹安排，全县2016年获得推荐参加中小学系列正高级教师职务评审指标3个，评审通过2人。

【机关事业单位工资制度改革】长沙县人社局拟定《长沙县人民政府办公室转发县人力资源社会保障局县财政局关于调整机关事业单位工作人员基本工资标准和增加机关事业单位离休人员离休费三个实施办法通知》，12月组织并完成从2016年7月起调整机关事业单位工作人员基本工资标准和增加离休人员离休费审批工作。全面落实县以下机关职务与职级并行制度，协同县委组织部落实职务与职级并行工作工资待遇。落实全县机关事业单位工作人员年休假和2015年度应休未休年休假补贴发放备案工作；落实2016年度乡镇机关事业单位工作人员乡镇工作补贴备案工作。配合县机关社保局做好全县机关事业单位退休人员基本信息核对工作。开展全县机关事业单位工作人员身份证信息采集，并通知单位并基本收集齐相关资料为大家统一办理机构数字证书，工资系统升级工作基本完成。

【创建省级示范劳动人事争议仲裁院】2016年12月。长沙县劳动人事争议仲裁院通过长沙市、湖南省劳动人事争议主管部门考评，被湖南省人力资源和社会保障厅授予“示范仲裁院”称号。（陈晓霞）

电子政务

【概况】按照统一规划、统筹建设、协调管理的思路，长沙县经过多年的实践和探索，于2016年建成国内一流、省内领先、独具特色的县级电子政务平台，基本实现长沙县大机房、大网络和大数据三大基础设施整合、集中和共享，为“互联网＋政务服务”及大数据应用提供基础支撑。在“第十五届（2016）中国政府网站绩效评估结果发布会”上，长沙县政府门户网站获评“中国政府网站领先奖”区县级第三名、“中国政府网站外文版国际化程度领先奖”区县级第3名。

长沙县电子政务“大网络”建设。建成覆盖全县的“县—镇（街道）—村（社区）”三级大联网，实现1万兆主干、1000兆到镇（街道）、100兆到村（社区）的全光纤电子政务外网，并将互联网出口带宽升级到2.4G，由PPP项目公司负责统一维护管理，全年主干网络故障时间不超过1小时。加强电子政务网络的规范化管理，出台《长沙县电子政务建设管理办法》《长沙县政务网络管理办法》等文件。年末，政务网络汇聚点800多个，接入电脑终端2万余台，社区公共服务综合信息平台（基层工作平台）、电子防控平台、在线办理系统、数字城管信息系统、卫生信息系统、数字档案管理系统等100余套业务系统均依托政务网络运行。

长沙县云计算中心“大机房”建设。按照国家B级机房标准建设约800平方米的云计算中心，包括电子政务核心机房、保密机房、监控机房、动力机房、值班室等，并具备国际领先超高配置硬件及先进的云计算技术，具有丰富的计算资源、海量的存储资源，建立可靠的信息安全管理体系。整合全县所有电子政务机房、软硬件设备和电子政务应用系统，集中部署、统建共用，避免软硬件重复投资，实现基础设施和业务系统的集中管理维护与全面安全可控。年末，将50余套新建与原有业务系统全部迁入云平台，对其他未迁入系统采取暂托管方式共享基础设施。

长沙县“大数据”中心建设。以政务数据资源开发利用为主题，以数据采集、融合、服务为主线，构建全县统一的Dass数据资源平台；打破各部门之间信息独享的壁垒，实现跨部门、跨系统、跨网络和跨平台的数据交换、信息共享和业务协同，形成资源目录、数据采集、数据交换、数据共享、数据安全标准规范体系。建立人口、法人、地理空间和宏观经济四大基础数据库，清理县内各机关的数据资源，促进信息资源整合，解决条块分割、资源分散、重复建设等问题，促进互联互通、资源共享、协同合作。按照“共享其他部门的信息必须先提供本部门信息数据”的原则，初步建立共建共享和共建公用的机制，梳理出55个部门的数据资源目录，整合 1210 张数据表、16802 个指标项、3000 多万条数据记录，为推动信息数据资源和基础设施建设的互联互通、资源共享奠定基础。

政府网站集群建设及运行维护管理。针对长沙县政府门户网站的建设及运维管理，改变以往重建设轻管理、旨在建站而不关注运维管理的误区，突出信息公开、在线办事、政民互动、回应关切四大功能，重点落实网站运行及维护管理工作，彻底解决政府网站“四不”（不及时、不准确、不回应、不实用）问题。引进专业运维公司，在县电子政务办统一指导下，开展网站运行维护等，对网站内容、技术、安全、服务保障等方面全面落实。是年，县政府门户网站对外发布信息 45184 条。其中，“政府信息公开目录”上传信息 20125 条，“部门信息公开目录”上传信息 13296 条，“2016 年政务公开要点”栏目上传信息 5158 条；“民生领域服务”栏目上传服务信息 1336 条，其他栏目上传信息 5269 条。上报市政府门户网站信息 4531 条。“领导信箱”收到来信 2683 封。其中，有效信件 2267 封（咨询类信件 964 封，投诉类信件 946 封，建议类信件 311 封，其他类信件 46 封）。办结回复 2267 封，回复率 100%。网站日访问量 1 万余次，实现全县 100% 行政审批项目网上办理，公共服务事项 300 多项。全县各单位子网站建设按照“统一平台、统一管理、统一规划、统一服务、分级负责”进行，100 余家单位子网站迁移到统一平台进行建设及管理，并制定完善的管理制度及绩效考核方案。（余　洋）

外事与侨务

【概况】2016 年，长沙县外事侨务邀请外国人来长 9 批 16 人次；外事侨务接待 5 批 71 人次。全县来访外籍人士 2.8 万人次。办理因公出国（境）15 批 45 人次、因私出国（境）备案 231 批 231 人次。在外事接待和因公出访中无任何差错。全年争取外侨捐赠资金 70.31 万元，全年接待侨务信访 9 件，全年慰问困难归侨侨眷 25 人次，发慰问信及贺年片 135 封，慰问金和慰问品 17500 元。

政务督查

【概况】2016 年，政务督查发出书面督查通知 30 期，电话督查通知 150 余条，完成领导批示督办 24 件，形成督查专报、通报 63 期。坚持有布置有检查原则，重点做好决策督查。每季度对《政府工作报告》主要目标任务涉及 100 项子内容落实情况，政府常务会、县长办公会议和专题调研会议议定事项执行情况进行全面督查。重点对征地拆迁、重点项目建设、安全生产等 20 多项工作进行现场督查。主要针对领导批示重大项目建设、安全生产工作、拆违控违、防汛抗旱、森林防火、湘绣城信访事件等批示件开展专项督办。深入基层，督促群众关心热点难点问题解决，就精准扶贫、农村生态环境治理、食品安全、为民办实事、农村集体经济组织成员认定、端午中秋两节期间农村环境卫生整治、春节慰问费发放、道路亮化等工作开展专项督查，确保全县社会安定和谐。

综合信息

【概况】2016 年，围绕“强南富北、民生立县、挺进五强”发展主线，收集、报送政务、调研信息，《长沙县春耕备耕情况》《三一盘活闲置资产，打造企业孵化基地》等信息被国务院办公厅《国办专报》采用，《装备制造业装备制造行业成为省内首个万亿产业》《长沙县破解户籍改革难题举措与成效》等信息被省政府办公厅《政务专报》采用。全年收集各镇街、科局上报信息 2195 条，其中采用 384 条，上报省市政务信息 312 条，市级采用信息 68 条，省级采用信息 22 条。全年编发《政府公报》12 期，《信息参阅》21 期，刊登政务动态信息及各类文章 384 条（篇）。申报省办信息直报点并启动相关工作。配合经济研究室收集部门工作总结，参与半年度政府工作总结、2016 年度政府工作报告调研起草。

政府招标采购

【概况】2016 年，长沙县招标采购局监管招投标项目 231 个，上限金额 851717.08 万元，节减资金 63956.80 万元，平均中标优惠率 7.51%；办结政府采购项目 446 项，预算金额 78667.21 万元，节减资金 12051.38 万元，平均节减率 15.32% 完善标准招标文件及评标办法。工程造价 1000 万元以上房建、市政类施工项目采用实力信誉和报价计分综合评定方式，既引导企业正当报价又有利于择优。加大打击弄虚造假力度。加大集中打击力招投标过程中弄虚造假现象，严肃清理整顿造假行，采取关键岗位人员社保网上查询、类似业绩行业备案系统网上核对、投标代表身份公安局窗口辨识、投标人员证件查询核实等措施，查处数家材料造假、证照伪造投标企业，稳定正常市场秩序，有效遏制使用社保、业绩等虚假资料骗取中标情况。提高网上申报审批效率。电子产品类、办公用品类和电器设备类采购使用网上竞价系统，实现全程信息化管理。全年完成500笔网上竞价交易项目。

提升交易服务水平。全年677个建设工程和政府采购项目提供交易服务，市政府采购网、县网上发布业务信息5100多条，中介机构库抽取服务项目364个，收取和清退保证金42.63亿元，收取建设工程交易费500万元。办公区、开标区和评标区分离，采用门禁系统，由专职安保人员把关，并设有评标专家通道、休息室。公资源交易场地安装有监控视频设备，对开、评标过程全程录像，并保存记录。推进改革。公资源平台整合有序，率先出台资源平台整合方案，国土交易、经开区交易项目纳入长沙县公资源交易平台，实现工作无缝对接。电子化评标工作稳步推进。电子评标系统软件及硬件设备采购到位，实现电子化评标。

【ppp】探索ppp项目，制定全国首部县级PPP政府采购操作实务，率先在全省创新推进第一个ppp示范项目长沙县城乡公交一体化采购。第一批PPP项目落地运行，促进PPP模式推广运用。同时引进一大批资质优良、实力雄厚大型企业，引入先进管理模式和管理经验，提升长沙县PPP项目建设和运营整体水平。12月，全县完成12个PPP项目采购，采购金额逾200亿元。

【加强制度建设】加强代理机构管理。修改完善招标代理机构库管理办法，出台《关于印发（长沙县政府投资项目工程招标代理机构优选库管理办法实施细则）通知》，对库内企业进行培训，加强代理库专职人员管理，实行代理项目“一标一考，提高招标代理工作人员业务水平和服务质量；规范银行到账查询行。党组多次约谈银行，规范保证金银行查询管理办法，明确银行查询责任，督促财务工作人员严格遵循敬业廉洁工作纪律，加强信息保密工作，有效防止信息泄露，较好地遏制围标串标、合谋陪标等；标后监管更加规范有序。定期不定期地进行标前标中标后监管，进一步净化招投标环境。配合规建局开展标后监督检查，对中标项目人员到位履约、合同签订、日常管理等情况进行检查，查处中标后履约不到位、转包、违法分包、资质挂靠等违法违规行，促进标后合同全面履行。2016年，开展专项联合检查6次，抽查项目49个，下发整改通知单19份，下发不良行告知书1份，对项目实施诚信扣分30分，延迟送审项目17个。

（余　杰）

机关事务管理

【概况】2016年，县机关事务管理局为全县机关后勤保障提供服务。规范办公用房管理。重点做好县委县政府机关大院、老行政区和商务写字楼办公用房调整，合理改善优化办公环境。善各类维修改造。全年开展各类大、中、小型维修28批次。集中做好县委、县政府及商务写字楼群日常办公环境管理、车辆管理和保洁等服务，商务写字楼会议室为入驻单位安排大小会议136次，各类维修600余次。加强机关后勤食堂管理。对食堂进行检查，搭建干部职工与食堂交流微信平台、添置用餐设备，建立机关干部职工与机关后勤服务管理良性互动。

节能工作。完善节能工作联络体系。建立健全节能监督检查工作机制，将节能责任落实到人；推进节能项目建设。通过引用社会化服务模式，大力推广新型节能技术和产品、雨水收集雨污分离等技术。

计生服务。完善更新档册，确保管理对象计生信息及时更新，准确、齐全，动态管理；协助星沙街道计生办及时核查、反馈“实时通”信息。截至9月30日，县直计生办计办理一孩生育证89人次，二孩生育证71人次，计生证明80余人次，计生审核人员（年度评优对象和人大代表等人员）150余人次，接受机关单位群众计生相关咨询百余人次。传达学习贯彻落实二孩政策及生育服务登记证办理政策；落实《湖南省人民政府办公厅关于开展居民健康卡应用试点工作通知》（湘卫函〔2016〕2号）。

办公用房管理。县直机关各单位开展需求摸底；开展办公用房清理。对县直机关各单位办公用房配备情况开展督查，特别针对星沙商务写字楼群28家入驻单位办公用房开展现场核查，重点就是否存在办公用房超面现象，是否违规配置休息室、会客室等“房中房”问题开展督查核实，对存在问题单位提出整改要求，检查结果上报市委督查室。

安全保卫工作。加强治安联动管理。采用技防与人防相结合，落实安防制度，提高自我防范意识，确保所管辖服务区域无失窃、失密及安全事故发生；配合信访部门做好群众来访工作，营造安全、文明工作环境；强化安全监管。开展安全生产管理宣传，采取部门指导与自我排查相结合方式，增强安全意识；在商务写字楼开展消防演练，切实提升事故处理能力；对机关大院内各种消防隐患进行拆除，全年发现并清除各类安全隐患50次。

排查各类隐患。组织专门人员，对县委、县政府机关大院、星沙商务写字楼群以及潘家坪县委县政府原机关大院开展安全隐患大排查，明确问题责任单位，限期整改落实；协调督促整改。组织业主单位、施工单位以及设计单位召开碰头会，明确责任单位和整改时限，形成会议备忘录，分发至与会单位，全面督促跟踪问题整改落实情况。

【信息平台建设】建设智能服务平台。联合专业公司对局门户网站、微信公众号以及短信服务平台进行开发建设，打造全方位服务媒介；建立长效机制。该局明确专人负责各类信息平台建设维护，巩固信息化建设，确保能够为服务对象提供更加主动便利贴心后勤管理服务。（黄艳娟）

政务公开与政务服务

【概况】2016年，长沙县政务中心23个窗口单位受理并办结各类政务服务事项110多万件，资金流126.5亿元。

政务公开。建立完善政府信息主动公开机制，落实“五个公开”（决策公开、执行公开、管理公开、服务公开、结果公开），实现行政审批、财政预决算、“三公经费”保障性住房、食品药品安全、环境保护、安全生产、价格和收费、征地拆迁以及以教育、卫生为重点公企事业单位等九大重点领域信息深度公开。设立政府信息公开4大模块20个栏目83个子项，全年发布信息53593条。其中，“政府信息公开目录”发布信息13212条，“政务公开工作要点栏目”发布信息25261条，“部门信息公开目录”发布信息9626条，其他栏目发布信息5494条。全年收到依申请公开政府信息58件，及时答复58件，有效回复率100%。

政务服务。行政审批制度改革。探索“一网审批”，创新送审签字无纸化、监管查询全流程新审批方式，实现审批时限缩短、人情审批减少、群众办事方便、部门资源享、行政效能提升。以会议联审、联合踏勘、批件会签等形式。开展多项微改革服务活动。不动产窗口全年办理不动产证8万余本，占全省办证总量25%；市监局窗口深化商事登记改革，将个体工商户登记时间由7个工作日压缩到1个工作日。延伸政务服务。完善政务服务实体平台建设，启动“三级服务平台”［即：县政务服务中心—镇（街）政务服务中心—村（社区）便民服务站］，努力解决服务群众“最后一公里”问题。2016年，全县镇（街）政务服务中心办理各类政务服务事项167580件，代办事项38912件。规建局窗口在全省首创微小型投资项目网上申报；国地税和不动产窗口率先实行“一窗通办”；中心设立“并联审批总窗”，以会议联审、联合踏勘、批件会签等形式，推行“并联审批”，同时开辟报建“绿色通道”，探索报建项目容缺受理。建设政务服务平台。启动“三级服务平台”（即：县政务服务中心—镇（街）政务服务中心—村（社区）便民服务站），全县所有镇（街）政务中心、153个村（社区）便民服务站规范化建设。完成22个社区、4个街道、1个县级大厅平台建设推广工作。推进全县统一电子证照数据享交换平台建设，完成县民政局、教育局、卫计局、规建局、人社局5个试点单位数据对接，采取前置机方式实现部门业务数据库与数据享交换平台在线实时交换。升级政务大厅服务。长沙县政务服务大厅进驻有23个行政职能部门，11家便民企业，612项行政审批和行政职权事项，全面实现“两集中两到位”。加强大厅日常管理，实行政务大厅日常值班巡查制度、窗口绩效考核通报制度、人员考勤制度和窗口学习教育制度等举措。同时引入外部监督力量，形成一套横向管理与纵向管理并重、内部监督与外部监督结合工作评价体系和服务标准体系。建立“首问责任、一次性告知、限时办结、预约服务”等22项窗口管理制度。出台“管理之星”和“业务能手”等2个评选办法，启用《服务承诺制度》《效能评估制度》等11项窗口管理制度，完善绩效考核方案、“红旗窗口”评选方案等4项规章制度。聘请由各级“两代表一委员”、企业主要负责人、各级党政机关负责人及依法守纪公民等各界代表11人，组成政务服务评议员，对大厅工作人员服务态度、办结时限、廉洁自律等全方位地进行监督评议，并将评议结果纳入单位与个人年终考核。强化大厅文化建设。开展各类文体活动、培训拓展、评优评先活动。组织开展各类主题活动，开设素质提升课程，进行特色培训，开展季度评先评优。电话回访办事群众967人，满意率99.8%；收到感谢信8封，表扬锦旗11面；受到群众点名表扬88人次，办事群众满意率得到提升。提升热线工单办理质量。“12345”市民服务热线实行热线工单全面回访、重点督办、难点会商，探索建立疑难工单会商制度，做到“事事有回应、件件有落实”。2016年，接收市级派发工单6434件。“12345”热线全年工单按时办结率100%，群众满意率93.71%。政府信息公开。建立完善政府信息主动公开机制。全年，政府门户网站设立政府信息公开4大模块20个栏目83个子项，全年发布信息53593条。全年收到依申请公开政府信息58件，及时答复58件，有效回复率100%。

【县政务服务中心义卖活动】 5月28日，全市第七届“杜鹃花开·情满星城”爱心公益项目博览会暨“六一”文艺会演在星沙文化广场举行，活动到社会各界爱心人士响应和参与，中心本次募集爱心款全部进入骄杨爱心基金，用于帮扶有需要困难青少年儿童。

【长沙县政务中心团总支成立暨第一次团员代表大会】 4月8日长沙县政务中心团总支成立暨第一次团员代表大会召开，书记何武、副主任杨树兴、副书记王蓓高主持会议，中心各窗口团组织成员参与成立大会。会上，县政务中心党委副书记王培高宣读团总支成立批复，县政务中心党委书记何武也在会上进行讲话，代表中心党委对大会召开表示祝贺，并对青年团员们工作提出新要求。（李 婕）

（责任编辑 张竹清）

中国人民政治协商会议长沙县委员会

综　述

【概况】2016年，县政协召开全体委员会议2次，常委会议6次，主席会议14次，听取全县经济社会发展、提案办理等情况通报，围绕黄江经济板块发展情况、推进家庭农场发展、全县土地流转提质增效项目10个课题开展视察调研，举办常委会专题协商1次、专委会对口协商3次、重点提案办理协商活动8次，开办政协委员集中培训会2次、政协工作者履职能力提升专题班1期，委员小组主题学习30余次，征集立案提案118件，反映社情民意信息25条，较好地发挥人民政协汇聚力量、建言献策、服务大局协商民主重要渠道作用。

重要会议

【政协长沙县第八届委员会第五次会议】1月11日至14日，政协长沙县第八届委员会第五次会议在星沙开源剧院举行。县政协主席王益枝作政协长沙县第八届委员会常务委员会工作报告；县政协副主席郭艳红作长沙县第八届委员会第四次会议以来提案工作报告。唐杨松、易丹、夏迎芳、唐军、杨松青5名委员作参政议政发言。法制提案委主任童树国报告政协长沙县第八届委员会第五次会议提案初审情况。委员听取和讨论政协工作报告、提案工作报告、政府工作报告及其他工作报告。县委书记杨懿文致大会闭幕词。

【政协长沙县第九届委员会第一次会议】11月24日至28日，政协长沙县第九届委员会第一次会议在星沙开源剧院举行。县政协主席王益枝作长沙县第八届委员会常务委员会工作报告；县政协副主席郭艳红作政协长沙县第八届委员会提案工作报告。委员听取和讨论政协工作报告、提案工作报告、政府工作报告及其他工作报告。大会选举产生政协长沙县第九届委员会主席、副主席、秘书长、常务委员会委员。唐杨松、刘志伟、曹剑、向宇、何学东、王聪球、肖力钧、杨树兴、彭小兰、陈铮、林友祥11名委员作联组讨论发言。县委书记曾超群致大会闭幕词。

【政协长沙县第八届委员会第十六次至第二十次常委会议】1月14日，政协长沙县第八届委员会举行第十六次常委会议。会议听取政协长沙县第八届委员会提前换届有关情况说明、有关人事任免、各讨论组组长关于分组讨论情况汇报及政协八届五次会议提案初审情况汇报；审议通过政协长沙县委员会第八届委员会第五次会议政治决议（草案）；政协长沙县第八届委员会第四次会议关于常务委员会工作报告决议（草案）及政协长沙县第八届委员会第五次会议关于提案工作报告决议（草案）。

3月8日，政协长沙县第八届委员会举行第十七次常委会议。会议听取县城市管理局关于民主评议城区公

11月25日，县政协主席王益枝在政协长沙县九届一次会议开幕式上作工作报告　（章　帝摄）

园建设与管理工作整改情况汇报，委员履职考评、委员辞免和增补情况，提案工作情况，常委会专题协商以及常委会视察工作情况及专委会2016年调研和对口协商工作安排。

7月26日，政协长沙县第八届委员会举行第十八次常委会议。会上听取关于长沙县人民政府上半年政情工作通报、政协长沙县委员会上半年工作情况通报；常委们进行讨论发言。

11月1日，政协长沙县第八届委员会举行第十九次常委会议。会议听取县政府关于八届五次会议以来提案办理工作情况通报，听取审议县政协八届常委会工作报告、提案工作报告，协商决定县九届政协委员人选，听取审议县政协九届一次会议有关事项，审议通过关于县政协九届一次会议日程。

11月18日，政协长沙县第八届委员会举行第二十次常委会议。会议听取县委组织部关于县有关人事调整说明，县委统战部关于政协委员调整说明，审议通过政协相关人事任免安排。

【政协长沙县第九届委员会第一次常委会议】 11月28日，政协长沙县第九届委员会举行第一次常委会议。会上，新当选39名九届县政协常委们相互进行自我介绍和认识，县政协党组书记、主席王益枝就如何发挥好政协常委会作用发表讲话。

主要工作

【概况】 2016年，县政协坚持“围绕中心、服务大局、创新履职、强化队伍”总体工作思路，按照《政协长沙县委员会2016年工作要点》安排部署，围绕县委、县政府中心工作，凝聚共识，汇聚力量，建言献策。

【专题协商】 围绕“促进城乡区域协调发展”开展政协常委会专题协商，召开专题协商动员会、界别委员座谈会，确定产业、公服务、新型城镇化、社会事业等10个方面课题，由县政协主席会议成员带队，经科委、人资环委、文教卫体委牵头组织31名政协委员深入镇街、县直部门、企业广泛开展调查研究，赴浙江等发达地区学习经验，围绕10个方面发言材料召开主席扩大会议、专题座谈会，广泛征集镇街、县直有关部门主要负责人意见，9名政协委员围绕全域旅游、城北新区发展、建设温泉新镇、建设美丽乡村、农产品加工、家庭农场等方面协商建言，全力助推县域经济社会平衡快速发展。

【对口协商】 围绕“加强社会组织建设与管理”开展专委会对口协商，由群团联络委牵头、法制提案委配合，组织名委员深入市县园林绿化协会、县新社会阶层人士联谊协会、县医药行业协会和民办非企业组织开展调研，召开行业商会和社工代表座谈，广泛听取民政、财政、编办等部门意见，5名政协委员围绕建立县商会大厦、建立社会组织示范服务区等方面建言，为规范社会组织建设发挥作用。围绕“完善公卫生服务体系”开展专委会对口协商，由文教卫体委牵头组织政协委员深入县、镇、村三级公卫生服务机构调研，听取县卫计局意见，5名政协委员围绕分级诊疗、乡村医生本土化等方面建言，为助推完善公卫生服务体系建设产生效果。围绕“加强农村建房质量安全监管”开展专委会对口协商，由县政协人资环委牵头组织委员深入镇、村开展调查研究，广泛听取住建部门意见，5名政协委员围绕特色小城镇、严格落实一户一基、强化安全意识等方面建言，促进农村建房质量安全监管。同时，根据县委主要领导安排部署，围绕“创新养老服务体系”“发展长沙县全域旅游”开展专题调研，筹备“发展长沙县全域旅游”专题调研工作，调研报告《创新养老服务体系建设》获得县委主要领导批办。

【提案办理协商】 推行提案立案分析会制度，邀请专委会参与提案立案初审，县政协主席会议协商审议重点提案，进一步提升提案立案质量；建立分管副县长领办重点提案、提案办理纳入绩效考核、县委督查室督办提案办理、政协主席会议成员督办重点提案、提案办复满意度向提案委反馈工作机制，进一步增强提案办理实效。八届五次会议期间，收集到委员提案144件、立案118件，确立重点提案8件，8件重点提案分别由政协分管副主席、副书记带队、专委会组织，邀请政府副县长参加。如由副主席杜宏亮牵头、副县长黄梁领办、县交通局主办“打造春华秋实、多彩水乡”第七号提案，从完善路网建设，打造捞刀河和胭脂港滨水风光带，将春华纳入长沙县旅游线路并重点扶持等方面予以跟进，效果十分显著；由副主席郭艳红牵头、副县长彭迟平领办、县公安局主办“破解交通发展大瓶颈、促进县域经济大发展”重点提案，推进解决停车难、行车难等问题，效果非常明显；此外，就“建设跨境电商产业园，培育开放发展新动力”“关于加强PPP项目签约后监管建议”“加快开发建设天华山生态旅游景区”“加快推进长沙县制造业供给侧结构性改革”“关于加强城乡校长教师互动交流，助推我县教育均衡发展建议”等重点提案开展办理协商，产生办理效果。

【议政建言】 八届五次会议期间，5名政协委员分别围绕“大力发展乡村旅游”“命名百熙中学、赶超四大名校”“建设互联网产业智都”“推进乡品出乡”“创新养老模式”等方面作参政议政发言，均获得县委书记批办，县直相关部门推进办理落实。

【视察献策】 围绕“长沙东部开放型经济走廊黄江经济板块发展情况”开展政协常委会视察，成立视察课题调研组，由政协经科委牵头组织20余名委员深入10多家企业进行调研，组织相关镇街、政府部门召开座谈会，学习借鉴浙江舟山等发达地区经验，6名政协委员分别围绕企业转型升级、现代服务业、规划建设、现代农业与生态文化旅游、公服务与公管理、创新黄江区域发展机制等方面提出意见和建议，《视察报告》获得县委、县政府主要领导高度重视；围绕“城乡规划建设工作”“全县土地流转提质增效项目”“政府财政性投资项目”开展政协主席会议成员视察，全力服务县域经济社会发展。

【畅通民意渠道】 坚持在履职过程中认真收集社会各界意见建议，充分发挥社情民意直通车作用，及时以《社情民意》形式进行反映，为上级党委政府及县委、县政府掌握社情、解民意提供重要渠道。一年来，整理报送《社情民意专报》和《社情民意信息》17期25条各类信息，内容涉及推动“精准扶贫”、全省公务员编制调剂、中小企业转贷基金、贫困助学公平化、新形势下村级治理、农村广播管理等方面，市委、市政府主要领导和县委、县政府领导批办5期，县直相关部门对反映情况和问题及时处理解决和答复。（周　思）

纪检·监察

综　述

【概况】2016年，县纪委协助县委出台“两个责任”清单，明晰责任内容。研发“两个责任”电子监督考核系统，履责纪实管理。加大对新颁布党纪条规学习宣传，提高纪律规矩意识。配合市委巡察组对湘龙街道开展巡察。坚持“一案双查”，查处“两个责任”落实不力问题26起，组织处理16人，党纪政纪处分7人，通报问责案件15起。探索推行“三书”制度，发挥县委、县政府班子成员在运用第一种形态表率作用。出台《落实“咬耳扯袖、红脸出汗”实施办法》《对反映党员科级干部问题线索约谈函询实施办法》等制度文件，切实加强对党员干部日常监督管理。探索开展县级巡察工作，对县农林局等16个县直单位开展第一轮县级巡察。推行纪律审查片区协作机制，实行片区联动、分片巡查。出台问题线索管理办法。严格按“五类标准”处置问题线索。全县处置问题线索688条，立案226件，立案数较上年同期上升78%，查处正科级干部13人，副科级干部25人，移送司法机关处理23人；其中各镇（街道）核查问题线索449条，立案161件，立案数较上年同期上升68%。严肃查处李某、周某、卢某等一批党员干部严重违纪涉嫌违法案件。加大对重复访越级访等信访积案化解力度，化解信访积案7件。拍摄专题警示教育片《向“雁过拔毛”亮剑》，发挥警示震慑效应。

基层正风反腐。严肃查处损害群众利益不正之风和腐败问题，推动正风反腐向基层延伸。查处惠农补贴、扶贫低保、征地拆迁等领域“雁过拔毛”式腐败问题135起，党纪政纪处分65人，组织处理64人，移送司法机关处理6人。开展违规迁户专项清理，严肃查处“雁过拔毛”式腐败问题，收缴违规拆迁资金2621.81万元。对13个临时指挥部执行财经纪律情况开展检查，发现违纪违规问题22起，移送问题线索6条。

作风建设工作。制定《长沙县节庆期间作风建设互查办法》，加大交叉检查、点穴式检查力度。开展主题为“每逢佳节倍思廉”各类宣传活动，向全县领导干部发送廉政短信2万余条次，在县电视台及县城人流密集区域展播廉洁公益广告300余条次。抓住“病灶”持续发力，查处“四风”问题65起，党纪政纪处分71人，组织处理2人，通报典型案件57起。

纪检监察队伍建设。完成县乡两级纪委换届，加大系统内外、上下交流，配优配强班子队伍。举办“三转”业务培训班等形式，进一步提高纪检监察干部监督执纪能力。采取“单独＋综合”派驻模式，逐步实现派驻监督全覆盖。认真开展“五查五访”活动和网络述职述廉评议工作，办理纪检监察干部信访问题8件。

重要会议

【中共长沙县第十二届纪委召开第五次全会】2月21日，中长沙县第十二届纪委第五次全会召开，会议深入学习贯彻习近平总书记重要讲话和中央、省、市纪委全会精神，总结2015年党风廉政建设和反腐败工作，安排2016年工作任务。长沙县委书记、长沙经开区党工委书记杨懿文出席会议并讲话，县委副书记、县长张庆红主持会议。长沙县委常委、县纪委书记胡维龙代表县纪委常委会作题为《强化管党治党责任 落实全面从严治党 不断取得党风廉政建设和反腐败斗争新成效》工作报告。

【中共长沙县第十三届纪委一次全会召开】8月16日上午，中长沙县第十三届纪委一次全会召开，县委常委、纪委书记胡维龙主持会议并讲话。胡维龙指出，县党代会描绘出长沙县未来五年经济社会发展宏伟蓝图，也对全县党风廉政建设和反腐败工作提出新更高要求。胡维龙要求，要紧紧围

8月16日，中共长沙县第十三届纪委第一次全会召开

（县纪委办公室 提供）

绕县委、县政府中心任务，开展监督执纪问责工作，力求在服务大局上有新作为，为全县经济社会发展提供坚强纪律保证。要强化责任担当，把从严管党治党要求融入各方面各环节，始终坚持把最广大人民群众根本利益作为工作出发点和落脚点。同时，要忠诚履职，力求在反腐倡廉上有新成效，全县各级纪检监察组织和广大纪检监察干部要充分把握运用“四种形态”，狠抓“两个责任”落实；坚决遏制发生在群众身边腐败问题和不正之风；要驰而不息纠治“四风”。还要加强协作，力求在凝心聚力上有新氛围，牢固树立“四个意识”，建好班子，带好队伍。加强团结协作，时刻坚守纪律这条底线，不断提高履职能力和水平，为努力开创全县党风廉政建设和反腐败工作新局面而奋斗。

重要工作

【长沙县探索实行“三书”制度】
2016年，针对同级党委、政府领导班子落实“一岗双责”缺少抓手问题，长沙县率先探索实行党风廉政建设主体责任“三书”制度，进一步压实同级党委、政府领导班子成员责任。“三书”是指交办书、工作建议书、报告书，实施对象为县委、县政府领导班子成员及县委认为应当实施其他对象。

【李军到长沙县调研纪检监察工作】
5月5日，市委常委、市纪委书记李军到长沙县调研纪检监察工作一体化建设和“雁过拔毛”式腐败问题、“纠‘四风’、治陋习”两项专项整治工作，县委常委、县纪委书记胡维龙陪同调研。调研组一行到路口镇，考察纪律审查第四片区工作情况和镇纪委工作情况。随后前往高桥镇，考察金桥村廉政文化建设和镇三资交易中心工作。

（田　甜）

（责任编辑 张　娜）

长沙县总工会

【概况】长沙县总工会辖36家工会联合会（镇、街道18个，县局15个，企业3个），直属基层工会10个，全县有基层工会2226家，工会会员9.45万人。2016年全县新建基层工会449家，发展会员19412人，新发展农民工会员16053人。全年签订工资集体协商协议403份，涵盖企业757家，覆盖职工3万余人。加强工会经费管理。落实“阳光财务”，坚持工会经费回拨制度。开展创先争优活动，各级工会组织中开展“五型”模范职工之家创建工作和“十百千”活动。开展庆“五一”第三届“五十佳”明星职工表彰活动暨职工文艺会演，组织56名劳模代表分两批前往厦门、云南两地参观学习，开展“中国梦·劳动美”劳模大讲坛活动。开展系列帮扶活动，全年帮扶困难职工260人次、27万元。组织2.3万职工参加职工医疗互助，女职工特殊疾病保险投保1.22万人，组织慰问500余名高温作业企业职工、执勤交警、重点工程项目建设者，金秋助学“三个一”活动为69名困难职工子女大学生发放助学金21万元。全县有35家企业获评“长沙县企业社会责任建设示范单位”。加大教育培训力度，3月，举办工会干部培训。6月，举办优秀企业工会主席培训。举办全县女职工趣跑挑战赛、迎国庆职工篮球赛、女子啦啦操赛，开展“女职工素质教育大讲堂”免费课程。运用长沙县总工会门户网站、长沙县总工会公众微信平台、《星沙时报》、长沙县电视台等新闻媒体资源，展示工会时代风采。

【举办2016年“春送岗位”活动】2月18日上午，星沙文化广场举行由长沙县人社局举办、长沙县总工会等单位协2016年“春风行动”暨创业带动就业大型招聘会。招聘会现场有来自长沙经开区和长沙县256家企业参加，现场提供就业岗位1.2万个，吸引5000多名大学毕业生、下岗失业人员及外来务工人员前来应聘。

【工会干部培训班】4月11—15日，长沙县总工会2016年工会干部培训班在长沙县委党校举行，有40名工会干部参加。此次培训班首次纳入长沙县委组织部干部教育培训计划，与长沙县妇联、长沙县团县委一起合并为2016年春季主体班。

【召开长沙县十五届工会委员会第五次全体会议】12月21日，长沙县总工会召开长沙县十五届工会委员会第五次全体会议。经全体委员投票选举，彭克让同志当选为长沙县总工会主席、县工会委员。　　（石　妮）

共青团长沙县委

【概况】2016年，青团长沙县委开展“红领巾相约中国梦”“奋斗青春最美丽”“纪念红军长征80周年”等主题活动，覆盖青少年10000多人次，进一步筑牢青少年理想信念基石。开展“长沙县最美团员、团干部”“向上向善好青年”“最美志愿者”等评选活动，选树优秀青少年100余名，发挥身边榜样引领作用。与组织部联合承办县委“青年干部训练营”，全县101名30岁以下优秀青年干部参加，发挥极强育人效益。面向基层团队干部，团干部培训班纳入全县主体班，40名团干参加为期一个月培训；组织42名骨干少先队辅导员赴北京、石家庄开展为期6天培训班。召开全县第三次少代会，率先实现两届县级少工委按期换届。举办长沙县新团员入团式暨“奋斗青春最美丽”成长分享会。构筑社区“青年之家”。开启“青年之声”服务青年社群新时代，构建包含门户网站、微信服务号、线下服务活动等在内立体化服务模式。打造“指尖上青团”。深化微信、微博、网站等宣传阵地功能，官方微信全年推送信息200余条，在长沙县党建O2O

发布信息10条。建设“青网空间”，构筑青少年清朗网络空间。社会治理创新。打造县级青年社会组织实践基地，积极培育青年社会组织10余家。开展首届“践行雷锋精神·传递核心价值”公益组织展评活动，以奖代投形式支持参与展评12家组织积极参与社会创新治理。举办青少年公益服务项目评审会，团县委开发青年社会组织人才队伍培训、文明创建志愿服务、农村青年创业等6个青少年服务领域，最终8家社会组织成功承接全部服务项目。对接社区、职能部门资源，帮助社会组织寻找项目、开发项目、参与项目创投，引导青年有序参与社会治理。

整合社会资源。开展深入细致交通文明劝导志愿服务，全年2000余人次参与志愿服务，进一步完善人员培训、定岗定责、服务督导工作链，实现志愿服务零失误。指导主城区所有社区建立“雷锋号”志愿者工作站，“志愿星城”微信平台线上注册，常驻居民10%注册为志愿者。青年创业工程。开展“青春创客汇”人才培育项目，对全县18个镇（街道）45岁以下创业中青年进行摸底调查，举办“农村青年创客沙龙”5期，参与优秀创业青年达200余人次。成立长沙县农村青年致富带头人协会，吸纳会员62人，涉及10余个专业领域。关爱困难青少年群体。与市青基会、县教育局共同开展“爱心捐赠零花钱”活动，筹款26万余元，帮扶身边困难小伙伴；承接举办全市第七届“杜鹃花开·情满星城”爱心公益项目博览会。2000余名少先队员及其家长、志愿者、爱心人士参加活动，为200余名贫困青少年学生发放爱心款10余万，同时活动募集爱心款近24万元；联合总工会、妇联、科协、残联等单位，连续3年对接西藏贡嘎县，对口援助25万元爱心款物；开展世界环境日“环松雅湖公益健跑”活动，200名青少年通过健跑，获得长沙银行星城支行捐助18万元爱心款；举办长沙县骄杨爱心基金“金秋助学”五周年暨长沙县青年扶贫志愿服务团成立仪式，为54名困难大学新生发放每人3000元助学款。全年，募集爱心款94万余元，帮扶青少年2000余人。全年接待中国青年志愿者协会、北京市志愿服务指导中心、宁乡团县委等10余家单位来县考察交流。二金井镇“强化青年组织意识·创新综合学习平台”获第二届全国基层团建创新典型案例，全年创建6家市级基层示范性团组织单位，5个团组织工作典型案例编入《长沙市青团工作案例集》。开展一线青年职工夏季高温慰问，团干部深入企业、重点项目工地、交通路口等基层一线为青年职工400余人送去高温慰问品。

（陈　展）

长沙县妇女联合会

【概况】 2016年，长沙县妇女联合会召开庆祝“三八”妇女节大会，举行“我运动·我健康·我奉献”环松雅湖慢跑活动，组织全县副科实职以上女领导干部赴市“三馆一厅”参观学习，组稿出版《自是花中第一流—百年风云中的长沙县巾帼英杰》一书，协办省妇联等单位在开慧纪念馆主办“红色湘女之情”学术研讨会，举办“牵手成长·同奔中国梦”长沙县庆“六一”暨关爱留守儿童联欢晚会，开展“家庭阅读年”活动、“我们节日”主题活动、“好家风、好家训”征集活动，开展寻找“最美（文明）家庭、最美创业、最美女性”及十大孝星候选人推荐活动。开展“我们节日”主题活动、组织开展送春联、向烈士陵园敬献花篮、“网上祭先烈”活动、“我和向国旗敬个礼”“清廉家风·与您有约”廉政征文、“好家风、好家训”征集活动。巾帼志愿服务活动形式多样，组织春节慰问、爱心助学、结对帮扶等特殊群体帮扶活动460余人次，金额23万余元。

加强妇联组织建设。试点推进村（社区）妇联组织改建工作，全县有36个村（社区）完成试点改建工作。充实乡镇（街道）妇联执委，全县选出465名执委、55名兼职主席，长沙县18个镇、街道完成执委充实工作，完成率100%。开展示范“妇女儿童之家”创建，㮾梨街道陶公庙社区获省级示范“妇女儿童之家”，昕雨彩虹社会组织申报“萤火虫”留守儿童精准关爱服务项目获第三届中国青年志愿服务项目大赛银奖。联合县委组织部举办一期优秀女干部专题培训班，完善更新女性人才库。推动女性参政议政，本届党代表、人大代表、政协委员女性比率分别为26.33%、31.34%、33%。

维护妇女儿童合法权益。全年接待妇女来访来电50起，结处率100%。组织“三八”妇女维权周活动，开展平安家庭创建活动，召开全县“平安家庭”创建工作推进会，配合县综治办举行“平安家庭”和见义勇为颁奖晚会暨平安长沙主题文化演出活动，配合县禁毒委开展“健康同行，远离毒品”禁毒宣传活动。由妇联发动，县综治办牵头、县民政局、县司法局、县妇联同参与，儿童联合发文成立长沙县婚姻家庭纠纷调解委员会。

促进妇女发展与创业。推进妇女担保贷款工作，全年妇女小额担保贷款450万元，占总额31.4%，妇女获贷人数45人，占贷款总数31.47%。实施妇女病普查普治和农村适龄妇女“两癌”免费检查项目，本级开展救助贫困“两癌”妇女多50余人。推进巾帼精准脱贫行动，组织11名妇女参加市新型农业经营主体巾帼带头人培训班，推荐山舞农业创建市巾帼农业科技示范基地，开展家政服务和育婴师培训5期，培训妇女300余人。在开慧镇开展手工编织培训2期，协助开慧镇建立开慧手工产品展洽中心，有20多家手工编织企业入驻。推荐县检察院公诉科为省级巾帼文明岗，黄花镇政务中心等3单位为市级巾帼文明岗。

促进少年儿童健康成长。办好星沙家长课堂，定期开班，邀请名师开讲，举办4期讲座，县妇联本级完成送课下基层14堂。开展家庭教育示范基地创建活动，年内有18个村（社区）家长学校申报创建村（社区）家庭教育工作示范基地，全县城区社区家长学校创建率100%。开展爱心助力，温暖相“衣”捐赠活动，为县特殊学校86名学生送去慰问物品。在金井镇九溪源儿童幸福家园开展“萤火虫”关爱留守儿童活动22次。对101名处境不利孩子开展“六一”慰问，慰问资金65600元。开展“快乐暑假幸福相伴”社区公益青少年室内拓展训练营，有16个社区3882名青少年参与。“打造没有围墙家长学校”，投入60万元成为全国首个实现家庭教育公益项目政府购买县。

推动妇女儿童规划实施。实施国际计划社区儿童保护机制项目，打造金井镇五个儿童幸福家园，开放310余次，开展各类主题活动180余次。组织TOT项目培训、儿童保护培训3场次；开展儿童敏感型上报机制咨询活动20场次；组织《社区为本儿童保护机制建设框架》专题培训和咨询研讨会2场次；招聘18名大学在五个家园开展为期15天志愿服务活动。

【举行庆“六一”暨关爱留守儿童联欢晚会】 6月1日晚，由长沙县妇联主办，长沙市舞蹈家协会、欣雨阳光承办“牵手成长同奔中国梦”长沙县庆“六一”暨关爱留守儿童联欢晚会在星沙文化广场举行，县领导曹艳萍、喻名团、郭艳红出席晚会。来自全县各镇街各单位妇女儿童工作代表、留守儿童和家长代表、县家庭教育学会会员单位代表及演员、观众1000余人参加晚会，千余名市民来观看。观众席中有一群特殊客人，他们是来自金井镇30名留守儿童及其家长晚会现场，长沙县昕雨阳光少儿艺术团经审批正式授牌。

【家禽养殖技术培训暨养殖产业扶助项目启动仪式举行】 为积极参与精准扶贫，带动广大农民，特别是农村妇女创业就业，8月26日上午，县妇联联合盛大蛋鸡饲养专业合作社在黄兴镇举行家禽养殖技术培训暨养殖产业扶助项目启动仪式，聘请省畜牧研究所专家进行授课，提供现场技术咨询，为广大农村妇女提供免费蛋鸡养殖技术培训同时，还现场免费为60多户贫困家庭发放3000余只蛋鸡鸡苗，并组织技术人员逐一上门服务，对舍栏选址建设、疾病预防、养殖技术等工作提供技术指导。 （阳迎军）

长沙县工商业联合会（商会）

【概况】 2016年，长沙县登记注册市场主体6.94万户，其中私营企业1.68万户，个体工商户5.26万户，非公经济生产总值占地区比重超过87%，吸纳从业人员近30万，完成投资占全社会投资比重62%。

组织建设。打造路口物资供销有限公司党总支、黄兴商会党总支、黄花华穗农庄党支部、螺丝建筑公司党支部、国进食用菌公司党支部5个非公党建示范点。路口物资供销社有限公司总党支、青松老年公寓党支部分别获评全省非公有制经济组织基层党组织规范化建设示范点、全国先进基层党组织。行政区划调整之后，有关商会合并、成立、选举等工作均实现过渡。制定出台《行业商（协）会指导意见》，有力推进行业商（协）会标准化建设。帮助指导女企业家商会完成换届。创新指导成立建筑器材租赁商会、汽车零部件经销商协会。

提升服务。开展教育培训，组织开展营改增、对接资本市场、打造高效执行力、中小微企业转型增长等系列主题专题培训。组织举办浙江大学·长沙县中小企业领军人才素质提升班，邀请英国著名时事评论员艾波先生、美国维基百科集团英国分公司创始人之一何泽仪女士开展“大视野·大数据”专题培训，有效提升非公人士国际视野。开展维权解困，持续深化“法律知识进商会”活动，全年开展法律知识讲座10余次，提供法律咨询100余次，办理各类案件900件，为会员企业挽回直接经济损失1700余万元，坚持不断拓宽融资渠道，全年为56家中小微企业解决贷款2.7亿元。开展宣传推荐，着力加强网站、微信群、QQ群、企信通、微信公众号等信息平台建管。开展互动交流活动，与域外33家商会建立友好关系并始终保持正常交往，接待宁波鄞州区工商联、贵州铜仁市政协、江西宜丰县工商联等单位来访交流。

参政议政。县工商联会员中，有省、市、县人大代表分别为3人、13人、48人，县政协委员37人。“两会”期间，工商联界别人大代表、政协委员提交建议52件、提案43件。鼓励引导履行社会责任，县工商联带头开展关爱会员及会员企业员工系列活动，免费为企业常委订阅《星沙时报》等刊物和组织健康体检，深入会员企业开展“夏日送清凉活动”，坚持关心关爱老工商业者和离任基层商会会长。“9·8金秋助学”活动中，全县非公经济人士捐助贫困学生289人、46万余元。企业冠名奖教助教奖学助学金发放仪式上，众多爱心企业、团体、个人捐献爱心款1500余万元。

【县工商联（商会）换届选举工作】5月19日，长沙县工商联（商会）第十三次会员代表大会召开。大会期间，与会代表民主选举产生县工商联（商会）第十三届执行委员会执委176名，常务委员会常委60名，县商会第十三届会长、副会长、秘书长，县工商联主席、副主席、秘书长，李楚屏同志当选为县工商联主席、商会会长，通过出席长沙市工商联（总商会）第十四次会员代表大会长沙县代表名单，大会还对新当选兼职副主席、兼职副会长进行授牌。

【获评全国“五好”县级工商联】全国工商联下发《关于确认全国“五好”县级工商联通知》（全联厅字〔2016〕22号）文件，长沙县工商联被全国工商联评为全国“五好”县级工商联。（胡　彦）

（责任编辑　张　娜）

法 治

综 述

【概况】2016年，长沙县政法机关及广大政法干部，贯彻落实中央及省、市、县决策部署，全面推进社会管理、深入开展平安创建、社会稳定，为全县经济社会发展提法治保障。

维护稳定。注重源头防控。推进社会稳定风险评估，9个重大项目进行风险评估，开展不稳定问题排查，加强情报信息收集和研判，调度处理各类不稳定信息，确保维稳动态随时掌控；加强信访治理。组织召开信访问题联席会议，向困难对象发放信访救助金，救助特困信访对象136人；深化反邪斗争。开展无邪教创建活动，依法打击邪教违法犯罪，严查处反宣案件，依法处理涉案人员，收缴各类反宣品，有力地震慑邪教分子嚣张气焰；强化应急处突。确保“G20峰会”、十八届六中全会、省市县党代会、“两会”等重点敏感时段社会大局稳定。

平安建设。夯实综治基层基础。开展平安社区（村）创建、平安家庭竞赛等活动，深化平安物业、平安行业、平安园区创建活动。开展“三实”与车辆信息采集专项行动，采集并录入各类信息88.7万条；健全治安防控体系。推动“天网工程”建设，安装监控摄像头4600个，电子卡口49个，电子围栏25个。持续推进“红袖章”工程建设，社会治安秩序步入良性循环；严厉打击违法犯罪。开展打黑除恶、治理黄赌毒、打击传销、惩治非法集资、维护食品药品安全等专项整治行动。公安局立刑事案件及受理行政案件，比上年分别下降10.76%和8.8%。破获刑事案件比上年上升10.1%。“八类”恶性案件发案比上年下降14.3%。命案侦破率100%。检察院批捕各类刑事犯罪嫌疑人738人，提起公诉929人。法院刑事案件结案631件990人；化解社会矛盾。完善矛盾纠纷化解平台建设，新组建婚姻家庭矛调中心，形成社会矛盾、交通事故、征地拆迁、劳动争议、婚姻家庭、医疗、物业等七大矛调中心架构体系；推动法治社会建设。全县160个单位11345人参网上普法考试，参考率和合格率99.8%。维护弱势群体合法权益，全年办理法律援助案件320件。发挥公证机关预防纠纷和减少诉讼作用，全年办理公证案件11120件。实行阳光下安置帮教，全县社区矫正人员、刑释解教人员无一脱管、漏管。

司法改革。提升司法审判质效。“三分式”审理模式得到最高院肯定并作为经验推广，裁判文书在全省作为样板推广，庭前会议被广泛适用，通过探索法官助理制度改革，使审判资源进一步优化整合；增强检察工作活力。检察官“员额制”和司法责任制为抓手，逐步建立现代化司法取证体系、信息化办公办案体系和立体化安全防范体系；深化警务机制改革。启动指挥作战中心、基础防控中心、执法保障与舆情中心建设，户籍制度一元化带动行政管理改革；夯实司法服务基础。“长沙县公法律服务中心”投入使用，法律服务资源进一步高效集聚。完成司法收编建所，基层司法所进一步规范，推动律师进社区（村）担任法律顾问。

执法提质。强化案件质量督查。邀请人大、政协开展4次政法系统案件评查，评查案件110件。启动“行政执法与刑事司法衔接信息享平台”，录入案件1059起。开展“纠正涉法涉诉中损害群众利益行为”和“关系案、人情案、金钱案”等专项整治；化解涉法涉诉信访案件。核查督办案件31件，协调重大案件5件，开展律师参与化解和代理涉法涉诉信访案件试点。

创新服务。加大对各类拆违控违行动法律支持和司法保障力度，及时处置一批违法阻工行为，化解一批矛盾纠纷，确保全县拆违控违和项目建设顺利推进。从严打击强揽工程等不法行为和经济领域犯罪，开展法律咨询与服务，为企业和群众提供全方位法律服务。

队伍建设。办“学习贯彻党十八届六中全会精神培训班”和“政法系统骨干培训班”，提升政法干部业务水平和工作能力。开展“两学一做”学习教育，增强政治上坚定性、行动上自觉性；强化“两个责任”，落实从严治警各项纪律、规定、禁令，坚决惩治和查处政法系统侵害群众利益不正之风和腐败问题，对徇私枉法问题实行“零容忍”；落实自纠自查责任，深入一线对政法系统纪律作风情况进行明察暗访；强化正面宣传，开通“平安长沙县”微信公众号，开播《政法在线》电视专栏，主动发声、立体传播，加强舆情应对、回应社会关切，维护政法队伍良好形象。

【反恐维稳】 强化反恐实战演练，落实军警武装巡逻，加强面上管控。坚持情报为先，加强国保情报体系建设，开展情报信息收集和分析研判，密切关注敌对势力、邪教“法轮功”顽固分子及重点领域、重点群体、重点人员动态，收集、上报各类情报信息1300余条，确保两节两会、“6·4”“7·5”“8·1”、省市县党代会、G20峰会、十八届六中全会等敏感节点平稳。开展反恐大排查，严格落实“五见”工作，实现“四个没有发生”“三升两降”，全县没有发生影响政治稳定重大案事件，没有发生暴力恐怖事件，没有发生重大安全事故，没有发生大规模群体性事件；刑事案件、治安案件同比下降；刑事破案率、公众安全感、群众满意度上升，确保暴恐事件零发生。

【治安工作】 2016年，关停涉黄涉赌场所92家，查处违法犯罪人员353人；定期对全县18家涉爆单位、7家放射源使用单位、12家剧毒化学品使用单位和11家易制爆危险化学品单位进行安全检查；审批剧毒、危爆物品相关申请256批次；组织开展各类检查行动42次，检查各类相关单位和企业162间次，查处治安隐患13处，落实整改13处；破获涉食药环、烟草案件7起，移送起诉17人。

【内保安全管理】 党政首脑机关、水电油气企业、金融网点、大型超市、学校、医院等重点单位开展全方位、高密度安全检查，督促指导各单位履行内部治安保卫责任，落实人防、物防、技防措施。深入开展“两清理一排查”专项行动，加强物流寄递行业管理，狠抓收寄查验和实名登记等制度落实。全年检查单位613家，督促整改隐患75处；312家内保单位安装门禁与监控系统，6家大型商场和超市内40个金银珠宝品牌柜均安装防弹、防砸玻璃。

【平安工程】 在县开展城乡社会治安综合整治行动，坚持打开路，打防并举，维护社会治安大局平稳。全县立刑事案件4862起，受理行政案件8809起，比上年分别下降10.76%、8.8%；破获刑事案件1380起，比上年上升10.1%；查处行政案件2714起，比上年下降7.1%，抓获违法犯罪嫌疑人5016名，其中刑事拘留1087人，批准逮捕732人，直诉429人，治安拘留2366人，强制隔离戒毒174人，责令社区戒毒228人，抓获网上逃犯162人。

【人民调解】 围绕重点项目建设、征地拆迁、民间借贷、劳资纠纷等热点问题以及涉军、涉教等重点群体，开展矛盾纠纷大排查、大调处工作，加强社会矛盾纠纷网格化排查和化解，特别是重点时段矛盾纠纷集中排查。按照“预防在先、发现在早、化解在小”工作原则，运用“四级三调”机制，采取“分级负责、分步调处”和“受理登记、听取陈述、调查核实、认定责任、协商调解、签订协议”工作模式，协调有关单位和部门同做好调解工作，集中化解一批涉及民生和因民间金融活动引发纠纷。全县各级调解组织排查调处各类矛盾纠纷2万余件。

【法治宣传】 围绕“3·15”维权、“4·15”国家安全宣传日、《中华人民共和国公证法》实施十周年、《中华人民共和国环保法》宣传周、农村法治宣传月、青少年法治宣传教育周、“12·4”国家宪法日宣传等活动，开展法律宣传及咨询服务。开展省法治人物暨法治事件评选活动，选送“长沙县首推综合行政执法体制改革”事件获评“2015年度湖南省十大最具影响力法治事件”。组织年度学法考试，发挥《法治伴我行》报刊专栏作用，突出短信平台受众广优势，构筑宽领域、全方位法治宣传网，宣传反映我县司法行政工作动态。全年开展专题讲座50余场次，法律咨询活动60余场，接待群众咨询5万余人次，发放各类普法知识宣传资料20万余份；全县160个单位，参考人数11345人，参考率、合格率均达99%以上；刊发专栏22期；发送普法宣传短信30万条。

【诉讼监督】 探索建立重点镇（街）派出所派驻检察联络员等制度，推动检察监督动态化。侦查机关应当立案而未立案，督促侦查机关立案30人；不应当立案而立案，督促撤案19人，纠正漏诉1人、漏罪9条。侦查活动中违法情况提出纠正意见26件次。立案审查各类民事、行政监督案件14件，

11 月 16 日，泉塘丰润生活超市接受安全生产工作检查（县政法委 提供）

其中对法院审判程序性违法监督3件，对生效民事、行政判决、裁定、生效民事调解书进行法律监督6件，对行政违法监督2件，发出检察建议5份。审查收押犯罪嫌疑人、罪犯1034人，审查出所930人，提出羁押必要性审查建议33件；对311名社区矫正对象逐一审查，不服从社区矫正管理和监外执行条件消失对象，监督收监2人。

【建立公法律服务中心】2016年，"长沙县公法律服务中心"并投入使用，实现律师、公证、基层法律服务、法律援助、人民调解等多项法律服务资源高效集聚。

【司法公开】加大网站、微博平台建设力度，确保信息覆盖面广，动态及时更新。推行庭审公开和裁判理由公开，推进司法政务公开。建立新闻发言人制度，加强与媒体宣传互动。开展"进园区、联企业"活动，加大司法服务企业力度。开展"三联三访"活动，做好对涉法涉诉、社会治安和邻里纠纷等法律指导。全年平台工作动态更新达60余次；召开新闻发布会1次；通过电视、报纸宣传案件60次；网络直播庭审30余次；网上公开裁判文书7893份；滚动播放案件开庭公告1万余次，接受群众旁听2万余人次；走访企业10余家，召开企业座谈会3次，召开现场协调会10余次。

【执行联动】开展"小额民生案件""金融债权""夏日风暴"等专项执行行动。妥善处理波英车身、中央公馆等系列案件，实现法律效果和社会效果有机统一。全年新收执行案件3230件，上年旧存421件，执结3380件，执结率92.58%，执行到位金额5.89亿元；采取强制查封、扣押、拍卖措施1849次、涉及财产3.72亿元，司法拘留62人；3077人因未按时履行生效判决被纳入失信被执行人名单库。

【隐蔽战线斗争】开展"法轮功"为主邪教组织专题调研和摸底排查；加强值班备勤，各特护期及时启动处理邪教突发事件紧急工作预案，做到第一时间赶赴现场，第一时间指挥处置。抓紧反邪斗争根本，持续保持打击高压态势，大力推进对邪教人员、顽固分子教育转化工作；同时发展新生帮教力量，创新工作方法，结合社会帮教、单位帮教、家庭帮教等形式开展教育转化攻坚。（陈灿畅）

法治政府建设

【概况】2016年，县政府法制办公室对全县政府法制工作进行规划、指导、监督、协调和服务；起草或组织起草县政府规范性文件草案；审查县直各部门以县政府名义制定规范性文件草案，并向县政府提出审查报告；承办县直各部门和乡镇规范性文件备案、审查；承办县政府规范性文件清理、修改、废止工作；承办县政府规范性文件向市政府备案；拟定行政执法监督、行政执法责任制工作方案；组织年度行政执法责任制考核；实施行政执法评议考核制度和过错追究制度；指导、监督县直行政执法机关行政执法活动，协调执法矛盾争议；承办重大行政处罚决定备案；指导、协调我县相对集中行政处罚权；承办全县行政执法人员培训考核、资格认定和发证、管理工作，协助管理行政执法监督证件工作；研究行政诉讼、行政复议、行政赔偿、行政处罚、行政许可、行政收费等涉及政府行为规范法律、行政法规实施情况以及行政执法中带普遍性问题，向县政府提出完善制度和解决问题建议，拟定有关配套文件和答复意见；承担依法由县政府受理行政确权、行政复议、行政赔偿案件审理；受县政府委托办理应诉案件，办理行政赔偿案件；指导、监督、协调全县行政复议、行政应诉、行政赔偿工作；组织开展指导县政府法治工作宣传，政府法治理论研究与交流；提供政府法治信息、法律咨询服务；承办法律、法规、规章草案征

长沙县 2016 年度行政执法专题培训第一期授课现场　（县法制办 提供）

求意见工作；收集、整理法律、法规、规章执行反馈意见；承办政府一般经济合同备案审查工作，负责对重大经济合同、特别重大经济合同谈判、磋商、签订、履行等进行监督管理，调处履行过程中争议、纠纷；承办县委、县人民政府和上级主管部门交办其他事项。

2016 年，办理县委县政府交办件 86 件，提供领导决策法律意见 300 余条。全年法制办参加 36 次政府常务会、县长办公会，参加各类政府事务专项协调研讨会议 336 次，对政府常务会、县长办公会以及各类专题会议等 109 个会议纪要进行合法性审查，出具法律意见 200 余条。并为法律顾问管理、PPP 项目等重要系统性工作提供法律服务。　（蒋　洁、余琼娟）

【依法行政培训】 2016 年，县法制办牵头组织三期依法行政专题培训，1074 人参训，并完成结业考试。组织全县 44 家行政执法单位及镇街 1296 人申请参加执法资格考试，1099 人考试合格并拿证。创新行政执法案卷评查工作。县法制办对全县执法单位开展三次案卷评查，抽查案卷 117 本，并通过参与县行政执法局案卷季度点评等方式开展案卷专项监督。随后市法制办案卷评查抽查，长沙县被抽查 10 本案卷全部合格。组织执法局、人社局等 10 家涉改单位召开长沙县综合执法改革专题调研会议，调研中提到 10 余类典型问题，形成调研报告，提出解决方案。完善自由裁量权基准公布及监督制度。开展行政执法依据及裁量权基准清理完善工作，监督各个执法单位根据新颁布实施法律法规对公布行政执法依据及裁量权基准进行清理完善，并在政府网站上进行公布。　（颜　海）

【政府合同管理】 2016 年审查政府合同 70 余件，其中 25 件出具书面审查意见 100 余条，其中审查把关重要合同包括：《关于举办百熙实验学校补充协议》《晟象智慧物流园项目招商引资合同》《长沙机场联络线改造等道路交通工程建设开发 PPP 合同》等；组织对松雅湖项目等重大合同履约情况重点督查。维护合同双方合法权益，确保政府财政性资金依法、合理、高效使用。　（谷　晶）

【规范性文件管理】 2016 年，审查规范性文件 24 个，依法登记 24 个（其中部门文件 2 个），报市政府备案 22 个，长沙县 133 个规范性文件进行全面清理。没有出现规范性文件违法或者被建议停止情况，执行“三统一”及备案“三率”100%。　（余琼娟）

【开展复议与行政应诉】 2016 年接待申请复议 33 起，受理行政复议案件 26 起，办结 37 起（含去年受理 6 起案件），通过行政复议促成当事人双方化解矛盾案件 10 件。组织进行行政应诉 53 件，行政负责人出庭应诉 5 次，组织进行复议答复 12 件，代理涉及县人民政府民事案件 2 件。办理权属纠纷案件 1 件，调处权属纠纷 2 起，参加与土地权属相关近 10 次。

（邓郁清）

公　安

【概况】 2016 年，长沙县公安局完成县局业务大楼建设和搬迁，建设全省第一个高标准 DNA 实验室，加强出入境办证大厅窗口建设，打造全省一流户政窗口服务中心。长龙派出所驻警办公。推进黄兴、干杉两所合并。基础信息增长，采集录入实有人口信息 54.6 万余条，实有房屋信息 13.8 万余条，实有单位 1.7 万余家，登记车辆信息 17.5 万余条，协调相关部门单位、归集整合数据信息 110 余万条。

维稳工作。全年全县调处各类纠纷 20384 起。打击强揽工程、蓄意阻工等不法行为，打掉涉恶团伙 9 个 82 人。完成各项警保卫任务 115 趟次。全年立“八类恶性案件”60 起，破获 57 起，破案率 95%。立命案 9 起，破获 9 起，保持命案全破良好态势。破获现行侵财案件 741 起，打处侵财违法犯罪嫌疑人 451 名，打掉侵财犯罪团伙45个138人。破获涉毒刑事案件77起，抓获犯罪嫌疑人126人，查处治安案件492起，抓获违法人员911人，收缴毒品折算海洛因34.1千克。打击经济领域犯罪，侦破各类经济案件37起，刑事拘留77人，捣毁传销窝点1000余个，挽回经济损失2200余万元。

治安管理。关停涉黄涉赌场所92家，查处违法犯罪人员353人。定期对全县18家涉爆单位、7家放射源使用单位、12家剧毒化学品使用单位和11家易制爆危险化学品单位进行安全检查，各个环节严格把关。破获涉食药环、烟草案件7起，移送起诉17人。摧毁2个“病死猪”生产、销售网络，刑事拘留13人，收缴病死猪肉900余千克，维护食品安全。交通管理。着力打通星沙、湘龙、黄兴、黄花四个片区内微循环，推进智能交通建设，融入全市“大交管”格局。加强城乡施工道路交通管理和分流管控，确保节日期间道路交通安全畅通。严查各类交通违法行为，开展“两客一危”“酒驾毒驾”“打非治违”等各类专项整治367次，查处各类交通违法行为300541起。消防管理。完成黄兴消防站建设，推进安沙镇和星沙产业园两个现役消防站项目建设。12个镇街建立政府专职消防队，配发17台消防巡逻摩托车和一批常规器材。继续强化火灾隐患排查，检查单位1908家，发现并责令整改火灾隐患1943处。消防部队接警出动626次，抢救被困人员417人。内保管理。重点单位开展全方位、高密度安全检查，检查单位613家，督促整改隐患75处。全县有312家内保单位安装门禁与监控系统，6家大型商场和超市内40个金银珠宝品牌柜均已安装防弹、防砸玻璃。监所管理。实现监管场所医疗卫生社会化、专业化运作模式。通过教育感化有效化解押人员思想矛盾、防止押人员自杀自残20余起，监所连续7年无安全责任事故。协助破获各类案件100余起。其中协助益阳公安机关抓获犯罪嫌疑人，破获36年之久命案。

阳光执法。制定县局对机关单位及派出所绩效与队伍建设评估办法，主要围绕侦破打击、基层基础、警令畅通、规范执法和公众评价5个方面计25大项，采取每月考评、年终评估方式，开展动态考评。深化执法资格等级考试，着力提升执法主体专业素质。组织民警到法治、刑侦、经侦跟班轮训，选送400余人次参加省、市组织各类业务培训，并组织26名优秀民警赴公安大学、刑警学院进修。为一线执法民警配备执法记录仪，规范民警执勤执法言行。开展执法“回头看”，定期召开执法质量约谈会，督促整改。规范执法办案区域应用。

队伍建设。组织全警参加“三严三实”“党纪党规”“两学一做”和“党委意识形态工作责任制”等知识考试，增强党员法纪意识。组织中层干部赴廉政警示教育基地进行参观。定期开展违纪倾向人员摸排，及时化解苗头性问题。组织开展各类现场督察350余次，明察暗访120余次。立案查处民警职工违法违纪案件7起8人。每季度组织全警开展健康指数测评和体能测试。县局关协开设“暑假托管班”。组织开展慰问困难职工和劳动模范活动，计慰问金额33.8万元。组织开展和参加庆“三八”春游活动、“快乐警营”趣味运动会等文体活动。

是年，长沙县立刑事案件4862起，受理行政案件8809起，破获刑事案件1380起，查处行政案件2714起，抓获违法犯罪嫌疑人5016名，其中刑事拘留1087人，批准逮捕732人，直诉429人，治安拘留2366人，强制隔离戒毒174人，责令社区戒毒228人，抓获网上逃犯162人。2016年度长沙市公安局绩效评估中被评定“优秀”。289个集体和个人受到上级部门表彰奖励。

【警务改革】 组建指挥作战中心、基础防控中心、执法保障与舆情中心“三个中心”，派出所建立与中心相适应“三队一室”勤务模式，提升警务效能。实行户口审批、外国人管理、身份证、居住证、出入境证照申领“一站式”

8月19日上午，长龙派出所挂牌成立　　（县公安局 提供）

办理，开通居民身份证省内异地换领、补办、挂失等服务，并且在农村派出所均设置居民身份证业务受理点，为群众就近办证提供服务。打造“网上公安局”“网上入境”“星沙微警”微博微信等平台，开通网上受理、网上审批、网上查询等功能，延伸警务工作服务触角。研发并推进“访客系统”“车卫士安防系统”及“移动智慧警务实战系统”等重点项目建设。其中，“访客系统”研发应用获评全市公安机关“微改革微创新”大赛铜奖。

【“打盗恶、清赌毒、控发案”专项行动】 2016年3月1日至6月30日，组织全县公安机关开展为期4个月“打盗恶、清赌毒、控发案”专项行动，集中对群众反映强烈、社会关注度高的黑恶势力、“黄赌毒”和多发性侵财等违法犯罪开展专项打击。行动中，全局破获各类刑事案件535起，抓获各类犯罪嫌疑人382人，其中侵财类犯罪嫌疑人208人，涉毒犯罪嫌疑人81人，涉黄涉赌犯罪嫌疑人93人，打掉犯罪团伙25个112人，其中侵财犯罪团伙19个涉案64人，涉恶犯罪团伙6个48人。

【“红袖章”义务巡逻队】 积极探索新形势下群防群治新路子，各派出所联合镇街，发动企事业单位、物业公司保安，小区楼栋长，组建近4000人“红袖章”义务巡逻队，参与“看门守栋”，有效控压侵财案件发生。

【“6·26”故意杀人案】 6月26日，县公安局接匿名报警：长沙县泉塘街道康桥长郡有人躺地上不动怀疑死亡。民警赶至现场，经查：犯罪嫌疑人葛某超与被害人曹宇红系恋人关系，两人因纠纷发生口角，葛某超动手殴打曹宇红，并用刀刺伤后向小区外逃跑。120急救车辆随后赶到，曹宇红被120急救人员诊断后证实死亡。6月29日，专案民警经过三个昼夜缜密侦查，辗转湖南、浙江、安徽、江西等地，行程2000余千米，于晚间江西省南昌市抓获犯罪嫌疑人葛某超，快速破获“6·26”故意杀人案。

【“2016-337”特大毒品目标案件】 2016年3月，县公安局对长沙县金井籍“彭姐”长期长沙贩卖毒品这一案件线索调查工作，发现“彭姐”彭某忠，系贩毒团伙成员，涉及湖南、广东、河南、辽宁等多个省市，销售网络覆盖广，销售方式隐蔽，贩毒数量巨大。该案被公安部确立为“2016-337”毒品目标案件。县公安局专案组经过3个月侦查摸排工作，彻底查清一个以吴某鑫、陈某平等人为首贩毒团伙。抽调百余名警力组成多个抓捕组，统一实施抓捕。5月6日，“上线”吴某鑫等4人在东莞一酒店内被专案民警抓获，另一主犯杨某岳阳市平江县境内落网。随后，专案民警根据其贩毒网络，该案吸毒人员全部落网。6月13日，该案抓获违法犯罪嫌疑人115人，其中刑事拘留28人，摧毁一横跨湖南、广东、河南、辽宁四省贩毒网络，搜缴毒品冰毒16.4千克、麻古183.35克，大麻23.67克，扣押毒资110余万元。“该案是长沙县公安局历史上抓获违法犯罪人员最多，缴获毒品数量最大，转战省份最广贩毒案件。”

【破获特大非法制造、持有、贩卖枪支案】 3月30日，一群众举报：开慧镇有人贩卖枪支。民警侦查发现开慧镇刘某建有非法制造、买卖枪支嫌疑，并发现一条重要线索，刘某建用于组装气枪枪支主要配件，都是从一家淘宝网店购买，进而发现一个制造、贩卖气枪犯罪团伙。县局成立专案组。专案民警经过近5个月缜密侦查，发现该犯罪团伙系通过QQ、淘宝店铺等网络方式进行枪支非法买卖。专案组民警，他们多次赶赴杭州、深圳、株洲等地调查取证，基本掌握涉案人员落脚点、交通工具、涉案场所。8月19日，100余精干警力组成8个抓捕行动小组，奔赴株洲田心区、茶陵县等6个窝点展开统一收网行动。抓获涉案人员11人，刑事拘留9人、行政处罚2人，捣毁枪支配件生产窝点

“2016-337”特大毒品目标案件新闻通报会　　（县公安局 提供）

2个、销售窝点2个、快递运输窝点3个，现场查获枪支配件8436件，成品气枪7支，生产机床设备7台，斩断一条通过网络贩卖销售枪支链，该案犯罪手段新颖，涉及销售网络遍及全国26个省139个市，销售金额高达80余万元。（喻泽兰）

检　察

【概况】2016年，县人民检察院围绕全县工作大局，忠实履行法律监督职能，各项检察工作取得新发展。

查办职务犯罪。立案侦查各类职务犯罪案件14件18人，挽回国家经济损失2200余万元。其中，查办贪污贿赂犯罪10人，渎职侵权犯罪8人；大案11人，要案2人。参与李某涉嫌受贿系列案，对涉案闻某、王某等9人依法立案侦查。重点针对泉塘街道拆迁过程少数国家工作人员失职渎职等行为，挖窝打串，依法查办彭某滥用职权、受贿案，李某徇私枉法、受贿案。

预防职务犯罪。开展犯罪分析、警示教育9次，对工程现场监督74次，提供行贿档案查询3466次，提出检察建议6件。通过对全县畜禽养殖环境污染治理等专项工作开展预防调查，为县委决策献计献策。

打击刑事犯罪。受理审查逮捕1008人，批准逮捕728人；受理审查起诉1221人，向法院提起公诉929人。严厉打击严重刑事犯罪。批捕故意杀人、绑架、强奸等严重暴力犯罪嫌疑人50人，起诉69人；批捕盗窃、诈骗、抢劫等多发性侵财犯罪嫌疑人278人、起诉361人；批捕黑恶势力、“黄赌毒”等犯罪嫌疑人138人，起诉111人。从宽处理轻微刑事犯罪。对未成年人犯罪附条件不起诉4人，对初犯、偶犯和轻微刑事犯罪，依法不捕258人，不诉93人，适用刑事和解57人。

化解社会矛盾。化解社会矛盾纠纷。前移信访关口，全年受理刑事申诉案件4件，接待群众来信来访542件次，救助特困刑事被害人6名，体现司法人文关怀。

开展诉讼监督。探索建立重点镇（街）派出所派驻检察联络员等制度，推动检察监督动态化。全年监督侦查机关立案30人、撤案19人；纠正漏捕13人、漏诉15人、漏罪9条，对侦查活动中违法情况提出纠正意见26件。加强与公、法、司以及各乡镇街接配合，强化刑事执行检察监督。在押犯罪嫌疑人提出羁押必要性审查建议32件，发出变更强制措施建议书25份。开展社区服刑人员查毒禁毒、财产刑执行监督、被判处实刑罪犯未执行刑罚清理等专项活动，监督收监2人，建议减刑1人。受理各类民事行政申诉案件16件。其中，对法院审判程序和执行程序违法监督4件，对不服法院裁判和调解民事案件监督6件，对行政活动违法监督4件，支持、督促起诉2件，发出检察建议书7份。办理江背镇赤霞走马峡采石场违法开采片石、非法占用林地一案，系湖南省2016年环境公益诉讼首例。

推进队伍建设。全面强化党建设、廉政建设、队伍素能建设以及机关文明建设。开展“两学一做”专题教育，落实“三转”工作，强化遵守“六项纪律”以及办案安全防范措施落实情况督查；公开选调优秀人才4人，遴选员额制检察官42名，全年开展各类业务培训及竞赛活动370余人次，青年检察官梁兵获得“全省检察机关反贪侦查业务标兵”荣誉称号；坚持和完善检务公开机制，“两微一端”和重大案件信息公开平台，发布检察工作动态1214条。接受人大监督，走访各级人大代表200余人次，收集意见13条。2016年，长沙县检察院获得全国先进基层检察院、全国检察宣传先进单位。（王欧雯）

第十四届全国检察长论坛作　　　　（郑　杰　摄）

【张相军一行到长沙县检察院调研长沙地区公诉部门“规范司法行为”专题活动开展情况】1月20日，高检院

张相军到长沙县检察院调研　　（王欧雯 摄）

公诉厅副厅长张相军一行到长沙县检察院调研长沙地区公诉部门“规范司法行为”专题活动开展情况。省检察院副检察长印仕柏、公诉一处处长曹雁翔、反贪局副局长赵均，市检察院党组成员、副检察长李宗戈、公诉一处处长李维宁，岳麓区院副检察长卜雪凡、天心区院公诉科科长李治明、芙蓉区院公诉科科长柏善民、长沙县检察院党组书记、检察长石华、副检察长朱忠义、党组成员、副检察长李江发、党组成员、反贪局局长李杰、公诉科科长谢彦、案管科副科长袁瀚及全部公诉干警等参加调研座谈会。

【业务素能培训】 6月3日上午，长沙县检察院开展2016年第二季度，本期邀请法学博士、湖南大学法学院教授、研究生导师段启俊，讲解本年度出台最新贪污贿赂司法解释理解与适用。段启俊教授对司法解释条文进行详细解析，还解读条文修改背景，并对相关法律问题进行深入思考，提出独到的见解。

【第十四届全国检察长论坛·唐山会议】 9月27日，第十四届全国检察长论坛·唐山会议在河北省唐山市召开。来自15个省、自治区、直辖市检察院和军事检察院代表及部分科技创新主体代表，围绕“运用法治思维，保障科技创新”主题，分享交流各地好经验、好做法，推动科学技术与检察工作融合，为科技发展营造良好法治环境。长沙县检察院党组书记、代检察长盛智《“三同步”精准服务科技创新》在论坛上作典型发言。　　（周 程）

法 院

【概况】 2016年，长沙县法院强化宽严相济，刑事审判。全年审结刑事案件614件，判处罪犯970人，结案率98.4%。保持抢劫、强奸、绑架、故意伤害、集资诈骗、重大抢夺、重大盗窃等严重危害人民群众人身及财产安全犯罪高压态势，审理该类案件281件366人；严厉打击食品、药品安全犯罪，审结生产、销售有毒、有害食品和制售假药案件3件14人；依法惩处国家工作人员职务犯罪案件，判处此类案件7件9人；开展刑事速裁程序改革试点工作，2015年至2016年适用速裁程序审结刑事案件264件290人；推进量刑规范化工作，统一法律适用标准，实现量刑公平、公正、公开。

对于未成年人犯罪，贯彻教育、感化、挽救方针，把刑法惩罚和司法保护相结合，促使有违法犯罪行为青少年迷途知返，改过自新，减少社会不稳定因素。

民商事审判。全年计审结民商事案件6418件，比上年增长12.91%，结案标额20.03亿元。审结婚姻家庭、侵权类案件1486件；维护交易安全，保障诚信经营，审结买卖等合同类案件3934件；强化债务类纠纷审查力度，保护合法民间借贷，审结民间借贷案件789件；注重维护房地产市场交易秩序，引导当事人树立正确市场风险意识，审结涉房地产合同类案件333件；坚持保障企业发展和维护劳动者权益并重，推动建立和谐稳定劳动关系，审结劳动争议案件399件；加强知识产权司法保护，维护公平竞争市场秩序，审结知识产权案件72件；积极化解经开区各类涉企纠纷，服务园区经济发展，审结该类案件1342件。工程机械企业货款回收案件快审快结快执，有效缓解企业资金压力，规范工程机械等行业市场环境；发挥农村法庭服务新农村建设前沿阵地作用，当好镇街党委政府“法律智囊”，服务基层重点工作，为老百姓排忧解难、化解矛盾，审结各类案件2300件，为辖区各镇街持续、稳定、健康发展保驾护航。

行政审判。全年审结各类行政诉讼案件93件，比上年上升60%，审结非诉执行审查案件14件。及时、公正审结各类行政诉讼案件，行政机关在具体行政行为中存在违法违规行为不护短，判决行政机关败诉案件8件，监督行政机关依法行使职权，切实保障行政相对人合法权益。发布《长沙县人民法院行政案件司法审查报告》白皮书，向行政部门提出司法建议，帮助行政机关规范行政行为。推进行政案件协调处理机制，发挥主观能动性，加大协调力度，最大限度地减少当事人与行政机关对抗。保利香槟国际10名业主诉长沙县城乡规划建设局及长沙县消防大队系列案中，做好双方当事人工作，该20件系列案最终以原告撤诉结案，全年撤诉率提升至35%。倡导行政首长出庭应诉，提高行政审判影响和地位，营造良好法治环境。坚持和谐拆迁与依法强拆并重，配合全县拆迁拆违工作部署，促进白石洞水库移民等项目有序顺利开展。规范征拆程序，实行重点工程对点宣讲法律制度，多次派遣法官到各镇街、片区指挥部讲授法律课程、提供法律服务，引导规范征拆、移民程序，制作拆迁办案流程表，引导行政机关依法高效行政，促成50余户被征收户消除抵触情绪、自愿签订补偿合同拆除房屋，实现和谐搬迁。

"4·26"世界知识产权日，县法院召开知识产权审判新闻发布会
（县法院 提供）

执行联动，维护司法权威。全年执结各类执行案件2464件，执结率90.16%，执行到位金额5.89亿元，执行到位率为50.9%。建立执行联动机制，与银行、工商、国土、不动产、公安等单位建立良好执行合作关系，形成执行合力，全方位地对被执行人财产进行查控。先后开展"小额民生案件"及"金融债权"等专项执行行动，形成打击拒执行为高压态势。行动期间，执结该类案件219件，实际到位金额8376.2万元。被执行人规避执行行为，采取查封、扣押、冻结、搜查、拍卖等强制措施1849次，查封、扣押、拍卖财产3.72亿元，其中湖南星沙农商银行经开区支行与三锦节能公司担保物权纠纷一案，通过依法进行评估、拍卖，该案最终全部执行完毕，实际到位金额6592万元，极大地维护当事人合法权益。严厉打击拒执行为，坚决惩处各种不执行法院生效裁判行为，切实提高人民群众诉讼"安全感"，将未按时履行生效法律判决被执行人3077人纳入最高人民法院失信被执行人名单库，并对上述被执行人采取限制高消费、限制出境等措施，通过市中院平台发布执行悬赏令6份20人，充分压缩老赖生存空间，执结一批执行阻力大，社会关注度高执行积案。拒不申报或申报财产不实被执行人进行司法拘留，全年司法拘留62人，其中37案被执行人在司法拘留后履行债务，实际到位金额197.6万元。

是年，收案11555件（含旧存1475件），结案10537件，结案率91.19%，发改率降至1.61%；全院所有庭室结案率90%以上，调撤率稳居55%以上，案件息诉率提升至90%；一线法官人均办案数185件，比四年前人均增加100余件，法官个人年结案数最多485件。是年，县法院获"全国司法宣传工作先进集体"称号。

【司法为民】畅通立案渠道，及时审查立案，加强诉讼指导，切实解决人民群众"告状难"问题，最大限度地保障当事人行使诉权；畅通审判渠道，建立速裁便捷通道，方便快捷处理小额诉讼程序案件和对事实没有争议、权利义务关系明确案件；畅通信访渠道，做好涉法涉诉信访接待工作，引导群众依法理性表诉求，改革信访工作机制，大力推行"诉访分离"，对申诉信访实施分类处理，维护正常信访秩序；畅通执行渠道，在执行局内设小额速执组，开通执行绿色通道，快速办理小额民生类案件，保障申请执行人合法权益。

加大巡回办案力度，县交警队办公场所内设立交通事故巡回法庭，与交警大队调处中心、保险行业协会、人民调解委员会形成四位一体办案模式，在诉前、诉中、诉后形成合力，及时化解事故纠纷，有效减轻当事人诉累。开展司法救助，申请执行人确有生活困难而被执行人又确无履行能力给予司法救助，全年向25人发放司

4月21日，最高人民法院党组成员、副院长李少平（右三）一行到县法院调研司法改革工作（县法院 提供）

法救助金70万元。

【司法公开】丰富司法宣传方式，开展“进园区、联企业”“我要当小法官”等主题活动，发放《法律知识》手册逾千册。加大司法公开力度，畅通立案渠道，当场立案率95%以上。全年网络直播庭审30余次，通过电视、报纸宣传案件60余次，网上公开裁判文书7893份。创新司法公开载体，开通“12368”诉讼服务热线，建立微信公众号，规范新闻发言人制度。被评为全国司法宣传工作先进集体、长沙县“六五”普法依法治理先进单位。

【改革创新】“三分式”审理模式，即“繁简分流、事实分流、争点分流”。立案阶段繁简分流。对接多元化纠纷解决机制、建立“速裁”便捷通道、设立交通事故巡回法庭等方式科学筛选案件，分流后，仅约20%复杂案件进入普通程序审理。庭前准备阶段事实分流与争点分流。推行法官助理制度，广泛适用庭前会议。通过召开庭前会议固定双方无争议事实，归纳整理有争议事实，析分出若干争议焦点，使法官从繁杂事务性工作中解脱出来，专司裁判，实现庭审实质化。法官助理制度和庭前会议制度使案件调撤率提高10.43%、庭审效率提高66.67%，法官人均结案率提高10.78%，推行当庭宣判制度，当庭宣判率76.16%，当庭宣判案件上诉率仅占4.8%；率先启动法官助理在裁判文书上署名制度，落实司法责任制。

县法院“三分式”审理模式改革强力释放司法“生产力”，先后有全国80余家法院前来学习改革经验。10月，由人民法院出版社出版发行《最高人民法院关于进一步推进案件繁简分流优化司法资源配置若干意见》读本，将县法院“三分式”审理模式、庭前会议制度、“分论式”裁判文书作为重点经验向全国法院进行推介。

【李少平到县法院调研】4月21日，最高人民法院党组成员、副院长李少平，司改办主任胡仕浩一行到长沙县人民法院调研司法改革工作。省高级人民法院党组书记、院长康为民，党组副书记、副院长张兰，市中级人民法院党组书记、院长罗衡宁，长沙县委副书记、县长张庆红，县委常委、政法委书记常利民等陪同调研。李少平一行考察长沙县人民法院新审判庭建设，并召开调研司法改革工作会议，听取县法院“三分式”审理模式汇报。李少平指出，长沙县法院改革具有创新意义，思路正确，既符合基层实际，又符合司法规律要求，成效十分显著，改革有益经验要向全省、全国进行推广。随后，最高法院李少平副院长以县法院改革为样本在《人民法院报》发表《深化“繁简分流”改革，破解案多人少矛盾》8000字文章，对县法院改革模式进行“解剖麻雀式”分析，全面介绍县法院改革主要做法及启示，充分肯定改革成效。（何 姣）

司法行政

【概况】2016年，开展法治宣传专题讲座52场，法律咨询活动60余场，接待群众咨询5万余人次，发放各类普法知识宣传资料20万余份。人民调解。全年各级调解组织排查调处各类矛盾纠纷3930件，调解3923件，调解率99.8%；县矛调中心主持调解重大矛盾纠纷案件50余起。社区矫正及安置帮教。接收矫正人员227人，230名社区矫正人员依法解除社区矫正，在管社区矫正人员304人。1人因多次违反社区矫正监管规定，被撤销缓刑。全年无脱管、漏管社区矫正人员。法律援助及148法律服务。办理320件法律援助案件，有效维护困难人群和弱势群体利益；“148”法律咨询窗口积极做好疏通、引导工作，解答各类法律咨询1500余次。公证工作。办证11120件，公证员人均办证数量均1000件，收费250余万元。

人事变动。7名政法干警正式录

长沙县公法律服务中心　　（县司法局 提供）

用。北山司法所吴凡娣调出。11 月，杨建刚（原党组成员、副局长）改非；陈汉安退休。

收编建所。11 月，《县委组织部等部门关于进一步完善司法所管理体制实施意见》出台，标志长沙县司法所建设工作实现管理体制上重大突破。召开全县基层司法所建设工作会议，会上宣读对收编后司法所长任命文件，并进行授牌。学法考试，全县 160 个单位、11345 人参考，考试参考率、合格率 99.8%。

【司法所规范化建设】 县司法局重点加强对基层司法所规范化建设。2016 年年底，有泉塘、湘龙、金井、北山、高桥等 10 个司法所完成改造建设，其中泉塘、湘龙和金井司法获“湖南省规范化司法所”称号。

【试点开展律师进社区活动】 2016 年 8 月，县司法局启动律师进社区（村）担任法律顾问试点工作，覆盖城区 57 个社区，群众在家门口就能享受到便捷、专业法律服务。

【试点建设乡镇法治文化公园】 为推动法治长沙县创建活动深入开展，弘扬法治精神，打造普法宣传阵地，县司法局投入 60 万元在开慧镇飘峰山村及春华镇金鼎山社区建立 2 个法治文化公园。

【社区矫正规范管理】 特殊人群管理，县司法局结合实际情况，实行个性化、人性化矫正方案，效果显著。2016 年，金井司法所有 1 名矫正对象因见义勇为获得减刑，填补县社区矫正工作未实现减刑奖励空白，也为其他在刑社区矫正对象做出榜样。

（谭丽娟）

（责任编辑 张　娜）

地方武装

【概况】2016年，长沙县人武部依托上汽大众、广汽菲克、蓝思科技、三一重工等大型企业建立民兵组织，编组人数比上年增长30%。湘龙街道组建30人常驻民兵应急分队。下发《整组业务培训学习资料》，规范6本4册2卡1表填报，编发民兵学习教育资料12套。路口、湘龙、㮾梨、信息学院等4个不同类型基层规范化建设通过警备区整组工作检查验收。制定个人学习计划，编印干部学习培训资料和军事理论题库6册；结合开展“条令法规学习月”活动，落实周二周四早操、每日下午最后1小时体能训练和交班后15~30分钟新政新规学习。落实“一拓三改”和“三化”要求，分期分批组织抗洪抢险分队、操舟机骨干、民兵营长等3期270人训练。深入浔龙河村调研，梳理总结“适应农村转型发展趋势，探索普通民兵营建设方法路子”思路。协调公安户籍部门将应征青年名单打印发给各镇街，组织村干部、大学生村官和民兵营长上门入户、一对一、面对面地进行宣传发动。2016年长沙县征集新兵306人，其中大学生146人，圆满完成上级赋予征兵任务。强化安全发展底线思维。组织安全自查，查摆安全隐患62个，都建立台账、立行立改，逐项落实。坚持依法管财、科学理财、勤俭用财，提高保障效益。人武部坚持党委理财，对年度预算、重大项目及经费开支做到集体研究，严格依据工作任务需要编制预算，物资采购统一由后勤科统筹把关，实行多方询价比价，落实公务卡强制结算和经费开支每月一报要求。协调落实“双带双促”帮扶奖励基金250万元，每年支持20名退伍军人自主创业，产生良好社会效应。突出抓好涉军信访稳控工作，接待处理涉军来信来访12件（次），善解决涉军问题3起（91194部队马显，家里房屋征地拆迁问题；69243部队战士张锦，母亲被打纠纷；77226部队干部李晓平，家中入户道路受阻问题）。开展精准扶贫和“一进二访”活动，先后2次牵头协调县直单位到扶贫联系点现场办公，协调投入40多万元为西冲村修建公路，解决村民出行难问题；投入15万元用于支持该村部文化公园项目；部领导每月到联系3个对口帮扶村和9户困难群众家中看望慰问、帮助他们排忧解难。

【大学生征兵报名启动仪式】4月26日，长沙县人武部在湖南信息学院举行长沙县大学生征兵预征启动仪式，驻县高校2000余名师生参加。现场给大学生讲解征兵政策、发放宣传手册、解答疑虑问题。现场报名登记大学生46人，省国教频道等媒体进行电视报道。

【黄跃进考察基层民兵营典型抓建工作】4月29日，省军区司令员黄跃进、副参谋长胡代松、长沙警备区司令员王忠斌工作组一行，对长沙县人武部基层民兵营典型抓建工作进行检查验收，对人武部前期抓建工作取得成绩进行充分肯定。

【民兵舟桥分队训练】5月17—24日，县人武部在舟桥84团训练场和武警湖南总队训练基地组织一期100人民兵舟桥分队训练。主要进行操舟机安装、使用、水上救生、水上编队和轻武器实弹射击等训练，并到芙蓉区人武部进行参观见学。集训实行量化管理，管理正规、训练严格，全程安全顺利，有效提高民兵舟桥分队遂行抗洪抢险任务能力。

【抢险救灾行动】7月4—6日，长沙县人武部组织干部职工和民兵应急力量参与抗洪抢险行动。在抗洪最严峻时刻，人武部部长陈晓成带领民兵应急分队30人，冲锋舟3艘连续赶赴江背镇湘阴港、㮾梨镇陶公庙等地域，解救受困群众38人，转移受灾群众

9月2日，军委国防动员部政委朱生岭（左三）到浔龙河村考察
（县人武部　提供）

82人，各类物资20余吨。

【曾超群“八一”慰问驻军部队】 7月28—29日，长沙县委书记曾超群、县委办主任王国良、县委常委、县人武部部长陈晓成，先后走访慰问长沙警备区、国防科大星沙校区、预备役师、武警直属队等驻军部队，向首长、同志们致以节日祝贺和崇高敬意，为官兵们送上节日祝福，并就需要地方协调支持问题进行交流探讨。

【朱生岭考察调研】 9月2日，省军区司令黄跃进、参谋长郭辑山陪同军委国防动员部政委朱生岭一行到浔龙河村考察，参观童勋营国防教育基地、兵营营部。（张小妹　李　遂）

武装警察

【概况】 长沙县中队隶属中国人民武装警察部队湖南省总队长沙市支队。2016年，中队坚持“中心”居中，多措并举，主动作为，严守执勤主阵地。开展“安全工作大检查”活动，做到执勤制度落实严格，确保执勤工作绝对安全。提高指挥打仗能力和教学组训水平。坚持从难从严从实战需要出发，练技术、练战术、练思想、练作风，为打好执勤处突常态仗、反恐维稳攻坚仗、应急救援主动仗提供坚强支撑。中队坚持实战化训练，提高执勤官兵能力素质，确保执勤目标安全。开展小考评、小会操、小竞赛，发动官兵破解训练难题，突破训练瓶颈，官兵训练质量和效率进一步加强。是年，被武警湖南省总队评为“基层建设先进中队”。

班子建设。理论学习。组织支部一班人学习领悟习近平总书记系列重要讲话精神，特别是开展“两学一做”学习教育，更新思想观念、提升政治素养。作风建设。为官兵创造公平公正竞争环境，始终严格按照选前考察、个人申请、民主评议、支部推荐程序进行，坚持名额公开、投票公开、结果公开。队伍建设。坚持每周组织学习培训，每月组织竞赛评比，每季组织总结表彰。干部为核心，党员、骨干、士官为重点，树立干部榜样作用，开展岗位竞赛，激励官兵创先争优意识。

政治教育。强化政治理论学习，及时梳理十八届三、四中、五中、六中全会精神、习近平总书记重要论述、三级党委扩大会议、上级指示要求以及部队法规文件等要点进行传达学习。中队建立思想跟踪档案，开展经常性谈心交流。开展群众性大讨论活动，围绕官兵关注问题，有针对性做好答疑解惑和问题整改工作。扩宽政治教育渠道。促进主题教育有效落实，拓展课堂教育，活跃教育氛围，增强教育效果。将主题教育贯穿全年、逐步深化，以更高标准、更新理念，全过程、全方位地履行好《大纲》赋予管思想、抓教育职能。（全伟宾）

消　防

【概况】 2016年，长沙县消防部队出台长沙县消防工作“十三五”规划，政府拨付100万专项资金修订全县消防专业规划。消防保障经费与当地财政收入水平同步增长，全县消防建设经费3000万元，其中基本业务经费900万元，比2015年增长约31%。全年接警出动688次，出动消防车1037台次，出动消防官兵5905人次，抢救被困人员108人，疏散被困人员40人，抢救财产价值1937万元。消防大队办理消防设计审核项目95个，验收项目102个，备案抽查项目102个，公众聚集场所开业前消防安全检查51家。大队开展冬明春火灾防控、安全生产“打非治违”、夏季消防安全检查等工作，大刀阔斧整治隐患，强力推进高层建筑、易燃易爆等7项消防安全专项整治，全年检查单位1778家，督促整改火灾隐患1801处，临时查封43家，责令“三停”20家，罚款 90.57 万元。

【基础设施建设】 黄兴消防站建设全面完成，驻兵 44 人（其中现役干部 1 人、现役官兵 5 人，政府专职干部 3 人，政府专职队员 35 人）。安沙中心消防站和星沙产业园一级普通消防站立项、征地拆迁、预算制定和初步设计方案评审工作。政府投入 1430 万元购置五台进口底盘消防车。全县除黄兴以外 12 个建制镇全部建立政府专职消防队，由县财政拨付 208 万元，集中采购 17 台消防巡逻摩托车和一批常规器材配发到政府专职消防队，落实政府专职消防队人员配备、装备器材和办公场地，全县消防灭火力量实现无死角全覆盖。

【创新消防管理】 按照“3 分钟到场”要求划定最小灭火单元，推动 239 个社区和设有消防控制室重点单位建立有人员、有器材、有战斗力“微型消防站”。按照“位置相邻”或“行业相近”等原则，开展区域联防试点工作，成立 3 个区域联防组织，通过联防单位开展互查互检、培训演练活动，有效整合社会资源。推广应用独立式感烟火灾探测报警器。全县 4 个街道、13 个镇全部实现消防安全网格化管理，将消防安全网格化管理纳入基层综合服务管理平台，建立由街镇统筹，社区（村）、公安派出所齐抓管群防群治网络。

【消防宣传教育】 在全省率先组织全县党政领导干部开展消防安全体验暨消防知识集中培训，强化立体式、全方位消防知识普及，在全县推广实施政府购买消防宣传服务，全县 13 万人次接受消防宣教服务。联合安监局、文广局、教育局、规划建设局、卫生局等单位开展有针对性行业系统消防知识培训活动二十余次。通过电视、报纸、微信公众号、手机短信、户外电子显示屏等媒介播发消防工作动态信息、防火提示、安全常识万余条。

（李嘉嘉）

人民防空

【概况】 2016 年，长沙县人防办围绕人防工作“战时防空、平时服务、应急支援”三大核心任务，着力在人才队伍建设、理顺职能职责。工程建设。出台《长沙县人防办责任制度册》《具体行政行为工作制度》《长沙县人民防空工程维护与管理制度》《长沙县结建人防工程建设管理操作规程》等一系列规章制度。健全全县、镇街、社区三级管理网络，加强对人防工程质量和安全监管。人防工作在报建审批、设计审查、质量监管、竣工验收、维护管理等方面探索形成一套成熟管理办法，依法建设和管理水平得到大幅提升。宣传教育。坚持“以面为主，点面结合”“五进”活动为抓手，多渠道、深层次、宽领域开展人防宣传教育工作。拍摄“2016 人防工作纪实”汇报片。与县教育局联合下发《关于在全县中小学校开展人民防空教育工作通知》，向全县城区各小学发放人防教材 8000 余册。开展“居安思危，普及人防”主题有奖征文活动，评出 11 篇优秀稿件，并向省办征文推荐 7 篇稿件。指挥通信。全省“湘防—2016”长沙片区人防机动通信系统训练，县人防办承办防空应急疏散演练活动，参与超短波、短波、3G 视频通信等科目训练，与省、市人防部门互联互通。短波通信系统和新增警报设备采购安装工作。组织开展“11·1”防空警报试鸣工作，全县 49 台防空警报器全部鸣响，城区警报网络覆盖率和鸣响率两个 100%。设施建设。推进人防基础设施建设。筹备建设地面指挥中心、地下指挥所、地下单建式人防工程。一批有规模、有实力现代农庄和企业开展首批人防疏散基地和物资储备库标准化建设工作。指导湘龙地下停车场作为单建式人防工程建设。12 月 30 日，长沙县人民防空办公室获评“全省人民防空先进单位”。

（刘　娟）

（责任编辑　张　娜）

长沙经济技术开发区

·综述·

【概况】2016年，长沙经济技术开发区（以下简称"长沙经开区"）以"转型、创新、提升"为总揽，坚持"产业融合、产城融合、区县融合"发展理念，按照"稳住、进好、调优"总要求，始终把重大项目建设作为转型发展、优化升级的重要抓手，在建设好高品质园区、经营好高效益园区、服务好高素质园区上展现新作为，为率先打造国家智能制造示范区、率先建设5000亿国家级园区、全力支持长沙县挺进全国前五强、助力长沙建设国家中心城市蓄积新力量。

突出稳中求进，在逆势突围中提升综合实力。经济运行稳中向好。全年规模工业总产值2111亿元。财政总收入137.8亿元，其中工商税收116.7亿元。全社会固定资产投资173.6亿元，其中工业固定资产投资138.2亿元，主要经济指标均保持10%以上的增长，增速稳居全市国家级园区前列，园区综合竞争力进一步增强。产业结构明显优化。坚持优先发展先进智能制造业，发展现代服务业和战略性新兴产业，产业结构不断优化。全年汽车及零部件制造业产值746.9亿元，比上年增长80.2%，成为园区转型升级的主引擎；电子信息产业产值267.9亿元，比上年增长20.0%；工程机械制造产业产值862.1亿元；工程机械、汽车及零部件、电子信息三大主导产业分别占园区规模工业总产值的40.7%、35.3%、12.7%，改变工程机械一业独大局面，多点支撑产业格局更加稳固。此外，集成电路、节能环保、住宅产业化、大健康等新兴产业蓬勃发展，为加速产业转型升级集聚新动能。骨干企业增势较好。新登记市场主体1144户，市场主体总量3167户；21家10亿元以上企业中有4家企业增速超过20%，其中上汽大众、广汽菲克分别增长313.8%、301.7%。税收过1亿元企业10家。新增上汽大众、广汽菲克2家产值过100亿元企业，为园区规模工业总产值稳步增长做出重要贡献。

突出项目带动，在融合发展中增强发展动力。招商引资有序推进。坚持招大引强，综合实施产业链招商、二次招商、以商招商，不断提升招商服务，提高招商引资质效。全年新引进项目254个（含创业基地），其中投资过50亿元项目1个（铁建重工高端地下装备制造），博世汽车起动机、黄金精炼（含深加工、加工贸易、总部经济）等重大项目顺利落地。全年实际到位外资5.16亿美元，引进市外境内固定资产投资59.02亿元，引进省外境内资金26.21亿元，对外贸易总额25.87亿美元。立足节会招商，成功主办或承办"2016湖南·星沙走进东盟经贸"系列活动、深圳—长沙战略性新兴产业合作交流会、中国集成电路设计业2016年会暨长沙集成电路产业创新发展高峰论坛、首届海峡两岸（长沙）电子信息博览会、中国（长沙）—加拿大（卡尔加里）投资推介会等招商活动10余次，为招商项目洽谈引进奠定良好基础。项目建设有力推进。全区实施大项目带动战略，依托领导联点、专员督办、督查考核等机制，精准发力、协同推进，全面打好"重点项目建设攻坚战"，获全市重大项目观摩"单个项目第一、国家级开发区第一、县域项目建设第一"。全年在建重点工业项目55个，其中新建项目19个、年内竣工项目15个。长丰华湘（猎豹）工业园、铁建重工高端地下装备制造、千山慢病精准管理与服务中心等重大项目高效推进。博世工业4.0项目智能化升级改造基本完成，工业4.0培训展示平台进入试运行阶段，成为全市首家"工业4.0"的典范工厂。长丰华湘（猎豹）工业园项目仅用5个月时间完成总装车间、焊装车间和能源中心厂房建设，创造重大项目建设的"又一个经开速度"，体现"长沙速度、长丰速度"。帮扶企业更加精准。加快供给侧改革举措落地，在解难题、降成本、推项目、增效益等方面下功夫，为企业转型发展添动力、注活力。相关领导带队深入企业、精准服务，着力协助企业解决发展难题，助力企业新常态下逆势突围。启动智慧园区信息化建设，着手编制智慧园区五年规划，搭建智慧园区平台，为园区优化升级、创新发展打牢基础。组织企业申报养老保险费率过渡试点工作，星沙产业基地23家企业全部通过市直有关部门审批。在全省率先实施工业项目报建审批全程代办免费服务，项目投资方满意率100%。落实“只减不增”费用收缴原则，协调处理农民工保障金等费用收缴问题，切实减轻企业负担。全力帮助企业吃透用活政策，抓好工发资金、政策资金等各类项目申报服务，把政策红利转化为企业红利。

突出创新驱动，在创新创业中激发园区潜力。企业创新实力增强。依托专利驱动政策，引导企业创新创造，园区企业发明专利申请指标大幅提升，获评“中国专利优秀奖”5项，3家企业获长沙市企业科技创新市长奖，新认定高新技术企业34家，新评定科技小巨人企业15家、科技型中小企业154家。特别是铁建重工研制的直径12.81米的“国产首台铁路双线大直径泥水平衡盾构机”和直径10.87米的“国产首台高铁大直径泥水平衡盾构机”，标志着国家掘进装备达到世界领先水平。实施品牌发展战略，新注册商标208件，其中申报著名商标22件；3家企业中的5个产品获评“湖南名牌”；铁建重工、中粮可口可乐成功申报省长质量奖。引导铁建重工、科天新材料参与国家标准的修订，通过标准引领，进一步提升企业在行业中的话语权。人才创新资源集聚。树立“大人才观”理念，出台园区《“十三五”人才发展战略规划》。“招才引智计划”和“技能型人才计划”圆满收官。“招才引智三年计划”实施三年里，引进高层次人才创新创业项目62个、引进各类别高层次人才118人，新建院士专家工作站、博士后科研工作站7家；引进培养技能型人才11000余人，新增技能大师10名，新建技能大师工作室8家、“高技能人才培训基地”2家，打造园区智力新引擎。坚持“走出去+请进来”模式，实施“才聚星沙”“园区企业校园行”“春风行动”等品牌活动，有效保障企业用工需求，获评“湖南省人力资源诚信服务示范机构”。抓实“星沙大讲堂”培训品牌活动，实施“骨干企业+职业学院”培养模式，有力推动企业转型创新发展。创新平台持续完善。更加重视知识产权保护，启动国家知识产权示范园区和审查员实践基地复核。主动对接“双创”政策，出台支持中小微企业创新创业实施办法，以三一众创、中部智谷、蓝色产业园等创业基地为主力，依托创建企业服务站，大力扶持中小微企业发展，全年新引进小微企业236家，德普企业·公元、中部智谷、三一众创等6家创业基地获评长沙市首批“全国小微企业创业创新示范城市核心基地”，三一众创和新长海创业基地等载体分别获评“国家级众创空间”和“国家级科技企业孵化器”。特别是三一众智新城成立不到1年，创建孵化空间2万平方米，牵头成立总规模3.5亿元的创投基金，引进创业团队和企业近100家，入孵企业在全国性创新创业大赛中屡获佳绩。

4月8日，千山慢病精准管理与服务中心项目开工 （长沙经开区志办 提供）

突出品质特色，在提标提档中绽放园区魅力。规划引领更前瞻。围绕“率先打造国家智能制造中心、率先建设5000亿国家级园区”，坚持“一主一次两主轴”发展格局，规划建设先进制造业聚集区、产城融合综合区、中央商务区，有序抓好园区土地利用规划图、产城融合规划图、产业布局规划图、招商引资项目落户规划图“四张蓝图”。启动园区基础设施建设三年品质提升计划，人民路两厢生态环境整治工程和环城绿带及生态公园建设全面推进。深入开展园区环保违规建设项目清理整治，环境质量改善进度位居全省前列。基础设施更完备。

实施品质提升工程，大力推动基础设施项目提质升级。建立国土工作联席会审制度，清理调查土地利用情况，开展储备土地临时利用，继续开展节约集约用地，荣获湖南省节约集约用地一等奖。全年申请部级用地报批指标90公顷，通过省级审批42.07公顷，拆迁腾地32.09公顷，确保重点项目用地。园区铺排基础设施项目123个，硬化道路14.15千米，平整场地122.4公顷，新增配租房源1667套，累计铺排路灯管线、杆线迁移等电力项目26个，亮灯里程2千米，电力杆线改迁及企业供电线路长度约4.6千米，亮灯里程2千米等。普查地下管网1500千米，建立地下管网数据库。“四纵一横”骨架道路建设有序推进，环城绿带、东十二线道路、东十一线等工程项目加紧推进，长桥公园、立体绿化、人民东路两厢绿化等项目全面启动，三一收费站、板仓南路等拓改工程有序推进，龙华二期、泉塘三期、上汽大众龙峰等安置区建设稳步推进。继续巩固和提升生态工业示范园，新增绿化及人行道面积14.23万平方米。完成星沙水厂16万吨深度处理提质改造，提升园区供水品质。城南、城北污水处理厂扩容提质工程加快推进，园区共处理污水7874万吨，纳污范围内污水全部达标排放。社会服务更精细。坚持以人为本，强化区县社会事务衔接，优化宜居环境，加快推进产城融合。坚持需求导向，出台公交优化方案，启动5条穿梭巴士试运行线路，获得企业点赞。加快推进停车场建设试点工作，有效解决货车、工程车辆乱停乱靠问题。着手拟定园区公共租赁住房管理办法，进一步加强公共租赁住房规范管理。构建员工服务平台，先后设立园区法律援助中心、

3月31日，湖南·星沙走进东盟经贸活动项目集中签约

（长沙经开区志办 提供）

员工帮助计划管理中心，全面提升产业工人获得感。扎实做好应急管理、信访息访、市民热线等工作，在全市“12345”市民热线工作考核中获评“三个第一”，全年园区非正常上访量继续保持零纪录。深入推进平安园区建设，总工会、办公室、人社等部门强化联动，依法调处企业人员工伤、劳动仲裁、堵门堵路、阻工闹事等引发的不稳定事件，全年未发生重特大案件和影响恶劣事件；建设、安监、环保、质监、消防、相关镇街等执法主体，依托企业安全生产网格化管理，完善党政同责、一岗双责机制，对工贸企业、特种设备、工业地产等行业开展执法监管和专项行动，保持安全生产责任零事故、零死亡。

突出改革创新，在优化升级中释放发展活力。政务服务效能再提质。继续发挥区县融合体制优势，联动推进“赋权强园”各项工作，先后争取市、县两级共22项行政职权下放或委托行使。发布园区权力清单、责任清单、流程清单“三张清单”，晒权亮责工作走在全市各园区前列。率先在全省成立首个“建设工程质量安全监督管理站”，进一步完善园区质安监机构，为全省园区质安监管理创造新模式。办公室、人社、建设、规划、国土等部门承接简政放权成果，继续简化审批流程，规范审批手续，强化审批指导服务，保障重大项目落户开建。全面深化商事制度改革，推行集群注册制、审核合一制，企业注册流程再优化、效率再提升，营造良好的营商环境。出台园区优化经济发展环境专项制度，公布园区快速响应电话，进一步规范涉企检查事项。完善省市区3级监督测评员体系，引入第三方测评，形成电话反馈、会议测评、上门访谈、现场测评等多元化反馈渠道，优化环境满意率进一步提升。精细化管理再提效。强化区县联动，首次将有关乡镇服务园区发展纳入区县绩效考核体系。以绩效考核为切入点，建立绩效考核资格制，对招商引资、项目建设、征地拆迁等方面实施差异化考核，出台绩效考核管理办法，充分调动全员干事创业的积极性和主动性。从严从实抓好两批次雇员招聘、新聘干部集中培训工作，为“二次创业”积蓄发展正能量。严格落实层级管理，实行部门、分管领导及管委会主任层级管理，明确各级责任和权利，做到在其位、司其职、负其责。完善权力运行机制，先后开展

土地、资金、合同等方面的清理、清收、清欠工作。全力推进ISO质量管理体系建设，修订完善26项政策制度，全力提升精准服务品质。从政策制定、行政审批、财政预算、依法行政、合同管理、固定资产、投资评审、政府采购与招投标、征地拆迁等方面，开展内部管理和流程优化，精细化管理水平全面提升。公司化运营实力再提升。坚持管资本为主，强化履行出资人监管职能，加大对集团公司重大投资决策指导，集团公司运营实力逐步提升，为园区重大招商项目的引进、建设和服务提供强力保障。综合运用表内融资、债务融资、债务置换、PPP模式等手段，推进长丰华湘（猎豹）工业园、产业工人活动中心等重点项目建设。推进"飞地"园区建设运营，力推汨罗产业园土地征拆，安置区、工业地产等基础设施项目，引进优冠集团、巴陵石化等重大项目，项目入园实现零突破。鄯善工业园供水改扩建项目、工业厂房等建设加快推进。星沙产业基地产业培育初见规模。创新金融服务，申报国家专项建设基金，成立新能源产业基金、风险补偿基金等产业基金，助力本土企业转型升级、扩大再生产。

突出文化建设，在二次创业中彰显软实力。党建创新焕发活力。深入开展"两学一做"主题教育，依托互联共建机制，扎实部署学习环节，层层压实学习责任。领导干部主动讲党课，全体党员创先争优作示范，企业党组织、机关党支部以多种活动形式有条不紊推进学习教育。依托党工委中心组、"三会一课"等载体，加强干部职工思想理论学习。以基层组织建设为重点，完善企业党工委领导班子，实施制定互联共建年度联组建设计划，建立非公企业党建工作"五清"台账，组织中山大学基层党组织书记培训班，提升基层组织带队能力。高标准抓好党员发展工作，集中排查党员组织关系，抓好党费专项检查，党员管理持续强化。依托人武、统战、群团等力量，推进统战群团组织建设，为园区和谐发展提供强力支撑。文化认同强化共识。围绕园区新理念、新战略，深挖园区转型升级、创新创业、骨干企业等好故事，通过专题报道、视频节目、H5、图文直播等品牌栏目，精心策划"企业发展报告""经开创客""拼研值""大国工匠""工匠精神""快乐E家·心计划""年鉴区志"等品牌栏目，及时传递园区发展新亮点。大力实施园区品牌文化工程，先后策划举办名企名品园区巡展、首届员工歌手大赛等活动。举办第三届职工运动会，充分展示企业文化和员工风采。规范完善园区协会管理，组建太极拳协会、足球协会和钓鱼协会，提高产业工人体育文化参与感。广泛开展"走访慰问高端人才""与群众交朋友、帮基层解难题""做员工的贴心人""在职党员进社区送温暖""在职党员进社区服务""困难党员慰问""湘爱力量之都"等品牌活动，加大对高层次人才、全国劳模等高端人才慰问，及时帮扶困难职工及其家庭，特别是在金秋助学、三节慰问、大病救助等活动中，为园区职工群众送去最温暖的关怀。依托"两学一做"主题教育，大力挖掘身边先进典型，积极为园区转型发展注入"红色动力"，开元仪器党委赵福刚同志优秀事迹编入全市"两学一做"学习教育故事汇，被评为"50个精品微故事"之一。作风建设集聚能量。严格落实廉政"两个责任"，首次对领导干部及部门主要负责人实施经济责任审计，筑牢反腐倡廉的防线。建立区县纪委联合执纪模式，对节日期间违反"八项规定"等问题进行明察暗访，让党纪国法更有震慑力。全面核查领导干部"三零"公开承诺和经商办企业情况，核查机关干部及其亲属1387人，对8人作出问责处理并公开通报。建立并强力落实重点问题整改台账，梳理上级巡视、审计、检查及自查自纠中发现的重点问题，确保问题整改及时到位。及时处理"环城绿带"等重大项目招标、建设中的问题，对相关责任人作出处理，有效发挥身边案件的警示教育作用。

【工程机械二手设备产业联盟运营】 1月22日，工程机械二手设备产业联盟在长沙经开区运营，国际零部件交易中心开工。项目投资方湖南泰宇投资公司与三一重工、中联重科、山河智能、利氏拍卖中国公司现场签订二手设备产业联盟战略合作协议。市委常委、副市长张迎春，长沙经开区管委会主任李科明等出席活动。

【全电脑三臂凿岩台车下线】 3月19日，国产首台全电脑三臂凿岩台车在铁建重工下线，这是企业顺应"互联网+"智能制造时代的重大创新，填补中国工程机械行业在隧道工程施工装备领域的空白。

【长沙科技新城项目开工】 3月18日，长沙科技新城项目开工。该项目总占地面积33.33公顷，总建筑面积70万平方米，计划总投资30亿元。该项目定位为"集高端生产制造、研发设计、中试成果转化、企业总部、产品展示和生产性服务、配套设施于一体的都

3月18日，长沙科技新城项目开工（长沙经开区志办 提供）

市型产业集聚地”，主要引进电子信息、检验检测、生物医药、高新技术、能源环保等高新技术企业，长沙经开区党工委委员张文球出席开工仪式。该项目建成后预计引进500余家科技型企业，解决就业超过10000人，年产值超过200亿元。

【何清华等获第九届发明创业奖·人物奖】 5月16日，中国发明协会第七次全国会员代表大会暨第十届“中国发明家论坛”开幕式、第九届“发明创业奖·人物奖”颁奖典礼在北京人民大会堂举行。山河智能董事长何清华、光蓝科技董事长吴东方获第九届“发明创业奖·人物奖”，同时被授予“当代发明家”称号。

【蔡振红考察湘西贫困劳动力转移长沙就业工作】 5月19日，副省长蔡振红到蓝思科技（榔梨厂区）生产车间和公租房小区，实地考察湘西贫困劳动力转移长沙就业的工作、生活情况。省委组织部副部长、省人社厅厅长贺安杰，长沙经开区管委会主任李科明、党工委副书记高杰等陪同考察。

【智青春·创未来三湘汇二期创业路演活动】 5月20日，三一众创孵化器“智青春·创未来”三湘汇二期创业路演活动举行。其间，三一集团、三一众创孵化器先后与国信证券、中信银行、华夏方圆律师事务所等单位签订战略协议。三一集团与长沙经济技术开发集团有限公司共同签约发起成立规模为3.5亿元的“三一创业投资基金”，助推湖南创业企业发展。

【徐守盛调研供给侧改革】 6月7日，省委书记、省人大常委会主任徐守盛到长沙经开区园区企业千山药机、国科微电子调研供给侧改革。省、市领导许又声、易炼红、胡衡华、张迎春，长沙经开区管委会主任李科明、副主任张庆红等陪同调研。

【湖南中车时代通信信号有限公司运营】 7月19日，湖南中车时代通信信号有限公司运营暨轨道交通信号系统湖南省工程研究中心揭牌仪式在长沙经开区举行，市委副书记、市长胡衡华，市委常委、市委统战部部长文树勋，市委常委、副市长张迎春，市政府党组成员、督导李科明等出席运营仪式，长沙经开区党工委副书记、管委会副主任张庆红主持运营及揭牌仪式，胡衡华等为中车时代通号揭牌。

【凯天环保科技股份有限公司揭牌】 7月26日，航天凯天环保科技股份有限公司揭牌暨战略合作签约活动在长沙经开区管委会举行，副省长张剑飞、中国航天科工集团公司党组书记、董事长高红卫共同为“航天凯天环保科技股份有限公司”揭牌。市委常委、副市长张迎春，长沙县委书记曾超群，长沙经开区党工委副书记、管委会副主任张庆红，党工委委员张湘鸿等出席活动。

【广汽三菱国产欧蓝德下线】 8月26日，广汽三菱国产欧蓝德下线仪式在广汽三菱总装车间举行。省委常委、常务副省长陈向群出席并致辞，省委常委、市委书记易炼红宣布新车下线，副省长张剑飞，市委副书记、市长胡衡华，长沙县委书记、长沙经开区党工委书记曾超群，长沙经开区党工委副书记、管委会副主任张庆红等出席活动。

【中铁山河地下工程装备股份有限公司揭牌】 9月9日，由中铁工程装备集团有限公司、中铁五局集团有限公司、山河智能装备股份有限公司共同发起设立的中铁山河地下工程装备股份有限公司揭牌仪式在山河工业城举行，长沙县委书记曾超群，长沙经开区党工委副书记、管委会副主任张庆红，党工委委员张湘鸿等出席活动。

【三一众创空间获评国家级众创空间】 9月12日，科技部火炬中心公示第三批国家级众创空间名单，三一众创空间获评国家级众创空间，也是长沙经开区首家国家级众创空间。

【两台大直径泥水平衡盾构机同时下线】9月29日，由铁建重工联合中铁十四局、中铁十六局、中南大学等共同研发，拥有完全自主知识产权的国产首台高铁大直径泥水平衡盾构机、国产首台铁路双线大直径泥水平衡盾构机同时在铁建重工掘进机制造总厂（二期）下线。市委常委、常务副市长张迎春，市政府党组成员、督导李科明，长沙经开区党工委副书记高杰、管委会副主任常利民、党工委委员王维倩、党工委委员张湘鸿等出席活动。

·基础设施建设·

【概况】2016年，长沙经开区实施品质提升工程，大力推动基础设施项目提质升级，基础设施更完备。园区铺排基础设施项目123个，硬化道路14.15千米，平整场地122.4公顷，新增配租房源1667套，铺排路灯管线、杆线迁移等电力项目26个，亮灯里程2千米，电力杆线改迁及企业供电线路长度约4.6千米，亮灯里程2千米等。普查地下管网1500千米，建立地下管网数据库。“四纵一横”骨架道路建设有序推进，环城绿带、东十二线、东十一线道路工程项目加紧推进，长桥公园、立体绿化、人民东路两厢绿化等项目全面启动，三一收费站、板仓南路等拓改工程有序推进，龙华二期、泉塘三期、上汽大众龙峰等安置区建设稳步推进。继续巩固和提升生态工业示范园，新增绿化及人行道面积14.23万平方米。完成星沙水厂16万吨深度处理提质改造，提升园区供水品质。城南、城北污水处理厂扩容提质工程加快推进，园区共处理污水9452万吨，纳污范围内污水全部达标排放。

【供水】全年完成供水6859万吨，比上年6662万吨增长2.96%（包括廖家祠堂水厂供水量）；收回水费9799万元（不含税），比上年8504万元增长15.23%，水费回收率97.19%，供水漏损率控制在14.17%。经营收入1.135亿元，比上年增长11.22%，实现净利润1004万元，比上年增长37.9%，上缴税金630万元。完成深度处理提质改造工程：深度处理提质改造项目作为湖南省“两供两治”、市对区考核的重点公益项目和民生工程，受到省、市、区县领导及各界的广泛关注。2015年11月动工，2016年10月27日实现通水，经过深度处理工艺的自来水水质明显改善。完成市政给水管道的建设和改造任务：完成单位进户安装42户，工程总价294.8万元；临时用水36户，工程费18.9万元；居民进户72户，工程费9万元。完成市政给水项目新建23项：总长度21.65千米；改造7项，总长度4.06千米，投资概算1300万元。协助长沙经开区汨罗产业园给水工程建设，完成DN300-DN700给水管网安装2.88千米，投资概算124.47万元。完成824家单位用户、14842户居民用户信息普查，并建立电子档案，为营销客服系统上线作好充分的前期准备，也为日后精准服务用户打下坚实的基础。

【水质净化】全年处理污水9452万吨，COD削减21241吨，NH_3-N削减1075吨，纳污范围内污水全部截流处理，达标排放。全年未发生任何水质质量事故。完成星沙污水处理厂生化池清淤、曝气系统安装和提质改造工程；杨家湾撇洪渠清淤工作；城北污水处理厂扩容提质项目完成主体工程建设，完成钢筋绑扎2540吨，混凝土浇筑24050立方米，预应力管桩50千米，新增建构筑面积27040平方米。完成城南污水处理厂7万吨/日的提质改造工程，完成滤布滤池、接触消毒池及加药间和标准排放口3个主体构建筑物的施工，与湖南科技大学科研合作项目《南方城市污水厂污泥减容减量、脱水干化技术与应用》获评2016年湖南省科技进步三等奖。

【道路桥梁】推进道路工程建设，新建与续建道路工程32处，完成投资额2.10亿元。完成大元路（东四路—黄兴大道）道路及排水工程、大元路（黄兴大道—东十路—长株高速）道路及排水工程、东十一路一标、华湘路（远大路—楠竹园路）道路及排水工程、东七道路工程（人民东路—梨阳路）道路及排水工程、梨江大道至大众西路接线工程、大众污水干管二标、映霞路道路及排水工程、青园路改扩建路基、排水工程、长湘路（漓湘路—长株辅道）路基及排水工程、大众西路与长株高速榔梨东收费站连接工程—桥涵工程、大众西路与长株高速榔梨东收费站连接工程—道路工程、国防科技大学规划支路二新建道路路基及排水工程、小塘路等4条道路提质改造工程、广汽三菱东四路地道建设工程、机场高速北辅道（东十一路至K_7+743.211）新建道路工程—路基排水工程、蓝田路及龙峰大道下穿机场高速通道桥梁工程、大众北路（大众西路—长株高速出入口）新建道路路基及排水工程、红树坡路（东十一路—东十二路）路基土方和箱涵及排水工程、黄花片区道路工程PPP项目、青园路改扩建路面工程、国防科技大学规划支路一新建道路路面工程、国防科技大学规划支路二新建道路路面工程、机场高速北辅道（三一学校南—东十一路）道路路面工程、长湘路（漓湘路—长株辅道）路面及交通设施工程、大众北路（大众西路—长株高速出入口）新建道路路面工程、龙峰安置区道路与排水工程、东十二路（漓湘路—檀木路）道路工程建设项目、八青公路临时道路工程、107公交车站与108公交车站硬化工程、国防科技大学围墙及排水改造工程、大元路施工便道工程。

【安居工程】推进安置区建设，成立项目建设指挥部。安置区基础设施开建。实施《长沙市征地补偿安置条例实施办法》（长沙市人民政府60号令）的安置扫尾工作顺利进行。泉塘三期安置区共42栋，其中41栋房屋通过验收，另有1栋在建。龙华二期安置区共35栋，其中32栋竣工验收，2栋全部封顶，1栋筹建。总建筑面积12.13万平方米，总投资117644万元。

【电力】完成电力杆线改迁及企业供电线路项目26个，长度4.6千米，亮灯里程2千米，工程造价1900万元。完成110千伏曹住黄线（华湘工业园段）改迁、北汽福田10千伏线路下地工程、有色247队用地内10千伏榔砖线改迁、东六路与远大路交叉口10千伏线路下地、迪美开关站更换及千山药机环网柜更换等工程。星宇龙、永创、铁建重工、新宇等企业用电完工，众泰、金科亿达、吉美高新、精城特瓷、柯盛新材等单位用电正在进行设计、预算、招投标准备工作。人民东路、红树坡路等道路路灯及亮化工程验收，并与长沙县城管局亮化办办理移交手续。

【燃气】星沙新奥燃气公司全年完成民用户开发22259户，完成工商户开发109508立方米/日，公司在用民用户191040户，在用工商户1672家，敷设中压干管370千米，上缴利税19964万元，连续六年获“税收总额过千万企业”称号。全年供应天然气13555万立方米，日最大供气量60万立方米。开展“管网保护百日安全大行动”“事故隐患大排查百日安全检查”等安全专项活动；各层级领导带队每月、每季度针对工程、管网、场站、客户、车辆交通、综合管理等各方面开展综合性、专业性及日常性安全检查482次。安全检查共查出安全隐患108项，均整改到位，“管网保护百日安全大行动”中涉线施工安全检查发现39处问题施工点和125条安全隐患，均整改到位。公司针对城东、松雅安置小区60处违章占压燃气设施隐患，积极与政府部门、社区和业主沟通协商，全部整改完成。加强与县燃气管理局、各街道办、社区的沟通协调，克服环境复杂、协调难度大等困难，完成星沙、泉塘、新安、望龙、龙塘、小塘等安置小区天然气建设，切实解决社会民生问题。

【环保建设】以清理整治环保违规建设项目为抓手，全力解决园区企业“久试不验”“未批先建”等环保历史遗留问题，对园区内160个违规建设项目的清理整治工作，完成率100%，进度位居全省前列。完成环评审批建设项目117项；项目规划及初步设计阶段环保审查29次，“三同时”现场检查200余次；竣工环保验收72项；核发企业排污许可证24份，备案企业应急预案32家。建设项目审批和监管进一步规范。星沙、城南、城北3座污水处理厂污水处理量约9444万吨，COD（化学需氧量）削减量21020吨，NH3-N（氨氮削减量）1070吨，减排重点工程运行稳定，主要污染物达标排放。全力推进山河智能涂装废气、上汽大众涂装废气治理项目建设，加强特护期扬尘污染防治，空气质量持续改善。全年空气质量优良天数285天，优良率78.3%。组织企业申报区生态文明专项资金。申报11个工程类项目、9个非工程类项目，按程序初审、评审，经主任会议审定共有3个工程类，8个非工程类项目获得资助，资助金额合计113万元。激励企业加大环保投入，开展污染防治。启动城南污水处理厂一期提质改造项目、城南污水处理厂二期扩建项目、城北污水处理厂扩容提质项目3个污水处理重点项目。城南污水处理厂一期提质改造项目竣工试运行，二期扩建项目设计招标完成，城北污水处理厂扩容提质项目工程氧化沟、二沉池等主体工程在建。

【绿化工程】续建榔梨公租房一期园林景观工程、大元路绿化（东八路—东十一路）、梨江大道绿化工程、上汽片区道路绿化秋江路景观工程、大众西路绿化工程、东七路（远大路—人民路）道路景观工程、楠竹园路二标（东十一路—东十二路）绿化及人行道工程、远大路整治工程（东四路—黄兴大道）、人民路东四路口等3个路口改造工程、蓝思街心公园和华湘社区公园建设项目、“环城绿带”建设工程设计、施工总承包项目（一至三标段）、东十一路（远大路—机场高速段）道路绿化和人行道景观工程、长沙经开区管委会屋顶绿化示范工程、国防科技大学支路等三条道路绿化工程、长桥公园施工项目、东八路与远大路交叉路口西南角绿地景观工程。全年续建和新建 14.23 万平方米，完成投资 15496 万元。

·招商引资·

【概况】全年引进投资额 5000 万元以上工业项目 18 个，总投资 106.07 亿元，其中引进投资 50 亿元以上项目 1 个，引进投资 5000 万元以上 50 亿元以下项目 17 个；储备在谈项目 15 个，总投资 160 多亿元。全年铺排社会类投资建设项目 54 个，其中新建项目 19 个，续建项目 35 个，竣工 15 个。全面落实重大项目领导联点、专员督办工作机制，10 个重大项目建设均有较大进展：投资 50 亿元的长丰华湘（猎豹）工业园项目、千山慢病精准管理与服务中心项目、铁建重工高端地下装备制造项目均于年内开工，并完成 2016 年投资计划；广汽三菱发动机及整车技改项目，黄金精炼（含深加工、加工贸易、总部经济）项目，博世电机项目均完成合同签订。全年实际到位外资 5.16 亿美元，引进市外境内资金完成固定资产投资 59.02 亿元，引进省外境内资金 26.21 亿元，完成对外贸易总额 27.87 亿美元。主办或参与承办重大招商节会活动 10 余次，其中影响较大的有“2016 湖南·星沙走进东盟经贸”系列活动、2016 湖南·非洲国际产能合作暨工商企业跨境撮合对接会、长沙工程机械二手设备交易展示中心运营暨利氏兄弟长沙首场国际拍卖会、深圳—长沙战略性新兴产业合作交流会、中国集成电路设计业 2016 年会暨长沙集成电路产业创新发展高峰论坛、中国（长沙）—加拿大（卡尔加里）投资推介会、首届海峡两岸（长沙）电子信息博览会。通过节会活动，进一步提高园区的知名度和开放水平。建立动态管理台账。对 2000 年至 2016 的项目引进合同进行全面清理，对未按合同约定履行或擅自变更项目内容的，列入黑名单，并按合同约定追究企业责任。严格项目准入。全面建立项目投资效益评估机制、专家评审机制，从项目内容、投入强度、产出强度、本地配套、用地需求等方面进行严格测算，做好高效益园区“精明账”。规范工作流程。全面清理规范招商局内部各项工作流程，编制客商接待、项目洽谈、项目评审、项目建设、重大招商活动及财务工作流程图表。

·管理与服务·

【规划管理】加快规划编制。结合园区发展目标，启动园区空间拓展战略研究。按照智慧城市、智慧园区的建设要求，在管委会推广试运行“多规合一决策支持系统”，为领导科学决策提供参考，该项工作走在全市前列。根据园区项目建设需求，完成黄花片区华湘工业园地块、经开区片区湖南黄金集团有限责任公司地块控制性详细规划调整；启动天达中学、中心消防站用地调规。落实长沙县规划信息服务中心到区驻点服务，为建设单位提供依据图，使单位充分了解控规要求。完善建设审批。配合园区深化行政审批制度改革，重点围绕“减政放权”，重新梳理 5 项行政职权，完善“三个清单”，确保行政审批流程、ISO 质量管理手册、新门户网站服务指南规划工作审批流程和必备资料的一致性。全年核发“一书两证”177 件，其中下达选址意见书 19 份，规划面积 1365792 平方米；建设用地规划许可证 57 本，拟用地面积 3795329 平方米；建筑工程规划许可证（建筑类）90 本，拟建筑面积 4484676.17 平方米，建筑工程规划许可证（市政类）11 本，拟建设道路长度 13.797 千米，确保各项审批正点率 100%。加强规划服务。按照“马上就办，办就办好”的要求，对重大项目明确专人负责，统一管理、开辟绿色通道。实行“提前介入、上门服务、主动服务”“项目清单管理、项目服务主办员责任制”等管理机制。及时与相关单位协调重大项目的规划修改、审批，完成黄金集团、铁建重工、华湘工业园、千山药机、博世电机、北汽福田、广汽菲克、黄兴大道改造等重点项目的规划修改与审批，确保项目顺利实施。

【国土资源管理】用地报批。全年批回用地 78.84 公顷，通过省国土资源厅公共资源交易平台公开竞价，成功竞得耕地补充指标（旱改水指标）35 公顷。土地供应。全年出让土地 94 宗，面积 267.54 公顷，土地收入 271257.52 万元。其中工业用地 12 宗，面积 146.67 公顷，成交价款 115624.61 万元；经营性用地 2 宗，面积 3.55 公顷，成交价款 7158 万元；公园、绿地等划拨面积 117.31 公顷；2015 年出让 2016 年到账资金 148474.91 万元。保障铁建重工高端地下装备项目一期、博世电机项目、长丰华湘（猎豹）工业园项目、千山药机慢病精准管理与服务中心项目等重点项目用地。土地批后管理。制定《长沙经济技术开发区管委会闲置土地清理整治工作方案》，清理整治园区内闲置土地 15 宗，其中武汉市国土资源局督查的 4 宗，长沙市去存量土地要求的6宗，自查的5宗，该15宗地按已开工、已收回和延长动工期限的方式处置到位。4月，省国土资源厅开展节约集约用地先进单位评选活动，在全省83个开发园区中，长沙经开区获节约集约用地一等奖；11月，在全市开发园区建设用地节约集约利用考核工作中，长沙经开区获优秀等次，其中供地率以86.42%的成绩在国家级开发园区中排名第一；继续推进低效用地再开发工作，园区内6宗低效用地均通过督促再开工、收回再出让、腾地出租的方式处置到位。

【建设工程管理】启动全程代办新模式。通过细分服务对象，优化服务方式，进一步助推项目落地。成立全程代办服务管理处，保障全程代办工作顺利完成。通过招标采购，引入天苗、鼎轩2家代办公司。通过制定考核办法与细则，落实代办服务质量考评，全程监管代办服务质量。为中国铁建、千山药机等18个项目开展代办服务，企业满意率100%。开启审批绿色通道。由之前8个行政章减为4个，浓缩4个行政审批流程，减轻企业负担；收费方面按照“只减不增”原则，协调处理农民工保障金等费用收缴问题；为重点项目进行“提前介入”报批，急速推进项目进度，同时对项目过程加强监管与服务；组织项目初步设计专家评审会议68次。狠抓工地规范化建设。区质量安全监督站获批为独立法人机构，全额拨款事业编制6名，标志着园区建设领域监督机构合法化。全年园区内监督项目95个，总建筑面积257万平方米。通过在施工现场设置脸谱识别考勤设备、建设长沙经开区工程检测中心、园区建筑安全施行“网格化”监管等一系列组合拳，将园区在建项目分组划片，确保园区在建项目安全监督“无死角”“全覆盖”。全年监督人员下工地检查1000余次，在监督过程中下发并督促整改质量安全隐患316次，下发停止施工函48份，下发执法函27份，不良行为告知145份，不良行为认定24份，联合县执法机构对14家违反相关建设法规单位进行行政处罚。通过对项目的严格监督，年内未发生重大安全责任事故。加大项目管理调度力度。编制园区建设三年提质改造计划，铺排全年123项基础设施建设项目，落实重点项目工程调度机制，制定《政府投资建设项目管理实施办法》《政府投资项目竣工验收规程》《园林绿化工程监督管理暂行规定》等，不断规范市政工程项目建设管理。针对重点工程项目成立专项小组，召开项目调度专题会议16次；全年按季度发放重点工程建设进度情况通报，下达任务委托书16份，下发项目进度督办函15份。采购“长沙经开区政府投资基础设施建设项目管理系统”。该项目以工程项目管理为核心，涵盖项目入库、预备、前期、施工、验收、决算等整个工程建设周期，对政府投资项目进行科学管理。

【安全生产管理】强化领导责任。管委会多次召开安全生产专题会议，各部门严格落实安全生产“一岗双责”制度，开展与部门负责人和重点企业负责人的谈心对话、领导带队安全生产检查，督促部门的监管责任和企业的主体责任的落实。强化监管责任。完善安全生产责任体系建设，层层签订安全生产责任书，安全生产检查实行领导和部门一月一检查、一季一调度。突出重点行业监管，对高风险的安全生产重点企业探索“专家查隐患、部门下整改”工作措施，聘请专家100余人次，排查并督促整改安全隐患200余条。督促落实主体责任。狠抓企业安全生产主体责任这个“牛鼻子”，督促企业强化安全基础管理，建立安全管理机构，配备专职安全管理人员，主要负责人、安全管理人员、特种作业人员培训合格持证上岗，同时将企业安全管理情况列入安全联审政府扶持资金拨付的重要内容。严格监管执法。深入开展“安全生产监管执法年”活动，完善“四不两直”和“双随机”抽查等6项工作制度，全面使用便携式移动执法终端，确保执法的公正公平。执法检查企业136家，排查安全隐患660余处，下达各类执法文书386份，立案查处5起违法违规行为，实施行政处罚罚款11.3万元。严格打非治违。以危化品、非煤矿山、粉尘防爆为重点，扎实推进打非治违“春雷”“飓风”“霹雳”“清剿”行动、大排查大管控大整治行动和安全生产“百法执法”行动，开展联合执法行动5次，取缔非法生产经营窝点2处。严格职业病防治。启动“除尘”“灭毒”“降噪”专项治理行动，对存在职业病危害的60家企业逐一诊断，7家企业获评全市示范企业，开展职业卫生“三同时”企业8家，完成职业病危害现状评价4家。安全生产月期间，承办全省安全生产月启动仪式。组织开展安全生产大培训，采取课堂理论教学、入企现场见习等多种形式，开展“百人送训”安全培训10场，企业主要负责人、安全管理人员安全生产培训5场，在《产经周刊》开辟《安全生产进行时》，开通“安全生产微聚焦”微信公众平台和企业负责人手机短信平台，报道打非治违、专项整治行动和曝光企业安全生产违法行为等各类信息；组织开展企业安全文艺宣传、安全生产技能比武、应急救援演练等活动和免费发放安全宣传资料等方式，传播安全理念、宣传安全法规。积极推进企业安全生产达标，将安全达标由规模以上企业向规模以下企业延伸，完成标准化企业复评35家，新创建达标42家，树立住友橡胶、广汽三菱等7家安全生产标准化示范企业。推进安全责任“双五”落实。督促企业落实“双五”规定，并将“双五”落实纳入执法检查内容。推行企业安全隐患自查自录自改工作。实现对企业安全生产事故隐患“分类排查、评审挂账、整改销账”的动态监管，园区142家企业按要求录入数据，实际上报率、网上核查率均为100%，动态整改率98%。

【能源管理】 园区规模以上工业企业耗能356001吨标准煤；万元产值能源单耗0.0184吨标准煤，比上年下降2.42%；综合能耗总量比上年上升6.59%。能源消费结构仍以电力和天然气为主，二者占综合能耗总量的92.15%。从能源消耗来看，全年消耗电力21.6亿千瓦时、消耗天然气4706万立方米、消耗汽油5728吨、消耗柴油8193吨，分别占总能耗的74.57%、17.58%、2.37%和3.35%。完成节能评审与审查项目及节能登记备案项目28项，通过节能评估与审查的项目有：铁建重工高端地下装备制造项目，远大空调的超高效燃气分布式能源系统装备研发及产业化建设项目，千山慢病健康管理有限公司的千山慢病精准管理与服务中心项目等。协助三一重工长沙产业园完成市能源局组织能源审计报告和节能规划报告审查工作，并取得节能审计批复。推荐明城国际、胜通汽配、耐普恩等4家企业项目申报2016年湖南省节能专项资金，预计申报项目资金180万元。审查并推荐智普印刷公司申报2017年节能专项资金。指导并完成山河智能山河工业城创建长沙县零碳示范创建单位的现场验收工作。对山河工业城能源管理体系的完善和二氧化碳管理体系的建立、空压机变频改造、光伏发电等项目创建材料效果进行检验、审查，依据原定流程，同意其申请长沙县零碳创建资金140.6万元。指导企业联网直报五年的节能目标完成情况及节能措施落实情况，编写节能总结。指导培训企业完成节能情况自查，除北汽福田、娃哈哈外，其他企业均完成或者超额完成任务。

【工程安全监理与监督】 全年监督项目95个（新报建项目70个），总投资约46.8亿元，其中房建工程68个，总建筑面积257万平方米，市政工程27个。全年办理项目开工安全条件审查70个，办理起重机械设备使用登记备案98台，办理项目安全文明措施费核实45个，办理项目安全文明措施费审核通知35份；办理项目竣工备案13个，办理节能验收备案15个。创新质安监督方法。通过在施工现场设置脸谱识别考勤设备，对关键岗位人员到岗情况实行全天候的监督。与长沙县规建局依托百年建设工程质量检测室共建长沙经济技术开发区建设工程检测中心，推进项目比对检测；着手整顿开发区的工程检测市场，查处湖南同力检测咨询有限公司和湖南科创高新工程检测有限公司两个检测单位的违规检测行为。对园区建筑安全施行“网格化”监管。通过购买服务引进湖南格瑞工程建设有限公司的9名工程师作为区建设工程质量安全监督的补充力量。将园区在建项目分组划片，确保园区在建项目安全监督全覆盖。同时，明确质安监提前介入的具体措施，优化园区投资环境，促进项目建设落地。筑牢安全监管防线。全年监督人员下工地检查1000余次，在监督过程中下发并督促整改质量安全隐患316次，下发停止施工函48份，下发执法函27份，不良行为告知145份，不良行为认定24份，联合县执法机构对14家违反相关建设法规单位进行行政处罚。通过对项目严格监督，全年未发生质量安全事故。

【工商行政管理】 商事制度改革。出台《企业集群注册登记管理办法（试行）》，园区发展托管机构7户，集群注册企业349户；实行“审核合一”制度（“独任注册官”制度）和简易注销制度；实行外商投资企业注册登记制度；实行企业名称网上核准。改善登记窗口服务条件，添置排队叫号机，制作商事登记宣传动漫片，加大政策宣传力度。全年新登记市场主体1259户，换发“三证合一”营业执照865户，园区市场主体总量3286户。强化市场监管，强化信用监管。认真贯彻落实《企业信息公示暂行条例》，构建以信息公示、信用监管为核心新型监管体系，在《湖南日报》登报吊销企业35家。查处取缔无照经营行为。在园区范围内开展拉网式检查2次，取缔无照经营4户，责令改正21户。严厉打击虚假广告。组织现场检查3次，检查经营户29户次，检查广告30条。聘请专业机构对1420家企业网络平台实施拉网式排查，检查网络广告1960条。企业年报率94.22%，在全市系统市场主体年报率排名中名列第一。强化年报工作责任。按照市场监管职责，细化年报推进工作目标责任，建立片区监管责任制，订目标，抓落实。利用报纸、微信公众号、QQ、信息群发、组织工作人员分片分组上门等方式进行年报宣传、指导活动。强化年报窗口服务。印制《企业年度报告信息公示指南》等资料供园区办事群众免费取阅。安排专线专人值班，接听咨询电话或当面答复咨询。平均日现场接待和电话答复企业咨询30多个。商标管理工作。做好“守合同、重信用”企业评选工作，推荐“守重”企业省级20家、市级25家。关注国内企业信用建设工作动态，调整工作思路，加强适合园区特色的企业信用体系建设研究，加入全国高新技术产业园区信用联盟。园区新注册商标208件，有注册商标2779件，全年申报著名商标22件，其中新申报11件，重新认定11件。年末，园区有驰名商标10件。依法行政工作。拓展办案领域，加大办案力度。通过组织开展业务培训，分析筛选案源，会商审核案件，提高办案技巧，执法办案人员的业务水平有明显提升。全年立案查处各类经济违法违章案件8件，结案7件，罚没入库141.8万元，涉及食品安全、虚假宣传、商标贿赂、虚假宣传等领域，特别是查处某汽车销售企业涉嫌商业贿赂一案受到市工商局通报表彰，办案人员无违纪违法行为发生。

【质量技术监督】 以实施名牌战略为突破口，培育和发展名牌产品，促进企业质量管理水平提升。通过主动对接、多方协调，扶持指导园区内3家企业、5个产品获评“湖南名牌”，推荐广汽菲克等3家企业申报省长质量奖，铁建重工、中粮可口可乐2家企业申报成功，进一步提升园区企业的品牌竞争力。主动推进标准化生产，深入一线企业开展标准实施监督检查，帮助企业建立和完善标准化基础工作。4月、7月、10月，连续举办“质量和环境管理体系标准换版”、特种设备安全管理人员资格、企业标准自我公开声明及标准化等工作业务培训，广汽菲克等200余家企业计1000名管理人员参加，105人取得特种设备管理人员证书、33人资格复审培训合格。严格执法，保障质量安全。建立222家企业、4000台套设备台账。厘清电梯、压力管道等特种设备区、县交叉业务中的监管责任，为有效落实企业主体责任打下基础。开展安全生产“三大行动”和易燃易爆行业专项检查，隐患排查效果明显。先后对14家问题企业下达特种设备安全监察指令书，对17名企业负责人进行约谈。建立问题台账，督促企业进行整改直至安全隐患消除销号，完成率100%。联合安监、消防等执法部门，对长沙星沙新奥燃气有限公司等5家涉燃涉爆企业、8家自供站和涉及园区工用及民用气体充装、加气单位开展“大排查、大管控、大整治”集中行动，约谈组织问题突出的10家单位主要负责人，指出重大安全问题，明确整改措施和时限，11月底以前全部整改到位。

【财政】 全年财政总收入137.8亿元，比上年增长14%。其中工商税收116.7亿元，比上年增长10.1%。加强预算管理和经费支出管理，确保全年行政经费不超预算，规范运行。加强区县财税部门联动，及时结算国库收入并掌握园区税收动态，重新认定企业800余家；开展园区综合治税管理等系列工作，对政府购买服务进行规范管理。不断加强产业支持，全年安排5.05亿元产业发展专项资金用于支持专利、创新、现代服务等发展。加大对企业“减负增效”的支持力度，帮助园区企业争取上级财政资金3.7亿元；完善企业扶持资金拨款流程，促使企业履行社会责任。强化财政资金使用监督与管理。对下属企事业单位进行财务检查；积极配合纪检监察审计室及上级部门的多次专项审计；对29项共27亿元专项资金使用情况进行绩效评价。投资评审中心和政府采购与招投标办严格把好资金使用的第一个关口，通过规范工作制度，加强流程管理。探索国有资产管理模式，拟订《国有资产监督管理办法》初步方案，逐步深度参与和监管集团公司重大投资决策，为促进国有资产保值增值迈出积极探索步伐。金融证券管理方面。加强对区内小贷公司和融资性担保公司的检查和监管，推荐多家企业进入省、市上市挂牌后备资源库。在企业和社区宣传“打非”工作，继续加强清欠、清收工作。清理578份合同及相关会议纪要，收回现金920万元，办理抵扣结算8家，与10企业签订分期付款协议。向19家欠款企业送达律师催款函，起诉企业6家。启动PPP项目工作，按照区PPP领导小组的要求，迅速成立专门工作机构，加快项目推介、筛选及各项谈判工作。将黄兴大道及片区改造定为园区首个PPP项目，编制初步实施方案。

【国税】 全年增值税300921万元，增收117814万元，比上年增长64.34%；消费税240363万元，增收179311万元，比上年增长293.70%，所得税89468万元，增收9031万元，比上年增长

11.23%；总收入630752万元，增收306156万元，比上年增长94.32%。全年组织收入93.36亿元，增收36亿元，比上年增长63.8%。组织各类培训90余次，走访“营改增”纳税人300余户，组织“营改增”行业纳税人座谈会50余次。深化征管体制改革，促进国地税深度融合，通过联合大厅办税服务等措施，服务深度融合，解决纳税人办税“两头跑”难题；通过共享涉税信息、联合开展税收调查等措施，信息高度聚合，解决纳税人资料“多头报”问题；通过联合税收宣传、联合专家顾问团队、联合培训辅导、订单式服务等措施，解决政策解答“多口径”等问题，打造国税、地税合作的新品牌“税收带来星沙美”。坚持依法依规收税，落实减免税政策，做好增值税即征即退审核工作，退税4952万元。落实出口退税优惠政策，办理出口免抵（退）税12.35亿元，为促进企业发展、产业结构调整和支持外贸出口做出贡献。抓服务、强素质，推进简政放权、提速减负。完善首问责任、限时办结、预约办税、延时服务、“二维码”一次性告知、取消增值税专用发票认证、小规模纳税人按季申报等便民服务机制。创新提效，打造办税服务厅“安静工程”，获评市国税局2016年亮点工作第一名。组建专家咨询团队定制式服务，为纳税人提供权威、准确、及时的咨询解答。完成2015年度纳税信用评价工作，联合银行为纳税人提供融资贷款优惠服务。通过“银税互动”为23户纳税人提供贷款1.6亿元。

【地税】 全年入库各项收入62.91亿元，剔除营改增因素，比上年增收3.82亿元，增长5.51%。加快征管转型，开展专项行动。“营业税清零”中，清理入库营业税15.4亿元，其中清理入库非当期营业税8.9亿元；坚持税费同征同管，教育费附加等5个计划口径费金入库5.43亿元，增收2.25亿元，比上年增长70.81%。9月，开展强征管“百日劳动竞赛”，加强税源巡查，清理漏征漏管户，对主要税种进行全面清查，清理欠税，收入由6月至8月的月均入库不足3亿元，增长到9月至11月的月均超过4.5亿元，扭转全面“营改增”后负增长被动局面。深入完善信息管税。地税局综合治税平台采集涉税数据708万条，通过平台入库税收8.76亿元，发挥数据管税的积极作用。针对营改增后面临的新形势，制定平台改造升级及试点推广方案，重点突出各部门数据采集、上传、共享，实现大数据分析，将涉税事项分为事前、事中、事后三个阶段进行管理，进一步提升营改增后信息管税的能力。全面规范征管秩序。强化稽查的以查促管作用，查补税款600余万元。优化纳税服务，落实税收优惠政策。坚持服务大局，强化政策梳理，简化办理程序，不折不扣落实各项优惠政策，辖区内5180户小微纳税人享受小微税收优惠，为804户小型微利企业提供所得税优惠减免654万元。全年办理减免税审批223笔，减免税收9134万元，比上年增加3364万元，增长58.3%。持续优化办税服务。通过营改增专题宣讲会、企业大走访服务等，分期分批为1万多名纳税人进行纳税辅导，在《湖南日报》等媒体进行工作专题宣传报道，“星沙地税”微信平台荣获市局互联网创新项目一等奖；全面落实纳税服务规范，完善具体服务举措，办税中心获评长沙市“巾帼文明岗”。

【投资评审】 全年审计项目297个，评审金额16.78亿元，其中结算项目136个，送审金额7.35亿元，审定金额5.66亿元，核减1.69亿元，核减率22.99%；预算项目161个，预算金额9.43亿元。评审金额和2015年16.46亿元相比基本持平，结算核减率相比2015年15.38%有所增加。规范流程提高效率。推行预算项目“联系函”制，由建设单位对预算项目进行初步施工组织设计，对施工方案进行初步确认，以“联系函”形式提交投资评审中心，评审效率得到提高。如道路工程预算编制和审核前，要求建设单位明确土石方比例，运输路线以及三通一平是否符合施工要求，通过建设单位前期踏勘现场预估施工措施费用，为评审节约时间。严格考核减少误差。全年通过公开招标确定中介造价咨询库，为加强对中介造价咨询库的管理，制定严格的《中介造价咨询库的考核办法》。在考核办法中对造价咨询机构的各项服务：如评审时限、评审误差率、初审报告及提交资料完整性及规范性等进行量化计分，对不符合要求造价咨询机构取消入库资格。促进评审的质量，减少误差率。

【政府采购与招投标】 秉承“三公”原则，发挥平台助手作用。完善交易行为、规范操作程序，制定科学招投标方案，积极推进重点工程建设，充分发挥平台助手作用。全年开标190批次，151个标段，开标金额25.65亿元，中标金额22.11亿元，节约资金3.54亿元，平均节约率13.8%。履行监管职能，营造诚信交易环境。所有公开招标项目全部使用湖南省综合评标专家库网络抽取终端系统；公开招标项目实行资格后审方式和无业主评委进行专家评审活动；建设工程公开招标项目录入湖南省建设工程管理信息系统网，对关键岗位人员在建项目信息进行查询；规范招标代理机构管理工作，对招标代理工作质量实施量化考核。创新交易规则，完善平台运作体系。扩大中标公示内容，加大社会监督力度。创新评标办法：制定科学合理评标办法，经三轮抽签，在基准价计算中增设A值，现场随机抽取下浮点β值和A值，此举防止恶意竞价，打击围标串标。创新招标方式，探索运用PPP项目招标模式。发挥监管职能，探索长效监管机制。提高标前质量。积极探索标前管理新办法，会同有关部门加强对招标代理机构工程量清单、招标文件编制监督。抓好现场监督。以完善招投标项目开标评标程序为重点，严格监督各代理机构按规定程序组织开标、评标活动，严肃开评标纪律，保障各招投标当事人依法履行各自职责并及时解决开标、评标中遇到的问题，探索建立资深专家复评制度。加强标后监管。实行合同备案，督促中标单位全面履行合同；实行项目经理押证管理；落实施工管理业主负责制，对中标企业的合同签订、关键岗位人员到位到岗，是否存在转包、挂靠现象等进行跟踪，探索评价结果运用制度；查寻其资金拨付有无委托转付行为；健全工程建设领域诚信体系，推行企业不良违规记录管理制度。配合纪检监察部门，通过不定期巡查，及时发现标后违法违规行为，开展招投标领域突出问题专项治理工作。改造交易场所监控系统。加大资金投入，在开标区域、评标区域、专家抽取办公场所、过道等招投标当事人活动场所安装先进监控设备和手机屏蔽设备，实现招投标交易过程全方位监控。着力在服务效率上有新突破。在严格按规办事的前提下，着力求“效”，继续对重大项目实施全程“保姆式”服务，坚持和完善特事特办、并联作业等行之有效的工作方法；加强招投标工作软硬件建设，打造“统一开放、竞争有序、服务到位、监管有力”公共资源交易平台。服务与效能并行，着力强化平台功能。提升服务意识。严格执行首问负责制、一次性告知制度和限时办结制度，优化招投标环境，提高行政效率和服务水平。招标申请备案后，资料齐全即报即办，依法按照招标程序发布招标公告，公告时间不少于5日；编制、发放施工招标文件到投标截止时间（开标时间），不少于20日；中标候选人网上公示不少于10日。

【人才交流服务】 围绕目标，人才引进精准发力。依托经开区人才网、微信公众号等网络平台，及时对外发布企业人才需求信息，通过“才聚星沙”人才市场、校园招聘会等载体千方百计帮助企业引进急需人才。频繁开展校企对接、贫困地区劳动力对接活动，拓宽技能型人才和一线普工对口输送渠道。引导园区企业与省内技职院校建立良好合作关系，定期开展或组织参加“企业技职院校行”“企业技能型人才校企合作对接会”“春风行动”等活动，引导省内技职院校、贫困地区为园区企业输送人才。全年举办“才聚星沙”人才市场招聘会、校园招聘会、“春风行动”招聘会等各类招聘活动64场，引进人才13000余人，引进一线普工近5万人。举办深度校企对接会，搭建政府、企业、学校融合交流平台，协助院校将人才培养与产业用人需求有效对接。支持社会培训机构建设“高技能人才培训基地”，定向为园区企业提供人才培养服务。组织技能提升培训3期，集中开班53个，培训近1500人，落实园区“技能型人才计划”政策，25家企业和24家院校获奖。依托“星沙大讲堂”平台，举办各类培训22期，近9000人参训。准确把握人事代理政策，规范完善人事代理工作制度、操作程序，提升服务水平，简化办理流程，为园区企业人才提供方便、快捷、优质人事代理服务。2016年，接收人事档案986份，办理户口挂靠247人。开展专业技术人员职称英语、计算机、继续教育培训3期，培训421人，为526名园区专业技术人员组织相应职称评定工作。

【创业服务】 长沙经开区拥有13个创业基地，开发建设面积133.33公顷，全年新建标准厂房面积34万平方米，建成标准厂房面积93万平方米；新引进小微企业236家，引进和培育小微企业554家。6家创业基地获评长沙市首批“全国小微企业创业创新示范城市核心基地”，3家创业基地获评“省级创新创业基地”，三一众创和新长海2家创业基地分别获评“国家级众创空间”和“国家级科技企业孵化器”。牵头制定《长沙经济技术开发区支持小微企业创新创业实施办法》和《关于支持三一众智新城发展的试行办法》，从平台支持和入驻企业支持等两大方面进行支持，支持力度、覆盖范围均超过往年。积极协助各创业基地及入驻企业申报省市政策支持。7个项目获长沙市小微企业创业创新专项资金项目扶持，共615万元。留学人员创业园及留创企业获得国家部委、省级资金支持共48万元。创建企业服务站。鼓励工业地产开发商创建企业服务站，出台《企业服务站运营细则》，进一步规范企业服务站考核、奖励、评比。全年认定授牌企业服务站6家。全力打造三一众智新城。三一众智新城成立不到1年，创建孵化空间2万平方米，引进创业团队和企业近100家，牵头成立总规模3.5亿元的创投基金，入驻企业获得各类风险投资、股权投资4000万元，入孵企业在全省、全国性创新创业大赛中屡获佳绩。三一众智新城作为发起单位，举办8次“三湘汇”活动，牵头成立“湖南省创客协会”。三一众智新城获评“国家级众创空间”。出台《长沙经济开发区鼓励和扶持企业上市(挂牌)的试行办法》。强化企业主体责任，长沙经开区管委会与工业地产开发商和入驻企业层层签订安全生产责任书。理顺安全生产管理机制，坚持属地管理为主、行业管理为辅，发挥安委办的统筹协调职能，加强监管执法力度。突出安全生产管理重点，重点加强对仓储物流企业和劳动密集型工业地产园的监管。

·国有资产运营·

【概况】 2016年，长沙经济技术开发集团有限公司资产总额271.84亿元，集团公司下属全资、控股、参股子公司，营业收入13.12亿元，归属集团公司净利润1.87亿元。坚持保障为先，平台职能充分发挥。丰富融资手段，严控债务规模。全年新增银行贷款融资34亿元，获批银行可用授信规模90.68亿元，表内融资保障有力。第三期公司债券发行方案正式获批，发行规模23.4亿元，直接债务融资稳中有进。申报政府性债务置换规模56.23亿元，政府性债务置换成效明显。外部主体评级由AA调增至AA+，主体评级取得突破。有息债务规模105.81亿元，比上年下降17.46%，全年偿还借款62.4亿元，债务规模得到合理控制。强化施工管理，狠抓项目建设。全年铺排项目85个，基础设施投资完成总额12.89亿元。“四纵一横”建设全面铺开，华湘工业园投入13亿元，博世龙华工业园、广汽三菱发动机等重大产业项目建设有序推进。星沙水厂16万吨深度处理提质改造工程完成通水，实现从“放心水”到“优质水”的飞跃。城北污水处理厂完成主体工程建设、设备招标、自控项目招标及部分设备安装，城南污水处理厂提质改造工程完成项目建设，城西污水处理厂完成前期工作。推进专项工作，促进产业发展。星沙中央商务区完成土地收储66.13公顷（其中商务区土地41.78公顷），宣传招商工作有序推进，存量土地及房产管理工作有条不紊。加强协调对接，推进飞园发展。汨罗产业园土地征拆，安置区、工业地产、“两纵两横”道路工程全面开建，引进优冠集团，与巴陵石化签订框架协议，在谈企业30余家。鄯善工业园火车站镇供水改扩建项目房建标段提前3个月完成进度，12000平方米三一厂房竣工验收。星沙产业基地工程机械、汽车零部件两大产业已成规模，以赛隆药业为代表的生物医药产业加速壮大，磐吉奥等30个潜力项目加快推进。坚持发展为重，市场运作稳步推进。启动物业开发，推进产城融合。组建力都商务置业有限公司，负责人民东路两厢片区及其他自有土地开发经营，重点铺排的人民东路两厢片区开发、力都大厦建设、中部智谷9号栋收购和黄金集团住宅项目土地转让等项目全面启动。创新合作模式，推进重大项目。采取PPP模式推进华湘工业园、产业工人活动中心、黄花片区道路建设、水质净化公司提质改造等重大项目建设，引进社会资本20多亿元。发展工业旅游，打造展会品牌。举办“2016中国湖南国际老年产业博览会”“中国（湖湘）国际养老产业高峰论坛”“第三届中国中部国际老年产业发展高峰论坛”“2016中国（长沙）装备制造+互联网应用与发展高峰论坛”，协办“2016海峡两岸（长沙）电子信息博览会”“2016中国国际轨道交通博览会暨高铁经济论坛”。年内开辟园区工业游线路8条，自营游客4000余人，园区工业游人数突破6万人，树立工业旅游的经开区品牌。创新金融服务，助力企业发展。金融服务中心通过风险补偿基金贷款业务、传统融资业务为园区企业获得银行新增授信2.23亿元，建立园区企业信息数据库及机构数据库，成立产业基金、新能源基金，全年获得授信总额12.73亿元(其中产业基金8亿元，新能源产业基金2.5亿元)。投资控股公司积极参与筹建三一众创基金，全面推进长沙IC基地运营管理。经沣小贷公司累计为园区企业提供融资金额10.1亿元。长沙经开区担保公司担保业务审批9.7亿元，助推园区企业发展。

·主导产业发展·

【工程机械】 2016年，以三一集团、山河智能、中联工起、铁建重工、恒天九五等为代表的工程机械制造业，实现产值862.1亿元，占规模工业总产值的40.7%，比上年略有下降。三一集团、铁建重工等重要工程机械

1月22日，湖南工程机械二手设备产业联盟运营暨国际零部件交易中心开工动员大会举行　（长沙经开区志办 提供）

企业依托自身技术创新、模式创新、管理创新等措施，主动顺应大势，谋求“裂变发展”，不断衍生出新产品、新业态，三一众智新城、铁建重工高端地下装备制造等优势项目应势而生，显示出园区转型创新发展的勃勃生机和强大动力。

【汽车制造及零部件】2016年，园区汽车制造及零部件产业继续保持高速发展。税收过1亿元企业10家，特别是新增上汽大众、广汽菲克两家产值过100亿元企业，分别比上年增长13.8%、301.7%。全区汽车制造产业产值746.9亿元，比上年增长80.2%，成为园区转型升级新引擎。

【电子信息】2016年，园区电子信息产业在蓝思科技、维胜科技、国科微电子、纽曼数码、长城信息等龙头企业的带动下获得较大发展，全区电子信息产业产值267.9亿元，比上年增长20.0%。　（长沙经开区志办）

长沙县现代农业创新示范区

【概况】2016年，示范区管委会以国家现代农业示范区为载体，紧扣项目建设工作主题，推进全县现代农业和城乡融合同步快速发展，全域推进美丽乡村建设，农业现代化进程增速提质。

农业项目建设。新引进湖南焕燃能源光伏农业、哲农粮食银行等农业投资项目7个，新引进安沙镇御艺等现代农庄15个，农业招商新签约资金23.2亿元，增资续建项目70个，到位资金25.6亿元。加强现代农庄建设管理，组织举办2次专题培训班，对产业发展、农庄布局、用地申报等方面予以指导。加强现代农业企业和现代农庄行业管理，成立长沙县现代农庄协会。加强农业产业化项目建设，建立完善项目库和项目台账。纳入市重大现代农业项目20个，年度计划投资58790万元，实际投资86420万元，项目开工率100%。农业规模化发展程序不断提升，新增土地流转面积1466.67公顷，其中新增耕地流转533.33公顷；全县农村土地流转面积32466.67公顷，其中耕地流转面积19666.67公顷。

城乡融合发展。市级城乡融合发展重点项目27个，年度计划投资24.87亿元，实际投资27.93亿元，项目开工率100%。推进“12+4”县级城乡一体化试点镇建设，提质完善各镇基础设施、公共服务设施、道路、绿化、亮化、环境综合整治等，年内实际投资5亿元。青山铺青洪河主题文化公园、双江河河道治理、金井烈士陵园二期、开慧飘峰山连接线、浔龙河生态小镇、金井白石洞移民安置区、金井集中居住点、开慧慧润集团乡村旅游开发等项目建设成效显著。推进美丽乡村建设。县财政安排的1000万专项资金，整合投入6579万元，重点建设6大县级美丽乡村示范片区、26个市级示范村和特色村、17个县级示范村，通过以点带片、以片连线、以线促面的方式，辐射带动整县推进美丽乡村建设。年内组织相关工作推进会、观摩会6次。创新“以奖代补”模式，吸引社会资本等各类投入美丽乡村公共配套、环境整治、产业发展等，累计投入1.2亿元。推进农村主干道环境整治，制定《长沙县农村主干道沿线环境综合整治行动实施方案》，坚持“多治慎建、量力而行”的原则，指导督促主干道沿线各镇大力开展环境综合整治，有序推进“脏乱差违”治理，全面达到“零残留、零败象、零违建”的良好格局；整合铺排交通、水利、复绿、修缮等项目，推进22个沿线景观节点改造项目建设，实际投资7300万元，确保沿线“规范、整齐、自然、生态”。被评为“省级美丽乡村建设先进县”。果园镇新明村获评省级美丽乡村先进村。探索推进涉农资金整合。探索推进涉农资金整合试点工作，出台《长沙县整合涉农建设资金支持新农村建设改革试点(试点)方案》，制定《长沙县整合涉农建设资金管理办法(暂行)》等有关制度文件，确定全县第一批30个试点村(社区)。对县级财政拨付到村、组的涉农建设资金，原则上按各级各部门资金额度的30%进行整合，实行“归口管理、决策民主，重点突出、投向科学，使用高效、群众满意”管理机制。整合涉农资金5000万元以上用于支持试点村新农村建设。铺排项目295个，计划总投资6430万元，涉农预算整合资金最高奖补5344万元。

农创平台搭建。建设“县、镇、企业”三级创客平台。县级平台主要是县农村创客服务中心、县“双创”培训基地和县优质创客集中展示中心。按“产业展示中心、招商服务中心、创业指导中心”定位，提质升级建设10个镇级创客服务中心。重点建设果园浔龙河、开慧慧润等企业众创空间。吸引垒土科技、广吉生态等创客企业入驻，新增重点创客及创客企业230多家，组织参加“全国双创活动周湖南分会”等活动。构建银信扶持体系，与长沙银行合作设立创客服务基金1亿元。与高校开展双创共建合作，引进大学生创客团队31家。强化创客行业管理，组建长沙县创客联盟，开展各类活动12次。全力构建农村经济社会发展“新模式、新业态、新增长极”。

推进农村改革。推进深化农村改革4大类18小项任务。被定为全市唯一涉农资金改革试点县，稳步推进整合涉农资金改革试点。6月底下达全县改革试点村项目指标，7月全面启动试点村项目建设，11—12月总结经验上报市委并宣传推介。壮大村级集体经济。发展民宿旅游产业经济，统筹盘活村级民宿、地方文化、手工产品、闲置房屋等资源，在避免同质化竞争前提下推动民宿旅游产业开发，推进市场化、农民参股合作等管理模式创新。健全城乡融合发展投融资机制。做好市城乡融合产业基金与县内企业的投资对接服务。7月，组建1亿元规模的农村创投基金；10月，依托瑞农公司，与湖南农业信用担保有限公司、中华联合保险公司落实企业融资担保和履约保险。采取PPP模式吸引社会资本参与新型城镇重点基础设施建设。加强两河风光带建设，结合全国河湖管护体制机制创新试点县建设，全方位推进工程运行管理体制改革、小型水利设施管养分离等改革，出台管理办法、标准图集、补助标准等，按照“定额供水、计量收费、梯级计价、节奖超罚”的原则试点开展水价改革。

（王　浩）

【长沙县2016年度推进现代农庄建设工作会议召开】 5月27日，长沙县现代农业创新示范区管委会牵头组织召开长沙县2016年度现代农庄推进会。县委副书记吴新伟，县委常委、副县长谭浩然，副县长李开兴出席会议。各相关职能部门、镇街等单位行政负责人及分管农业负责人，已通过立项73家现代农庄项目负责人参加会议。本次会议主题为规范长沙县现代农庄管理、推进农庄项目建设。现代农庄是全县创新农业产业化经营新型载体，旨在进一步指导农庄项目配套建设用地调规和申报，督促农庄在科学规划、产业支撑、文化特色和诚信责任等方面加强作为，全面提升农庄发展品质，助力长沙县农业供给侧结构改革。

【长沙县2016年度农村创客专题培训班举办】 6月21日至23日，长沙县2016年度农村创客专题培训班在县委党校举办。该县北部10个镇的创客工作分管负责人和专干，长沙县各众创空间、优秀创客企业代表等50余人参训。长沙县自2015年在全国率先启动“双创”工作以来，结合本地农村创客工作实际，全力打造“县级+镇级+企业”三级创客平台。此次培训由县委组织部主办，县现代农业创新示范区管委会和县委党校承办，旨在进一步提高各创客队伍专业水平，为创客企业提供更加专业的服务，同时为全县五大功能区实施“育苗工程”，全面培育初创企业。

【长沙县现代农庄专题培训班举行】 7月8日至9日，长沙县现代农业创新示范区管委会在长沙县委党校举办为期两天的现代农庄专题培训，由县国土局、县财政局等部门业务骨干对长沙县70余家现代农庄负责人进行专业培训，重点指导长沙县部分农庄规划定位不清、产业支撑能力弱、辐射带动效应不强、整体宣传推荐力度不够以及农庄品牌影响力不高等问题，旨在通过培训帮助农庄业主进一步理清思路、提标提质、坚定信心，创新发展机制，推动产业融合，提升建设品质，同时利用长沙县周边农业科研院所云集、产学研结合良好的科技优势，转化新产品、新技术、新成果，更好满足广大群众高端化、多样化的消费需求。

【长沙县农村创客电商联盟成立】 8

8 月 28 日，“长沙县农村创客电商联盟”启航　（丁　娟　摄）

月 28 日，“长沙县农村创客电商联盟”启动仪式举行，宣告“长沙县农村创客电商联盟”成立，长沙县北部 10 镇的创客工作负责人、农村创客电商企业代表参加仪式。启动仪式上，以购酷、浔龙河、慧润为代表的农村创客电商企业签订《长沙县农村创客电商战略合作意向书》，确定协力推进“农村互联网 +”战略，积极运用互联网思维服务长沙县北部农村小微农企和广大农户，着力解决其生产运营的问题和痛点，助推小微农企和广大农户发展成长。

【长沙县“双创”孵化器建设】10 月 14 日，2016 年全国大众创业万众创新活动周湖南省分会场（简称“省双创活动周”）在湖南省展览馆开幕，长沙县北部农村一体化“双创”孵化器是全县唯一参展单位。“双创”孵化器以长沙县现代农业创新示范区为载体，力争 5 年内吸引 1 万名创客主体入驻农村，重点培育一百个以“零资金”启动快速增长、一百个以新兴产业带动村集体经济发展、一百个以解决就业带动精准扶贫“三个一百”创新创业典型。通过打造 S207 线、黄兴大道、G107 线三条“创客大道”，将北部农村建设为全省率先、全国知名的具有广泛聚集和辐射效应农村创客洼地。至年末，培育重点农村创客 260 余家。

【长沙县现代农庄协会成立】12 月 1 日，长沙县现代农庄协会成立大会在星沙召开，宣告长沙县现代农庄协会成立。长沙县委副书记、统战部部长杨莉，县人大常委会副主任唐俊兴，副县长毛葵，县政协副主席杜宏亮出席会议，县直相关部门负责人及首批 48 家现代农庄协会会员单位参加会议。本次会议由长沙县现代农业创新示范区牵头组织召开。年底，经县政府批准立项的现代农庄 73 家。现代农庄已经成为农业产业升级的重要途径和农民就业增收的重要渠道。长沙县现代农庄协会的成立，有利于农庄整合各方资源抱团发展，通过统一行业标准、规范服务、诚信经营，打造长沙县现代农庄品牌，为全县农业和农村经济发展增加“绿色引擎”。

【美丽乡村建设】12 月，湖南省委农村工作领导小组办公室组织开展 2016 年度美丽乡村建设工作先进单位考核评比，长沙县被评为“湖南省美丽乡村建设先进县”，果园镇新明村获评“湖南省美丽乡村建设示范村”。该县以“布局美、产业美、环境美、生活美、风尚美”为目标，全力推动美丽乡村建设，涌现一批“宜居宜业宜游”的美丽乡村典范：黄兴镇鹿芝岭村获评“全国生态文化村、湖南省美丽乡村建设示范村”，开慧镇双冲村获评“国家特色景观旅游名村”，慧润国际露营基地获批“中国乡村旅游创客示范基地”，浔龙河生态艺术小镇被市委书记易炼

12 月 1 日，长沙县现代农庄协会成立大会召开　（刘芷伊　摄）

红誉为“全国城乡一体化最新模式经典样板”。

【涉农资金整合改革试点】 2016年，长沙县现代农业创新示范区管委会牵头组织长沙县涉农县直部门探索研究涉农资金整合改革试点工作，出台制定《长沙县整合涉农建设资金管理办法（暂行）》（长县农管委发〔2016〕11号）等有关文件，在全县确定30个第一批试点村（社区）。根据“归口管理、决策民主，重点突出、投向科学，使用高效、群众满意”管理机制，对县级财政拨付到村、组的涉农建设资金按各级各部门资金额度的30%进行整合，计划每年整合涉农资金不低于5000万元用于支持试点村新农村建设。是年，在试点村（社区）铺排项目295个，计划总投资6430万元，涉农预算整合资金最高奖补金额5344万元。（袁远航）

黄兴会展经济区

【概况】 黄兴会展经济区成立于2015年11月，毗邻省会主城区，东接临空经济区，北靠长沙经开区，西临高铁新城，是长沙开放型经济“东引擎、东高地”核心战略发展区域。辖区总面积约170.92平方千米，涵盖黄兴镇（除大众村）、㮾梨街道机场高速以南部分。片区已形成集航空、高速铁路、磁悬浮、高速公路、地铁、水运“六元一体”立体式交通网络。入驻海吉星国际农产品物流园、长沙国际会展中心、长沙家禽大市场等省、市重大项目发展势头强劲，投资规模大、带动能力强、辐射范围广、产业结构优。长沙磁浮生态绿带走廊、“浏阳河九道湾”文旅产业示范带、百里花卉苗木走廊、磨盘洲风景区等旅游资源丰富。黄兴、许光达等历史名人享誉海内外，龙禧文化会馆、“善化”风采等进一步彰显湖湘文化。

黄兴会展经济区坚持以“湖南省现代服务业高地、省会城市副中心、长沙东部开放型经济走廊创新经济平台”为发展定位，全力建设主体多元化、发展差异化、运营专业化功能性园区，开拓“功能区＋产业园”模式，按照“两带、三轴、四片”（“两带”即城市水绿交融带、浏阳河旅游风光带，“三轴”即产城融合发展轴、产贸联动发展轴、临空经济发展轴，“四片”即会展商贸片区、创新产业片区、智慧物流片区、农旅风情片区）“234”空间结构，打造成空铁联动国际商贸会展之都，智汇天下创新经济发展高地和彰显湖湘文化生态绿色之城。其主要职责是：贯彻执行上级党委、政府有关方针、路线、政策，落实上级相关文件精神，集合实际制定具体实施办法。负责牵头研究制定黄兴会展经济区体制创新、综合配套改革方案，并组织实施。负责统筹区域规划、区域建设、区域招商、统筹区域环境保护、区域经贸管理以及受县委、县人民政府委托负责经济区国有投资开发公司监督、管理。

2016年，黄兴会展经济区及时配齐人员，安排领导干部3名，投资公司筹备组成员4名，在职在编和招聘人员20名，组建一支27人的高效团队。所拟“职能三定”方案获县编委办核批，明确功能区与镇（街）、县直机关事权划分细则以及班子成员分工和部门科室职能职责。在黄兴镇“果之友”果蔬冷藏保鲜中心办公楼开设办公场所，5月25日挂牌办公。筹建投资公司，投资开发公司筹备小组成员到位后，开展公司注册、机构组建、章程拟定等前期工作。省工商局预核公司名称为“湖南畅享投资开发有限公司”，拟注册为国有独资公司，注册资金计划初定人民币1亿元。畅通渠道多方协调。黄兴会展区管委会作为一个崭新的功能区管理机构，在争取上级支持、加强片区规划、推进项目建设、促成项目运营等各方面，不断加强与市政府及相关部门、高铁新城管委会、县直单位和镇（街）乃至各村（组）、农户沟通力度，通过高位协调、密集对接、友好协商等，不断理顺、畅通各方合作关系，保证项目顺利推进，各项工作取得实效。

推进项目建设。 长沙磁浮生态绿带走廊是省重点工程、长沙市新“三年造绿行动”1号工程。项目全程16.59千米，分两期建设，绿化面积500公顷，总造价2.8亿元。高标准建成生态绿带走廊。通过对磁浮铁路两厢300米范围内区域进行绿化提质改造和配套设施建设，种植香樟、银杏、樱花、北美红枫等树种5万余株，种植地被植物70万平方米，形成简洁明快乔木列阵和红、黄、绿曲折变化灌木色带，在沿线建设4个集中连片足球场，占地面积约5万平方米。代表长沙县接受全市“造绿复绿”项目现场观摩，“造绿复绿”做法和经验得到长沙市委书记易炼红肯定。坚持问题导向，破解项目帮促难题。黄兴会展经济区管委会落实《县级领导班子成员联系帮促重大项目工作方案》，按照确保“安全、文明、有序”开展工作目标，稳步推进长沙国际会展中心社会管理保障工作。成立长沙国际会展中心2016年展会期间社会管理保障工作领导小组，29个成员单位参与。印发《社会管理保障工作实施方案》，设立统筹协调、安全保障、环境治理、宣传报道、交通通畅、综合行政执法、重点工程推进、会展筹办等8个专项工作组，明确各小组和单位职责任务，制定专项子方案和工作应急预案并组织实施，各项工作稳步推进。组织外出考察学习重庆、武汉等地国内大型场馆的先进管理保障经验，调度各责任单位与会展公司建立起领导和部门不同层级，高效、频繁、点对点的对接工作机制，多次组织部门现场踏勘，深入查找开展前和展会期间社会保障工作问题，建立台账清单，实行任务认领和交办，压实工作任务。自2016年9月起，黄兴会展区组织召开9次专题调度会议，对梳理出的33个问题，按照“两天一督查、三天一调度”工作要求，实行问题督办销号，确保长沙国际会展中心于11月8日开馆。年内，该中心成功举办压力测试展、住博展、台电展、中西部农博会等6场大型展会，接待参展人数80余万人次。

明晰发展战略。统筹规划片区170.92平方千米范围的功能结构、空间布局、产业定位、生态保护、产城融合发展、城乡一体发展、综合交通优化等内容，规划成果通过县政府评审，并及时组织专题报道对外宣传发布。建立现代服务业龙头企业招商名录库，搭建招商引资信息化平台，邀请深圳翰博景观及建筑设计院分享“太子湾”项目的成功经验，与万达文化旅游城项目对接，做好红星美凯龙家居集团股份有限公司和启迪控股股份有限公司的投资考察工作。通过深入科局、乡镇、企业走访，研究各项数据资料，收集产业情况，积极创建“湖南省商贸流通示范集聚区”，作为长沙县唯一项目推荐至省发改委。对接海吉星项目一期和长沙市家禽批发大市场、湖南果之友果蔬冷藏保鲜及仓储配送中心等项目，做好项目建设服务协调工作

注重品牌塑造。从优势资源、产业属性、区域精神内涵三个维度出发，设计LOGO标识和宣传广告语，凝练出“智汇天下先”区域定位广告语和“你的世界，由我展现”招商广告语。在《星沙时报》上专版解读黄兴会展区发展战略、规划，专版报道重大项目建设成果，积极在省、市、县各类媒体上宣传单位挂牌成立、项目建设进展、战略发展规划等方面工作30余次，转载300余条，不断扩大黄兴会展区知名度。7月，微信公众号正式运营，关注人数近1000人，11月官网上线发布文章200余篇，通过星沙时报电子阅读屏、楼宇广告、全媒体平台多方式、多渠道加强宣传。

【长沙磁浮铁路（长沙县段）生态绿带走廊建设】 长沙磁浮铁路（长沙县段）生态绿带走廊提质改造项目是湖南省委重点工程、长沙市委新一轮“三年造绿行动”1号工程，由黄兴会展经济区管理委员会负责建设。项目全长16.59千米，分两期实施。一期长12.04千米，主要对磁浮（榨山港以东）两厢300米范围内生态景观进行提质改造和配套设施建设。经过前期的拆违治乱、土地流转等工作，一期工程于2016年3月1日开建。3月11日，市委副书记徐宏源率相关区县、市直部门负责人对磁浮两厢绿带建设和环境综合整治情况进行专题督查。6月15日，第一期工程竣工。全线共栽种香樟、银杏、水杉、北美红枫、樱花、柚子树、紫薇、栾树等乔木共51891株，地被植物783275平方米，铺设草皮66185平方米，总绿化面积460.67公顷（其中由项目用地单位复绿面积133.33公顷，保留原生态地貌进行绿化提质面积约90.33公顷，流转土地种植造绿面积237公顷），改造房屋335栋，改造企业厂房10栋，总投资1.85亿元。沿线建设有4个原生态草皮标准足球场。6月17日，省委常委、市委书记易炼红，市委副书记、市长胡衡华率队现场观摩“长沙磁浮铁路生态绿带走廊提质改造项目”。10月15日，长沙磁浮铁路（长沙县段）生态绿带走廊提质改造二期工程开建。二期全长4.55千米，主要对磁浮（榨山港以西）两厢100米范围内土地进行绿化提质，并建设市民公园和篮球场、网球场、羽毛球场等体育设施，

磁浮生态（长沙县段）绿带走廊建设航拍图　（黄兴会展经济区 提供）

预计投资7000万元。项目涉及长沙市长东投资发展有限公司、长沙城投国际会展中心开发有限责任公司，长沙市轨道交通集团有限公司和长沙县综保区四家单位用地，待绿化面积37公顷。项目建设由长沙高铁新城管委会全权委托长沙县具体实施，黄兴会展经济区管理委员会负责建设。11月29日，市委副书记徐宏源到县调研磁浮生态绿带走廊二期工程建设。是年，因建设“长沙磁浮铁路（长沙县段）生态绿带走廊提质改造工程”，经市委、市政府同意，黄兴会展经济区管委会被评为“长沙市三年造绿大行动”优秀单位，管委会党工委书记涂亚鹏被评为“长沙市三年造绿大行动”优秀个人。

11月8日，长沙国际会展中心开馆　　（黄兴会展经济区 提供）

【长沙国际会展中心项目建设】 为适应国际国内会展业发展趋势，辐射和引领全省会展经济加快发展，2012年，湖南省委、省政府决定将长沙国际会展中心建设成为设施先进、配套齐全、国内一流、世界先进集展览、会议、商务等功能于一体大型城市会展综合体，把会展中心打造成为湖南现代服务业的新平台和对外商贸服务新窗口。项目选址长沙县黄兴镇，紧临京港澳、沪昆、长（沙）株（洲）、岳汝、长沙绕城等高速公路，与京港澳、沪（上海）昆（明）、厦（门）（芙）蓉3条高铁交汇长沙高铁南站距离不足2千米；通过机场高速以及磁悬浮列车与长沙黄花机场相连，距离仅15千米，“高铁＋空港＋高速公路”造就项目得天独厚区位交通优势。主场馆南起香樟路东沿线，东至梯塘路，西邻浏阳河，北接中轴大道。项目总投资578153万元，占地总面积53.33公顷，总建筑面积44.5万平方米，含集展览、会议、商务、购物、娱乐和接待于一体12个单层展馆、2层地下室、南北2个登陆厅、6个连接厅和2个连廊，其中登陆厅内设办公区、多功能会议厅、餐厅及其他配套设施。总展览面积约26万平方米，其中室内净展示面积约17.8万平方米，地面荷载5吨/平方米，可提供约8600个国际标准展位；室外净展示面积8.5万平方米，地面荷载10吨/平方米。项目分两期建设，一期内容包括北面8个展厅、北登陆厅以及内廊，总建筑面积约26.8万平方米，室内净展览面积约12.5万平方米，可提供室内国际标准展位近6000个。采用集约便利方形布局，6组12个展厅分别沿地块东西侧布置，每个展厅建筑面积约1.96万平方米，采用单层无柱式设计，最低高14.5米，最高25米，宽90米，长162米，并配备专属停车场；北登陆厅高35.9米，建筑面积2.4万平方米；南登陆厅高36.2米，建筑面积1.9万平方米；展厅内侧环廊餐饮4000平方米。

项目由湖南长沙会展中心投资有限责任公司负责实施。一期工程于2014年12月启动，2015年完成投资额11.5亿元，其中北陆厅已全部封顶；展馆已完成钢结构施工，金属屋面施工完成40%，机电管道铺设完成50%，室内夯实完成80%，其他子系统招标和深化设计按计划实施。2015年7月30日，省委副书记、省长杜家毫调研项目，指出：在项目实施过程中既要注重规模、形象，更要注重适度、节约；既要注重主体建设，又要注重完善交通、餐饮、住宿等配套设施；既要重视场馆建设，更要重视后续管理运营，确保会展中心建设好、管理好、运营好，真正发挥效应。2015年6月1日，省委常委、长沙市委书记易炼红要求，各级各相关部门为项目建设提供更有力保障，想方设法化解征地、渣土运输等对施工进度的影响，瞄准打造现代服务业龙头目标，进一步优化设计方案和产业布局，加快基础设施和高端服务业配套，早日建成长沙新地标、湖南新窗口。2016年3月28日，市委副书记、市长胡衡华考察项目建设，要求高标准开展项目建设，齐头并进抓好项目配套。6月10日、11月4日，市人大常委会主任袁观清、市政协主席范小新分别视察，调研项目进展，对项目开发建设提出要求和建议。为加快项目推进，省政府成立以何报翔副省长为组长的项目建设工作领导小组，市委、市政府成立片区建设协调领导小组和办公室，对项目的规划和建设加强调度和协调。项目原分管副市长张迎春、副市长何寄华、现任副市长廖健多次现场组织协调，召开调度会，解决实际问题。11 月 8 日，长沙国际会展中心开馆并迎来首展湖南住宅产业博览会，先后成功举办中国国际轨道交通博览会暨高铁经济论坛、2016 海峡两岸电子信息博览会、第十八届中国中部（湖南）农博会、第十二届中国（长沙）汽车博览会等四场大型展会，接待观展人员 200 万人次。（孙理楠）

长沙空港城

【概况】 2016 年，长沙空港城围绕“知识型现代服务业生态城”和“空港都市核心区”战略定位，坚持航空特色、现代服务、绿色环保的产业发展理念，重点引进和发展航空运输保障业、航空物流业、临空高新技术产业、高端商贸休闲业、总部经济、通用航空产业、旅游业、文化体育产业和特色会议等产业。致力打造东部开放型经济走廊，充分发挥东部现代立体交通优势，全力推进基础设施建设、项目建设、招商引资、征地拆迁等工作。是年，市外境内资金形成固定资产投资 10.10 亿元，实际到位外资 2000 万美元。

是年，黄金大道（S207 南延线黄江大道至机场高速段）实际投资 6.1 亿元。空港城片区道路（PPP 项目）实际投资 6.41 亿元。S210 黄花机场至三环干杉互通（机场联络线）实际投资 2.2 亿元。机场高速北辅道实际投资 2500 万元。龙峰大道实际投资 500 万元。远大东路实际投资 200 万元。临空北路实际投资 150 万元。水、电、网络、通讯等配套基础设施与道路建设同步规划、设计和建设，临空经济区龙峰变电站筹建和片区污水处理厂规划建设前期工作等有序推进。联通数字阅读基地办公主体楼于 9 月封顶。配套住宅项目开工，年内完成售楼中心、幼儿园等建设。奥凯航空长沙运营基地后勤基地生活区地块由项目方摘牌并报建，12 月开建。办公用地拆迁腾地完成。奥凯航空湖南公司在长沙黄花国际机场投放 10 架飞机，引进价值数亿元波音飞机拓展航线。湖南顺丰电商产业园项目、普洛斯长沙空港物流中心项目、上海百联奥特莱斯广场项目摘牌，12 月开建。争取政府资金支持，获市政府人民路建设补助资金 3886 万元、奥凯航空项目地价款返还 3811 万元、厦门航空公司返税奖励 848 万元。上报各类项目用地 134.53 公顷，涉及农用地转用计划 128.6 公顷。其中，黄金大道（S207）南延线、大元路、合心路、天祥路、盛祥路、小康路、鹏盛路等基础设施项目用地 81.87 公顷、经营性用地 52.67 公顷，其中，空港城统征地一、黄金大道（S207）南延线、大元路等六条路（中心城区范围）、大元路等五条路（中心城区外）由省政府审批，批准总用地面积 117.93 公顷。年内，空港城规划范围内获批的各类建设用地 278.27 公顷，其中：基础设施项目用地 147.2 公顷、各类经营性用地 131.07 公顷。实施征地拆迁总面积 208.87 公顷，拆迁 351 户。其中，奥凯厦航黄花运营基地总征地面积 7.87 公顷，拆迁房屋 23 户、84 人。黄金大道（S207）南延线总征地面积 32.87 公顷，拆迁房屋 58 户，工程建设全面施工，路基全线拉通。空港城片区（人民东路以南、龙峰大道以东）区域征拆总面积 144.4 公顷，其中，黄花镇拆迁房屋 161 户，拨付各类补偿费用 2.2 亿元；黄兴镇拆迁房屋 58 户，拨付各类补偿费用 5000 万元。机场联络线南延线总征地面积 23.73 公顷，签订房屋补偿协议 51 户，拨付青苗补偿费用 4100 万元，项目进入施工阶段。

【叶永明考察空港城】 1 月 21 日，上海百联集团有限公司党委书记、董事长、总裁叶永明，副总裁浦静波、百联集团股份有限公司总经理钱建强等一行 8 人实地考察长沙空港城项目并进行商务洽谈。叶永明充分肯定双方前期工作，对空港城推荐的项目地块表示满意，对长沙空港城的发展前景充满信心。县委副书记、县长张庆红，县委常委、常务副县长杨莉接见百联集团有限公司董事长、总裁叶永明一行并进行商务洽谈。

【曾超群一行调研空港城】 6 月 29 日，县委书记曾超群一行调研空港城时，对空港城给予更新更高定位：“将以综合保税区为核心平台空港城作为长沙县经济发展、结构调整最新引擎”。加快长沙临空经济区建设，是省委、省政府为进一步扩大湖南省对外开放水平，是市委、市政府为全面提升长沙市开放度、活跃度和影响力，而作出的一项重要决策。11 月 21 日，曾超群再次到空港城实地调研项目建设情况。县委副书记、县长张作林，县委常委、常务副县长王国良，县委常委、县委办主任谭浩然，副县长黄梁等陪同调研。

【张作林调研空港城】 7 月 27 日，县委副书记、县长张作林一行到空港城

1月21日，上海百联集团考察空港城并进行商务洽谈　（长沙空港城 提供）

开展调研，先后到黄花机场二跑道东扩工程、空港城PPP项目合心东路工程、S207南延线等进行实地调研并召开座谈会。张作林对空港城各项工作取得的成绩给予肯定，同时要求：在下步工作中，要把项目建设作为重中之重，签约项目抓落地，落地项目抓开工，全力推进重点项目建设；要统一思想、提高认识、创新思路，加大招商引资力度。

【中国·长沙临空经济区暨长沙黄花综合保税区投资推介会举行】 8月18日，中国·长沙临空经济区暨长沙黄花综合保税区投资推介会在上海举行。县委常委、常务副县长王国良作《速度成就梦想》主题推介。县委副书记、县长张作林出席会议并致辞。会上，长沙县对长沙临空经济区进行重点推介。长沙县空港城管理委员会与上海百联集团股份有限公司签订长沙百联奥特莱斯广场项目，签约金额20亿元。

【星通30路公交线开通】 9月29日，星通30路（星沙—综合保税区）开通，星通30路将星沙、空港城片区、黄花综合保税区、黄花国际机场进行串联，推动临空经济区建设，为周边居民及入驻企业解决出行问题。

【长沙百联奥特莱斯广场等5个项目开建】 12月13日，长沙百联奥特莱斯广场、奥凯航空湖南分公司、普洛斯长沙空港物流中心、湖南顺丰电商产业园、中国联通二期五个项目开建。在现场，县委书记曾超群介绍长沙临空经济区的规划和建设情况。然后，省委常委、市委书记易炼红，市委副书记徐宏源，市委常委、市委秘书长夏建平、副市长李晓宏及市直相关厅局领导到长沙临空经济区项目现场看望慰问建设者，与其一一握手表示慰问，并讲话。县区领导张庆红、张作林等陪同考察。

【“二次创业”工作部署会召开】 12月26日，县委书记曾超群在县委七楼主持召开长沙县“二次创业”工作部署会。会议成立长沙县“二次创业”指挥部，长沙经开区党工委书记、县委书记曾超群任指挥长；县委副书记、县长张作林任常务副指挥长；县委常委、常务副县长王国良，县委常委、县委办主任谭浩然，县委常委、黄兴镇党委书记喻志刚，副县长黄梁、黄波、黄泽红任副指挥长。指挥部下设“一办六组”，由王国良任办公室主任，并从全县抽调精干力量，全力推动临空经济区建设；会议要求各工作小组要严格按照责任分工，迅速投入到具体工作中；要集中办公，做到有人、有地、有简报，确保运行高效；要加强学习，汲取先进理念和经验；要统筹推进，加强协调沟通，及时调度整体工作进展。同时，要强化宣传引导，营造良好氛围，齐心协力推进建设。张作林、王国良、谭浩然、黄梁、黄波、黄泽红等参加会议。（*龙赛斌　杨蕙伊*）

12月13日，省委常委、市委书记易炼红（右三）实地考察临空经济区　（长沙空港城 提供）

星沙松雅湖商务区

【概况】 2016年，星沙松雅湖商务区围绕长沙县十三届党代会“把松雅湖打造成为湘江东岸新地标”目标，坚持“建、管、用”并重，有序推进项目开发建设等工作。

项目建设。2月3日，总投资1.09亿元松雅湖南部园林景观工程竣工验收，公园游客接待能力提升；11月8日，松雅书院建设项目竣工验收，成为松雅湖独特标志性景点；10月30日，松雅湖水生态保护工程试点工作基本结束，试点区域水质明显改善，能见度2米；总投资2.4亿元松雅湖北部园林景观工程完成投资2亿元。8月16日，松雅湖国家湿地公园通过验收，成为长沙县继“全国文明县城”“国家生态县”之后又一块国字号招牌。通过清理野生菱角、蓝藻、加拿大一枝黄花等有害物种，整治钓鱼、私搭乱建等违规违法行为，松雅湖及周边区域生态环境日益优化。10月再次发现濒危物种桃花水母，11月首次监测到30余只野生天鹅驻足。通过举办亚欧水资源论坛、乐享湿地嘉年华、省国家湿地公园试点建设培训班等活动，树立品牌形象，扩大对外影响力。

建立健全管理体系，片区运转规范有序。6月，深圳中保国安、广州广电物业通过公开招投标方式入驻松雅湖，3年合同中标价42886818元，实现片区长效管理制度化、网格化。抓好安全生产管理，全年开展安全生产大检查4次，实施针对性隐患排查10余次，确保片区全年安全生产责任零事故。

强化配套建设，优化旅游服务。按照“每一盏灯、每一个垃圾桶都是城市形象”理念，紧紧围绕“安、顺、诚、特、需、愉”抓旅游服务。加强城市设施配套，新增垃圾桶400个、石凳345条、钢木凳60条，新建公共厕所5个，便民服务能力提高。12月1日，新一轮松雅湖公园自行车租赁经营权招商完成，公园自行车实现集中经营，统一管理。打造“10分钟景区应急救援救治圈”，开通游客服务热线，多次帮助找回走失老人小孩，排除境内安全隐患。

遗留问题妥善解决。明确工作架构和思路，成立由县长任组长拆迁历史遗留问题处理工作领导小组，下设政策研究、对话谈判、维稳打击3个工作组，按照代表选举、对话协商、方案制定等步骤开展工作，定期召开代表对话会，安抚上访群众。

【松雅湖南部园林景观工程竣工验收】 松雅湖南部园林景观工程总占地约54万平方米，于2014年7月启动建设。通过邀请招标，两个标段分别由广东棕榈园林有限公司和重庆天域园林有限公司承建。2016年2月3日，总投资1.09亿元的松雅湖南部园林景观工程竣工验收。

【松雅书院建设项目竣工验收】 2015年8月，香岛先期启动投资额5000万元松雅书院建设，由黄花建设集团承建。松雅书院先后完成门楼、书亭、讲堂、报告厅、图书馆、接待室、客房等22个主体结构建设。2016年11月8日，松雅书院建设项目竣工验收，成为松雅湖独特标志性景点。

【松雅湖水生态保护工程试点建设】 3月，由南京中科、上海太和、湖南林科大三家单位分别在松雅湖北部园林临水区域、游乐港口临水区域和南部园林湿地区域进行试点，生态治理面积46.67公顷。10月30日，松雅湖水生态保护工程试点工作基本结束，试点区域水质明显改善，能见度2米。

【松雅湖国家湿地公园建设试点通过验收】 8月16日，国家林业局下发《关于2016年试点国家湿地公园验收结果的通知》，松雅湖国家湿地公园被公布为2016年试点国家湿地公园。松雅湖国家湿地公园位于长沙县城核心区，东西长3.1千米，南北长2.6千米，总面积365公顷。其中湿地面积274.4公顷，占总面积的

秀美松雅湖 （谢望东 摄）

75.2%，是全省国家级湿地公园中湿地面积最大的城市湿地公园。有湿地保育区、恢复重建区、宣教展示区、休闲体验区和管理服务区 5 个功能区。

（谭　涛）

长沙黄花综合保税区

【概况】长沙黄花综合保税区位于长沙市东部长沙临空经济示范区核心区，紧邻长沙黄花国际机场，是全省第四个综合保税区和唯一临空型综合保税区。项目于 2016 年 5 月 31 日经国务院批准设立，规划面积 1.99 平方千米，总投资 50 亿元。按照市委、市政府要求，长沙县作为综保区开发建设责任主体，以加快建设更高层面、更高层次“第一县”“第一极”“第一城”为行动指南，把加快综保区建设摆在全县重中之中位置，举全县之力推进项目建设，努力将其打造成为全市乃至全省“开放发展的新引擎、外贸服务的新基地、临空经济新平台、结构优化的新战场”。

加强组织领导，打造优秀团队。7 月 15 日，县委书记曾超群带队到海关总署、北京天竺、上海自贸区考察调研。通过广泛调研考察，确定综保区发展规划、建设时序、产业定位及发展目标。7 月 28 日，成立以县委书记曾超群为顾问、县长张作林为组长，吴京生、王国良、谭浩然、黄波、黄泽红、孟立祥为副组长的长沙县黄花综合保税区建设工作领导小组。并以原有 6 名正式干部和 1 名聘用人员为基础，从县直部门和乡镇抽调 12 名干部，组建长沙县黄花综合保税区建设工作领导小组办公室作为工作机构，由孟立祥兼任领导小组办公室主任，下设综合组、规划建设组、招商产业组、协调组、计划财务组等 5 个工作小组，实行每周一调度、每月一督查，确保各项工作有序推进。全体工作人员 8 月 7 日起集中办公、一线作业，坚持“雨天当作晴天用，假日当作上班用，晚上当作白天用”，以踏石留印、抓铁有痕的决心和时不我待、只争朝夕的干劲，着力破解建设难题，打造一支团结高效、战斗力强的突击队。

加强规划编制，加快手续办理。长沙黄花综保区按“一次规划、循序推进”的原则分步进行开发建设，总建设周期 5 年，一期建设范围为机场高速以北、黄金大道以西 0.77 平方千米区域。规划布局以绿色低碳、协调发展为宗旨，建筑设计以生态环保、建筑节能为导向，突出“临空”特性，促进区港联动。2016 年 8 月 24 日，长沙市城乡规划委员会审查通过《长沙黄花综合保税区控制性详细规划》；10 月 13 日，长沙海关正式书面复函原则同意《长沙黄花综合保税区修建性详细规划》。与此同时，在各职能部门全力支持下，各项报建手续办理进展迅速。在不到 2 个月的时间内，完成可研批复、环评报告、能评报告、选址意见、用地规划、土地划拨、初步设计审查及批复、核面、规划许可、施工图审查等一系列报建手续和环节。

加强施工管理，全力推进建设。领导小组办公室紧紧依靠基层组织，开展以土方清表作业促进房屋拆迁、青苗移除、坟墓迁移等工作，90 天内完成拆除房屋 139 栋、动迁人口 162 户，迁坟 2218 座，填平 35 座山塘，全年完成拆迁征地 150 公顷，土方施工 200 万立方米。采取 PPP 合作模式，吸引世界 500 强中建国际作为投资方、中建五局作为承建方，引进全国知名甲级设计单位、监理单位全程参与建设工作，按照“设计要科学、施工要谨慎、质量要保证”要求，以工匠精神打造百年工程、精品工程和示范工程。9 月 29 日，长沙黄花综合保税区开建，对照验收要求实行交叉作业，加快卡口、保税大道、通关大楼、熏蒸房、巡逻道、围网、信息化、监管仓库及查验平台等必检设施建设。截至 12 月月底，房建工程通关大楼主体封顶，卡口主体结构吊装完成，综合大楼地下室施工及一二层的钢柱吊装完成；监管仓库基础施工完成，标准厂房 1 #栋第三层主体结构施工完成，标准仓库 1# 栋基础施工完成，冷链仓库基础施工完成。市政部分，园区五条主干道管网及路基施工基本完成；保税大道示范段钢筋混凝土板及两侧绿化带施工完成；巡逻道路基施工完成。园三路及下穿高速磁浮隧道工程同步建设，信息化系统建设有序推进。项目全年无任何安全事故和质量事故。

加强精准招商，促进项目落地。把握临空经济和保税经济的产业发展规律，起草和制定《长沙黄花综合保税区招商引资优惠政策（送审稿）》，发挥“量身定制”、极具“含金量”系列优惠政策功效，引进和发展航空物流、航空服务、电子信息、生物医药、保税展示等航空偏好型产业。项目招商谋划在前、落实在前，重点对接长沙经开区内相关企业，召开全市外经外贸前 20 强企业座谈会，储备和发现一批有保税业务需求本地企业；按照“引进、引导、引领”的思路，赴北京（天竺综保区）、上海（自贸区、外高桥保税区和浦东机场综保区）、重庆（两路寸滩保税港区）和成都（高新综合保税区）等多地考察学习产业招商、口岸发展、运营管理、通关服务等内容。瞄准国际国内市场，与美国 3M 集团等国际客商、国内 40 余批

8月26日，长沙国际邮件快递综合服务平台项目落户长沙黄花综合保税区
（长沙黄花综合保税区 提供）

次总部型外向型企业客商进行深入对接洽谈；参加中国·长沙临空经济区暨长沙黄花综合保税区投资推介会、2016湖南省海关特殊监管区专题招商推介会，分别与中建国际投资（中国）有限公司、中国邮政速递物流股份有限公司湖南省国际速递分公司达成签约。11月5日举行首批10个招商引资项目签约仪式，12月19日在香港会议展览中心举行以“开放崛起·临空领航”为主题长沙黄花综合保税区（香港）招商推介会，与波兰沃斯集团中东欧16国（中部）国际商贸总部中心项目、湖南千斯仓电商服务有限公司跨境电商及保税贸易项目等17个项目签约，涵盖保税加工、保税贸易、保税物流、保税服务等产业，意向签约金额17亿美元。

加强综合协调，全力推进工作。通过请示汇报、业务交流、业务指导、电文公函等形式，与省政府口岸办、市建设工作领导小组及市口岸办，长沙海关及驻黄花机场办事处、湖南出入境检验检疫局及长沙机场办事处等部门加强联络、畅通信息沟通渠道。在实际工作中，立足平台功能作用，围绕落实省委“创新引领 开放崛起”战略、申报中国（湖南）自由贸易试验区、复制自贸区改革试点经验、拓展口岸功能、发展开放型经济等主题，为省商务厅、省市口岸部门、驻区联检单位、县直有关部门提供调研现场和基础资料，着力提升通关效率和服务水平，致力打造“全省最好、全国一流”综保区；结合项目建设招商需要，加强与省市县职能部门及海关、国检及驻区部门沟通协调，做好规划方案审批和各项手续办理，争取技术支持和现场指导，并借助中建国际、中建五局等央企资源和力量，发挥监理、信息化公司专业优势，实现软硬件建设、招商工作整体快速推进。紧扣重要时间节点，做细做实各项前期准备，为易炼红、胡衡华、何报翔、陈文浩、徐宏源等省市领导调研考察、调度会议，上海、香港及长沙三次招商活动，9月29日开工动员、12月22日全市重大项目流动观摩活动及波兰沃斯集团、美国3M公司、台湾、香港及内地多批次考察接待。

注重宣传推介，营造良好氛围。按照整体宣传推广方案安排，有序开展宣传推介工作。开展形象标识（LOGO）、形象宣传片、广告语征集活动，制作中英文形象宣传片、中英文招商宣传片，明确综保区形象标识及“三湘首善 开放门户”响亮口号。完成室内展示厅、电子阅读屏设置，7—12月形象进度展示，在人民东路、黄金大道、大元路、机场高速等重要地段沿线悬挂200余面道旗；在县政府门户网“三湘首善、开放门户”专题网页刊发150多条信息，通过微信公众号及时推送综保区建设发展相关动态，全年编辑送阅49期、5880份《长沙黄花综合保税区建设工作简报》，及时传递综保区建设招商工作动态。在项目建设开工动员、首批10个招商引资项目签约及香港专题招商推介会期间，在省市、香港当地主流媒体推出综保区专版报道6次，涉及综保区的宣传报道93次，获评长沙2016年“十大年度新闻事件”，打响国家级综保区这块金字招牌的品牌知名度和美誉度。

【曾超群带队赴京沪考察调研综合保税区】为切实找准产业定位、推进园区建设、做好项目招商等方面工作，7月15—19日，县委书记曾超群带队赴北京、上海考察调研综合保税区建设情况，先后到海关总署加贸司专题汇报1次，邀请相关领导和专家学者进行两次座谈交流，对北京天竺综合保税区、中国（上海）自由贸易试验区及上海外高桥保税区、上海浦东机场综合保税区等园区实地考察。在此基础上，考察组撰写《加快建设长沙黄花综合保税区全力打造长沙开放型经济发展新引擎》调研报告，曾超群在2016年7月29日《湖南日报》

上发表《以综合保税区建设助推开放型经济大发展》署名文章，在全县上下形成建设好、发展好综合保税区的共识。

【长沙临空经济区暨长沙黄花综合保税区投资推介会举行】 8月18日，中国·长沙临空经济区暨长沙黄花综合保税区投资推介会在上海举行。推介会期间，长沙县对长沙临空经济区和黄花综合保税区进行重点推介，对外发布项目10个，投资金额211亿元，签约项目5个，签约金额135亿元。其中，长沙黄花综合保税区与中建国际投资（中国）有限公司达成项目签约，签约金额34.6亿元，这是长沙黄花综保区自获国务院批复以后首个签约项目。

【长沙黄花综合保税区参加2016湖南海关特殊监管区专题招商推介会】 8月26日，以“创新·发展·共赢”为主题2016湖南省海关特殊监管区专题招商推介会在深圳举办。湖南省人民政府副省长何报翔、副秘书长熊方平、长沙海关关长黎对贞、湖南出入境检验检疫局副局长熊裕庆等领导出席会议并致辞。湖南省商务厅厅长徐湘平介绍湖南省加工贸易发展情况和有关扶持政策。长沙市人民政府副秘书长王体泽致辞，对长沙黄花综合保税区和长沙金霞保税物流中心项目进行重点推介。长沙县委常委、常务副县长提名人选王国良出席会议。会上，长沙黄花综合保税区与中国邮政速递物流股份有限公司湖南省国际速递分公司签约建设长沙国际邮快件综合服务平台，签约金额4.2亿元。《深圳特区报》以《湖南长沙黄花综合保税区：乘势远行 展翅高飞》为题专版报道。

9月29日，长沙黄花综合保税区项目开工　（长沙黄花综合保税区 提供）

【长沙黄花综合保税区开建】 9月29日，湖南首个依托航空港发展建设的综合保税区——长沙黄花综合保税区（一期）开建。市委副书记、市长胡衡华出席并宣布开工，市委副书记徐宏源出席仪式，副市长廖健，中国建筑国际集团有限公司董事局主席兼行政总裁周勇，中建五局董事长、党委书记周勇，长沙县委书记曾超群出席仪式并致辞。长沙县委副书记、代县长张作林主持仪式。长沙海关党组书记、关长黎对贞，省出入境检验检疫局党组书记、局长杨杰，湖南省及长沙相关厅局负责人，长沙“四大家”班子成员，长沙经开区有关负责人，县区有关部门、镇街负责人，有关航空公司负责人，市内外部分外向型企业负责人等参加仪式。

【长沙黄花综合保税区首批10个招商引资项目签约】 11月5日，长沙黄花综合保税区首批招商引资项目签约仪式在长沙县举行。签约仪式上，湖南国科微电子股份有限公司高性能固态硬盘组装加工项目、湖南省国际速递分公司湖南邮政国际快件中心项目、韩越国际贸易（上海）有限公司进出口商品展示交易中心项目、湖南大地国际货运有限公司国际保税物流项目、中国银行综保区支行项目、湖南

11月5日上午，长沙黄花综合保税区举行首批招商引资项目签约仪式
（长沙黄花综合保税区 提供）

华中航天北斗卫星应用有限公司电子出口产品生产项目等 10 个项目签约，签约项目涉及保税加工项目 2 个，保税贸易项目 3 个，保税物流项目 1 个，保税服务项目 4 个，可实现进出口额接近 8 亿美元。市委副书记、长沙黄花综合保税区建设工作领导小组组长徐宏源出席签约仪式并讲话，长沙县委书记曾超群在签约仪式上致辞，县委副书记、代县长张作林主持签约仪式。长沙县科学发展顾问、长沙黄花综合保税区建设工作领导小组副组长吴京生，县领导王国良、谭浩然、杨溢、彭军其、黄泽红、郭艳红出席签约仪式。

【长沙黄花综合保税区（香港）招商推介会举行】 12 月 19 日，以“开放崛起·临空领航”为主题长沙黄花综合保税区（香港）招商推介会在香港会议展览中心举行。会上，三湘集团展示交易与服务外包合作项目、波兰沃斯集团中东欧 16 国（中部）国际商贸总部中心项目等 7 个项目签约，涵盖保税加工、保税贸易、保税物流、保税服务等产业，可实现进出口额近 9 亿美元。本次推介会由长沙市人民政府、省商务厅、中国建筑国际集团有限公司主办，长沙县人民政府、长沙黄花综合保税区、中建国际投资（中国）有限公司承办。此次推介会以航空偏好型产业招商为重点，结合实施综保区“走出去”与优势龙头项目“引进来”战略，与一大批香港及海外知名企业、工商企业界人士进行广泛接触和深入洽谈。

【长沙黄花综合保税区迎接全市重大项目流动观摩】 12 月 22 日，省委常委、市委书记易炼红，市委副书记、代市长陈文浩与全市各区县（市）、园区和市直部门负责人一道，走进长沙县部分项目建设工地，实地观摩、点评、督导项目建设推进工作。在长沙黄花综合保税区，易炼红强调，长沙以湘江为界，湘江以西是湘江新区，是“西引擎、西高地”，湘江以东是东部开放型经济走廊，是“东引擎、东高地”，而长沙建设国家中心城市，要靠“东引擎、东高地”“西引擎、西高地”来“双核驱动”。东部开放型经济走廊这一“东引擎、东高地”龙头就是临空经济区，要通过长沙黄花综合保税区建设，把东部开放型经济走廊的龙头舞起来，同时，临港、临铁等相关部门，要迎头赶上，与临空经济联动，共同把“东引擎高地”打造好，把东部开放型经济走廊立起来，助推长沙建设国家中心城市、实现基本现代化。长沙市委、市人大、市政府、市政协班子成员，各区县（市）、园区和市直部门主要负责人以及长沙县相关县领导参加观摩。 （唐建辉、刘塑琪）

星沙产业基地

【概况】 星沙产业基地成立于 2009 年 7 月，规划总面积 40.7 平方千米，其中一期控制性详细规划面积 19.87 平方千米。截至 2016 年年底，园区企业 125 个，其中世界 500 强 3 家，世界行业 50 强 2 家，上市公司 6 家。基本形成以住友轮胎、大众汽车配套园、广汽三菱配套园为龙头汽车零部件产业，以山河智能、云箭集团等为核心装备制造业，以康宝莱、赛隆药业为代表医药类新兴产业以及生产、生活性现代服务业等相辅相成产业体系，逐步成为长沙县、长沙经济技术开发区新经济增长极。2016 年，该基地工业总产值 92 亿元，其中规模产值 87.2 亿元。园区企业 125 家，规模以上企业增至 20 个，新开工项目 10 个，新投产项目 12 个。固定资产投资 52.1 亿元，财政税收 2.58 亿元。

主导产业不断壮大。以山河、住友为代表的工程机械和汽车零部件两大主导产业聚集成规。赛隆药业、康宝莱为代表生物医药产业加速壮大，中铁山河、磐吉奥等 30 个项目加快推进。

“二次创业”热潮涌动。园内传统产业加速转型、高新人才加速聚集。2 万平方米的省内首个博士创新创业

2 月 2 日，湖南赛隆药业（长沙）有限公司竣工暨研发中心成立 （田春雷 摄）

园启动建设，首批10家企业具备入园条件。全年争取土地指标86.67余公顷，引进市外境内资金13亿元。引进外资4424万美元，招商引资项目完成5个。依托经开区招商大平台，借船出海两条腿招商，围绕“产业生态新城”建设要素招商，启动实施全员招商战略。全年融资9.55亿元，为园区开发建设提供充裕资金。

人居环境持续改善。湖南省劳动人事职业学院、长龙湾小区一期顺利交房，职业中专、长龙街道综合文化站、龙井社区公共服务中心、蓓蕾小学等项目竣工。路网公园加速铺开。全年基础设施投资1亿元，茶塘路等3条道路建成通车，开元东路北侧改造工程全面完成，凉塘东路Ⅳ标等4条道路完成施工图设计。鸽子湖等3处公园一期工程及龙井公园、临时污水泵站投用，茶塘片区万明渠污水体系整治工程开工，汽车职院等地块20余公顷场地平整完成。

商业配套加快跟进。碧桂园生态新城项目经相关会议通过，一期供地39.67公顷，星沙农商行、长龙商务中心、大型购物中心、湘雅医院、华中师大等意向项目正在洽谈。

【“长龙湾”小区交房】 7月31日，星沙产业基地首个商业楼盘“长龙湾”小区交房。该小区位于开元路与蓝田路交汇处西北角，由长龙建设开发有限公司开发。小区建设用地4.73公顷，总投资5.6亿元，拟建6栋高层商住楼、1栋6层商务楼，总建筑面积17.3万平方米。其中一期开发3栋，共544套，配套有部分限价房以限价形式定向销售给当地的失地农民。

【中铁山河工程装备股份有限公司落户星沙产业基地】 9月9日，山河智能使用自有资金2，500万元与中铁工程装备集团有限公司、中铁五局集团有限公司等3名投资者在星沙产业基地发起设立中铁山河工程装备股份有限公司（简称“中铁山河”）。该公司注册资本5000万元。通过设立合资公司积极参与PPP模式、政府投资、业主投资等类型的城市地下工程开发项目，重点为轨道交通、综合管廊、海绵城市建设、跨海隧道、地下商业、智慧城市建设等地下工程项目提供相关产品及技术支持。

【星沙产业基地启动建设博士创新创业园】 11月29日，星沙产业基地博士创新创业园首批入驻项目天河国云与星沙产业基地管理办公室签订项目框架协议。此举标志着长沙县启动建设全省首个具有军民融合概念的博士创新创业园。该园将打造成区域内高端人才创业区、现代产业集聚区、产业产城军民融合示范区和生态宜居样板区。博士园科研场地将扩展到1万平方米，并为具备产业化条件的项目提供1万平方米的标准中试车间。

（刘　祥）

（责任编辑　周进银）

经济管理与监督

发展规划管理

【概况】2016年，县发改局围绕县委、县政府“强南富北、民生立县、挺进五强”战略目标，加快转型升级、改革创新，把稳增长作为首要任务，突出抓好项目建设，履行参谋助手、统筹协调、综合服务职能，顺利推进各项工作。强化县域经济综合分析。编制年度国民经济和社会发展计划、县重点工程计划、政府投资项目计划。编制“十三五”规划，完成未来五年长沙县经济社会发展思路顶层设计。编制率先实现基本现代化、供给侧结构性改革、“强南富北”三年行动计划等专项实施方案。优化投资项目管理。制定长沙县政府投资项目计划编制工作实施方案》（长县政办函〔2016〕66号）《长沙县政府投资项目管理办法》修订工作，建立长沙县重大项目公众信息平台和全县项目建设信息管理系统，统筹县领导联系帮促重大项目日常调度。编制印发2016年全县重点工程、政府投资项目计划，全年长沙县安排政府投资项目64个，项目年度计划投资85.35亿元（调整后），全年投资92.6亿元。111个市对县考核重大项目投资203.55亿元。PPP融资合作模式稳步推进。有8个项目，总投资约205亿元，完成招标采购，确定合作伙伴。金井茶乡小镇旅游一期开发项目作为全省三个，长沙市唯一一个入选国家发改委基础设施领域经典案例项目候选库，湖南（长沙）现代农业成果展示区PPP项目、长沙县捞刀河沿岸风光带及生态环境综合工程建设项目被列为省级示范PPP项目。配合省、市稽查部门完成对上级资金稽查工作，配合县农业示范区管委会完成对浔龙河生态小镇项目资金投入情况专项检查工作。全年审批、备案项目598个，其中政府投资项目审批立项524个，总金额98.7亿元；备案74个，总金额120.6亿元。推进“两型社会”建设。确定18家示范创建单位和39户“两型”示范创建家庭，创建开慧镇葛家山村等3个省级“两型”示范单位，完成2015年省级“两型”专项资金绩效评价工作。推进清洁低碳技术应用和安青片区融合发展。大力加强“两型”理念宣传推介。通过开展公交车身、“两型”H5动画、《星沙时报》专栏、社区大型“两型”专题、市“两型”宣讲员宣讲计划等“两型”宣传活动，大力传播“两型”理念。启动实施公务用车制度改革，编制《长沙县公务用车制度改革实施方案》，获市车改领导小组批复。整合规范公共资源交易平台，制定《长沙县公共资源交易平台整合方案》，明确公共资源交易平台整合工作范围、要求、时间表和任务书。9月底前经开区和县级交易事项纳入交易平台进行交易。启动行业商业协会与行政机关脱钩工作，成立行业商业协会与行政机关脱钩联合工作组，制定实施方案，确定脱钩行业协会商会35个，第一批5个，各项工作有序推进。推进易地扶贫搬迁工作，成立工作机构，铺排搬迁计划，出台实施方案，落实资金来源。“十三五”规划时期易地扶贫搬迁工作301人任务铺排在高桥、金井、北

星沙时报上开辟两型专栏，并进行两型知识有奖竞猜活动（县发改局 提供）

长沙县国民经济和社会发展“十三五”规划　（县发改局 提供）

山、开慧、福临等镇。明确易地扶贫搬迁中央和省级资金对接办法，配合水建投积极向省扶贫公司承接资金，608.1万元上级资金到位。搬迁安置点开展光伏扶贫，按照5千瓦/户的标准，给贫困户安装太阳能光伏发电系统。2016年长沙县价格认证中心，被国家发改委价格认证中心评为2015—2016年度全国价格认定工作先进单位。

【“十三五”规划编制】 编撰《长沙县“十三五”国民经济和社会发展规划纲要》，印刷发放并进行公开。收集整理18个镇（街）及32个重点行业及部门“十三五”规划，组织专家对这50个子规划进行评审，根据评审会意见进一步修改完善后，汇编形成《长沙县“十三五”子规划》（合订本）并印制发放。

【《长沙县政府与社会资本合作（PPP）监督管理办法（试行）》】 出台《长沙县政府与社会资本合作（PPP）监督管理办法》，为加强对长沙县政府与社会资本合作（PPP）项目进行实时动态监管，规范PPP项目运营管理，实现国有资产保值增值。

【农田建设】 编制《长沙县新增粮食产能规划田间工程建设（2017—2020年）实施方案》，通过省发改委、省农业委、省水利厅组织联合评审；组织2016年新增粮食产能田间工程建设项目实施计划（1200万元），编制项目初步设计，并在金井镇实施。

【启动“两型”标准认证试点工作】 出台《长沙县2016年两型标准实施与认证试点工作实施方案》，12月19日，长沙县杨开慧纪念馆率先通过湖南省“两型”景区认证。长沙县发改局在全市“两型”标准认证试点工作总结会议暨“两型”认证颁证仪式暨“两型”产业双创基地授牌仪式大会作“两型”标准认证经验介绍发言，通过开展“两型”标准认证试点工作，推动县域景区品质提升，村庄建设不断朝生态绿色方向转变，同时也为“两型”标准落地提高实践经验。2016年，1个景区、2个村庄通过认证审核。　（黄　微）

国有资产管理

【概况】 长沙县国有资产管理中心于2015年10月成立，代表长沙县人民政府对县属国有企业履行出资人职责，对县属国有企业国有资本进行监管，承担监管企业国有资产保值增值责任，由原城投中心、路投中心、水投中心、环投中心整合而成，是县人民政府直属事业单位。核定全额拨款事业编制17名，其中党委书记、主任1名，党委委员、副主任2名，党委委员、纪委书记1名；长沙县国有资产管理中心内设办公室（党委办公室）、规划发展科、统计评价考核科、产权管理科、监管督查科、党群人事科等6个职能科室。

县政府明确长沙县星城建设投资有限公司（城建投）、长沙县水业集团控股有限公司（水业集团）、长沙县通途交通建设投资有限公司（交建投）、长沙县鑫业建设投资有限公司（鑫业投）、长沙县瑞农现代农业投资有限公司（瑞农投）、长沙县空港城建设投资有限公司（空港投）、湖南畅享投资开发有限公司（畅享投）、长沙县地产投资开发有限公司（地产投）等8家公司为县管国有企业，由国资管理中心直接监管企业有城建投、水业集团、交建投3家。鑫业投、瑞农投、空港投、畅享投依附于星沙产业基地、现代农业示范区管委会、空港城管委会、黄兴会展区管委会而设立，由县国资管理中心委托监管。截至2016年年底，8家县管国企及其全资、控股子公司总资产536.11亿元，总负债278.89亿元，资产负债率52%。

【国企党的建设】 2016年，全县国资系统围绕加强和改进党对国企领导，把党建工作与国资工作同部署、同考核，实现国企党建工作与业务工作共同发展。成立国资中心机关党支部、水业集团党总支（下辖4个党支部）、星城投党支部、交建投党总支（下辖4个党支部）等10个基层党组织，实现直接监管企业党组织全覆盖。

【国有企业改革】2016年，县委组建长沙县深化国资国企改革工作领导小组，县委书记曾超群担任顾问，县委副书记、县长张作林担任组长。推进国企改革重组将水建投、环建投优化重组，组建县水业集团，下设4家子公司，完成集团公司领导层任命及工商注册，公司运营逐步走上正轨；推进混合所有制试点。星城投引入中建公司合资成立长沙县中建星和投资有限公司开展城市基础设施建设；交建投与中铁投资集团合资成立长沙县运通建设开发公司，与长沙通畅客运公司、鑫沙道路客运公司合资成立长沙星通公交发展公司；空港投与中铁投资集团、北京湘通投资公司合资成立长沙空港城建设开发公司；组建国有资本投资运营机构。成立星城资产管理有限公司，将县直机关院落资产委托该公司进行运营管理，承担部分国有资本投资运营的职能。

【国资监管体制改革】2016年，长沙县组建县国有资产管理中心作为国资监管工作机构，核定全额拨款事业编制17名，内设6个科室。印发《长沙县国有资产管理中心主要职责内设机构和人员编制规定》，将国资国企监管主要职能授予国有资产管理中心；拟订国有资产监督管理、重大事项报告管理、资产处置管理、外派监事会管理、章程管理、经营业绩考核、分层分类监管、委托监管等8项制度。印发《长沙县监管企业外派监事会工作管理办法》，其他制度将有计划、分批次推出；推进政企分开政资分开工作。制定工作方案。出台《长沙县推进政企分开政资分开工作实施方案》，明确目标任务、时间步骤和措施要求。开展摸底调查。由县国资管理中心牵头，对7家县管国企（含21家全资子公司，控股、参股公司）、18家镇街设立公司进行清产核资，对县直机关设立8家公司进行资产清查。

（张　婕）

市场和质量监督管理

【概况】2016年，县市场和质量监督管理局围绕县委、县政府和上级局中心工作，立足职能，坚持服务为己任，监管为内核，认真履职，推进各项目标任务，努力打造放而不乱、活而有序市场环境和经济秩序。

监管执法。全年开展各类市场专项整治68次，立案查处各类违法案件361件，结案300件，罚没入库329.55万元。其中：开展安全生产大排查大管控大整治专项行动9次，严查危化品、电梯、校车等特种设备，发现问题356个，下达安全监察指令书29份，立案查处2起；捣毁传销窝点449个，清查涉传人员1912人，协助破获因传销衍生刑事案件21起，解救被骗入传销团伙人员135名。食品安全监管成效显著，全年检查食品生产企业216户次，流通经营户11765户次，餐饮单位4652户次，捣毁食品加工“黑作坊”58个，查处食品安全违法违规案件416起，监督抽检29655批次，合格29494批次，合格率99.45%，全县没有发生食品安全事故。全面开展反不正当竞争执法、网络商品交易监管、商标、广告监测等市场监管工作，完成“2016湖南·星沙走进东盟”经贸系列活动食品安全护航，长沙国际会展中心护展执法，黄兴海吉星大市场把脉排患，协助空港综合保税区前期筹备等重大工作。

服务发展。推进“五证合一、一照一码”和个体工商户“三证合一”“两证整合”改革。2016年，新设立商事主体15208户，比上年增长34.85%；颁发药品经营许可证367本，食品经营许可证5036本，医疗器械经营许可证7本。为66家私企和个体工商户融资贷款2.8亿元，组织推荐31家企业参与小微企业“两创”活动申报，指导“长沙县金金茶厂”等6家单位参与2016年湖南省标准化项目研究，获得扶持资金48万元。安排食品药品安全专项资金补助146户，资金540余万元。目前，全县共有注册商标4315件，中国驰名商标12个，著名商标71个，其中首获省著名商标小微企业有3家，湖南名牌13个。指导创建“守合同重信用”企业，国家级5户，省级29户，市级30户。组织并指导8家企业参与“湖南名牌”创建工作，其中“湖南武源建材有限责任公司”等3家单位获得湖南名牌产品称号。组织2家企业参与2017年湖南省长质量奖申报，其中，“湘丰集团”被选为2017年省长质量奖培育单位。推进企业做好标准化良好行为企业确认申报工作，指导62家企业上报144项标准，涵盖180种产品，推动长沙县“制造”向“创造”“质造”转型。

消费维权。成立信息中心（加挂申诉举报中心牌子），将工商“12315”、质监“12365”、食药监“12331”和市民热线“12345”“四线合一”，建立统一受理、统一调度投诉举报体系，实现群众诉求处置一体化。全年受理消费者投诉举报2697件，办结率94%，为消费者挽回经济损失586万元，其中妥善处理群众食药品投诉举报投诉167起。新建6家消费维权站，举办消费维权、食品安全知识培训课64堂，培训8650人次。加快部署食品安全配套设备设施，全县建成快速检测室40个，为群众提供最方便快捷食安检测途径。5·20世界计量日活动，高效开展监督和检定工作，检定各类计量器具24513台/次，保证量值精确传递，促进企业提高产品质量，保障民生消费公平有序。

【开展食品安全事故应急演练】 12月13日，长沙市食品安全事故应急演练在长沙县举行。演练采取现场模拟展示和实景预拍播放相结合方式，对长沙县榔梨街道一村民彭某办满月酒出现食品中毒场景进行模拟演练，按照事故发生、发展不同阶段，分为事故报告、应急响应、应急处置、舆情处置、响应终止、善后工作六个科目进行。此次演练由长沙市人民政府、长沙市食品安全委员会主办，长沙县人民政府、长沙县食品安全委员会承办，湖南省食药监局副局长吴公平，长沙市领导邱继兴等参加演练观摩并讲话。湖南省各市州食药监局代表，长沙市各区县市政府分管领导，长沙市各区县市食品药品监督管理局、食安办、疾控中心、应急办、稽查大队等单位负责人及餐饮公司、村社区协管员、厨师代表等近500人参加演练观摩。此次演练目的是要在《长沙市食品安全事故应急预案》基础上，按照“横向到边、纵向到底”预案体系建设要求，把食品安全应急管理工作重点放在城镇社区、农村乡镇、学校等基层单位，抓好基层和重点部位预案建设，特别是学校餐饮、农村聚餐等环节，尽快在全市形成多层次、全覆盖、相互衔接、具有较强针对性和可操作性应急预案体系。通过应急演练，使参加和观摩人员提高认识，增强应急管理意识，提高应急处置能力，增强提高处置食品安全事故能力危机感和紧迫感。

12月13日，长沙市食品安全事故应急演练在长沙县开源大剧院举行

（县市场和质量监督管理局 提供）

9月6日，长沙县市场和质量监督管理局组织240家企业参加长沙县“企业标准自我声明公开制度”暨“小微企业创业创新标准化公共服务活动”培训班

（县市场和质量监督管理局 提供）

【推进国家食品安全城市创建】 健全县、镇（街道）、村（社区）三级食品安全监管网络，构建横向到边、纵向到底食品安全监管天网。新布局40个快速检测室，2016年，开展食品抽检任务30881次。落实最严监管制度，开展源头治本、作坊提质、市场规范、明厨亮灶、会展护航等专项行动，切实保障人民群众饮食安全。立案查处食品安全违法案件338起，食品安全刑事犯罪案件7起，取缔小作坊57户，查扣不合格食品1万余千克。加强宣传教育和舆论引导，构建社会共治格局。免费举办食品安全管理员培训班，超过5800人接受培训并进行敬业、诚信宣誓；指导食品生产经营单位进行规范化管理，评选63家食品安全示范单位；承办长沙市2016年食品安全事故应急演练，精心开展“食品安全宣传周”等宣传活动，利用电台、微信等宣传方式，普及食品安全法律法规和科普知识，扩大普及面，提高知晓率，构建人人是监管员的庞大“食安圈”。

【“5·20”世界计量日主题宣传活动】 5月20日，长沙县市场和质量监督管理局在星沙华润万象汇广场开展“5·20”世界计量日主题宣传活动。以“5·20”世界计量日活动契机，专门为各市场监管所配备计量监管器具——砝码，现场由县局党组成员、副局长张义向各市场监管所进行发放，强化基层监管所对计量监管。为提高公众对计量知识认识，活动现场除向公众宣传计量知识外，开展有奖知识问答活动，广大市民朋友踊跃参与。同时，各市场监管所于5月20日当天在各集镇开展5·20世界计量日主题宣传活动。

长沙经开区（长沙县）企业主要负责人安全生产培训班　（江　洁　摄）

【推进“质量强县”工作】 举办长沙县“企业标准自我声明公开制度”暨“小微企业创业创新标准化公共服务活动”培训班，组织240名企业代表参加，指导76家企业在标准信息公共服务平台上公开186项标准。指导“同心实业”“湘丰集团”2家单位参与申报2017年湖南省长质量奖培育单位，“湖南武源建材有限责任公司”等3家单位获得湖南名牌产品称号。“长沙县金井茶厂”等6家单位参与湖南省标准化项目研究，获得扶持资金45万元。推进企业做好标准化良好行为企业确认申报工作，指导62家企业上报144项标准，涵盖180种产品，推动长沙县“制造”向“创造”“质造”转型。

安全生产监督管理

【概况】 2016年，长沙县安监局按照“分层级、分类别、全对接”要求，结合定点执法、随机抽查执法和执法监察，落实计划执法，确保不漏1家，不缺1项。全年检查非煤矿山、危险化学品、烟花爆竹和冶金机械等行业领域企业877家（次），下达整改指令762份，排查整治隐患1195处，立案26起，行政处罚99.57万元。28台便携式移动执法终端配发各镇（街），手写执法文书逐步成为历史；开展易燃易爆危化品企业专项整治、动火等特殊作业专项整治等行动，督促企业规范并严格执行动火作业、进入受限空间、盲板抽堵、高处作业、吊装作业、临时用电、动土作业、断路作业等八大特殊作业票证审批和风险防范安全管理。4月和6月分别进行粉尘防爆专项整治工作和有限空间作业专项整治工作。烟花爆竹批发公司流向台账专项整治行动和烟花爆竹经营及仓储单位专项整治行动，发动18个镇街组织排查力量543人次，排查重点场；办理安全生产应急预案备案19件，结合安全生产月启动式在通程广场组织开展客车内部起火逃生演练。组织全县生产经营单位开展应急演练149次，参演15012人，观摩8573人；全年计执法检查企业877家次，出去执法人员1268人次，排查隐患1195条，到期整改率100%。下达文书762份，其中立案26起，移送案件1起，现场处置措施决定书6份，处罚99.57万元。通过严格执法，大多数企业从被动讲安全到主动要安全，企业自觉遵章守法氛围逐步形成；督促企业落实隐患排查治理“三自”系统工作，实际上报率、网上核查率100%，隐患动态整改率99%以上。办理非煤矿山新改扩安全设施设计审查1家，注销3家；办理危险化学品重大危险源备案审查1家，注销1家；办理烟花爆竹销售许可证110本。工贸行业标准化创建41家，标准化复评99家；油气管道隐患整治攻坚战排查发现32处隐患，并全部整改销号。国务院巡查交办2家企业隐患、省安委会8月初暗访2家企业隐患、市领导带队检查2家企业隐患、市安委办“三大行动”专项督查交办6处隐患，均整改到位；落实“失职追责”要求，按照“四不放过”原则，依法对8起生产安全事故（其中5起为生产经营性道路交通事故）进行立案调查，结案5起，依法追究3家单位和11名责任人员责任（其中1名涉案人员被依法移送公安机关立案侦查），罚款65万元。为遏制道路交通运输行业生产经营性事故持续居高局面，对道路交通运输行业发生一般生产经营性事故，实行“每案必查”；开展“春雷行动”“飓风行动”“霹雳行动”“清剿行动”，严查严处、重管重罚非法违法行为。6月26日之后，进行安全生产“大排查大管控大整治”打非治违专项行动，全县共组织集中执法行动23次，出动执法人员784人次，检查生产经营单位316家次，行政罚款60余万元，取缔非法生产经营窝点260多处，收缴甲醇5.9吨，酒精成品2.9吨，工业气瓶150瓶，暂扣烟花制品6807件，销毁3407件；对领导帮促整改重点安全隐患，实行责任包干制，按照“一患一策”要求制定整改方案，逐一排查，督促整改，供销烟花爆竹有限公司观山仓库、嘉恒工业气体、大江贸易、金丹洲公司等11处隐患全部整改到位。整改完成后，执法工作人员邀请专业技术人员验收，并由中介机构出具整改验收报告，所有企业按期完成销号工作；组织开展安全生产大培训，采取课堂理论教学、入企现场见习、拓展训练等多种形式，开展“百人送训”安全培训20场，高危行业企业主要负责人、安全管理人员安全生产轮训13场，安监员监管执法业务培训4场。聘请授课讲师60余人次，送训企业900多家，对42000多人次进行教育培训；全县各乡镇落实3～8人监管队伍，县相关单位均设立安全监管机构，落实人员和经费。

2016年，全县发生各类生产经营性事故148起，死亡50人，未发生较大及以上事故。其中机械行业事故1起（迈科轴承“8·9”事故），死亡1人；建材行业事故1起（经泮砖厂“5·17”事故），死亡1人；通信行业事故1起（广州讯联“4·15”事故），死亡1人；道路交通运输行业139起，死亡47人（其中生产经营性道路交通责任事故6起，死亡6人）；农业机械事故5起，无人员死亡；其他传统高危、重点行业领域未发生事故，安全生产形势保持稳定下降趋势。承办湖南省暨长沙市2016年安全生产月活动启动仪式，获评湖南省安全生产月活动“优秀组织奖”。

【安全联审】 建立工矿商贸企业申报财政资金项目安全联审制度，将安全联审“合格”作为县级财政对企业资金扶持前置条件，先后对全县771家次企业实施安全联审，“一票否决”35家，（企业期限内未开展安全生产标准化19家，因安全违法行为受到行政处罚存在不良信用记录8家，非法生产经营1家，其他存在安全生产不良信用记录行为7家），有力倒逼企业落实安全生产主体责任，安全联审经验被兄弟区县（市）借鉴。

【电子监测监控平台】 建设县级安全生产电子监测监控平台，坚持信息技术主导，通信网络和智能化控制管理为基础，建成集高新技术应用为一体智能化安全生产监控平台，实现电子监控、视频会议、呼叫报警、综合管理“四位一体”，建成后，实现对所监管企业自身监测系统监控，督促企业隐患排查，在特殊时期、紧急情况下对企业进行呼叫提醒，锁定相关违法证据等作用，进一步提升监管效能。

湖南省安全生产月启动仪式在长沙县通程广场举行　（江　洁　摄）

【规范执法】 为全面推广湖南省安全生产执法系统，投入30多万元采购便携式计算机、便携式打印机、单警执法记录仪、高影扫描仪28台套。3月份和6月份，对全县安监执法人员组织两次培训，500余人次，分别邀请省局专家和顺安公司专家进行讲座和现场答疑，4月起，局机关执法人员全面使用执法系统，7月起，各安监中心执法人员正式使法。组织全省专家、律师、执法人员编写《长沙县安全监管执法检查内容汇编》，进一步规范日常监管执法内容、程序、文书制作等，配合执法应用软件进行使用，推动安全生产监管执法工作规范化、程序化、信息化进程。

【风险分级评估】 率先全省开展高危行业安全生产风险分级评估工作，评估内容包括排查风险点、确定风险等级和管控措施、风险公告警示、排查消除隐患、加强应急管理等方面，对47家危险化学品生产储存企业评估后，确定风险等级为橙色企业（风险最高）4家，黄色的企业6家，排查安全隐患100余条（全面整改），清理出风险点360余处，完成“一企一册”整改方案36家。

【四类场所严格排查】 8月3日以来，组织开展村（社区）、安置小区、物业小区、物流市场和废旧厂房仓库等四类场所危险化学品经营储存和配送运输情况进行清查摸底。通过本次活动，全县摸排出229处无证非法危险品经营储存点，其中无证经营196处，涉及32个品种，非法储存33处，涉及13个品种；烟花爆竹38处，液化气28处，危险化学品153处。同时对这些场所进行集中清理，查处41起危险化学品非法违法行为。处置危险化学品30余吨，起到极大震慑作用。

【宣传教育】 开展系列安全生产宣教活动。制作活动展板40多块，先后印制安全生产月“亮剑”系列活动折页、安全生产宣传知识折页、《领导同志关于安全生产的重要论述汇编》《长沙县村（社区）安监员培训宣传资料》《长沙县安全监管执法检查内容汇编》等教程和宣传资料5套，10000余册。在《中国安全生产报》《湖南安防》《长沙安监》等报纸杂志上曝光、发表文章、案例100多篇。 （江 洁）

价费管理

【概况】 规范价费管理。落实中央部委和省市收费政策，停征价格调节基金，取消、降标和放开一批涉企经营服务性收费。核定校车收费标准，三润燃气公司和农村自来水入户安装收费标准，出台《关于调整污水处理费和垃圾处理费征收范围和收费标准的通知》《关于加强机动车停放服务收费管理工作的通知》等一系列收费管理文件，进一步规范收费行为。落实机构改革后市成调队农调职能下放对接工作，开展存售粮、农资购买、生猪等项目农产品成本调查工作。围绕城市居民食品零售价格、工农业生产资料价格、城乡服务价格所涉及六大类188种监测品种及时数据上报工作。开展各类价格认定工作，有效提供公共服务，维护公共利益，全年出具各类价格认定报告363件，认定总金额1995万元。服务政府中心工作，开展拆迁补偿价格认证业务，为政府依法快速拆迁提供价格依据。

【全面实行收费目录清单制度】 根据《国家发展改革委办公厅关于全面实行收费目录清单制度的通知》（发改办价格〔2016〕1415号）和《市发改委、市财政局关于严格落实行政事业性收费目录清单的实施方案》（长发改〔2015〕297号）要求，全面实行收费目录清单制度，按照要求对行政事业性收费目录清单进行公布，并实行动态管理，充分体现政务公开，规范收费行为。

【《关于加强机动车停放服务收费管理工作的通知》】 根据《湖南省定价目录》《湖南省机动车停放服务收费管理办法》、长沙市物价局关于贯彻《湖南省机动车停放服务收费管理办法》的实施意见（长价服〔2015〕66号）及《长沙县停车场管理办法》，出台《关于加强机动车停放服务收费管理工作的通知》，进一步规范长沙县机动车停放服务收费行为。 （黄 微）

审 计

【概况】 2016年，长沙县审计项目453个（包括临时项目28个），查出违纪违规和管理不规范资金5亿余元，再次核减工程造价1278万元，提出合理化审计建议80余条，移送问题线索58起，发表审计信息、调研文章50余篇。全市审计系统目标考核中，2004至2016年连续十三年被评为先进单位，继续保持全市“文明标兵单位”称号。

财政“同级审”。2016年财政“同级审”重点实施县级财政预算执行管理、市区闲置资产、创业富民专项资金和农村生态环境资金专项审计或审计调查。通过审计，发现部分专项存量资金未及时安排使用、市区闲置资产管理不规范、部分创业富民资金重复补助和超标补助、申报和审核不规范，部分畜禽污染治理未达到预期效果等问题，提出强化预算执行、规范闲置资产管理和严格执行专项资金管理办法等审计建议。针对发现问题，向县人民政府提交《畜禽养殖治污工程营业税亟待清缴》《我县市区闲置资产管理亟须加强》等3篇《审计要情》，得到县领导专题批示并督促加强整改。

领导干部经济责任审计。2016年，对18个单位22名领导干部开展经济责任审计，实行集中统一进点，率先在全省采用量化划档办法对领导干部“四权一廉”（经济政策执行权、经济决策权、经济管理权、经济监督权和个人廉洁自律情况）履行情况进行分项评价和综合评价。量化结果纳入领导班子绩效考核，分类排名靠后的单位在政府常务会上说明情况，加强审计结果运用。

固定资产投资审计。按照“全面审计，突出重点”原则，对500万元以下审计项目采取简易审计，重大项目实施审计提前介入，参与隐蔽工程验收和工程变更签证，实施事中监督，并逐年加强审计监督关口前移力度，逐步加大事前和事中审计监督力度，建立完善跟踪审计台账，确保跟踪审计质量。2016年，为解决政府投资审计项目数量多与投资审计力量不足矛盾，积极创新审计模式，采取引进社会中介机构参与政府投资项目审计做法，聘请6家符合条件造价事务所参与投资审计工作。

政府委托审计。2016年政府委托审计结合“雁过拔毛”式腐败问题和“纠‘四风’治陋习”两个专项整治工作：一方面全力推进合并村经济责任审计，结合区划调整改革合并村工作，委托10家中介机构对涉及合并141个村（社区）主要负责人开展经济责任审计，对农村集体“三资”管理、涉农专项资金、重点工程项目建设等关键领域进行重点审计，为村级换届提供参考依据，全年向政府报送审计要情1篇，向县纪委、相关主管部门移送问题线索58起；另一方面开展农村集体“三资”和村级财务大清查，由长沙县审计局牵头，财政、农林、各镇（街）联动，全面清理村（社区）集体所有的资金、资产、资源状况，核实“三资”底数，全面掌握村（社区）财务收支及相关经济活动真实性、合法性及内控制度执行情况，坚决查处“雁过拔毛”式腐败问题和“四风”陋习问题，推进农村党风廉政建设。

审计结果运用。通过“两年一审”“凡离必审”、审计问题整改情况纳入领导班子年底绩效考核、经责审计结果量化评分分类排名靠后单位纳入绩效考核扣分和在政府常务会上说明情况、政府常务会或政府全会通报审计情况、作风建设大会通报典型问题、审计结果网上公告、重大违纪违规问题实行行政问责等制度建立和执行，警醒单位领导和有关责任人员。同时，上级巡视组、县人大、政协将审计结果作为各单位巡视、述职评议和民主评议参考依据；纪检监察部门利用审计结果开展廉政讲评和警示教育；组织、人社部门将审计结果作为领导班子测评、党代表候选人提名、公务员年度考核的重要内容，有力引导广大干部树立正确政绩观。

3月，长沙县审计局审计人员到先明农业科技有限公司实地调查

（吴　敏　摄）

【创业富民专项资金】 为规范专项资金管理和分配，长沙县审计局将创业富民专项资金列入2016年度审计项目重中之重，从制度建设、资金申报流程、资金分配、资金使用以及资金效益等方面开展审计调查，发现有创业富民政策与县域当前创业实际情况不相适应，审计提出应及时修订和完善相关政策建议。长沙县采纳审计建议，加大对全县创业富民专项行动扶持力度，6月至8月，县人民政府、县创业富民领导小组等分别制定下发《长沙县鼓励和扶持全民创新创业带动就业的若干政策》《长沙县全民创业带动就业专项资金管理》等一系列创业富民相关政策和措施，并从2016年开始每年由县财政整合安排5000万元，专项安排2000万元对创业者进行扶持。

【开展农村生态环境资金绩效审计调查】 2016年，长沙县审计局就该县2015年度财政预算执行和其他财政财务收支开展审计，开展农村生态环境资金绩效审计调查，对该县2014年至2015年环境综合整治、畜禽污染治理、生猪调出大县奖励等专项资金管理和使用情况进行专项调查，查出镇街可再生能源合作社在实施沼气池、人工湿地等畜禽养殖污染治理项目建设中，漏缴营业税等各项税费161.34万元。根据审计发现问题，该局向县政府报送《审计要情》，并依法将问题线索移送至县地税局。县政府高度重视，及时作出批示，要求县地税局对类似漏缴现象进行全面清缴，税款全部征缴到位。

【长沙县建立预算执行审计查出问题整改情况报告的常态机制】 12月，长沙县人大常委会审议通过《长沙县人民代表大会常务委员会关于建立审计查出问题整改情况报告机制的实施意见》。该意见明确县人民政府要切实抓好审计查出问题整改工作，通过督促整改审计发现普遍性、倾向性和典型性问题，做到整改一个问题，堵塞一处漏洞，完善一项制度，严肃整改问责，把审计结果及整改情况作为考核、奖惩重要依据；县人大将强化监督职责增加整改实效，对突出问题和重点单位，县人大财经委员会将跟踪调研并调阅审计和整改相关资料，县人大常委会将对被审计单位整改情况进行无记名电子表决，实施满意度测评，对满意度测评结果未过三分之二将再次测评，仍未通过测评单位将启动问责程序。此项工作自2014年探索实施以来，曾经有两个单位通过再次整改后才获测评通过，被审计单位重视程度明显提高，所采取整改措施真正做到扎实有效、切实可行，审计成果运用水平大幅提升。

【领导干部经济责任审计】 用好审计结果选拔任用干部，县委组织部将经济责任审计结果作为干部选拔任用、奖惩、考核重要依据，做到“先审后离”，有效避免干部“带病上岗”、用人失察等问题。2016年长沙县第十三届党委换届过程中，对拟定79名党代表候选人通过书面文件形式向审计部门充分征求意见，严格按照党代表标准条件进行考察审核，把好党代表“入口关”。结合审计结果发现问题线索。审计报告可以从不同方面、不同层次反映被审计单位和被审责任人在内部控制、资金使用、资产管理、工程建设等方面举措和成效以及薄弱环节和漏洞，县纪检监察部门将审计结果作为查找不足和案件线索重要来源和依据，采取质询、诫勉谈话直至党纪政纪处分等形式进行。

统计管理

【概况】 2016年，长沙县统计局贯彻落实省、市统计工作会议精神，对接县委、县政府“强南富北、民生立县、挺进五强”发展思路，大力推进统计基层基础建设，不断提高统计数据质量，加强统计服务，全县统计事业得到长足发展。

统计日常报表。坚持提高统计数据质量，严格执行国家各项统计报表制度，不断规范工作流程，完善工作标准，健全质量控制和评估办法，做到横向互动对照比较和上下共同把关，保证统计数据质量，全面、准确、及时地完成2015年统计年报工作及2016年定期报表任务，按时发布2016年全县国民经济和社会发展情况统计公报。

统计改革工作。围绕习近平总书记提出统计“既要去水分，也要避免对各种新经济活动漏统”总要求，全面推进核算、投资、能源、贸易、服务业等领域方法制度改革。开展5000万元及以上投资项目统计联网直报工作，加强与发改、规建、国土等相关部门之间协调和配合，数据统计前对于符合条件项目摸底排查，统计后每月都将主要指标完成情况、市重大项目进度情况书面函告相关部门，并列出问题、进行分析、提出建议。加强服务业统计改革，配强配齐服务业统计工作人人员，完善工作机制，加大监测频率，及时、全面反映服务业发展实际。

统计服务工作。每月刊发《长沙县经济运行快报》将全县主要经济指标完成情况提供到主要领导。撰写多篇统计分析文章，其中《浅谈长沙县临空经济发展》在国家、省、市统计局网站发布，《全面推进我县现代服务业发展的建议》得到长沙县委书记超群批示，《长沙县城乡居民可支配收入情况分析》《从统计角度看供给侧改革与长沙县县域经济发展》在星沙论坛刊发。启动民调中心各项工作。成立社情民意调查中心，承担长沙县范围内社会评估调查工作。建成国内少数集电访、移动面访、网络调查及短信调查等多种调查方式于一体综合性调查平台，完成“村级规范化建设”综合评估入户调查、2016年长沙县绩效考核社会公认评估电话调查和2017年新年愿景调查三个项目。

统计基层基础。规范统计站（室）建设。出台《镇（街）绩效考核“负面清单”扣分指标中统计工作考核办法》，为镇（街）统计站加强自身建设提供对照依据。结合三农普等重点工作，加大对基层经费和办公设备支持力度。㮾梨、湘龙、干杉统计站获评长沙市2015年乡镇（街道）统计站目标管理综合考评一类单位，金井、黄兴、江背统计站获评二类单位。重视“四上”企业申报工作。明确“四上”企业申报工作相关主管部门及各镇（街）职责和具体工作任务，与财政局联合发文明确规定企业申请除“创业富民”以外各种财政补贴、补助、扶持资金时，统计局要对补助企业进行“是否是‘四上’企业”前置初审。2016年长沙县申报新增“四上”单位211家，其中服务业单位156家。

统计调查监测。全面实施常规调查。做好各项统计调查，科学核算GDP和能源消费总量，各项调查任务。开展考核监测。与相关部门密切协作，参与全面小康、绩效考核、重点民生实事、节能降耗、“两纲”监测、文明测评等一系列考核数据收集与认定。推进全县第三次农业普查工作。2016年，完成农普组织机构、普查经费、选聘两员、培训宣传及清查摸底等各项前期准备工作。举办长沙市“统计开放日”宣传活动、市级农业普查试点、省农普宣传月等活动。

统计法制建设。配备专门统计执法人员，11人参加行政执法资格证考试。在农业大学统计系开设统计法宣传教育课程。3月，开展“数据造假、以数谋私”专项治理工作。成立专项整治领导小组，领导小组下设办公室（设在法规科），统筹协调专项整治工作。坚持"有法可依，有法必依，违法必究，执法必严"方针，规范统计执法，严格查处各类统计违法案件。全年检查单位100余家，没有发现统计有违法行为。做好统计违法案件查处案卷归档整理。对照《统计执法案卷评查标准》，认真查找存在问题，提高统计行政处罚案件办理质量和水平。

统计宣传工作。2016年，撰稿和组稿政务信息和统计分析近70篇，其中市局采用信息50余篇，分析10余篇，省局采用分析、信息10余篇，县委、县政府采用20余篇，完成省、市、县各级信息、分析任务，向各界宣传和推介统计工作。

【长沙县第三次全国农业普查】 第三次农业普查工作是2016年统计工作重点，开展农普组织机构、普查经费、选聘两员、培训宣传及清查摸底等各项前期准备工作，10月21日至11月15日，长沙市第三次全国农业普查市级综合试点工作在春华镇开展，11月7日，邀请市统计局相关领导、全市九区县（市）统计局局长到长沙县进行农业普查入户登记观摩活动，为农普工作开展打下基础。

【张作林调研统计工作】 7月6日，县委副书记、县长张作林调研统计工作，并听取长沙县局局长沈建民关于全县统计工作情况汇报。张作林肯定统计工作取得成绩，要求统计工作要发挥积极参谋作用，坚持依法统计、科学统计。

【长沙市第七届"9·20"统计开放日】 长沙市第七届"9·20"统计开放日宣传活动在长沙县春华镇春华山村举行，主题为"农业普查 福到农家"，宣传全国第三次农业普查，现场组织实地无人机遥感测量观摩活动，县电视台和星沙时报对活动进行专题报道。

长沙县社情民意调查中心成立　　（县统计局 提供）

【长沙县社情民意调查中心成立】 2016年，长沙县社情民意调查中心作为长沙县统计局二级机构正式成立，定编三人，主要承担县域范围内政府为主导调查工作，绩效考核社会公认评估、党风廉政建设、文明创建、基层党建、社会综治、政风行风等领域开展调查。长沙县社情民意调查中心建成国内少数集电访、移动面访、网络调查及短信调查等多种调查方式于一体综合性调查平台。　（刘姿君）

行政执法

【概况】 2016年1月8日，长沙县行政执法局组建动员，4月21日挂牌成立。全局核定编制563个（其中机关行政编制30名，全额拨款事业编制531名，机关后勤服务全额拨款事业编制2名）。局机关设办公室、执法调度指挥中心、纪检监察室、法制科、政工人事科、财务审计科、行政处罚中心、宣教科、后勤保障科9个内设机构；下辖县城市管理行政执法大队（加挂县行政执法直属分局牌子）、县行政执法一分局至六分局（其中二分局加挂县食品药品稽查大队牌子）、行政执法督查大队、行政执法信息中心等9个事业单位。全局行使23个领域1608项行政处罚权及与之相关行政强制权（其中，行政处罚权1501项，行政强制权107项），按照机构改革统一安排，食品药品、安全生产等方面行政处罚权及强制权分别委托给县市场监管局和县安监局。全年开展各类专项执法行动1698次，联合执法行动543次，检查单位35万家，立案4440起，结案4289起，到位罚没款2240万元，处置12345工单1485起，回复率100%，满意率96.5%。

基层基础。2016年，全面清理执法依据，公开办案程序，细化自由裁量权，对所有执法案件全程审核把关，严格规范公正文明执法，全年未发生一起行政复议被撤销和行政诉讼败诉案件。建设完成功能完备信息化平台，涵盖远程纪律监察、视频调度、执法办案、在线查询、执法车辆GPS调度系统等多项功能，实现执法行为"全过程记录，可回溯管理"和执法调度扁平化指挥。成立行政执法调度指挥中心，安排专人24小时值守，及时处理解决问题，畅通群众举报投诉渠道；实行行政执法举报奖励制度，鼓励公众及举报违法违规行为，为案件查处提供有价值信息和线索，及时控制和消除安全隐患，构建群防群治社会管理体系。制定《行政处罚裁量权基准实施办法》《案件层级审核制度》《绩效考核工作实施方案》等30余项管理制度，规范公务接待、公务用车、财经管理、办公用房管理等机关日常管理。

体制机制。整合镇街设立基层执法机构，统一规范标识标牌，相继设立三个属地分局，加快人员整合和业务融合，构建全面科学监管网格。构建行政执法联席会议、行政执法监督委员会，部门联动协作、镇街党组织关系委托等机制，及时协调解决工作中遇到困难和重大问题。加强与各职能局信息衔接，主动接收职能局提供案件线索，主动对接职能局提前鉴定违法行为，全年受理部门移送案件线索152条；加强与公安司法部门信息沟通，全年移送公安机关涉刑案件17起。长沙县首推综合行政执法体制改革，获评“2015年度湖南省十大最具影响力法治事件”之一。

执法办案。多个领域案件查处数量和罚没款数量均实现倍增，城市管理领域全年查处案件1597起，比上年增长248%；医疗卫计领域全年查处案件61起，比上年增长265.2%，到位罚没款13.53万元，比上年增长189.4%；农林畜牧领域全年查处案件161起，比上年增长103%，交通运输领域全年查处案件531起，比上年增长41%，到位罚没款178.45万元，比上年增长156.6%；环境保护领域，全年查处案件46起，比上年增长253%。加大对拆违控违、安全生产、渣土违规运输、超载超限、危货运输、违规运输等重点领域执法检查力度。针对城市管理乱象、黑诊所、食品安全、劳动工资等积极开展整治，全年依法取缔“黑诊所”47家次，开展劳动执法，帮助劳动者追回工资527万元，补缴社会保险13.2万元，补签劳动合同600余份。在元旦、春节、国庆等重大节日和其他重要节点，结合各领域执法特点，组织开展专项行动和联合执法。

【组建成立长沙县行政执法局】 2016年，长沙县深化行政执法体制改革，整合23个领域行政执法职能，1月8日召开组建动员大会，组建长沙县行政执法局，4月21日正式揭牌成立，省法制办行政执法监督处处长谢生达、市法制办调研员张为民、县人大常委会副主任柳铁强、副县长喻名团、县政协副主席郭艳红等领导出席揭牌仪式。

【长沙县首推综合行政执法体制改革获评2015年度湖南省最具影响力法治事件】 2016年7月，长沙县首推综合行政执法体制改革获评“2015年度湖南省最具影响力法治人物和法治事件”。本次评选由省委法治湖南建设领导小组办公室、省司法厅组织开展，省公安厅、省消防总队、耒阳市检察院、娄底国税等20个省、市相关部门参加评选。

【《长沙县行政执法举报奖励实施办法》】 8月12日，长沙县人民政府第44次常务会议召开，会议对行政执法局牵头拟订《长沙县行政执法举报奖励实施办法》进行会审研究，原则上同意该办法。《长沙县行政执法举报奖励实施办法》实施，旨在鼓励社会公众积极举报行政执法领域违法违规行为，为执法机关查处违法案件提供有价值信息和线索，及时控制和消除安全隐患，构建群防群治社会管理体系。

（陈彩云）

表1 长沙县行政执法局2016年案件数据统计

分局	领 域	立案数（件）	结案数（件）	到位罚没款（元）
直属分局	城市（城镇）管理	1748	1659	1,709,049.60
一分局	国土、城乡规划、城乡建设、房屋管理、人防	179	169	12,746,770.29
二分局	卫生监督、人口和计划生育、商务	125	113	213,712.16
三分局	农业、水务、畜牧兽医水产、林业、牲畜屠宰	164	141	755,387.50
四分局	交通运输、公路	2102	2089	5,905,035.00
五分局	文化体育广播电视、劳动监察、旅游、教育、物价、能源、发改	74	74	298,535.00
六分局	环境保护	48	44	771,929.00
黄兴分局	黄兴镇范围内综合执法	175	120	472,500.00
黄花分局	黄花镇范围内综合执法	48	47	
总计		4440	4289	22,400,418.55

说明：黄兴分局、黄花分局案件数据与其他分局案件存在数据交叉，不统计在全局汇总数据中

（责任编辑 张 娜）

农业·水务·气象

综 述

【概况】 2016年，长沙县农林牧渔业总产值118亿元，比上年增长4.6%；农村居民人均可支配收入2.77万元，比上年增长10%；森林覆盖率49.8%，比上年提高0.2个百分点；农业综合机械化水平79.3%，比上年提高1个百分点。农作物播种面积13.95万公顷，与2015年持平。粮食、肉禽、水产品等产销两旺，效益好。水稻优质率85%以上，低产茶园、油茶林改造266.66公顷，自成肉牛、盛大蛋鸡、罗代黑猪等品牌逐步叫响。林业产值3.8亿元，比上年增长7.9%。花卉苗木面积0.87万公顷，销售额突破16亿元。粮食生产和生猪养殖等传统农业，仍是农民收入重要来源，分别占农林牧渔业总产值14.5%和22.7%，“粮猪”独大产业格局发生根本性转变，从2012年占比农林牧渔业总产值52.3%，降至37.2%。茶叶、食用菌、小水果、中草药材和观赏鱼等特色产业快速发展。农业“三项补贴”制度改革推进，补贴额度1.09亿元。培育新型农业经营主体。全县规模以上农业企业94家，合作组织1593家、家庭农场316家、种养大户3000多户，联结农户6万多户。转变农业经营方式。股份合作、代耕代种、土地托管等模式不断创新，适度规模经营成为发展主流，农用地流转1.84万公顷。新型职业农民培育工程，组织各级各类培训和技术指导102期，培训7128人。发展“百万农机”合作社25家，农作物病虫害机防组织31家。下派种植、养殖、农机等技术指导员120名，通过示范户联结服务农户7520户。双季稻、山林和养殖经营应保尽保，探索将蔬菜和茶叶纳入政策性保险范畴。县农林网、阳光三农网成为广大农户了解农业信息有效平台。推进生态保护与安全监管，构建农产品质量安全和农业生产安全立体屏障。强化3.23万公顷重金属污染耕地修复治理，率先全省实现病死动物无害化处理体系全覆盖。金井虎园成为国内最大华南虎繁育野化基地，松雅湖国家湿地公园正式挂牌。水稻专业化集中育秧、测土配方施肥、病虫害综合防控技术加速推广，覆盖率分别为1.67万公顷、8万公顷和3.8万公顷。办结征占用林地28宗，审批林地11.9公顷。出动农产品质量安全执法人员600余人次，立案调查违法案件44起，市例行抽检农产品合格率、规模养殖场产地检疫率、屠宰检疫到位率均100%。全年创建市、县级绿色示范集镇4个、示范村庄（社区）32个、示范庭院400户，建设乡村公园7个、乡村绿色片区5个，义务植树造林150多万株、宜林地造333.33公顷、三边四旁造林0.13万公顷。获批“三品一标”有效证书177个，全年实现重大农业生产安全事故零发生。获评全国特色茶旅资源区，全省扶贫工作优秀县、粮食生产优秀县、农业产业化经营示范县，全市三年造绿优秀单位等称号。

【“两廊三带三区”】“两廊三带三区”（即百里茶廊、百里花木走廊，黄兴大道北延线时鲜水果带、S207线万亩蔬菜示范带、农业休闲观光带，禁养区、限养区、适养区）。项目区土地流转率45%，产值占农林牧渔业总产值59%，带动就业3.7万人。发展农产品加工业，全年总产值144亿元，利润6.3亿元，增长10.5%。“致远”获批全省首家有机食品认证，与“湘丰”“金茶”一道成为湖南省农产品出口创汇主打品牌。现代农庄、健康养老、乡村度假等新业态日臻成熟。年接待游客超过600万人次，营收16.8亿元，获批星级农庄44家，其中新增国五星3家、国四星2家、省五星3家、省四星3家。茶业发展为突破，率先全省开展农村一、二、三产业融合发展试点。“茶香小镇”金井镇试点区内，“山、水、林、田、湖”和“茶、虎、果、稻、花”，与茶叶产业共生共荣。基地内综合机械化水平比基地外高12%，集中育秧、绿色防控、配方施肥全覆盖。“稻油游”等田园休闲游快速发展。 （徐 泽）

种植业

【概况】2016年，农林牧渔业总产值113.7亿元，比上年增长5.5%；农村居民人均可支配收入2.77万元，比上年增长10%；农业综合机械化率79.3%。全年粮食播种面积8.3万公顷，总产56.8万吨。蔬菜播种面积3.07万公顷，总产量112万吨，总产值19.8亿元，比上年增长1.54%；茶园面积0.62万公顷，其中良种茶园0.51万公顷，全县加工干茶4.57万吨（含县外订单生产），总产值9.43亿元。时鲜水果新扩基地80公顷，水果面积0.64公顷，总产量10.35万吨，总产值3.84亿元；新型吊瓜种植面积333.33公顷；中药材种植面积近73.33公顷。农产品加工业总产值144亿元，比上年增长7.7%，利润6.3亿元，比上年增长10.5%，"致远"为全省首家通过有机食品认证珍稀食用菌生产企业，与"湘丰""金茶"一道成为全省农产品出口创汇主打品牌。休闲农业接待人数超过600万人次，营业收入超过16.8亿元，完成3.23公顷耕地修复治理。开展土壤墒情和面源污染监测点的维护、监测工作；深入开展化肥使用量负增长行动，推广使用配方肥、缓释肥和新型肥料，推广秸秆还田技术，增加有机肥施用，恢复绿肥种植等。是年，长沙县获评全省粮食生产先进县，"中国茶旅之乡"。

【科技兴农】基层农技推广体系建设。遴选120名技术指导员，指导科技示范户近800户，重点推广稻田生态种养、水稻机械化育插秧技术、测土配方施肥技术等实用技术。全县良种覆盖率95%以上，设施农业4.33万公顷。推进明月杂交水稻试验示范基地建设和落实73.33公顷碳汇速生草种植试验示范。提高农机装备和作业水平。农机总动力154.09万千瓦，比上年增长4%。农机综合化水平79.3%。创建百千万农机合作社12家，新增农机合作社15家，全县农机合作社62家。办理农机购置补贴946.46万元，补贴机具893台套，受益农户608户。推动农业信息化建设。推进智慧湘农云平台试点县和智慧农业大数据平台建设。初步完成《智慧农业大数据平台建设方案》与《智慧农业一期工程建设方案》。

【安全生产】农产业品质量安全。开展禁限用农药、农资检查、蔬菜水果质量安全、秋季专项整治等专项行动，出动执法人员12835人次，查处农业类违法案件51起；加强标准生产，发展品牌农业。全县"三品一标"有效证书177个；加强例行监测，抓好基地自检。市例行抽检蔬菜、畜禽水产品合格率99.8%。"国家级出口食品农产品质量安全示范区"通过2016年度复检验收。农机生产安全。开展农机安全生产检查和隐患排查治理工作，加强安全宣传教育，规范农机牌证核发，开展"平安农机"建设年活动，稳妥推进农机互助保险，全县农机安全形势平稳。

【扶农惠农】培育新型职业农民。健全农民培训体系，加强农广校、职校中心、行业分校，农民夜校、实训基地等培训主体建设；实施长沙县新型职业农民培育工程，组织各级各类培训和技术指导102期，培训人数7128人，发放各类资料15万份。培育新型农业经营主体。加大龙头企业、合作组织、家庭农场和种养大户培育力度，促进规模化、集约化经营。全县现有规模以上农产品加工企业94家，其中国家级龙头企业1家、省级13家。获批星级农庄44家，其中今年新增国五星3家、国四星2家、省五星3家、省四星3家。规范建设涉农合作社1593家（2016年新增233家）、家庭农场316家（2016年新增126家）。另培育各类种养大户3000多户。

（周国强）

林木花卉业

【概况】2016年，全县林地总面积77809.9公顷，森林总蓄积418.5万立方米，森林覆盖率43.74%，林木绿化率49.83%。全县花卉苗木种植面积0.8万公顷，年销售收入超过16亿元。创建市级绿色示范集镇2个、市级示范社区和示范村庄8个、示范庭院400户；创建县级绿色示范集镇2个、县级示范社区和示范村庄24个，新建、提质公路绿化146.8公里，新建乡村公园、文化广场12个，打造乡村绿色片区6个，创建市级义务植树基地1个，县级义务植树基地9个，规范化义务植树基地13个，迹地更新造林及宜林荒山荒地造林266.67公顷，"三边""四旁"造林0.13万公顷。

【森林资源保护】严格森林资源保护。构建马尾松毛虫预测模型和思茅松毛虫预测模型，率先实现松毛虫测报由经验预测到模型定量预测根本性转变。强化征占用林地管理。办结征占用林地28宗，审批林地11.9公顷，确保县内重点工程及时推进。完善林权纠纷协调机制，做到项目推进到哪里，协调服务跟进到哪里。抓好森林防火。全县全年未发生大森林火灾，人员零伤亡，财产零损失。全年投资150余万元，采购6台进口水泵、6台油锯和其他森林消防装备。查处涉林案件。全年侦破刑事案件11起、治安案件2起，刑拘16人、逮捕7人、取保候审15人，移送起诉19人，治安拘留2人。（杨　华）

养殖业

【概况】 2016年，全县出栏肉猪191万头，比上年减少6.24%，存栏85万头，比上年减少9.19%。仍是全国生猪调出大县。生猪价格上涨，养猪效益提升，自繁自养每出栏一头肥猪，获利600～1000元，比上年提高30%。

草食动物 全县牛存栏2.85万头，出栏2.06万头，比上年增长1.48%，其中奶牛存栏580头；产奶1465吨，比上年减少51.73%。羊存栏2.62万只，出栏2.38万只，比上年减少3.64%。肉牛养殖户发展稳定，常年存栏100头以上养殖户稳定在40户以上。

家禽养殖 全县家禽存笼246万羽，家禽出笼257万羽，比上年减少3.20%，产蛋8827吨，比上年减少3.69%。

水产养殖 全县放养面积约0.41万公顷，其中，池塘0.29万公顷，水库0.12万公顷，产量1.88万吨。

全县有水产苗种场3家，市级以上健康养殖场10家，省级休闲渔业示范场2家，有嫩仔鱼、黄鳝、泥鳅、翘嘴白、鮰鱼、甲鱼、青蛙、黄尾鱼、大闸蟹、水蛭、龙虾、淡水白鲳等特种水产养殖场15家；全县建有2个水产品质量安全监测站，5个鱼情信息测报点。

是年，长沙县获评湖南省养殖业发展先进县、湖南省重大动物疫病防控工作先进县等荣誉。

【标准化规模养殖场建设】 2016年，全县有各类畜禽标准化养殖示范场15个。其中国家级标准化示范场4个，市级标准化示范场11个。建立健全养殖档案，加强畜禽标准化技术规范宣传推广应用，提高养殖户质量标准意识和应用能力。开展品牌建设，至2016年年底，全县有市级农业龙头企业4个，省级农业龙头企业3个，8个养殖场通过无公害农产品认证。有4个畜禽品种和产品被评为湖南省著名商标。

【动物检疫防疫】 推行规模养殖场（大户）程序化免疫、散养农户春秋季集中免疫和平时申报免疫相结合新型动物免疫制度。对高致病性禽流感、口蹄疫、高致病性猪蓝耳病、猪瘟等4种动物疫病实行免费强制免疫。常年免疫密度95%以上，免疫抗体合格率70%以上，全年未发生重大动物疫情。

【动物食品质量安全监管】 强化养殖投入品监管，对兽药店、饲料店和兽药、饲料生产企业及大中型规模畜禽水产养殖场进行四次检查。向规模养殖场，发放监管公示牌，规范生猪检疫和“瘦肉精”同步检测，配合相关部门打击违法销售不合格产品和贩运病死猪等违法行为，防止问题肉品流入市场。推进诚信档案建设，按“一户一档，分类管理”原则，督促畜禽水产养殖户和经营户建立诚信档案。设置动物检疫申报点23个，安排检疫人员进驻生猪定点屠宰场开展检疫，不定期对冷冻产品经营场所、屠宰场、养殖场等开展巡查，完善病死动物无害化处理机制，建成路口、高桥、福临等三个病死动物收集点，县无害化处理中心，全年处理病死动物11669头。（柳嘉毅）

农业机械化

【概况】 2016年全县农业机械总动力23.15万台/153.4万千瓦。机耕面积9.6万公顷，机耕率99.9%，机收面积7.23万公顷，机收率99.99%，机插秧1.84万公顷，机插率31%。水稻耕种收机械化综合水平79.3%。百千万现代农机合作社12家，新增农机合作社15家，全县农机合作社62家。办理农机购置补贴946.46万元，补贴机具893台套，受益农户608户。新增大中型拖拉机70台，旋耕机244台，收割机149台，烘干机34台，插秧机12台，大型植保机械2台。举办农机培训8期，培训人员1500人次，考核农机驾驶员234人。举行农机现场演示会、农机大比武活动15场次。实施省、市秸秆还田、机械化插秧、基层农机体系建设、基层农机推广补助等项目6个，财政投入80万元，带动项目投入500万元。县级财政支持农机事业资金565万元，其中机耕道建设300万元，小型盘式拖拉机补贴13.8万元，高速插秧机、大型植保机、烘干机等先进机具补贴22万元，省级农机现代农机合作社补贴96万元，县级示范农机合作社补贴68万元，机插秧和农机维修补贴40万元。全县检验上道路行驶的拖拉机1163台，农田作业机具354台，收割机165台，排查安全隐患165起，上路行驶的拖拉机交强险投保率100%，审验驾驶员并换证86本。建立县级中心站，扶持乡镇站建设，通过考核，对7个镇农机维修中心补助1万元，两个县级维修中心补助11万元。

【农机具推广】2016年，新增高速插秧机12台，其中高速插秧机11台。县财政对高速插秧机实现县级累加补贴每台2～2.5万元，对1.33公顷连片机插秧机插秧示范基地和农机户每亩作业补贴10元，全县补贴0.13万公顷，补贴资金20.2万元。全县机插秧1.84万公顷，比上年增加0.07万公顷；新增烘干机34台，县财政对非入选省百千万工程农户实行累加补贴每台1万元，共15台15万元。

【农机合作社】安沙镇天建等12家现代农机合作社申报全省"百千万"项目，通过市、县农业、财政部门审核，省农业、财政部门公示通过。县级示范农机合作社创建工作，通过申报和考评，建陆、春阳等五家合作社为一类，每家补贴5万元；长平等15家为二类，每家补贴2万元；金忠等13家为三类，每家补贴1万元。33个县级示范合作社获得补贴68万元。

【农机安全监管】7月，召开全县15家农机生产企业、经销商负责人会议，签订安全生产责任书。县农林局对全县小型方向盘式拖拉机对每台小型盘式拖拉机在监理站注册登记后补贴2000元，帮助农机户办理牌证，购买保险，全县补贴69台，补贴13.8万元。组织农机安全监理人员在春节、"两会"和"安全生产月"期间继续开展农机安全"大检查大整治"工作。出动检查车16台次，监理员57人次，查处无牌无证拖拉机4台次，排查农机安全隐患24处。开展农机安全生产"打非治违"专项行动。出动检查车辆36台次，出动监理人员127人次，检查农业机械480台次，纠正违章作业27台次，消除农机事故隐患39台次，督促办理年检审拖拉机13台次，新学拖拉机驾驶证12人。长沙县农机安全监理站与县公安交警大队秩序科进行衔接，就拖拉机违法查处，驾驶员满分学习及科目一考试进行职责分工，县公安交警对上道路行驶拖拉机进行违法查处，县农机监理站做好年检审、保险参保、驾驶员科目一考试工作。长沙县农机安全监理站出具"拖拉机及其驾驶人信息查询证明"18份。9月9—13日，监理站深入全县12家农机合作社开展农机大检查工作，下发安全生产检查记录表12份，排查安全隐患16起，并全部整改完成。

【农机培训】全年开办各类农机操作人员培训班4期，培训人数386人。其中培训拖拉机驾驶员288人、联合收割机驾驶员27人、履带式旋耕机驾驶员71人。全年开办新型职业农民培训班8期，培训各类职业农民579人。

（廖金波）

水务

【概况】2016年，完成年度水利建设投资12.25亿元，完成水利工程5000余处。完成金井河花桥段、麻林河白沙段、草塘勘河、黄兴镇石弓湾河、福临镇双起河以及安沙镇新港河等河道建设，治理河长124.05千米；完成麻林河上游项目区水土保持项目建设，治理面积6.67平方千米；完成捞刀河、金井河、白沙河3处河道流量监测站和桐仁桥、乌川、螃蟹洞3处水资源质量自动监测站建设；完成67座上型水库退出投肥养殖工作。全年投入小农水建设资金0.6亿元，实施山塘整修1175口、渠道303处、小型闸坝62处、机埠47处、高效节水9处，建设管灌等高效节水灌溉面积0.13万公顷。小农水工程项目管理体制、工程运行效果得到各级领导和群众认可。推进白石洞水库、金井水厂、星沙二水厂等项目建设，提高区域供水能力；完成白鹭湖水厂深度处理及提质改造建设并投入运行，全面提升农村安全饮水供水品质，达到直饮标准；完成白鹭湖水厂供补水主管安装工程建设，完成北山、春华、开慧、福临、白沙自来水通村工程、高白线白沙至高桥管网连通工程、高

灌等高效节水灌溉系统　（何　林　摄）

桥至路口管网连通工程建设，大幅提高农村供水水量水压保障能力；启动黄兴大道北延线路口至星沙段供水干管建设，实现城乡供水全面对接。加快推进农村供水管网通村达组入户建设，大幅提高农村自来水入户率，优先解决水量不足、水质不佳农村集中居住区域，年内新增农村自来水用户3万户。长沙县引导用水户组建农民用水户协会122家，规范注册24家，协会管理的区域和覆盖的耕地面积超过全县三分之一。11月，长沙县高桥镇百录用水户协会被全国农民合作社发展部际联席会议评为“全国农民用水合作示范组织”。

【水务改革】率先在全省探索实施“河长制”，全面加快水利信息化建设步伐，建成雨量、水文综合监测站105个，河道水质监测站2处，建成大坝安全监测系统4套，建成视频监测站130多处、摄像头700多个，开发完成“长沙县智慧水务”移动APP；出台《长沙县水务工程管理标准和办法》，制定《水利工程管理定额（试行）》，推进镇（街道）水利工程社会化专业化管护工作，探索国有机电排灌设施运行管理社会化管理试点；深化水库运行管理改革，推进红旗水库管理所省级管理考核；全面完成全县标准化基层站所建设，长沙县基层站所履职能力大幅提升。

【防汛抗旱】2016年，全县境域经历11次强降雨过程，其中，7月2—7月5日遭遇最强降雨，全县大部分镇街日降雨量超历史，县内捞刀河超防汛水位、浏阳河超警戒水位，县防指迅速下发《关于迎战浏阳河洪峰的紧急通知》和山塘水库按85%库容启动调蓄，水库和重点堤段24小时派人巡查值守，严密监测山洪地质灾害易发区，应对城区内涝渍水，面对突发险情迅速组织工程技术人员现场指导处险。

【水生态文明】2016年，投资4000万元实施黄花与安沙垸区水系连通工程；投资500万元实施江背镇五福大塘水库、福临镇高丰及同心水闸、北山镇新云村樟树坝改造等骨干水源工程建设；投资1.2亿元启动白石洞水库新建；投资2150万元完成双江人民公园、白沙大明湖与白沙坝、金井镇石壁湖和福临镇白马桥二期湿地工程；投资1.32亿元，完成金井河花桥段、麻林河白沙段、草塘塅河、黄兴镇石弓湾河、福临镇双起河以及安沙镇新港河等河道建设，治理河长124.05千米；完成捞刀河南岸风光带岸坡治理及堤顶园林绿化、梨梨水环境综合治理项目二期工程建设，启动星沙城西、江背镇工业园、果园镇浔龙河等污水处理厂及各镇污水配套支管网项目建设；完成麻林河上游项目区水土保持项目建设，治理面积6.67平方千米，

果园镇防汛抗旱监控中心　（何　林　摄）

水渡河闸坝　（张　江　摄）

完成投资280万元；完成捞刀河、金井河、白沙河3处河道流量监测站和桐仁桥、乌川、螃蟹洞3处水资源质量自动监测站建设；完成67座上型水库退出投肥养殖工作。完成审批水土保持方案报告书（表）28件，审批取水许可6件，收缴水土保持补偿费250万元，水资源费35万元。

【移民开发】2016年全县取消直补资格移民68人，为发放2016年度移民直补资金提供依据。全年拨付项目资金417万元，实施项目68个，其中交通建设项目27个185万元，水利建设项目33个176万元，产业扶持项目8个56万元。以“一卡通”形式发放移民直补资金466.23万元、小水库移民扶助金71.41万元、县级财政配套移民口粮补贴133万元，确保移民直接受益。安排产业扶持资金56万元，重点扶持茶叶、油茶种植、水产、肉牛养殖等产业，产业示范带动移民增收致富。举办移民培训3期，培训移民357人，其中实用技术培训290人，汽车驾驶、厨师等就业技能培训67人，实现就业转移61人，发放技能培训补助4.54万元，移民实用技术水平和就业创业能力明显提高。慰问特困移民97户，送去慰问金6.05万元。资助贫困大学生13人，发放助学金2.42万元。

（李　栋）

气象服务

【概况】2016年，长沙县气象局秉承让气象服务更加智慧的服务理念，以公共气象服务和气象防灾减灾为工作重心，主要做好以下三项工作：

坚守责任，提高气象防灾减灾能力。织好气象监测预警防御“三网”。全县有区域气象自动站64个、固废中心观测站10个、农田小气候观测站4个，织好中尺度气象监测网。与《星沙时报》、“村村响”开展合作，增强气象预警信息的时效性，构成电视、网络、广播、短信等预警信息发布立体渠道，织好预警信息发布网。设置气象信息站和气象信息员，做好山洪地质灾害区划，建立气象灾害易发区、防汛责任人、种养大户信息库，织好气象灾害防御网。建好长沙县突发事件预警信息发布平台，实现突发事件预警信息纵向到底、横向到边。

聚焦需求，做好公共气象服务。围绕防汛抗旱做好决策气象服务。全年出现3次暴雨过程，均预报准确并及时做好服务。7月1日，为7月2日—5日的连续暴雨大暴雨过程提前做好服务；7月2日，全县水库开闸放水迎接强暴雨过程，提前降低防汛抗洪风险。立足政府服务民生，广泛开展社会对气象的需求调查。通过部门合作、畅通渠道、直通式提供精准气象服务。启动应急响应7次，发送预警信号98期，各类服务短信103期。围绕安全做好安全生产气象服务。由上级气象部门投资，建立现代农业与仓储物流气象灾害预警系统，对全县危化危爆企业、仓储物流企业等提供临近气象灾害预警服务。

严格程序，完成气象观测及科普基地建设。基地占地面积1.67公顷，总投资3560万元，总建筑面积3900平方米，7月全部竣工。地面观测业务于1月启动，9月迁址试运行，为全县气象预测预报、应急响应提供良好平台，为气象综合服务水平和气象防灾减灾能力提供保障。（孙潇棵）

附录：

长沙县 2016 年度气候影响评价

1. 综 述

2016 年长沙县气候年景整体偏差，暴雨洪涝、冰冻、雷雨大风、五月低温、冰雹、寒潮以及强对流天气等成为长沙县主要成灾气象灾害。根据长沙县民政局统计的灾情数据全年自然灾害直接经济损失合计共 26846.85 万元，其中农业损失为 11134.35 万元，基本设施损失 7671 万元，家庭财产损失 5671.3 万元。本年主要天气气候事件有：寒潮、暴雪、冰冻、结冰、五月低温、暴雨、洪涝、高温热害、冰雹及连阴雨。

2. 基本气候概况

长沙县 2016 年平均气温 18.0℃，属历年偏高年份；其中冬季气温偏高、春、夏季正常，秋季显著偏高；春、夏季偏长，冬、秋季偏短，入春提前，入夏、入秋、入冬偏迟，气候年比天文年长。年平均降水总量为 1617.2 毫米，较历年偏多年份；冬、春季正常略多，夏季偏多，秋季略多；雨季开始早，结束不明显；雨日偏多。年平均日照偏少，日照总时数 1233.5 小时。

2.1 气温

2016 年气温偏高。其中冬季气温偏高，春、夏季正常，秋季显著偏高。年内有寒冷期，但无严寒期，夏季有两段高温热害。

2.1.1 年平均气温

长沙县 2016 年平均气温为 18.0℃，较历年偏高 0.4℃；从空间分布来看（图 2-1）。从季节年（上年 12 月到当年 11 月）来看，同样为年平均气温异常偏高年份，较历年偏高 0.4℃。图 2-2 所示，进入 21 世纪，年平均气温在剧烈波动中明显上升，除 2012 年低于历年均值以外，各年份均高于历年均值。

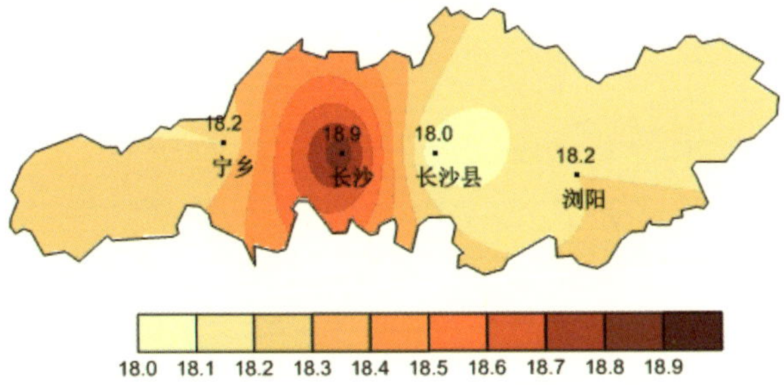

图 2-1 长沙地区 2016 年气温空间分布与距平（单位：℃）

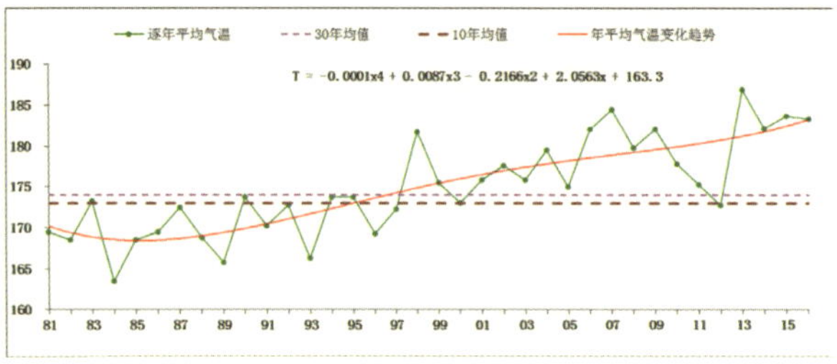

图 2-2 历年平均气温曲线图（0.1℃）

2.1.2 四季平均气温

冬季平均气温为 7.6℃，较历年同期偏高 1.1℃，较上年低 0.4℃。根据湖南省气候标准，长沙县 2015—2016 年冬季均为暖冬。入冬时间为 12 月 3 日，入冬时间较历年滞后 12 天。

春季平均气温为 17.9℃，较历年同期偏高 0.9℃，较上年低 0.1℃。入春时间为 3 月 14 日，较历年提前 9 天。

夏季平均气温为 28.5℃，较历年同期偏高 0.8℃，较上年高 1.0℃。入夏时间为 6 月 4 日，较历年滞后 8 天。

秋季平均气温为 19.0℃，较历年同期正常略偏高 0.6℃，较上年低 0.7℃。入秋时间为 10 月 22 日，较历年滞后 32 天。表 2-1 可知，2016 年长沙县春、夏季偏长，冬、秋季偏短，入春提前，入夏、入秋、入冬偏迟，气候年比天文年长。

表 2-1 2016 年进入各季时间、各季天数分布情况表（单位：天）

项 目	15 年入冬	入春	入夏	入秋	16 年入冬	冬长	春长	夏长	秋长	16 年	15 年
长沙县	12 月 3 日	3 月 14 日	6 月 4 日	10 月 22 日	12 月 11 日	102	82	140	50	374	350
偏 差	-12	9	-8	-32	-20	-22	18	23	-13	6	-18

2.1.3 月平均气温

2016 年除 5 月、11 月气温偏低外，其余月份均偏高（图 2-3）。长沙县国家气象站月平均气温在 5.3 ~ 30.6℃之间，1 月最低，7 月最高。5 月、11 月较历年同期偏低 1.2℃、0.3℃，1 月、6 月、7 月、8 月、10 月偏高约 0.5℃，2 月、3 月、4 月、9 月、12 月偏高 1℃以上，其中 3 月、12 月异常偏高 2℃以上。

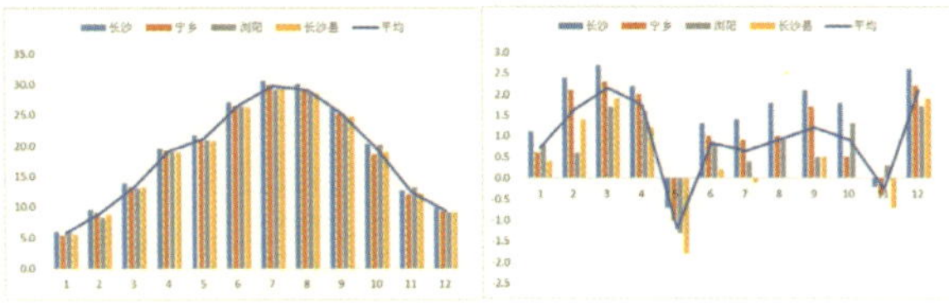

图 2-3 各站月平均气温（左）与距平图（右）

年内日平均气温≤0℃的严寒日为2天，出现在1月25日和2月1日。1月21日至1月26日（6）出现了1次寒冷期。年内无霜期长，长沙县293天，较历年偏多33天。初霜日出现在2015年12月17日，较历年偏晚27天。终霜日出现在2月7日，较历年偏早24天。

高温热害 年内高于35℃的日数为33天，较历年偏多3天。7月21日—8月2日、8月11日—20日共出现两段日最高气温≥35.0℃的晴热高温天气，出现了不同程度的高温热害。其中7月22—31日，达到轻度高温热害标准（10天）。8月15—20日，日最高气温≥35.0℃，达到6天，都已达到轻度高温热害标准。

极端最低气温：-6.7℃，出现在1月25日。极端最高气温：39.1℃，出现在7月26日。

2.2 降水

2016年长沙地区降水总量如图2-4，长沙县年降水量在1200～1600毫米之间。冬、春季正常，夏、秋季偏多。从月降水量距平百分率的逐月分布来看，与历年同期均值比较，7月、9月异常偏多，4月、5月、12月偏多，2月显著偏少，6月、10月偏少，1月、3月、8月、11月正常。全县出现多次暴雨过程，7月1—10日达到轻度洪涝。年内雨日偏多。

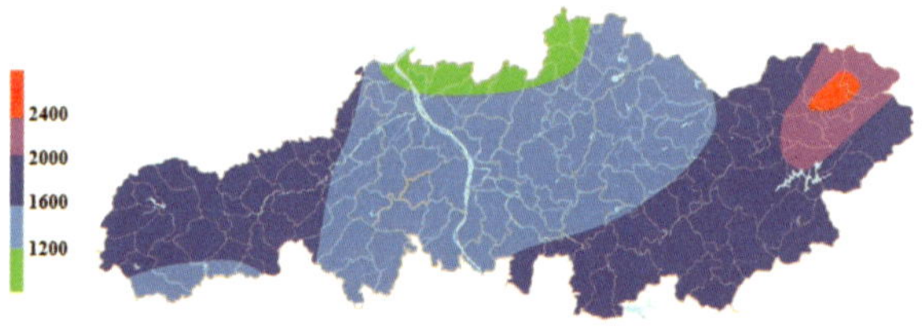

图2-4 长沙地区2016年降水总量空间分布（单位：毫米）

2.2.1 年降水总量

2016年平均降水总量（表2-2）为1617.2毫米，较历年偏多9.8%，比上年偏多208.5毫米，属正常年份。长沙县国家气象站年降水总量1617.2毫米，县区域南部偏多，其他地区正常略多。从年降水总量的变化趋势上看（图2-5），1981年以来，长沙县平均年降水总量经历“单峰双谷”的变化，90年代中期处于波峰，80年代中期、10年代末期分别为两个波谷，2016年降水总量略多，较前两年略有上升。

表2-2 长沙地区2016年降水总量与历年、上年对比情况（单位：毫米）

站名	2016年	距平	距平%	比较	年较差	1-6月	距平%	7-12月	距平%
长沙	1561.6	133.5	9.3%	正常	123.6	815.2	-9.6%	746.4	41.9%
宁乡	1841.1	390.4	26.9%	偏多	382.5	889.8	-3.1%	951.3	78.7%
浏阳	1866.9	335.6	21.6%	正常	192.9	994.3	-0.3%	892.6	61.0%
长沙县	1617.2	144.3	9.8%	正常	134.9	885.3	-4.7%	731.9	41.8%
平均	1726.7	251.0	16.9%	正常	208.5	896.2	-4.4%	830.6	55.9%

2.2.2 四季降水

2015—2016年冬季平均降水量240.9毫米，较历年正常略多7.3%。春季平均降水量613.8毫米，较历年正常略多14.2%。夏季平均降水量629.5毫米，较历年偏多30.9%。秋季平均降水量285.7毫米，较历年正常略多22.3%。

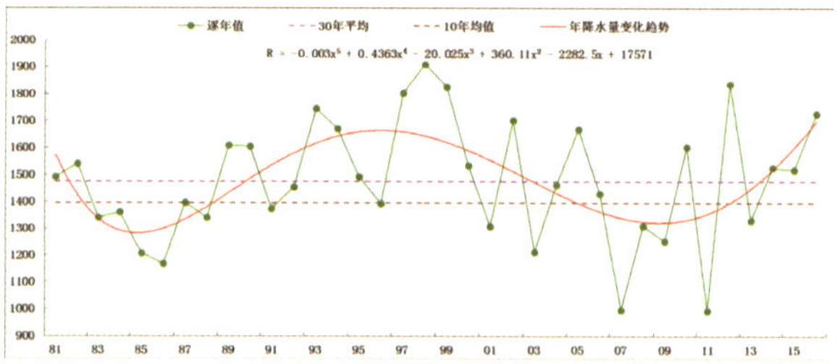

图2-5 历年平均降水总量曲线图

2.2.3 月降水

从月降水量来看（图2-6），全县月平均降水量在59.6（2月）～267.7毫米（7月）之间，7月、4月、5月为降水峰值月份，占全年降水总量的50%，2月降水最少，仅占全年降水总量的2.5%。从月降水量距平百分率的逐月分布来看，与历年同期均值比较，7月、9月异常偏多，4月、5月、12月偏多，2月显著偏少，6月、10月偏少，1月、3月、8月、11月正常。长沙县为历年第四高值年。

表2-3 长沙地区四季降雨与历年对比（单位：毫米）

站点	冬季	距平%	比较	春季	距平%	比较	夏季	距平%	比较	秋季	距平%	比较
长沙	207.2	-3.3%	正常	599.0	17.7%	正常	532.2	12.7%	正常	256.7	11.7%	正常
宁乡	212.9	-2.7%	正常	645.4	20.7%	正常	726.3	56.7%	显著偏多	261.0	11.8%	正常
浏阳	234.1	-0.6%	正常	640.5	14.5%	正常	740.9	43.0%	偏多	316.7	32.8%	偏多
长沙县	256.8	14.7%	正常	570.2	5.9%	正常	518.6	9.3%	正常	308.2	32.5%	偏多
平均	227.8	2.9%	正常	613.8	14.2%	正常	629.5	30.9%	偏多	285.7	22.3%	正常

2.2.4 雨季和汛期降水

2016 年长沙地区共出现 14 次暴雨过程，均发生在汛期（4—9 月），分别是：4 月 4 次、5 月 3 次、6 月 3 次、7 月 3 次、7 月 2 次、9 月 2 次。长沙县汛期降水总量为 1098 毫米，降水距平为 160.1 毫米，降水距平百分率为 17.1%，长沙县较历年相比属正常年份。

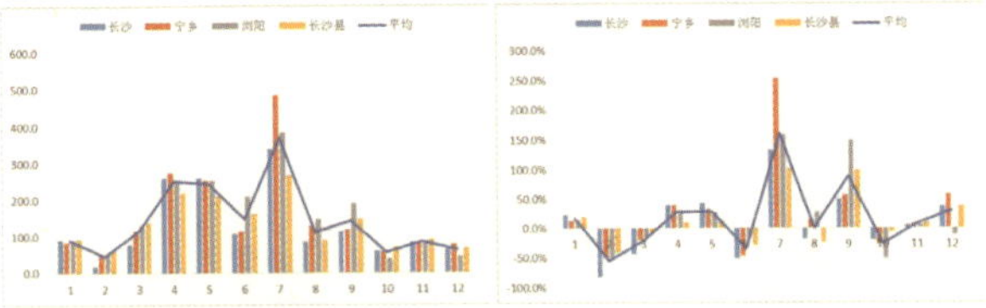

图 2-6 各站月降水总量与距平图（单位：0.1 毫米）

依据湖南地方气候标准，2016 年长沙县雨季开始时间均为 3 月 20 日，较历年同期偏早 15 天，雨季结束时间均不明显。7 月 1—10 日为雨水集中期，长沙县 10 天降水总量为 193.7 毫米。

2.2.5 雨日

如表 2-4 所示，全年≥ 0.1 毫米的降水日数为：长沙县 171 天，与历年比较，偏多 15.8 天。从季节分布来看，2015 ~ 2016 年冬季长沙县降水日数 50 天，距平为 10.5 天；春季长沙县降水日数为 54 天，距平为 2.7 天；夏季长沙县降水日数为 34 天，距平为 -1.4 天；秋季长沙县降水日数 40 天，距平为 11.0 天。从平均降水日数距平来看，1 月、10 月、11 月异常偏多 5 天以上，4 月、5 月、7 月、8 月偏多，12 月正常，2 月、3 月、9 月偏少，6 月异常偏少 7 天。长沙县全年≥ 25 毫米的降水日数为 16 天，与历年比较属于正常。长沙县全年≥ 50 毫米的降水日数为 3 天，与历年比较偏少 0.7 天。

综上可见，长沙县 2016 年降水日数较历年偏多，大雨日数偏少，暴雨日数较历年偏少。

、 表 2-4 长沙地区 2016 年雨日与历年对比（单位：天）

站 点	降水日数			大雨日数			暴雨日数		
	2016	距平	年差	2016	距平	年差	2016	距平	年差
长 沙	181	30.8	12	20	4.7	4	3	-1.7	0
宁 乡	166	10.4	-2	21	5.3	3	5	3	2
浏 阳	169	11.1	6	21	4.2	-1	6	2.7	1
长沙县	171	15.8	8	16	-0.1	-2	3	-3.1	-2
平 均	174	19.3	8.3	19.5	3.5	1.0	4.3	0.2	0.3

2.3 日照

2016 年日照偏少，四季均偏少。

2.3.1 年日照

2016 年平均日照总时数为 1233.5 小时，比历年偏少 18.4%，比上年偏多 34.5 小时，；日照百分率为 28%，比历年略偏少 6.0%。从长沙地区逐年日照变化趋势图中可以看出（图 2-8），1981 年以后，长沙年日照总时数呈“单峰单谷”型变化，90 年代末为波谷，00 年代末为波峰，2015 年平均日照总时数为历年最低值，2016 年略有回升，仍较近 30 年和近 10 年均值有较明显的偏少。

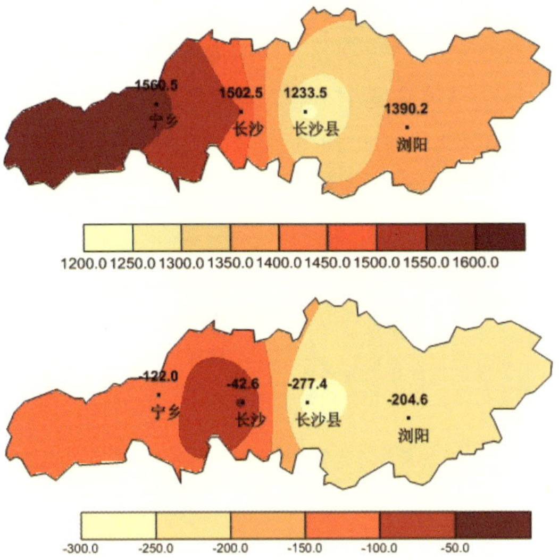

图 2-7 长沙地区 2016 年日照总时数空间分布与距平（单位：小时）

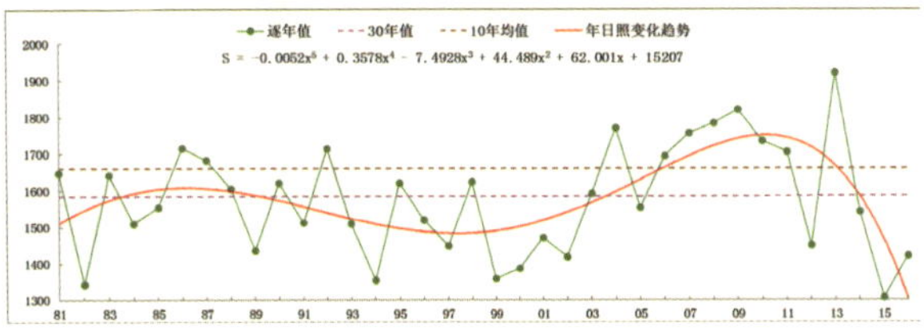

图 2-8 历年平均日照总时数曲线图

2.3.2 四季日照

2015—2016 年冬季平均日照时数为 209.8 小时（表 2-4），属偏少年份，较历年偏少 20.8 小时，比上年少 89.4。春季平均日照时数为 270.4 小时，属偏少年份，较历年偏少 26.9 小时，较上年偏多 27.2 小时少。夏季平均日照总时数为 472.5 小时，属偏少年份，较历年偏少 103.6 小时，较上年偏多 71.4 小时。秋季平均日照总时数为 138.0，距平值为 -255.5，较历年偏少。

表 2-5 长沙地区四季日照与历年对比（单位：小时）

站点	冬季	距平	比较	春季	距平	比较	夏季	距平	比较	秋季	距平	比较
长沙	228.4	-1.7	正常	308.2	-15.2	正常	597.8	6.8	正常	287.0	-113.6	偏少
宁乡	251.2	-9.1	正常	349.8	-12.9	正常	586.4	-45.3	偏少	311.8	-116.0	偏少
浏阳	208.0	-33.1	偏少	280.2	-39.1	偏少	539.5	-59.5	偏少	297.1	-138.3	偏少
长沙县	209.8	-20.8	偏少	270.4	-40.3	偏少	472.5	-103.6	偏少	138.0	-255.5	偏少
平均	224.4	-16.2	偏少	302.2	-26.9	偏少	549.1	-50.4	偏少	258.5	-155.9	偏少

2.3.3 月日照

从2016年长沙县各月平均日照时数来看（图2-9左），1月、10月和11月日照时数较少，日照峰值出现在夏季。从月日照时数距平百分率的逐月分布（图2-9右）来看，9月较历年同期正常，2月、3月、6月、12月偏多，其余各月偏少。2月偏多118%。1月偏少30%，10月、11月偏少50%以上，10月18日～11月2日、11月11～25日出现了两次长达15天的寡照时段。

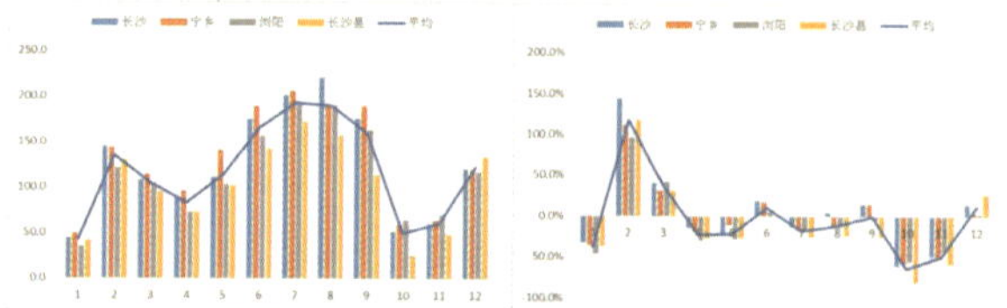

图2-9 各站月日照总时数与历年同期比（左）与距平图（右）

2.4 风

2016年长沙县区主导风为NNW风，平均风速为1.89米/秒。

2.4.1 年平均风向风速

统计长沙县区2016年平均风向风速，从图2-10中可知，长沙县2016年主导风向为NNW风，出现的频率为26.1%，WNW风向出现的频率次之，为15.3%。风向频率超过7.0%的有SE、WNW（7.4%），2个风向的频次共占14.8%，静风频率为6.7%。从风速情况上看，风向NW风速为最大，达到2.33米/秒，超过1.8米/秒的风向有NNW（2.15米/秒）、N（1.89米/秒）、WNW（1.87米/秒）。

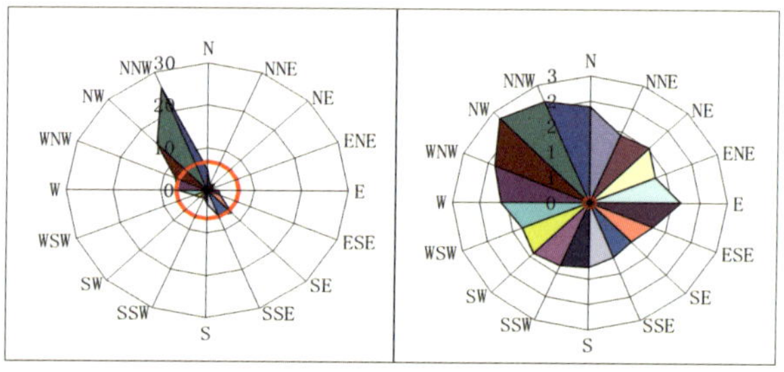

图2-10 2016年长沙县年平均风向频率（左）和风速（右）玫瑰图（图中红色线为静风）

2.4.2 四季平均风向风速

长沙县2015—2016冬季NNW、NW、WNW、N、静风风向出现的频率最高（图2-11），分别为33.9%、30.7%、14.3%、10.0%、10.0%，共占98.9%，NNW风为冬季主导风。从风速情况上看，风向NNW风速为最大，达到3.69米/秒，NNE以3.62米/秒次之，除此之外，超过2.5米/秒的风向有4个，分别是：N（3.60米/秒）、NE（3.4米/秒）、NW（2.88米/秒）、SSE（2.70米/秒）

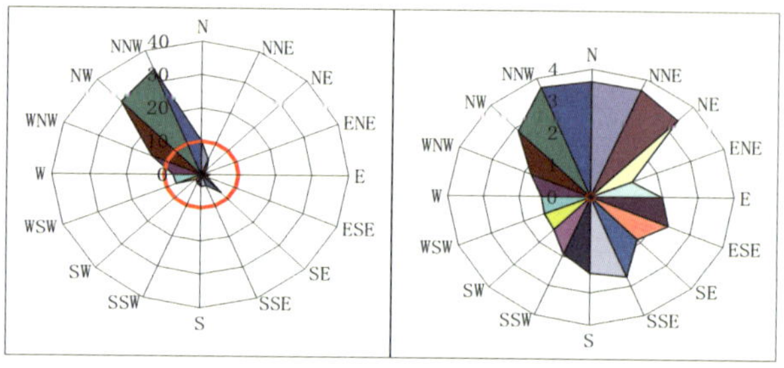

图2-11 2016年长沙县冬季平均风向频率（左）和风速（右）玫瑰图（图中红色线为静风）

春季NNW、NW、SE、静风和SSE风出现的频率最高（图2-12），分别为24.2%、14.8%、11.7%、10.4%和10.1%，共占71.2%，NNW风为春季主导风；其中主导风NNW风的风速为最大，达到4.35米/秒，其次是NW风3.48米/秒，除此之外，超过2.5米/秒的风速有5个，分别是：NNE（3.02米/秒）、S（2.95米/秒）、N（2.85米/秒）、SSE（2.64米/秒）、SE（2.56米/秒）。

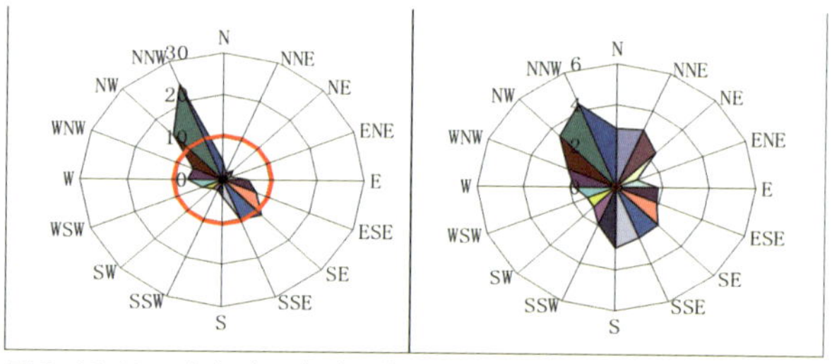

图2-12 2016年长沙县春季平均风向频率（左）和风速（右）玫瑰图（图中红色线为静风）

夏季NNW、NW、SSE、W和WNW风出现的频率最高（图2-13），分别为19.6%、16.4%、15.4%、10.7%、10.4%和10.0%，共占72.5%，NNW风为夏季主导风，静风频率为8.2%；其中主导风NNW风的风速为最大，达到3.80米/秒，SSE以3.38米/秒次之，除此之外，平均风速超过2.5米/秒的有5个，分别是：SSW（3.32米/秒）、S（3.29米/秒）、NE（2.91米/秒）、ESE（2.59米/秒）、N（2.55米/秒）。

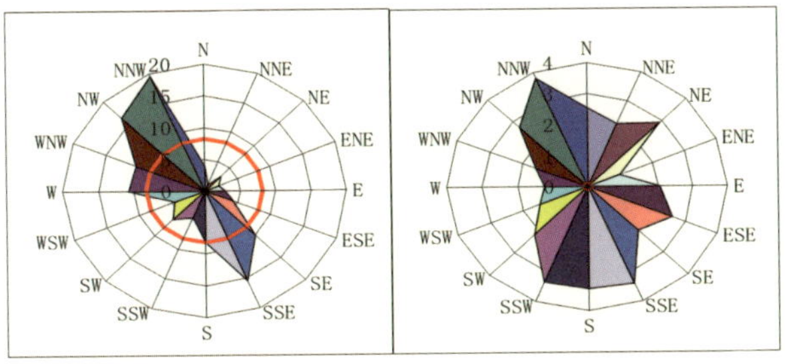

图 2-13 2016 年长沙县夏季平均风向频率（左）和风速（右）玫瑰图（图中红色线为静风）

秋季 NNW、NW 风出现的频率最高（图 2-14），分别为 40.9%、16.9%，共占 57.8%，NNW 风为秋季主导风，静风频率为 6.4%；其中以 ENE 风的风速为最大，达到 5.40 米 / 秒，N 风以 4.99 米 / 秒次之，平均风速超过 2.5 米 / 秒的有 4 个，分别是：NNW（4.44 米 / 秒）、NNE（3.25 米 / 秒）、NW（3.09 米 / 秒）、NE（2.79 米 / 秒）。

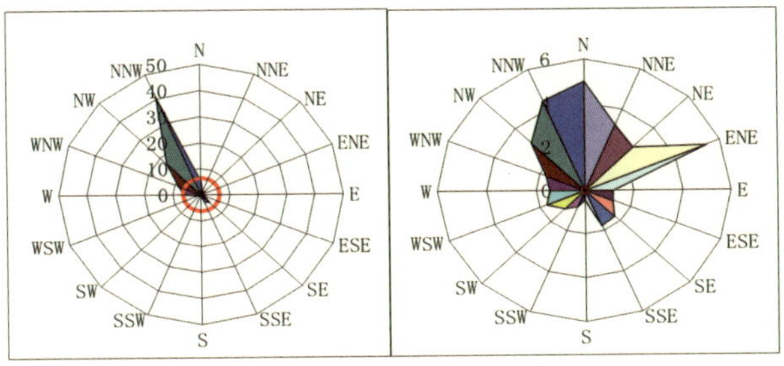

图 2-14 2016 年长沙县秋季平均风向频率（左）和风速（右）玫瑰图（图中红色线为静风）

3. 主要天气气候事件及其影响

2016 年长沙县气候年景整体偏差，暴雨洪涝、冰冻、雷雨大风、五月低温、冰雹、寒潮以及强对流天气等成为长沙主要成灾气象灾害。根据长沙县民政局统计的灾情数据，2016 年的经济损失较上年度严重近十倍，是过年五年自然灾害直接经济损失总数的 4.7 倍。全年自然灾害直接经济损失合计共 26846.85 万元，较上年度呈十倍的上升，其中农业损失为 11134.35 万元，基本设施损失 7671 万元，家庭财产损失 5671.3 万元。

3.1 冷空气活动频繁 寒潮“冻不住”暖冬

2015—2016 年冬季平均气温为 7.6℃，较历年偏高 1.2℃，比上年偏低 0.4℃。2 月长沙县月平均气温距平 > 0℃，达到暖冬气候标准。

在这个暖冬，冷空气依然活动频繁，1 月下旬北半球多地被超强寒潮狠虐，在长沙表现的是 1 月 22—24 日罕见强度冷空气影响，过程升压达 15hPa，转晴后由于夜间辐射降温，最低气温降至 -6.7℃。

冷空气过程频繁导致阴雨天气偏多，带来恶劣天气，严重影响生产生活。全年共 19 次冷空气过程，其中达到寒潮强度的有 3 次，分别是：2 月 12 日 ~ 14 日达到寒潮标准、3 月 8—10 日长沙县达到强寒潮标准；11 月 22 日 ~ 23 日出现强寒潮天气过程，气温下降 16℃以上，日最低气温下降至约 0℃，高寒山区出现雨夹雪和冰冻。

3.2 连续暴雨现洪涝

6 月下旬至 7 月上旬冷暖气流在长江中下游地区交汇，形成准静止梅雨锋区，中低层偏南气流旺盛，为降水提供了充沛的水汽条件，四川盆地以东多低涡活动，四川以东至长江下游有切变线长时间维持，使得长江中下游地区出现持续性暴雨天气。在此环流背景下，7 月 1 日 20 时 ~ 5 日 08 时（附图 3-1），我县出现了一轮历史罕见的连续的暴雨天气过程，具有持续时间长、累积雨量大、影响范围广等特点。此次全县过程雨量 174.9 毫米，北部局地大于 300 毫米，个别乡镇出现特大暴雨。最强降雨时段为 2 日 20 时至 4 日 20 时，长沙县 48 小时降雨量排在历史第三。

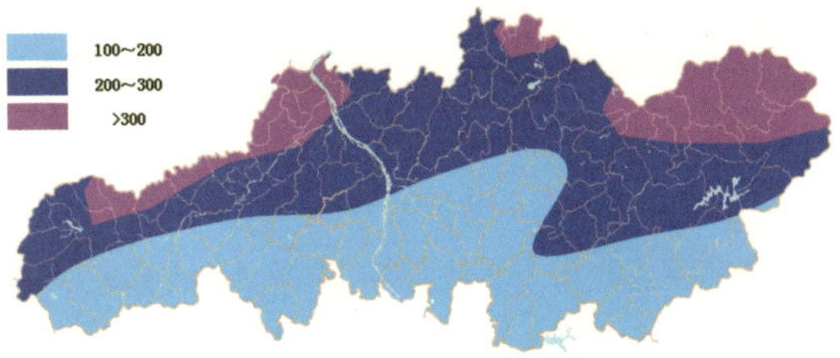

图 3-1 2016 年 7 月 1 日 20 时 ~ 4 日 20 时降雨量实况

7 月 2—5 日连续暴雨过程导致长沙县各地有不同程度受灾，其中东八线受灾较为严重。长沙县受灾人口 93225 人，因灾死亡 2 人（大雨导致长沙县湘龙街道水渡坪社区水渡河水产品市场部分钢架棚垮塌，18 人受伤，其中 2 人送往医院抢救无效死亡），过程受灾人口 93225 人，紧急转移安置人口 1264 人，农作物受灾面积 4604.31 公顷，倒塌房屋 130 间，严重损坏 805 间，直接经济损失 7238.75 万元。

3.3 雨季降水多 全年正常

2017 年降水总量为 1617.2 毫米，引入 Zi 旱涝指数计算得出长沙地区 2016 年呈偏涝状态。经过计算，2016 年长沙县 Zi 指数如表 3-1 所示，经与旱涝等级标准对照可以得出：长沙县为正常年。

表 3-1　2016 年长沙 Zi 值

	长沙县	宁乡县	浏阳市	全地区
Zi 值	0.63	1.68	1.29	1.20
等级	正常	大涝	偏涝	偏涝

3.3.1 7 月、9 月降水偏多 发生重度洪涝灾害

7 月全县降水总量 267.7 毫米，较历年异常偏多 134.3 毫米（100.8%），为第四高值年。根据湖南省地方标准，各站月降水总量比历年同期均偏多十成以上，达到重度洪涝标准。2-3 日全县出现连续暴雨，县委决策各水库提前开闸放水，释放了防汛风险。

9 月全县降水总量 147.7 毫米，较历年异常偏多 73.3 毫米（98.5%）。根据湖南省地方标准，月降水总量比历年同期均偏多五成以上，均达到重度洪涝标准。

3.3.2 暴雨集中 过程频繁

2016 年长沙县先后出现了 15 次暴雨过程。时空不均、区域集中、突发性强、持续时长，汛期不断刷新历史极值的降水（附图 3-3）给各地造成了不同程度的灾害。暴雨强度指暴雨降水总量与暴雨总次之比，暴雨集中率指暴雨总降水量占年度或汛期降水总量百分率，两个指标均反映暴雨强度和集中的程度，暴雨强度越强，暴雨降水越集中，暴雨洪涝造成的损失就越严重。2016 年暴雨强度 75.9 毫米，大于 70 毫米，较上年有较明显的增强。因强降水过程主要出现在汛期，2016 年汛期降水总量占全年七成以上，故暴雨集中率取暴雨降水总量占汛期降水总量百分率。长沙县暴雨集中率分别为 20.7。

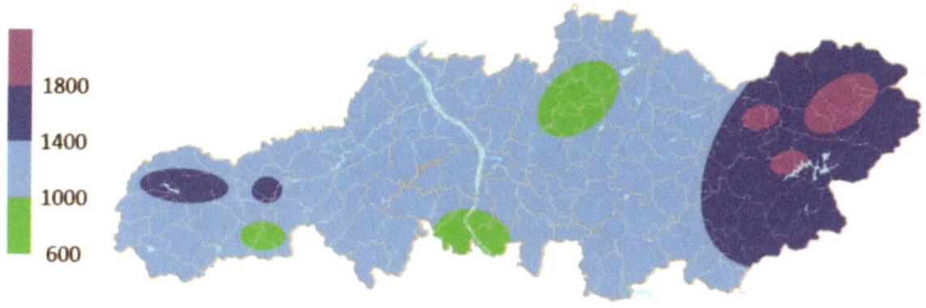

图 3-2 2016 年 4 月 1 日 ~ 9 月 30 日长沙地区累积降水量（单位：毫米）

4 月共出现 4 次暴雨过程

4 月 7 日长沙县（1 站）出现了局地暴雨，最大雨量 52.4 毫米（圣毅园）。

4 月 12 日长沙县中部出现暴雨，最大降雨量 62.7 毫米，出现在长沙县乌川水库。

4 月 15 日 08 时 ~ 16 日 08 时，全县普降大到暴雨，局地暴雨，并伴有大风。最强降水出现在长沙县圣毅园，为 89.7 毫米，最大 1 小时雨量 63.5 毫米，出现在 16 日 04 时。

4 月 25 日 08 时 ~ 26 日 08 时，全县大雨，部分地方暴雨，最大降雨量出现在 56 毫米（梅花社区）。

5 月共出现 3 次暴雨过程

5 月 7 日 08 时 ~ 8 时 08 时全县大到暴雨，部分暴雨，伴有雷暴大风、短时强降水等强对流天气。长沙县 53.8 毫米，最大 72.2 毫米（南托垸）。

5 月 14 日 08 时 ~ 15 日 08 时，长沙县北部出现暴雨。最大降水量 90.6 毫米（长沙县观佳村），最大 1 小时雨量 41.6 毫米（长沙县白花村）。

5 月 25 日全县大到暴雨，局地大暴雨，最大降水量 121 毫米（安沙关山村）。

6 月共出现 3 次暴雨过程

6 月 3 日大部分地区出现大到暴雨，最大雨量 57.6 毫米（特立村）。

6 月 14—15 日全县普降暴雨，长沙县北部出现大暴雨，最大雨量 101.3 毫米（合新桥村）。

6 月 29 日，长沙县局地暴雨，最大雨量 50.7 毫米（榔梨）。

7 月共出现 2 次暴雨过程

7 月 2 日下午到 5 日下午长沙县出现连续暴雨、局部特大暴雨过程，降雨过程持续时间长、强度历史罕见。2 日 8 时到 4 日 20 时，大部分地区降雨量达 200 毫米，达到气象洪涝标准，北部 250 毫米以上，最大白溪冲水库 304.9 毫米。3 日 8 时到 4 日 8 时全县普降暴雨，北部大暴雨，大部分地区 70 毫米，最大英波冲水库 151 毫米。4 日 8 时到 14 时，我县大部分地区雨量 20 毫米，最大北山镇雨量 96 毫米。2 日晚 8 时许，湘龙街道出现 10-11 级局地瞬时大风。

7 月 17 日 20 时 ~ 18 日 20 时，出现局地暴雨，最大雨量 55.6 毫米（斗塘新村）。

9 月共出现 2 次暴雨过程

9 月 9 日 20 时 ~ 11 日 20 时，全县普降暴雨；最大累积雨量 89.6（泉塘公园）。

9 月 28 日 20 时 ~ 30 日 20 时，全县普降大到暴雨，最大累积雨量 63.4 毫米（特立村）。

3.4 五月低温、寒露风、连阴雨及冬酣

五月低温　5 月 15—19 日、21—29 日长沙县连续 5 天、9 天日平均气温 ≤ 20.0℃，出现中度五月低温。

寒露风 9月29日～10月1日，长沙县连续3天日平均气温≤20℃，出现轻度寒露风。

连阴雨 全年全县出现3次连阴雨过程。长沙县1月5～11日（7天），23～29日（7天）出现轻度连阴雨；22～31日（10天）有中度连阴雨。

冬酣 长沙县冬季降水日数比历年同期偏多偏多11.1天，达中度冬酣标准。

3.5 高温热害

全年全县出现高温热害2次。长沙县7月22—31日（10天）达到轻度高温热害标准。8月15—20日（6天）均达到轻度高温热害标准。

年内高于35℃的高温日数分别为33天，较历年3天。极端最高气温：长沙县39.1℃，出现在7月26日。

3.6 冰冻、霜冻、结冰及降雪

2016年冰冻、霜冻、降雪现象均少于历年同期平均值（表3-2），其中冰冻日数为无，较历年偏少1.7天；霜冻日数为12天，较历年异常偏少11.6天；降雪日数为8天，较历年异常偏少2.4天；结冰日数为5天，较历年异常偏少19天。

表3-2 2016年长沙地区冰冻、结冰、霜冻及降雪日数及与历年对比情况表（单位：天）

站点	冰冻		结冰		霜冻		降雪	
	2016年	距平	2016年	距平	2016年	距平	2016年	距平
长沙	1	−2.4	14	−5.2	9	−11.0	8	−4.5
宁乡	0	−4.0	6	−13.5	9	−11.7	7	−6.5
浏阳	0	−1.1	11	−18.3	13	−7.1	6	−1.8
长沙县	0	−1.7	5	−19	12	−11.6	8	−2.4

3.7 大风、冰雹

2016年出现大风或雷雨大风4天。极大风速达19.5米/秒，风向为ENE，出现在8月2日（长沙县）。

7月2日晚受暴雨、短时雷雨大风等强对流天气影响，长沙县水渡河水产品市场部分钢架棚垮塌，受灾面积约200平方米，共导致18人受伤，其中2人抢救无效死亡。

4. 气候影响专题评价

2016年长沙县气候年景整体偏差，见表4-1。气象灾害的强度和次数明显多于上年，暴雨洪涝、冰冻、雷雨大风、五月低温、冰雹、寒潮以及强对流天气等成为长沙县主要成灾气象灾害。对农业的灾害主要体现在干旱、暴雨、洪涝、连阴雨、寒潮、冰雹以及雷雨大风等，其他方面气候利弊不一，如气候对旅游、水利建设、电力供应、空气质量等影响利多弊少，对交通弊多利少。

表4-1 长沙县气候年景情况表（2008—2016年）

年份	分级	气象灾害评估	分级	农业灾害评估	分级	电力灾害评估	分级	灾害次数评估	分级	成灾次数评估	综合得分
2008	差	5	偏差	5	差	5	一般	3	一般	3	4.4
2009	偏好	2	平略好	3	好	1	一般	3	偏好	2	2.2
2010	偏好	2	平略好	3	好	1	好	1	好	1	1.5
2011	好	1	丰产	1	好	1	偏好	2	偏好	2	1.4
2012	略差	3	略差	4	好	1	一般	3	一般	3	2.7
2013	差	5	差	5	差	5	偏差	4	偏差	4	4.6
2014	偏好	2	平略好	3	好	1	一般	3	一般	3	2.4
2015	偏好	2	平略好	3	好	1	偏好	2	偏好	2	2.0
2016	偏差	4	偏差	5	正常	3	偏差	4	偏差	4	4.0

（责任编辑 周进银）

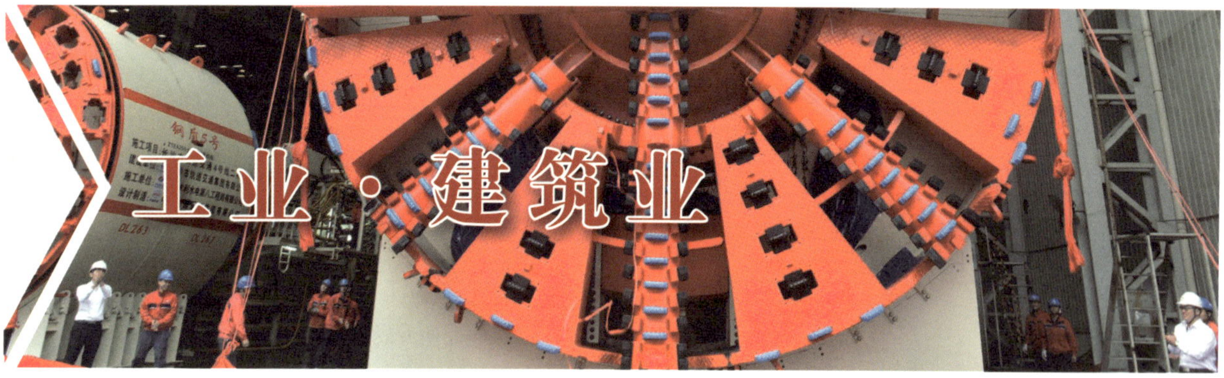

工业

·综述·

【概况】2016年，长沙县全年工业总产值2670.2亿元（含大众，下同），比上年增长14.9%，规模工业企业367家（12月快报数），规模工业产值2417.9亿元，比上年增长15.1%，产销率96.8%，规模工业增加值470.9亿元（不含大众），比上年增长9%，规模工业增加值能耗下降8.6%。经开区规模工业总产值2049.1亿元，比上年增长17.2%，镇（街道）规模工业总产值368.9亿元，比上年增长4.7%。全县工业投资359亿元，比上年增长17.1%。

工业经济 2016年全县规模工业增加值比上年增长11.5%。增长有21家，增长超过10%有11家，过200亿企业4家。有303家中小型企业合计占县规模工业企业数95%，其中110家中小规模工业企业20%以上增长，部分科技型企业50%增长。申报新入规企业53家，全县新投产1000万以上项目100余个。

主导产业 三大主导产业不断优化，全年产值852.5亿元，比上年增长65.9%，占规模工业总量35.2%；汽车产量40余万台，比上年增长65.8%。电子信息产业产值259.4亿元，比上年增长16.8%，占规模工业总量10.7%。两大产业共拉动规模工业增长17.4个百分点。工程机械产业产值774.7亿元，占规模工业总量32.2%。新兴产业增强。一批节能环保、新材料、新能源、军民融合、移动互联网等新兴产业不断壮大，逐渐形成新产业增长点。全县注册移动互联网企业530余家。小微"两创"稳步推进。打造三一众智、"星工场"和开元仪器孵化基地建设，全县企业孵化器有300余家企业入驻，面积16.5万平方米。企业创新 新产品比重不断提高，2016年，全县规模工业企业新产品产值882亿元，比上年增长20.7%，增速高于规模工业5.6个百分点，占规模工业产值39.3%。新技术研发取得新突破，铁建重工研制国产首台"大埋深、可变径"大直径全断面硬岩隧道掘进机。梅花汽车建立国家级侧翻试验平台基地。五新重装大型车载式湿喷机、金阳机械多功能线杆作业车、合力机械中联楼式机制砂设备等等。智能制造发展不断深入。全县智能制造产业创建国家级智能制造试点示范企业1家、省级智能制造企业4家、省级智能制造车间3个、市级智能制造试点示范企业36家，博世工业4.0、三一智慧工厂和ECC企业控制中心、开元仪器燃料管理智能化、自动化系统等成为智能制造引领标杆。

平台建设 2016年，全县"一区七园"规模工业总产值2358.6亿元，比上年增长15.2%，占全县规模工业总量97.5%。工业向园区集中趋势明显，园区规模企业数占全部规模企业数83%。工业园区和小城市有机融合，全年工业企业就业人员超过15.4万人，为城镇化提供人口支撑，不断扩大市场需求规模，促进第三产业加快发展。强化招商举措，吸引博世等30多家世界500强企业先后落户该县园区。有上海大众、广汽菲亚特克莱斯勒、广汽三菱、住友轮胎、云箭集团、蓝思科技等大企业入驻，其中上市企业4家。

两化融合 利用信息技术改造传统产业，帮助中小企业建立网络营销和电子商务项目，充分发挥信息技术在企业技术改造、生产管理、销售中优势，促进企业转型升级，打造一批两化融合典型企业，如童年记食品等；发展一批电子移动互联网企业，培育麦都科技、宏梦卡通等一批软件优势企业；发展快乐淘宝、易宅购等一批前景好信息服务企业。推进"宽带中国"长株潭示范城市群建设方案，2016年，全县城区移动宽带接入率平均为85.9%，全县光网用户23.6万户，基本实现城区4G信号覆盖率98%，乡镇覆盖率95%。

【“一区七园”建设】2016年“一区七园”工业总产值2358.7亿元，占全县规模工业总产值97.5%。其中，经开区入园企业146家，规模工业总产值2049.1亿元，占全县规模工业84.7%。七个（镇街）工业园工业总产值309.6亿元，其中，年产值过50亿元园区有㮾梨工业园、江背工业园，年产值过40亿元园区有黄花工业园、星沙产业基地。全年入园规模企业316家，有博世等30家世界500强企业先后落户长沙县园区。

【北山工业园建设项目】2016年，投资500万元，项目年度完成率4%。北山产业园一期详细性规划编制初步完成。园区内主干道金山大道在修建。长沙县人民政府同意县城建投公司依法借款6000万元给北山城建开发公司，由县财政贴息，用于北山产业园拆迁建设启动资金。产业园一期36.66公顷用地统征地报批手续办理中。

【三大产业发展】转型升级步伐加快，工业由工程机械“一业独大”向“多点支撑”转变，形成以工程机械、汽车及零部件、电子信息等三大产业为主体工业体系，主导产业为核心实现集群化发展。2016年，工程机械、汽车及零部件、电子信息三大产业有规模以上企业176家，工业总产值1859.4亿元，比上年增长19.7%;营业收入1747.5亿元（不含大众）;利润21亿元(不含大众)。产值、营业收入、利润三项指标分别占全县规模以上工业76.9%、81.7%、57.4%。

【工业项目建设】2016年全县计划开工建设500万元以上工业项目254个，其中续建项目172个，新开工项目82个，计划总投资396亿元，比上年增长17.6%。其中镇、街（不含经开区）计划完成工业投资277亿元，比上年增长17.7%。2016年，全年工业投资359.47亿元，同比分别增长15%。其中镇、街（不含经开区）工业投资248.97亿元，经开区工业投资110.5亿元。

【小微企业创业创新工作】2016年，长沙县为贯彻落实长沙市两创办各项各工作，成立小微企业创业创新工作领导小组，设立工作机构、抽调专门人员、制定创业政策、安排专项经费，全面协调全县小微“两创”工作，积极服务中小微企业发展。长沙县着力打造星沙产业基地“星工场”小微企业孵化器和开元仪器孵化基地建设，全县城镇新增就业人数27733人，全县小微企业新增就业22756人，新增高新技术企业50家，小微企业技术合同成交额3343万元，小微企业新增专利申请数1582项，小微新增专利授权数1019项，新登记注册企业4071户，新增小微企业3933户。

【工业招商工作】长沙市经信委提供统计数据，2016年，长沙县工业招商引资到位外资额64987.6万美元，工业招商到位外来资金额1234631万元，到位内资形成固投792716.1万元。铁建重工高端地下装备制造、长丰华湘（猎豹）产业园、福田汽车环境装备产业园、三一众创、博世起动机、中车时代电气轨道信号系统等重大项目纷纷入驻。

【环境与资源综合利用工作】2016年，持续推进工业清洁生产，突出抓好自愿性清洁生产审核，加快建设“两型”工业体系。全年自愿性清洁生产审核企业11家，参与县级“两型”企业创建3家。实现“节能、降耗、减污、增效”,促进工业转型升级和绿色发展，减轻大气污染防治与水资源环境保护压力，推进生态文明建设，促进经济社会可持续发展。

·工程机械·

【概况】长沙县工程机械产业以三一重工、山河智能、中联起重机等规模企业为龙头，2016年，全县工程机械产业规模以上企业82家，全行业产值774.7亿元；主营业务收入734.2亿元；利润总额-5.6亿元；全年生产挖掘铲土运输机19494台，比上年增长9.3%;生产混凝土机械21956台，比上年下降10.6%。年末从业人员33434人。

·汽车及零部件·

【概况】2016年，汽车及零部件产业迅速发展，梅花汽车新能源汽车产业化项目等一大批重大项目有序推进。2016年，长沙县汽车零部件产业规模以上企业78家，产值825.3亿元，比上年增长65.9%；主营业务收入676.8亿元（不含大众）,利润27.8亿元（不含大众）。年整车总产量40.3万辆，比上年增长65.8%；年末从业人员37716人。

【梅花汽车新能源汽车产业化项目】该项目属各类客车及专用车结构调整、提质增效技术改造第四期工程，围绕现有厂房等建筑面积6万平方米全面翻新改造和新建1.6万平方米生产线，在传统燃油汽车提质增效基础上，围绕纯电动汽车产业化填平补齐相关设备设施，围绕各类新能源汽车适销对路产品进行批量产销，逐步将各类燃油车传统产能更新换代为各类适销对路新能源汽车年产2万辆先进产能。项目计划总投资10亿元，2016年计划投资1.5亿元，2016年投资1.51亿元，厂房主体完工，正地面硬化，新增设备设施在准备阶段，逐步安装调试，开始陆续投入批量产销，项目年度完成率101%。

・电子信息・

【概况】 2016年，电子信息产业对全县经济增长贡献率稳步提升，日益成为长沙县新经济增长点。长沙鸿发印务实业有限公司童年记食品有限公司童年记坚果炒货电商平台建设项目、印刷全过程数字化及信息监控系统项目、长沙麦都网络科技有限公司智能在线训练APP开发与应用项目等一批优秀项目有序建设。全年长沙县电子信息产业规模以上企业16家。全行业产业产值259.4亿元，比上年增长16.8%；主营业务收入226.8亿元，利润总额4.4亿元；年末从业人员41848人。

【童年记食品有限公司童年记坚果炒货电商平台建设项目】 计划总投资500万元，拟新建生产线2条，包装线6条，新建一个完善电商物流系统；新增物流车辆1台，仓储库1间；并在各个网络购物平台开设网上专卖旗舰店50家，组建一支规模200人左右营运团队，建成1个坚果炒货类大型电子商务综合运营平台，将公司12个系列近40个规格产品逐步从线下全部转至线上销售。项目投入运行后3年内，可实现年销售额4亿元，利润4000万元，每年上缴税收1000万元，为互联网和物流行业创收3000万元，新增就业岗位200～500个。

【长沙鸿发印务实业有限公司印刷全过程数字化及信息监控系统项目】 计划总投资400万元，将提高年产值3000万元，新增利税772.8万元，提供就业岗位超过70个。项目将加快企业数字化技术步伐，建立闭环式印刷过程信息化自动控制系统、研发ERP信息管理平台，通过数字网络信息系统，为公司提供准确、及时、动态运营数据信息，实现对企业运营科学有效监控，促进公司全新管理模式，从而降低成本，提高效率，堵塞漏洞，规范流程，合理生产，推动和促进公司全面发展。

【麦都网络科技有限公司智能在线训练APP项目】 计划总投资300万元，项目建设完成投产，目标用户规模（公考）百万级以上，预期首年产值达800万，新增利税50万元，新增就业岗位20个左右。该项目专注职业教育细分领域，将人工智能概念引入传统教育领域，为高校、企业和用户度身定制教育方案，大量经验和数据为依托，根据不同客户不同背景特质，经过复杂运算、挖掘 、匹配分析，形成一个闭环生态体系为用户提供相对客观精准分析报告及解决方案，推动“教育平台化”一站式教育理念，可为1000万以上职业教育求学者提供便捷高效的学习平台，预计每年可节约社会资源1亿元以上，减少碳排放实现100吨，通过向行业参与者共享开放技术，带动整个互联网教育行业提升。

【湖南环通国际智能仓储物流园项目】 项目总投资5.8亿元，2016年，计划投资3.85亿元，全年投资3.85亿元，项目年度完成率100%。项目手续报批，仓储区建设65478平方米；5条道路和城市管网的配套建设；综合管理楼图纸设计；仓储区内消防设施安装调试；园区5处公共厕所建设；大门门楼及附属设施建设；园区无盲区网络监控设施建设，项目一期于4月12日开园。

・新材料及建材加工・

【概况】 2016年，长沙县新材料产业发展迅速，顶立科技、众兴新材料、南方坦坭等企业为代表。全县新材料产业规模以上企业66家，全行业产业产值102.7亿元，比上年增长3.7%；主营业务收入96.9亿元；利润3.3亿元；年末从业人员9937人。

【飞碟新材料整体搬迁项目】 项目总投资1.2亿元，2016年计划投资7000万元，全年投资7100万元，项目年度完成率101.4%。4.4公顷土地已交付，前期报建手续完成。1号、2号、3号、4号厂房及办公楼主体完工，准备项目验收。

・食品加工・

【概况】 长沙县食品产业以茶叶及饮料加工、湘味食品两大特色为主，其中湘丰茶叶集团、金井茶叶、口口香实业、亚林（童年记）食品等为主要代表。2016年，长沙县食品产业规模以上企业45家。全行业工业总产值113.1亿元，比2015年下降3.8%；主营业务收入106.1亿元；利润6.8亿元；全年精制茶总产量3.6万吨，比上年下降0.7%；年末从业人员11182人。

是年，全县食品产业规模以上企业41家。全行业完成工业总产值115亿元，同比增长17.3%；实现主营业务收入105.1亿元，同比增长9.1%；实现利润6.2亿元，同比下降1.6%；全年精制茶总产量3.6万吨，同比下降4.4%；年末从业人员10410人。

【"互联网"智能茶叶装备及产业服务基地建设项目】 项目总投资3.25亿元，2016年计划投资4000万元，全年投资4150万元，项目年度完成率103.8%。前期报建、项目招标等手续，一栋3层生产厂房主体完成施工，项目进展顺利。

·驰名商标和名牌产品·

【概况】 2016年，长沙县367家规模企业中，三一、山河智能等21家企业获得中国驰名商标；金茶、口口香等114家企业获得湖南省著名商标；开元仪器、友文食品等59家企业获得湖南省名牌称号。

·信息化建设·

【概况】 网络基础设施，电话业务网，数据传输业务网，和广播电视业务网等四大网络发展迅速。2016年11月底，全县移动本地网线路长256900千米，通信光缆线路长23500千米，光网端口58.84万个，本地固定电话交换机容量31万门，固定电话15.6万户；手机用户126.99万，网络用户22.2万，互联网出口带宽电信300G，联通80 G，全县城区宽带接入率电信60%、联通45%、移动85.98%，有2G基站1404个，3G基站988个，4G基站2541个光缆干线网覆盖到全县各乡镇，光缆干线长度400多千米，形成星沙城区为中心辐射至全县各乡镇干线网络、有线电视用户近10万户，网络覆盖用户20万户，数字电视节目189套 城市及社会信息化工程建设全面展开。城市管理，交通指挥、劳动就业、医疗卫生等信息系统应用成效显著。公安"天网工程"、数字城管启动运行，各县直机关、公共场所领域wif-i均全局覆盖。 （易 统 邓灿斌）

建筑业

【概况】 2016年，建筑企业方面：全县建安产值376.45亿元，比上年增长27.4%；建筑业合同额844.38亿元，比上年增长32.5%；外省产值137.23亿元，比上年增长33.75%；房屋建筑施工面积2537万平方米，比上年增长10.2%；税收11.98亿元，比上年增长4.2%；房地产企业方面：房地产企业方面：全年施工面积1301.85万平方米。本年新开工面积362.22万平方米；本年累计竣工587.42万平方米；销售总面积382.19万平方米。望新公司等10家企业被评AAA级企业，干杉等6家企业被评AA级企业（本数据是2015年数据，因为AAA级、AA级企业是2年一评）；8家房地产开发企业获评长沙市年度诚信经营金牌企业。全县有16家企业通过省级安全认证，15家二三级企业通过市级安全认证，有通号工程局集团湖南建设公司通过省级安全认证。有2家三级企业通过市级安全认证。开展技能鉴定工作，完成64家建筑企业3264人次技能鉴定。共有4家企业申报建筑工人职业培训考核机构。2015—2016年，长沙广大建设装饰公司荣获住建部3个鲁班奖，3个中国建筑装饰奖。

2016年，组织监理合同备案112个，监理费用212185.09万元；竣工结算备案56个，备案结算面积307.93万平米，金额1552.56千万元；招标控制价备案47个，备案面积2819949.61平方米，备案金额477661.3661万元；施工合同备案146个，备案面积5679001.68平方米，备案金额1027234.58万元。

完成施工合同备案141个，建筑面积4468956平方米，合同价766017万元；完成监理合同备案100个。完成60个项目招标控制价的审查备案，建筑面积358.92万平方米，招标控制价59.38亿元。完成88个项目的竣工结算备案，建筑面积398.72万平方米，结算备案价67.55亿元。

【建筑市场管理】 全年新型墙体材料生产量为折合8.6亿标块，新型墙体材料产量占墙材产量的比例70%，全年发放新墙材推广应用工作联系单84份，参与新型墙体材料应用项目主体验收工程120个。检查中发现新墙材得到较好应用。征收墙改基金3260.88万元，返退墙改基金项29个，勘验返退面积252.23万平方米，返退墙改基金1311.71万元，有效制约黏土制品发展和使用空间，促进新墙材企业健康、持续、高速发展。县域内新建受监工程新墙材应用率90%，实现向"农村推新"跨越。全年散装水泥总量163万吨，散装率66%，同比提高6个百分点，创造良好社会综合效益。扶持20家新墙材专项基金生产企业项目补贴460万，扶持2家新墙材企业新产品开发、科研、推广应用40万，扶持3家散装水泥专项资金生产企业项目补贴160万，扶持660万。

【建设工程质量检测监督】 建设工程质量监督覆盖100%，监督房建工程

2016 年县区建设工程质量安全理工作讲评会　　（余向阳　摄）

项目 321 个，总建筑面积 1613.64 万平方米，市政工程 18 个，工程总造价 35.3 亿元；全年有 147 个房屋建筑工程竣工验收，建筑面积 538.32 万平方米，；全年办理建筑节能备案项目 105 个，备案面积 363.04 万平方米；合格率 100%；全年荣获市优良工程（结构优良或质量优良）50 个，优良率 70%，全年创省质量标准化示范工程项目 95 个，长沙县有 11 个项目获湖南省优质工程，工程质量控制保持稳定，全年没有发生质量责任事故。

【建设工程安全执法检查】 全县监督工程项目 298 个，总合同造价 256.11 亿元，办理安全合格证 162 份，安全受监率 100%、工程竣工安全合格率 100%；办理农民工学校备案 23 家，注销 4 家；起重机械设备使用登记 445 台，注销 465 台，抽取 55 台建筑起重设备进行比对检测，抽查比例占设备总数 12.36%。签发整改通知书 435 份、设备限制使用通知书 60 份、停工整改通知书 26 份、不良行为告知书 32 份、停工函 17 份、督办函 19 份、催办函 29 份。　（余向阳）

长沙县城乡规划建设局全局干部职工开展“工地种一片绿，城市蓝一片天”的种草籽活动　　（余向阳　摄）

（责任编辑　周进银）

城乡建设与管理

城乡建设

【概况】2016年，全县村镇规划事业补助资金及小城镇建设补助资金项目118个，年度乡镇基础设施建设项目资金投入15亿元。其中果园镇浔龙河村申报全国宜居村庄、开慧镇为省级美丽乡镇。“以奖代投”“特色小城镇创建”全年总投入资金2000万元，其中“以奖代投”建设资金500万元，乡镇申报项目13个；“特色小城镇创建”资金1500万元。有序推进农村人居环境、污水管网建设、垃圾治理等工作。落实长沙县农村生活污水专项规划编制工作，组织编制《长沙县农村生活污水处理专项规划》和《长沙县农村生活污水治理实施方案》。长沙县创建为全国污水治理示范县。

【危房改造】2016年长沙县危房改造持续推进，其中：1万元243户，2万元1091户，4万元8户，6万元644户，8万元77户，属于建档立卡贫困户、低保户、“五保户”、残疾困难户、无力建房多年放弃指标特殊类型1161户，符合危房改造政策条件420户建档立卡贫困户全部解决。全年解决2063户。（余向阳）

全国宜居村庄浔龙河村（余向阳 摄）

城乡规划

【概况】2016年，城乡规划面积276平方千米（县城控规129平方千米，乡镇规划建设用地规模147平方千米）；2016年启动31个规划编制项目，其中县城控规项目11个，乡镇总规项目11个，专项规划3个，城市设计4个，规划研究2个；批准实施的项目13个，报批项目18个。核发规划用地许可36项，批准城镇规划用地面积170公顷，核发建设工程规划许可89项，批准建筑工程规划面积389万平方米，竣工验收项目103个；核发市政工程规划许可22项；核发乡村建设规划许可18项，批准乡村规划总建筑面积16万平方米。出台《长沙县城乡建设导则》《星沙新城绿地系统专项规划》《老行政办公区提质改造规划》《星沙海绵城市规划设计》《星沙新城消防专项规划》《停车设施专项规划》、《星沙城市风貌规划》及《通则》等多项文件，完成滨湖路和开元路两厢城市设计方案，松雅湖环湖片控规于2013年由县政府批准，《开元路中片控规》由市政府批复，《榔梨新城片控规》《黄兴故居片控规》《开元西路两厢控规》《黄花综合保税区控规》《茶塘片控规》《工程兵学院片控规》《南厦片控规》控规报市规委会审查通过，下一阶段准备进行成果入库工作。加强业务指导，配合乡镇及功能区编制规划。配合安沙镇完成《安沙镇总体规划修编》，按照“多规合一”要求，启动金井、黄兴、开慧、高桥、福临、北山、果园、江背、高桥、黄花、春华镇等11个镇域村镇布局和镇区规划编制工作，完成所有乡镇规划初步方案审查，保证乡镇、功能区规划质量。松雅艺术小区、陕汽环通、足食仓储、榔梨自来水厂、湖南超级杂交水稻生产、干杉镇农产品加工、公安局戒毒所、黄花机场航空货站二期、长沙龙飞、湖南农产品物流中心（一期）、俊伟金属制品厂、省计划生育研究所科研楼、飞碟、春华镇花园新村仓储、家禽市场、高星九鸿、精神病院梅花分院、白沙中心小学扩建、黄花镇小学、鑫瑞祥建材城、大同小学、长龙社区医院、武广新都汇、仁康医院等53个项目修规审查和批前公示；兴隆丽景、易通新城住宅小区、紫华郡小区、松雅湖国际中心、丽发新城、艾美潇湘、龙塘安置区地下车库、长沙碧桂园凯怡小区、荣盛花语城S5地块、深业睿城、湖湘奥林匹克花园、星湖湾二期等18个项目规划调整技术审查及调整公示。修规审批中，保证“四到位”，即保证规划强制性内容以及公共服务设施落实到位、项目的日照标准等技术指标到位、机场周边及国防科大三号院周边项目控高到位、《星沙城市总体风貌规划》落实到位。

【重点地段城市规划设计】开展临空经济区规划编制。委托虹桥机场综合交通规划编制单位上海市政院对临空经济区域交通研究，对临空经济核心区30平方千米区域进行综合交通专项规划设计。开展星沙主城区交通疏解专题研究。委托湖南省建筑设计院编制《星沙主城区交通疏解方案专题研究》，完成初步方案。完善松雅湖规划，松雅湖管委会编制《长沙县松雅湖公园修建性详细规划修改》，该规划方案（草案）出台。

【民生工程】严格按照控制性详细规划，许可规划建设用地95宗，用地面积417.5公顷。其中，用于行政办公、文化、体育、科研教育、医疗卫生等公共管理与公共服务设施用地面积37.67公顷，相较于2015年14.95公顷，环比增长152%。其中，按照《中小学校布局专项规划》，加强对教育用地管理，效缓解中小学校“上学难”“大班额”等问题。 （余向阳）

国土资源管理

【概况】2016年，长沙县国土资源局项目用地预审97宗，预审面积1266.67公顷，办理划拨、出让土地99宗，面积912.2公顷。土地收入69.9亿元，解缴各项税费17.6亿元。

完善土地利用总体规划。根据国家部署，2016年开展长沙县土地利用总体规划调整完善工作，追加长沙县中心城区外城镇工矿用地指标2平方千米，增加耕地保有量指标800公顷，增加基本农田保有量指标1100公顷。

“一张图”工程试运行。以“金土工程二期建设”契机，利用第二次土地调查成果，作为“一张图”本底数据，整合地下、地表、地上各类国土资源信息，建设集土地、矿产、地质环境为一体“一张图”数据库，以对规划实施、计划执行、开发利用、耕地保护等情况进行动态管理，实现国土资源管理现代化，提升管理质量和效率。8月10日，长沙县国土资源“一张图”系统进入正式试运行阶段。

规范农村村民建房证办理。全县共审批农村村民建房用地2296户，总用地面积315505平方米。其中：原基改建1831户，使用土地面积256710平方米；新基建房465户，使用土地面积58795平方米（占耕地7980平方米，占非耕地50815平方米）。

土地整治项目。2014年度长沙县共有7个省、市农村土地整治项目（其中省级3个，市级4个），2016年该批项目行政验收资料交长沙市国土资源局备案；2015年度长沙县立项省、市农村土地整治项目8个（其中省级项目4个，市级项目4个）于2015年11月下旬开工建设，该批项目2016年全工程验收及工程技术评定工作；长沙县申报10个农村土地整治项目，总建设规模1946.69公顷，预算总投资4364.78万元。2016年10月份完成规划设计、工程招投标、监理和测量单位抽取等前期工作，2016年11月份陆续开始开工建设。

落实耕地保护。严格耕地保护制度，长沙县国土资源局与各镇（街道）政府签订耕地和基本农田保护目标责任书，精细分解长沙县耕地保护责任。长沙市对长沙县耕地保护指标进一步加重，耕地保有量增加至56258公顷，基本农田增加至48867公顷。突出国土生态文明建设，合理划定生态用地区和生态保护红线，加强对浏阳河、捞刀河、白沙河、金井河等主要水系及其水源涵养区保护，实施生态保护型土地整治项目，耕地数量、质量、生态“三位一体”保护水平得到较大提高；积极引导建设用地项目合理选址，及时编制耕地补充方案，利用异地购买以及长沙县内开发的耕地指标进行补充，全年补充耕地341.2公顷。

土地卫片执法检查验收。根据长沙县行政执法改革，长沙县国土资源局将不再行使执法权，卫片执法检查工作由长沙县国土资源局开展内外业核查、整体验收，2016年2月29日经县人民政府批准同意，长沙县将卫片检查违法图斑移交长沙县行政执法局负责查处整改及实地验收工作等。长沙县国土资源局按时向长沙市国土资源局、长沙县人民政府报送数据成果和信息材料，积极对接长沙县行政执法局、各镇（街）及其他有关部门。是年，下发长沙县遥感监测图斑1013个，总用地面积998.71公顷，其中耕地面积414.1公顷，经核实违法图斑225个，其中立案处理213个、非立案处理20个。立案处理213个图斑全部结案，移送财政56宗，没收非法建（构）筑物27.1109万平方米，移送法院强制执行44宗，拆除面积4.8507万平方米，缴纳罚没款634.1725万元。长沙县违法用地立案率94.67%，履职到位率100%，查处到位率100%，整改到位率96%。未被约谈、问责。

安全生产工作。2016年前三季度分别开展“春雷行动”“飓风行动”和大排查大管控大整治等安全生产专项行动，对矿产企业出动安全生产巡查40次，对3个涉嫌越界开采矿山企业移送长沙县行政执法局。5月27日，长沙县国土资源局召开矿山企业负责人安全生产专题培训。8月3日，长沙县国土资源局党组书记、局长范新国，执法大队大队长雷彬一行实地察看江背社区安全生产工作。8月16日，召开长沙县非煤矿山企业安全生产工作会议，长沙县县域内非煤矿山负责人、相关镇（街）国土资源所长参加会议。

地质矿产管理。开展长沙县2016年汛前地灾巡查工作，对长沙县107个地质灾害隐患点（其中滑坡70处，不稳定斜坡19处，地面塌陷2处，崩塌11处、泥石流5处）进行检查和登记；组织开展矿产资源开发情况年度检查工作，对矿山企业2015年度矿产资源开发年度报告书及其他书面材料、开发利用情况、年检注册登记等三个方面重点审查，2016年长沙县参加年检矿山企业53家，年检率100%。

清理闲置用地。2016年，处理国家土地督察武汉局审查确认长沙县闲置土地26宗，1宗在司法诉讼、1宗办理报建手续，其他24宗处理完毕；去存量土地专项行动（包含湖南省2012至2014年供地项目土地闲置问题表与2014—2015年土地动态监测系统显示闲置土地）26宗，7宗动工开发，1宗收回，1宗办理报建手续，17宗签订补充协议，重新约定开工、竣工时间。

征地拆迁工作。2016年，长沙县在拆项目139个，项目拆除房屋4780户16500人，腾地1333.33公顷，其中拆除房屋2281户7516人，腾地666.67公顷，支付拆迁补偿资金24.5亿元（不含社保资金，经开区项目除外）。加快推进货币安置区广大拆迁户拆迁后及时妥善安置，住房货币补贴、社保纳入工作稳步推进，纳入社保1564户5309人，办理住房货币补贴1957户6431人，办理住房货币补贴增补101户334人。缴纳社保资金2.5亿元，请款住房货币补贴资金10.3亿元，住房货币补贴增补资金214万元。

【获评第三届国土资源节约集约模范县（市）】 2016年6月25日，长沙县被国土资源部正式评为“国土资源节约集约模范县（市）”。6月27日，在北京国谊宾馆，国土资源部办公厅召开第三届国土资源节约集约模范县（市）表彰会。时任长沙县人民政府县长提名候选人张作林代表长沙县作典型发言。

【不动产登记工作】 4月29日，长沙县颁发第一本不动产权证。5月4日，全省不动产统一登记工作交流会在长沙县举行，国土资源厅党组成员、副厅长颜学毛主持会议，省内各市（州）、县（区市）分管国土主要负责领导参加此次交流会，重点现场观摩政务中心不动产登记中心办公场所；9月5日，全省不动产统一登记工作推进会暨不动产权籍管理工作会议在长沙县召开，再次观摩长沙县国土资源局不动产登记中心。2016年，受理各类不动产登记和交易业务近6万笔，累计发放不动产证书25000余本，不动产登记证明46000余张。

【征地拆迁暨拆违控违工作大会】 2016年9月19日，长沙县征地拆迁暨拆控违工作会议召开，总结2016年

12月14日，长沙县委书记曾超群（一排右二）检查和指导不动产登记中心工作 （县国土局 提供）

前段长沙县拆迁拆违控违工作，研究分析新常态下这两项工作面临形势，安排部署2016年后段工作。长沙县委副书记、代县长张作林在拆违控违、依法行政、服务发展、创新工作方式几个方面做发言，长沙县副县长黄波作长沙县拆迁拆违控违工作报告，长沙县国土资源局、行政执法局，黄兴镇、黄花镇、湘龙街道作表态发言，长沙县县直各部门、各镇（街）主要负责人参加会议。

【推广黄兴片区拆迁经验】 黄兴片区是湖南省、市重点项目实施乡镇，长沙国际会展中心、上海大众、长沙黄兴海吉星国际农产品物流园相继实施，拆迁任务非常繁重，长沙县国土资源局建立拆迁工作人员廉政谈话和日常廉洁培训制度，树立风清气正拆迁氛围。严格执行征地前听证和“三公告一登记”制度。长沙县率先出台《农村集体经济组织成员资格界定指导意见（试行）》，确保拆迁对象界定、确定、认定有程序可依。湖南省委常委、市委书记易炼红高度肯定黄兴片区拆迁工作。

【土地招拍挂】 长沙县（含经开区）招拍挂出让35宗土地，出让总面积2534094.27平方米。流拍2宗48943.4平方米，成交33宗（挂牌32宗、拍卖1宗），出让总面积2485150.87平方米，成交额234659.5万元，平均成交地价944.25元/平方米，溢价总额1079.5万元，溢价率0.46%。按区域划分：长沙县内出让土地21宗，出让面积985580.2平方米，成交总额112127.5万元。长沙经技技术开发区出让土地12宗，出让面积1499570.67平方米，成交总额122532万元。

【测绘资质巡检与测绘地理信息质量监督检查验收】 根据湖南省国土资源厅《关于开展测绘资质巡检与测绘地理信息质量监督抽查工作的通知》（湘国土资办发〔2016〕83号）要求，长沙市国土资源局负责长沙市巡检统一组织，聘请注册测绘师或测绘中级工程师职称测绘专家，以及甲级测绘资质单位质检员组成检查组承担巡检工作。长沙县国土资源局测绘队为迎检单位之一，长沙县国土局测绘队是丙级资质单位，主要承担长沙县域内地形测量、地籍测绘、并承担地籍图、勘测定届图的工作。5月参加湖南省国土资源厅举办涉密测绘成果管理人员岗位培训班，7月参加湖南省测绘地理信息学会组织测绘地理信息安全与保密培训，增强保密观念。2016年6月1日至6月30日，进行迎检工作自查自纠阶段，在自查中发现问题，自觉开展自纠工作。7月1日至9月30日，接受巡检和抽查，并提供相关资料和台账进行巡检。新采购23套南方不动产权籍调查测绘软件。10月，长沙县国土资源局测绘队作测绘资质管理和测绘地理信息质量管理工作情况汇报。在测绘资质管理情况、测绘质量管理体系、测绘成果资料、档案及保密管理情况作全面工作汇报。巡检验收通过。 （周 湘）

城镇管理

【概况】 2016年，县城市管理部门做好城市管理考核，精细化管理，推进社区环境提质提档。强化城管考核，制定下发《2016年长沙县城镇管理工作考核办法》和《城市物业外包考评办法》，实行城市管理错时考核机制，坚持日督查、月排名和月通报讲评，开展日常考评工作，年度对物业维护公司扣款1259560元；运用数字化城管指挥系统，加强城管微信平台管理和信息采集工作，年处置案件64620件。强化市政管理，推进背街小巷市政设施维护第二阶段工作，做好道路维修和下水管网疏通，修复和改造道路及人行道50000余平方米，安装人行护栏5000米，维修路缘石、护栏等11000米，在城区重点路段和节点清淤5000余处，全面检测城区31座桥梁、15处地下通道；做好城区防汛排涝工作，暴雨天气中无大面积长时间积水。强化环卫保洁，日常督查，规范应急处突管理，严格处罚清扫清洗和垃圾清运不到位行为；抓好城市维护物业外包各项工作；加强生活垃圾清运，协调解决海吉星物流园、恒广物流园以及水价调整后新增单位生活垃圾清运，年度清运生活垃圾268825吨。强化渣土管理，排查渣土消纳场，督促整改安全隐患；加强日常巡查和监管，严格审批和考核，召开7次专题讲评会议，规范渣土管理；配合开展“治超”行动，从严查处无证运输、超高超载、污染道路、乱倾倒等违法行为；进行两批60台新型环保渣土车试运营，硬化泉塘、㮾梨街道10条社会道路出入口。强化广告亮化管理。组织专项督查6次，修复城区路灯4020处；加强广告管理指导和考评，完善职能下移工作，启动新一轮城区广告招牌整治，重点拆除京珠高速临长段3块大型户外广告牌。强化示范创建，拟制《长沙县集镇管理办法》，组织镇街和部分社区开展开慧镇板仓社区集镇管理创新模式和浏阳市小河乡特色集镇创建模式学习；指导星沙街道和望仙桥社区开展示范街道和精品社区创建工作。严格行政审批。规范行政审批程序，主动搞好服务，及时办理道路占用、绿地占用、建筑垃圾处理等行政审批311件。开展城市提质。安排城市基础设施及配套建设项目11个，投资29680万元，开展公园建设、出入城口提质、拆墙透绿行动、增花添彩工程、社区提质提档等项目。加强宣传引导。加大省市县各类媒体对长沙县城市管理工作宣传力度，县电视台和《星沙时报》设置专栏对城市管理典型案例进行公开曝光，每月平均8次以上；加大市民举报投诉案件处理力度，年度处理问政湖南、市长热线、县长信箱等渠道信访件260余件，按时办结率100%；通过网站、城管服务热线、印发宣传资料、微信公众号等多种途径，鼓励和引导市民参与城市管理，提升对城管工作的认知度和参与率。

【“绿色城市”】2016年，长沙县铺排绿色城市建设项目18个，从公园建设、林荫道路和广场建设、出入城口提质、立体绿化等几个方面进行，完成生态公园二期五标、松雅湖北部园林、捞刀河风光带一期等公园绿地建设，对人民东路、黄兴大道北、长沙收费站、开元东路、107国道北等出入城口和西霞北路进行提质，开展文体活动中心、实验中学、锦绣路边坡、橄榄城等立体绿化，新增绿地面积93.7公顷，12月8日经长沙市认证小组实地联合勘测获得认证通过。

【“百日会战”】3月15日开始，长沙县实施城乡接合部环境综合整治“百日会战”行动。中共长沙县委办公室、长沙县人民政府办公室联合印发《长沙县城乡接合部环境综合整治“百日会战”行动工作方案》（长县办字〔2016〕7号），明确整治范围全县各镇（街道）的主次干道、重要场所等，重点部位：城乡接合部居民集中居住区，城乡接合部正在施工建筑工地，城乡接合部相关道路及河流，主要入城口及高速沿线（107国道、开元路、万家丽路、远大二路、黄兴大道、黄江公路、长永高速、京珠高速、机场高速），黄花机场联络线两厢，磁悬浮高速沿线等。特别是星沙街道、湘龙街道、泉塘街道、㮾梨街道、长龙街道、黄花镇、黄兴镇、安沙镇等8个镇（街道）重点实施各镇（街道）。整治内容主要包括环境卫生、违法建筑、基础设施三个方面。县城管局牵头组织镇（街道）和相关县直部门开展“百日会战”行动，进行各类集中整治行动60余次，拆除违章建（构）筑物456处、17万余平方米，整治违章户外广告4250处，整治规范店外堆物、店外经营、流动摊贩等违章行为36493起，同时将整治工作与还路、造绿、添景有机结合，提质绿化35万平方米，新增开放性绿地20万平方米，建成社区公园2个，足球场4个、篮球场2个、羽毛球场4个，城乡接合部环境“脏乱差”现象得到全面整治。

【改善社区人居环境】2016年，县城管局组织开展改善社区人居环境工作，从4月8日至12月31日，主要对星沙街道望仙桥社区、大西冲社区、碧桂园社区、封刀岭社区，湘龙街道湘瑞社区、湘绣社区，泉塘街道小塘路社区、板桥社区、泉韵社区等8个社区进行全面提质提档，内容包括进行闲置地改造、后街整治、广告招牌整治、社区公园建设等。是年，新建和改造5个停车场、600多个停车位，完善道路隔离设施3300余套，新建站厕6座、改造23座，安装果皮桶近400个，新增路灯200余杆、更换电缆2万余米，同时县委、县政府追加提质改造项目资金5600万元，实施安置类小区系列整治和建设。

【禁燃区个体经营商户高污染燃料设施综合整治】2016年，县城管局牵头组织实施长沙县禁燃区个体经营商户高污染燃料设施综合整治工作。根据《长沙市人民政府关于扩大高污染燃料禁燃区范围的通告》（长政发

整治后的滨湖路与东四路西南角　　（章　帝　摄）

〔2014〕41号），长沙县星沙街道、泉塘街道、湘龙街道、榔梨街道、长龙街道和安沙镇纳入禁燃区。整治内容主要包括：对禁燃区内使用燃煤及其他高污染燃料个体经营商户(餐馆、米粉店等）开展专项整治行动，完成禁燃区内80%个体经营商户高污染燃料设施（燃煤炉灶、土灶等）拆除或清洁能源改烧工作，引导个体经营商户使用天然气、液化石油气混空气、液化石油气、轻质煤油、电等清洁能源。县政府制定奖补政策，主动拆除燃煤炉灶每户给予800元补贴，改烧天然气另给予1000元清洁能源改造补贴，安排补助资金117万，经过前期摸底调查、开展入户宣传、进行专项整治等工作，12月29日前，禁燃区1222家经营户，星沙街道245家，湘龙街道219家，泉塘街道312家，榔梨街道276家，长龙街道14家，安沙镇156家，全部完成燃煤整改。

（朱世朝）

房地产业

【概况】 2016年，长沙县批准商品房预售面积262.99万平方米，商品房住宅网签面积338.78万平方米，住宅网签销售总金额168.7亿元。全年开展日常巡查房地产开发企业进行78次。

【物业管理】 2016年，长沙县落实属地管理机制，制定出台《2016年长沙县物业监管与物业服务量化考核办法（暂行）》，争取该县财政支持物业考核奖励专项资金200万元，加大对镇（街道）、村（社区）及有关职能部门的考核力度。全年受理群众来信来访409件次，结案率均100%，回访满意率95%。2016年该县维修资金管理和使用进一步规范。全年归集维修资金4.39亿元，归集维修资金23.73亿元；全年拨付维修资金611万元，拨付维修资金2248万余元；全年派发利息2703万元。

【国有土地上房屋征收工作】 2016年，长沙县（含经开区）国有土地上房屋征收项目13个，支付征收补偿资金约3.7亿元。有3个项目实现结算（香樟东路建设项目、滨河路建设项目、磁浮工程建设项目）。

【白蚁防治工作】 2016年，该县签订新建房屋白蚁预防合同194份，面积432万平方米，收入892万元；完成地下型饵站的安装，监控面积130多万平方米。

（冯天起）

住房保障

【概况】 2016年，长沙县新开工保障性住房和棚户区改造目标总任务8481套(户)，其中公租房任务1719套(间)，棚户区改造任务6762套（户）。具备入住条件的保障性住房8276套，入住率82.6%。全年发放廉租房补贴34.75万元，450人次。保障性住房“幸福家园”项目获评2016年度市级“文明小区”，被纳入2016年全省城镇保障性安居工程示范项目实施计划名单。“幸福家园”项目和“湘绣苑”项目获评2016年度全市公共租赁住房管理示范小区。

（冯天起）

供　气

【概况】 2016年全县有瓶装液化气站4个，分别为冰宇燃气、百江燃气、户达燃气、中平燃气。敷设燃气管道908.92千米，其中次高压管道0.92千米，中压管道347千米，庭院管网561千米。管道天然气用户近12万户。瓶装液化气供应12425.4吨，比上年下降11.35%；管道天然气9899.8万立方米，比上年增长17.64%；加气站供应37155.15万立方米，比上年增长2.58%。建立约谈机制，督促隐患整改，开展“大排查、大管控、大整治”三大行动，联合县行政执法局开展打非治违“飓风行动”。全县有管道燃气经营企业2家：长沙星沙新奥燃气有限公司负责县域城区及黄花等六个乡镇管道燃气特许经营，长沙县三润燃气有限公司负责县域安沙镇行政区域管道燃气特许经营。

【构建管理体系】 构建县、镇（街）、社区三级监管体系。加强镇(街)对接，健全油气管道保护和燃气安全监管基层工作体系，建立健全油气管道和城镇燃气行业企业安全生产分类分级监管制度，建立信息共享、责任共担油气管道保护长效机制。规范第三方施工审批流程。随着城市建设不断加快，建设工程与油气管道交叉、并行现象时有发生。为规范第三方施工，制定第三方施工的审批流程，确保施工过程中油气管道的安全。

【安全检查】 根据年初制定《2016年安全生产专项检查计划》，开展四次季度检查，全面整治液化气市场，先后出动人员183人次，开展各项安全执法检查，消除各类安全隐患170处，开展县领导带队检查油气管道企业。

【节能管理】 2016年，组织上报省经信委电机能效提升项目2个、上报市能源局2017年度节能项目64个；安排县级节能专项资金445万元支持节能项目25个和电机能效提升补贴项目2个（其中电机项目改造196台电机，功率4177千瓦，年节电46万度）；先后组织20个项目节能评审和80个项目节能备案登记，通过节能评审20个项目实施完成后将节约100.3万立方米天然气、71.98万吨水、120.39万千瓦时电，折合标煤1310.06吨。

【农村能源建设】 充分发挥财政资金对农村能源建设支持作用。2处中央项目、7处省级项目、8处市级项目通过专家组验收。县级项目沼渣沼液清运项目78000立方米，沼气公益维修项目维修4183户，缺料户补料服务796户。 （肖 铮）

供 电

【概况】 长沙县供电公司有主网职工193人、农电员工477人，下设综合管理部、安全运检部、发展建设部、客户服务中心、调度控制中心，10个班组、8个中心供电所。服务范围内有公用变电站：220千伏变电站3座（120万千伏安）、110千伏变电站14座（105.95万千伏安）、35千伏变电站10座（14.545万千伏安），35～110千伏线路58条（708.701千米），10千伏配电变压器4380台（128.0815万千伏安），10千伏配电线路306条（4783.61千米）。35千伏及以上用户变电站10座（41.125万千伏安）。服务客户49.2万余户。综合电压合格率99.807%，供电可靠率99.9054%。2016年，公司供电量49.82亿千瓦时，比上年增长18.01%；最高负荷99.3万千瓦，比上年增长27%；日最大供电量2061.2万千瓦时，比2015年增长29%。至2016年12月31日安全运行5542天，实现第七个安全年。获湖南省电力公司运检管理先进集体、营销服务先进集体荣誉。

【电网建设】 110千伏光达变电站开工建设。投运35千伏青山铺变，改造35千伏惠农—安福、江五线T接、35千伏果园变增容。改造207个村（社区）农网，农网总投资7750万元，10千伏线路新建改造101.23千米，低压线路改造623.97千米，新增改造变压器328台。解决3826户低电压问题。

【优质服务】 优化“互联网+服务体验”，掌上电力APP覆盖97658户。确保黄兴国际会展中心、马王堆市场和杨家山家禽市场搬迁、艺校搬迁、政府政务中心和商务中心搬迁等重大项目供电保障。完成走进东盟、建党95周年、会展中心等16项重点保电任务。

【路灯管理】 路灯管理所负责管理维护城区180余条道路路灯亮化设施，其中路灯箱变163台，电缆1858公里，灯杆17905基，总灯数28501盏。2016年新增灯杆1208基3375盏；通过强化运维管理，日常亮灯率98%，重大节日99%。

【党建工作】 2016年9月20日，中共国网湖南省电力公司长沙供电公司党委发文（长电党〔2016〕51号），调整长沙县供电公司党组织构架，成立中共国网湖南省电力公司长沙县供电分公司委员会。 （杨 帆）

重点工程建设

【概况】 2016年，长沙县铺排重点项目136个，投资2069048万元，比上年增加3个百分点。其中含100个市重大建设项目，投资2354058万元，比2015年增加20个百分点。直接承担财政投融资代建项目54个，年度投资18.2亿元。其中房建项目17个，建筑面积35万平方米，投资23亿元，房建项目完成并交付使用面积30万平方米，房建项目投资7.4亿元；市政项目37个，投资56.9亿元，市政项目投资10.8亿元。在建代建项目24个，其中房建项目有：县妇幼保健院整体搬迁、县职教星沙实习实训基地、长沙

10月14日，长沙县供电公司党委第一次党员大会 （邓 倩 摄）

县人民法院审判庭等7个；市政项目有：星沙联络线、万家丽路与绕城高速互通等17个；竣工移交项目13个，其中土建项目有：星沙文化中心、世景小学整体新建等9个；市政项目有：东一路（望仙路—北斗路）提质改造、黄金大道（S207南延线）漓湘路—机场高速段等4个。2016年，长沙县重点工程管理局代建市政项目37个，总投资56.9亿元，37个市政建设的项目中，其中星沙联络线、香堤北路等26个项目采用PPP模式投资建设。长沙县重点工程管理局代建房建项目共17个，总建筑面积35万平方米，总投资23亿，房建项目完成并交付使用面积30万平方米，房建项目投资7.4亿元。

项目建设管。2016年，县重点工程管理局建立和健全重大项目管理台账制度、月统计分析制度等相关工作机制，连同县发改局推行重点工程建设分线分层级“分级调度”机制。原有三级调度等制度基础上，调优项目建设工作机制。全面对接长沙市绩效考核目标，同县发改局一起完善对镇街和相关部门推进项目建设考核实施办法。项目前期管理。起草并实施《长沙县重大建设项目审批绿色通道实施办法》《长沙县重大建设并联审批实施办法》。全年完成井盖、路灯箱变电缆等政府采购12项，合同签订168份；完成中南二小一标、湘龙中学、星沙联络线等项目报建7个。完成东九线两厢完善、万家丽北路北延、人民东路等项目移交12个批次。

出台《长沙县重点工程局工程变更管理办法》《长沙县重点工程局建设工程合同管理办法》等文件，完善相关付款审批表格等。全年完成工程预算项目21个，预算金额10.8亿元；工程结算项目31个，结算金额4.33亿元，服务费预结算项目25个，金额3152万。项目现场治安管理。全年完成7个项目实验、材料检测32项，开展11个项目25项工程测量，发现并要求及时整改存在隐患部位18处，整改率100%。

星沙文化中心 （县重点工程管理局 提供）

【星沙联络线】 星沙联络线东起月形山立交桥，跨越捞刀河，西至开福区北二环中岭立交。整条线分为开福区段（中岭立交桥—捞刀河东岸）和长沙县段（捞刀河东岸—月形山立交桥）两段。长沙县段以万家丽北路为界，分为万家丽路以西段（捞刀河东岸—万家丽跨线桥）和万家丽路以东段（万家丽跨线桥—月形山立交桥），万家丽以西为城市快速干道，双向六车道；万家丽以东为城市主干道，双向六车道。全程4.9千米，由长沙县重点工程管理局代建。星沙联络线最大特点是在万家丽路以东约400米长范围内，需连续下穿武广高速铁路、京港澳高速公路、107国道等陆路交通动脉，另外，路线东行上跨规划沙坪路、规划苑景路、万家丽路，在城市脉络中不断穿越，一路向前。2016年年底，捞刀河桥桩基完成；苑景路跨线桥桩基完成；万家丽路跨线桥桩基基本完成；月形山互通跨线桥桩基完成50%。辅道桥桩基全部完成，承台

星沙联络线效果图 （县重点工程管理局 提供）

墩柱全部完成，箱梁全部完成；箱涵、管涵完成 8 座，全线土石方基本完成。

【万家丽路与绕城高速互通】 万家丽路与绕城高速互通项目位于安沙镇万家丽北路与绕城高速交会处，高速公路与城市主干道之间互通立交，立交方案采用变形苜蓿叶型。施工主要包括路基工程、桥梁工程、排水工程等。截至 2016 年年底，道路、桥梁工程全部完成。完成投资 22000 万元。

【黄金大道（S207 黄江大道—机场高速段）】 黄金大道 S207 南延线位于长沙市空港城内，道路全长 9.8 千米，宽 46 米，设计车速主道 60 千米 / 小时，辅道 40 千米 / 小时，项目分南段与北段两期实施。北段起于漓湘路止于机场高速，长 4.1 千米，主、辅各为双向 4 车道，共 8 车道，于 2013 年年底开工，2015 年年底完工通车。黄金大道南段，南起黄江大道，北至机场高速，长 5.7 千米，主道为双向 6 车道，辅道为双向 2 车道，项目于 2014 年 12 月开工，截至 2016 年年底，路基、排水、桥梁、涵洞全部完成，投资额 30050 万元。

【县妇幼保健院整体搬迁项目】 新院位于开元东路以南、宁华南路以西，总建筑面积 5.8 万平方米。医疗保健综合楼分为主楼与裙楼进行建设，裙楼高 4 层，设置门急诊、儿童保健中心、妇女保健中心、围产保健中心、行政办公等，主楼高 12 层，设有供应室、产房、手术室等，主楼 6 层至 12 层规划为住院区。新院规划病床 500 张，其中一期建设 300 张，预留二期床位 200 张，新院增加 325 张床位。新院设计有 3 个车行出入口与 1 个主出入口，人车分流，由原来老院 120 余个车位增加至 456 个。新开设儿童情景训练区和孕妇学校。2016 年 12 月底，长沙县妇幼保健院整体搬迁项目完成工程建设。

【县职教中心实训基地项目】 县职教中心实训基地项目是市、县重点建设项目，占地 13.11 公顷，位于开元东路以北、长峰路以南、双塘路以东、龙井路以西，是长沙县集中职学历教育、职业资格培训、实用技术培训、企业新招员工岗前培训、企业员工继续教育及县域内大中专院校学生实用技术培训于一体多功能平台，为长沙县工程机械、汽车产业和电子信息产业培养输出技能型人才。该项目于 2016 年年底主体验收并交付使用。

【百熙实验学校初中部（一标段）、中南小学二期（一标段）、盼盼二小项目】 8 月 12 日，长沙县与中铁投百熙实验学校初中部项目位于湘龙街道万家丽北路，占地总面积 7.6 公顷，有教学区、办公区、运动区和生活区四大功能区，拥有教学楼、综合楼、办公楼、多功能餐厅、体育馆、400 米塑胶运动场，配置现代化班班通设备、录播教室、实验室及图书馆等。中南小学二期项目位于石塘路以南、雷公岭路以西，总用地面积 3 万平方米，建设部分由 2 栋教学楼、1 栋综合楼和 1 栋集食堂、室内篮球场于一体场馆、1 个室外 250 米田径场及其他配套设施组成。盼盼二小位于凉塘路与东三线交汇处，用地面积 18412.6 平方米，设立 36 个班级。百熙实验学校初中部、中南小学二期、盼盼二小均于 8 月 29 日按时开学，缓解星沙城区读书难及大班额问题。

【敢胜垸污水处理厂】 敢胜垸污水处理厂位于黄兴镇，项目总面积 5000 余平方米，项目分三期，项目总规模按 30 万吨 / 天进行控制，一期设计规模 10 万吨 / 天，建设内容污水厂及配套提升泵站和截污干管，是湖南省首个半地下式污水处理厂。该项目是长沙县重点工程管理局负责协调项目之一，是落户黄兴镇长沙农产品物流中心、长沙市家禽批发市场及长沙国际会展中心等配套项目，其服务范围北至劳动东路、西至浏阳河、东至长株高速、南至绕城线，日处理量 10 万吨。处理厂将对沿浏阳河和榨山港分布 14 处排污口进行截污，确保片区内污水不下

长沙县职教中心实习实训基地　　（县重点工程管理局 提供）

河，纳污总面积58.74平方公里。整个污水处理系统由计算机控制，进行自动化管理，处理厂为地上、地下两层结构，处理后水质标准可以达到国家一级A类。

【轨道交通3号线】 轨道交通3号线一期工程线路长36.461千米，起于坪塘莲坪大道站，止于星沙龙角路站，共设车站25座。长沙县段地铁建设任务由县重点工程管理局负责协调，地铁3号线星沙站是长沙县最大地铁站房，该站位于开元路与星沙大道交叉路口。星沙文体中心站至松雅湖南站盾构区间左线于2016年9月6日贯通。截至9月8日，长沙县辖区范围内6个车站中的湘龙站、星沙站、松雅湖南站、文体中心站、黄兴大道站等5个车站主体建设完成。

【轨道交通5号线】 轨道交通5号线一期工程线路长22.7千米，起于蟠龙站，止于时代阳光大道站，设站18座。2016年投资5亿元。11月底，蟠龙站预备期交通疏解已完成，主体围护桩完成，主体土方开挖163400立方米，主体结构底板11段，中板9段，顶板5段，整个盾构区间长达1.7千米，2017年7月贯通区间。蟠龙站也是地铁5号线最长、最大一个车站，车站长477.3米；湘龙路站预备期交通疏解完成，主体围护桩完成，主体土方开挖73400立方米，底板7段，中板2段，12月上旬盾构机朝湘龙站出发，2017年8月贯通。

【长沙—浏阳天然气管道支线工程】 长浏支线在长沙县境内长27千米，2016年5月12日启动开工，途经星沙街道、泉塘街道、长龙街道、星沙产业基地、黄花镇、春华镇、江背镇。星沙至浏阳天然气管道设计年输气量2.6亿立方米，总投资2.99亿元，起于星沙首站，途经长沙县和浏阳市境内，止于浏阳末站，线路全长62.4千米。

【黄花机场第二跑道】 长沙黄花国际机场飞行区东扩工程建设完工， 10月初完成助航灯光、校飞、验收、试飞、人员培训等工作。机场第二跑道主跑道路面全部贯通，能满足空中“巨无霸”A380飞机起降。飞行区东扩项目投资41亿元，是在现有跑道东侧380米处新建一条3800米长、60米宽第二跑道和两条3800米长、25米宽平行滑行道，2013年12月正式启动第二跑道的建设，项目按照2020年旅客吞吐量3100万人次、货邮吞吐量32万吨、飞机起降量24.4万架次目标设计。黄花国际机场正式步入“双跑道时代”。

【举办2016年度重点工程项目建设培训】 2016年12月15日至16日，长沙县重点工程管理局在县委党校组织开办一期重点项目领域工程管理人员培训班，92人参加培训，出勤率100%。培训安排五堂课程，分别为《项目报建手续办理》《工程质量通病与防治》《项目生产与安全管理》《项目审批与管理》《工程质量、工程变更的管理与控制》，授课老师均为长沙县在项目建设领域一线专家型领导，结合县项目建设实际，以问题为导向，对项目建设过程中重点、难点进行深入剖析和解读。此次培训是一次集中学习，也是全县重点项目建设行业同事们经验交流。（唐　薇）

长沙县 2016 年重点项目建设一览表

（政府投资类新建项目）

表 2

单位：万元

序号	项目名称	业主单位	责任部门	建设规模和内容	2016 年建设内容	估算总投资	2016 年预估投资	建设周期	本年完成投资	投资比率
1 √ ▲	松雅湖北部园林景观工程	湖建投	松雅湖管理局	松雅湖北部园林景观工程，建设创智企业区、历史人文区、健康养生运动区、松雅河东岸风光带等园林景观，占地约 172 万平方米	2016 年全面完成工程建设	25000	19000	2016	19000	
2 √ ▲	香岛、观光塔、景观工程	湖建投	松雅湖管理局	建设高约 98 米观光塔一座，园林绿地面积 76000 平方米，连接香岛栈桥、行车景观桥，仿唐书院建筑约 7500 平方米	2016 年完成部分主体工程建设	22000	7000	2016—2018	5260	75.14%
3	区域规划展示馆	湖建投	松雅湖管理局	将长沙县“智慧城市体验馆、规划馆以及零碳体验馆”三馆有机结合，采用“被动屋”建筑，利用地热能、水源能、太阳能等可再生能源，做到零能耗、零排放，总建筑面积约 9800 平方米	启动建设，展馆主体结构完成 30%	17000	5000	2016—2017	1200	24.00%
4 √ ▲	京广高铁沿线风貌改造项目	住建局	住建局	对京广高铁沿线约 2800 余户进行房屋风貌改造以及沿线景观、绿化、河道整治、道路等改造	2016 年改造基本完工	14000	12500	2016—2017	12600	
5 √ ▲	城建投	重点工程局	重点工程局	长约 3.5 千米，车行道宽 12 米，道路加宽至双向四车道，白改黑，人行道改造	全面完成道路改造，人行道改造等	6500	3000	2016	5850	
6 √ ▲	城建投	重点工程局	重点工程局	捞刀河南路（城北污水厂至万家丽北路）长 1.6 千米，宽 30 米，完善该段道路及污水管道建设	完成征地拆迁，启动建设	15700	6000	2016—2017	8500	
7 √ ▲	城建投	重点工程局	重点工程局	长永高速至滨湖路，长 2.42 千米，宽 46 米	完成开元路至长永高速段路基工程	28877	8500	2016—2017	8580	

续表 2

序号	项目名称	业主单位	责任部门	建设规模和内容	2016 年建设内容	估算总投资	2016 年预估投资	建设周期	本年完成投资	投资比率
8 √ ▲	城建投	重点工程局	重点工程局	湘龙西路新建 1.21 千米，宽 30 米，两厢分别预留 15 米宽电力走廊新建高排箱涵：3×4×2.4，748 米；2×3.5×3，868 米；其他各种单孔箱涵 861 米；各种管涵 3150 米，各种涵闸 5 座	完成部分箱涵结构、道路土石方及排水工程	24900	15000	2016—2017	4850	32.33%
9 √ ▲	城建投	安沙镇重点工程局	安沙镇重点工程局	物流大道二期东向（西起 107 国道，东至松雅湖路）全长约 1590 米，该项目道路规划城市主干路，路幅宽度 36 米，设计时速 50 千米 / 小时，按双向六车道设计	完成征地拆迁，启动路基工程建设	23518	8000	2016—2017	11000	
10 √ ▲	城建投	安沙镇重点工程局	安沙镇重点工程局	松雅湖路（南起香堤路，北至物流大道，含捞刀河大桥，长约 700 米）全长约 2367 米，该项目道路规划城市主干路，路幅宽度 36 米，设计时速 50 千米 / 小时，按双向六车道设计	完成征地拆迁，启动路基工程、桥梁工程建设	36800	2500	2016—2018	6100	
11 √	北一支路	安沙镇	安沙镇	西起京港澳现有涵洞，东至星沙大道，全长约 1.42 千米，道路、排水、管线综合、交通设施、景观及亮化施工	2016 年计划完成 40%	12000	6000	2016—2017	3720	62.00%
12 √ ▲	望仙东路	城建投	重点工程局	东八线至东十二线，长 3.2 千米，宽 36 米，一期为东八线至东十线，长 1.386 千米	完成一期东八线至东十线路基工程、排水工程	8800	8800	2016—2018	8800	
13 √ ▲	城区公园建设	城建投	城管局	1. 龙塘水体公园：位于东八路与东九路之间的开元路两侧，完善水库水体、周边游道、景观工程等 2. 星沙生态公园二期（五标）：位于开元西路至水渡河路，京珠高速与京珠西辅道之间，占地 1041 公顷，完成全部建设任务 3. 东八线电力走廊公共绿地（星城公园）一期建设：完成东八路（开元路—望仙路段）公园建设	1. 龙塘水体公园：2016 年全部完成 2. 星沙生态公园二期（五标）：2016 年全部完成 3. 完成东八线电力走廊公共绿地（星城公园）一期建设	17600	6700	2016—2018	9400	
14 √ ▲	农村危房改造项目	住建局	规建局	对全县危改户逐年进行危房改造，包括对象摸底、申报、审批、建设、验收等程序	完成 1900 余户危房改造	19000	18600	2016	24959	

续表 2

序号	项目名称	业主单位	责任部门	建设规模和内容	2016 年建设内容	估算总投资	2016 年预估投资	建设周期	本年完成投资	投资比率
15 ▲	磁悬浮长沙县段两厢风貌提质改造工程	黄兴会展经济区管委会	黄兴会展经济区管委会	对磁悬浮长沙县段 16.9 千米，两厢 300 米范围进行风貌整治主要内容：平整场地、复绿、房屋改造、特色景观改造	全部完成施工以审核通过设计方案为准，结算以投评评审为准	18000	18000	2016	21676	
16	“一点两线”及人民东路景观亮化工程	城管局	城管局	1. 长沙收费站、黄花收费站、机场高速收费站及周边楼宇进行景观亮化；2. 对长永高速、机场高速、人民东路重点建筑进行景观亮化；3. 对机场立交桥群和人民东路 8 座桥梁进行景观亮化；4. 对机场联络线部分绿化带进行景观亮化	全部完成	6700	6700	2016	3000	44.78%
17 √ ▲	机场大道（机场联络线改造工程）	交建投	交通局	机场联络线起于长永高速黄花收费站，终于机场 T2 航站楼，全长 4.5 千米人民路以北近期按照城市快速路标准改造，主 6 辅 2，主路 80 千米 / 小时，辅路 30 千米 / 小时主辅间侧向绿化带 5 米，路幅总宽度 43 米人民路以南采用全线高架桥与地面交通分离的处理方式，路幅总宽度 60 米	2016 年完成前期手续及征拆，启动建设	150000	80000	2016—2017	95250	
18 √ ▲	金阳大道	交建投	交通局	全长 8 千米，其中机场联络线—S207 段（1.2 千米）为城市主干道，宽度 46 米；机场联络线至长沙县县界段（6.8 千米）为一级公路，宽度 28 米	2016 年完成前期手续及征拆，启动建设	57000	30000	2016—2018	32830	
19 √ ▲	京港澳高速开慧互通—飘峰山公路	开慧镇	开慧镇	起点位于京港澳高速开慧互通收费站西 126 米的骄杨路上，终点位于油湾里徐家屋场附近与飘峰路相交，路线主要呈东南至西北走向公路全长约 6.35 千米，采用二级公路标准，设计速度 60 千米 / 小时，双车道，路基宽 10 米	完成征地拆迁、路基路面建设	7700	7700	2016	7700	
20 √ ▲	长龙街道蓓蕾小学整体新建	星沙产业基地开发有限公司	教育局星沙产业基地长龙街道	办学规模 36 个班、建筑面积 15000 平方米	2016 年完成校舍建设工程	8991	6000	2016—2017	6000	

续表 2

序号	项目名称	业主单位	责任部门	建设规模和内容	2016 年建设内容	估算总投资	2016 年预估投资	建设周期	本年完成投资	投资比率
21 √ ▲	安沙镇春建小学整体新建	教育局	教育局重点工程局安沙镇	办学规模 36 个班、建筑面积 15000 平方米	2016 年完成校舍建设工程	9000	6000	2016—2017	6200	
22 √ ▲	春华镇武塘中学整体新建	春华镇	教育局	办学规模 36 个班、建筑面积 26000 平方米	2016 年部分校舍主体竣工	12000	6800	2016—2017	6936	
23 √ ▲	县电视台无线发射塔择址新建	广播电视台	广播电视台	占地 1.33 公顷，包括发射塔、办公用房、机房、生活用房、发射设备、信号传输系统、配电房、道路及绿化和老塔亮化改造等	2016 年全面完成工程建设	5500	5500	2016	2420	44.00%
24 √	长沙县体育中心（一期室外工程）	文广局	重点工程局文广局	规划总用地面积 141089 平方米（约 14.11 公顷），主要建设内容体育主题运动区为主，辅之以园林景观区，含景观绿化、球类场地、水体及相关配套工程设施	启动项目建设	9364	5000	2016—2017	13394	
25 √ ▲	生态扶贫移民工程	北山镇高桥镇福临镇	农林局	北山镇计划征地 8 公顷，在荣合桥社区建立移民集中居住点，预计安置 500 人左右高桥镇计划征地 16.67 公顷，在高桥村建立移民集中居住点，预计安置 1500 人左右	北山镇完成第二期 2.67 公顷集中安置区基础设施四通一平建设；高桥镇完成第一期 9.67 公顷集中安置区基础设施四通一平建设；启动福临影珠山移民工程	25000	4000	2016—2018	7343	
26 √ ▲	长沙县城乡给水、污水处理及配套工程项目	洁源水业	水业集团	1. 给水项目：新建星沙二水厂（35 万吨 / 天，其中一期 25 万吨 / 天）；新建金井（5 万吨 / 天）和山峰（0.8 万吨 / 天）农村水厂两座；乌川和双江农村水厂进行深度处理提质改造；农村管网“村村通”，城乡管网应急碰通；2. 污水项目：建设江背污水处理厂，设计规模 1.2 万吨 / 天，其中一期 6000 吨 / 天；新建果园浔龙河生态小镇污水处理厂（处理规模 1 万吨 / 天）；新建城西片区污水处理厂（处理规模 10 万吨 / 天）	1. 给水项目：完成星沙二水厂勘察设计工作、用地征拆工作及施工前期工作；完成金井水厂（5 万吨 / 天）建设；完成山峰水厂前期工作，并启动项目建设；完成部分农村管网村村通和城乡管网应急碰通 2. 污水处理项目：完成江背污水处理厂厂区建设及管网建设工程项目；完成果园浔龙河污水处理厂的建设；完成城西污水处理厂的前期工作	199000	29000	2016—2018	19467	67.13%

续表 2

序号	项目名称	业主单位	责任部门	建设规模和内容	2016 年建设内容	估算总投资	2016 年预估投资	建设周期	本年完成投资	投资比率
27 √ ▲	捞刀河南岸风光带	水建投	县水务局	捞刀河石子铺至石灰咀堤防风光带全长4.114千米水利工程包括：堤防加高培厚、生态护坡、抛石护脚、高喷灌浆、土工膜防渗及防浪墙；景观工程包括：景观步道、休闲栈道、休息亭、咖啡厅、综合服务站等	完成K6+600~K10+714全线岸坡治理及园林绿化	7745	4745	2016	4745	
28 ▲	长沙县茶叶产业基地建设提质升级项目	农林局	农林局	1. 按有机标准建设、提质约 666.67 公顷茶园，改造约 1333.33 公顷群体种老茶园重点建设金龙、飞跃、金鼎山、百录、双江、金湘园、宝山、龙湘等 8 大基地，主要是推广茶园绿化，节水灌溉、测土配方施肥、病虫害绿色防控、质量追踪体系建设等技术；2. 在金井镇建设 33.33 公顷优质茶苗繁育基地，年繁育优质种苗 1 亿株	1. 完成 1333.33 公顷低产茶园品种改良；2. 重点打造金井镇"千亿产业十佳示范乡镇"，主要是推广茶园绿化，节水灌溉、测土配方施肥、病虫害绿色防控等技术；3. 狠抓质量追踪体系建设；4. 完善基础设施工程，大力发展茶叶乡村旅游产业	48500	14500	2016—2018	14500	
29 ▲	农村饮水安全项目	水建投	水务局	完成白鹭湖深度处理及补水项目、双江、江背自来水通村工程；启动春华镇及北山镇自来水通村工程；同时启动部分北部乡镇通村扩网工程	提高自来水通村率及农村饮水安全比率，达到小康县建设标准	7500	7500	2016	7500	
30 √ ▲	病险水库、水闸及堤防除险加固项目	水务局	水务局	完成病险水库除险加固建设；春华镇太阳滩、果园镇刘家坪水闸除险加固、闸门更换、新建交通桥；继续完成果园垸堤防除险加固工程等	全面完成长沙县小型水库除险加固处理；完成水闸除险加固工程项目建设；完成果园垸堤防除险加固	18000	9500	2016—2017	9500	
31 ▲	省、县主干道沿线环境综合整治	各相关镇	示范区管委会	对县域内 G107、S207、黄兴大道北延线三条主干道沿线 300 米可视范围内进行综合整治	1. 沿线环境综合治理全面清理垃圾杂物，拆除和规范主干道沿线垃圾池，加强生产、生活污水处理；2. 拆除改造干道沿线可视范围内有碍观瞻生产生活用房拆除各类违章搭建；3. 组织开展生态复绿绿化美化沿线庭院提质道路两侧绿化，裸露黄土进行景观修复；4. 改造沿线景观风貌统一沿线房屋外墙及屋顶风格	23500	8000	2016—2018	8300	
	小　计									

注：新建项目 31 个，2016 年计划投资 391045 万元。其中市重大项目（打√）25 个

（责任编辑　张　娜）

生态环境保护

生态县建设

【概况】 2016年，长沙县以“国家生态县”为平台，以改善城乡生态环境、提升人民群众宜居环境为着力点，持续推进生态建设环境治理工作。1月，被环保部授予“国家生态县”称号；5月30日，长沙县生态文明建设办公室被环保部授予“中国生态文明奖先进集体”称号；11月15日，长沙县人民政府县长办公会议确定争创国家生态文明示范县，并作为县政府未来五年工作奋斗目标之一，同时写入政府工作报告。

畜禽养殖控规、拆违、控污治理。 3月8日至9日，分两组督查2015年拆除生猪养殖栏舍情况，未发现养殖反弹现象。第一季度和第四季度分别排查2015年所拆养殖设施。4月26日至27日，12月27日至28日，由县委办、政府办牵头，组织县委督查室、县政府督查室、县生态办、县农林局、县环保局、县城管局、县国土局、县水务局、县行政执法局、各镇（街道）等单位督查2015年拆除规模生猪养殖设施，抽调督查人员49人分成8组，对全县14个镇（街）2996户拆除规模生猪养殖设施农户逐户上门督查，养殖反弹农户均在规定时间内整改。第二季度和第三季度，该办结合社会评估机构暗访考核，委托社会评估机构一并对2015年拆除规模生猪养殖设施和2010—2012年禁养区进行检查，在各镇随机抽查禁养、限养和2015年养殖设施拆除户50户，由社会评估机构入户检查，抽查结果纳入当季生态建设环境治理考核。5月底，对全县栏舍面积100平方米以上养殖户及捞刀河沿线500米、浏阳河长沙县段1000米范围内所有畜禽养殖户情况进行摸底。经统计，全县100平方米以上养殖户7088户，栏舍面积104.02万平方米。捞刀河沿线500米范围内养殖户1684户，栏舍面积11.13万平方米。浏阳河长沙县段1000米范围内养殖户46户，养殖面积4785平方米。9月18日，组织召开浏阳河长沙县段1000米范围内退养工作推进会；至12月底，涉及浏阳河长沙县段1000米范围内退养黄兴镇和江背镇有23户退出养殖，拆除养殖房屋732平方米，拆除养殖设施2440.43平方米，其余退至限养数之内。

城乡环境卫生整洁行动。 制定新一轮+城乡环境卫生整洁行动方案，由县政府办印发《长沙县城乡环境卫生整洁行动方案（2016—2020年）》。修订生态建设环境治理考核细则，印发《长沙县2016年生态建设环境治理考核办法》，继续实行社会评估机构暗访考核与部门考核相结合，对涉农镇街坚持“一季一考核”“一季一排名”“一季一讲评”“一季一公示”。镇街每季度考核综合成绩排名前三位分别奖励8万元、6万元、4万元，前三季度排名后三位每季分别扣拨专项经费3万元、2万元、1万（实际分别扣拨8万元、6万元、4万元）。每季考核结果在《星沙时报》公示。

农村生活垃圾处理。 推进农村生活垃圾无害化、减量化、资源化处理。坚持城乡统筹，由县城管局统一负责城乡垃圾压缩站终端垃圾无害化处置，全县15个涉农镇街转运垃圾13620车至市中转场进行卫生式填埋，全县城乡环境卫生整洁行动覆盖率100%，整洁村覆盖率62.99%。全域推进有毒有害垃圾和可回收垃圾由专业公司开展“统一收集、统一运营、统一处置”，各镇街送交有毒有害垃圾和可回收垃圾843卡车，县专业公司统一回收、处置废弃玻璃2245.5吨、废旧衣服696.1吨、塑料202.28吨、橡胶272.22吨、纤维95.79吨，专库储存电池4.16万节、灯泡10.6万个、灯管4.32万根。

垃圾分类示范村建设。 按照每镇1个垃圾分类示范村目标，将垃圾分类处理纳入考核。9月，该办先后分两次组织15个镇街分管领导、生态办主任、创建村支部书记74人到望城区乔口镇参观学习与集中培训。此外，果园镇、江背镇、北山镇和青山铺镇等生态办还专题组织村组人员自行前往望城区乔口镇大垅围村学习垃圾分类示范村建设。同时，县生态办争取由县财政安排垃圾分类示范村建设专项经费300万元。11个垃圾分类示范村于11月上旬通过市级验收。

生态示范建设。调整生态示范村建设工作做法，印发《长沙县2016年生态建设环境治理考核办法》，各镇自行选点，年底接受考核，达标每个示范片可由县财政拨付工作经费20万元。年底，经检查，15个示范片基本启动生态环境示范片建设工作，大部分达标。

水域常态保洁。各镇街河道常年清污保洁队伍，负责县域内323千米主要河港杂物日常打捞，对水葫芦、水花生等有害植物定期清除。每季由环保部门对32个“水质监测断面”进行1次监测，出入境水质列入乡镇绩效考核内容，全年向各镇（街道）拨付水域保洁补助资金280多万元。

无害化卫生厕所推广。2016年，市级下达卫生改厕任务2500座。县政府安排卫生改厕配套经费200万元，以镇（街道）为单位，以农村新建房屋和危房改造户为重点开展三格式化粪池建设。是年，全县建设散户三格化粪池2605座、集中式大型三格化粪池18座。卫生厕所普及率97.48%，无害化卫生厕所普及率76.38%。

卫生创建。组织开县爱卫会成员单位开展国家卫生镇、市卫生镇、无烟单位、省文明卫生单位创建工作调研、指导6次，同推进全县卫生创建工作。是年，全县创建国家卫生镇1个、市卫生镇2个、省卫生村3个，市卫生村3个；创建省级文明卫生单位1个、市级文明卫生单位1个、市卫生社区3个、市无烟单位2个。

病媒生物防治。年内，按照全市推行市场化运作管理模式，通过公开招投标，县财政安排专项经费64.5万元，由PCO公司承担城乡病媒生物防制服务，落实城乡春秋两季灭鼠和夏秋季城区热烟雾消杀活动。完善防鼠设施建设，新建毒饵站2965座。投放灭鼠毒饵26吨，向企事业单位发放灭鼠药物11.07吨，向社区发放粘鼠板2500张、灭蟑颗粒15000包、灭蟑方便贴3000盒、灭蟑胶饵2000支。

舆论监督。继续实施有奖举报制度，鼓励和吸引社会力量参与环境综合整治工作。受理群众有关环境治理投诉电话16个，办结率100%，有效解决困扰群众各类环境污染问题。

环境监管

【概况】2016年，长沙县完成1949家环保违规建设项目清理整治；建立双随机监管机制，规范网格化监管模式，全县15个片区责任人、监管范围、监管任务全部明确落实到位；开通“12369”环保投诉微信举报平台，处理环境投诉纠纷1500余件，没有发生环境群体性事件；开展82次环境执法专项行动，出动执法人员1759人次，检查企事业单位3881家次，办理环境类案件50件，比上年增长285%，罚没款93万余元，比上年增长41.8%。其中，办理大气污染案件20余件、查扣违法车辆和物品220余件，关闭3家电镀作坊、取缔7家洗塑作坊、行政处罚6家，将1家水污染案件责任主体移送公安行政拘留；消除安全隐患20余件，妥善处置环境安全应急事件30余起；在固废处置、垃圾焚烧、挥发性有机气体排放等多个案件领域实现零突破；健全两法联合办案和联席会议机制，移送公安行政拘留案件4件。

通过排查摸底，各部门和镇街上报清查保违规建设项目1773个，该局组织逐个进行现场核查，并分门别类进行清理整治，至11月19日全部完成。其中承诺863个、认可380个、补办92个、验收109个、备案43个（备案项目名单通过长沙县人民政府批准并在县政府网站进行公示）、关闭266个（含自行关闭193个和自行搬迁73个）、不属违规项目20个，完成率100%。在清理整治过程中也发现1773个项目以外环保违规建设项目，通过搜集相关信息、及时联系和督促，又有134个新增项目按清理整治文件采取承诺或认可等方式进行完善。

环境监测

【概况】2016年，长沙县完成空气质量自动监测站与省站数据并网工作；捞刀河石子断面新建1座水质自动监测站，作为捞刀河流域长沙县与开福区水质自动监测点点位；完成长沙县环境空气质量背景值站点定点工作；完成土壤国控点位调查定位工作，并及时上报省厅。全年获取各类环境质量监测数据4千多个。主要包括：县域内15个乡镇出、入境交界断面所属水系进行采样分析；对星沙、黄花、㮾梨3个自来水厂上游100米饮用水源控制断面进行常规监督性监测；12家规模生猪养殖场进行每季一次监督性采样监测；松雅湖进监督性监测；完成16家乡镇集中式污水处理厂季度性监督监测工作；27家重点监控企业每季度一次监督性监测；突发环境污染事件应急监测4起等。联合县执法局组织召开湖南省危险化学品生产使用情况调查工作、危险废物申报登记工作，邀请200余家涉危险固废企事业单位进行危险固废申报专题培训，完成化学品调查工作，危废申报工作完成80家。（黄金雨）

节能减排

【概况】出台《长沙县节能专项资金管理办法》《长沙县固定资产投资项目节能评估和审查审批操作规程》，加强资金监管；通过申报、审核、筛选推荐8家工业企业申报市工业清洁生产审核计划，长沙县安沙镇梅塘村道路亮化工程等23个项目申报2016年度节能专项资金。组织2家企业开展2016年全省电机能效提升工程，淘汰落后电机4415.4千瓦。组织申报省市农村能源项目，推进能源网络化服务网点建设，有序推动大型沼气工程、省级项目集中供气工程、市级为民办实事能源网络化服务网点、市级100立方小型沼气工程、县级沼渣沼液清运项目建设；做好固定资产投资项目节能评估和审查工作，1—11月节能评审项目20个，节能备案登记项目80个，其中通过节能评审20个项目实施完成后将节约100.3万立方米天然气、71.98万吨水、120.39万度电，折标煤1310.06吨。（黄　薇）

（责任编辑　周进银）

交通·邮政·通信

交 通

·交通建设·

【概况】2016年，长沙县交通局编制《长沙县"十三五"综合交通运输规划》，增加投入1.4亿元，建设里程20.5千米，完成S323福临至黄兴大道北延线段、S319开慧至黄兴大道北延线段、S319金井至双江段等三条北部干线公路路基路面主体工程。投资0.6亿元，建设里程35千米，完成高白公路（高桥段）、莒马公路（青山铺至高桥段）、八清公路（盛家冲至X033段）三条县道提质改造，形成开慧、金井、福临等北部乡镇与星沙、市区及周边县半小时经济圈。投入10,030万元实施农村公路建设项目379千米（其中实施农村公路硬化329千米、农村公路连接工程50千米、农村公路生态路建设120千米），投入993万元完成农村公路桥梁建设44座、1175延米，投入2429万元实施农村公路养护3495千米，开展"文明示范路"及"管养示范乡镇"建设，投入126万元对福临镇、安沙镇实施文明示范路管养50千米。重点对县域内临水、临崖、坡陡等无安全防护设施路段开展安全隐患排查，建立隐患排查台账，并按照轻急缓重原则逐步完善交通标志、标线、安全防护等安防设施。对全县审定12个贫困村交通情况进行现场调研，并在交通资金计划安排时给予贫困村倾斜。对5个非涉农县级村安排县财政资金80万元硬化道路4千米，县连接工程1千米，县生态路11.5千米，农村公路养护38.4万元76.82千米；对7个涉农资金整合试点村申报村安排县级财政资金659.06万元硬化道路27.048千米，安排100.3万元农村公路管理养护200.7千米。

【主体工程建设】S319开慧—黄兴大道北延段起于开慧镇骄杨路，终点接黄兴大道北延线，项目长9.007千米，二级公路建设标准，工程总造价11585.3395万元，建安费7213.9670万元，征地拆迁费3226.0374万元；S323福临—黄兴大道北延段起于X024下穿京珠高速通道位置，终点位于黄兴大道北延线K21+300处，双起桥村北侧，项目全长5.219千米，二级公路建设标准，工程总造价6881.3214万元，建安费4399.7896万元，征地拆迁费1749.8074万元；S319金井—双江段起于金井镇涧山村香炉坡组，与S207相交，终点位于双江镇农裕村合心组与Y209相交，项目全长6.421千米，二级公路建设标准，工程总造价8195.8720万元，建安费5447.6464万元，征地拆迁费1873.5247万元。2016年年底完成路基、路面施工，全面进入交安附属设施施工，项目完成工程建设投资2.968亿元。（谷文河）

【农村公路提质】通过规范建设程序、提高项目品质、提升管养水平和推进城乡公交一体化，长沙县农村公路呈现出网络四通八达、路面整洁有序、

2016年，湖南省农村公路现场会　　（县交通局　提供）

安保齐备优质、运输通达高效良好局面。3月10日和5月23日全省农村公路"群众性养护"推广现场会、全省农村公路现场会均在该县召开，该县农村公路"建、管、养、运"一体模式获得省市一致认可和好评。2016年，长沙县交通局在全市公路系统目标管理考核中被评"'四好农村路'建设红旗单位"和"农村公路养护目标管理红旗单位"。

（胡 欣 邓 涛）

·交通运输·

【概况】2016年，长沙县率先在全省采用PPP模式成立第一个PPP项目公司，解决资金筹措难题，我县城乡公交一体化PPP项目成为全省首批PPP示范项目。构建市县对接公交、县城城市公交、县域城乡公交、乡镇循环公交四级公交网络，有市县对接公交线17条，城市公交27条，城乡公交线23条、通村公交4条，全县在线营运54条城乡公交线路、725台公交车辆均实行2元一票制，大幅降低群众出行成本，提升群众出行幸福指数。全年在县城主干道上新建成473个候车亭和800个公交招呼站，新建东升路站、东一路站等9个公交首末站，可停放公交车约600台，实现星沙城区公交车100%进站停放。县内新增或更新公交车辆全部使用新能源车，全县新能源车辆有616台，占全部运营公交车辆总数85%。此外在东升路公交首末站新建充电桩50个。新开星沙103路南线、103路北线、星通30路等公交线路，进一步填补大众工业园区、黄兴海吉星市场、空港城等区域公交空白；对星沙202路、星沙204路、星通15路、星通26路等公交线路进行优化调整。按照《CJJ37城市道路设计规范》标准，对城区具备条件公交中途站实施港湾式改造，明确新建、改造道路原则上配套建设公交港湾。完成板仓路、特立路公交港湾改造任务14个。（胡 欣）

【城乡公交一体化】全县通公交车里程1318千米，城乡公交线路覆盖至全县所有镇街，满足全县90余万城乡居民出行需求，成为全省率先实现城乡公交一体化全覆盖区县。2月1日，长沙县城乡公交一体化工作在全省交通运输工作会做典型发言。《长沙县探路PPP模式推进城乡公交一体》《创新模式破难题，公交一体惠民生》分别在交通运输部、省人民政府、省交通厅门户网站进行宣传报道和重点推介。（胡 欣）

【城区公交车进站停放】长沙县城区参与营运公交线路有30条，公交车有644台，需在城区夜间停放公交车有510台。为解决公交车"马路为家"现状，实现公交100%进站停放。2016年，长沙县安排公交用地和利用闲置资源新建公交首末站9个，其中东升路站、万家丽北路站、东一路站、东八路站、丁家岭站、华湘安置区站投入使用，可停放公交车约600台，另湘龙路BRT站、映霞路站、松雅站3个公交首末站建设中。公交首末站除规范公交车停靠外，还完善充电桩、洗车、餐饮等配套服务。（吴 旭）

·交通行业管理·

【概况】2016年，长沙县成立交通安全监控中心，实行24小时轮班值守，实现"两客一危"车辆全程监控。制订下发《长沙县交通运输局领导联点指导企业安全生产工作方案》等安全生产文件27个，召开局党组安全生产专题研究会4次，召开局属科室、单位负责人，交通行业企业负责人安全生产专题布置会4次，局党组班子成员开展安全生产带队检查8次，通过层层宣贯工作任务、明确工作岗位、严格工作任务，形成横向到边、纵向到底安全生产责任网格。对县域内8家客运企业、800余台客运车辆、5家危货运输企业、8家货运站场、107家

城乡公交车 （县交通局 提供）

维修企业、9个在建交通项目工地、5处渡口码头，6艘渡船以及农村公路基础设施建设项目开展地毯式安全生产大检查。同时发放安全承诺贴866份，刻制发送道路客运安全告知影碟100份，驾驶员安全教育影碟10份，并进行现场安全演示。坚持开展安全生产“打非治违”专项行动，全年组织集中执法行动131次，出动执法人员992人次，检查生产经营单位185家，排查发现安全隐患111处，全部整改到位。分别联合县行政执法局、县地方海事处、县旅游局、县安监局等单位对全县交通运输经营单位、渡口、码头等开展联合执法，检查发现问题24处，下发整改通知书24份。

【春节期间营运】 为有效确保春运期间旅客走得安全、走得安心，长沙县成立春运工作领导小组，制定并下发《关于认真做好2016年春运工作的通知》等文件4个，组织县域内公交、客运、危货企业负责人和局属各科室、单位、地方海事处召开春运动员大会，签订《安全生产责任状》；制定《春节期间营运安全应急预案》，储备28辆应急车、40吨工业用盐、1.6万个麻袋、550个铁铲、400快警示标牌、100套防滑链，大小挖机、推土机、吊车、自卸汽车、装载机、洒水车、清扫车等应急机械11台，联系24小时应急抢险工程人员14名。春节期间，长沙县投入公交运力839辆，发班29400班次，其中加班217班，完成客运量77万余人次，未发生重大有责安全事故及乘客长时间滞留现象。

（吴　旭）

【行业信息自动化管理】 加强货运市场的源头管理，对重型载货汽车（12吨以上）强制安装北斗兼容车载终端。对维修二级维护企业建立24小时监控平台，确保维修质量。全面推行IC卡计时计程培训管理系统，并实施电子围栏，通过自动定时抓拍学员图像等功能，对驾校教学和管理情况进行全过程实时监控，不断提高驾培行业监管水平。

（刘艳菊）

【开展危化品应急演练】 组织县域内路华物流、户达化工、华凯危爆等5家危化品运输公司负责人、安全生产负责人、驾驶员、押运员开展道路运输危化品应急演练。本次演练分单位逐一进行危险品泄漏应急处置操作、车辆起火应急处置操作演练和事发后如何及时、准确地拨打报警电话，及时告知企业启动应急程序等，切实提高驾驶员、押运员在发生交通事故出现危化品泄漏和车辆起火时的应急处置能力，以保证一旦遇到突发事件及紧急情况，能做到报告及时、措施得力、处置妥当。

（杨　谦）

·公路管理·

【概况】 2016年，长沙县公路管理局按照“十三五”公路发展规划，加快构建“九纵十二横”公路网络，基本形成“高速公路为骨架、干线公路为支架、农村公路为脉络”快速公路网络。拓宽筹资渠道，率先全省创新交通投融资模式，组建交通投资公司，先后采用BT、BOT、融资+施工总承包、PPP等模式筹措建设资金112.6亿元，保证G107提质改造、S207提质改造、黄江大道、黄兴大道、机场大道、金阳大道、北部三条干线、G107调规、岳汝连接线等33个干线公路项目365千米建设资金需求。

办理5起市级行政许可案件，其中4起予以同意，1起不予同意；办理县级行政许可3起，皆予以同意；办理村民建房行政审批手续19起；办理破损公路附属设施赔补偿案件8起。拆除非公路标志牌193块，清理摆摊设点90余处，清理公路用地以内堆物放料140余处，拆除违法搭建建筑棚屋21处，清理遮挡公路标志的障碍物27处，下达违法停工通知书40余份，有效地维护路产路权。

公路养护。2016年，公路路况优良率国道100%，省道95%，县道88%。全年修补水泥路坑洞90000平方米；清挖高路肩60千米；石砌挡土墙1500立方米；水泥路面、沥青路面清灌缝120000延米；薄层罩面5千米；压浆34338平方米；同步封层66700平方米；标线47400平方米；维修、新增钢护栏5587米。

桥梁管理。对所辖100米以上大桥布设永久性观测点和监测控制网，并进行周期性观测。对合兴大桥等7座桥梁进行专项检测，对桥面裂缝、沉降制定观测方案。完成星沙跨线桥、官桥加固维修工作。

公路治超。采取“边界堵、节点守、源头控、流动查”方式布控治超网点，全县建立唐田、黄花两个治超站以及开慧、青山铺等十个治超点，安排人员24小时值守。加快治超工作由“人海治超”向“科技治超”转变步伐，投资1000万元建设7套不停车检测系统，确保货运车辆正常行驶状态，对车辆车牌号、车辆照片、轴数、总超限等参数实行动态智能检测，自动判别其是否超载，同步进行抓拍，并提前告知附近治超站点拦截处理该超限车辆。是年，全县查处公路超限运输案件1450起，到位罚没款373.7万元，卸（转）载货物 10599.8 吨。

（吴再翼）

·民用航空·

【概况】2016 年，长沙黄花机场建立健全安全生产管理与奖惩制度，完善安全责任清单，强化各级管理人员安全责任落实。加强重大运行风险管控，全力确保不停航施工、机坪运行、飞行区运行安全。2013 年至 2016 年，连续四年实现机坪零事故。在中部地区率先突破 2000 万人次，国际吞吐量突破 200 万人次，8 月吞吐量突破 200 万人次。E 类机型安全起降 4946 架次，比 2015 年多 858 架次，同比增长 21%。机场旅客流量和运输起降架次分别高于中南地区 33 个机场平均增长水平 2.5% 和 1.7%。海航湖南分公司获批，机场过夜运力增至 30 架次。洲际航线方面，新开通至美国洛杉矶、澳大利亚悉尼和墨尔本直航航线，客座率 80% 以上。全年保障国际（地区）航班起降 15753 架次，占比 9.4%，国际客流和起降架次分别比上年增长 29.3% 和 32.9%，增速居中南地区前列。“8C+3E”新机坪扩建基建工程 5 月份竣工，9 月通过行业验收，10 月“3E”机坪投入运行，12 月“8C”机坪投入运行，长沙机场停机位数量从 47 个增到 58 个，机场保障能力再次提升。是年，长沙黄花国际机场旅客吞吐量 21296675 人次，保障运输飞行起降 167191 架次，货邮吞吐量 130276.1 吨，中南地区排名第三位，中国境内 218 个民用航空（颁证）机场中排名第十三位，居中部机场第一。是年，主营业务收入 7.15 亿元，营业成本 6.68 亿元，盈利 4709 万元，分别比上年增长 14.6%、1.8% 和 16%。长沙黄花国际机场全年航班平均正常率 77.3%，高于行业平均水平。推出“红马甲”志愿者服务队、“雷锋号”电瓶车、流动问询服务、“天使之翼”关怀服务等多项高情感服务项目。开通自助行李托运、完善手机 APP 和微信平台功能、新增 6 个国际值机柜台，多渠道优化旅客体验。与省文化厅联合开展丰富多彩的湖湘文化展示活动。9 月底，迎接机场服务质量评审，获评“2016 年度中国民用机场服务质量评价优秀机场”。（寇冠乔）

邮　政

【概况】2016 年，长沙县邮政分公司员工总数 456 人；机构设置“二部一室（综合办公室、市场经营部以及安保部）、3 个专业分局（代理金融业务分局、快递包裹业务分局以及农村电商分销渠道部）”、营业网点 47 个、邮件处理中心 1 个、揽投站 4 个。全年邮政业务收入 15821 万元，收入绝对值排名全省第一，比上年绝对值增长 2965.6 万元，增幅 23.06%。其中邮务类和包裹快递类业务分别完成业务收入 6465 万元和 4264 万元。金融类板块，全年净增余额 10.8 亿元，排名全省县局第一，点均净增 2297 万元，活期比 31.7%，余额规模 601760 万元。是年，该公司被长沙市邮政分公司评为“先进单位”。

【“两包”业务】快递包裹业务量 347.13 万件，业务收入 2349.5 万元，国际小包 72.5 万件，业务收入 1775.6 万元。快递包裹业务，长沙县邮政分公司多次与各大型电商洽谈，了解客户需求，创新“以仓换单、代销助客、捆绑圈客、招商引客”四种模式，策反大型电商 2 家，日均走邮在 3000 件以上，维护老客户关系，实现新增 1000 件以上发货量，国内快递包裹稳中有升。国际小包业务发展以孵化长沙县首家跨境电商－湖南嗨咿购跨境电商为基础，实行跨境电商联盟战略，实现国际小包持续发展。嗨咿购自筹资金建立长沙跨境电商产业园，申报速卖通线上发货长沙仓。设置两条取件专线，不间断穿梭长沙城乡，解决客户 48 小时上网问题。半年时间内，招募回湘创业跨境卖家 113 家，并全部实现将其邮件交该公司寄递。该公司通过孵化电商和打造跨境联盟模式，至 12 月，跨境电商客户有 144 家。

【农村电商建设】长沙县邮政分公司与南极人品牌代理商达成战略合作伙伴，争取到授权，在邮乐网、邮三湘、邮掌柜三大平台同步上线工作；农副产品返程项目，该公司与商务局牵头整合县域多家如“湘丰茶叶”“口口香”等优质农副产品龙头企业加进入驻长沙县馆，打造优质物美价廉县域农副产品搭上电子商务品快车，将邮政电子商务发展融入社会主义新农村建设。筹备建设县级电商仓储中心和四家乡镇电商仓储中心。（杨　娟）

通　信

·中国电信长沙县分公司·

【概况】中国电信股份有限公司长沙县分公司（以下简称“县电信分公司”）是中国电信在长沙县的县级分支机构，下辖综合部、网络部、销售部及泉塘、路口、金井、安沙等 16 个支局和星沙、城东、湘龙等 5 个营业部。2016 年，长沙县围绕企业发展重点，按照“三

1 月 20 日，湖南省电信公司职代会暨颁奖现场　（谢晓琳　摄）

分天下有其一”目标，做好宽带、移动、ITV 三大支柱产品规模发展。重点创建全光网提速、改造、升级建设，提高网络带宽接入速率，落实当地政府大力创建“信息化镇村”，8 月份全县实现全光网；借助移动单产品发展，通过多种政策导向、各种激励措施，通过推陈出新好产品，如任性卡、半年免费打、平安分期付等，主动向渠道、政企、农村支局进攻，加大 4G 信号王密集无缝隙宣传，抢占移动市场；针对光改后新、老楼盘、小区，进行密集型宣传及采取精促、微促、现促经营方式覆盖营销，取得用户对电信光纤电视好评。全年投入工程建设资金 8000 万元，围绕实现固网全光网、移动 4G 信号“无缝隙”全覆盖，长沙县 18 个街道、镇，231 个社区、村全部实现全光网，800M 4G 信号覆盖长沙县农村支局镇、村，拓展有效网点 224 家。是年，企业收入 2.5 亿元，比上年增长 14.80%。获评 2015 年度湖南省级公司先进单位和强县工程 2016 年度“中国电信湖南公司战略单元”称号。　（谢晓琳）

·中国移动长沙县分公司·

【概况】 中国移动湖南公司长沙市长沙县分公司，地处长沙县星沙镇开元东路 154 号，隶属于长沙市移动公司领导。现有员工 214 人（上市员工 184 人，劳务派遣制员工 26 人，乡话人员 4 人）。中共党员 37 人，共青团员 30 人。长沙县移动公司设三部一中心（综合部、市场部、网络部、政企中心），三个营销单位即：经开区营销中心、乡镇营业部、星沙营业部。2016 年，长沙县移动通信服务收入 8.35 亿元，比上年增长 1.21 亿元，增幅 16.95%。4G 客户 60.91 万户，4G 客户渗透率 60.87%。全年净增宽带用户 3.05 万户。深入开展信息化重大项目拓展工作，如长沙县天网工程、无线星沙 WLAN 覆盖、车卫士、电子政务网出口、教育城域网出口等项目建设应用。注重渠道建设质量，渠道分布更趋合理。客户服务体系进一步优化，通过数据监控、及时通报等形式，最大程度控制垃圾短信数量。网络建设维护发展。全年 4G 宏站建设开通 162 个，共有 1088 个。4G 室分建设开通 85 个，共有 472 个。4G 微站建设开通 51 个，共有 51 个。其中开通省市督办沪昆高铁专项 10 个站点中 9 个，开通 83 个历史疑难站点中 58 个。数据流量同比增长迅速，日均流量 32716.8GB，为 2015 年同期日均流量 2.73 倍。2016 年完成 166 个小区宽带建设，新增宽带端口 59036 个，覆盖用户数 156970 户，宽带小区数 389 个，宽带端口数 148515 个，覆盖用户数 437628 户。长沙县移动通过资管核查，邻区核查、深度覆盖站点开通和 TOPN 处理四项重点工作开展，城区 MR 覆盖率从 3 月 87% 提升至 11 月底 93.53%。　（胡　穗）

·中国联通长沙县分公司·

【概况】 2016 年，中国联通长沙县分公司建设一级网点 21 家、3G 特约店 8 家，渠道改建 25 家。扩大资源覆盖，联合物业规范促销，由网格经理对辖区内移网门店上门进行一对一培训业务知识及系统操作，做好服务支撑。定人定责名单制拓展，宽固集团结对子共同拓展集团单位，共享客户资源并做好集团部业务指导。推进“存量用户保有”工程。加快网络建设与维护：开通入网运行 4G 站点 258 个，新建 3G 站点 73 个、独立 3GRRU 站点 6 个，室分站点 55 个。完成固网建设立项项目 78 个总立项金额 227.99 万元，推进 FTTH 提质提速改造，开通商企接入工程 51 余，优化网络架构，确保网络开通与保障市场发展。是年实现营销模式、服务模式、管理模式、网络支撑模式转型，开创长沙县联通发展新局面。截至 11 月长沙县总收入 25414.21 万元。　（彭　晶）

（责任编辑　张　娜）

商贸·旅游

商贸流通

【概况】 2016年，长沙县实现社会消费品零售总额428.8亿元，比上年增长14.8%。按行业分，批发行业33.8亿元，比上年增长16%；零售行业380.4亿元，比上年增长14.8%；住宿行业4.9亿元，比上年增长13.2%；餐饮行业9.7亿元，比上年增长11.2%。按地区分，城镇零售额334.2元，比上年增长15.5%；农村零售额94.6亿元，比上年增长12.3%。举办第七届星沙商圈购物消费节活动，线上线下消费融合增长。做好26家商务部市场监测系统样本企业运行监测和节日市场保供工作。开展各类安全生产检查701余家次，查处安全隐患593余处，并下达整改通知书。加强对商场、超市、农贸市场等商贸企业行业管理，指导文明创建、节能减排、诚信经营、食品安全等工作。新建农贸市场4个，启动农贸市场新三年行动计划。出台《加油、加气站和充电桩布局规划（2015-2020年）》，拍卖加油站3个，新建2个。启动农村电商扶贫工程，农村电子商务示范工程获省商务厅批准。肉菜流通追溯体系建设全面启动，完成第二批追溯体系建设项目工作。

【“商超企业安全生产知识抢答赛”活动】 6月29日，长沙县商务局组织全县范围内各大型商场、超市开展“长沙县商超企业安全生产知识抢答赛”活动。本次抢答赛内容涉及《中华人民共和国安全生产法》、消防安全知识、事故应急救援预案等方面。通过预赛从报名十家代表队选出前六名进入决赛。决赛通过必答题、抢答题、风险抢答题方式角逐出一等奖一名，由和通超市获得，二等奖两名，由华润万家、恒生购物中心获得，三等奖三名，由新一佳、卜蜂莲花、步步高星沙店获得。

【第七届“星沙商圈”购物消费节】 12月28日，由长沙县商务局主办、星沙时报社承办，长沙县第七届“约惠星沙·全城嗨购”主题“星沙商圈”购物消费节在大润发家居建材广场开幕。本次活动历时20天，采取“政府搭台、企业唱戏、媒体助力、民众参与”模式，以线上线下深度融合方式进行。主体内容包括5万红包天天送、你来消费我买单、幸运转盘中礼券三大线上活动，以及嗨购九宫格、最爱招牌菜、见面即有礼、全家来寻宝、限时大抢购、购车聚划算、千店总动员等八大线下活动。消费节期间，全县产生社会消费品零售总额约32亿元，拉动全县社零增长2百分点。

【农村电商扶贫工作】 2016年，长沙县电商平台实现“农产品进城”交易额约2亿元，其中线上销售贫困村、贫困户农产品1500万元，带动贫困村相关产业发展，增加贫困家庭收入。

12月28日，长沙县第七届“星沙商圈”购物消费节　（陆　林　摄）

一是建设电商扶贫保障体系。制定《长沙县电商扶贫工作实施方案》，确定电商扶贫5大重点任务。预算电商扶贫专项资金117万元，申报湖南省农村电子商务推进项目，获得专项扶贫资金50万元。二是建设贫困村电商服务站点。与湖南购酷、鑫瑞惠民供销公司开展合作，完成12个贫困村电商服务站挂牌工作。组织召开2次电商扶贫工作座谈会和1次电商专场培训，提升贫困村电商利用水平和能力。三是建设农商人才信息库。联合农副产品相关单位协作，对全县专业合作社、养殖大户、农村乡土人才、农村经纪人信息进行摸底，建立农商人才信息库。联合现有电商企业，开展电商人才队伍组建工作。（陆　林）

招商引资

【概况】 2016年，长沙县引进市外境内资金形成固定资产投资160.5亿元，比上年增长14%，其中经开区引进市外资金形成固定资产投资59亿元，比上年增长19.3%；实际到位外资6.9亿美元，比上年增长14.1%，其中经开区实现到位外资5.2亿美元，比上年增长16.9%。全年接待客商180多批次，与平安不动产、路得集团、韩国商会等实力雄厚企业财团建立友好往来。编制《2016招商项目汇编》《2016长沙县投资环境报告》《2016长沙县商务地图》，制作新版长沙县招商专题宣传片。召开2次项目建设领导小组会议，过会项目19个。举办中国·长沙临空经济区暨长沙黄花综合保税区投资推介会，签约项目5个，签约金额135亿元；参加长沙市楼宇招商专题推介会，签约项目4个，签约金额1.01亿元。长沙国际会展中心、恒广国际物流园、长沙黄兴海吉星农产品物流园、安沙国际建材城（一期）、水渡河农副食品仓储配送中心（一期）正式建成运营；湖南海驿智能物流产业园、德润农产品冷链仓储配送中心建成运营；鑫瑞祥家居市场、长沙家禽市场、太平洋人寿保险等项目开工建设；晟象物流、广汽品牌销售园等项目开工开建；新城吾悦城市广场、百联奥特莱斯、顺丰电商产业园、普洛斯物流、北师大附属学校等项目正式入驻。

【湖南省最大黄金深加工生产基地落户长沙经开区】 4月18日，由湖南黄金集团股份有限公司、长沙经济技术开发集团有限公司和浙江黄金宝投资股份有限公司三方共同投资“100T黄金精炼深加工、加工贸易项目”正式签约落户长沙经开区。项目总投资15亿元，7月开工建设，2017年3月实现项目投产。依托项目，后期将逐步打造集“工业旅游、会议展览、贸易物流、批发零售、加工生产、黄金、提纯、检测分析、设计研发”为一体“世界黄金珠宝矿晶小镇”。

【“沪洽周”】 8月18日，中国·长沙临空经济区暨长沙黄花综合保税区投资推介会在上海举行。推介会期间，新城吾悦城市广场、安沙国际建材城、长沙平安华业综合金融电商产业园、长沙黄花综合保税区建设、长沙百联奥特莱斯广场等5个项目签约，签约金额135亿元，同时对外发布长沙黄花综合保税区、进出口商品展示交易中心、国际医疗健康城、航空公司总部基地、通用航空产业基地、高端星级生态酒店、电子商务产业园、购物公园、国际学校、电子信息产业园等10个招商项目，投资总额211亿元。

【长沙县企业获全省首张外商投资企业设立备案回执】 10月25日，长沙县属企业长沙海嘉建设有限公司获得《外商投资企业设立备案回执》，这是全国外资审批改备案管理以来，湖南省首家通过备案外资项目。同时，长沙海嘉建设有限公司获得营业执照、组织机构代码证、税务登记证、社会保险登记证和统计登记证“五证合一”后营业执照。

【10个招商引资项目落户长沙黄花综合保税区】 11月5日上午，长沙黄花综合保税区首批招商引资项目签约仪式举行。湖南国科微电子股份有限公司高性能固态硬盘组装加工项目、湖南省国际速递分公司湖南邮政国际快件中心项目、韩越国际贸易（上海）有限公司进出口商品展示交易中心项目、湖南大地国际货运有限公司国际保税物流项目、中国银行综保区支行项目、湖南华中航天北斗卫星应用有限公司电子出口产品生产项目等10个项目签约，其中保税加工项目2个，保税贸易项目3个，保税物流项目1个，保税服务项目4个，可实现进出口额近8亿美元。

【星沙产业基地博士创新创业园首批项目签约】 11月29日，星沙产业基地博士创新创业园首批入驻项目天河国云与星沙产业基地管理办公室签订项目框架协议。该园区拟总体规划1000000平方米，分步实施，先在星工场内规划5000平方米标准厂房作为项目项目孵化器，建设期2016年至

2018年。作为首批入驻创业园的企业，天河国云还担任配合、组织搭建这个“园中园”重任，预期可吸引博士40名以上，吸纳国防科大校友企业20家以上，孵化行业企业30家以上。

【长沙县与北京师范大学签订教育文化合作框架协议】 12月27日，长沙县与北京师范大学签订教育文化合作框架协议。此次合作，双方拟在长沙临空经济区和果园镇浔龙河生态艺术小镇新建学校，总投资20亿元，办学体制为幼儿园、小学、初中到高中，共招生8000～10000人。此外，还将设置相对独立的国际部。项目计划2017年4月奠基动工，2018年9月正式开学。（陆 林）

现代服务业

【概况】 2016年，长沙县实现服务业增加值374亿元，比上年增长12.98%，占GDP比重29.65%。实现在岸服务外包执行金额1.6亿美元，离岸服务外包执行金额5475万美元；实现社会物流收入168亿元，比上年增长7.5%；实现电子商务交易总额5.76亿元，比上年增长23%。成立长沙县加速推进现代服务业发展工作领导小组，拟定《长沙县进一步加快发展现代服务业的实施意见》和《长沙县服务业发展综合考核办法》，出台《关于支持现代服务业发展的若干政策和措施》和实施细则，政策驱动效应继续发酵。组织企业申报2015年服务业优惠政策，帮助29家服务业试点企业获得1.3亿股权投资和资金补助。2016年，服务业实现税收收入为62亿元，占全部税收比重为39.7%。空港城、松雅湖、黄兴会展区、黄兴现代市场群、安沙现代物流园等服务业平台建设稳步推进。服务外包、文化创意、电子商务、现代物流等新兴服务业实现产值308亿元，比上年增长12%，传统商贸、新型旅游、健康养老等产业业态保持融合发展。

【出台《关于支持现代服务业发展的若干政策和措施》】 3月下旬，长沙县正式出台《关于支持现代服务业发展的若干政策和措施》，明确在“十三五”规划时期，将每年设立专项引导资金5000万元（不含各项专项资金），用于政策奖励和引导现代服务业产业发展。此次出台政策重点扶持十大产业：电子商务、现代物流、汽车后市场、总部经济、航空服务、现代金融、服务外包、健康养老、文化旅游、新兴服务业。

【恒广国际物流园开业】 3月23日，湖南省重点工程、湖南省“十三”五公路货运枢纽（物流园区）重点项目——恒广国际物流园开业。恒广国际物流园总规划用地533336平方米，总投资9.7亿元；其中一期用地295334.81平方米，投资6.5亿元，分为物流园区和综合配套区。其中物流园区建设内容包括货运配载中心、零担配送中心、仓储中心、信息交易中心、车辆维修中心和大型专业停车场，建筑面积33900平方米，综合配套区建筑面积117256平方米，为物流园区提供餐饮、住宿、休闲、娱乐、办公等综合配套。园区能容纳800多家物流企业入园经营，可停放大型货车2000多台，年货物吞吐量1000万吨，可提供就业岗位1万多个。

【长沙黄兴海吉星国际农产品物流园开业】 4月24日，长沙黄兴海吉星国际农产品物流园正式开业运营。该项目占地666670平方米，总投资约20亿元，由长沙马王堆农产品股份有限公司投资兴建。建成投产项目一期，占地333335平方米，主要承接马王堆蔬菜市场整体迁入。该项目不仅促进黄兴当地水电路气等基础设施建设和完善，还聚集大量人流、物流、车流、信息流，有效助推当地城市化进程。

【长沙县出台“十三五”商务发展规划】 5月27日，长沙县“十三五”商务发展规划通过专家评审，6月正式出台。《规划》总结长沙县“十二五”规划期间商务工作发展的进展和成效，还深刻阐述“十三五”规划期间长沙县面临机遇和挑战，同时提出“创新突破开展招商引资新境界、转型升级打造商贸流通新体系、绿色发展构建服务业新格局、开放发展拓展外经贸发展新空间”四个重点任务。

【长沙科技新城创新创业园区落户长沙县】 8月10日，长沙科技新城创新创业园区启航仪式在长沙经济技术开发区举行，现场与湖南省中、小企业服务中心签订战略合作协议。该项目占地333335平方米，计划总投资30亿元，总建筑面积70万平方米，由金科股份、亿达中国联合开发运营。项目定位为“集高端生产制造、研发设计、中试成果转化、企业总部、产品展示和生产性服务、配套设施于一体都市型产业集聚地”，主要引进电子信息、检验检测、生物医药、高新技术、能源环保等高新技术企业。项目一期于2017年下半年投入使用。（陆 林）

【长沙国际会展中心开馆】11月8日，长沙国际会展中心举行开馆仪式。长沙国际会展中心位于黄兴镇浏阳河东岸，占地约53.33万平方米，总投资约57.8亿元。整个场馆平面共12个单层展馆、2个登录厅，展馆之间有连廊进行串联，并设置餐饮、购物等设施。项目总建筑面积约44.5万平方米，展览面积约26万平方米，其中室内净展示面积约17.75万平方米，可提供8568个标准展位。项目2014年12月底正式开工，分两期开建，此次投入运营为一期工程，含北面8个展馆、北登陆厅及两个连廊。

（邹　星）

对外贸易与经济合作

【概况】2016年，长沙县实现外贸进出口总额31.9亿美元，比上年增长10%，高出全国16.8个百分点、高出全省18.1个百分点，外贸总量占全省11.9%。新增外贸备案企业74家，业绩破零企业38家，倍增44家，有进出口实绩企业182家，其中1亿美元以上5家，5000万美元以上企业11家。全县外贸依存度16.3%，较2015年提高0.9个百分点。举办走进东盟经贸系列活动，对接双边合作项目51个，合同金额35.65亿美元。组织企业分三批赴东盟国家对接项目，考察东盟湖南产业基地、东盟湖南工业园、东盟各国重点专业市场和重点合作企业。组织46家企业参加东盟·湖南名优产品交易会。举办2016湖南·星沙机电产品走进泰国对接会，签约4个项目。长沙县黄花综合保税区正式获批并开工建设。黄花机场口岸获批进口冰鲜水产品和进境食用水生动物指定口岸。国家级出口农产品示范区创建"长沙县模式"在全省推广，连续三年通过国检。三一集团中标马来西亚社会保障房项目。蓝思科技、广汽菲克、袁氏种业等12家企业列入首批"中国对外援助培训湖南实训基地"。长沙县、星沙海关、长沙出入境检验检疫局建立跨境电商工作联席会议制度并保持有效运转。深入开展外贸企业服务，帮助企业实现出口退税12亿元。

【举办"2016湖南·星沙走进东盟经贸系列活动"】3月28日至4月1日，"2016湖南·星沙走进东盟经贸系列活动"（东盟使节星沙行）在星沙举办。本次活动由湖南省商务厅、长沙市人民政府主办，长沙经济技术开发区管委会、长沙县人民政府承办，湖南省人民政府外事侨务办公室协办，坚持"对接国家战略　牵手东盟十国"主题，旨在建立湖南与东盟企业对接平台，促进湖南与东盟的经贸文化合作，实现产业无缝对接。活动期间，促成合作项目51个，合同金额35.65亿美元。发布推介项目68个，涉及行业主要有装备制造、食品及农产品加工行业、工程承包及建安行业、汽车及零部件配套等。

【组织企业参加第五届亚欧博览会】9月20—25日，第五届亚欧博览会在乌鲁木齐市举行。三一重工、中联重科、铁建重工、中粮集团、湖南中茶等16家湘企参加此次博览会。五天时间内，三一重工收获意向订单2300万元，中联重科工业车辆实现400万元销售，这也是中联叉车产品在西北地区第一大单，铁建重工新疆高端装备制造基地生产第一批隧道装备，成为全场关注焦点。

【46家企业参展2016东盟·湖南名优产品交易会】10月19日，2016东盟·湖南名优产品交易会在红星国际会展中心启动。长沙县、经开区展区面积800余平方米，设置展位52个，参展企业46家。企业主要有电子新材料产品、汽车零部件及小型农机产品、文体产品、养生保健品等，涉及领域广。

【举办2016湖南·星沙机电产品走进泰国对接会】10月20日，2016湖

3月30日，长沙县举行湖南东盟投资贸易推介会暨重大项目签约仪式

（陆　林　摄）

南·星沙机电产品走进泰国对接会暨泰国湖南工业园嘉鹏农机KD项目推介会在长沙县举行。会上，嘉鹏科技（泰国）有限公司推介泰国湖南工业园项目。该工业园位于泰国第三区巴真武里府甲民武里工业城内，总开发面积4平方千米，分两期开发，第一期开发1平方千米。园区内设施齐全，还设有银行、酒店式服务公寓、便利店、运动俱乐部等服务设施。第二期工程正在开发中。现场四家中方企业与嘉鹏科技签订合作协议。（陆 林）

粮油购销

【概况】 2016年，长沙县粮食局收购原粮10万吨，销售粮食17.2万吨，完成5333吨县级储备粮和1000吨县级储备油轮换工作，天华粮食购销有限公司利润28万元。全年县级储备粮油补贴费用345万元，产粮大县奖励400万元全部用于粮食仓房建设、扩建项目、“危房老库”维修改造、粮油应急加工网点建设、技术改造、政策性粮油收储和放心粮油等项目建设．建立5个粮食价格监测点，向社会提供价格信息，指导企业及时做好粮食购销；开展粮食政策法规宣传，集中学习《粮食流通管理条例》营造依法管粮氛围。全县8家粮食企业10个储粮点共储存政策性粮食和国有商品粮20.6万吨。开展粮食市场监管：严格审核32家粮食经营企业粮食收购资格，开展联合执法行动，保障全县市场秩序稳定和粮油食品安全；推进路口粮食储备库建设，口镇明月村新建一座仓容约3万吨粮食储备库，长沙县天华粮食购销有限公司为建设业主，征地2.67公顷。完成拆迁青苗补偿工作，进入施工图设计阶段，并移交至县重点工程局代建。推进湘丰优质稻基地建设，湘丰集团与中科院联合建设100亩优质水稻生产基地，开发营养佳、品质高和效益好高档优质稻谷品牌，不断增强全县粮食企业和品牌知名度和美誉度，不断优化县城优质水稻种植结构，打造优质粮食品牌；安全生产“一岗双责”，调整安全生产领导小组，落实“一岗双责”制度。制定年度安全生产工作规划，并与县内粮食收储企业签订安全生产责任书和承诺书。制定“四项制度”，督促企业严格按照制度落实安全生产工作。开展安全生产培训，布置安全生产工作任务。是年，获安全生产工作先进单位。

【陈旭调研县早稻收购准备工作】 3月29日，市粮食局党委书记、局长陈旭到长沙县金山粮油公司开慧库，调研长沙县早稻收购工作。陈旭实地考察全县存粮情况、空仓仓容及其分布情况，了解长沙金山公司开慧全利用产业化稻米生态园开发建设项目进度，听取相关粮食企业对早稻收购工作开展建议和意见。调研中，陈旭还与湖南粮食集团相关负责人进行座谈，共同分析市场形势，研究做好早稻收购工作措施。他指出，要高度重视早稻收购工作，充分发挥粮食收购主渠道作用，加强粮食市场监管，确保粮食购销市场稳定；要落实好国家粮食收购政策，把政策向农民讲清楚，做好服务工作，保护种粮农民利益。同时，各部门要切实做好支农惠农工作，全力推进粮食产业化发展，确保农民增产增收，企业增产增效。陈旭表示，全市将继续开展“四专一封闭”粮食收购工作，相关部门和企业一定要做好充分准备，严格按照收购政策执行，打好2016年早稻收购“第一仗”。市粮食局副局长卞佑明、县粮食局副局长何楚雄、湖南粮食集团以及市粮食局购储处相关工作人员陪同调研。

【举办粮食企业负责人安全生产、食品安全专题培训会】 4月26日，长沙县粮食局举办长沙县粮食企业负责人安全生产、食品安全专题培训会。会议由长沙县粮食局党组成员、副局长张福清主持。县政府调研员、县安委办主任张敬伟，县市场管理局副局长万兴兰出席会议并作重要讲课。全县29家粮食企业主要负责人参加培训会。县粮食局还编印并发放相关培训资料，主要内容包括：重要名词解释、“四个制度”（《长沙县粮食企业承诺和诚信报告制度》《长沙县粮食企业安全生产诚信评价和管理制度》《企业安全生产不良信用记录制度》《企业安全生产诚信黑名单制度》）以及粮食行业安全生产、食品安全相关专业知识。

【开展《粮食收购许可证》年度核查工作】 5月20日，县粮食局对辖区内2015年12月31日前取得《粮食收购许可证》企业粮食收购资格进行年度核查工作。核查被许可人资格条件变化情况、是否执行粮食收购政策情况、是否按规定建立粮食统计台账情况、是否建立粮食出入库检验制度情况、有无涂改、倒卖、出租、出借或者以其他形式非法转让《粮食收购许可证》等情况。经核查，全县取得粮食收购许可证经营者有32个，其中变更信息

3家，延续许可证10家，注销长沙县金鼎粮油有限公司、湖南宇田米业有限公司等3家粮食收购企业。

【周东义带队指导新粮入库】 8月4日，市粮食局副局长周东义一行到长沙县几家国有粮食收储企业指导早稻新粮入库情况。在收购现场，周东义一行查看早稻收购验质、过磅、入库、结算等业务环节，详细询问收购进度、价格、质量等情况，并对长沙县早稻生产良好形势和早稻收购、储备工作给予充分肯定。周东义强调，各收储企业一定要认真落实“五要五不准”（即要敞开收购，随时收购，不准折腾农民；要公平定等，准确计量，不准克扣农民；要依质论价，优质优价，不准坑害农民；要现款结算，不打白条，不准算计农民；要优质服务，排忧解难，不准怠慢农民）粮食收购守则，做到依质论价、公开透明、公平公正，严禁压级压价为难农民、克扣农民，不准“打白条”，更不准代扣代缴各种税费。保证入库粮食质量，对杂质水分不符合国家质量标准，要动员或帮助进行清杂整理，达标以后才可以入仓；对粮质确实有问题而影响粮食安全储存不能收购，要向售粮农民做好政策解释工作。

【召开县级粮食储备仓库项目拆迁工作动员会】 8月10日，县粮食局在路口镇明月村召开长沙县县级粮食储备仓库项目拆迁工作动员会，对启动该项目征地拆迁时间节点及工作要求作部署和安排。县粮食局、县国土局、县征地办、路口镇人民政府、路口镇明月村等单位相关负责人出席会议。长沙县县级粮食储备仓库建设工程拟征地2.67公顷，新建一座仓容约3万吨现代化粮食储备库，预计总投资约5000万元。该粮食储备库建设，既满足国家对地方辖属粮食储备库相关要求，又解决农民“卖粮难”问题，对完善地方储备粮食管理体系起到重要作用。

【早稻收购联合行政执法检查】 8月22—26日，县粮食局联合县市场监管局、县公路局开展为期5天早稻收购联合行政执法检查。此次检查由县粮食局副局长何楚雄带队，主要在国道107和国道319（长沙县境内）、S207沿线进行流动设点，严查涉粮违法违规行为。此次联合监督检查主要内容：对粮食经营者收购资格进行检查，看粮食经营者是否取得“粮食收购资格证”“营业执照”，是否在收购所在地粮食行政管理部门备案；对粮食经营者收购活动检查，看粮食经营者是否按规定公示收购品种、质量标准和价格，是否严格执行国家粮食质量标准，在收购中是否存在故意压级压价或抬级抬价收购粮食现象，是否及时支付售粮款，是否存在违规行为；对执行粮食流通统计制度情况进行检查，检查是否建立粮食流通统计台账，是否按要求及时报送粮食流通统计报表和统计资料是否真实、准确、完整；对粮食加工环节是否有保证粮食质量和卫生加工条件进行检查。看是否使用发霉变质原粮、副产品进行加工，是否使用添加剂及不符合质量、卫生标准包装材料和影响粮食质量、卫生其他行为；对销售粮食严格执行国家有关粮食质量、卫生标准进行检查。看是否有短斤少两、掺杂使假、以次充好、囤积居奇、垄断或操纵粮食价格、欺行霸市及仿冒产品、商标等行为；对粮油经营企业安全生产及消防安全进行检查，看是否存在安全生产和消防安全隐患，是否配置必备安全生产和消防安全设备设施。检查中，工作人员严格按照检查程序，及时报送检查信息，有效维护早稻收购市场秩序稳定。共组织执法检查50余人次，检查收购主体20个。

【县粮食行业开展安全生产培训及消防演练活动】 9月27日，县粮食局组织全县粮油企业在长沙星香粮油公司开展安全生产训及消防演练活动，各企业法人代表、安全员参加培训活动。此次培训特邀长沙县消防安全全民普训工作小组教官张帝向全体参训人员宣传消防安全重要性，集中讲授消防安全基本知识和单位消防安全管理制度，讲解日常生活和生产中火灾应对技巧。会上，局党组书记、局长余仲双重点强调粮食行业安全生产工作重要性，要求所有粮食企业法人代表一定要重视安全生产工作，全面加强企业职工安全防范能力，绝不能要带血GDP；相关科室一定要加强安全生产督查，排查隐患，督查企业及时整改。培训会后，在长沙星香粮油购销公司开展火场救援演练，让全体参训人员“零距离”体验消防，掌握仓房火灾急救和疏散逃生基本知识，进一步提高企业消防安全意识，预防和减少火灾事故发生。

【世界粮食日和爱粮节粮宣传周活动】 10月13日，2016年世界粮食日和爱粮节粮宣传周活动在长沙县开慧镇拉开帷幕，省粮食局副局长向才昂、市粮食局副局长卞佑明一行开展粮食

向才昂（左四）带队走进种粮大户家了解情况　　（县粮食局　提供）

减损增效进农村、进学校、进家庭活动（以下简称“三进”活动），县粮食局局长余仲双、副局长何楚雄参加活动。

【粮食流通统计制度执行情况专项检查】 11月14日，国家粮食局调控司副处长丁雪松带领检查组一行对长沙县粮食流通统计制度执行情况进行专项检查。检查粮食流通统计管理情况和涉粮企业经营台帐建立、统计报表网络直报、统计数据质量等情况，对自查工作开展情况和自查报告进行核实。副局长何楚雄向检查组详细汇报粮食流通统计制度执行基本情况，并就如何继续开展好粮食流通统计工作作出详尽规划。国家粮食局负责人充分肯定长沙县粮食流通统计制度执行情况，金健米业（长沙）公司、中谷公司两家粮食收购企业在执行《粮食流通统计制度》方面总体较好。

（孙启翔）

烟草专卖

【概况】 2016年，全长沙县烟草局卷烟销量4.37万箱，查获案件数703个，查扣违法卷烟4958.71万支，上缴罚没款897.8万元，比上年增长8.22%；破获网络案三起，其中省标真烟网络案、假烟网络案各一起，国标走私烟网络案一起，涉案金额236.36万元，刑拘11人，逮捕7人，追刑1人；全年上缴各项税费2.29亿元，比上年增长34.46%。

专卖管理。全年查办5万元/20万支以上大要案119起，其中真烟案件90起，涉案卷烟2844.12件，案值1225.23万元；开展“春雷六号”“电狐2号”等行动，查获市场经营户违法违规案件267起，比上年上升237.97%，捣毁非法仓库6个，取缔无证经营356户，集中公开销毁假冒卷烟3000多件，标值近2600万元；实施简政放权推进后置行政审批改革，对商事平台推送过来客户信息实地预勘验，宽进严管，全年商事平台办证率75%。办理许可证1035份，其中新办456份，歇业68份，注销撤回374户，网运行户3459户。

卷烟营销。探索建设农村服务站，服务向农村延伸，打通服务“最后一公里”；协助辖区经营户自主建立卷烟价格自律小组，稳定市场价格，提高客户盈利水平；结合“消费者在哪里，我们就到哪里”主题营销活动，促进品牌落地消费，扩大盈利空间；深化“两员融合”，提升服务质量，提高客户满意度等措施用洪荒之力实现销售目标，提振客户经营信心。全年销售卷烟4.37万箱，单箱均价3.36万元/箱，比上年上升8.14%。

企业管理。党风廉政建设。落实中央“八项规定”及行业“九条要求”，执行党风廉政建设责任制，全面履行“两个责任”。组织廉政教育12次，出宣传刊4期，开展作风纪律督查12次，组织制度执行力检查2次，无封建迷信现象，婚丧嫁娶执行报告制度，无“法轮功”邪教组织和黄赌毒等现象；内部管理。深入推进“法治烟草”建设，“三重一大”“两项工作”等事项上，落实民主决策，全年无不廉和信访案件发生、无行政复议和行政诉讼案件发生；创新工作。用创新思维围绕降本增效做文章，全年申报QC课题2个，“金点子”24个，并将成果积极用于实践，全年降本增效185.51万元；队伍建设。开展退休员工文化活动、“五四”青年座谈会、开展读书月活动、红色经典教育、志愿者活动、积极参与“636”杯篮球赛、“友谊杯”足球赛、烟草企业文化宣讲活动等，践行“快乐工作、幸福生活”企业文化理念，有效增强员工凝聚力，提升工作积极性。

【破获非法经营卷烟网络案】 4月14日，长沙县烟草专卖局联合公安机关破获一起非法经营卷烟网络案，现场查获各类真品卷烟1500条，标值45万元，刑拘1人。

2015年下半年，群众举报，长沙县烟草专卖局执法人员经调查发现辖区内有嫌疑人非法倒卖卷烟，联合县公安局成立专案组。历时9个多月细致侦查，于4月14日，长沙县公安、烟草执法人员联合出击，在长沙县黄兴大道查获运输涉案卷烟车辆，现场查获非法收购卷烟芙蓉王（硬）、白沙（和天下）等2个品牌规格卷烟1500条，标值45万元。初步核定，该网络案涉案金额68万元。经查，犯罪嫌疑人韩某为网络案主犯，负责收购销售，通过互联网和手机联系的方式从河北保定购进卷烟回长沙进行售卖，且未取得烟草专卖零售许可证。韩某被公安机关依法刑事拘留并逮捕，该案进入起诉阶段。

【破获卷烟调包诈骗案】 3月22日，长沙县烟草专卖局联合县公安干警破获一起卷烟调包诈骗案，涉案金额60余万元，抓获犯罪人3名，1人在逃。2015年10月，长沙县烟草专卖局接到多起卷烟调包投诉电话，专卖部门第一时间联合公安干警进行核查，在长沙县榔梨街道抓获正在犯案的董某，根据董某供述，经过多方调查取证落实，抓获其同伙文某、孙某2人，同案嫌犯胡某在逃。抓获3人被长沙县检察院批捕，查处仓库1个，涉案车辆1台，涉案总价值60余万元。经查实，该犯罪团伙主要活动区域在长沙市雨花区和长沙县榔梨镇，通过佯装到超市购买高档卷烟送礼，用小刀将包装纸从侧面切开，用事先准备好假烟替换出真烟，最后将调包后假烟退给超市。（徐　靓）

供销合作

【概况】 2016年，长沙县供销社按照《中共中央国务院关于深化供销合作社综合改革的决定》《省委省政府关于供销合作社综合改革的意见》综合改革任务，坚持项目建设为抓手，推动供销事业发展。下拨10万元用于新三维综合服务有限公司和鑫瑞惠民供销有限公司基层组织体系和服务网络建设。新扩经营网店，长沙路口物资供销有限公司投资近5千万元用于营业面积6200平方米新店和通黄花店建设。信访维稳，关怀民生。信访来信者答复率100％，做到件件有着落，事事有回音，维护全县系统稳定。新三维综合服务有限公司组织300多名从业人员进行农资专业培训，提高专业水平及服务素养。

完成大化肥储备数量17900吨，金额3579万元，还代市级储备多储近800万元。全年销售总额5.1438亿元，利润总额2030万元，上缴各种税费总额1048万元 。分别比上年增长1％、1.5%。各类经济合作组织14个，农资销售2.29亿元。

【新三维公司】 3月1日，市供销社及县政府有关部门到长沙县供销合作社调研，美丰负责人彭辉亮就新三维公司情况作介绍：由县社、路口、美丰共同注册成立新三维公司，县供销合作社占比25%；新三维为主，从农业生产服务出发，做好农业生产资料、统防统治、农业生产培训等工作。

（安　慧）

旅　游

【概况】 2016年，长沙县有国家AAAA级景区1个—杨开慧纪念馆，国家AAA级景区2个—黄兴故居、锦绣江南农庄；省级旅游名镇2个；省级特色旅游名村3个；有星级乡村旅游点43家（其中五星级乡村旅游点15个）；国家级旅游示范点1个；有省级旅游示范点7个；省级旅游购物点2个；旅行社6家；星级旅游饭店3家；金叶级绿色饭店1家；星级餐馆1家。全县形成了结构合理、互相促进、互为补充良性旅游格局。是年，举办长沙县首届油菜花文化旅游节，首届红樱文化旅游节、“长沙县一日游”暨全域旅游启动式、长沙县首届荷花旅游节等活动。全年长沙县接待旅游总人846.1万人次，比上年增长35%，旅游综合收入94.26亿元，比上年增长28%。是年，长沙县获“2015年度旅游产业发展十佳县”称号。

【长沙县旅游信息中心成立】 9月22日，长沙县旅游局召开长沙县旅游信息中心成立大会，标志长沙县旅游局二级机构旅游信息中心正式成立。长沙县旅游信息中心主要是负责建设全县旅游信息网络服务综合平台，通过充分利用旅游电子政务网和政府门户网站等媒介平台，适时向外推介长沙县旅游资源，为长沙县形象推广、旅游资源整合、企业信息发布、游客信息咨询等提供服务；此外，该平台还将负责全县旅游信息分析、预测预报和行业信息发布以及全县智慧旅游系统建设和管理等工作。

【举办“天降奇兵——亚洲首次挑战滑翔伞凌空开伞”活动】 10月1日，长沙县人民政府主办，长沙县旅游局、湖南都市频道承办“天降奇兵－亚洲首次挑战滑翔伞凌空开伞”活动在长沙县北部三镇上演。活动主题为亚洲首次挑战滑翔伞凌空开伞，挑战者张树鹏曾十次获得滑翔伞全国冠军、亚锦赛测试赛冠军、中国公开赛冠军、国际低空跳伞挑战赛冠军，是中国第一个滑翔伞世界冠军。起飞区设置在金井镇湘丰茶博园。张树鹏乘坐直升机途经三珍虎园给老虎投喂食物，再飞过福临镇影珠山抗战遗址文化公园，最后到达开慧镇板仓国际露营基地，近600米高空处开伞，滑翔而下。

11月17日，2016年度旅游安全、文明创建暨业务知识培训班（罗　莎　摄）

【长沙县入选第二批国家全域旅游示范区创建单位名单】 11月，国家旅游局印发《关于公布第二批国家全域旅游示范区创建单位名单通知》，湖南省有18家单位名列其中，长沙县入选，这标志长沙县旅游产业全域化站在一个新起点。长沙县被列入国家全域旅游示范区创建名单后，将被优先纳入中央和地方预算内投资支持对象，优先支持旅游基础设施建设，优先纳入旅游投资优选项目名录，优先安排旅游外交、宣传推广重点活动，纳入国家旅游宣传推广重点支持范围，优先纳入国家旅游改革创新试点示范领域，优先支持A级景区等国家重点旅游品牌创建，优先安排旅游人才培训，优先列入国家旅游局重点联系区域。

【举办2016年度旅游安全、文明创建暨业务知识培训班】 11月17日，长沙县2016年度旅游安全、文明创建暨业务知识培训班在长沙县委党校开班，来自全县各镇街旅游分管领导及专干，星级酒店、旅行社及门市部、星级餐馆、A级景区、星级乡村旅游点企业负责人、安全员及文明创建负责人，旅游扶贫村负责人等162人参加培训。此次培训班为期两天，通过结合当前长沙县旅游发展现状，分析问题，列举事例，提出方法和对策，为全县旅游产业发展注入新理念和新动力。

（李　维）

（责任编辑　张　娜）

财政

【概况】 2016年，国有资产管理围绕全县公务用车管理、固定资产管理、基金管理、公车改革、资产清查等方面开展。

全县行政事业单位（包括学校、医院、公、检、法及其下属单位）国有集体资产实行统一管理。全年为行政事业单位办理汽车、电脑、空调等办公设备、教学设备、医疗设备等资产处置手续620笔，资产处置收入37.5万元全额上缴县非税收入管理局资产处置专户，确保国有资产保值与增值；规范基金管理工作。县政府成立长沙县基金监督管理领导小组，所有基金管理征收单位与基金监管领导小组签订长沙县基金管理目标责任书，量化管理指标，进一步规范基金（专款）使用管理。现有各类基金（专款）29项，总收入38.25亿元，总支出21.00亿元，结余127.84亿元，银行存款117.53亿元（定期存款107.25亿元）；开展资产清查工作。全县283家行政事业单位开展"地毯式"资产清查工作，清查范围包括各种银行账户、会计核算科目、各类库存现金、对外投资以及各项资金往来等基本账务情况进行全面核实。

2016年，全县财政总收入227.38亿元（其中：国土收入61.33亿元），比上年增加25.3亿元，增长12.51%，其中：地方一般公预算收入73.25亿元，比上年减收2.66亿元，下降3.51%；上划中央、省、市收入92.8亿元，比上年增加29.4亿元，增长46.38%。一般公预算收入（市考核口径）166.05亿元，比上年增加27.68亿元，增长20.01%。一般公预算支出123.96亿元，比上年增加5.15亿元，增长4.33%。

地方一般公预算收入73.25亿元，上级返还性收入、一般性转移支付收入、专项转移支付收入、债券转贷收入及上年结余等57.22亿元，收入130.57亿元；一般公预算支出123.96亿元，上解支出3.04亿元，支出127亿元，收支相抵，年终滚存结余结转3.57亿元（含净结余0.1亿元）。

社会民生。完善财政民生保障机制，全县民生投入97.44亿元，比上年增加4.5亿元，占一般公预算支出78.61%，比上年提高0.38个百分点。县级财政教育投入15.89亿元，落实县级财政教育经费保障政策。文化体育投入1.48亿元，重点"两馆一中心"建设。医疗卫生事业投入3.3亿元，城乡医保财政补助由2015年380元/人/年增长到420元/人/年。完善社会保障体系建设。投入社会保障资金32亿元，建立城乡最低生活保障、精神病人免费救治救助、困难残疾人生活补助和重度残疾人护理补贴等一系列社会救助制度；城乡居民养老金由2015年135元/人/月提高到150元/人/月，其保障水平位居全省之首。落实各项惠民惠农政策。通过惠农补贴"一卡通"发放耕地地力保护、低保、危房改造、移民后扶等惠农补贴53项，发放34万户次，发放资金5.2亿元；实施"一事一议"财政奖补项目126个，总投资1835万元，促进农村公益事业发展；争取农业综合开发各级各类项目191个，总投入财政资金5345.71万元；安排牲畜退养资金1亿元，优化农村生态宜居环境。全面服务城乡建设。投入6.44亿元用于城市维护、基础设施建设和提质改造等，城区整体功能显著提升；县本级投入3.4亿元，主要用于交通主要干道、农村公路建设维护和城乡公交一体化建设等，县内主要集镇和主干道全面实现通公交；投入5600万元用于农村危房改造，投入2850万元用于公租房建设，最大程度解决群众安居问题。

非税收入管理。处置罚没物资，调整规范法院退款程序，开展政法系统罚没收入检查等工作。加强非税收入征收管理，组织资金入库，全年全县非税收入77.63亿元。

农业综合开发。农业综合开发争取各类项目191个，投入财政资金5345.71万元，其中：土地治理项目56个，争取资金2647.71万元，产业化经营项目134个，财政资金2418万元，部门项目1个，财政资金280万元，按资金来源分类：国家级项目11个，2356万元；省市级5个，423.71万元；县级175个，2500万元。

投资评审。2016年，投资评审中心1085个财政性基本建设项目预（结）算评审，全年财政评审项目金额突破90.2亿元，核减金额9.68亿元，核减率10.73%。2016年主要项目有：长沙磁浮铁路（长沙县段）生态景观走廊提质改造工程、白石洞水库建设工程、黄兴大道南延线道路工程、人民路东延线（长沙县段）道路工程、松雅湖香岛景观塔工程、S104黄江公路及干杉连接线工程、长沙县旧城棚户区（1～6区）提质改造工程等。加强跟踪管理。53个500万元以上项目（PPP项目除外）派驻跟踪评审员，涉及投资金额11.67亿元，对30个PPP项目派驻跟踪评审员，涉及投资金额31.88亿元，对工程施工进行全过程跟踪。召开8次监管领导小组会审会，计会审项目变更48个，项目总中标金额13.64亿元，请求增补金额1.53亿元，会审意变更金额1.33亿元，核减变更金额0.2亿元，意变更增补金额占合中标价9.75%。

工资统发。全年纳入财政统发工资一级机关事业单位92个，镇街机关单位21个，统发人员人数9732人，计统工资总额7.09亿元，代扣住房公积金9248.98万元，代扣缴个人所得税38余万元。计办理新纳入统发工资人员722人；办理县内调动1498人次；正常调资15677人次（含2015年和2016年晋级晋档调资）；办理提前退休34人，办理退休295人；办理调离、辞职等人员74人。新增长沙县行政执法管理局、长沙县市场和质量监督管理局、长沙县国有资产管理中心等工资发放单位23个。机关事业单位工作人员调整基本工资标准相关工作，工资普调14802人次，落实2014年10月至2015年12月调标后新工资标准增资兑现工作。全面兑现落实2015年和2016年工资晋级晋档增资工作。

政府采购。全年审批下达2000批次采购计划，备案合1633个，采购预算17亿元（含经开区），签订合金额14.96亿元，节约资金2.04亿元，节约率为12%。新增网上竞价方式。政府采购网上申报系统基础上开发网上竞价系统，建立供应商库，完善政府采购信息化管理平台；并出台《长沙县政府采购网上竞价暂行办法》及《关于进一步规范政府采购工作通知》。网上竞价，是指采用限时、连续、竞争报价方法，按照价格优先、服务优先原则，选择报价最低者为成交供应商交易方式。流程包括项目申报、审批、采购信息发布、竞价、中标结果发布、合和验收单自动生成及打印。系统于7月中旬启用，启用后，各采购单位开展政府采购工作更为规范和高效。

长沙县财政资金管理办法学习培训会　（县财政局　提供）

【公务用车改革】 2016年，长沙县开展公车改革工作。所有公务用车都贴标、喷涂，所有公车定点停放，不定期对公车停放、公车使用情况进行督查；上交公车295台，含配合中央和垂直管理单位处置车辆7台。同时，纪检监察、公安、财政、机关事务局等单位联合对上交车辆进行鉴定，进行报废处置车辆149台；没有公务用车单位进行调剂54台；选取评估机构对待处理车辆进行评估，举行拍卖会，报废处置金额全部上缴县非税收入管理局资产处置专户；封存公务用车61台；配合车改办车补发放。截至12月月底，该县第一批参改单位交通补贴全部发放。　（丑　娟）

国家税务

【概况】 2016年，长沙县国税局围绕省市局营改增试点工作部署，组织各类培训90余次，走访营改增纳税人300余户，组织营改增行业纳税人座谈会50余次，全局干部职工加班1300余小时。确保辖区内税制转换。纳税服务。率先试点推行实名办税，保障纳税人权益；联合大厅办税服务等措施，服务深度融合，解决纳税人办税“两头跑”难题；共享涉税信息、联合开展税收调查等措施，信息高度聚合，解决纳税人资料“多头报”问题；联合税收宣传、联合专家顾问团队、联合培训辅导、订单式服务等措施，解决政策解答“多口径”等问题，打造国地合作新品牌“税收带来星沙美”。开展“便民办税春风行动”“需求大征集、服务大走访”等活动。推进简政放权、提速减负。完善首问责任、限时办结、预约办税、延时服务、“二维码”一次性告知、取消增值税专用发票认证、小规模纳税人按季申报等便民服务机制。创新提效，打造办税服务厅“安静工程”。组建专家咨询团队定制式服务，为纳税人提供权威、准确、及时咨询解答。完成2015年度纳税信用评价工作，联动银行为纳税人提供融资贷款优惠服务。全年通过“银税互动”为23户纳税人提供贷款1.6亿元。

全年组织收入93.36亿元（期中增值税30亿元、消费税24亿元、所得税8亿元），增加36亿元，比上年增长63.8%，税收增速位列全市第一。南省文明标兵单位；肖自力荣登“中国好人榜”，被中央文明委授予11月份“中国好人”称号。（陈胜知）

10月21日，“纳税人学堂”在县地税局开讲（方艺惟 摄）

地方税务

【概况】 2016年，长沙县地税局全年入库各项收入62.91亿元，剔除营改增因素，比上年增收3.82亿元，比上年增长5.51%。其中，市局考核口径任务62.03亿元。完善征管布局，新成立第五、七税务分局，基本形成税源分级分类管理体系。强化重点税源管理，重点税源一、二级管理企业缴纳税费43.88亿，占全局总量比重70.74%，重点税源稳定入库保障税收收入平稳，其中，制造业和房地产业占全局总量比重均超过10%，特别是制造业比上年增长超过100%，产业支柱作用最明显。利用金三系统和外部数据比对，查补房产税、土地使用税、个人所得税、城市基础设施配套费契税及土地增值税超过4.33亿元。印花税全年收入规模1.63亿元，比上年增长50.01%，城建税入库5.05亿元，比上年增长71.9%，实现“小税种，大贡献”。

征管转型。开展专项行动。“营业税清零”中，清理入库营业税15.4亿。清理入库非当期营业税8.9亿，为全年组织收入提供有力保障；坚持税费同征同管，教育费附加等5个计划口径费金入库5.43亿元，增收2.25亿元，比上年增长70.81%。完善信息管税。综合治税平台采集涉税数据708万条，通过平台入库税收8.76亿元。重点突出各部门数据采集、上传、享，实现大数据分析，将涉税事项分为事前、事中、事后三个阶段进行管理，进一步提升“营改增”后该局信息管税能力。规范征管秩序。强化稽查以查促管作用，查补税款600余万元；开展北山镇青田村发票鉴定比对工作，发现假发票涉案金额400余万元；配合县委、县政府完成对人大代表、政协委员初步提名推荐人选涉税联审工作。

纳税服务。落实税收优惠政策。辖区内5180户小微纳税人享受小微税收优惠，为804户小型微利企业提供所得税优惠减免654万。全年办理减免税审批223笔，减免税收9134万元。全年税收减免较同期增加3364万，比上年增长58.3%。优化办税服务。通过营改增专题宣讲会、企业大走访服务等，分期分批为一万多名纳税人进行纳税辅导，在《湖南日报》等媒体进行工作专题宣传报道，“星沙地税”微信平台荣获市局互联网创新项目一等奖；召开国地税联席会议2次，开展联合定税、联合税务稽查等工作；全面落实纳税服务规范，完善具体服务举措。

2016年，长沙县地税局被省地税局评为全省地税系统“三基”建设先进单位，被省文明委评为“省文明标兵单位”。

【队伍建设】 开展“两学一做”学习教育。全局进行党纪条规知识全员考试；严格落实“三会一课”制度，按时按质给党员干部上好专题党课，为党员干部廉洁教育加码。全面提高干部队伍素质。落实国家税务总局、省地税局2016年“岗位大练兵、业务大比武”活动要求，组织33人进行业务封闭培训，4人获得市局业务比武前五名，充分发挥人才引领作用；选人用人过程坚持公平、公开、公正。全年通过竞职选拔3名中层正职，5名中层副职，同时有82.2%中层干部进行岗位轮换。（范姿怡）

（责任编辑 张 娜）

金 融

综 述

【概况】 长沙县金融办通过制定信用联社改革方案，组建星沙农商行；向省金融办争取设立小贷公司以及和上海农商行对接，争取设立沪农商村镇银行等，逐渐健全长沙县金融产业体系。制定《长沙县金融扶贫专项工作实施方案》《长沙县金融扶贫服务站（点）建设工作方案》等文件，明确金融扶贫目标任务、协调星沙农商行在全县12个省定贫困村及13个镇2个街道建立金融扶贫服务站，解决贫困户贷款申请和基础金融服务不足问题，确保金融精准扶贫，长沙县发放扶贫小额贷款3696.8万元，涉及扶贫户1226户。编辑《投融资月报》，全年12期。开展“长沙县融资工作联审会”，对全县各投资公司和银行贷款进行联审。牵头对全县BT项目进行联审，对文本内容、相关条款、回购事项把关，全年全县开工BT项目21个，并参与全县PPP项目联审。参与国有企业改革相关工作。投融资公司融资绩效进行考核。办理涉及金融类、投融资类人大建议、政协提案答复工作。促进政银企合作，承办各类政银企对接会。负责全县金融系统文明创建工作。推进金融创新，提升金融服务质量相关工作。截至2016年年底，驻县银行21家，营业网点181个，小贷公司5家，注册资本4亿元；融担公司1家，注册资本1亿元；证券公司营业部7家，各类保险公司营业网点80个；全县各银行各项存款余额1020亿元，增长178亿元，比上一年增长21.07%，其中居民储蓄余额450亿元；贷款余额944亿元，增加262亿元，比上一年增长38.42%，其中企业贷款559亿元，投资公司贷款53.5亿元，个人及其他331.6亿元。全县金融机构税收7.663亿元，占全县国地税4.9%。5家小贷公司贷款余额4.07亿元。全年金融业增加值28.9亿元，比上一年增长10.9%，金融业占GDP比重2.25%，比上一年提升0.8个百分点。

【资本市场建设】 2016年，制定《关于进一步发展资本市场的若干意见》，推进企业上市。全县本土上市企业1家（天舟文化），新三板挂牌企业5家（浏阳河农业、博能科技、黄兴冷链物流、帝亿生物、津之源），股交所挂牌4家（开心农业、望达农业、青松老年公寓、东益畜牧）。空港实业、鑫广安等企业进入省、市拟上市后备资源库。鑫广安向证监会递交上市申请；湘丰智能、空港实业递交上市申请，排队待审；根据《长沙市产业投资基金管理暂行办法》制定《长沙县产业基金组建方案》（草案），多次组织县财政局、县发改局、县商务局、县科技局召开专题座谈会；举办“2016长沙县干部金融专题培训班”。组织县内企业负责人参加省、市金融专题培训，全县形成认识资本市场、熟悉资本市场、重视资本市场氛围。

【地方金融监管】 规范发展融资性担保公司。针对融担公司各类经营风险情况，下发融担公司合规经营防范各类风险提示函，对鼎都公司进行风险排查，防止从事民间借贷、互联网金融。配合做好该公司年审和经营许可证换发申报工作；稳步发展小额贷款公司。开展小贷公司分类评级工作，组织小贷公司参加风险防范培训。加强小贷公司日常监管，切实防范经营中各类风险。

【优化金融环境】 制定《2016年长沙县防范和处置非法集资工作要点》《长沙县防范和处置非法集资工作专项评比方案（试行）》等文件，组织县法院、县检察院、县信访局、县维稳办等部门负责人每季度末召开投资人见面会。全面完成中天行会员集资款清退工作。协同县信访局开展各类投资受损户赴省、市信访接访工作；制定

《长沙县打击非法集资综合清理整治行动方案》，抽调全县普查专员120人，对县内3025家非法集资高危企业进行普查。开展涉嫌非法集资广告清理活动，坚决取缔非法集融资广告；组织各镇（街）和相关单位及时加强非法集资风险排查。及时报送案件统计信息及工作情况报告。落实《长沙市举报涉嫌非法集资线索奖励暂行办法》；印发《关于开展长沙县防范打击非法集资宣传月活动的通知》，开展非法集资宣传教育月活动。开展宣传教育进校园活动。对县内电信、移动联通用户发送公益短信。自制《防范非法集资违法犯罪活动宣传小册子》和“给老干部的一封信”，重点区域（城区街道）、重点行业（房地产、投资行业）、重点人员（拆迁户、老年人、老干部）为宣传重点。（彭 衔）

银 行

·中国银行星沙支行·

【概况】中国银行星沙支行坐落于长沙经济技术开发区，2008年3月升格为二级分支行，为湖南省分行直属管辖支行，内设5个部门，管辖7家营业网点。星沙支行现有ATM机42台，中银自助通5台，离行式自助银行12家，在职员工153名。2016年，星沙支行本外币各项存款余额69.65亿元，本外币各项贷款余额81.14亿元。

【转型发展】中国银行星沙支行积极转变发展方式，全面拓展大、中、小各类型客户，重点支持中小企业和实体经济发展。发掘县内优质中小企业，运用“中银信贷工厂”新模式“商圈通”“结算通”“供应通”“园区通”“速押通”“速保通”6款中小企业信贷产品，为中小企业发展提供优质金融服务，解决中小企业融资难问题，促进企业发展，为县域经济可持续较快发展奠定坚实信贷基础。支行分析经济、金融形势，把握发展机遇，不断优化贷款客户行业结构；按照银监会有关要求，加强风险管控，提高风险缓释能力，实现贷款业务持续、稳定、健康发展。

【创新发展】中国银行星沙支行狠抓产品创新发展，传统业务和新兴业务齐头并进。多家优质客户中推广全球现金管理平台，通过“物管通”产品归集县域物业维修资金，创新运用“定活通”产品让客户灵活运用账户资金同时不损失存款收益；抓住个人金融业务发展机遇，优质开发商、优质楼盘、优质客户为重点，发挥支行零售贷款业务优势，发展房地产按揭贷款、汽车消费贷款、个人投资经营贷款，出国留学贷款等，促进消费产业健康发展；加大电子渠道推广，促进电子银行业务稳步增长；加强信用卡宣传营销力度，强化部门条线联动，信用卡业务实现速度、质量协调发展。

【跨境发展】中国银行星沙支行充挥国际结算业务优势，多元化产品为市场切入点，拓展市场，开展差别化竞争。顺应“一带一路”“自贸区”“走出去”等国家战略，帮助企业与外管部门沟通和协调，保证外商投资企业结汇业务和后续工作顺利开展，赢得客户信赖。跨境人民币结算业务结算量占据市场绝对优势，推广“出口融信达”“融货达”“代付达”“出口双保理”等贸易融资产品，为客户提供全球化、一体化金融服务。

【客户服务】中国银行星沙支行推进网点服务改革，固化网点大堂经理、理财经理、客户经理及相应账户经理；统一员工着装，保持网点整洁规范，合理布置功能分区，为客户提供优质、整齐、统一银行服务；加强一线柜员服务意识，逐步提升柜面人员业务素质和业务处理能力，从而提高柜面业务办理速度和效率，以快捷、文明、优质服务贯穿网点全天工作。

（陈俊融）

·中国工商银行星沙支行·

【概况】2016年，工商银行星沙支行拨备前利润16067万元，实现净利润8882万元，中间业务收入4964万元，人民币储蓄存款时点增量21141万元，人民币储蓄存款日均增量21325万元。对公及同业存款时点增量75224万元，对公及同业存款时期增量104325万元。大中型信贷客户贷款较年初下降9.2亿元，小企业贷款净增577万元，个人贷款累计发放90365万元。全年累计发放一手房按揭贷款2046笔，平均每笔金额40万元；完成票据业务130679万元。贴现金额在各营业部中和星沙城区内同行业中均位居第一。全年新增准入贴现客户18户，其中大型企业5户。贴入3178张银票，其中20万以下的票据占比约为80%，电票占比约为30%。贴现票据票面金额大到单张1000万元，小到单张5万元，做到大、中、小企业兼顾，大小票一起抓，全方位满足客户需求。与三方公司合作，发展分期付款业务，全年分期付款总金额8亿元。

突出业务营销。抓优质客户、抓大户、抓拆迁款。梳理区域内系统户、优质户，开展多层次的营销工作。加强与政府及相关管理部门联系，收集单位信息，开展上门服务与营销。争取政府支持，转入稳定性强的财政存款；深化与国土、社保、城建等部门的合作，加强与工商、技术监督、发改局等部门联系，争揽新设企业和招商引资客户在该行开户，对新注册和新入园企业做好办证、验资等服务；加强对财政、社保、医保、公积金等系统大户的走访营销和维护。加大对征地拆迁款和其他存款大户的信息收集和营销计划措施的落实。加大科技投资吸存力度，县妇幼机构存款增加9000万元。

突出客户维护。发挥优势，做好客户维护服务工作，勤跑客户，宣传工商银行网络、理财产品优势，加大网银、银行卡等离柜业务推介力度。同时，主动为中高端客户提供上门服务、理财服务，深挖优质客户潜力；做好房屋维修基金的宣传、收缴和营销工作。根据全县楼盘名单分人、分网点走访各房地产开发商，做好房屋维修基金POS收单业务，争取基金存入该行，增加该行维修基金存款份额和营销房产开发商的对公账户。

突出优质服务。加强柜面服务，不断发现挖掘营销存款信息资源，加强网点整体快速服务机制，吸引与竞争周边他行客户等等。与此同时，下达各网点和部门增储任务，由挂点行领导、网点主任、客户经理，重点走访和维护一批中高端客户，加速推进个人中高端客户战略，促使各网点实现增存目标。

该行通过全员业余揽储，深挖市场找资源，巩固存款基础。不断加强业务拓展和狠抓中高端客户，抢抓一批重点单位团体客户存款源头。在经营绩效考核办法的基础上，进一步加大对储蓄存款增加额的奖励力度。安排专项人力费用和经营费用对网点按增量奖励，奖励揽储先进，定期通报存款业务情况。（蒋兰萍）

·中国农业银行股份有限公司长沙县支行·

【概况】中国农业银行股份有限公司长沙县支行是农总行优先发展重点百强县域支行，省分行营业部的六大区域支行之一。截至2016年12月31日，全行各项存款余额88.1亿元，在四大国有商业银行排名第一；各项贷款余额238.73亿元，在四大国有商业银行排名第一；存贷款规模总量均居全省县域支行第一位，在2016年全省A类支行预考核中排名第四，在省分行营业部综合绩效考核中排名第一，年末在全省30家个贷专业支行综合考核中排名第一。作为县域经济服务合作单位，县支行独家代理长沙县国库，通过不断产品创新和服务提升，重点客户市场份额稳步提升。是年，县支行被评为长沙县“市民最满意银行”。

风险防控。法人资产业务无不良记录；个人资产业务不良余额较年初减少776万元，不良比率全辖最低；整改所发现的问题，实现行为纠正到位、风险化解到位、责任追究到位，全行未发生操作风险事故、消防安全事故和严重违规行为。开展春节突击查库、贷记卡卡函、ATM机吞卡和长款款专项检查、运营安全检查，全面清理代保管抵质押物，做到明细账与权证事务核对一致。出台运营工作奖罚方案。下发《长沙县支行运营工作质量奖惩办法》《长沙县支行2016年监管经理考评方案》长沙县支行2016年运营财会重点工作竞赛方案》《长沙县支行2016年营业网点运营主管考评方案》等方案，运营监管的奖罚方案具体化。将“三化三铁”（“三化”指临柜业务“标准化、规范化、制度化”建设，“三铁”指“铁账、铁款、铁规章”）创建工作纳入对部门和网点综合绩效考核，下发《长沙县支行2016年“三化三铁”目标式管理实施方案》，设立加减分，对支行运营管理部和网点设立奖惩。对柜员业务质量加强监测，按差错笔数扣减柜员考核性工资。强化教育培训，采取每月集中学习的方式，为运营主管“持续充电”。重点账户对账单回收率100%；单位结算账户支付密码器加载以及企业网银签约率90%以上，账户年检率在营业部辖内均名列前茅。

产品创新。针对新兴产业，创新产品服务。成立国际业务与投行团队，利用“湘汇贷”产品优势，吸引外经外贸企业开立账户进行贸易融资，成功营销某外资有限公司7101万美元定期存款、某房地产有限公司跨境人民币结算业务1.71亿元、某开发建设投资有限公司5.5亿元专项债券募集资金托管业务。

网点建设。优化网点布局，提升网点竞争力。重新规划网点和自助银行布局，提高服务能力。路口、欣安两个营业网点装修改造完成并开业；升级改造都市学院银亭、原泉塘两个自助银行；新建马王堆新市场自助银行；整体购置泉塘支行原址房产，实现以购代租。将暮云分理处原网点改造成惠农服务站。

“三农”服务。成立专门团队对接长沙县人民政府扶贫办，从产业扶贫、易地扶贫等方面承接全县惠农扶贫工程，包括水利建设扶贫基金、易地扶贫基金账户，惠农资金5300万元。

开创性探索发达地区扶贫模式，以点带面辐射地区脱贫致富。帮助一批解决技术、市场等问题的“能人”“富人”发放贷款近2000万元，实现农行贷款给能人、能人“贷”动人致富的目的。成功营销一批民生类基础设施建设项目，包括湖南新华供电有限公司的农网改造升级工程，该工程将惠及全省4个贫困县（市），为其农村产业化发展提供基础设施保障。配合马王堆蔬菜市场打造“中南第一、国内一流”蔬菜交易基地，后期拟提供项目贷款支持数十亿元。落实推广农民安家贷，优化流程，推行一站式服务。年底，县支行累计投放农民安家贷739笔，计2.6亿元。（谷 佳）

·中国建设银行长沙星沙支行·

【概况】 星沙支行所辖10家网点，6个内设部门，2个营销团队，186名员工。2016年，成立编制小组，编制《2016—2018年星沙支行发展规划》。全口径存款时点余额、日均余额分别101.02亿元、96.87亿元，较年初分别增长13.62亿元、16.61亿元，比上一年增长分别15.59%、20.7%，系统内增速均排名长沙地区第一。资产质量保持相对稳定，不良贷款率0.39%；逾期贷款额完成上级行年末KPI控制数170%。经济资本占用率排名靠前，对公客户风险调整后收益（RAROC）平均水平全省排名第一。中间业务收入突破亿元大关。净利润2.66亿元，税前利润2.36亿元，比上一年增长10%。移动金融替代率全省第一，提升率长沙地区第一；手机银行客户新增全省第二，活跃用户增长率第一；善融商城B2C交易额长沙地区第一；营销奇虎360集团，全面推进移动支付业务。在省行开展网络金融“高团联智”营销竞赛活动中取得第一名；获省行第一届网络金融业务知识大比武团体二等奖、知识抢答团体二等奖、实操个人一等奖等。

【客户拓展】 2016年，对公有效客户（折算前）年新增117户，折算后年新增400户。个人加权有效客户（折算后）年新增8.7万户，个人有效客户保持全省领先水平。国内信用证福费廷转买业务，贸易融资额3746万美元，新增3355万美元。重点客户国际收支业务承办率提升39.66%。股权投资、同业理财、母子公司联动业务取得突破。首笔自行申报股权投资类业务——湖南千山制药机械股份有限公司3.4亿元股权收益权理财产品，入池金额2亿元。营销5户同业客户，销售9.3亿元非保本理财产品。推荐建信信托向中铁交建注资8000万元，该行母子公司联动业务破零。金融生态圈立项10个，成为“金湘通”全省试点行。信用卡客户新增1.4万户。

【风险管理】 核销东方顺达、达济烟花联保体不良贷款1212万元。起诉案件回收贷款223.64万元。加大核销资产催收，全年回收核销资产161万元。推进“双基”管理，该行对全行14个关键风险点开展检查28次，通过检查，提高柜面人员合规操作意识和负责人案防职责履职意识，提高信贷人员风险防范和合规意识。全力配合审计检查，认真落实审计整改，全年审计发现问题23条，比上一年大幅下降。组织开展员工行为排查，严防员工参与民间借贷、“飞单”。反洗钱监测水平提升，实现零案件、零处罚。开展“平安建行”创建活动，保证安全稳定。防范和化解声誉风险，全年未发生重大负面舆情。开展柜面业务处理系统业务应急演练，提高突发事件处置能力。

【经营管理】 人力资源管理。星沙支行严格选人用人要求，全年提拔经理级干部8名，副经理级干部2名，基层行副职管理人员4名，2名同志竞聘上省行副总经理级干部，全行25名员工晋升职等。落实总行“213人才工程”，5人进入拔尖人才、骨干人才库。“星沙之星”训练营为载体，加强对青年员工培养，丰富培训内容，提高员工综合素质。财务管理。财务资源配置突出重点，坚持向重点业务、基层倾斜，提升市场竞争力和员工积极性。严格成本管理，严守集中采购流程，节约采购经费42.56万元，节约率9.26%。“三公”经费严格控制在省行额度之内，招待费比上年下降4.34%，会议费比上年下降59.98%，用车费较上年下降28.29%。渠道建设。制定《星沙支行2017年至2019年渠道建设三年规划》，完成1个离行、2个网点装修建设，1个网点升格，32台智慧柜员机布放、54台自助设备升级改造，营销服务人员占比60%。（张校银）

·中国邮政储蓄银行股份有限公司长沙县支行·

【概况】 2016年，中国邮政储蓄银行股份有限公司长沙县支行收入13657万元，比上一年增加2590万元；利润8002万元，人均创收143万元，人均创利84万元。支行收入、利润规模均排名邮储银行湖南省分行县级支行第一名。负债规模11.7亿元，其中公司存款7.6亿，储蓄存款4.1亿元；资产规模73亿元，其中零售信贷规模30亿，公司信贷规模33亿元；三一汽车金融有限公司资产证券化10亿元，为邮储银行第一笔汽车金融类非标业务；票据贴现7亿元。是年，长沙县支行获评中国邮政储蓄银行长沙市分行“2016年度先进支行”、中国邮政储蓄银行湖南省分行“2016年度创效十强支行”等称号。

【普惠金融】 2016年，长沙县支行坚持服务社区、服务中小企业、服务“三农”定位，围绕县域经济特色，创新产品，优化服务。推进岗位专职、人员专业、机构专营特色支行建设；创新推出公司+基地+农户或协会+农户等贷款模式，积极引导农户、商户专业化经营升级；率先建立区域集中一站式审批模式，为县域“三农”和小微企业提供专属阳光快捷服务。12月，邮储银行新一代零售信贷工厂项目在长沙县支行正式启动，房屋按揭贷款、汽车消费贷款、商户保证贷款、个商快捷贷四个贷款品种上线，大幅提升客户体验满意度。年底，长沙县支行与恒大翡翠华庭、华润置地、碧桂园天玺湾、高林仕家、东方美地、恒大国际广场、中国铁建国际城、碧桂园公园壹号等多个楼盘开展合作，放款60亿余元，贷款余额21亿元。向县域广大居民发放汽车消费贷款、综合消费贷款3.6亿元，其中信用贷款授信1亿元。发放经营性个人贷款22.35亿元。此外，长沙县支行积极服务县域大型企业，支持重点工程，向三一集团授信100亿元，并发放全省第一笔税贷通业务，助保贷业务放款，授信额度2亿元。

【服务提升】 2016年，邮储银行湖南省分行纵深开展“管理标准化践行年”活动。长沙县支行对照标准，狠抓落实。一方面，多渠道、多层面深入宣传贯彻合规理念，打造“管理标准化规范行”抓手，学习先进、追赶典型，让自查自评工作常态化，支行业务发展讲合规，经营管理重效益氛围日益浓厚。另一方面，逐步提升柜面服务质量，实施网点星级服务达标管理，深入开展示范网点争创活动。

（唐　姣）

·交通银行股份有限公司长沙星沙支行·

【概况】 交通银行股份有限公司长沙星沙支行位于星沙街道开元路17号，下辖交通银行经开区支行和交通银行中南汽车城支行2个营业网点，星沙离行式自助银行14个，布放ATM机29台。交通银行星沙支行在职职工60人，平均年龄34岁，青年员工占42%。其中研究生学历8人、本科学历34人、专科学历8人、中专和高中及以下10人。

2016年，交通银行股份有限公司长沙星沙支行服务实体经济。围绕服务实体经济要求，严格执行信贷计划管理和存贷比管控，做到“有存有贷、增存增贷、减存减贷”。紧贴市场，重点支持重点基础设施建设项目以及装备制造、汽车、科教文卫等行业优质客户，并加大对中小微型企业支持力度，积极服务实体经济。

改革创新。通过非信、私募债、中票、保债等途径为企业提供表外融资，加速创新业务发展。发挥中心支行“火车头”作用，带动二级支行增产增效，管理改革稳健落地；风险管理。强化“守土有责”风险防控责任制，建立“纵到底、横到边、全覆盖”全面风险管控网络。加强重点领域、行业风险管控，加大房地产、融资平台、小企业、民间融资企业实地查访频率和力度，开展地方政府性融资业务甄别工作，狠抓贷后及存续期风险管控，增加风险检查的次数和覆盖面。加大减持退出与清收力度，对存在合规风险客户及时列入“灰名单”“减退名单”“指令性名单”，开展不良贷款重组。截至2016年年底，全行各项存款余额26.18亿元，人民币各项贷款余额30.92亿元。

【提升服务质量】 坚持“一个交行，一个客户”经营理念，狠抓服务提升。坚持理念传导核心，推行标准化、规范化、特色化服务。常态管理为抓手，持续推进落实“一把手”抓服务工程，坚持主管副行长“坐堂制”“每日10分钟检查制”，从硬件环境，软性服务等方面强化日常管理。开展“我的微笑，真心相伴”服务提升评选活动，践行“金融知识万里行”“金融知识进万家”等社会责任，提升社会公众对交行服务认知度，树立良好口碑，促进服务稳步提升。（童程远）

·长沙银行股份有限公司星城支行·

【概况】 长沙银行星城支行本部设于长沙县开元中路17号。支行下设公司业务、零售业务、运营管理、风险管理、法律合规、综合保卫6个部门，下辖营业部、星沙、月湖、榔梨、暮云、松雅6家一级支行以及黄兴、黄花、泉塘、毛塘铺、万国城、县政务中心6家驻入社区行，自助式社区银行22

家。支行有员工168名，平均年龄28岁，本科以上学历员工占比87%，研究生以上学历员工占比14%。

2016年，星城支行存款规模180亿元，表内外投放规模93亿元，年度创造利润3.94亿元。星城支行落地第一笔车位分期贷款，全长沙银行首笔车位贷款，投放122笔，1000万元。星城支行营业部被中国银行业协会评选为“全国千佳示范网点”。星城支行代理经开区国库被人民银行评为长沙市国库系统“示范库”单位。

【业务战略】 坚持客群稳定、合作拓宽、业务创新，稳定客群及规模基础上，谋求业务合作创新转型，从县域向县域+经开区+县域外区域发展，从表内向表外拓展，从平台融资向债券承销、PPP等新型融资突破，谋求和稳固地方政府主办银行地位。结合金融改革趋势和机遇，谋求营销模式、经营机制、产品方式等方面因时而变、因势而变，积极发展资管创新业务，形成业务发展新增长极。依托县域经济特点，发挥地方中小银行“短、平、快”优势特色，推动中小微业务特色经营、链条经营和批量开发，着力提升中小微业务特色发展和规模发展。

【服务战略】 进一步完善考核薪酬体系，全面提升内控管理和风险管理水平，激活人力资源管理，精细财务核算管理，打造星城独特文化，构建一支具有五星标准精干团队，全面打造“最快乐的银行”。通过网点建设社区化进一步贴近客户、持续深化文明创建，着力加强营销体系和服务体系建设，积极拓展社会公益类活动和品牌宣传，全面打造“最优秀的社区化银行”。 （周吉海）

保 险

·中国人寿保险股份有限公司长沙支公司·

【概况】 中国人寿保险股份有限公司长沙支公司（以下简称“中国人寿长沙支公司”）是中国人寿保险股份有限公司分支机构，公司坐落于星沙经济技术开发区星沙大道31号。长沙支公司提供个人人寿保险、团体人身保险、意外险和健康险等产品与服务，长沙县50%以上企业和10多万个家庭参加公司各项保险，销售、服务网络延伸进一步延伸。公司机关下属13个营销服务部，其中1个城区营销服部，星沙成立收展部。公司形成“县有支公司、镇有保险所、村有驻村员”立体销售和服务网络，保险服务快速响应和无缝对接。26家产寿险公司，县份额保持50%以上。业务跨越发展。全年保费3.365亿元，上缴税收547万元，赔付支出1.64亿元。

2016年，推进政策性保险保障业务，开展城乡居民大病保险、城镇职工补充医疗保险、推进全县各类人员意外医疗保障。其中，长沙县城乡居民大病保险由该公司联合城乡居民医疗保险服务中心及财产保险公司联合承办，该保险报销制度与基本医疗保险制度衔接，采取“一站式”即时结算模式，简化参保患者的报销手续；推进民生保障体系保险业务，为全县低保人群、失独家庭、老年人等特殊群体提供养老、意外及医疗保险服务；推进五类特困老人保障项目，率先将县域所有80岁以上老年人全部由政府出资购买老年保险，探索针对百岁老人、特困老人等群体保险保障活动；推进计生家庭保障项目。承保对象从个人扩展到计划生育家庭所有成员，提供全面保险保障方案，对计划生育家庭因意外、疾病导致身故、伤残及医疗费用提供保险保障，最大限度给予计划生育家庭保险保障；推进独生子女保障项目。探索建立政府组织、县场运营、独立核算、群众受益社会政策性计划生育保险制度，提供全面独生子女意外伤害保险保障方案，对独生子女因意外、疾病导致身故、伤残及医疗费用提供保险保障；推进失独家庭保障项目。制定《计划生育失独家庭专属意外伤害保险方案》，联合计生协会在全县开展失独家庭意外伤害保险宣传、咨询、培训、服务、交流等活动，提高保险产品知晓度。学生保险、计生家庭保险、女性防癌保险、治安巡防队员保险、公安干警保险等为抓手，提高全县人民保障水平。 全年为2621名学生赔付467.64万，为罹患重大疾病及意外死亡30名学生赔付163.3万，为罹患重病育龄妇女提供144.6万防癌保险，为1297户家庭提供200.95万独生子女及失独赔付，为104位老年人提供29.5万元意外赔付。

是年，中国人寿集团（以下称“中国人寿”）以总资产3.36万亿元位列第54位，连续14年入选《财富》“世界500强”，2016年位列第54位，较2015年上升40位。品牌价值2536亿元。

【“国寿e宝”】 2016年，中国人寿推出一项惠及广大新老客户全自助电子化服务应用系统——“国寿e宝”，基于原有柜面渠道、电话渠道、业务员代办渠道等传统服务方式，中国人寿面向客户进一步开通APP、微信、网页等互联网服务渠道，填补线上服务空白，客户足不出户，直接手机查询客户保单信息，保单借款，三金领取（满期金、生存金与红利领取）信息变更等多项操作，同时，开通“微回执，微回访”四新服务，客户通过微信主动完成保单回执和新单回访，这种变被动为主动服务模式颠覆传统上门签收回执，电话回访方式，流程快捷高效，创新互联网时代保险服务。

（舒　洁）

·中国人民财产保险股份有限公司长沙支公司·

【概况】 中国人民财产保险股份有限公司长沙支公司（以下简称“人保财险长沙支公司”）位于长沙县星沙镇板仓路61号，公司设有经理室、直销业务部、中介业务一部、中介业务二部、营销业务一部至六部、分散性业务部、农险部、综合部和江背、黄花、金井、㮾梨、暮云、安沙“三农”营销服务部，是长沙县成立时间最长、机构最全、服务网点最广、资金最雄厚、市场占有率最高、效益最好经营财产保险基层公司。公司有员工37人，其中党员10人，大专以上学历32人，占91.4%，营销代理人员298人。

2016年，人保财险湖南省分公司制定2016年分险种业务发展目标，建立和完善符合公司实际销售模式，继续推进“抢占农村市场，拓展新型渠道，稳定存量业务，加强团队建设”重点工作思路。全年长沙支公司保费收入16957万元，实收保费16838万元，报表利润总额1995万元。其中，长沙支公司2016年车险保费收入（不含税）13429万元，比上一年增长38.75%，成为全省系统首家车险规模率先破亿传统支公司。续回“二元民生保险”业务，保费收入148万；统保“全县中小学校、幼儿园食堂和超市的食品安全责任保险”，保费收入41.61万元；承保建筑施工行业安全生产责任险，保费收入537.93万元。依托“三农”营销服务部平台建设，县域内治安保险保费收入70.48万元。

是年，长沙支公司支付保险赔款8166万元，公司账面未决赔款准备金余额5840万元，较年初新增355万元，未决赔款准备金充足。

【业务发展】 全面规划，紧盯市场，加快业务发展。车险方面：狠抓车商渠道，确保新保业务同比增长50%以上，发展团车业务。2016年，竞回项目85个，保费收入1035万元。加强资源整合利用，差异化投放提升成效。商业非车险方面；项目支撑多点突破，非车非农迅速发展。落实计划，任务层层分解。推进展业地图工作。拓展商业非车险重点险种。12月底，雇主责任险保费收入75.61万元。首台（套）保费收入113万元。推动重大项目上产能。农险业务方面：依法合规为底线，拓宽农村保险服务领域。长沙支公司承保水稻、油菜、茶树3个品种农业保险，签单保费1907万元。

【客服团队】 通过每周一、周四晨会以及不定期专题培训会等方式，提升员工业务技能水平，开展专题培训27场，员工业务销售能力、语言表达能力和综合素质得到很大提升；通过组织以晨夕会、交流会、拓展训练等方式培训和学习，增强团队凝聚力，提高团队成员个人能力，明确职责定位、强化岗位意识和工作责任心，使人人认清方向，各司其职，提升团队效能；推进客户服务标准化建设，进一步强化服务界面员工“客户导向”原则，促使微笑服务、优质服务成为习惯性动作；营造优良服务环境，与客户实行零距离沟通；履行服务承诺，为客户排忧解难；重点推进VIP客户服务工作，为销售前端提供强有力支持；加强理赔服务管理，打造一流服务品牌。

（张　敏）

（责任编辑　张　娜）

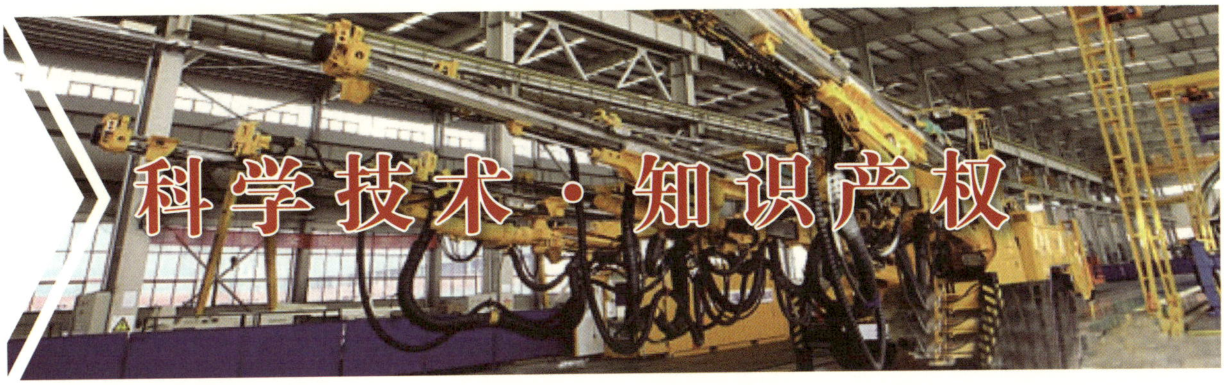

科学技术·知识产权

科学技术

【概况】 2016年，围绕经济结构和产业结构战略性调整总体要求，制定《2016年长沙县科技计划项目申报指南》，重点支持科技人才支撑（创业富民）、中小微科技企业发展、培育战略性新兴产业和高新技术产业科技支撑等9个方面。全县转化科技成果350余项，其中2015年县科技计划项目新增产值6.5亿元，新增销售收入5.9亿元，利税0.9亿元，申请国家专利116项，安排就业4千余人。全年下达科技计划3批91项，安排资金1235万元，支持湖南五新隧道智能装备股份有限公司“车载式混凝土喷射机研究与开发”等项目实施。长沙湘丰茶叶机械有限公司“智能化茶叶加工装备关键技术及成套设备开发”等90个项目获得省、市科技计划支持。扶持科技型中小企业发展，建立科技型中小企业基础数据库，构建科技型中小企业集群，开展“中小企业登记备案”175家。组织全县符合国家和长沙县鼓励发展产业导向高新技术领域产品开发、生产和技术服务科技型企业进行培育，全县有30家企业获得长沙市“科技小巨人企业”认证。引导和帮助企业按照高新技术企业标准规范科技和知识产权管理，切实提高企业自主创新能力，科技发展专项经费40%以上用于支持高新技术产业实施项目，全县高新技术企业中90%拥有核心知识产权，专利战略成为企业发展核心动力。确定长沙广义变流技术有限公司等5家创新型试点单位。全年新增国家高新技术企业30家，全县高新技术企业170家。全年高新技术总产值1700亿元，高新技术增加值470亿元，高新技术产业增加值占地区生产总值比重39%。

起重机驾驶室装配生产线　　（县科技局 提供）

【科技奖励】 2016年全县产生成果近650余项，评定湘丰公司汤哲、三一公司易秀明为县科学技术创新贡献奖，评定三一汽车制造有限公司等5家企业为县产学研合作与科技成果转化奖，湖南宇田农业股份有限公司“高档优质香稻湘晚籼17号选育与宇田香米开发”等2项县科技进步一等奖、中国铁建重工集团有限公司“YQC7000中心轴式预切槽机研制”等8项县科技进步二等奖、长沙广义变流技术有限公司“基于中频隔离技术600V新型列车辅助供电柜”等6项县科技进步三等奖。湖南三一港口设备有限公司“一种单主梁吊具及正面吊”等四项专利分别为县专利金奖、县专利优秀奖。众兴新材料潘清林等4人获评长沙市科技领军人才，湖南国科微电子股份有限公司等2家企业获评长沙创新市长奖，中国铁建重工等2家企业获评长沙市产学研合作奖，湖南安普洛环保科技有限公司等20项科技成果获得市级以上科技进步奖。

【产学研合作】全县通过引导企业提前介入高等院校、科研院所科技开发，依托其智力、人才、科技资源优势，联合实施省、市、县科技计划项目，增强企业技术、产品开发能力和科技成果转化能力。全县有300余家企业先后与国内80多家高等院校、科研院所建立合作关系，共同针对制约企业技术瓶颈、产品升级换代、节能降耗等课题，开展技术研发和成果转化，掌握一批关键核心技术、提高企业产品的市场竞争能力。认真落实2016年中国（长沙）科技成果交易会各项工作任务，向大会选送5个签约项目（签约金额8000多万元）、提供技术需求6项、融资需求3项、中高级人才需求6名等。对5家产学研合作密切、承担省、市重大科技专项、自主创新和成果转化成效突出企业进行表彰、奖励。

【科技创新平台】全县注重引导企业建立创新服务机构，扶持建设企业技术中心和工程技术研究中心，支持区域内企业技术（研究）中心通过资源共享，实现产业研发和发展优势互补，企业工程研究（技术）中心直接参与新产品开发、设计和试制、技术和人才引进、组织成果鉴定和新技术应用，为技术创新提供孵化、专利代理服务、高新技术和民营科技企业认证等多项服务。2016年新增长沙市高精密静音轴承工程技术研究中心3家，全县拥有国家级工程研究（技术）中心6家、省级工程研究（技术）中心企业技术中心31家、市级工程研究（技术）中心20家、行业协同技术创新服务平台3个。

【农业特色产业科技示范基地建设】通过“科技+公司+基地+农户”模式，促进农业企业掌握关键核心技术、提高产品附加值、增强企业自我发展能力，围绕产业基地建设，带动农户参与，提升全县农业自主创新和成果转化能力，增加农户收入。2016年新增长沙市沃园香薯特色产业科技示范基地、长沙市银云农业食用菌工厂化种植与开发特色产业科技示范基地2家。全县有省级科技特色产业基地1家、市级特色产业科技示范基地23家。

【科技特派员派驻】按照“科研与生产对接”原则，探索科技特派员专家团队服务模式，通过“上引行家，下选专家”方式，在省市各高校、研究所以及县农林牧等系统选派85名具有中级以上专业职称专家作为科技特派，为全县涉农企业和需要科技技术支持农户提供技术指导和对口服务。全年举办讲座和培训班等方式开展辅导260次，培训农技服务人员15200人，为村民农户发放农技培训资料68500份，推广新技术205项和引进新品种293个，帮助农民提高科学致富本领，促进农民增产增收。

【星火科技“12396”长沙科技助农直通车信息工程】依靠科技手段，运用现代信息技术，积极推进农业新技术普及与应用，组织远程互动交流咨询，及时解决农业生产中遇到技术难题。2016年新增湖南佳和种业股份有限公司、长沙县黄兴镇农业综合服务中心、长沙康瑞农业科技有限公司3家单位被新认定为长沙市信息服务示范站，有省、市核心示范站27家。

知识产权管理

【概况】全县坚持国家知识产权强县工程示范县建设目标，印发《2016年度长沙县知识产权项目申报指南》，重点扶持全县知识产权试点示范单位培育工程、专利导航工程、知识产权质押融资补助、知识产权公共服务建设等项目。开展2016年度长沙县专利申请资助申报工作，鼓励全县企事业单位、发明人将创新成果申请专利保护，促进自主创新和社会经济发展。全年安排知识产权项目28项，安排资金302万元；对专利权人2015年度申请2353件专利进行资助，资助资金315.55万元；对7个国家、省级专利奖励安排配套奖励资金29万元。全县专利申请量和授权量分别为4442件和2204件。其中，发明专利申请量1511件，比上年增长47.4%，占专利申请总量34%；发明专利授权量458件，比上年减少23.3%。2016年，长沙县知识产权局被评为2016年度“全国知识产权人才工作先进集体”。

【知识产权宣传】2016年知识产权宣传周活动以“加强知识产权保护运用，支撑创新开放高地建设”主题，县内50余家高新企业、知识产权优势企业代表及100多名长沙师范学院师生代表参加活动。宣传周期间，县知识产权工作领导小组各成员单位举办打击侵权假冒、专利行政执法、知识产权宣传等一系列活动，营造良好知识产权工作氛围。

【知识产权维权保护】开展“打击侵犯知识产权和制售假冒伪劣商品”行动，制定《长沙县水泥生产领域涉嫌违法企业清查整治行动方案》，加大生产源头知识产权保护力度、加强市场监督管理、加大刑事司法打击力度、加强保护和执法宣传等工作，维护县内专利权人与经营者合法权益。全年审理侵权假冒案件80件，其中知识产权案件76件，审结65件；查处制售假冒伪劣商品案件4件。（王飞跃）

科学普及

【概况】2016年，县科协坚持“四服务一加强”工作定位和“全国科普示范县（2016—2020）”目标，全年全县组织各类规模不等，形式多样送科技下乡活动12场（次）、科普进社区活动16场（次）、校园科技节1校（次）、科普大篷车进校园8次。开展“科普进社区”活动，向社区赠送各种科普书籍和宣传资料10000多册。向泉塘街道小塘路社区、青山铺镇、黄花黄龙小学等单位赠送科普书籍一万余册。开展科普集市、送科技下乡、农村实用技术培训等科普活动，组织专家学者、科技人员和科普志愿者450多人次，向农民群众赠送近17个类别10000余份科普书籍和宣传资料，展出科普挂图、展板65块，设科技咨询台18个，接待咨询3960人次。第十六届中国青少年机器人竞赛杨志鹏、宋紫玥获全国二等奖；“飞向北京”全国赛，长沙县大元小学彭典晗、唐晨轩等同学获全国一等奖；大元小学及黄龙小学多位学生获全国二、三等奖。

【“送科技下乡活动”】2016年，长沙县科技活动周暨送科技下乡活动在青山铺镇青洪湖公园正式启动。县科协和县科技（知识产权）局、农林局、部分民营科研单位等16家成员单位在现场设宣传台，宣传科技法律法规、开展科技成果项目推介及科技咨询服务等活动。科技特派员们现场提供咨询宣传服务，村民请教粮食蔬菜种植等问题，赠送技术资料、菜籽、农药和化肥。同时组织学生和群众现场参与“科普大篷车”中科技互动，体验科技神奇魅力举办大型科普活动，惠及千家万户。

【“科普大篷车”】4月12日，长沙市科协主办，长沙市科技活动中心、长沙县科协和长沙县黄兴镇人民政府承办2016年度长沙市“科普大篷车”下基层巡展暨长沙县“科普大篷车进校园”活动启动式在黄兴镇中心小学隆重举行。市科协党组成员、副主席王准，县人大常委会副主任曹艳萍、县人民政府副县长喻名团、县政协副主席郭艳红及县科协、黄兴镇党委主要负责人出席启动仪式。此次活动，是长沙市科普大篷车展品更新换代后举办第一场活动。活动现场，既有传统形式科普展品，也有最新数字科普终端和科学实验展品。（邓玲芝）

（责任编辑　张　娜）

教 育

综 述

【概况】 2016年，全县有各级各类学校446所，学生159960人，教职工11474人。其中中职学校4所，在校学生6506人，教职工369人；普通高中8所，在校学生14130人，在职教职工1084人；普通初中32所，在校学生27377人，教职工2492人；小学139所，在校学生67319人，教职工3422人；幼儿园261所，在园幼儿44514人，在职教职工4076人；特殊教育学校1所，在校学生114人，教职工31人。全年获国家、省、市级荣誉36项，获全国全民终身学习活动周优秀组织奖、湖南省教育阳光服务平台建设奖补单位、湖南省校车安全管理工作先进单位、湖南省教师教育宣传工作先进单位等荣誉，被教育部确定为全国家庭教育实验区，国家、省级以上媒体深度报道200多篇（次）。

教育教学。深入推进“成长体验式教育”德育项目，全县有86所中小学参与，参与率50%以上，其经验在《湖南教育》刊登推介，项目于12月通过长沙市教育局验收，被认定为长沙市首批试点项目。“宽带网络校校通”覆盖率100%，建立14所网络联校，辐射全县农村偏远学校，72.6%初中阶段及以上学生和88.5%教师开通个人网络学习空间，督导评估信息网络建设处于长沙市10区县先进水平。高考一本上线率18.55%，二本上线率47.48%，高二学考、中考、体育中考一次性合格率分别为81.05%、91.94%、97%。92所学校立项创建特色项目，54所学校（31%）创建特色学校，盼盼小学获评市级区域教育特色建设学校。“一师一优课”全县获16个部优、29个省优、37个市优，按比例居四区县市第一，获市优秀组织奖；获评全国计算机表演赛最佳组织奖、市现场网页制作竞赛优秀组织奖。

学校建设。2016年，全县政府投资计划8.96亿元，县财政工程进度资金投资任务4.265亿元，全年竣工校舍35栋，面积91286平方米；在建校舍63栋，面积22359平方米；维修改造加固校舍18栋，面积30210平方米；新建和提质塑胶环跑运动场12个（其中6个竣工交付）。新建中小学校8所、建成3所，改扩建学校36所，新建和改造公办幼儿园5所，“全面改薄”学校6所。在全省117个（区）县双月（10月）统计排名中，长沙县项目总投资排名第一、开工率排名第九、竣工率排名第七。百熙实验学校创建市级两型学校，百熙实验学校、福临中学、果园中心小学创建县级两型学校，东业晨曦小学创建县级零碳学校。14个镇（街）、18所学校有507套教师公租房建设全部完成。全年重点建设项目8个，分别为县职校星沙实习实训基地续建、湘龙中学整体新建、蓓蕾小学整体新建、春建小学整体新建、武塘中学整体新建、中南二小整体新建、农村义务教育学校和公办幼儿园打捆项目、洋湖普通高中筹建。其中中南二小整体新建、高桥镇中心幼儿园整体新建、高桥中学改扩建、武塘中学整体新建代表县政府（市重大项目）接受市对县绩效考核并获得好评。对照省市标准化学校装备标准，为学校添置教育装备2100万元。

合作办学。1月7日，长沙县人民政府、湖南荣盛地产合作引进湖南师大附中教育品牌暨签约仪式隆重举行；5月13日，长沙县人民政府与北京师范大学举行签约仪式，将湘龙中学纳入长沙县与北师大合办百熙实验学校序列，作为百熙实验学校初中部（湘龙校区）；5月16日，长沙县教育局与长沙市芙蓉区教育局举行签约仪式，共同在长沙县创办大同星沙小学；12月5日，松雅湖中学等5所中小学与北师大资源平台学校签订《“中国好老师”公益行动计划手拉手学校合作办学协议》；12月27日，长沙县委书记曾超群赴北京与北师大签订《教育文化合作框架协议》，长沙县进一步与北师大进行全面深化合作办学。同时，充分发挥县一中、县实验中学龙头作用和教育教学教研联合体作用，推动本土优质教育资源集团化办学。通过不断引入和培育优质教育资源，促进教育均衡、优质发展。

教师队伍。开展“做党和人民满意的好老师”系列活动，落实日常师德教育，表彰“感动星沙十大魅力教师"10 名，师德标兵 10 名，"最美乡村教师"20 名，优秀乡村校长 10 名，优秀教师和优秀教育工作者 100 名；新建省级网络名师工作室 1 个，3 名教师获评湖南省特级教师，2 名教师评聘为正高级（教授）教师；组建市级名师农村工作站 2 个，带动农村教师 100 余名。开展县级以上培训 5235 人次，其中 80% 以上指标面向农村教师；规范并提高教师待遇，设立长沙县政府教育奖励金，金额 6500 万元，对农村学校教师按 500 ~ 900 元 / 人 / 月实行工作补助，补助金额 2600 万元。

2016 年，长沙县在长沙市区县（市）教育局"六个走在前列"大竞赛暨绩效考核获优秀奖，是四县区市中唯一获此殊荣单位。

【"全国家庭教育实验区"】 6 月，教育部确定长沙县为全国十个家庭教育实验区之一，是唯一一个农村家庭教育实验区。12 月 26 日至 28 日，教育部举办全国家庭教育实验区工作经验交流会在成都召开，县教育局关工委主任涂启伦会上作典型经验发言，其经验得到教育部、中国儿童中心等部门领导肯定。全县 15 个"十二五"家庭教育课题分别获省教育学会、省家长学校研究会成果奖，61 篇论家庭教育论文分获湖南省家长学校研究会家庭教育论文征文一、二、三等奖。

【"中国好老师"公益行动计划】 12 月 5 日，"中国好老师"公益行动计划办公室、北京师范大学中国基础教育质量监测协同创新中心、长沙县人民政府共同主办，创元教育基金会赞助"中国好老师"公益行动计划长沙工作推进会在长沙县实验中学举行。北京师范大学新余附属学校与长沙县松雅湖中学，北京师范大学株洲附属学校与长沙县泉塘中学，北京师范大学贵阳附属小学与长沙县丁家小学，长沙县实验小学与长沙县开慧小学，长沙县百熙实验学校与长沙县金鹰小学分别结对，现场举行"中国好老师"公益行动计划手拉手学校签约仪式。北京师范大学国内合作办公室主任、校园足球发展研究中心执行主任屈浩，北京师范大学中国基础教育质量监测协同创新中心体育学科首席专家、全国学校体育联盟（教学改革）主席毛振明，长沙县人民政府副县长喻名团，县教育局党委书记、局长陈卫球等出席会议。长沙市、株洲市及长沙县教育界及社会各界代表约 240 人参加会议。

12 月 5 日，松雅湖中学等 5 所中小学与北师大资源平台学校签订《"中国好老师"公益行动计划手拉手学校合作办学协议》 （县教育局 提供）

【创建平安校园】 2016 年 12 月，长沙县有 223 台标准校车，校车司机和随车照管员 300 余人，覆盖全县 14 个镇及星沙城区，为近万名中小学生及幼儿园提供校车服务，江背镇印山学校创建"省级安全文明校园"，是年，长沙县教育局获评 2016 年度湖南省校车安全管理工作先进单位。

【全省武术段位制进校园现场经验交流会】 6 月 27 日，湖南省武术段位制进校园现场经验交流会在长沙县隆重召开。会议由省体育局、省教育厅联合举办，长沙县教育局和长沙县文体广新局承办。省人大教科文卫委员会

6 月 27 日，全省武术段位制进校园现场经验交流会 （县教育局 提供）

主任梁尔源、省体育局副局长熊倪、省教育厅副巡视员郭建国、省体育局副巡视员、省武术协会主席陈正培、省体育局青少处处长杜利民、省教育厅体卫艺处副处长贺照和长沙县有关领导以及全省各市州和18个武术段位制进校园试点县体育、教育行政部门代表出席会议。长沙县泉星小学、江背特立小学、江背印山学校和江背中学等4所学校2000余名中小学生大展英姿。耒阳市教育局、祁东县教育局、冷水江市教育局、长沙县教育局分别作大会经验交流，共同探讨武术段位制推广新途径、新方法，谋划全省校园武术工作发展大计。

【“星城杯”教师教学竞赛】 11月26日至30日，长沙县选送7位老师参加长沙市“星城杯”教师竞赛普通中小学组决赛，与全市73所中小学80名优秀教师同台竞技。县一中侯芳、县实验中学刘剑、黄龙小学刘漫娟老师分获中学文科组、中学综合科组和小学A组一等奖；松雅湖中学王霞、百熙实验小学黄思远和盼盼中心小学谭孝辉老师分获中学理科组和小学组二等奖。

学前教育

【概况】 2016年，全县审批注册各级各类幼儿园261所，普惠幼儿园149所。其中公办幼儿园35所，民办226所。全县有幼师2711人，保育员1365人，学前教育大专及以上学历（不含在读）占幼师总数69.6%。园幼儿44514人，三年毛入园率98.7%，公办和民办普惠幼儿园在园人数68.8%。长沙县六艺天骄幼儿园、苹果树国际幼儿园获2016影响湖南优质教育品牌称号，长沙县碧桂园威尼斯中英幼儿园获2016影响湖南教育品牌称号。

【新增普惠性民办幼儿园14所】 2016年，长沙县幼儿园自愿申请、报县级初评、市级验收及专家评审认定，认定普惠性民办幼儿园14所，全县普惠性民办幼儿园总数149所。

【3所幼儿园获省级一等奖】 6月，长沙县围绕“绿色小天使”主题，选送六艺天骄幼儿园、湘龙幼儿园、万婴格林生态幼儿园3个节目参加湖南省教育厅、湖南省环保厅联合主办的儿文艺会演，均获湖南省一等奖。

普通中小学教育

【概况】 2016年，长沙县有普通高中8所，普通初中32所，小学139所，小学、初中学生年巩固率100%，高中阶段毛入学率98.59%。小学、初中综合差异系数分别为0.313和0.269，义务教育均衡发展水平居全省前列。小学、初中适龄人口入学率100%。创建国家级青少年校园足球特色学校3所、市级特色学校2所。长沙县考区高考考务工作连续五年无差错，被长沙市高等学校招生委员会评为2015年度高考考务优秀考区，被长沙市教育考试院评为2015年度综合管理工作先进单位。

【全面消除城区公办学校起始年级大班额】 整体新建盼盼二小、中南二小、湘龙中学、扩建泉塘小学等4所学校秋季投入使用，解决城区入学难问题。2016年秋季城区中小学新增130个班、4586个学位，小学、初中起始年级班额严格控制在50～55人内。

【承办湖南省小学科学课堂教学竞赛活动】 10月12—14日，湖南省“聚焦概念建构 注重思维发展”思维型科学教学实践研究暨湖南省小学科学课堂教学竞赛在华润小学举行，来自全省各市州320余名教师参与竞赛交流，比赛现况还通过CCtik进行全程直播，全国同行们可以同步参与听课和网络评课；最后综合专家评委和教师评委共同打分及网络评分进行评比，真正体现公开、公平、公正原则。长沙县丁家小学余志鸿教师《蜗牛》课例获一等奖。

特殊教育

【概况】 长沙县有特殊教育学校1所，6—14岁三类适龄残疾儿童230人，三类残疾儿童入学率100%。11月2日，接受督导评估，对照《长沙市特殊教育学校全面实施素质教育督导评估细则》，启动县特校（长沙县特殊教育学校）提质改造，推进随班就读、送教上门工作，保障残疾孩子公平接受教育。县特校“社会融合体验式教育”获市素质教育督导评估单项优秀奖。

职业教育

【概况】 全县职业学校现有在校生数15417人，县职专“双师型”教师比例87.9%。毕业生一次性就业率95%以上，对口就业率86%以上，就业满意率95%以上。长沙县职业中专学校入围全国职业院校数字化校园建设实验校和湖南省大数据支持下学生个性化发展评价探索试点建设单位；被评为长沙市职业教育现代学徒制试点校、湖南省卓越中等职业学校建设单位，并获省财政600万元专项建设资金。2016年，全国教师信息化教学大赛中，2名教师获国赛二等奖，5名教师获省赛两金三银；4名教师入围湖南省职业教育名师空间课堂。陈英获长沙市“感动星城·十大魅力教师”称号；黄俊林、陈英分获长沙县“感动星沙·十大魅力教师”称号和长沙市“九芝堂”优秀班主任奖。李浩获湖南省第四届“黄炎培”杰出校长奖。学生参加技能竞赛获9个市一等奖、6个省一等奖、全国大赛获一银六铜，其中教师赵兵指导李文坤参加车加工技术项目获湖南省一等奖、全国二等奖。学生参加长沙市中职学校首届学生趣味数学竞赛获团体总分第一名、模拟面试大赛获二等奖。

【县职专提质改造与新校区建设】 完成县职专路口校区提质改造工作，加强教学常规管理，形成“无任何安全事故”和谐校园，被评为长沙县文明校园和长沙市文明标兵单位。推进新校区建设，星沙校区一标、二标、三标验收合格，园林绿化及室外工程全部完工，校园智能化工程基本完工，新校区具备试运行条件。

社区教育

【概况】 2016年，长沙县加大对社区教育投入，新增20所社区学习中心。社区学校专职管理人员30人、兼职管理人员84人、专职教师130人、兼职教师（含高级技术人员）547人，社区学院有教师30人。全县镇（街）社区学校100%覆盖，培训18万人次，比2015年增加0.2万人次；长沙终身教育学习网注册人数达7万余人，获全国全民终身学习活动周优秀组织奖和第一批全国农村优秀学习型组织（全省唯一）。榔梨街道申报第三批终身教育学习活动品牌——创新社区老年教育教学模式；参加国家、省、市摄影赛周文迪《足球小子》获全国三等奖，彭福宗、王深分获市一、二等奖、微课《囍字剪纸》获市二等奖，《三角形分类》获市三等奖。县社区学院《长沙地区特色小吃》入选省级特色课程建设立项。

【长沙市全民终身学习活动周开幕式暨长沙县启动仪式】 10月31日，长沙市全民终身学习活动周开幕式暨长沙县启动仪式在玮希国际学校举行，湖南省终身教育促进会会长唐之享，长沙市委常委、宣传部部长、副市长黎春秋，长沙市政府秘书长谭勇，长沙县委书记曾超群出席活动。活动中举行中国成人教育协会终身教育与学习研究中心长沙分中心授牌仪式，为23家首批长沙市示范性社区学习中心、31名2016年长沙市百姓学习之星进行颁奖。长沙县星沙街道碧桂园社区学习中心、开慧镇白沙村社区学习中心获“首批长沙市示范性社区学习中心”，廖志明、章资超、张勇3人获“2016年长沙市百姓学习之星”。

民办教育

【概况】 2016年，全县民办教育机构328个，含全日制民办学校9所、民办幼儿园226所、民办培训学校97所，在职教职工5867人（含民办幼儿园教职工406人、全日制民办学校909人、民办培训学校891人），在籍学生43230人（含民办幼儿园幼儿36003人、全日制民办学校学生7227人）；民办培训学校年培训2.9万余人次。湘郡未来实验学校获评“2016年度中国民办教育百强”称号。

【规范民办教育】 6月28日印发《长沙县“烂尾学校”“空壳学校”处置方案》，有2个单位处理“注销办学许可”、2所培训学校申请短期停办、3所培训学校计划申请短期停办。开展全县民办培训学校规范办学行为和安全工作专项督查。对提质改造幼儿园进行项目安全情况检查。整理规范长沙县民办学校设立、变更程序。

【湘郡未来实验学校330名学生再赴厦门研学旅行】 2016年12月5日，湘郡未来实验学校330名学生再赴厦门研学旅行，其研学旅行前瞻性、首创性与成功经验引起社会广泛关注，湖南教育电视台、红网、长沙晚报、星沙教育等省内多家媒体进行专题报道。为巩固提升研学成果，该校2016年市级课题“中学阶段行走课程”于12月正式立项，并成立校级张小川研学名师工作室支撑课题研究。

（杨　宁）

10月31日，长沙市全民终身学习活动周开幕式暨长沙县启动仪式在星沙玮希国际学校举行，图为长沙市委常委、宣传部部长，副市长黎春秋致开幕辞

（县教育局　提供）

（责任编辑　张　娜）

文 化

·文化建设与管理·

【概况】 2016年，长沙县投入5.5亿元县文化中心投入运营，逐渐成为星沙“城市名片、文化殿堂、百姓乐园”，成为全县广大城乡居民求知、求技“精神家园”。同时，全县18个镇（街道）建成综合文化站20个、农家书屋280家、村（社区）文体活动室197个，全年提质改造镇街综合文化站3个、建设村级示范性文体活动室10个，建设村级文化广场20个。推进浏阳河文化旅游产业带规划建设，徐特立故居、黄兴故居两个浏阳河流域“国保”单位提质扩容；全年举办大型群众文化活动30余场次，开展县、乡、村三级群众文化活动216场，参演人员万余人。全年送戏下乡36场次，送电影下乡2988场。县图书馆接待读者近36万人次，借阅图书34万册。打造“文化艺术大课堂”公益培训，受益群众2000余人。实施体育场馆免费开放及培训工程，组织青少年暑期夏令营，开展各类体育指导工作。组建群众文艺团队58支，文化志愿者近1000人，经常性参与文化活动群众十万人；开发长沙县文化市场安全生产日常检查软件平台，联合市文化市场综合执法局、县行政执法局、公安局、邮政局等部门开展校园周边“扫黄打非”集中整治行动，配合打非治违“春雷行动”“飓风行动”等各项专项行动，与《星沙时报》联合开办《护航文化市场专栏》。全县文化市场从业人员8000余人，文化市场经营（生产）总值34.6亿元；重点挖掘非物质文化遗产北山布龙、大筒演奏技艺项目，北山布龙申报为长沙市第五批市级非遗代表性项目名录。“长沙山歌”“长沙绿茶制作技艺”入选省级非物质文化遗产代表性项目名录；实施文物保护工程，对徐特立故居、春华渡槽、盛家老屋、杨公庙等文物点进行保护修缮，田汉故居、李维汉故居等文物点陈列布展更新。推进流动博物馆进校园，各类文博爱教基地游客量突破历史新高。是年，长沙县文化事业优化转型、内涵发展、品牌打造、提质增效，群众文化参与度和获得感进一步提升。“书香星沙”阅读品牌获“湖南省公共图书馆服务成果奖”一等奖，长沙县获中部地区唯一全国“书香城市（区县级）”称号等。

纪念红军长征胜利80周年文艺晚会　（县文广局　提供）

【文艺精品力作】 创作歌曲《文明之花满人间》入选“我们都来跳”社会主义核心价值观原创广场舞曲；原创歌曲《妹妹生得乖》获“潇湘追梦”原创精品歌曲金奖；编排广场舞《当家作主享幸福——民主之歌》获长沙市2016“我们都来跳”社会主义核心价值观原创广场舞（曲）志愿推广展演二等奖。组织五彩星沙艺术团参加市“红旗颂”合唱比赛获银奖、优秀组织奖；原创小品《困难户》参加“欢乐潇湘·品质长沙”全省群众文艺会演决赛长沙市专场获省“欢乐潇湘”优秀节目评选三等奖；组织五彩星沙艺术团参加2016“新丝韵”葫芦丝·巴乌艺术节全国总评选获葫芦丝组合组金奖、葫芦丝超七孔组银奖。

【举办“辛亥后裔忆辛亥”书画展】 1月22日，由黄兴故居纪念馆和湖南辛亥后裔联谊会联合举办“辛亥后裔忆辛亥”书画展在黄兴故居举行。民革中央常委、省政协副主席刘晓、长沙县委统战部副部长黄柏强、黄兴故居纪念馆馆长胡群义、湖南辛亥后裔联谊会会长黄柏禹及以黄兴、唐人风、熊炳坤等后裔为代表湖南湖北辛亥后裔70余人出席此次书法展活动。“辛亥后裔忆辛亥”书法展览为期1个月，主要展出辛亥志士后裔100余幅书法作品。

【长沙县“我们的中国梦 文化进万家”文化集市暨文化志愿者服务活动启动】 1月29日上午，由中共长沙县委、县人民政府主办，县委宣传部、县文明办、县文广局、县文联、金井镇承办“我们的中国梦 文化进万家”长沙县文化集市暨文化志愿者服务活动启动式在长沙县金井镇双江文化广场举行。县领导彭勇、曹艳萍、陈沃辉参加活动。文化集市是长沙县文化品牌，文化集市通过定期举办棋友会、墨友会、红歌赛等一系列丰富多彩群众性文体活动，不断丰富农村精神文化生活。长沙县搭建县、乡、村三级搭建文化服务网络和舞台，文化主管部门成立文化志愿服务队，数百名文化志愿者走进农村、走进社区开展群众文艺、体育健身、文化遗产保护、图书整理等方面志愿服务工作。

【长沙市示范性农家书屋】 3月18日，2016年“书香长沙”全民阅读活动启动式暨“长沙人爱读书”第二十三届长沙图书交易会开幕式在省展览馆举行，长沙县青山铺镇综合文化服务中心农家书屋和春华镇春华山村农家书屋获长沙市第二批“示范性农家书屋”称号。两家书屋全部为四星级农家书屋，他们共同特点是：免费开放，贴心服务，读者为中心开展读书活动，是当地老百姓求知精神乐园。

【长沙县第三届村（社区）文化艺术节启动】 4月15日，“欢乐潇湘 品质星沙”长沙县第三届村（社区）文化艺术节在黄兴镇光达村文化广场正式启动。县领导彭勇、喻名团出席活动。长沙县全力推进文化强县建设，扶持建成了一大批村级文化活动广场。其中，2014年与2015年新建设的高标准村级文化活动广场达70余个，光达村文化广场正是其中之一。居民们在这里唱歌、跳舞、读书、看报、休闲、娱乐，幸福指数节节攀升。

【举办“文化遗产日”宣传暨长沙县非遗项目展演活动】 6月7日上午，为加强非物质文化遗产保护宣传，提升人民群众非物质文化遗产保护意识，由中共长沙县委、县人民政府主办，县委宣传部、县文明办、县文广局、金井镇政府承办，长沙市非遗协会、湖南金井茶业有限公司协办第十一个中国“文化遗产日”宣传暨长沙县非遗项目展演活动在湖南金井茶业茶园基地举行。县领导彭勇、陈沃辉出席活动。市县领导为2015年认定县级传承人颁发证书，近20块展板集中展示长沙县非物质文化遗产保护成果，县文化馆还开展非物质文化遗产保护知识宣传和咨询活动。省市级非物质文化遗产项目长沙快板、长沙山歌、滚灯车、锣鼓亭子等进行现场展演、展示。（陈宇平）

·新闻出版·

【概况】 2016年，全县新闻出版工作根据《出版物市场管理规定》和长沙市文化广电新闻出版局《关于开展2016年出版物发行单位年度核验工作的通知》要求开展工作。成立对出版物零售经营单位检查小组，3月21日–24日对长沙县二十家出版物零售经营场所进行检查。规范出版物管理，长沙县组织管理人员采取集中时间定点办公的形式，收取审查年度核验材料。经审核，有出版物（书刊、音像）零售店160家通过核验。开展印刷企业年检工作。成立印刷企业安全规范经营检查小组，对长沙县印刷企业进行检查，完成包装装潢印刷企业、其他印刷品印刷企业54家印刷企业年检资料审查。（陈宇平）

·文艺创作·

【概况】 2016年，县文联继续开办《星沙理论沙龙——文艺创作专题讲座》，聘请省内外知名文艺家到县举办文艺创作讲座，组织全县文艺爱好者和各协会文艺创作骨干会员共同参与。聘请书法家黄文泉、篆刻家魏晓伟到县对书画骨干进行专业培训。加强基层文艺创作培训，派出专业文艺老师到乡镇辅导。

文艺交流。先后组织会员和文艺爱好者到西藏、延安、郴州等开展文艺采风创作交流活动。4月中旬，组织文联主席团成员及部分文艺创作积极分子到长沙市对口援藏县——西藏贡嘎县开展为期1周的采风交流活动，与贡嘎县文艺家联合编创1部采风创作文艺作品集《醉美贡嘎》，制作1部贡嘎县的形象宣传片。8月9—12日，县美术家协会组织骨干会员赴红色根据地延安魏塔古村采风创作，邀请萧沛苍、阮国新、刘纯等省内名家全程辅导，创作130余幅作品。8月22日，邀请扬琴演奏家、星海音乐学院扬琴专业教授、硕士研究生导师王文礼开展讲座，湖南省音协扬琴协会会长欧阳鼎携学生参与本次活动，协会组织文艺爱好者60余人参加学习。12月10—12日，“易术人生”——易术平《易经》经典名句书法展在湖南国画馆举办，省市书法界名家及书法爱好者等1300余人参展。县文联副主席、县书法家协会主席易术平所著《易术人生》一书在展览期间同步发行。

文艺创作。首批推出的长沙县6位老文艺家文学丛书《点亮艺术人生——老艺术家作品集》，通过出版社终审。完成长沙市委宣传部主编的“长沙文史丛书”之《长沙影珠山》文稿。在市委宣传部与有关单位组织主办的“品质长沙，我在现场”——文学、摄影、歌曲等原创作品征集活动中，全县报送文学作品30余篇、摄影作品130余幅、原创歌曲4首。

文艺活动。作为县文联的一支文艺轻骑队，长沙县文艺志愿者协会通过打造多种艺术平台、组合多种文艺资源、策划多种文艺活动，将文学艺术送入千家万户，丰富群众精神文化生活。3月11日，组织志愿者参与春华洞田组油菜花田大型旅游节活动。11月11日，在东业晨曦小学组织举办文艺晚会，全程参与节目编排和晚会导演。县文联先后组织书法、美术、戏剧曲艺、文艺志愿者等协会到开慧、金井、春华、福临、安沙、江背等镇开展送春联、送戏曲、送图书等送文化下乡活动。举办“魅力星沙力量杯”摄影大赛和“商韵无限，映像星沙”“多彩春华、洞田花海”等摄影大赛。与江背镇政府合办“2016中国·长沙首届浏阳河文化旅游节开幕式”，助推市、县打造浏阳河文化旅游产业带进程。举办“盛夏的果实”美术作品展共展出70余件优秀作品。举办“金色的秋天”书画展暨书画捐资义卖活动，卖出书画作品28幅，所得义卖款项捐助长沙县贫困家庭。11月10日，县文联长沙与湖南省文史研究馆研究创作基地在飘峰山村大鲸农场举行“书画进家庭暨书画义卖活动”，省文史馆艺术家现场创作书画作品40幅，当场义卖作品14幅，义卖资金全部用于贫困家庭助学捐赠。年内，举办“文明星沙，幸福家园”摄影展。

·报　刊·

【概况】 2016年，星沙时报社紧扣长沙县委、县政府及长沙经开区中心工作，紧贴主旋律，注重新闻策划和新闻创新，围绕中心做好重大主题和重大活动报道：针对长沙县“两会”推出“瞄准最强县 实现新跨越——长沙县两会”特别报道；围绕合并村工作，开辟《并村进行时》栏目，联动星沙新闻网、官方微信推出并村工作政策有奖问答活动；针对文明城市创建，主动策划“不文明行为随手拍”活动，开辟《不文明行为曝光台》专栏；聚焦长沙黄兴海吉星国际农产品物流园建设，精心制定全媒体报道方案，开辟《菜篮子东迁》系列报道专栏，以文字、图片、视频等进行宣传；在中共长沙县十三届一次会议召开期间，精心推出三个H5轻杂志，大会闭幕后又推出“实干创造实绩 挺进全国五强”大型系列采访报道活动，相继派出六个小分队“问道五强”，并推出“挺进五强 再创辉煌——落实县党代会精神基层行”访谈报道。

加大评论力度，加强舆论引导。相继推出五篇立意高、有分量的“落实县党代会精神 加快挺进全国五强”系列评论以及“学习贯彻党的十八届六中全会精神”系列评论等；同步推出《自媒体时代更要用好“麦克风”》《以工匠精神建设高品质城市》《文明城市看细节》《合力续写新荣光》《我们需要“女排精神”》《一起交通事故“撞”出善意互动》等评论。

优化平台建设，推进媒体融合。构建网站、数字报、微博、微信、“掌上星沙”APP、电子阅读屏、星沙户外等新媒体平台多点支撑的格局。星沙新闻网作为红网长沙县分站，是全县唯一有新闻资质的网站。自上线以后，网站的推稿及转发数量每月均稳居红网134个县市区分站之首，占比11.8%。星沙时报官方微信于2014年2月正式开通，关注用户数量超过20万，成为本土影响力最大的公众号。以星沙时报微信为龙头，开通产经周刊、教育周刊、星沙吃货等微信公众号，形成细分受众的微信矩阵。“掌上星沙”APP是湖南第一个区县级移动新媒体平台，于10月底升级更新为3.4版本，实现栏目自主订阅功能。11月，开发星沙时报数字报手机版，确保掌上星沙、微信等平台上的数字报适配手机屏幕，手机版数字报支持版面栏目导航和文章标题列表、点击版面打开文章阅读、以日历方式阅读过往期刊、放大缩小版面等功能。

再造采编流程，提升采编水平。1月，推行新闻采编的流程再造，由原来的“今天的新闻明天推送”转型“当天的新闻及时推送”。改进采编流程，实现“记者当场采访当场发稿、后期立即编辑及时推送”；传统媒体记者成功转型“全媒体记者”，文字记者必须熟悉摄影摄像，及时采集文字、图片、声音、影像等。

创新活动策划，构建全媒体平台。深化改革，加强活动策划，成立专门的活动策划部，由专人制定实施松雅湖半程马拉松、婚博会、儿童艺术节、美丽乡村行、社区节、创新创业论坛、书画大赛、购房节等重大活动。全媒体平台开始发力，形成新媒体营销、书刊画册编制、创意设计、视频摄制等品牌业务，经营业务收入由原来单一靠报纸广告收入支撑发展为多平台支撑。3—4月，星沙时报社自主策划执导力量之歌·长沙经开区首届员工歌手大赛，赛事直接影响人数超过5万，在线观看4月28日总决赛微信直播的人数超过30万。

【星沙时报全媒体机构改革】5月，星沙时报全媒体以各媒体全面融合发展为目标，取消原先以单一纸媒为核心、按不同新闻板块设立部门的传统模式，以全媒体集群为平台，按照生产流程以及传媒产业发展趋势和媒体融合要求设置部门，创建全媒体采集中心、全媒体运维中心、全媒体经营中心等，打破报社各媒体各自为政、并行不融的现状，实现全方位的全媒体转型。年底，基本实现对新闻产品的秒推（APP+电子屏+微博）、速推（微信）、深推（报纸）三个层面的立体传播。完善《星沙时报全媒体采编发布流程及规定》《星沙时报全媒体审稿规范及流程》《全媒体运维中心新媒体员工考核制度》等，为全媒体融合提供机制保障。

（曾　征）

·广播电视电影·

【概况】2016年，长沙县广播电视台围绕“新闻立台、事业强台、人才兴台”的工作思路和工作目标，以党的群众路线教育实践活动为契机，在宣传工作中，牢牢把握舆论导向，着力提高宣传水平，发挥新闻媒体的舆论导向作用和党、政府的喉舌作用，负责做好全县广播电视新闻报道宣传、专题、广告的制播以及广播电视事业建设、有线电视网络、数据传输业务的社会文化服务。全年采、编、播出新闻稿件3420余条，专题100余期，各类节目855期。《湖南首例环境污染入刑案件开审》获评湖南广播电视奖一等奖、湖南省新闻奖二等奖。是年，步天传媒公司公司总收入近340万元，旗下运营“长沙县广播电视台”微信公众号和“平安长沙县”（县政法委官方微信公众号，2016年7月运营，已有粉丝5万名）。

新闻宣传。2016年，长沙县电视台不断丰富宣传工作内涵，拓展宣传领域，创新宣传工作手段，整合宣传工作资源，打造宣传品牌，确保宣传舆论导向的正确并充分发挥新闻媒体宣传的职能。新闻方面，《星沙新闻》栏目切实增强新闻宣传的针对性、时效性和吸引力、感染力。全新推出重点关注新闻，对社会热点、政策大事、具有社会影响力、具有社会价值的消息及系列报道展开特别关注报道，如《中国速度，磁浮来》系列报道，《“四轮驱动”跑出长沙县加速度》等。在新闻栏目中开辟《十件大事》《乐居星沙》《拆违控违在行动》《走进东盟》《创客路上》《“两学一做”》等系列报道，播出稿件近500条。重点推出《”两学一做”微故事》系列报道，《战高温 向劳动者致敬》系列报道，长沙县第十三届代表大会第一次会议系列报道。中秋期间特别策划《中秋月儿圆》系列报道；“省党代会”“两会”期间，推出《聚焦省党代会》《全民热议省党代会》《记者跑两会》《“两会”日记》《代表风采》《委员风采》等系列报道。

专题方面。《领跑先锋》《政务连连看》制作播出40期，贴近居民群众切身利益，涉及全县整体发展。《美丽乡村》栏目播出自制节目44期，让人感受古老艺术的魅力，致力保护和传承非物质文化遗产。陆续推出《种粮竟比房地产还挣钱》《农技推广领头雁》《村干部争做致富带头人》《青梅煮酒“醉”诱人》《荷塘里的财富》等专题，宣传农村致富领头人等故事。在《星沙新闻》栏目中开辟《适应新常态 再创新辉煌》金点子专题报道，《今春农业》《残疾人创业风采》《园区绿动力》《百日攻坚》《美丽乡村》《名师工作室》《名医访谈》《暑假去哪儿》《水稻种植经》《关爱脑瘫儿童》《创业在基层》等系列报道，深入到乡村、企业、社区，把镜头对准基层，播出稿件500余条。

县广播电视台还引进日播节目《天籁村》《前沿讲座》《中国旅游》以及日播节目《希望的田野》。县电视台制作播出《打击非法集资》《禁毒》《文明出游》《建党95周年》等公益广告154505条（次）。

【“长沙县广播电视台”微信公众号】及时更新长沙县网络电视台的相关网页，打造更加优秀的网络、微信平台及APP。“长沙县广播电视台”微信公众号采取线上线下相结合的模式，推出“桃李杯全国少儿才艺大赛”“松雅湖健康骑行”等线下活动。平台特设福利板块，定期推送“小龙虾免费吃”“冰糖心苹果等你来领”“美丽乌川湖 风景如画唯独缺你”等美食、旅游福利；平台信息推送点击率超过50万次，推送新闻资讯3843条。

【有线电视业务】2016年，县广播电视台继续坚持面向市场、面向用户，围绕“做大做强、优化网络、提升服务、深化管理”工作方针，推进各项增值业务发展，持续优化城乡网络，全面完成各乡镇联网。全年创收3600多万元。全网累计新增用户5319户，办理高清数字电视用户3160户；办理宽带业务用户3280户，宽带总户数10197户；新建小区签约总用户数7300余户，新建楼盘签约小区8个。

【“三网融合”】完成城区双向网络改造小区15个，分别为棠梨恒凯市场、诺亚山林高迪园、佳美星城、好望谷、阳光丽景、灰埠安置区、紫晶城、松雅苑等。双向网改完工小区141个，开通双向光节点1933个，覆盖用户151176户。（周小藤）

【数字影院建设】2016年，长沙县数字影院增至10家（2015年为8家），总营业面积1.89万平方米，影厅54个，座位7508个。新设立2家数字影院，总面积7521平方米，影厅16个，座位2444个，全部建成并投入使用，运营状况良好。（陈宇平）

·档案工作·

【概况】2016年，县史志档案局继续坚持“依法治档、科技兴档、规范管档、方便用档”的工作思路，以“创建国家一级综合档案馆”为契机，夯实资源体系、利用体系、安全体系建设，努力提升档案工作管理水平。2007—2016年，连续10年获评“湖南省档案宣传工作先进集体”。档案馆基础业务建设：按照创建国家一级综合档案馆标准，已将各镇街和县直各单位的1995—2005年档案全面移交进馆，年内接收31个镇街和县直单位的档案，计6018卷（44570件）。接收各类档案资料600多册（件），馆藏进一步丰富。县档案馆接待社会各界利用者4000余人次，调阅档案资料1万余卷，为群众解决婚姻纠纷、拆迁安置、土地承包等方面问题发挥重要作用。档案信息化建设：完成数字档案馆一期建设、二期硬件建设和馆室一体化局域网搭建工作。部署推广内网档案管理软件，跟进手机查档软件开发。建立和完善馆藏档案目录。利用现有场地和馆藏档案资源，开辟长沙县历史陈列展。推进档案信息远程利用和共享。在市档案指导下完成与长沙县国家综合档案馆、多地区和各机关单位之间的馆（室）际分布式数据库远程利用系统，初步实现市、县（区）档案信息资源共享。档案规范化管理：继续开展民生档案工作，深入有关单位进行业务指导，发放补助资金等；深入红旗水库、县委组织部等50多个单位调研档案移交、整理等业务工作；对金井镇、住建局等30多单位的系统使用及数据挂接问题进行处理，并利用跟班学习、电话、档案群、微信群等形式指导全县各单位档案业务工作。适时对北山镇、湘龙街道、春华镇、安沙镇创建档案工作规范化管理省一级进行指导；对县人社局、县水务局进行省一级复查，指导县发改局、县文广局创建档案工作规范化管理省二级，以奖代补资金全部发放到位。法制建设与宣传：对全县各单位开展行政执法监督检查自查工作，并对所有自查汇报材料进行核实筛选，对北山镇、春华镇等单位开展行政执法监督抽查工作。充分利用“12·4”全国法制宣传日等主题活动，在政务网站、新闻媒体等平台开展档案法律法规宣传，发动全县镇街、县直各单位广泛开展“6·9”国际档案日宣传活动。

【推进国家一级综合档案馆创建】根据创建国家一级档案馆的标准和要求，2016年，长沙县把创建工作作为重点工作认真抓好。一是召开创建工作推进会，落实创建各项分解任务。二是领导高度重视，3月，县人大常委会副主任曹艳萍带队调研档案工作，9月对全县档案工作情况进行审议，并就依法管档、规范管理、提高队伍素质方面提出审议意见。9月26日，县四大家领导就创建国家一级综合档案馆工作在县史志档案局召开专题调研会，解决档案工作中存在的问题，如成立长沙县国家档案馆等。三是扎实做好档案业务基础工作。县史志档案局与县财政局联合发文出台档案工作规范化管理定（升）级奖励办法，创新档案规范化管理。将各镇街和县直各单位的1995—2005年档案全面移交进馆，共接收31个镇街和单位的档案，计6018卷（44570件）。全力做好档案查阅和利用服务工作，加大档案的收集和征集力度，进一步丰富馆藏。

【长沙县国家综合档案馆搬迁】总建筑面积1.34万平方米的新档案馆于2015年12月竣工验收。新馆4～7楼库房密集架、风淋净化、精密空调等设施设备于2016年6月提前竣工验收。6月27日，长沙县国家综合档案馆整体搬迁工作全面启动，历时1月，所有档案资料和办公设施设备安全搬迁新馆，无档案遗失等现象。8月1日起，长沙县史志档案局正式迁至新址（长沙县星沙街道望仙东路598号）办公。新馆开馆以后，一切运行正常，至年底接待查档1187人次，调阅档案1865卷次。（朱立辉）

·杨开慧纪念馆·

【概况】杨开慧纪念馆成立于1966年，占地约8.4公顷，建筑面积9600平方米。位于湖南省长沙市长沙县开慧镇开慧村，西连汨罗市，北与平江县毗邻。该馆由杨开慧故居、杨开慧烈士陵园、杨开慧生平业绩陈列馆、杨公庙四部分组成，是全国百家红色旅游经典景区、国家AAAA级旅游景区、湖南省爱国主义教育基地。2009年4月起，杨开慧纪念馆对外免费开放，年均接待游客约120余万人次，有100多所大中专院校、中小学校和机关企事业单位在此设立德育教育基地。同时接待英、日、美、韩、朝等30多个国内外游客4000余万人次。

2016年，坚持深入挖掘杨开慧烈士精神，整理“杨开慧烈士题词节录”，包含47位党政国家领导人、专家学者等为杨开慧烈士题词；整理杨开慧烈士生平资料，开慧1927—1930书稿，书名暂定《绚烂霞光——杨开慧的1927—1930》。9月，长沙县唯一一家红色旅游书屋在开慧纪念馆挂牌成立，展出红色教育相关书籍3000余册，并面向社会开放。成为推动红色文化与旅游发展融合新亮点。缅怀烈士功绩“9·30”烈士功绩日长沙县烈士纪念日公祭烈士大会在纪念馆举行。县委曾超群书记活动中宣读祭文，长沙县委、县人大、县政府、县政协、县武装部主要领导代表长沙县向烈士敬献花篮。

是年，杨开慧纪念馆通过省旅游局、省两型办、省质监局联合开展“湖南省两型示范旅游景区”认证评审。同时国家民政部网站公布杨开慧烈士纪念园为第六批国家级烈士纪念设施。

【举办“红色湘女之情”学术研讨会】2016年4月19日，“红色湘女之情”学术研讨会在杨开慧纪念馆举行。全国政协常委、中共党史学会常务副会长、中央党史研究室原副主任龙新民，中国解放军军事科学院军事战略研究部副部长毛新宇，省委常委、统战部部长黄兰香出席会议。

【获评湖南省文明旅游景区】2016年12月，杨开慧纪念馆获评“湖南省文明旅游景区”。杨开慧纪念馆创建全国爱国主义教育基地，进一步加强景区管理水平，完善景区基础设施建设和文明服务素质教育，大力推行优质服务，引导旅游经营者、旅游从业人员增强文明旅游意识。景区旅游从业人员自觉践行社会主义核心价值观，旅游文明素质和服务水平不断提高。（李璐）

体育

【概况】全民健身“假日体育”活动深入人心，体育产业蓬勃发展。2016年，建设村级示范性文体活动室10个，开展4次社会体育指导员集中培训和100余次下乡培训辅导，培训人数752人，舞龙、自行车、乒乓球、篮球、太极拳、羽毛球、气排球等传统项目和群众基础好大众运动项目得到大力推广。9个县级体育社团（老年人体育协会、乒乓球协会、棋类运动协会、冬泳协会、太极拳协会、羽毛球协会、信鸽协会、篮球协会、钓鱼协会）均开展全县性单项赛事，组织能力和队伍素质得到提升。聘请8名太极拳教练、2名瑜伽教练、2名国标交谊教练在文体中心市民健身中心场馆为市民朋友开办各种项目免费培训班。开办24式简化太极拳班、42综合太极拳班与蛇形太极拳培训班，培训700余人。新开办交谊舞免费培训班，培训人数300余人。举办长沙县第十二届舞龙比赛、全民健身节启动式暨第五届环松雅湖自行车赛，长沙县业余羽毛球赛、业余台球赛、象棋围棋比赛、太极拳团体赛等常规赛事活动；开办暑假青少年足球、篮球、乒乓球培训夏令营，培训学员670人；承办湖南省第九届老年人运动会门球赛、首届经济强县篮球赛等高水准赛事；组队参加市局网球教学赛、职工篮球赛、乒乓球团体赛。大力开展全民健身运动。举办长沙县42式太极拳团体比赛，组织全县太极拳精英赴中医药大学参加湖南省第七届太极拳锦标赛，取得五金三银四铜好成绩。开办太极拳、太极剑免费培训班，聘请市、县太极拳名师送培训到全县各镇街，进行24式、42式太极拳指导。全年体育彩票销售额5100万元。国家体育总局局长刘鹏、省长许达哲、省政府副秘书长陈小春、省体育局局长李舜等领导到湖南优冠实业集团有限公司进行实地督查，调研体育产业发展情况，对长沙县体育产业发展态势给予高度肯定。

【举办长沙县第十二届舞龙比赛】 2月22日下午，由中共长沙县委、县人民政府主办，县委宣传部、县文明办、县文广局承办"我们的中国梦 欢乐闹元宵"长沙县第十二届舞龙比赛在松雅湖中学体育馆举行。来自全县各乡镇、街道十八支参赛队伍参加比赛，3000余名市民现场观看比赛，共庆元宵佳节，县领导彭勇、曹艳萍、喻名团、陈沃辉出席活动。经过激烈比拼，金井镇、开慧镇龙狮队获一等奖。

【举办长沙县全民健身节启动式暨第五届环松雅湖自行车比赛】 4月29日上午，长沙县全民健身节启动式暨第五届环松雅湖自行车比赛在松雅湖畔举行。活动由长沙县委、县政府主办，县委宣传部、长沙县文化体育广播电视局、松雅湖管理局承办。活动吸引全省近1500名自行车骑行爱好者参加。县领导彭勇、曹艳萍、喻名团、陈沃辉出席活动。赛事分为环内湖自行车拉力赛组和环外湖自行车健康骑行活动组两个组别。比赛组分男子组和女子组，均从松雅湖畔捞刀河路与万明路交会处出发，其中男子组环湖5圈，全程50千米，女子组则是3圈，全程30千米；健康骑行组环湖道外圈一圈，沿万明路—松雅湖大桥—滨湖路—星沙大道辅道—香堤路—捞刀河路后返回起点，15千米。通过激烈角逐，来自浏阳市袁薇夺得女子组第一名，来自长沙市陈凯获得男子组第一名。

4月29日上午，2016年长沙县全民健身节启动式暨第五届环松雅湖自行车比赛　　（县文广局 提供）

【举办长沙县第三届太极拳团体比赛】 6月21日上午，由长沙县文化体育广播电视局主办，长沙县文化体育服务中心、长沙县太极拳协会承办长沙县太极拳团体比赛暨"太极拳健身活动月"展示活动在星沙文化中心广场举行。近千名农民、工人、机关干部等太极拳爱好者齐聚广场，共同展示24式太极拳与42式太极拳。团体赛42式综合太极拳为竞赛项目，最终评选一等奖3名，二等奖5名，三等奖若干，优胜奖2名。大赛最终由青山铺镇代表队、星沙街道代表队、开慧镇代表队获得一等奖。

【举办长沙县"公益体彩 赢在社区"全民健身赛】 7月8日下午，由湖南省体育彩票管理中心、湖南广播电视台公共频道、长沙市体育局主办，长沙县文化体育广播电视局承办、泉塘街道办事处特别支持湖南"公益体彩赢在社区"全民健身赛活动在长沙县泉塘街道小塘路广场举行，泉塘街道有10支队伍参加比赛。除了趣味体育比赛，现场还有"体彩大乐透，扫码赢大奖""积赞抢奖品"等微信活动，比赛间隙还有体彩知识有奖问答活动，另外还有广场舞，以及少儿舞蹈队带来傣族舞、绕口令等表演。

【暑假青少年夏令营开营】 为丰富中小学生暑假生活，培育锻炼意识，让中小学生拥有一个健康、快乐暑假。7月15日，由长沙县文化体育广播电视局举办2016年长沙县暑假青少年足球、篮球、乒乓球夏令营正式开营，本次夏令营按照"政府购买服务、体育惠民、快乐健身"原则进行，为期20天，有670余名中小学生受训，670个家庭受益。

【举办长沙县业余羽毛球赛】 7月23日，由长沙县文化体育广播电视局主办，由长沙县文化体育服务中心、长沙县羽毛球协会承办2016年长沙县业余羽毛球赛在长沙县老年活动中心举行。比赛设男单、女单、男双、女双、混双五个组别，双打分二个阶段，第一阶段采用分组循环，男双每小组第一名进入前二阶段比，混双每小组前两名进入第二队段比赛，女双每小组前三名进入第二阶段比赛；第二阶段采用淘汰赛制。双打全阶段三局两胜制，每局11分，先得11分为胜。单打采用淘汰赛制，三局两胜，每局15分，先得15分为胜。

【举行长沙县“三湘农民健康行”暨“8·8”全民健身日活动】 2016年是第八个全民健身日，8月8日，由长沙县人大常委会、长沙县人民政府主办，县文广局、县卫计局、福临镇人民政府承办“三湘农民健康行”暨“8·8”全民健身日活动在福临镇文广站举行。吸引600余名观众参与，来自不同部门单位文艺工作者为观众献上一场艺术盛宴；同时也通过设立健康咨询台和志愿者向参与群众宣传健康生活知识，丰富群众文化生活。

【长沙县第六届全民广场舞大赛】 9月18日，由中共长沙县委宣传部、长沙县文明办、长沙县文化体育广播电视局主办，湖南金井茶业有限公司协办“欢乐潇湘 幸福星沙”2016年“金茶杯”长沙县第六届全民广场舞大赛初赛第一场在星沙文化中心广场举办，吸引全县各镇街、县直机关单位22支队伍1000余人报名参赛，比赛整体分为两场初赛、一场总决赛，每场初赛将分别选拔6支队伍12支队伍进入总决赛。最终黄兴镇光达社区广场舞队、县规划建设局广场舞队、泉塘街道正青春广场舞队、福临镇广场舞队获得金奖，北山镇广场舞队、果园镇浔龙河村广场舞队、黄花镇舞魅健身队、开慧镇葛家山村广场舞队、安沙镇广场舞队、金井镇广场舞队、青山铺镇广场舞队、星沙街道松雅艺术团获得银奖。

【举办长沙县第五届柔力球比赛】 10月27日，由长沙县文化体育广播电视局、老龄工作委员会主办，长沙县老年人体育协会、文化体育服务中心承办长沙县第五届柔力球比赛松雅湖中学体育馆开赛，来自镇街17支柔力球代表队400余名选手参赛。比赛套路类别分为集体规定套路和自编套路。经过近两个小时角逐，由星沙、泉塘等6支队伍获得比赛金奖。

【举办长沙县首届“星沙杯”足球邀请赛】 12月17日下午，由长沙县人民政府主办，长沙县文化体育广播电视局、共青团长沙县委承办长沙县首届“星沙杯”足球邀请赛开幕式在县实验中学举行。比赛采取邀请参与形式举行，有县直机关、公安局、教育局、行政执法局、星沙街道等5个单位组队参加，赛事持续至25日。长沙县委书记曾超群以一名普通球员身份代表县直机关队参赛，副县长喻名团出席开幕式。（陈宇平）

（责任编辑　张　娜）

卫 生

综 述

【概况】截至2016年年底，辖区内有二级机构长沙县疾病预防控制中心、长沙县卫生计生综合监督局、长沙县妇幼保健院、长沙县健康促进与信息中心、长沙县基层医疗卫生机构财务监督管理中心，非长沙县卫生和计划生育局发证的医疗机构有：市级医院1所(长沙市第八医院)，县级医院5所(长沙县第一人民医院、长沙县第二人民医院、长沙县中医院、长沙县星沙医院、长沙县妇幼保健院)，长沙星沙年轮骨科医院、长沙手外科医院、湘雅博爱康复医院等；长沙县卫计局发证各级各类医疗机构462个，其中：综合医院6个，县精神病医院1家，计划生育技术服务站1所，街道社区卫生服务中心4所，街道社区卫生服务站5所，镇（中心）卫生院16所；村卫生室213所，医务室25个，门诊部42个，个体诊所125所，个体卫生室24所。全县卫生专业技术人员5354人，执业医师2209人，全额拨款145人，差额拨款1221人，编外聘用3988人。

医药卫生体制改革

【概况】2016年，长沙县财政安排5931万专项补助资金，保障基本药物制度顺利实施和基层医疗卫生机构正常运转。与实施前同期相比，居民医药费用负担明显减轻。全县基层医疗卫生机构药品年销售总额由实施前7396万元降至4395万元，下降40.58%，基层医疗卫生机构门诊次均费用由实施前129.22元降至88.58元，下降31.45%，住院次均费用由实施前2074.11元降至1236.08元，下降40.40%。实施基本药物制度后，基层医疗卫生机构业务普遍上升，尤其门诊量增幅较大。全县基层医疗卫生机构门诊人次由实施前467682人次上升至815306人次，上升74.33%。继续巩固实施公立医院改革，县财政补助财政资金1568万元，核拨分别按照差额编制人员补助和工作任务数量任务、绩效考核结果和满意度调查绩效补助。退休人员退休工资也给予相应保障。

【健全医疗卫生服务体系】实施基层医疗卫生机构能力建设。重点抓好县级医院、镇卫生院（分院）、社区卫生服务中心和村卫生室等基层医疗卫生服务体系建设项目。完成县妇幼整体搬迁项目竣工、县中医院门诊、住院综合楼竣工投入使用、县疾控中心实验室用房改扩建竣工；完成干杉、春华、金井和白沙卫生院周转住房均按建设程序竣工，县乡医院维修改造和村卫生室标准化建设完工；推进长沙县人民医院、长龙街道社区卫生服务中心、北山镇中心卫生院及长沙仁康医院择址新建项目。

【人才队伍建设】2016年引进、招聘专业技术人员214名；储备医卫类应届本科生47名；与4名长沙县籍高中毕业生签订《农村订单定向免费医学生协议书》，本化培养乡村医生51名。加强专业技术人员管理及培训。安排150万元专项经费用于卫计系统业务培训，培训内容包括行政管理、预防保健、妇幼、临床、医技、护理、药剂、财务人员等，举办78期。全年有13人晋升高级职称、73人晋升中级职称，基层医疗卫生机构有18人考取执业医师。

【设备信息工作】组织开展招标采购工作（开慧DR和彩超及㮾梨街道社区卫生服务中心彩超项目，果园镇卫生院血细胞分析仪，基层医疗机构2016年集中采购医疗设备项目及各县级医院2016年集中医疗设备采购项目，救护车采购项目，村卫生室设备及印刷资料采购项目），采购医疗设备预算2112.59万元，实际中标价格1491.75万元；设备监管方面参与监督县妇幼保健院新院建设相关医疗设备采购项目；对2015年加急采购设备及县一医院中标设备、县中医院供应室、开慧镇卫生院DR和彩超、㮾梨街道社区卫生服务中心的彩超、果园镇卫生院血细胞分析仪等项目验收工作。

疾病预防控制

【概况】 2016年，各类传染病疫情均得到及时、规范、高效处置，无甲类传染病发生，传染病总体稳中下降。针对H7N9人禽流感等重大传染病疫情，完善联防联控防控体系，完善突发公共卫生事件应急预案，认真落实24h值班制度，扎实开展卫生应急演练。重点传染病监测到位，制定15种重点传染病防控的技术预案和监测方案，加强监测、管理、分析、预警，守住传染病不暴发流行底线。全县6个自愿咨询检测门诊（VCT）接待咨询者639人次；7个初筛实验室完成91670人次初筛检测；对国家哨点吸毒人群完成400人次问卷调查与HIV、HCV及梅毒检测；对辖区内监管场所新进羁押人员4775人进行HIV抗体筛查；协同社会组织“天空同蓝”，对男男同性恋完成200多人次HIV初筛检测；落实“四免一关怀”政策，全年给艾滋病病人发放电话补助、CD4检测交通补助、住院治疗补助及大病救助36万余元。全年登记活动性结核病人435例，发现耐多药肺结核病例8例，结核菌/艾滋病病毒双重感染患者3例。结核病控制策略（DOTS）覆盖率100%，患者规律服药率95%以上，治愈率85.53%，结核病患者发病数及发病率呈逐年下降趋势。

【免疫规划工作】 2016年，长沙县推广预防接种门诊标准化建设，星沙医院预防接种门诊成为长沙市首批示范性预防接种门诊，泉塘街道预防接种门诊筹备创建湖南省数字化预防接种门诊。疫苗常规接种、查漏补种、预防接种证查验、接种率入户调查、流动儿童主动搜索等多种途径，长沙县基础疫苗接种率95%以上；疫苗针对性传染病控制在较低水平，继续维持无脊灰状态，麻疹病例较往年明显下降。全年AEFI监测系统报告38例疑似预防接种异常反应，一般反应37例，异常反应1例，一例为热性惊厥（复杂型）。全年无不明事件及群体性AEFI情况发生，无AEFI反应投诉事件及预防接种安全事故发生。

【开展系列健康促进活动】 采取巡回讲座、健康咨询、宣传栏、公益广告等多种形式，与镇街卫计办、县域医疗机构协作，全年发放宣传资料41.2万份、设置健康教育宣传栏1896个、开展公众健康咨询服务场次402次、举办健康知识讲座672次、开展个体化健康教育人数达382人。另外，在洪灾疫情防控期间，发放宣传折页1万份，通过健康周刊和星沙时报微信端发送灾后疫情防治1期，开展健康巡回讲座3场次。

【居民健康档案管理及慢性病管理】 2016年，长沙县申报创建国家慢性病综合防控示范区。将慢性病综合防控示范区相关工作列为常态工作，完善居民健康档案为核心区域信息化建设，实现电子健康档案和电子病历连续记录和信息共享；2016年年底，长沙县累计建立居民健康档案735020份，建档率83.48%；在管高血压患者73925人，管理率55.8%，超过上级38%管理率指标；在管糖尿病患者21921人，管理率32.1%；全年老年人健康体检63113人次，体检率71.7%。

【饮用水、食品风险监测】 2016年，开展食品安全风险监测、食源性疾病监测、食品安全常规监测、公共场所和生活饮用水监测以及学校卫生工作。其中食品安全风险监测食品采样55份，完成率100%；食源性疾病监测完成病例报告400份，完成率103.33%，报告并处置食源性疾病暴发事件6起；食品安全常规监测餐饮具采样889份；生活饮用水监测监测水源水53份、监测出厂水168份、监测管网末梢水456份、农村饮用水138份；公共场所监测完成采样250份。

11月27日，“携手抗艾，重在预防”——2016长沙县首届高校联动遏制艾滋病宣传活动（县卫计局 提供）

附 录

长沙县2016年传染病与突发公共卫生事件监测年报

一、总疫情

2016年度通过《中国疾病预防控制信息系统》报告统计，现住址长沙县甲乙类传染病12种1620例，死亡病例5例，无甲类传染病病例报告，甲乙类传染病报告发病率159.08 / 10万，丙类传染病6种8654例，发病率849.82/10万。

甲乙类传染病报告病例数居前三位分别是肺结核（528例）、肝炎（435例）、梅毒（344例），占2016年度报告甲乙类传染病总数80.67%。与2015年相比，总发病率上升13.28%。各病种均有小幅上升，死亡5例，狂犬病2例、肺结核2例、艾滋病1例。

经分类统计，甲乙类传染病中报告肠道传染病29例、呼吸道传染病657例、血源及性传播疾病920例、自然疫源及虫媒病14例，无新生儿破伤风病例，各类传染病分别占病例总数的1.79%、40.56%、56.79%、0.86%（见图1）。

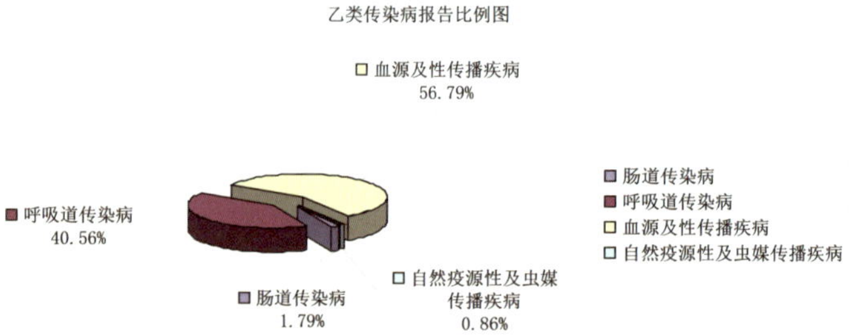

图1 长沙县2016年甲乙类传染病报告总数比例图

报告丙类传染病6种8654例，发病率849.82/10万。其中手足口病6356例、其他感染性腹泻996例、流行性感冒650例、流行性腮腺炎483例、急性出血性结膜炎165例、风疹4例，2016年2月12日发生1例甲型流感合并肺炎感染导致死亡。总发病率较2015年上升49.44%，其中手足口病上升50.74%、感染性腹泻上升49.77%、流行性感冒上升420.51%、急性出血性结膜炎上升166.35%、流行性腮腺炎下降43.21%。

二、辖区疫情报告

2016年长沙县辖区内有医疗网络直报单位28家，通过疾病监测信息报告系统报告：传染病及相关病例9032例，全县报卡数较2015年上升43.11%，其中乙类1337例、丙类6231例、其他传染病1072例、其他疾病392例；27家网络直报单位中12家报告卡数上升明显，新增长沙县精神病院；2016年度报告突发公共卫生事件1起：2016年10月长沙县湘龙街道湘龙小学水痘暴发疫情，发病82人，无重症和死亡病例。

表1 长沙县网络直报单位报卡数对比表

医疗机构名称	2016年报卡数	乙类报告数	2015年报卡数	乙类报告数	趋 势
长沙市中医院（市八医院）	4165	656	2668	367	↑
长沙县第一人民医院	603	134	353	99	↑
长沙县妇幼保健院	1330	67	717	50	↑
长沙县第二人民医院	191	84	167	57	↑
星沙街道社区卫生服务中心	1198	91	839	76	↑
长沙县疾病预防控制中心	133	125	164	152	↓
果园镇卫生院	56	3	66	4	↓
长沙县中医院	82	24	79	24	↑
干杉乡卫生院	57	1	82	2	↓

医疗机构名称	2016 年报卡数	乙类报告数	2015 年报卡数	乙类报告数	趋 势
春华镇医院	379	6	158	10	↑
黄兴镇医院	42	5	89	4	↓
安沙镇卫生院	35	3	74	4	↓
湘龙街道社区卫生服务中心	83	13	56	76	↑
江背中心卫生院	29	9	34	8	↓
福临镇中心卫生院	22	2	26	2	↓
高桥镇医院	24	1	27	4	↓
金井镇中心卫生院	26	6	57	11	↓
开慧乡卫生院	32	10	26	2	↑
榔梨镇卫生院	71	8	105	1	↓
北山中心卫生院	62	6	43	7	↑
路口镇卫生院	64	--	45	0	↑
黄花镇卫生院	55	5	68	6	↓
白沙乡卫生院	54	--	61	1	↓
青山铺镇卫生院	22	2	51	2	↓
双江镇卫生院	18	--	33	4	↓
泉塘街道社区卫生服务中心	116	4	66	2	↑
中国国际旅行卫生保健中心	77	72	151	145	↓
长沙县精神病院	6	--	--	--	--
合 计	9032	1337	6305	1056	

三、甲乙类传染病流行病学分析

1. 地区分布：报告病例数居前三位为星沙街道 486 例、黄花镇 116 例，黄兴镇和江背镇均 115 例（见图 2）。

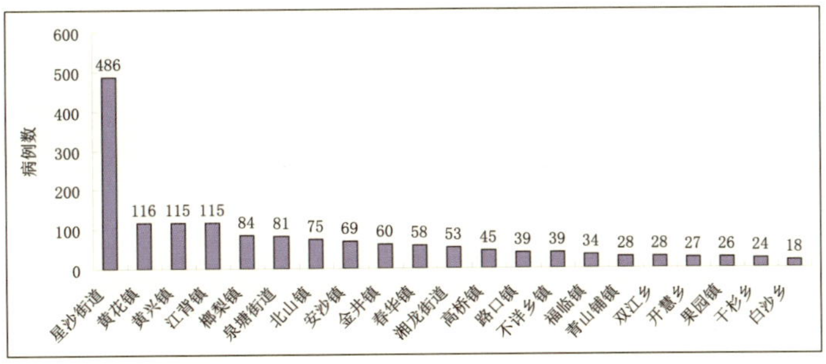

图 2 长沙县 2016 年甲乙类传染病分地区统计图

2. 人群分布：①性别：1620 例甲乙类传染病病例中，男性 1040 例，女性 580 例，男女比例 1.79 ∶ 1。除梅毒、麻疹、痢疾、淋病女性病例多于男性病例外，肺结核、肝炎、猩红热男性多于女性。

②年龄：2016 年“0 ~ 9 岁”年龄组报告病例数 131 例，“0 ~ 1 岁”及“4 ~ 6 岁”组为发病高峰。“10 ~ 岁”以上年龄组分布曲线，以“25 ~ 岁”组为发病最高峰（见图 3、图 4），20 ~ 60 岁发病水平较高。发病前五位病种中，肺结核以中老年发病为主，肝炎、梅毒以青壮年发病为主，猩红热、麻疹以低年龄组发病为主。

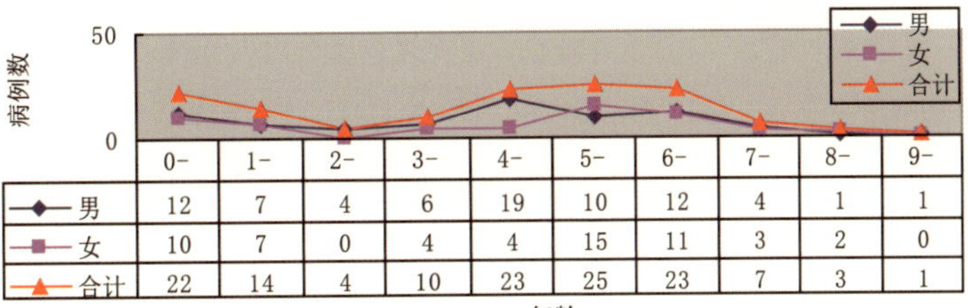

	0-	1-	2-	3-	4-	5-	6-	7-	8-	9-
男	12	7	4	6	19	10	12	4	1	1
女	10	7	0	4	4	15	11	3	2	0
合计	22	14	4	10	23	25	23	7	3	1

年龄

图 3 长沙县 2016 年甲乙类传染病“0 ~ 9 岁”年龄组发病曲线图

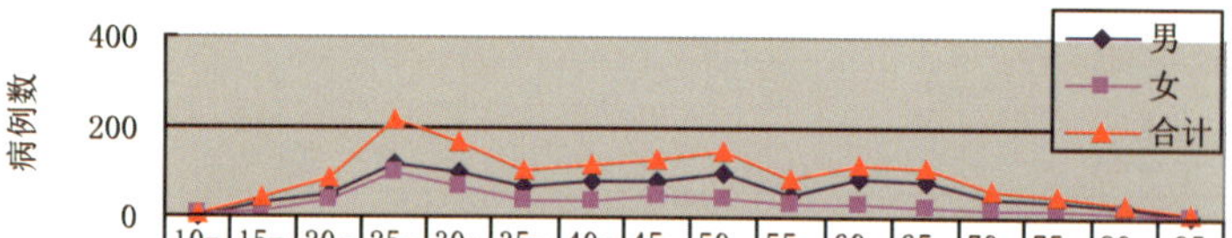

年龄	10-	15-	20-	25-	30-	35-	40-	45-	50-	55-	60-	65-	70-	75_	80-	85
男	3	28	47	120	100	69	82	81	100	52	89	82	44	36	23	5
女	4	15	39	97	66	36	36	49	45	32	31	25	18	16	10	5
合计	7	43	86	217	166	105	118	130	145	84	120	110	62	52	33	10

年龄

图 4　长沙县 2016 年甲乙类传染病“10- 岁”及以上年龄组发病曲线图

③职业：发病数居首位为农民 671 例（见图 5），占报告病例数 41.42%，其次为家务及待业 179 例、工人 67 例。职业不详 308 人（主要是梅毒、淋病、乙肝）。

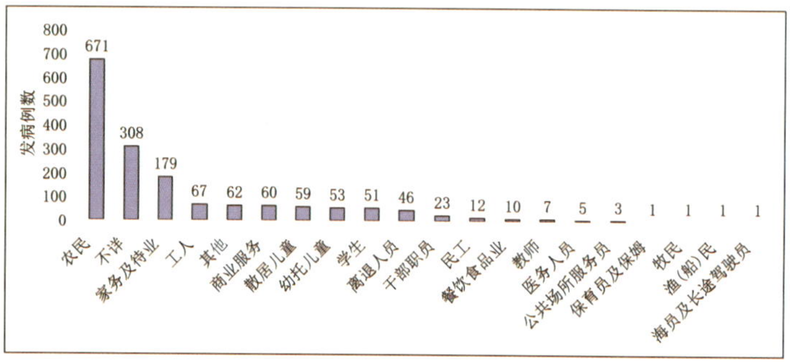

图 5 长沙县 2016 年甲乙类传染病职业分布图

3. 时间分布：从 1—12 月疫情分布图看发病曲线无剧烈波动变化，发病最高为 5 月、10 月，均 204 例（见图 6）。

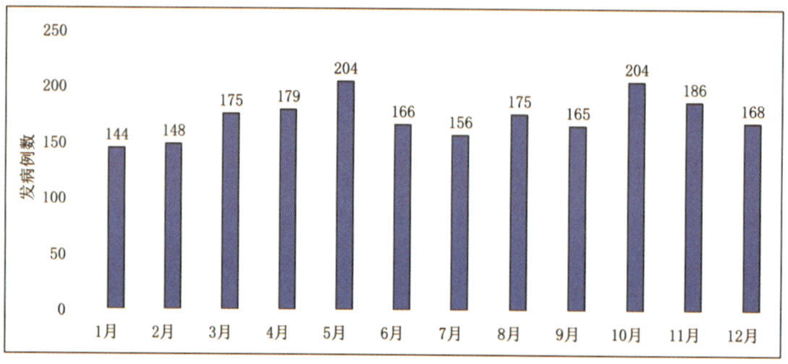

图 6 长沙县 2016 年甲乙类传染病时间分布图

四、重点疫情动态

1. 肺结核：现住址为本县的报告病例数 528 例，其中涂（+）151 例、菌（-）313 例、未痰检 58 例、仅培阳 6 例，发病率较 2015 年下降 10.91%。2016 年度结核病死亡 2 例。地区分布居前三位为星沙街道 63 例、黄花镇 45 例、黄兴镇 43 例；职业以农民（350 例）为主，占报告总数 66.29%；发病集中分布在 20 ~ 70 岁年龄段；男女发病性别比 2.21 ： 1。

2. 肝炎：现住址为本县的报告病例数 435 例，其中甲肝 7 例、乙肝 343 例、丙肝 71 例、戊肝 8 例、未分型 6 例，发病率较 2015 年上升 37.65%。地区分布居首位为星沙街道 129 例，其次是江背镇 32 例，黄兴镇 22 例；职业以农民（197 例）为主，占报告总数 45.28%；发病集中在 20 ~ 60 岁年龄段；男女发病性别比为 1.68 ： 1。

3. 麻疹：现住址为本县的报告病例数 28 例，较 2015 年下降 15.15%。病例散在分布在多个乡镇，以星沙街道（10 例）居首位；发病年龄主要集中在“0 ~ 岁”和“1 ~ 岁”年龄组，20 ~ 30 岁亦有病例分布；职业主要为散居儿童（22 例），女性发病数是男性 1.40 倍。未报告麻疹暴发疫情。

4. 猩红热：现住址为本县的报告病例数 101 例，较 2015 下降 35.25%，但近 3 年全县猩红热病例在长沙市地区居首位，地区分布以星沙街道（43 例）为首，占 42.54%；职业分布幼托儿童 37 例、学生 32 例、散居儿童 32 例；1-10 岁均有病例分布，发病高峰集中在 3 ～ 7 岁年龄段；男女发病性别比为 1.31 ∶ 1。未报告猩红热暴发疫情。

5. 痢疾、伤寒：2016 年报告细菌性痢疾 4 例、伤寒 3 例、副伤寒 1 例，呈散发，分布在多个乡镇；职业分布散居儿童 4 例、农民 4 例。

6. 淋病、梅毒、艾滋病：2016 年报告法定性传播疾病 406 例，其中梅毒 344 例、淋病 128 例、艾滋病 34 例。2016 年度艾滋病死亡 1 例。梅毒发病率较 2015 年度下降 35.61%，淋病发病率较 2015 年度上升 6.38%。性病地区分布星沙街道、黄花镇、黄兴镇居多；年龄分布集中在 20 ～ 65 岁年龄段；发病男女比例 1.28 ∶ 1。

7. 出血热、乙脑、疟疾：该病种为全县 2016 年度主要自然疫源性疾病，报告 14 例，其中出血热 9 例、疟疾 3 例、狂犬病 2 例。出血热病例较去年明显提升，发生是 2 例狂犬病均死亡，需要引起重视。

8. 丙类传染病：2016 年报告现住址为本县丙类传染病 8654 例，发病率 849.82/10 万：其中手足口病 6356 例，发病率 624.1610 万，较 2015 年上升 35.01%，发生 4 起托幼机构聚集性疫情，无重症和死亡病例。病例主要为散居儿童（4248 例），占报告病例总数 66.83%，幼托儿童（1935 例）占报告病例总数 30.44%，学生 159 例；3 岁及以下年龄组发病（3899 例）占报告病例总数 61.34%，城区发病率明显高于农村。报告流行性腮腺炎 483 例，发病率 47.43/10 万，较 2015 年下降 43.18%；报告流行性感冒 650 例，发病率 63.83/10 万，较 2015 年上升 350.18%。2016 年报告 3 起聚集性流行性感冒疫情、4 起流行性腮腺炎聚集性疫情；无丙类传染病报告疫情。

9. 其他传染病：2016 年报告为长沙县其他传染病 1503 例，发病率 147.59/10 万。重点是水痘病例，报告 1249 例，报告发病率 121.21/10 万，较 2015 年下降 6.06.%，占其他传染病总数 83.10%。职业分布主要为学生 467 例、托幼儿童 392 例、散居儿童 238 例，占总发病人数 94.81%。年龄主要集中在 3 ～ 10 岁儿童，男女比例 1.32 ∶ 1。2016 年报告 1 起学校水痘突发公共卫生事件，发病 82 例；处置调查 7 起托幼机构和小学水痘聚集性疫情。

五、突发公共卫生事件

2016 年全县报告突发公共卫生事件 1 起：10 月长沙县湘龙街道湘龙小学水痘暴发情，波及 3070 人，发病 82 人，县疾病预防控制中心对及时进行调查和跟踪处置，采取病例隔离、消毒、晨午检、复课把关、健康教育和停班等措施，在水痘 2 个潜伏期内控制该起疫情，事件均结案。

六、报告质量分析与风险趋势

全年网络直报单位未及时报告卡 0 张，迟审 10 例，预警判断不及时 2 次，无零报告现象。

1. 2016 年甲乙类传染病发病率与 2015 年略有下降，大部分直报单位报卡数有所下降，特别是乡镇医疗机构传染病报告数较少，少部分医疗机构仍查出有漏报情况。

2. 由于加强传染病监测，及早发现病例，无不明原因病例或重症病例报告，但全县交通便利、人员流动性强，存在登革热、疟疾，布病、寨卡病毒等境外或外地疫情进入长沙县的风险较高。

3. 由于生活方式越来越开放，同时检测力度加大，血源及性传播疫情呈现出从高危人群向一般人群扩散趋势，艾滋病、梅毒等血源及性传播疾病有明显上升趋势。

4. 由于农村地区卫生条件相对较差、卫生知识匮乏、自我保健意识弱，自然疫源性传染病农村发病率高于城区，2016 年狂犬病发生 2 例，均死亡，需要引起重视。

5. 结核病、肝炎、梅毒、艾滋病病例发病基数大，病程周期较长，且存在未及时发现和规范管理治疗病人，都给疾病防控带来较大困难。

6. 手足口病、流行性腮腺炎、水痘、诺如病毒引起的感染性腹泻等传染病高发人群为儿童、学生，学校、托幼机构人群集中接触机会多，同时体质较弱、自我保护意识差，导致丙类传染病发病率高且易发生聚集性或暴发的风险较高。

七、工作建议

1. 各医疗卫生单位须进一步加强不明原因肺炎、霍乱、伤寒、痢疾、手足口病等重点传染病的监测工作，发现疑似病例或聚集性病例及时上报县疾控中心，并落实好各项防控措施。

2. 各级医疗机构须准确、及时上报疫情，杜绝疫情迟报、漏报、错报和月零报告现象，确保传染病报告卡和网络直报卡内容相符，县疾控将加强传染病的审核，保证每天都有人值班审卡和提高卡片质量，避免出现迟审或预警处置不及时发生。

3. 各级医疗机构及时有针对性开展传染病相关培训，重点强化传染病诊断标准及疫情报告管理培训学习，落实各项管理制度，提升医生在传染病报告方面的责任意识。做好医院内消毒工作，防止院感病例的发生或暴发。

4.2016 年手足口病、流行性腮腺炎、水痘和诺如病毒感染引起的聚集性疫情较多，各医疗单位应继续保持防控力度，及时科学处理疫情，重点做好学校、托幼机构等集体单位疫情处置工作，防止暴发流行；医院疫情专干须及时浏览本辖区范围内疫情卡，加强疫情访视工作，提高访视质量，认真做好消毒隔离处理及健教工作，严防二代病例发生。

5. 做好艾滋病和结核病防治知识宣传，加强艾滋病自愿咨询（VCT）及长沙县艾滋病抗体初筛工作，做好结核病发现转诊和病例全程跟踪治疗服务。

6. 各医疗机构要加强狂犬病防治知识宣传教育工作，严格按《狂犬病暴露后处置工作规范》开展狂犬病暴露处置及疫苗免疫接种，及时上报狂犬病暴露人群登记表电子档。

7. 近段时间国内人感染 H7N9 禽流感病例数明显增多，各医疗单位须提高警惕，加强相关知识培训，有针对性地开展防控措施，做好冬春季传染病防控工作，防止聚集性疫情的发生。

卫生计生综合监督

【概况】 2016 年，7 月 25 日长沙县卫生计生综合监督局挂牌揭幕，核定编制 11 人。8 月、10 月，分别选举产生第一届工会委员会、支部委员会。定期对基层医疗机构卫生监督协管工作开展 4 次季度督查。检查情况良好。全年全县发现、报告卫生监督协管事件 116 次，协助开展实地巡查 2248 次。

做好商事登记制度改革工作。全年县卫计局接收公共场所数据 520 条，接收率 100%；处理率 100%；到 11 月止，办证率 77.84%。为配合全县文明指数测评工作，县卫计局全年出动车辆 40 台次，人员 82 人次，指导单位 97 家次，发放迎检资料 4 种 200 余份，为二次供水单位（含学校）免费提供价值 1.6 万元水质快检消毒盒 40 套，向重点公共场所单位免费发放价值 1.5 万元消毒柜 30 台。全年办结行政许可 600 件，对于每起许可，执法人员均严格按照程序在 10 个工作日内办结。县卫计局对住宿业、游泳场所、美容美发场所、沐浴场所 1128 家实施 100% 量化分级管理。县卫计局联合县行政执法局对持证供水单位监督覆盖率 100%。是年，全市卫生计生综合监督考核中，县卫计局获优秀并特别表彰；在全县行政执法案卷季度评比中，县卫计局选送案卷均为优秀；在全县卫计系统绩效考核中，获一等奖。

【宣传培训】 2016 年，县卫计局组织或参加宣传活动 5 次，接受咨询 1500 余人次，发放宣传资料 12 种 2 万余份，向群众普及卫生法律知识。同时，县卫计局卫生监督员全年参加培训班 21

国家卫生计生委监督局对长沙县进行计划生育行政执法工作进行专项督查

（县卫计局 提供）

期73人次，参加国家卫计委在线网络培训与考试，通过率100%。培训卫生监督协管员27人。执法人员全部通过全省行政执法资格考试。

【专项行动】 全年，县卫计局配合行政执法局二分局开展打击非法行医专项行动，检查相关单位465家，下达卫生监督意见书368份，收缴药品器械102箱，取缔“黑诊所”47家次，立案58起(含打击“两非”案件9起)，办结57起，到位罚没款13.18万元，移交公安处理2人。另外，联合县行政执法局二分局开展打击“号贩子”“网络医托”“代孕”专项整治行动，全县未发现相关违法行为。

【传染病防治卫生监督】 2016年，4月到10月，县卫计局联合县行政执法局二分局对245家基层医疗机构开展医疗污水、医疗废物专项监督检查。3月23日至24日，县卫计局联合行政执法局二分局开展预防接种专项检查。对县内26家预防接种单位和城区81家无预防接种资质医疗机构进行重点检查。未发现从非法渠道购进疫苗的行为，无违法行为。

妇幼保健

【概况】 2016年，长沙县妇幼健康工作优化服务模式，拓宽服务领域，全面落实各项妇幼健康服务项目，新院医疗保健综合楼主体和室内装饰基本完工，推进办公家具和医疗设备安全与调试。全年辖区分娩总数8972人，流动产妇2084人，孕产妇健康建档人数11001人，建档率99.50%，孕产妇健康管理8856人，健康管理率97.63%，产后访视8960人，产后访视

4月23日，“书香朝阳——关爱流动儿童”读书节活动暨“幸福列车”活动 （县卫计局 提供）

率98.78%；0～6岁儿童59579人，0～6岁儿童建档人数58533人，0～6岁儿童健康建档率98.24%，0～6岁儿童健康管理55637人，0～6岁儿童健康管理率93.38%；全年免费婚检11184人，婚检率85.99%；增补叶酸8108人，叶酸服用率99.85%；两癌项目中完成宫颈癌初筛人数15159人，确诊宫颈癌4例，乳腺癌初筛人数15159人，确诊乳腺癌10例；全年对7022名农村孕产妇进行补助，补助率96.54%，补助212.1万元。强化高危孕产妇动态管理，贫困高危孕产妇救助基金救助16名贫困高危孕产妇37837元。是年，长沙县创建国家级妇幼健康优质服务示范县，湖南省儿童早期发展示范基地，长沙县妇幼保健院获县卫计局综合目标考核一等奖。

【提升妇幼保健公共卫生服务】 组织开展基层卫技人员新生儿复苏、“两癌”检查以及艾滋病、梅毒和乙肝母婴阻断等专项培训(两癌培训46人次、艾梅乙培训60人次、新生儿窒息复苏培训37人次），提高产科质量。实现集体儿童年度体检工作前移，0～6岁儿童重点人群管理进一步规范。新生儿疾病筛查形成长效管理机制。按时完成农村妇女“两癌”检查，升级TCT检查项目，确保检查质量，对查出14名宫颈癌、乳腺癌患者进行补助2.8万元。

【卫计资源整合】 2016年3月，“长沙县妇幼保健院”和“长沙县计划生育技术服务站”进行整合，成立“长沙县妇幼保健计划生育服务中心”，加挂“长沙县妇幼保健院”，新妇幼保健机构业务部门设置指南和新院业务流程，对科室架构进行调整，设立孕产保健、儿童保健、妇女保健和计划生育四大部，推进学科体系和二级专科建设，促进保健与临床融合，增强县级妇幼保健机构服务能力。

【创建国家级妇幼健康优质服务示范县】 为提高妇幼健康服务水平保障人民群众健康权益，全面推进妇幼健康优质服务示范工程创建工作，2015年6月长沙县着力创建工作，长沙县人民政府依据《中华人民共和国母婴保健法》《中华人民共和国人口与计划生育法》等法律法规，严格按照《长沙市2016年妇幼健康优质服务示范工

程实施方案》文件精神，制定下发《长沙县2016年妇幼健康优质服务示范工程实施方案》文件。文件要求全县各相关部门始终贯彻新时期妇幼卫生工作方针，坚持儿童优先、母亲安全宗旨，强化管理，提升质量，优化形象，全面开展与妇女儿童健康密切相关基本医疗服务和重大公共卫生服务，稳步提高全县妇幼女儿童健康水平。国家、省、市卫计委领导先后多次到长沙县调研妇幼健康工作，均给予高度评价。2016年9月通过省级评审，11月通过国家卫计委专家评审组评审，12月国家卫计委授予长沙县国家级妇幼健康优质服务示范县。

10月24日，长沙县福临镇中心卫生院林威获得湖南省基层卫生岗位练兵与技能竞赛农村全科医疗组一等奖，并授予“湖南省基层卫生技能标兵”称号和湖南省五一劳动奖章

（县卫计局 提供）

【启动免费产前筛查和新生儿疾病筛查】 长沙县人民政府出台《长沙县免费产前筛查和新生儿疾病筛查项目实施方案》，7月1日，长沙县全面启动免费产前筛查和新生儿疾病筛查。新生儿听力筛查按照70元/每人，新生儿四病筛查按照120元/每人，产前筛查按照210元/每人予以补助，下半年2382名孕妇接受免费产前筛查，3483新生儿接受免费新生儿疾病筛查，3477新生儿接受免费听筛。

医政管理

【概况】 2016年全县医政工作围绕提升医疗质量、保障医疗安全、创新工作机制、构建和谐医患关系目标开展工作。全年批准设置各级各类医疗机构（社区卫生服务站、诊所、门诊部、医务室等）63家，执业登记注册50家；办理医疗机构变更265家；校验412家、校验不合格依法注销5家；开展医师护士注册，办理执业（助理）医师执业注册141件、变更664件，办理护士执业注册236件、变更453件，延续注册215件，注销注册24件，重新注册24件；所有行政许可事项都在期限内完成。组织全县医务人员岗位练兵与技能竞赛竞赛，选拔优秀选手参加市级复赛；开展夜查房、医疗机构巡查、规范医疗行为督查、病历质量检查、院感管理专项督查等工作，提高医疗质量和服务水平；加强医疗质量管理体系建设，建立和完善医疗质量管理长效机制；组织成立医疗质量控制与管理工作领导小组、医疗质量控制与管理专家组，成立长沙县医院感染管理质量控制中心，筹备建设长沙县护理质量控制中心、长沙县消毒供应质量控制中心、长沙县临床检验质量控制中心。组织高桥、开慧、干杉、安沙镇卫生院申报2016年“群众满意的乡镇卫生院”创建并通过县级初评；组织湘龙、泉塘街道社区卫生服务中心申报2016年“群众满意的社区卫生服务中心”创建，湘龙街道社区卫生服务中心获评“湖南省群众满意的社区卫生服务中心”。建立医疗卫生服务联合体，确定5家县级医院与7家基层医疗卫生机构签订医疗卫生服务联合体协议；督促各县级医疗机构与基层医疗卫生机构重新签订双向转诊协议，规范转诊流程。

【人才队伍建设】 制定《长沙县卫生计生系统2016年培训计划》，开展住院医师规范化培训、护理管理干部培训、120急救培训、全县医疗机构院感培训、基层IPTV培训、麻精药品管理规范化应用培训等。安排15人参加住院医师规范化培训、20名临床医师参加全科医师转岗培训、护理管理干部和骨干54人、120急救工作人员100余人。

【医疗保险工作】 推行医疗保险工作，组织医疗机构和医护、村医等人员开展医疗责任、医护人员团体意外、公众责任等保险工作，全县19家医疗卫生机构与平安保险公司签订保险协议；强化医疗事故报告制度，继续施行第三方医患纠纷调处机制，依托长沙县医疗纠纷调解中心，加强医疗纠纷预防与处理协调组织。2016年，调解中心接到并处理电话投诉100余起、回复12345热线和县长信箱投诉15起，受理医疗纠纷22起，参与医疗纠纷调解22起，进一步保证卫生计生系统平安稳定。

人口与计划生育

【概况】 2016年，全县有全员人口746101人，已婚育龄妇女153503人，出生人口13918人，符合政策生育率98.2%，人口自然增长率9.21‰，人口出生性别比106 ∶ 96，全年期内落实计划生育手术3885例，其中女扎727例，上环836例，取环1937例，人流385例，低生育水平持续稳定，人口计生主要指标位居省、市前列。

【强化基层服务管理】 加强数据核查确保统计质量，通过综治单位共享人口数据，做好全员人口信息匹配核对工作。全年共接收核对公安通报新生儿上户信息10647条、育妇迁入信息7065条、流入人口办理居住证信息45068条；接收核对民政部门通报结婚登记信息6388条、离婚登记信息1904条；接收核对医院通报住院分娩信息13395条、产前检查信息28842条、出生医学证明信息4878条；接收核对教育部门通报小学新生入学信息6140条；接收核对人社部门通报办理退休人员信息857条。整合卫计资源，利用“互联网+”打造计划生育便民服务体系，依托电脑终端和手机终端，建立“健康星沙”微信平台，通过微信受理生育服务登记500多例，全部由村专干送证上门，免费孕前优检结果做到微信实时推送。组织开展居民健康卡信息采集工作，全县采集录入居民健康卡信息69万条，覆盖率95%以上，为下一步居民健康卡制卡和居民健康建档服务打下良好基础。

【优化计生家庭服务】 全面落实计生“六奖一扶”政策，其中农村奖扶9774人，计生特扶539人，城市低保户奖扶25人，放弃再生育奖励1598人，独生子女保健费奖励25557人，城镇独生子女父母奖励5620人，计生手术并发症扶助9人。为进一步加大对计划生育特殊困难家庭扶助力度，长沙县再次提高县级发放标准，独生子女伤残家庭1万元/人/年，死亡家庭1.2万元/人/年，为省内最高。针对特困家庭开展“健康之路”试点，凡因病入住定点医院对象，住院期间提供无陪护病房，护理服务费用由财政全额承担。

11月15日，国家卫计委家庭发展司调研长沙县计生特殊家庭扶助关怀和出生人口性别比综合治理工作　　（县卫计委　提供）

【流动人口管理】 全县流动人口总量239678人，流入人口信息入库率98%，流动人口“一盘棋”网络协作到位率100%，信息反馈率100%，及时率99%。全县开展健康义诊、走访慰问、发放药具、政策宣传、职业介绍、文艺演出等形式丰富流动人口计划生育“关怀关爱”活动。打造黄花镇、长龙街道、星沙街道、泉塘街道4个市级均等化重点培植单位。

【计生协会工作】 组织各镇街秘书长对协会政策进行一次集中学习；全县拟定创建6个村民自治示范村；2016年，有92567户家庭参加计生家庭意外保险，参保率95%；主办“健康长沙县，和谐我生活”暨庆祝计生协会“5·29”纪念日为主题健康知识竞赛活动，市决赛中，获得二等奖殊荣；开展生育关怀精准扶贫活动，慰问金额20.64万元。10月，计生协会换届选举，曹艳萍当选长沙县计划生育协会第六届理事会会长。

【加强出生人口性别比治理】 根据《关于加强出生人口性别比综合治理、建立健全防控“两非”机制的实施方案》，把综合治理出生人口性别比工作列入人口计生目标管理考核体系，构建党政领导负责、部门齐抓共管、群众广泛参与长效机制。严格监管孕产过程中各个环节，防止非医学需要孕情消失，对“两非”行为严肃追责，2016年长沙县破获“两非”案件9起，还有3例在侦破中，为历年之最。（张 晶）

长沙县红十字会

【概况】2016年，县红十字会机构独立设置后，有序开展事业单位登记、三定方案审批、资产划转、人员配备等工作，全面履行红十字会职能职责，开展备灾救灾、应急救护培训、社会救助和生命救助等核心业务工作。成立县红十字会“博爱送万家”基金，为全县143户特困家庭申请救助款16.8万元，向上级红十字会申请35万元救助款，用于白血病患儿及其他特困家庭救助。接受社会各界爱心人士捐款、衣物22.27万元，用于县内困难群众精准扶贫；春节“博爱送万家”活动发放棉衣、棉被、衣物等各类慰问物资3万元，受益人数300余人。配合省红十字会做好中国（湖南）供水救援队培训演练后勤服务工作，并选派骨干志愿者参加。在34个社区开展学雷锋志愿者应急救护培训，通过长沙县党建O2O微信平台招募志愿者，培训志愿者1775人；在中小学校、幼儿园、企业开展应急救护知识普及讲座13场次，3000余人参与培训；为经开区六家企业举办7期培训班，培训救护员300余人。配合县卫计局开展团体预约无偿献血活动，参与献血者4013人次。全年新增登记遗体、器官捐献志愿者14例。

【红十字知识传播】5月6日，长沙市红十字会纪念第69个“世界红十字日”宣传活动周启动仪式在长沙县隆重召开，省、市、县领导参加。7月12日，全市红十字工作现场经验交流会在长沙县召开，重点推介县红十字会机构独立设置以来具体做法。制作了14块红十字运动知识宣传展板，精心编印一万册《红十字知识手册》《应急救护知识手册》读本以及红十字相关工作宣传折页，利用“5·8”世界红十字日“5·12”防灾减灾日“6·14”献血者日、“世界急救日”等重要节点开展形式多样宣传活动。

【志愿服务】新成立红十字水上救援志愿服务队和志愿服务队医疗分队，新增志愿者40余人。投入12.5余万元，为志愿服务队配备冲锋舟、救生衣、自动体外除颤仪（AED）、便携式心电图机、血糖仪等救援服务设施设备。县红十字会志愿服务队经常组织志愿者走进社区、走进弱势群体，关爱敬老院老人、残障人士、留守儿童，开展形式多样的志愿服务活动。（徐　婷）

10月，县红十字志愿服务队医疗分队志愿者为县特殊教育学校孩子进行健康体检
（倪美群　摄）

（责任编辑　张　娜）

劳动就业

【概况】 2016年，长沙县新增城镇就业16521人，失业人员再就业2915人，就业困难人员再就业1982人，零就业家庭100%动态清零，农村劳动力转移就业5527人，农村人力资源开发4215，城镇登记失业率2.9%。开展各类培训6912人，创业培训3625人。发放小额担保贷款1620万元。举办全县新增创业主体14374个，带动城乡就业30004人，扶持大学生创业人数722人。

【公共就业】 召开人社部全国就业形势调研基层座谈会，开展县内就业形势调查、县内贫困劳动力资源就业情况调查等系列劳动用工研判工作，为上级科学决策提供科学依据。组织各类用工招聘会，为劳动者和企业之间搭建用工供需桥梁，开展职业介绍、职业培训、就业创业指导、就业创业政策宣传等为主要内容春风行动、就业援助月、民营企业招聘周、就业服务进校园等系列服务活动，推介劳动者就业创业。基层公共就业创业服务平台建设全面健全，2016年，全县有3个镇街、27个村社区公共服务平台被评为全市优秀基层平台。

（陈晓霞）

社会保障

【概况】 2016年，长沙县社会保险基本全覆盖法定人员。全年新增参保单位212户，比上年增加19.15%，新增参保人数6121人，比上年增幅63.83%，社保资金收入44.1亿元，基金支出23.9亿元，每月净增长1.7亿，结余106.1亿元，参保人数174万人次，为90.9万名参保者发放社会保障待遇。发放社保卡81.4万张，高桥镇试点城乡居民养老保险应用社保卡，通过社保卡将待遇发放到位。16种特药纳入大病医疗保险报销，为1976人次大病保险追补1387.5万元。提高、城乡居民基础养老金和失业保险金，同步调整机关事业单位人员退休金，企业退休人员养老金人均月增长135元，增幅约7.8%，城乡居民养老保险每月150元。生育保险缴费比例由0.7%下调到0.5%。落实阶段性降低城职养老保险费率、园区、基地企业实行过渡费率精神，约为企业减负约1.8亿元，为314家企业发放失业保险稳岗补贴1860万元。查实6起案例冒领社保基金案例，追回社保基金3.8万；加强日常巡查追，发现欺诈冒领2831人次，追回社保基金311万余元，拒付协议医院违规用药7万余元。

保险稳岗补贴。为有效防范失业风险，激励用人单位积极稳定职工队伍，更好地发挥失业保险预防失业、促进就业作用，2016年长沙县失业保险服务中心对采取有效措施不裁员或少裁员用人单位开展稳岗补贴工作。有360余家用人单位提交申报资料，经县人社、财政部门共同审核，符合享受稳岗补贴条件用人单位314家。按照用人单位及其职工2015年度缴纳失业保险费用总额40%标准给予补贴，发放稳岗补贴资金1860万元。同时该项补贴资金用于单位开展职工转岗培训、技能提升培训、岗位补贴和缴纳社会保险费，享受稳岗补贴用人单位须按照文件规定做到专款专用，挪作他用用人单位不能享受下年度稳岗补贴政策。

医保工作。2016年，长沙县城乡居民医疗保险实现参保率100%；城镇职工医疗保险筹集基金约60210万元；职工生育保险筹集基金约2749万元。全面实施“居民大病保险”，全省范围内率先落实2015年度居民大病保险追补工作，追补1976人次，追补金额1387.5万元；落实大病保险特药政策，将医保目录外十六种特药纳入大病保险支付范围，进一步提高重特大疾病医疗保障水平；成立“医疗保险协议医疗机构专家评审管理委员会”，规范医疗机构医保准入，是年经专家评审新增4家医院为长沙县医疗保险协议医疗机构；协议医疗机构（药店）

全面上线医疗保险费用智能审核平台，实现基金监管标准化、智能化、精细化；开发居民医保自助缴费终端。

伤保险工作。2016 年，长沙县工伤保险参保人数 13 万人，征缴基金 7234 万元。全年支付工伤待遇 6473 万元，保障工伤职工权益，分散用人单位风险。工伤保险中心狠抓作风建设，整合、优化各工伤窗口服务业务，制定新服务指南、印制一系列工伤保险书籍、资料，免费向参保单位、职工发放。下发《长沙县工伤预防实施方案》到各单位执行。与法规科一起开展 2 期工伤业务知识培训，并把工伤预防培训班办到企业，组织单位到广汽菲亚特参观学习。与县住建局联合组织一期建筑项目工伤保险业务知识培训班，就建筑项目参保政策、工伤事故申报、职业病预防、待遇申报进行系统培训，全县有 75 个项目参加培训。

2016 年 5 月至 8 月，全县 3000 余家参保单位完成 2016 年度医疗、工伤、生育、失业保险基数申报工作。183 家选择性参保单位补齐四险，补齐人数 3119 人，其中有 20 家单参工伤单位参齐四险，各险种人数、基数不一致情况有明显改观，参保单位参保行为逐步规范。（陈晓霞）

创业富民工作

【概况】2016 年，新增创业主体 14374 个，带动城乡就业 30004 人，扶持大学生创业人数 722 人。落实创新创业政策。确定扶持无偿资助项目、贷款补助贴息项目、创业基地等 107 个，扶持资金 910.2 万元，其中 600 万元用于扶持无偿资助项目 88 个，310.2 万元用于贷款补助贴息、创业基地、创业培训等 19 个项目。创业带动就业扶持项目安置就业人员 1100 多人、大学生就业 135 人。争取市级创新创业带动就业示范项目专项资金扶持项目 15 个，扶持资金 112 万元。出台《长沙县全民创业带动就业五年行动计划（2016—2020）》（长县办发〔2016〕20 号）《长沙县鼓励和扶持全民创新创业带动就业的若干政策》（长县政发〔2016〕48 号）。采取无偿资助和租金补贴的方式。加大创业担保贷款支持力度等四项创业融资扶持政策。制定《长沙县全民创业带动就业专项资金管理办法》《长沙县创业孵化基地管理办法》《长沙县创业富民专家团专家管理暂行办法》等一系列，为有效助推创业带动就业工作开展提供坚实保障。申报创新创业带动就业示范县、推荐星沙街道、金井镇、黄花镇、长龙街道等申报创新创业带动就业示范镇（街道）、推荐龙井社区、灰埠社区、九溪源村等单位申报创新创业带动就业示范社区（村）。获评“2015 年度湖南省创新创业带动就业示范县”。

（陈晓霞）

民政

【概况】长沙县民政局现有班子成员 5 人，局机关行政编制 16 个，事业编制 40 个。机关内设办公室、基层政权和社区建设、救灾救济、优抚安置（加挂“长沙县拥军优属拥政爱民工作领导小组办公室”牌子）、社会福利和慈善促进科、社会事务（行政审批科）和计划财务 7 个科室。所属事业单位 11 个：军队离退休干部休养所、区划地名办公室、社会工作和社会组织管理办公室、生活无着人员救助管理站、福利生产办公室（加挂县福利彩票销售管理中心牌子）、婚姻登记处、社会救助局、光荣院、殡葬管理办公室，老龄工作委员会办公室和烈士陵园管理办公室。

2016 年，县民政局围绕县委、县政府中心工作，贯彻落实县委、县政府决策部署，民生保障明显增强，重点领域改革取得突破，制约发展“短板”有所补齐，困扰服务群众难题有效化解。是年，福临镇双起村获评“全国综合减灾示范社区”，安沙镇唐田新村获评“省级综合减灾示范社区”。

9 月 30 日上午，烈士纪念日公祭活动（周松田 摄）

杨开慧烈士纪念园被国家授予“全国重点烈士纪念设施保护单位”。长沙县获评省“双拥模范县”。

【优抚安置】 2016年，向全县2651名伤残人员、复员军人、“三属”人员、带病回乡退伍军人、参战退役人员等优抚对象发放抚恤金3423万元；为全县3548名年满60周岁以上部分农村籍退役士兵发放老年补助671万元；为全县38名部分烈士子女（错杀被平反）、9名铀矿开采人员发放补助33万元。优抚建房困难对象84户，预计解决建房资金252.3万元，解决重点优抚对象住院费用150万元，完成8名伤残军人残疾评定工作，完成烈士陵园二期工程建设、县光荣院改造工作。拓展安置渠道，接收退伍军人61人，其中城镇退伍军人5人，其中转业士官56人，组织73名退役士兵免费职业教育和技能培训。接收军队离退休干部2人。

【社会福利】 拟定《关于加快发展养老服务业的实施意见》，推动养老产业持续、健康发展。新增养老床位700张，新建2个街道日间照料中心，新建30个居家养老服务中心，建立居家养老服务中心和日间照料中心运行补贴机制，发放补贴390万元。联合规划建设、环保、消防等部门下发《关于加快办理养老机构设立许可的工作方案》，新许可养老机构3家。建立困难残疾人生活补贴和重度残疾人护理补贴制度，发放补贴1554万元，地毯式摸底排查留守儿童629人，发放孤儿基本生活补贴、学杂费37万元，发放困境儿童补贴92.5万元。全年救助生活无着流浪乞讨人员3023人次，救助率100%。福利彩票销售稳中有进，全年彩票销售2.6亿元，比上一年增长18%，位列全省县级市场第一。

4月15日上午，长沙县民政工作暨城乡低保一体化工作动员部署会议在青山铺镇政府召开（袁志国 摄）

【社会救助】 2016年7月，长沙县率先实现城乡低保一体化，实现农村低保与城镇低保的一体化对接，所有农村低保对象统一按照城镇低保450元/人/月标准进行补差。改革后，全县低保对象6525户、14172人，月人均232元，较改革前提高38元，全年发放低保金7157万，7月20日，民政部社会救助司调研该县农村低保规范管理工作，肯定长沙县社会救助工作。出台《〈长沙县困难居民医疗救助办法〉的补充通知》，困难居民医疗救助与大病保险无缝衔接，发挥其“救急难”作用，全年救助38332人次，发放救助金5075万元。规范敬老院管理，推进北山、青山铺敬老院续扩建工程。特困人员精准认定工作，全县特困人员4288人（集中供养826人，分散供养3462人），正常新增特困人员55人，实际清退特困人员667人，其中孤儿30人全部从特困人员救助供养中清退。

【社会慈善】 2016年，围绕“以法兴善、助力脱贫”主题，开展系列慈善宣传活动，动员和引导更多人自觉

1月29日下午，市委副书记徐宏源（右二），市委常委、纪委书记李军（左二）到长沙县黄花镇，走访慰问困难群众、老党员、优抚对象等（周松田 摄）

依法投身慈善事业。落实各项慈善救助项目，“城乡低保家庭尿毒症患者救助”项目全年救助128名，发放救助金59.4万元；“爱心助居”救助项目救助困难户19户，发放救助金33万元。利用社区、村雷锋超市平台开展慈善捐赠救助活动，向全县53个雷锋超市发放春节救助物资，发放米1623袋，面1623箱，油1623瓶，由各超市再发放给困难群众。组织慈善募捐，开展慈善救助，接受9家单位捐赠13952710元，用于公共服务建设，购买社区办公用房。

【救灾救济】 2016年，全县组织春节慰问资金4300余万元，慰问各类对象47961人，其中现金慰问13309人，资金2251.5万元。7月，长沙县发生强降雨自然灾害，紧急转移安置受灾群众3699人，及时下发救灾物资全县救助因灾造成临时生活困难家庭500余户，1500余人，资金40余万元。全年救助各类困难群众5300余人次，发放救助资金650余万元。福临镇双起村获评全国综合减灾示范社区，安沙镇唐田新村获评省级综合减灾示范社区。民生保险社会效益明显，2人获得保险理赔38万余元。

【婚姻家庭】 2016年，依法依规开展婚姻登记工作，全年办理结婚登记6212对，离婚登记2048对，补领结婚证1429对，补领离婚证93本，开通网上婚姻登记预约服务。在全省率先通过公益创投项目，引进专业社会组织机构——长沙市维家婚姻家庭社会工作服务中心进驻离婚场所，及时了解有离婚意向夫妻心理想法和存在矛盾，及时进行安抚和疏导，挽救濒临破裂家庭，助力和谐长沙县建设。

【社会组织管理】 2016年，全县登记在册的社会组织614个，其中社会团体147个、民办非企业单位467个。出台《关于进一步培育发展和规范管理社会组织的实施意见》和《公益性社会组织培育发展专项资金管理办法》两份指导性文件，对全县社会组织发展指导思想、具体目标、方法措施和资金管理作出明确和规范，使社会组织建设发展有法可依、有章可循。公益社会组织培育发展专项资金中安排300万元用于22个公益创投项目，以满足居民多样化需求，培养公益性社会组织和优质公益服务项目，推动社会管理创新。按照“五分离，五规范”要求，完成首批5家行业协会商会与行政机关试点单位脱钩工作。

【社区建设】 2016年，出台《长沙县社区规范化建设实施方案》，对2016年参加社区提质提档9个社区实地进行摸底，详细统计各项标识标牌、宣传栏目数量、尺寸等。起草全县村务公开民主管理实施办法，加强新形势下村务公开民主管理工作。推进社区规范化建设，加强社区项目建设工作，安排社区建设项目44个、420万元。新增湘瑞、蒿塘两个社区，通过政府购买服务方式提供社会工作综合服务，以弥补政府不足、满足群众所需。10月8日，民政部副部长顾朝曦到长沙县督查，对该县城乡社区治理工作给予肯定。

【社会工作】 2016年，建成并运行县社会组织孵化基地，孵化基地通过政府主导、专业团队运营、社会有关方面跨界合作模式，把基地打造成集培育扶持、提升能力、引导规范、资源整合、成果展示、经验交流为一体社会组织综合服务平台。全县有社会工作类社会组织8家，新成立2家；全县持证社工人员数158人，新增持证社工人员82人，其中：初级社工师60人，中级社工师22人。为全县198名学员进行长沙县社会工作师考前培训。

【殡葬管理】 2016年，全县火化量4893例，火化率99.9%。惠民殡葬直补政策继续稳步推行，实现惠民殡葬补助4893例，补助金额581万元；补助不留骨灰71例、补助金额14.2万元，入葬农村公益性墓地183例，补助金额7.32万元，惠民殡葬政策减轻群众负担，减少群众办事程序。是年，促进殡葬政策和理念推广，大力推进节地生态安葬和绿色生态殡葬，保护环境，防止山林火灾发生。为减少环境污染，清明期间在安沙、干杉、果园、高桥等墓地实行“鲜花置换鞭炮”行动，得到群众拥护和媒体支持。安沙镇举办“纪念老一辈革命家倡导火化60周年”殡葬知识竞赛，得到社会各界支持，增强人民群众对殡葬文化认识。

【区划地名管理】 2016年，按照省、市、县关于乡镇区划调整改革相关要求，全县合并村75个。全年完成170个项目命名及门牌编制工作。组织开福区民政局对长开线行政区域界线进行联检，召开联合检查行政区域界线联席会议，双方签署《长开线平安边界建设协议书》，进一步巩固勘界成果。推进全县第二次全国地名普查相关工作。

【民政资金管理】 为进一步加强资金管理制度建设，2016年制定并实施《内部采购管理制度》《长沙县慈善会资金使用管理办法》《长沙县公益创投资金管理办法（试行）》《长沙县福利彩票公益金使用管理办法（暂行）》等资金管理制度，通过建立健全和严格执行制度，规范资金管理，防范廉政风险。继续加强资金使用和审批管理，严格遵守民政资金分配、审核、使用的程序要求，压缩自由裁量空间，杜绝优亲厚友等问题，及时予以公示，接受社会监督。进一步加强镇街民政资金指导和监管，联合财政、监察、审计等相关单位，定期开展镇街民政资金管理监督检查，发现问题，及时整改。结合开展“纠‘四风’、治陋习”和“雁过拔毛”式腐败两项专项整治行动，对全县镇街2013—2015年民政资金管理使用情况进行专项监督检查。

老龄事业

【概况】 截至2016年12月，全县有百岁老人25人。全年办理老年人优待证10246本，发放高龄津贴980余万元。有计划地推动老年人意外伤害保险工作，县财政每年出资25.5元/人为全县特殊困难老年人（农村“五保”老人、城市“三无”老人、重点优抚对象、城乡低保老人、失独老人等），出资30元/人为全县所有80周岁以上老人投保老年人意外险，两项保费85万余元。4月，组织安沙镇唐田新村、高桥镇维汉村、路口镇明月村、星沙街道大西冲社区参加市级养老服务示范点的创建工作，组织湘龙街道湘润社区、北山镇新云村、江背镇江背社区、金井镇金井社区参加省级养老服务示范点创建，11月通过验收，进一步提高服务质量，满足老年人养老需求。

【老年产业博览会】 2016年9月8日至11日，中国老龄事业发展基金会、湖南省民政厅、湖南省老龄办和长沙市人民政府等单位在湖南长沙红星国际会展中心举办“中国湖南（国际）老年产业博览会，主题为“科学养老”“健康养老”，围绕老年人精神文化、宜居环境、保健养生等方面，共谋社会养老服务建设大计，长沙县组织近800名老人观摩学习，10余名同志参与主题论坛。

【“健康长寿老人”评选】 2016年10月，长沙县老龄工作委员会在全县开展庆祝老年节系列活动，组织“健康长寿老人”评选活动，凡长沙县户籍，90岁以上老年人（1926年10月9日前出生）均可参加“健康长寿老人”评选活动。活动最终评选出“健康长寿老人”40名，纪念奖若干名。长沙县老龄办与县文广局在松雅湖中学举办庆祝第三个法定老年节暨长沙县第四届柔力球比赛，本次比赛参赛队伍30支，决出一等奖10个，二等奖20个。11月21日至22日举办全县老年人门球赛，来自镇街40多支队伍参加本次大赛。

【农村居家养老服务试点工作】 为应对人口老龄化发展趋势，长沙县推进农村居家养老服务工作，努力满足老年人多样化服务需求，初步形成居家养老为基础、社区服务为依托、机构养老为补充养老服务体系，2016年全县居家养老试点村有60个，为辖区内老人提供免费休息、娱乐、健身等活动场所，依托老年协会，组织开展健身、棋牌、乒乓球、图书阅览、广场舞、医疗知识讲座、文艺表演等一系列活动，在解决老人们日常生活难题同时，也富他们精神生活，做到“老有所学”“老有所乐”。（周松田）

残疾人事业

【概况】 2016年，长沙县全面落实“0～6岁残疾儿童抢救性康复”民办实事项目和“0～14岁贫困残疾儿童康复救助项目”，惠及残疾儿童258人，实现对全县有康复需求残疾儿童全部救助。实施“光明·关爱”眼疾康复项目，免费为全县582患者实施救助：联合爱尔眼科医院为60名贫困低、弱视力障碍者进行入户筛查、实施康复训练和配发低视力助视器；完成全县302名白内障患者、210名胬肉患者、10名泪道患者眼疾手术救助。实施“义肢助残”工程，免费为19名残疾人配备普及型假肢，大腿10例，小腿9例。全力做好贫困残疾人辅助器具供应。分别在㮾梨街道陶公庙社区、高桥镇范林村为符合条件25户贫困残疾人免费适配辅助器具，适配50户残疾人家庭，实现“一对一”个性化辅具适配。联合长沙市福尔泰矫形康复器材公司免费为110名有需要残疾人提供技术筛查、康复治疗，并免费为8名残疾对象装配助听器。

教育就业扶贫保障体系。教育培训：为460名残疾人学生和贫困残疾人家庭高中、大学生申请补助，其中残疾学生169人（小学62人、初中35人、高中45人、大专15人、本科12人）133万元，贫困残疾人家庭高中、大学生291人88万元。开办残疾人职业技能实用技术培训班11期，培训残疾人300名。其中残疾人电子商务、手机维修、食品加工职业技能培训班3期，培训残疾人60名，农村残疾人种养业残疾人实用技术培训8期，培训残疾人240名。就业创业：帮助精诚特种陶瓷有限公司、湘派食品有限公司等3家企业申请安排和帮扶残疾人就业企业贷款贴息项目资金16.4万元；依法推进按比例安排残疾人就业，按比例安置农村残疾人就业150人；创建残疾人就业基地4家，安置80名残疾人就业。坚持农村贫困残疾人优先原则，为28名残疾人创业对象申请省、市残联创业扶持资金32万元。加强对贫困残疾人创业奖励补贴力度。为395名残疾人个体工商户发放残疾人自谋职业奖励资金39.5万元、150名企业就业残疾人发放岗位就业奖励金10.15万元。扶贫：创建残疾人扶贫基地6家，帮扶残疾人120名。为365名残疾人危房改造户申请4000元每人特别扶助金146万元。5个村开展连千村帮万户和基层党组织助残扶贫项目，帮扶残疾人60名。保障：为5名残疾人个体工商户补贴养老保险5000元。完成全县7413名残疾人两项补贴审核工作，全年发放金额1554.1万元。完成242名残疾人居家托养对象资料审核工作，投入资金33.88万元。新增长沙县金井镇残疾人托养服务中心和长沙县惠尔康残疾人托养服务中心2家农村残疾人托养机构，托养残疾人100名。

组宣文体活动。春节慰问贫困残疾人家庭、一户多残家庭、优秀残疾人代表、残疾人工作者、残疾人文化艺术人才等4530人，慰问金额340.2万元。全国助残日期间慰问民办康复机构在训237名贫困特殊儿童，慰问结对帮扶对象贫困残疾人家庭19户，慰问县特殊教育学校贫困残疾学生108名， 21万余元。在助学日前后联合长沙神采奕奕文化助残团队，慰问贫困残疾学生20名。“全国扶贫日”和县双联帮扶“一对一”活动中对20户贫困残疾人家庭以每户600元标准进行走访慰问。“国际残疾人日”慰问残疾人254人，15.24万元。市残联举办第七次全国肢残人活动日“又唱浏阳河”爱国歌曲比赛上，安沙镇常文武、开慧镇罗辉分别荣获一等奖和三等奖。报送6幅绘画、9个手工艺作品参加省残联、省文化厅联合开展第四届全省残疾人文化周活动，开慧镇罗辉手工艺作品《黄金满地》获得优秀奖。组织开展“唱响真情·传递爱心”助残慈善演唱活动，为民办康复机构在训特殊儿童家庭募集善款11万余元。申报创建残疾人工作9个“明星乡镇”“明星社区”。2016年，办理残疾证1295本，全部档案整理完成；开展8次“送证下乡“活动，得到残疾群众好评。

维权信访工作。2016年，办理残疾人爱心卡400余张。回复“12345”维权上访信息二十多起，满意率100%；接待残疾人上访十多起，将残疾人信访信息录入信访平台，加强残疾人信访工作管理。完成残疾人机动轮椅车燃油补贴工作，全年录入2017年度补贴对象513人，133380元，同时发放2016年肢体残疾人机动车燃油补贴311人次，80860元。积极实施好残疾人家庭无障碍改造和无障碍社区改造项目，对㮾梨街道陶公庙社区和星沙街道杉仙岭社区实施无障碍社区改造，对㮾梨街道陶公庙社区30户、金托村30户、高桥镇维汉村15户、路口镇麻木村10户残疾人家庭实施残疾人家庭无障碍改造工程。创建全国残疾预防综合试验区试点县，获2015年度市级文明单位、省重点民生实事项目工作考核全市第一名等。

【全国残疾预防综合试验区试点县】为贯彻落实《国务院关于加快推进残疾人小康进程的意见》（国发〔2015〕7号），加强三级预防工作，探索和创新长沙县残疾预防工作模式，减少残疾发生，减轻残疾程度，长沙县积极开展全国残疾预防综合试验区创建试点申报工作，并创建成为全国100家残疾预防综合试验区试点县（市、区）之一。此次全国残疾预防综合试验区试点县成功创建将有力地推动长沙县残疾人事业迈向新台阶，也为建立健全残疾预防组织管理体系、工作机制，实施残疾预防综合干预大有裨益。

【助残日爱心帮扶残疾儿童】2016年5月17日是第26次全国助残日，主题为“关爱残疾儿童，让爱洒满人间”，开展一系列活动来帮助残疾儿童。县残联与长沙神采奕奕文化传播有限公司联合举办七场“唱响真情·传递爱心”主题小型爱心演唱公益慈善活动，善款112957.3元，所得爱心款全部用于对特殊儿童康复治疗及其家庭困难帮扶；县残联在全县范围内慰问民办康复机构在训237名贫困特殊儿童，慰问结对帮扶对象贫困残疾人家庭9名，慰问县特殊教育学校贫困残疾学生108名，19.54万元；各镇（街）在助残日期间自主慰问所属镇（街）5名贫困特殊儿童，做到应慰问尽慰问。

【“善行四十佳”评选表彰活动】11月25日，由市残联、市文明办共同举办“爱满星城 与你同行”长沙市第四届扶残助残“善行四十佳”颁奖典礼在长沙实验剧场举行，来自长沙县赵志刚、舒莹、刘龙彪、长沙县神采奕奕文化传播有限公司和长沙县工伤保险中心分别荣获“十佳自强模范”“十佳残疾人专职委员”“十佳残疾人基层工作者”“十佳爱心集体”称号。

（吴素云）

归侨侨眷工作

【概况】2016年，县侨联加强与海内外侨团和侨领、侨商联系，走访慰问重点归侨侨眷60多人、次。利用春节期间，走访接待返乡探亲重点华侨。开展“五个一”服务活动（走访一批老归侨、联系一批新侨、对口帮扶一个困侨、服务一个侨企、联点一个示范村或社区），重点关爱侨界空巢老人。妥善处理华侨、美国银行副总裁李铁牛祖坟纠纷。与岳麓区侨联妥善解决缅甸归侨李万司车祸身亡事故。协助成立市侨商会。促成湘绣城集团、金龙铸造、恒凯置业三家侨企获评“长沙市优秀侨资企业”。走访新侨，服务，特别是为配合市侨联换届，推荐一批素质高、热情高、代表性强侨界代表和委员。准备统战部班子“三严三实”专题民主生活会系列资料和会务。

参政议政。2016年换届，12名侨界人士成为“两代表一委员”。组织涉侨人大代表、政协委员建言献策，同时动员重点华侨、归侨、侨眷为经济社会发展建言献策。参加县政协专题调研，执笔撰写《关于加强和规范学前教育建议》。参加长沙县“开发大城北”“发展松雅湖现代服务业”等专题调研。

文化宣传。宣传报道。侨联撰写统战信息102条，其中和网（即市统网站）采用66条、市统专刊采用37条、上级侨联采用58条。撰写市统理论研究课题《供给侧结构性改革形势下非公有制经济发展探究》。长沙县电视台新闻报道5次。侨眷学生陈启《仰望大树》文章在《湖南侨联》登载，开展中日文化艺术交流活动。

公益事业。联系㮾梨街道和金井镇，侨联与统战部等单位深入基层、深入群众，听民声，解民难，对接精准扶贫，在移民安置和道路、公益事业、水利等基础设施建设方面努力。

【开展中日文化艺术交流活动】 11月9日，国歌词作者田汉侄女、日本华侨、日本东方艺术团团长田伟率日本田汉文化交流会到田汉故里——长沙县果园镇开展中日文化艺术交流活动。一行人上午参观田汉故居和浔龙河生态艺术小镇，下午在果园镇中心小学，田伟作《田汉文化在日本》演讲，华侨和日本友人及果园镇中心小学师生进行文艺表演，加强中日文化艺术交流，传播《国歌》精神，展示海外华人华侨“中国情结”。市侨联主席陈慧，县委副书记、统战部部长、党校校长杨莉陪同，师生及果园镇父老乡亲等与会人员近1000人。（吴　琼）

民族宗教事务

【概况】 长沙县是少数民族散居县，有36个少数民族，6722人，超过千人有土家族、苗族，其中土家族人数最多，2583人，占少数民族人口38%；苗族1931人，占28%。流动少数民族人口千余人（不含经开区企业），主要来自新疆、四川、青海等地。宗教方面，县内多宗教并存，包括佛教、道教、基督教和民间信仰，成立县佛教协会、县道教协会、县基督教三自爱国运动委员会等三个宗教团体。全县现有宗教（民信）场所132处。其中合法开放宗教活动场所43处（佛教18处、道教8处、基督教17处），民间信仰89处（已开放29处，待开放60处），有认定备案教职人员137人。

【周沫霖当选为长沙县基督教三自爱国运动委员会主席】 长沙县基督教三自爱国运动委员会召开第四次代表大会，全县41名代表参加会议。会议听取和审议县基督教爱委会第三届常务委员会工作报告，通过县基督教爱委会《章程》和选举办法，选举产生县基督教爱委会第四届委员、常务委员会委员和领导机构成员，周沫霖牧师当选为县基督教三自爱国运动委员会主席。

【翻天娃系列食品获“清真食品”认证】 湖南省翻天娃食品有限公司生产湘式挤压糕点系列食品获长沙市伊斯兰教协会清真食品认证。该公司成立于2003年（其前身为长沙市雨花区辣翻天食品厂、长沙县辣翻天食品厂），坐落在长沙县黄兴镇黄兴新村聚合堂工业园。是一家集研发、生产、销售湘式挤压糕点于一体省级民营企业。该公司生产31个品种对其原料、配方、生产线均需符合伊斯兰教教法规定，公司占地面积2.6公顷，预计投资8000万元，投资4680万元，建筑面积9880平方米，拥有一支结构合理、业务过硬、综合素质高运营团队。2011年和2012年，“翻天娃”连续两届获得“湖南省著名商标”称号；2012年，该公司法人聂灿华当选为湖南省食品联合会休闲食品分会会长单位，成为湘式挤压糕点行业标准制定者。2016年，翻天娃系列食品成为长沙县首个获“清真食品”认证食品公司。

【民族团结进步行“捐助仪式”】 10月12日，为深入开展民族团结进步行动，长沙县在沅陵县北溶乡举行“民族团结进步行”捐助仪式，对落坪九校及30名贫困学生进行资助，为少数民族孩子们送去社会关爱，进一步深化民族团结进步创建活动内涵。此次活动是长沙县民族团结进步行组委会针对省内少数民族地区开展第5次扶贫助学活动。长沙县领导杨莉、曹艳萍、毛葵、杜宏亮出席捐助仪式。这次活动，长沙县民族团结进步行组委会为学校捐款10万元，并对30名学生进行资助。（张　伟）

（责任编辑　张　娜）

镇街要览

黄兴镇

【概况】 黄兴镇地处长沙市东南、浏阳河畔，是辛亥革命伟人黄兴、共和国开国元勋许光和抗日名将黄杰将军故乡。黄兴镇镇域面积157平方千米，辖14个村，4个社区，总人口约8.1万人。截至2016年年底，财政总收入1.15亿元，地方一般预算收入4190万元，全社会固定资产投资89.16亿元，规模以上工业总产值15.3亿元；工业投资54.5亿元，限额以上批发零售业企业零售总额1.315亿元，进出口总额2450万美元，招商引资到位（内资）26.81亿元。

项目建设。长沙黄兴海吉星国际农产品物流园（一期）建成营业；长沙国际会展中心建成开馆并承办6个展会；劳动东路全线建成试通车。在拆项目53个，签约1184户，倒房1094户，腾地300多公顷。其中光泵站、中轴大道、金桂路、S207、S210等22个项目全面交地。

社会治理。进一步优化经济社会环境，妥善解决3件信访积案，摧毁一市督办重大涉恶团伙，抓获违法犯罪嫌疑人37人。建立“党政同责、一岗双责、齐抓共管、失职追责”九项制度。严厉打击非法生产，全年警示约谈企业负责人6人，停电停产整顿生产经营企业33家，进行安全生产托管服务园区、企业17家。成立行政执法黄兴分局和黄兴治安二大队。

社会民生。鼓励大众创业，开办创业培训班2期，培训60余人。推进安居工程，危改户建房竣工92户。65户预脱贫户实现脱贫。完成干杉墓地移交。高塘坪小学主体竣工，双桥小学启动建设。不断健全公共卫生服务体系，启动建设打卦岭村卫生室。开展计生工作，计生率98%。镇文化站配齐5大功能室，沿江山村和干杉社区完成农村文化广场建设，光社区创建长沙市示范性文体活动室。全镇全年组织各类大型文化活动6次，各村（社区）举办艺术节6次。

城乡建设。成立城市管理服务中心，推进“百日会战”，重点抓好“三点三线”周边环境综合整治，引进专业保洁公司负责环境卫生工作。浏阳河流域1000米范围内18户生猪养殖户全面转产。设立镇生态环保办，参与县环保部门在本乡镇开展各项环保检查和执法活动6次。拆除违建525处137646平方米，引入无人机全天候、全方位巡查，日常带挖机巡查，“即查即拆”新增违建149处62487平方米。鹿芝岭村和万龙村通过市级美丽乡村示范村、特色村验收，黄兴故居创建国家AAA级景区。完成车马村、沿江山村等6个村37千米道路绿化，完成磁浮两厢、绕城高速鹿芝岭出口11千米道路绿化。

【长沙黄兴海吉星国际农产品物流园一期投入使用】 4月24日，长沙黄兴海吉星国际农产品物流园正式开业运营。长沙黄兴海吉星国际农产品物流园占地66.67公顷，总投资超过20亿元，由长沙马王堆农产品股份有限公司投资兴建。项目于2010年12月签约，建成投产是占地约33.33公顷项目一期，主要承接马王堆蔬菜市场整体迁入。作为省市重点“菜篮子”工程、长沙市三大市场迁建引领工程，项目不仅促进黄兴当地水电路气等基础设施建设和完善，还聚集大量人流、物流、车流、信息流，有效助推黄兴城市化进程。

【易炼红调研长沙国际会展中心项目建设】 7月16日，省委常委、市委书记易炼红赴项目建设工地进行现场办公，并听取项目配套建设和片区开发情况介绍，易炼红指出，会展经济具有极强带动力和牵引力，汇聚大量人流、物流、资金流、信息流。区位优势不断释放、硬件设施不断完善，长沙会展业发展处于历史最佳机遇期，抓住长沙国际会展中心项目建设契机，大力发展现代会展、高端商务等业态。

【行政执法局黄兴分局成立】 8月31

长沙黄兴海吉星国际农产品物流园　　（黄兴镇 提供）

日上午，长沙县首个乡镇行政执法分局长沙县行政执法局黄兴分局举行揭牌仪式。黄兴分局在位于黄兴镇干杉片区原干杉镇政府进行办公，有工作人员50人，后期将补充至80人。黄兴分局成立，不仅能理顺管理体制、整合规划、强化配套，也进一步加强黄兴片区行政执法工作，更能为黄兴片区经济社会快速发展保驾护航。

【长沙国际会展中心开馆】11月8日下午，长沙国际会展中心正式开馆运营。省委常委、市委书记易炼红出席启用仪式并宣布场馆启用，副省长何报翔致辞，市委副书记、市长胡衡华主持启用仪式。长沙国际会展中心占地约53.33公顷，投资约57.8亿元。整个场馆平面12个单层展馆、2个登录厅。项目总建筑面积约44.5万平方米，展览面积约26万平方米，其中室内净展示面积约17.75万平方米，可提供8568个标准展位。　（刘曙光）

江背镇

【概况】江背镇为徐特立、熊瑾汀等无产阶级革命家故乡，位于长沙、浏阳、株洲三县（市）交汇处，镇域面积175平方千米，辖13个村（社区），6.2万人。截至2016年年底，江背镇财政总收入7267万元，一般预算收入2751万元。工农业总产值115亿元，其中工业总产值106.9亿元，比上年增长14.14%，规模工业总产值78.5亿元，比上年增长9.4%，全社会固定资产投资46.8亿元，比上年增长28.57%，其中工业固定投资45.58亿元，比上年增长27.46%，技改投资45.36亿元，比上年增长26.85%，社会消费品零售总额2.17亿元，招商引资到位资金3.88亿元。该镇有规模企业24家，其中亿元以上企业8家，十亿元企业2家。汽车配件、工程机械和水泥建材三大支柱产业带动效应进一步增强，配套产业不断完善。江背镇农业总产值8.1亿元，农民人均可支配收入27171。该镇以“五个融合”理念引导现代农业发展，打造出规模农业、高新农业、品牌农业、特色农业、电商农业五大特色，形成独具特色产业体系。农民专业合作社发展迅速，2016年，全镇注册农民专业合作社171家，家庭农场29家，现代生态农庄6家，农业企业17家。全镇粮食作物总产量5.48万吨，油料播种面积约1733.33公顷，油料产籽总量2300吨，生猪出栏量3.4万头，家禽年饲养量15万羽，花卉苗木种植面积约约1026.67公顷，品种40余种。

【产业经济】2016年，江背镇鼓励现有企业加快创新转型发展。制造业提质升级。梅花新能源汽车批量上市，新研发生产特种车、校车、公交车占据良好市场。万征科技、鑫胜电力、奥凯泵业、坚韧机械等企业创新技术，打造创新品牌，获得多项国家专利，提升产品科技含量。现代农业特色彰显。江背镇天合农业为湖南省林业产业龙头企业、锦绣江南获得国家AAA级景区称号、多彩农业与林科院中国油茶工程研究所合作成立“油茶工程科研示范基地”、雅怡、土生情等一批优势企业快速成长。江背镇获长沙市现代农业发展优秀单位，袁隆平院士率领10位中科院院士前到此地考察指导粮食生产，中央电视台财经频道《生财有道》栏目对江背镇现代农业进行专题报道。江背镇承办长沙县首届红樱文化节和“环洞庭湖国际公路自行车赛”热身赛暨湖南省自行车联赛。策划休闲旅游线路，编制旅游地图，推广“多彩江背”旅游品牌，打造省会东郊休闲乐园。

【城乡统筹】2016年，黄江公路江背段建设工作稳步推进。江乌公路、红梅公路提质改造全面。好三线、五梅公路提质改造按计划有序进行，棚户区改造项目建设如火如荼，污水处理厂管网和主场区建设工作进展顺利。全年硬化村级公路55.8千米，投入1000万元小农水项目198个，金甲水库、灌区除险加固，山塘沟渠更新改造有序进行，农田水利基础设施不断完善，有序推进金洲、梅花、五福美丽乡村示范点建设，217户农村危房改造。9个村（社区）通过14个“一事一议”项目，完善农业生产配套设施。生态环境大为改观。江背镇通过搞好入户评比、试点流动垃圾收集模式、深化垃圾分类减量模式、推进规模养殖退养转产、启动农户污水收集连片整治及改水改厕项目，全年进站垃圾比上年下降10%，回收有毒有害垃圾200余吨，获长沙市2016年度“城乡环境卫生整洁行动优秀乡镇”。

【社会治理】探索创新基层社会治理新途径，充分发挥议事会作用，处理低保评定、春节慰问、项目建设等事关群众切身利益事务；深入推进乐和乡村建设，五福村成为长沙县示范村，乐和互助会主动承担部分村组事务，村民群策群力、投工投劳修路建院。阳雀新村、砖田新村、印山村也同步推进乐和乡村试点建设。社会大局和谐稳定。按照“一岗双责”“属地管理”原则落实安全生产责任，全面检查生产经营单位505家，排查整改安全隐患698处，开展大型打非治违行动3次；对校车路线48处隐患进行全面整改，规范中小学校及幼儿园食堂进货渠道，指导农村安全聚餐180余次。各类社会矛盾得到有效化解，全年调处矛盾纠纷223起；充分发挥村（社区）义务巡防队作用，社会治安明显好转。

【社会事业】农村合作医疗、城乡居民养老保险全覆盖，养老保险基金征缴比例持续提高。免费为370名劳动者提供技能培训，农村劳动力转移350人次、新增城镇就业555人次。率先实践“合作社+农户”产业扶贫举措，2016年江背镇全面脱贫。社会管理卓有成效。不断完善优生促进工程和人口计生网格化管理，计生服务水平不断提高。充分发挥村（社区）义务巡防队作用，社会治安明显好，常态化开展安全生产大排查、大整治、大督查及打非治违和食品安全监测行动，确保全镇平安和谐。探索“乐和乡村”村级治理新模式，打造五福“乐和”示范村，阳雀、砖田“乐和”试点村。江背镇坚持“教育强镇”发展战略，对江背中学、梅花中学等中小学进行提质改造，不断优化教学环境，提升教学质量。成立全县首个非物质文化遗产“长沙快板”传习所并举办展演活动，举办首届“多彩江背 最美人物”评选表彰活动，树立群众身边模范和典型。镇文联出版内刊《文墨江背》《浏阳河畔乡愁》《江背故事》《那山那人那传奇》并获全省基层文联系统先进单位，多次开展“成人礼”“开笔礼”及“孝文化节”等系列传统文化活动，全镇社会事业蓬勃发展。（廖　杰）

黄花镇

【概况】黄花镇位于长沙县中东部，是国际空港所在地，扼省门重镇地利优势，东接春华镇和浏阳市永安镇，南抵黄兴镇、江背镇，西邻星沙街道、长龙街道、泉塘街道、㮾梨街道，北至安沙镇、果园镇。黄花镇镇域面积141平方千米，常住人口10.1万，辖13个行政村、4个社区。2016年《人民日报》和《2016中国中小城市发展报告·绿皮书》联合发布“2016全国综合实力千强镇”榜单，黄花排名湖南首位，获“三湘第一镇”。截至2016年年底，黄花镇财政总收入突破8亿元。社会固定投资37.3亿元，工业投资20亿元、服务业投资12亿元，进出口总额2000万美元，人均可支配收入超过2.6万元。向人大报告工作，向政协通报重大事项，自觉接受人大、政协和社会舆论监督，办理人大议案、建议和政协提案；政务和村（居）务公开不断深化，通过政府门户网站、阳光三农网、政务微博、政务微信等平台发布政务信息900余条；处理12345市民服务热线300余条，办理网民咨询与信件80余件次。开展“两学一做”学习教育，召开民主生活会；严守廉政准则，落实“一岗双责”；严格问责问效，加强明察暗访、政风行风评议。完成镇党委、政府班子换届、县乡人大代表换届，平稳10个村合并工作，积极解决村干部去留问题，帮助化解村级债务，为来年村（社区）换届选举奠定良好基础。

产业发展。全年工业总产值76亿元，比上年增长10%，其中25家规上工业企业，工业总产值42.8亿元；新引进项目10个，引进内资6.6亿，外资180万美元。指导企业用好用足用活优惠政策，全年投入技改资金23.1亿元，为企业争取政府扶持资金约500万元，政策帮扶项目16个，帮扶单位31家。园区“三纵两横”道路提质改造、绿化、亮化等建设，工业基础不断夯实。农林牧渔总产值82350万元，比上年增长5%。投入86万资金进行农网改造，发放补贴资金130多万元，新增农业机械160多台、植保机械80多台、其他机械22台，新增连栋大棚4290平方米。新江生态园马术俱乐部、柳吉有机瓜蔬基地、华穗小水果基地等8个现代农业产业发展项目，通过示范区管委会验收。143家农业合作社和9家现代农庄引领示范，发展“菜篮子”工程。完善回龙水系疏通工程、哑河水毁工程等基础设施建设，为农业产业发展筑牢基础。小顽国亲子乐园、新江生态园、华穗生态产业园等农业现代化项目成为市民们休闲度假胜地。承接中央电视台《荣誉军团》全国战术对抗赛湖南赛区主办权，支持企业探索军事等多种主题与休闲农业、旅游产业融合发展之路，第三产业带动力明显增强。

项目建设。2016年黄花镇腾地22.79公顷，动迁人口827户，3126人。综合保税区、机场大道、金阳大道、长沙临空经济区核心区人民路以南片区、长丰汽车工业园等重大项目拆迁任务。机场大道项目开工，综保区项目120公顷，160户，全部拆迁。镇域内七大板块38个项目开工开建，机场大道、综合保税区等重点项目多次迎接市县两级观摩。新开工建设S207南延、S210、金阳大道等多个交通要道项目，助推黄花镇快速路网不断升级。中国联通数字阅读基地、空港物流园、通用航空专属服务区、边检站等一大批临空产业项目开工建设，黄花镇正式进入临空经济时代。

城乡建设。远大路两厢环境整治、背街小巷提质改造、黄谷路农贸市场道路提质工程、华湘安置区综合提质改造等项目，开工建设坤隆商业街基础设施工程、华湘农贸市场装修等项目，集镇品质稳步提升。远大路、东八线等城市主干道和金鹏名都、盛地领航城等机场周边小区开展多次集中拆违行动，依法拆除违章建筑17000余平方米，城乡秩序更加井然。大力推进美丽乡村建设，市级美丽乡村特色村黄龙新村申报验收，市级美丽乡村示范村东塘村推进创建工作，年内通过验收示范组74个，发放以奖代投资金409万。全镇13个村设置垃圾回收点，鱼塘村改厕100座，农村环境治理整县推进项目验收。三年造绿大行动持续开展，1.28万人义务植树13万株，创建县级花园式庭院50户、县级绿色村庄1个、县级乡村公园1个和县级绿色集镇1个，绿色人居环境不断改善。扎实开展文明创建，建设文化围墙、文化长廊，开展“牛皮癣”大整治行动。

社会管理。全年无一例赴省进京上访事件，镇域内人民群众平安指数测评高出往年同期6个百分点，社会大局和谐稳定。落实安全生产责任，开展“安全生产月”宣传活动和企业培训8次，检查安全生产经营单位480余家，排查整改各类隐患1240余起，开展联合执法26次，取缔16家非法生产经营及储存单位；全年未发生一起较大及以上安全生产事故。开展食品安全监督管理检查44次，检查单位348家次，提供案件线索23条，立案查处21起。全年上报农村集体聚餐511起，聚餐人数123172人，没有发生一起食品安全事故。积极宣传并落实全面二孩政策，做好育龄妇女服务，提高优生优育服务水平。

民生事业。城乡低保并轨一体化，全年发放低保金约340万元，550户低保家庭得到基本生活保障；社会救助温暖人心，大病救助362人，慈善助学90人；就业扶贫成效突显，举办11个技能培训班，召开专场招聘会，给500余人提供就业机会；实施安居工程，危房改造92户，群众“安居梦”；多举措开展精准帮扶，全镇建档立卡贫困户557户全部脱贫；完善提升敬老服务设施，黄花敬老院获评湖南省示范敬老院；文化服务水平再上新台阶，新文化中心和崩坎村文化广场建设，迎新春、庆“七一”等文化体育活动异彩纷呈。

【长沙机场大道提质改造项目正式动工建设】 1月，长沙机场大道提质改造项目正式动工建设。项目全线位于黄花镇长沙空港城和航站区内，投资约15.3亿元。路线自北向南，北起长永高速黄花收费站，与规划金阳大道、人民东路交叉，与机场T1、T2航站楼匝道相连，终点设置在机场联络线与厦航路交叉口，顺接机场联络线南延线工程，全长约4.8千米，于2017年春节前正式通车。建成后将成为连接长永高速、人民东路、机场航站楼、机场高速南北向重要通道，同时也为黄花机场T1、T2航站楼部分客货运疏散提供快速通道。

【黄花镇合并村工作】 3月15日黄花镇按照法定程序完成所有合并村民主投票。具体合村情况：大兴村与龙湖村成建制合并，新村命名大兴村，村委会驻地选址原大兴村。黄花村与长丰村成建制合并，新村命名黄花村，村委会驻地选址原长丰村。东塘村与金塘村成建制合并，新村命名东塘村，村委会驻地选址原金塘村。机场口社区与大路村成建制合并，新村命名机场口社区，村委会驻地选址原机场口社区。新江村与银龙村成建制合并，新村命名银龙村，村委会驻地选址原银龙村。黄龙新村、华湘村、合心村、高岸村、谷塘村、鱼塘村、梁坪村、回龙村、崩坎村、黄花路社区、黄谷路社区、龙塘社区保持原建制不变。合并后，黄花镇由原来18个村、4个社区调整为13个村、4个社区，减幅27.7%。4月29日上午，黄花镇召开专门会议为5个新合并村进行授牌。

【黄花镇召开中国共产党黄花镇第六届代表大会第一次会议】 4月28日上

午，长沙县黄花镇召开中国共产党黄花镇第六届代表大会第一次会议。县委常委、常务副县长杨莉到会指导。大会听取并审议通过《中国共产党长沙县黄花镇第五届委员会工作报告》《中国共产党长沙县黄花镇纪律检查委员会工作报告》，选举产生中国共产党黄花镇第六届委员会、中国共产党黄花镇纪律检查委员会。县委常委、常务副县长杨莉同志发表重要讲话，充分肯定黄花镇工作成绩和本次大会所取得成果，就黄花镇改革、发展和稳定等各项工作提出许多宝贵指导性意见。

【易炼红到黄花镇调研项目建设情况】 8月22日，湖南省委常委、长沙市委书记易炼红到黄花镇调研黄花机场二跑道建设、机场大道提质改造、长沙黄花综合保税区等项目建设情况，长沙县委书记曾超群，副书记、县长张作林陪同调研。易炼红充分肯定项目前期建设，强调要用国际一流视野和眼光做好项目规划建设，以此临空经济示范区建设率先突破，助推东部开放型经济走廊加快形成。要始终保持热火朝天项目建设场景，围绕园区、保税区发展引进更多高端化、配套性项目，引进更多50亿元以上大项目好项目，为经济发展进位突破不断注入强劲动力。

【长沙黄花综合保税区正式开工建设】 9月29日上午，湖南首个依托航空港发展建设综合保税区——长沙黄花综合保税区在黄花镇正式开工建设。市委副书记、市长胡衡华出席开工动员仪式并宣布开工，市委副书记徐宏源出席仪式，副市长廖健，中国建筑国际集团有限公司董事局主席兼行政总裁周勇，中建五局董事长、党委书记周勇，长沙县委书记曾超群出席仪式并致辞。长沙县委副书记、代县长张作林主持仪式。长沙黄花综合保税区项目总规划面积1.99平方千米，总投资50亿元，5月31日国务院正式批准设立。

【黄花镇第六届人民代表大会第一次会议召开】 10月24—25日，黄花镇第六届人民代表大会第一次会议在镇政府大会议室召开。全镇各条战线89名正式代表、69名列席代表158人参加会议。大会听取并审议通过《黄花镇政府工作报告》《黄花镇人大主席团工作报告》《黄花镇财政工作报告》，投票选举产生张力强为黄花镇第六届人民代表大会主席，冯伟桥为黄花镇第六届人民代表大会副主席，黎文革为黄花镇人民政府镇长，杨华、刘镇西、刘登和徐立平为黄花镇人民政府副镇长。

【黄花镇入围全国综合实力千强镇】 11月7日，《人民日报》和《2016中国中小城市发展报告·绿皮书》联合发布第十二届中国中小城市科学发展指数研究成果暨“2016全国综合实力千强镇”等榜单。全国综合实力千强镇，是由国家中小城市经济发展委员会、中小城市发展战略研究院联合中国社会科学院城市发展与环境研究所等单位组成课题组，自2005年连续12年对中小城市科学发展指数进行系统研究。湖南有7个镇上榜，黄花镇排第369名，列湖南省第一名，获“三湘第一镇”。（王　意）

黄花国际机场 （陈　立　摄）

春华镇

【概况】 春华镇镇域面积125.36平方千米，其中耕地面积4022公顷，辖8个村、1个社区。年末总户籍人口4.5625万。农村经济总收入32.556亿元，比上年增长9.8%；财政总收入1030万元，比上年增长8.99 %；实现地方一般预算收入432万元，比上年增长12.21%；固定资产投资4.7亿元；农村居民人均可支配收入2.045万元，比上年增长10%。

项目建设。国家杂交水稻综合试验基地项目一期工程完工并首季水稻收割。怡清源茶业、九农蔬菜研发示范基地、湖南（长沙）现代农业成果展示园、袁氏种业、洞田“油菜+稻谷”等项目在全县示范效果优良。春红花卉、蠡果农庄、群益农庄为代表现代农业项目蓬勃发展。《春华种田纪》登载于2016年8月8日《长沙晚报》头版头条。金鼎乐和大院建立全省第一家“三农网络科普书屋”示范点。通过科学引导土地连片流转，全镇耕地流转集约经营约800公顷。引进宏鼎机电、龙乔家具等工业项目，规模工业企业总数7家，高旺、鹰宏、志同兴、瑞邦等企业建材产业不断壮大。启动北横线春华段7.5公里拆迁工作。农贸商贸综合体项目主体工程建设，太阳滩闸坝除险改造、机场东扩水系恢复石塘铺港综合整治等项目强力推进，农村公路建设约2.47公顷，投资341.48万元省级一事一议集中连村奖补项目，投资201.02万元市、县级一事一议、整合涉农资金项目，投资40亿元春华健康城项目，6.73公顷征地拆迁工作，投资2亿元种子仓储物流园一期、二期工程，小城镇建设管理工作综合考核评比位居全县第一。

民主建设。民情民意反映渠道畅通。红网问政湖南县委书记信箱、党建O2O、“12345”市民服务热线、县长信箱反映问题事事有落实、件件有回音，深入开展群众工作，完善风险评估、不稳定因素排查化解等机制，深化矛盾纠纷调处工作，切实做好信访工作，深化平安创建活动，采取“三调联动”工作模式调处矛盾纠纷228起，调处率99%，共开展重点项目风险评估及不稳定因素排查12，严格执行三资交易制度，农村公共资源、资产、资金得到有效监管，镇村重大事件及时上网公示。

文化建设。持续开展多形式、多层次、多领域旅游宣传推介活动，举办“花海洞田，多彩春华”首届油菜花旅游文化节、“茶韵金鼎，多彩水乡”首届茶文化节，“春华秋实，荷韵水乡”首届荷花文化节、春华山中央阵亡将士英烈清明公祭仪式等系列旅游文化节会活动，全年吸引游客30余万人，同时，顺势推出春华人文之旅、田园休闲之旅、民俗之旅三条假日游经典线路，被长沙晚报报业集团授予“长沙市自驾游热门线路”，争创市级文明镇，举办孝文化“道德讲堂”，新成立乐和互助会11个，获批长沙县“乐和乡村”综合试点镇。

民生建设。落实国家计划生育政策，突破“两非”案件2例，加强安全生产工作，建立监管巡查新模式，用“双四”机制破解小微企业安全监管难题，“六步法”抓实烟花爆竹零售换证工作，聘请安全中介机构排查安全隐患，创建市级标准化安监中心，全镇连续13年未发生生产安全责任事故，获县委主要领导批示和市县好评，深入开展群众工作，完善风险评估、不稳定因素排查化解等机制。投资2200万元春华敬老院项目建设，2016年底正式投入使用。城乡居民医疗保险、养老保险实现制度全覆盖，大病救助、大病保险、社保“一卡通”发放工作全面落实，精准扶贫工作扎实开展，支持援助两批121户农村危房户建房，51户预脱贫户脱贫，省级贫困村百熙村顺利摘帽。全面落实困难群体帮扶政策，各类涉农惠农资金全部发放到位。投资1.4亿元武塘中学项目地下基础建设，投资480多万元洞田小学综合楼、投资120余万元九田小学教师周转房投入使用。春华山村、龙王庙村、大鱼塘村、武塘村便民服务中心规范化改造，标准化便民服务中心实现全镇覆盖。春华林业站荣获“湖南省林业站‘一站式全程代理服务’示范站”称号，春华镇档案室被评为湖南省档案工作规范化管理“省一级”。春华卫生院、卫计办代表长沙县迎接国家和省妇幼健康优质服务示范县验收，获评市人口和计划生育工作优秀乡镇。承办长沙市第七届“中国统计开放日”现场宣传、长沙市第三次全国农业普查试点及现场观摩、湖南省第三次农业普查宣传月启动仪式暨《中华人民共和国统计法》宣传教育等系列活动，为长沙市第三次全国农业普查探索经验和做法，春华镇统计站被评为“2016年度长沙市乡镇街道统计站目标管理综合考评一类”单位。

生态建设。坚持规划引领。《春华镇土地利用规划》《春华镇镇域总体规划》《控制性详规》以及四个合并村（社区）村庄规划修编设计方案通过县级评审，待市级批复。推进美丽乡村和乐和乡村建设，新成立乐和互助会10个，其中武塘村新成立1个，九木村新成立3个，花园新村新成立

3 个，百熙村新成立 3 个，春华山村塅港组、金鼎山社区全新组、武塘村武塘组三个美丽乡村示范片城乡一体化美丽乡村建设立项工作，春华山村确定全市美丽乡村示范创建村，九木村确定全市美丽乡村特色创建村。抓实长效治理，健全联合巡查机制，统筹推进拆违控违攻坚行动，完善农户用电联审程序，引导村民规范有序建房，拆、控违面积 5447 平方米。

袁隆平院士考察国家杂交水稻综合试验基地项目建设情况（春华镇 提供）

【莫桑比克考察研修团参观宇田农业】 4 月 26 日，非洲莫桑比克解放阵线党政治局委员、中央委员会管理与财务书记艾斯佩朗沙·劳琳·比亚斯率高级干部考察研修团一行 13 人，到春华镇考察参观农业种植项目。北京市委党校成人教育学院副院长张兰、湖南省委党校对外合作交流处副处长陈涛以及中联部、北京市委党校、湖南省委党校相关人员陪同参观，艾斯佩朗沙·劳琳·比亚斯一行对春华镇新农村建设工作给予高度评价，并表示要将春华好经验与作法带到非洲，促进非洲新农村建设发展。

【区划改革调整并村工作】 3 月，春华镇启动区划调整改革并村工作。通过制定切实可行合并村方案，该镇科学合理确定建制村规模，3 月底，九田村与九木村合并为九木村、松元村与洞田村合并为百熙村、武塘村与官塘村合并为武塘村、金鼎山村与春华社区合并为金鼎山社区，春华镇行政村数量由原来 12 个村、1 个社区调整为 8 个村、1 个社区，4 月 19 日所有合并村授牌，并正常运行。

【袁隆平院士考察国家杂交水稻综合试验基地项目】 5 月 13 日上午，省政协副主席、中国工程院院士、湖南杂交水稻研究中心主任袁隆平考察位于春华镇国家杂交水稻综合试验基地项目建设情况，副县长李开兴陪同考察。该项目是湖南省重点建设项目，占地 31.572 公顷，投资约 3 亿元，2016 年年底，将全面新品种展示区各项建设。袁隆平院士对工程进度表示满意，对长沙县和春华镇付出努力表示感谢。

【长沙县光伏农业一体化项目】 6 月 6 日上午，长沙县 200 兆瓦分布式光伏农业一体化项目开工奠基仪式在春华镇九木村（原九田村，2016 年 4 月九田村并入九木村）举行。中共长沙县委副书记、县人民政府县长张庆红宣布项目正式开工。长沙县 200 兆瓦光伏农业一体化项目光伏农业是结合光伏发电、高效农业、观光旅游为一体新型农业产业化种植模式。湖南省农科院副院长、研究员邓华凤，原长沙国家经开区党工委副书记汤定一，中共长沙县委常委、政法委书记常利民，原长沙县委调研员饶景辉等出席开工奠基仪式。

【承办湖南省第三次全国农业普查宣传月启动仪式】 12 月 8 日上午，湖南省第三次全国农业普查宣传月启动仪式暨全国统计法治宣传日活动在春华镇金鼎山社区乐活大院主会场举行。省统计局党组成员、副局长高勇宣布活动正式启动。统计法治宣传教育活动主题为“弘扬法治精神，深化统计改革，全面依法统计，保障数据质量”。国家统计局湖南调查总队党组成员、纪检组长岳忠诚，国家统计局长沙调查队党组书记、队长张殷海，长沙市统计局党组成员、副局长张罗先，长沙市统计局党组成员、总经济师胡建中等领导出席本次活动。

【举办首届荷花文化旅游活动月】“春华秋实，荷韵水乡” 相约长沙最美乡村走进春华暨首届春华镇荷花文化旅游活动月，7 月 16 日在春华镇花园新村开幕，千名游客探访花园新村千亩荷花园在捞刀河畔摸鱼，捉泥鳅，体验沙滩摩托，参加亲手摘瓜果活动，在乐和塅港大院参加乐和春华国学讲坛，参观“春华印象”书画摄影展。此次活动由长沙市委、市政府主办，市委宣传部、市农业委员会、市文明办、市旅游局、长沙晚报报业集团承办，长沙县委、县政府协办。现场，长沙晚报相约长沙最美乡村组委会为春华镇授牌“长沙自驾游热门线路”。长沙县委常委、宣传部部长彭勇，县

人大常委会副主任唐俊兴，长沙晚报报业集团党委委员、长沙晚报副总编辑李万寅、胡建红等领导出席活动开幕式。（陈亚萍）

果园镇

【概况】 果园镇区域面积69.8平方千米，辖四个行政村（新明村、花果村、浔龙河村、金江新村），三个社区居委会（杨泗庙社区、田汉社区、古井社区）。总人口2.4万人，集镇建成区面积2.16平方千米。2016年，镇级财政收入562万元，一般预算收入232万元，规模以上工业总产值10.4亿元，固定资产投资8.5亿元，其中工业投资7890万元，服务业投资5.6亿元，市外投资5000万元，农林牧渔总产值2.9亿元，年增长5%.

重点工程。浔龙河生态示范点投资10亿元，村民集中居住一期一批80户安置房建设和部分配套工程，一期产业项目建设；启动农民集中居住区一期二批109户招标前期工作、景观绿化、管网等基础配套设施工程设计工作；与潇湘电影集团、北师大签约。安置当地劳动力就业289人，带动创业292人。成立纪念田汉诞辰120周年活动领导小组，组建常设机构集中办公，下发《长沙县纪念田汉诞辰120周年活动实施方案》。围绕“打造田汉文化名镇，建设中国最美乡村”发展定位，启动对故居周边改造建设，建设田汉戏剧艺术文化园，田汉大道正式动工开奸建。

城镇建设。果园中学维修改造、文化站提质改造、敬老院消防工程、果园镇党建文化广场、浔龙河农贸市场、农民集中安置区一期一批室外工程、田汉故居环境景观工程二、三期等项目；果园镇美丽乡村示范片区配套项目竣工验收；杨泗庙杨泗庙集镇棚户区建筑改造及配套基础设施项目总工程量30%。启动农民安置区一期二批房建招标工作、田汉大道、东八线跨线桥、宋水线C段道路工程、污水处理厂、垃圾站、公交车站、燃气瓶组站等项目设计工作。危房改造92户，小农水58处；投资69.89万元草帽子港疏浚衬砌工程（二期），投资51.86万元金江坝北干渠改造工程（二期），投入360万元金江坝水库除险加固工程。

生态建设。安排200余万元资金保障环保合作社运营，生活垃圾分类减量率90%，人均有毒有害垃圾、可回收利用垃圾及不可降解垃圾回收量居长沙县首位，获评2016年度长沙市城乡环境卫生整洁行动优秀乡镇，新明村获评为“市级垃圾分类示范村”。

产业升级。抓好粮食生产，早稻调镉谷种发放和拂种，发放谷种32220千克；做好农田深翻耕和撒施石灰工作；调整稻——油结构120公顷；水稻农业保险全面覆盖。做好“三防”工作，确保安全度汛。全年无森林火情、无动物疫情发生。打造万亩优质稻基地，润禾、金霞米业特色稻为样板，打造富硒米等特色品牌。开展产业扶贫，发展芦花鸡生态养殖贫困户有24户、发展蜜蜂养殖贫困户有31户，全部通过省扶贫办脱贫验收。建立36个创客项目信息库，成立果园镇创客协会，建立4个创客微商平台。安排专项资金123万元对有特色项目进行奖励扶持，初步发掘培育龙虾养殖基地、益精合作社、水立方等五个创业典型。

文化事业。新建镇级党建文化广场、田汉社区村级文化广场，新建“村村响”广播系统；落实农家书屋对外开放，浔龙河村农家书屋获批为县图书馆分馆；注重对镇域内文物挖掘和保护，通过对镇域内名人名事、传统习俗、地名来由等实地采访考察，充分挖掘果园镇民间文化，搜集整理果园文化书籍，编辑《田汉故事》一书；华兴会创始人柳聘龙墓地申报为县级不可移动文物点，由田汉社区进行管理和维护；大力引导、扶持民间文化发展，浔龙河文化艺术团、田汉诗社、田汉文化产业公司等文艺团体欣欣向荣；组织开展舞龙赛、柔力球赛、乒乓球赛、广场舞比赛等形式多样文化体育活动，丰富群众文化生活。

法治建设。开展法治文化建设“百千万”工程，“培养一百名法治明白人、送一千个法治书包到户、送一万户春联”；法治宣传教育通过微信平台与走村入户宣传进行有机结合；开展“文艺送法”活动10余场，其中镇组织2场，其余都为村级自发组织编排法治文化节目；拍摄法治宣传片，将生活中可能遇到法律问题通过小视频方式展现出来；设立“法律咨询服务站”接待咨询各类法律问题群众1000多人，咨询法律方面问题80余件；开展法治培训班2次，参加人员200余人次；建立一个法治文化主题公园、创建一批法治文化示范村（组），开展法治文化示范村（组）创建活动，建设宣传栏、文化墙和路灯广告等，形成完整镇村法治宣传体系。

社会事业。全镇参保人员10930人，缴费213万元；城乡居民医保征缴260万元，征缴率为96.8%。全镇出生人口338人，计划生育率97.93%；办理生育服务证380本，优生检测124对，两癌筛查937人。全年排查调处各类矛盾纠纷89起，调处率100%；组建平安志愿者队伍、“红袖章”义务巡防队参与治安巡查，刑事发案同比下降42.8%；各群工队员全年走访群众5305户，收集问题120余起并全部解决。全年取缔17家非法生产经营单位；邀请安全专家7次深入兰郑长输油站进行隐患排查，查出整改隐患45处，3000立方米事故泄放池建设主体土方基坑工程；校车安全管理，排查出隐患路段2800米，全部安装防护栏，重要地段安装凸面镜，所有校车安装定位系统。

【获评新型墙材推广应用示范乡镇】5月9日下午，联合国开发计划署授予浔龙河村“节能砖与农村节能建筑市场转化项目节能建筑推广村”，长沙市住建委授予果园镇“长沙市农村地区推广应用新型墙材示范乡镇”，授牌仪式在果园镇浔龙河生态艺术小镇举行，长沙县委常委、副县长谭浩然出席授牌、揭牌仪式。果园镇作为长沙市农村地区推广应用新型墙材示范乡镇，推进美丽乡村、农民集中居住点建设，大力倡导推广使用新型墙材，推动全镇城乡建设和产业升级转型协调发展，初步实现“城镇化乡村，乡村式城镇”目标，为建设生态型乡村旅游文化名镇和开放式绿色经济功能新区打下坚实基础。（杨　超）

【全省先进基层党组织】6月30日，湖南省庆祝中国共产党成立95周年大会在长沙举行。会上，省委常委、省委组织部部长郭开朗宣读《中湖南省委关于表彰优秀产党员、优秀党务工作者、优秀乡镇（街道）党（工）委书记和先进基层党组织决定》，长沙县果园镇浔龙河村党支部被评为湖南省先进基层党组织。（郑　珍）

【新明村被评为湖南省美丽乡村示范村】10月28日下午，省建设厅副厅长宁艳芳会同省农委一行就长沙县美丽乡村建设情况进行验收，验收组一行实地进行查看验收新明村党建服务中心、活动广场、硬化道路等项目建设，并参加座谈会。会上，验收组先后听取县农业示范区管委会以及新明村工作汇报，详细解长沙县和果园镇新明村“美丽乡村”项目建设情况，验收组组长宁艳芳副厅长用“非常好”三个字对新明村建设工作给予高度肯定，鼓励县、镇、村各级干部再接再厉，建立长效管理机制，巩固和完善现有成果。（杨　超　叶　欣）

【启动2016年法治文化建设“百千万”工程】果园镇开展法治文化建设年系列活动，主题打造法治文化“百千万”工程，即培养百名法治明白人、送法进千家、送万幅法治春联三个主题活动。4月13日，浔龙河隆重举行法治文化建设“百千万”工程启动式暨“法治明白人”宣誓仪式。市司法局副局长孙美秀、县委政法委副书记余孟洋、县委群工部部长宋伟奇、县委宣传部副部长王海燕、县法制办主任徐杨、县预防腐败局副局长陈永恒、县文广局副局长沈俊、县司法局副局长康广平等领导出席启动仪式，果园镇全体机关干部、企事业单位负责人、村（社区）干部、100位“法治明白人”及部分群众参加启动仪式。（刘　沙）

【合并村授牌】4月25日，果园镇为区划调整改革合并村授牌，6个村（社区）合并村工作。长沙县果园镇2月中旬启动区划调整改革合并村工作。经过调查研究、充分论证、广泛听取干部群众意见基础上，果园镇按照时间节点和工作步骤有序推动，全面合并村工作。区划调整后，原来7个村3个社区调整4个村3个社区。并村后，果园土地、生态、旅游资源等有机融合，发展潜力得到更深层次拓展，为行政村之间资源整合、优势互补、精简高效、提速发展打造一个崭新平台。

（刘塑琪）

【黄跃进到浔龙河村考察基层民兵营建设】5月10日，省委常委、省军区司令员黄跃进率队到长沙县果园镇浔龙河村实地考察基层民兵营。长沙警备区司令员王忠斌，长沙县委常委、县人武部部长陈晓成，政委刘立如，副县长李开兴陪同考察。黄跃进一行先后考察浔龙河接待 中心、童勋营国防素质教育基地、民兵营“一事一家”等项目。考察组一行对浔龙河村普通民兵营典型抓建工作取得成绩给予充分肯定。“民兵营建设有利于当地产业发展、加强国防教育、引领文明风尚，同时可参与社会治理，及时处置突发应急情况。”黄跃进表示，浔龙河村普通民兵营建设与当地实际结合紧密，展现军民融合风采，探索村民兵营建设发展新模式。（刘塑琪）

【陈燕楠到浔龙河村调研基层党建工作】5月30日上午，中组部党员教育和干部测评中心主任、全国基层办副主任陈燕楠、湖南省委组织部党员教育中心主任蔡文辉、贵州省委组织部党员教育中心副主任邓维实、市委常委、组织部部长程水泉等领导一行到浔龙河村调研基层党建工作。县委副书记、县长张庆红，县委常委、组织部部长、统战部部长沈光，果园镇镇党委书记覃芳（原党委副书记、镇长）陪同调研。浔龙河村党支部书记

陈燕楠（前排左一）到浔龙河村调研基层党建工作　　（果园镇 提供）

柳中辉汇报浔龙河村基层党建和项目建设情况。　　（徐宏勋）

【果园镇召开第十六届人民代表大会第一次会议】 10月25日，果园镇召开第十六届人民代表大会第一次会议，大会认真听取和审议大会各项工作报告和有关决议、决定，依法依规依程序选举产生新一届镇人民政府镇长、副镇长、人大主席和副主席。

（杨　超）

【顾朝曦率队到浔龙河村调研】 11月8日，民政部顾朝曦副部长率全国城乡社区治理督查组到浔龙河村进行调研。副省长蔡振红，省政府研究室副主任黎成兴，省民政厅厅长段林毅、省民政厅副厅长邓磊，市民政局局长陈昌佳，县委副书记杨莉，果园镇党委书记覃芳、果园镇副镇长田涤，浔龙河村党支部书记柳中辉，浔龙河村村企建党建工作领导小组指导员张博闻陪同调研。　　（杨　超）

【十八届六中全会宣讲团到浔龙河与基层党员代表互动座谈】 11月9日下午，十八届六中全会宣讲团成员、中央文献研究室主任冷溶到浔龙河村，实地参观浔龙河新型生态社区，并在浔龙河村党建服务中心与基层党员代表就十八届六中全会精神进行互动交流。省委副书记乌兰，省委常委、市委书记易炼红，省委副秘书长卿渐伟，市委常委、市委秘书长夏建平，市委常委、市委宣传部部长、副市长黎春秋，县委书记曾超群，县长张作林等领导一起参加座谈和参观活动。

（杨　超）

路口镇

【概况】路口镇镇域面积89平方千米，辖5个村和2个社区，总人口30409人。2016年，该镇坚持“北部崛起看路口，城乡一体创特色”战略目标，加快推进“商贸路口、温泉星镇”建设，打造“美丽路口、商贸路口、温泉路口、艺术路口”。截至2016年年底，财税总收入1007万元，招商引资到位资金5389.4万元，规模工业总产值27278亿元，全社会固定资产投资75730亿元，工业投资1500万元，社会零售额4亿元。

城乡建设。推进新集镇体育健身场地建设，配套羽毛球场、篮球场、门球场、太极八卦亭等文化配套建设、文化广场配套雕塑、镇碑三面翻大型广告牌、廉政公园、两亭一廊、S207辅道及景观改造、路口镇景观节点改造设计等项目建设。新集镇一期亮化、集镇高清监控系统维护、集镇后街立面改造及零星工程、路口新集镇幼儿园护坡、道路工程建设、公交客运站后坪钢架棚、集镇雨棚、自行车棚栏杆、政府机关消防、污水改造、综合办公楼、市场监管所前坪改造、便民服务中心、和通路附属工程、配套建设路灯、护坡、交通标线、校车临水段、荆华村、和通路路段护栏、校车停靠点站牌、路青线站牌、振兴北路指示牌、荆华村美丽乡村道路等项目完工。启动168（379缝门店）棚户区一期改造。完成明月集中居住改造项目邻里中心主体工程、村级物业项目场内三通一平建设和云龙公益性墓地扩建。公交汽车枢纽中心，完成立项、概算，加快推进勘察、初步设计等工作。全年危房改造2批87户，发放资金79户。

安全生产。路口镇坚持“抓安全就是抓发展”核心理念，领导班子自身抓起，创新安全管理模式，逐步形成安全生产长效机制，继续实行安全生产约谈制度，变事后追责为事前监督，为长沙县首创。一落实安全生产“一票否决”和“一岗双责”，强化责任意识。二镇、村（社区）、企业三级“网格化”管理责任到人到片到店。三目标管理责任明确到位。

生态环保。开展群众性爱国卫生运动和镇容环境综合整治工作，完善集镇基础设施功能，镇容镇貌秩序规范有序，集镇清扫保洁保持常态，病媒生物防制全面达标，居民健康意识逐步增强，公共卫生服务水平显著提升，并于12月通过市级卫生镇验收。

夫子亭、路口畲牌坊　　（路口镇 提供）

精准扶贫。坚持政府主导与社会力量共同参与相结合。精准识别实现精准帮扶，产业帮扶，上杉市村委会给部分贫困户发放食用菌，发展家庭种植和养殖，72户贫困户享受扶贫政策实惠。耀祥食用菌合作社开展产业扶贫，对50户贫困户开展技能培训、入户指导，根据场地和产业发展需求情况每户发放500个～1000个菌包，贫困户平均每户增收3000元。山舞农业科技有限公司对57户贫困户因户施策，采取发放薯苗、优质稻种、测土配方肥、土鸡种苗等措施，并与贫困户签订保底回收合格农副产品的合同，为贫困户产业发展解决销路，脱贫致富。

【麻林敬养山庄】 2016年，长沙县首家农村家庭养老院“长沙县麻林敬养山庄”挂牌成立。麻林敬养山庄位于路口镇麻林桥社区和上杉市村接壤位置，距离星沙城区大约1个小时车程。一处亭台，一处院子，包括在建农家书屋，设备一应俱全，老人住宿楼内有70个床位，有6位老人入住。敬养山庄家具有庭氛围浓郁，感受温馨特色，开创农民利用自己住房办养老院先河。

【韩永文率队考察路口镇人大代表活动室】 4月26日，省人大常委会党组书记、副主任韩永文率队到长沙县，就县、镇人大换届选举准备工作及贯彻落实中发〔2015〕18号文件、湘发〔2015〕26号文件等有关情况进行调研。调研组一行实地参观考察路口镇人大代表活动室。韩永文强调，省市县各级党委应担负起换届选举主要责任，进一步加强和改进对县镇人大工作指导，确保换届选举风清气正，不断提高县镇人大工作整体水平。同时，各级人大要不断探索创新工作模式，加强与基层的沟通交流，推动人大制度和人大工作与时俱进。省人大常委会秘书长彭宪法，省人大常委会联工委主任王刚，市县领导袁观清、黄佳惠、张庆红、李建章、唐俊兴参加调研。

【中国共产党长沙县路口镇委员会第六届代表大会第一次会议】 4月29日，中国共产党长沙县路口镇委员会召开第六届代表大会第一次会议，县委乡镇换届指导小组到会指导。全镇107名党代表和60名列席人员参加会议。会议听取和审议《中共路口镇第五届委员会工作报告》《中共路口镇第五届纪律检查委员会工作报告》，选举产生中共路口镇第六届委员会及中共路口镇第六届纪律检查委员会。2016年～2020年全镇按照“五位一体”总体布局和“四个全面”战略布局，加强和改善党对经济社会领导，逐步形成四大产业板块（精致农业、商贸服务业、农产品加工业、旅游文化业），加快精准扶贫步伐，瞄准“北部崛起看路口，城乡一体创特色”战略目标，全力打造“美丽路口、商贸路口、温泉路口、艺术路口”，探索建设“智慧路口”，努力实现路口镇新跨越。

【曹宇获评湖南省“百名最美扶贫人物”】 10月15日，“扶贫日”宣传活动暨湖南省扶贫攻坚示范村、最美扶贫人物授牌颁证仪式在长沙举行，长沙县路口镇曹宇成为长沙县唯一一名入榜者。曹宇与丈夫都是大山里走出来的农民，2009年成立长沙县耀祥食用菌专业合作社，年产值100万元，安排20名当地群众就业。合作社走上正轨后，无偿为周边农户提供技术，引导农户种植食用菌。耀祥食用菌合作社为龙头，通过统一技术、统一品牌、统一销售，路口镇荆华村逐步形成“政府引导、市场运作、企业带动、群众参与”扶贫模式，为扶贫打下坚实基础。

（王　芳）

高桥镇

【概况】 高桥镇位于长沙县北部乡镇中心位置，镇域面积111.54平方千米，辖5个行政村和1个社区，人口3万余人。截至2016年年底，高桥镇农村经济总收入19.5亿元，比上年增长20%，农林牧渔总产值67608.8万元，固定资产投资53000元，基础税源907.8万元，规模工业总产值46555

万元，比上年增长17.1%。

项目建设。生态扶贫一期工程高桥镇易地扶贫搬迁项目，移民户陆续搬迁入住。道路方面，县道莒马线高桥段、高白线高桥段、高白线至维汉故居支线道路和紫竹山风景区开元寺道路白改黑和沿线道路绿化改造，启动S207沿线风貌整治项目和水利管网铺设项目；集镇后巷整治、污水管网二期项目和棚改二期配套设施建设综合整治和路灯安装，以及李维汉故居周边棚户改造。

乡村旅游。红色文化游持续升温，适逢李维汉诞辰120周年，李维汉故居周边环境进行整治，游客明显增多，直荀故居黄棠山庄修缮完工；绿色生态游成为主流，紫竹山开元寺中心，环绕孝文化公园、廉政文化公园等金井河沿线景点紫竹山风景区逐步成型，其中金桥"家训村"成为高桥一大文化特色。

社会保障。继续加大对扶贫工作支持力度，全力实施"基础扶贫、产业扶贫、生态扶贫、科技扶贫、社会扶贫"五项工程，全镇产业发展帮扶98户，危房改造帮扶71户，医疗救助143户，教育助学29户，社会兜底帮扶285户，小额贷款帮扶73户，易地搬迁帮扶36户，实现全镇"贫困人口清零，贫困村退出摘帽"。同期，"一卡通"发放持续推进，大病救助、残疾人扶助、困难救助、劳动保障等各项工作稳步推进，城乡低保实现"应保尽保"。

环境改善。深入开展"平安高桥"创建活动，组织安全生产"大排查·大管控·大整治"，对依法取缔5家非法采石场进行全面复绿，组建高桥镇消防队，成立镇安全及应急处突中心，全力推进公众治安满意工程，全年处理"12345"119条，排查矛盾纠纷123起，调成120件，调处率97%。深入开展农村环境治理工作，严控生猪反弹，推进垃圾分类试点，同步开展美丽乡村建设，2016年美丽乡村建设考核，范林村位列市级示范村一类，高桥锦绣社区位列市级特色村二类，金桥村位列县级示范村一类。

科教文卫。改善全镇教育硬件条件，维汉小学提质改造和范林小学附属幼儿园建设，高桥中学改扩建工程一期竣工，"省为民办实事工程"镇中心幼儿园于2017年投入使用。加大对卫生事业投入，基本村（社区）村级标准化卫生室建设。增强对文化事业力度，文化广场舞台提质改造，新建维汉文化广场，改造金桥村部为市级示范性村级文化活动中心，组建太极拳队、柔力球队、舞龙队等群众文化团队，举办三次村文化艺术节，组织编辑出版《菌美高桥行》和《维汉村史话》等书籍。

【李维汉诞辰120周年】 为纪念无产阶级革命家李维汉同志诞辰120周年，追忆先辈奋斗历程，缅怀他光辉业绩，李维汉故居周边160栋居民楼棚户提质改造及县道莒马线高桥段、高白线高桥段、高白线至维汉故居支线道路白改黑及两厢道路提质改造工程。5月31日，高桥镇在镇文化广场举办"纪念李维汉诞辰120周年"暨"最美高桥人"评选活动颁奖晚会。晚会为高桥镇广大居民呈现一场文化艺术视觉盛宴，丰富群众文化生活，将革命精神和奉献理念传递到每家每户，对高桥镇人们评选出来十位"最美高桥人"进行表彰奖励。 （欧阳志）

金井镇

【概况】 金井镇由原双江镇、金井镇成建制合并而成，镇域面积210平方千米，总人口6.6万人，辖12个行政村、2个社区，18595户，589个村民组，党员3102名，基层党组织44个。2016年，全镇工农业总产值49.57亿元，其中规模以上工业总产值35.5亿元；农林牧渔业总产值14.06亿元，；社会固定资产投资20.83亿元，，比上年增长40%；农村居民人均可支配收入28112元，比上年增长12%，财政总收入2235.3万元，地方性一般预算收入876.2万元。铺排23个项目，项目开工率100%，投资5.28亿元。

项目建设。金井"茶乡小镇"城镇建设及旅游开发一期PPP项目进行，金龙路、脱甲茶街提质改造，镇区污

高桥镇白鹭湖 （高桥镇 提供）

水主管（金龙段）竣工，公租房建设、旅游专线沙田段建设、双江市民公园及棚户区改造稳步进行，石壁湖（老金井）商业中心主体竣工，金双大道通车，白石洞水库大坝如期开工，移民补偿快速推进，金井水厂新建工程全面启动。

产业升级。湘丰集团、星驰实业大力发展乡村旅游、多功能酒店等高端品质服务业，慧润帐篷酒店成为金井镇又一观光休闲热点，星驰臻美商贸综合体对外营业。金井茶场“手工制茶工艺”申报湖南省非遗项目，“金井茶业”成为长沙县第一个入选省商务厅“湖南老字号”品牌，为全域旅游发展注入更深层次文化内涵。三珍林业科技有限公司节假日游客接待最高突破5000人。“青山国际”项目取得突破性进展。天炽农业上半年资产重组，薰衣草、马鞭草、荷花等盛开出金井花海旅游新看点，成为全域旅游经济新增长点。

社会事业。新增垃圾压缩站扩建、金龙村茶乡馨苑便民服务中心、团山村文化广场等民生设施。全面增强教育设施投入，改善教学条件，116套教师周转房建设，金井中学食堂被省卫计委、省教育厅评为长沙市唯一一个省级示范性食堂。开展“小微权力”试点工作，规范村级“小微权力”42条、便民服务30条。全面加强社会保障与服务，补助“五保户”4562户次194.7万元，农村低保补助7400户次398.1万元，城镇低保发放345户次21.07万元，办理大病救助820人次476.3135万元，临时救济400余人，发放救助金额45.16万元。

【白石洞水库大坝】12月7日上午，金井镇举行白石洞水库大坝开工仪式，白石洞水库位于金井镇观佳村，2008年开始筹建，总投资约8.7亿元，库容3000万平方米，控制16平方千米流域，海拔高度139米，水面淹没涉及28个组627户1926人，是省市县重点工程，是全市水源安全战略储备工程。水库移民协议签订617户，1865人；房屋拆除467户；迁移坟墓近1200冢；移民个人补偿资金按程序发放到户，组集体设施、青苗补偿资金拨付至村账专付。其中，选择集中安置267户815人，现安置区内水电路等配套设施基本，自建房49栋，搬迁入住200余户，商业门面开业40余家。选择自谋出路货币补偿安置196户585人；选择长效实物补偿自行安置移民116户410人；选择分散安置1户1人、福利院安置7户8人。白石洞水库建成后，将有效缓解长沙县，特别是北部乡镇供水不足问题，有效应对突发性河流污染引起饮用水困难，大幅改善库区群众生产生活条件，推动基础设施配套及产业发展，对维护民生事业和社会稳定具有重要意义。

【开展全域旅游推介会】连绵万亩茶园、五彩缤纷花海、灵隐庄重古寺。10月30日上午，金井镇举办全域旅游招商推进会。省农委党组成员、副主任余雄，长沙市政协副主席、市工商联主席彭继球，长沙县委副书记、统战部部长杨莉，县领导毛葵出席。

【曹卫星到金井调研土地整治项目】5月20日，国土资源部副部长曹卫星到湖南省长沙市调研土地整治项目，对长沙县金井镇生态保护型土地整治项目给予高度评价。该项目位于长沙县金井镇金井社区，建设规模277.34公顷，预算总投资1418.40万元，是湖南省第一个将土地整治与生态保护相结合创新示范项目。曹卫星表示，希望金井镇生态保护型土地整治项目成为一个全国性良好典范，为全国土地整治、生态建设、现代农业提供路径、积累经验、发挥辐射作用；同时要两手抓，土地整治后要经营好、发展好、发挥好经济效益，让老百姓受益。

（侯　韬）

开慧镇

【概况】开慧镇位于长沙县北部，镇域面积122平方千米，2016年年末户籍总人口42896人。辖8个行政村，2个居民委员会。全年基础税源880万元，地方一般预算收入342万元。农林牧副渔业总产值6.18亿元。规模以上工业总产值6.3亿元，比上年增长16.94%。工业与服务业投资18.83亿元。社会零售业增速85%。招商引资1.95亿元，比上年增长23.41%。接待游客180万人次，旅游收入8000万元。粮食种植面积4272.2公顷。

项目建设。全年开工42个，投资1.35亿元。东八线北延线开慧连接线、京港高速开慧互通—飘峰山公路、开慧大道建成通车，大明湖生态湿地公园开门迎客，白沙、石燕、上华山等552户房屋改造基本。社会投资项目不断推进，华星通航项目、湖湘女红文化展洽馆、创客空间、汉硕国际管理学院等项目推进。打造板仓民俗商业街和创客空间，推进青少年综合实践基地、龙翼文化园、一方世界、中天电梯部件加工装配生产线建设等项目讨论通过。村级项目全面完工，5万以上村级工程项目申报110个，5万以下村级工程项目67个。

生态建设。开展“三年造绿”行动，义务植树9.3万株，打造县级绿色示范庭院30个。开展农村环境卫生综合整治行动。开慧村、白沙村通过省级卫生村验收，锡福村获评市级垃圾分类示范村，李家山社区塔山组创建县级生态示范点。坚持建、管并重，持续打造精致精美集镇，李家山集镇及水街围挡改造工程、主干道路灯维修及维修新建项目34个。定期开展经营秩序、门店招牌等专项整治和联合执法行动。春节前对板仓、斯洛特、李家山三个集镇集中进行春节氛围营造，不断提升集镇形象。

乡村旅游。2016年，开慧镇成立旅游办和旅游协会，上线微信公众平台，获评“湖湘风情特色文化旅游小镇”，用500万元资金“杠杆”大幅度带动社会资金近6000万元投入旅游发展，乡村旅游初具规模。推进就业创业，成立创客服务平台建设工作领导小组，打造创客创业基地，引导优质项目入库。有11家个体企业加入农村项目资源库，成为长沙县农村创客后备力量。投入资金250万元打造湖南省第一个女红文化产业园，大力推进家庭农场、农家接待点、乡村民宿等旅游产业发展。创建省重点民生实事项目示范村1个、市级美丽乡村示范村2个，推动5个县级美丽乡村示范村和3个涉农资金试点村建设。投入240万资金，打造秀美小组16个，形成“一村一品、一组一品”格局。田茂农庄、东慧农庄、桃花岛、乐和大院、金湘园现代农庄、露营基地、飘峰山庄等旅游接待点进一步做大做强。全年接待游客180万人次，旅游收入超过8000万元。

社会民生。推进精准扶贫，42户预脱贫户全部脱贫，按期保质4户易地搬迁扶贫安置。建成居家养老服务中心及农村幸福院12处。208户危房改造援建户全面，被评为长沙市农村危房改造工作一等单位。落实居民低保户279户、499人，城市低保户2户、5人。全年发放低保救助金460余万元。城乡居民养老保险参保率达98%以上，农村合作医疗参与率达100%。全镇五保供养366户、368人，其中在开慧、白沙两个敬老院集中供养106户、106人，分散供养260户、262人。白沙敬老院创建市级示范管理敬老院。全年有困难慰问家庭948户，发放困难慰问金128.8万元。做好自然灾害临时救济工作，全年救助自然灾害100余人次，发放救灾救助资金20余万元。临时救济生活困难居民低保家庭及特困人员58户，发放救济资金8.8万元。全镇享受高龄补贴1091人，发放补贴资金66.2万元。落实残疾人员789人，慰问金1.86万元，落实残疾人两项补贴443户，发放残疾人两项补贴资金66.5万元。开展白内障复明手术60人。做好0～14岁残疾儿童康复训练工作。申请残疾人居家拖养13人。城乡灾病救助工作落实到位，医疗共救349人，救助金额203.31万元。为精神病人免费发放救助药物1026人次，救助金额10.6万元。双拥优抚工作落实到位，复退军人优抚建房8户，优抚报销6人次，5万余元。慰问复退军人1045名，发放优抚慰问品1045件，7万余元。全年新增劳动力转移就业1065人。

是年，被湖南省住房和城乡建设厅授予“湖南省美丽乡镇”称号；被湖南省文明办授予“湖南省文明镇”称号。

【合镇并村】 2015年至2016年初，原白沙、原开慧两镇合为一镇，定名为开慧镇。2016年，开展并村工作，原白沙镇10个村1个社区合并为4个村1个社区，原开慧镇6个村1个社区合并为4个村1个社区。现开慧镇辖开慧、葛家山、枫林市、飘峰山、上华山、白沙、锡福、石燕8个村和板仓、李家山2个社区。

【人大换届选举】 1月20日召开人大换届选举动员暨业务培训会。全镇总人口42896人，落实选民35241人，参加投票选举34778人，参选率98.7%。换届选举产生开慧镇第十七届人大代表68名。3月15日召开开慧镇第17届人民代表大会第一次会议，会议选举产生新一届人大、政府班子成员，李坤明当选为人大主席，陈祥、谢浪波当选为人大副主席，宋海晏当选为开慧镇人民政府镇长，胡一舟、张勇、曹光、范家铭、王贺春、向宽当选为镇人民政府副镇长。10月25日镇第17届人民代表大会第二次会议，冯典为当选人大主席，黎栋当选人大副主席，陈祥当选副镇长。

【S319开慧联络线】 长沙县东八线开慧联络线与京港高速公路开慧出口联络线相接，全长9.2千米，途经石燕、葛家山、开慧3个村、22个村民组，由中铁五局和十局承建，于2015年4月动工，2016年年底基本竣工通车，有效路面12米，总造价1亿元，直通星沙县城。

【开慧大道竣工通车】 开慧大道属开慧村内主干道，由开慧村境内京港高速公路联络线与汨罗弼接，全长3.8千米，宽油面10米，投资2800万元，属村自建项目，2015年动工，2016年底竣工通车。这条道路建成解决村内交通状况，与107国道相接，与汨罗弼时相连，开通开慧至任弼时故居红色旅游线。

【华星机场】开慧通用机场项目总计划用地1公顷，计划总投资1.83亿元。第一期用地约9.55公顷，资8363万元，以EC135直升机作设计机型建设跑道，设停机坪、机库航站航管综合楼及空管、消防、供电、供油等配套设施。2016年项目挂牌并举行开工仪式，进入实质性建设阶段。项目建成后，直升机可在全国范围内开展农药喷洒、航空护林、应急救援、空中巡查、空中航拍等通用航空活动。同时是湖南省首个通用机场，推动湖南航空业发展，满足国家“两型社会”建设示范城市需要。华星公司依托机场开展直升机私、商执照培训，航空器材销售、维修和托管，空中旅游，应急救援等业务。机场建成后每年将产生4000万元以上收入。

【顾朝曦到开慧镇调研】11月8日，国家民政部副部长顾朝曦率调研组到开慧镇调研基层村级治理建设工作，长沙县委副书记杨莉、副县长毛葵以及开慧主要领导一起陪同接待。顾朝曦听取开慧镇锡福村关于“实施民主议事制度前后村容村貌、村集体经济和村民收入”等情况汇报。顾朝曦充分肯定基层领导班子敢于创新和直面困难，依托产业发展，创新实施民主议事制度，优化村级治理体制机制，不断激发村级发展活力，构建多元素参与格局做法。顾朝曦副部长讲话对开慧镇基层基础工作给予充分肯定，并指明今后发展方向。（吴光明）

福临镇

【概况】2016年，福临镇规模工业产值3000万元；服务业1.2亿元；工业投资9000万元；引进市外境内资金形成固定资产投资280万元；居民人均可支配收入19403元，比上年增长10%。

城乡建设。优化生态发展环境。整改镇域内陈年和成堆垃圾随意堆放、垃圾池破损、池塘浮漂革命草等现象，督促村（社区）和河道打捞队安排专人清理辖区塘、坝漂浮物等，清理卫生死角287处，清理外运各类垃圾276车，清理和修复垃圾池55个，拆除垃圾池58个。自主研发福临污控APP进入试运行，创建污控管理新模式。打造靓丽特色景观。开展“三年造绿”大行动，投资近1000万元实施造绿、造景、造林工程，新增义务植树基地5.33公顷，种植银杏、樱花、紫薇等2000余株，绿地改造1.33公顷。投资400万元推进黄兴大道北延线综合整治。

基础建设。围绕“两翼三圈”重点打造“三个一千亩”水稻高产示范基地和“一个两千亩”富硒米种植基地，优质水稻种植核心区域1000公顷。推进土地确权颁证，助推土地流转和农业适度规模经营，全年流转土地400公顷。推进重金属污染耕地治理，土地休耕122.07公顷。加大山塘整治清淤、河堤治理、沟渠疏浚投入，建设双起河河道治理等重点水利工程8个，小农水项目113个，水毁修复工程10个。做好农村电网升级工作，全面改善农村用电基础条件。完善镇村路网体系。黄兴大道北延线平交口新建水泥道路1797米、新建沥青道路224米、新建生态道路1948米，S319、S323福临连接线项目路基建设施工全面。黄兴大道北延线福临段沿线道路交接口整治工程。黄兴大道北延线福临段沿线路口绿化项目。推动城乡体系建设，提升城乡基础功能。投资1800万元城乡接合部环境综合整治一期、二期工程，投资873万元影珠山108户民居改造，投资2924万元福临铺中心集镇棚户区改造，集镇0.35公顷国有土地29缝地基拍卖工作。投资160万元石牯牛集镇立面改造工程基本完工。

产业升级。科学制定福临镇产业发展规划，着力打造影珠山文化旅游区、中心集镇商贸区、东八线现代农业区。推广发展现代农业。实施“大众创业、万众创新”富民工程，福临创客中心投入运营，为创客创业提供

表3 2016年福临镇各行政村（社区）基本情况

村、社区	户籍数（户）	户籍人口（人）	村（社区）级入（万元）	人均纯收入（元）	书记	主任
福临铺社区	1501	4086	580.8	21047	黄　龙	黄　龙
金牛村	1566	5361	352.2	21032	厚　坤	王兴旺
古华山村	785	2609	424.3	19896	彭　进	黄新德
双起村	1320	4292	277.7	18830	李立明	黄　宇
孙家桥村	873	3105	569.8	20004	张建钢	李志辉
同心村	890	3021	309.8	18830	聂伟清	聂伟清
影珠山村	2247	7746	368.8	20032	余　华	余　华
总计（均数）	9182	30220	2883.4	139669		

说明：村（社区）级收入中包括上级各项拨款。

平台。带动农户发展特种水产养殖、蚕桑养殖、富硒米种植等特色现代生态农业，助推农业产业转型升级。加快影珠山保护与开发。依托省级森林公园和省级风景名胜区两块金字招牌，实施“旅游＋文化”产业融合发展计划，投资912万元公园核心景观二期工程。万寿宫停车场、养静寺周边基础设施配套建设建成，启动天池骨干山塘整治工程；天涧溪水生态景观工程及电力增容线路改造项目规划设计。招商引入慧润农业科技有限公司大力发展乡村生态与休闲体验、民宿旅游等多元化旅游，推动“大影珠”为龙头旅游业辐射带动农业产业转型升级。

社会治理。社会保障。扩大城乡就业门路，推进大众创业，新增创业主体151户，带动就业313余人，新增创业富民项目7个；做好残疾人关怀、城乡医疗救助、临时救助等工作，全面推进村（社区）居家养老服务项目建设，加大全民社保工作力度，基本医疗保险参保人数基本全覆盖。社会事业。整合优势资源，全面推进精准扶贫工作，开展扶贫与扶“志”相结合。举办4场原创特色文化品牌“福临之夜”专场文艺晚会，组织参加长沙县广场舞比赛。实施全面二孩政策，建立健全计生特殊困难家庭帮扶措施，年度内出生人口325人，符合政策生育率98.7%。社会秩序。全面区划调整改革合并村工作、党委换届和县乡人大代表换届选举工作。全面开展安全生产隐患排查和整治行动，编制《福临镇安全管理体系》，强化痕迹管理，全年开展专项行动26次，检查生产经营单位327家，消除重大安全隐患7处，取缔关停非法生产经营单位31家。

（刘诗洁）

青山铺镇

【概况】 青山铺镇地处长沙市北大门，107国道和京珠高速穿境而过，镇域面积46.67平方前千米，耕地面积1203.53公顷，辖4个行政村和1个居委会，近2万人。截至2016年年底，财政总收入178万元，比上年增长15%，规模工业总产值14904万元，比上年增长10%，城乡居民人均可支配收入20818元，比上年增长2%。

项目建设。铺排投资近7000万元“16+1”项目建设，报批集体建设用地0.38公顷，拆迁房屋12户，争取上级项目资金4100万元。青洪湖主题文化公园二期、社区服务中心及文化活动中心、赛头集镇棚改、悍马民俗基础设施等项目建设，对接省武警总队训练基地及后勤保障基地，北部门户特色精品小镇形象进一步彰显。

产业格局。洪河、广福万亩粮食高产基地建设深入推进，粮食生产工作代表长沙县接受农业部调研。全省首家“稻田＋生态种养”专家工作室在青山铺镇成立，特聘湖南农业大学黄璜教授为首席专家。沿天华山景区荷花种植、军芳农场“稻田＋特种种植”、恰米凤凰鸡养殖等特色种养殖业蓬勃发展；旅游与生态有机结合，打造18个生态示范组，引导新建天华山荷花基地，生态旅游景点初具雏形。举办葡萄文化旅游节，展现青山铺深厚人文资源及优势特色产业，提升知名度和美誉度。旅游与文化有机结合，提质改造青山老街，再现老街青砖、灰瓦、白墙古韵，建立全市首个山歌传习所，天华山景区一期建设项目50%。工业产业稳中求进：湖南碧魅绣科技有限公司等企业落户，金方堂等企业转型发展，全镇中小企业在下行压力加大宏观环境中创新平稳发展。

生态环境。全面推进美丽乡村“千百十”生态环境工程建设，投入500万元，打造18个生态示范组和200户美丽庭院，形成美丽乡村马蹄塘组、樟树岭组、郭公塘组、三合组、望华组精品线路，青山铺社区和洪河村分别申报市美丽乡村示范村和特色村。聘请专业公司对集镇保洁、亮化、绿化、设施维护等物业项目进行专业造价，加快引进集镇物业外包服务，逐步实现集镇管理专业化、精细化。探索推进垃圾分类管理，洪河村获评“长沙市垃圾分类示范村”。重拳治理集镇脏、乱、差现象，严控生猪养殖污染反弹，加强镇域主干道沿线整治，实现宜居环境持续好转。

民生建设。开展贫困户“一户一策”精准档案管理，引导军芳农场、永强合作社、铁祥水产养殖合作社等新型经营主体与贫困户建立帮扶机制。省级贫困村天华村获评全省“脱贫攻坚示范村”；深入推进城乡低保一体化工作，全县民政工作暨城乡低保一体化工作会议在该镇召开。建立并落实计划生育特殊家庭帮扶联系人制度；改善医疗卫生服务体系，促进卫生计生深度融合；组建镇级专职巡防队，有效化解征地拆迁、信访维稳等突出问题，扎实开展禁毒、平安创建等工作。建立全县首个镇级专职消防安全队，全面开展安全生产隐患排查和整治行动，安全生产形势持续稳定。

文化宣传。致力非物质文化遗产挖掘和保护，注册成立长沙第一个山歌传习所。重视文化阵地建设，文化服务中心即将投入使用，足球场、篮球场、羽毛球场、门球场以及村级文化广场为群众提供精神文化活动平台。

【田有国到青山铺镇公共服务中心调研五星农技站创建工作】 3月3日上午，农业部全国推广总站体系处处长田有国一行七人到青山铺镇公共服务中心调研五星农技站创建工作，青山铺镇公共服务中心“全国五星乡镇农技推广机构”通过验收。田处长一行先后考察服务中心新型职业农民培训中心、基础设施建设，翻阅相关资料，详细询问青山铺镇公共服务中心亮点和特色工作，并高度肯定服务中心在社会化服务水平、农技推广服务、新型职业农民培训、新型主体培育、维护粮食生产安全等方面有益、创新性探索。在调研过程中，田处长听取公共服务中心主任李再对当前工作存在难点和困难问题汇报，就当前体制机制下基层农口线如何才能吸引人才、留住人才答疑解惑，并指出服务中心下一步工作努力方向。

【长沙市社会救助局、浏阳市社会救助局到青山铺镇进行城乡低保一体化试点工作调研】 3月9日，长沙市救助局、长沙县救助局、浏阳市救助局有关领导及工作人员到青山铺镇进行城乡低保一体化试点工作调研。调研过程中，县社会救助局，青山铺镇政府分别对本级工作做详细解说，总结试点工作中取得经验和教训，联系本区域特点分析新老低保数据情况，并对浏阳市社会救助局有关同志提出问题进行详细解答。市社会救助局领导对青山铺镇城乡低保一体化试点工作取得成效给予充分肯定。

【并村工作】 4月14日，青山铺镇新合并广福村、青山铺社区、洪河村正式挂牌成立，镇党委书记王志国、政协联系处主任姜妙华等为三个村（社区）揭牌。青山铺镇由原来7村1社区合并为4村1社区，新成立广福村由原广福村村和黄鹄村合并而成，办公地点设在广福村；新成立青山铺社区由原青山村和青山铺社区合并而成，办公地点设在青山村；新成立洪河村由原洪河村和梅数村合并而成，办公地点设在洪河村。新村挂牌，标志青山铺镇合并村工作。

【市农委对青山铺镇美丽乡村示范创建工作考核验收】 11月25日下午，长沙市农业委员会、长沙县示范区管委会等领导一行就青山铺镇2016年美丽乡村示范创建工作进行考核验收。考核组就镇市级美丽乡村示范村青山铺社区、市级美丽乡村特色村洪河村2016年度美丽乡村建设工作进行现场查看和资料查阅，镇领导彭鹏镇长、彭勇金副镇长进行接待。考核组一行首先到青山铺社区老街美丽乡村示范点，先后参观老街百果园项目建设、美丽庭院建设、规范化菜园建设、创客服务中心和山歌传习所等，对老街美丽乡村建设给予高度评价。而后，考核组到美丽乡村特色村洪河村，参观梅数集镇和乐和大院，听取洪河村关于党建文化长廊项目情况汇报，要求洪河村继续加快项目推进进度，争取年前全面完工，确保美丽乡村建设有特色、有亮点。 （陈美云）

安沙镇

【概况】 安沙镇镇域面积160平方千米，辖11个村、5个社区，人口约7万人（其中户籍人口55451人）。2016年，基础税源收入6540万元，地方一般预算收入2500万元，规模工业总产值19.8亿元，全社会固定资产投资44.5亿元，社会零售品销售总额3.1亿元，市外境内到位资金9.43亿元。新增金仕盛、振科新能源、味味食品3家规模工业企业；新增湖南恒广国际物流园、安快顺物流2家规模服务业企业。

项目建设。重点推进恒广国际物流园、安沙国际建材城一期、万家丽北路与绕城高速互通、两路一桥（物流大道二期东延线、香堤北路、捞刀河大桥）、纬六路、纬七路、长沙师范学院二校区、春建小学、鑫瑞祥陶瓷建材城、长沙县青松老年公寓（一期）、物联网核心芯片研发基地、湖南信息学院（三期）、水渡河桥坝、北横线等16个项目建设，其中恒广国际物流园3月23日正式开业，安沙国际建材城一期12月28日开业运行，长沙县青松老年公寓（一期）10月份部分投入使用；安沙国际建材城一期、万家丽与三环互通、青松公寓一期等项目多次迎接省发改和市政府项目观摩。新引进重大商贸物流项目3个，其中安沙国际二期和湖南嘉佑联仓储项目落地签约，平安金融电商产业园项目土地调规。物流大道二期、纬六路、纬七路、香堤北路、北横线、湖南信息学院（三期）启动拆迁。

三农工作。全镇有葡萄园10个，食用菌基地1个，107沿线花卉苗木约66.67公顷，耕地经济作物约300公顷。长丰汽车运动文化生态园、天艺生态农庄、紫慧农业等现代农业项目逐步壮大，新景园食品、湘蕈食用菌农业企业产值逐步增长，新增农庄接待点3家。稳定粮食生产，开展集中育秧项目面积约10.47公顷，建立集中育秧示范点23个。农业保险覆盖率达95%以上。水利设施建设资金投入1783.2万元；农村公路建设计划村级道路 8.8 千米，生态路 8.5 千米，农村公路连接工程 7 千米；进行农网改造，新增变压器 27 台，新建 10 千伏线路 9.357 千米，建设杨梓线 10.023 千米。

生态建设。推进垃圾分类减量，谭坊村通过市垃圾分类示范村市爱卫办验收。鼎功桥集镇风雨走廊工程、唐田集镇综合整治工程。采取“财政补贴＋存煤回收”方式，全县率先禁燃区内 157 户燃煤改烧工作，151 辆黄标车整治工作。全年组织行动 20 余次，拆除 9700 余平方米。推进美丽乡村建设，打造 1 个市级美丽乡村示范村，1 个市级美丽乡村特色村，1 个县级美丽乡村示范村。镇财政再次投入 300 万元，“以奖代投”引导全民参与美丽乡村建设，18 个村民组申报镇级美丽乡村示范组建设。

社会治理。开展干部百日大走访活动，镇综治办组建一支 20 人“红袖章”义务巡防队，全镇 16 个村（社区）均组建义务巡防队，深入开展矛盾纠纷排查化解，加强对重点人口排查监控。加强消防站点建设。抓实安全生产大排查大管控大整治“三大行动”，排查企业 600 余家，隐患交办 112 起，责令停产停业 31 家，纪委通报单位 3 家，实现安全监管新常态和安全生产、食品安全责任事故零发生。

民生事业。惠及全镇 620 户低保家庭 1359 人，保障金 335731 元。全年 165 户农村危房援建，援建金额 605 万元。落实就业政策，组织就业扶贫招聘会和创业培训班。申报长沙市城乡居民养老保险服务示范点并通过验收，对农村贫困劳动力信息采集工作。推进“关爱计划生育特殊困难家庭”项目，重点打造“推进新家庭计划、创建幸福家庭大院”精品项目。镇财政安排专项资金 28.8 万元用于两癌筛查。

文化教育。举办第三届“安沙杯”篮球赛，开展“欢乐大家唱”25 场次，校园文化进社区活动、七一建党诵读晚会、第二届戏曲赛、第四届歌手赛等活动，11 个村（社区）开展村、社区文化艺术节。加强志愿者队伍建设，安沙镇文化服务中心彩虹桥文化志愿服务队获评市优秀文化志愿者服务队，安沙镇综合文化中心书屋获评 2016 长沙市示范性书屋。加大基础教育设施投入，改善教育教学条件，投资 800 多万元建设唐田中学教师公租房，投资 500 多万元建唐田中学食堂、风雨活动室。

【合并村工作】 2 月中旬安沙镇启动合并村工作， 4 月 30 日原宋家桥村与双冲村、和平村与太兴村、花桥村与文家塅村及鼎功桥村、黄桥村与泗州村、龙华新村与杨梓冲村、谭坊新村与白塔村合并工作，设立新宋家桥村、和平村、鼎功桥村、黄桥村、龙华岭村、谭坊村，减少行政村 7 个，安沙镇由 5 社区 18 个村合并为 5 个社区、11 个村。（孔艳辉）

【中国共产党安沙镇第六届代表大会第一次会议召开】 4 月 29 日，中国共产党安沙镇第六届代表大会第一次会议召开。县政府党组成员，政府办主任曹伟兴到会指导。来自全镇 92 名党代表和 39 名列席人员参加会议。会议听取并审议通过《中国共产党安沙镇第五届委员会工作报告》以及《中国共产党安沙镇纪律检查委员会工作报告》。大会通过充分酝酿和民主选举，产生中国共产党安沙镇第六届委员会和中国共产党安沙镇第六届纪律检查委员会。（赵　青）

【刘鹏到安沙镇湖南优冠实业集团有限公司调研】 9 月 13 日上午，国家体育总局局长刘鹏到长沙调研体育事业发展情况。省委副书记、代省长许达哲陪同调研。实地调研湘江新区步步高梅溪湖新天地后，到安沙镇唐田新村湖南优冠实业集团有限公司调研。刘鹏一行考察企业研发中心、生产车间等地，详细询问企业生产经营、科技研发、产品技术指标、国内外市场份额等方面情况。副省长、省政府秘书长向力力参加调研。

【安沙镇召开第六届人民代表大会第一次会议】 10 月 24—25 日，安沙镇召开第六届人民代表大会第一次会议。会议由镇党委书记李洪主持，全镇 74 名镇人大代表和 63 名列席人员参加会议。会议听取并审议《政府工作报告》《人大主席团工作报告》，听取《财政工作报告》，审查《关于代表建议批评意见办理情况报告》，明确安沙镇未来五年发展目标。大会还依法选举产生新一届安沙镇人大、政府领导班子，选举王玲为镇人大主席、李洪为镇长，选举唐懿为镇人大副主席，陈军跃、席剑、陈全、童晓庆为副镇长。（孔艳辉）

【朱宽海一行到青松老年公寓调研】 10 月 28 日上午，湖南省民政厅社会福利处处长朱宽海一行调研青松老年公寓新公寓，长沙市民政局副局长范凤芝、县民政局局长周习彬、县社会福利科科长陈良玉等领导陪同考察。朱宽海一行调研青松老年公寓老人房间、活动场所等，并听取杨松青院长情况介绍。朱宽海对于青松养老管理服务模式给予肯定，对青松养老快速发展和杨松青院长夫妇对于养老事业贡献大加赞赏，并希望青松老年公寓能够代表湖南，成为全国示范性养老机构。（鲁 漪）

【何炤华一行到安沙镇督查指导工作】11月15日下午，国家卫生计生委家庭司副司长何炤华一行到安沙镇督导工作，并召开“计划生育特殊家庭扶助关怀座谈会”。国家卫计委领导白宇、张鑫、桂江丰，省卫计委领导武俊峰、张斌、李凡奇、谭国跃，市卫计委领导邓云其、喻华，副县长喻名团及相关部门参加座谈会。座谈会上，安沙镇党委书记李洪就安沙镇基本情况和安沙镇卫计工作开展情况及创新特色作汇报，并根据当前卫计工作形势提出简化计生特殊家庭领养手续、领养家庭继续享受国家政策扶助等几点建议。国家卫计委家庭司领导充分肯定安沙镇卫计工作。（彭 甜 吴玉婵）

【安沙国际建材城开业】12月28日，长沙县安沙国际建材城在一期石材区正式开业，500多家品牌齐开业。湖南省政协常委谢树林，长沙市人民政府党组成员邱继兴，长沙市政协副主席彭继球等省市县领导及在湘闽籍商会、相关部门、商户代表1500余人见证开业。安沙国际建材城是长沙市委、市政府关于市区老旧建材市场北迁号召项目，也是在湘25万闽商总部基地。该项目位于万家丽北路与北三环线交会处，总规划用地100公顷，总建筑面积200万平方米，总投资预计100亿元，分五期投资开发。该项目开业后可实现年产值100亿元以上，带动就业1万余人。（孔艳辉）

北山镇

【概况】2016年，北山镇18个村、3个社区合并为8个村、3个社区。全年财政总收入902万元，规模工业总产值8.1亿元，固定资产投资19.43亿元；招商引资市外到位资金5057万元。

项目建设。全镇有新建项目13个，总投资1.8亿元；续建项目8个，年投资1.16亿元。涉及征地拆迁安置项目8个，征地10.086公顷，拆迁45户，安置278户。北山大道正式全线贯通，成为长沙县北部唯一一条对接市区快速干道。金山大道基本完工，荣合桥、新桥集镇、蒿洪线至五福山庄等道路提质改造，硬化村级公路29千米，建设生态路10.8千米，新建桥梁7座。长沙市危废安置区基础设施建设及拆迁补偿项目进入扫尾阶段，北山新区、槐树园小区、荣合桥及明月山生态移民安置区建设稳步推进。北山产业园约35.53公顷用地正由县土地储备中心作为统征地进行土地报批，110千伏变电站纳入电力部门2017年投资计划。

城镇建设。实施“三年造绿”大行动。开展美丽乡村建设，长沙植物园、新中卷石湾、蒿塘社区毛家场美丽乡村建设及武广高铁沿线风貌改造进展顺利。切实加强集镇建设和管理，3个集镇提质改造基本完工。全年处理卫片执法违法图斑10处，面积约5.07公顷。发现违建行为25处，拆除违章建筑2381.2平方米。

民生事业。全年发放城乡低保、医疗救助、慈善助学、春节慰问等各类资金1100余万元。开展城乡低保一体化、三无精准认定、城乡居民养老保险参保、区划调整、地名普查等工作，创建市级残疾人工作“明星乡镇”，敬老院二期改扩建工程竣工验收。省级贫困村“摘帽”及47户贫困户脱贫，12户易地搬迁贫困户房屋主体全面完工。2000余万资金投入学校建设，启动中心小学搬迁新建前期工作。筹集100余万元完善校车行驶线路安保设施。强化计生服务意识，年度内符合政策生育率99.3%。全面挖掘北山历史文化，北山布龙申报市级非物质文化遗产。建设历史文化长廊，组织开展“梅香北山 森林小镇”摄影大赛，邀请省内知名画家到北山采风作画，形成一批高质量艺术作品。积极开展群众文化活动，“灵动北山”获全县广场舞比赛银奖，太极拳获全县太极拳团体赛第二名。

社会和谐。全年调处各类矛盾纠纷835起，各类信访28件。圣毅园土地流转问题取得进展。3个村（社区）与圣毅园公司土地流转合同解除，并启动法律团队协助农户向圣毅园公司追讨2015年土地流转费工作。圣毅园区域内367.73公顷耕地开展休耕。全面开展食品安全、非煤矿山、危化品、道路运输、消防领域、黄标车清理等专项整治及大排查大管控大整治行动，安全生产形势保持平稳。

【农业部“耕地污染修复治理”调研组一行到北山镇调研】1月20日下午，农业部副部长张桃林率“耕地污染修复治理”调研组到北山镇调研，包括耕地污染基本情况及开展修复治理措施和成效，以及面临困难和问题。省人民政府副省长戴道晋，省委农委主任刘宗林，县委书记、经开区党工委书记杨懿文，县委副书记、县长张庆红，镇党委书记黄建国，镇长郭贺亭等陪同调研。

中国共产党北山镇第六届代表大会第一次会议召开　（北山镇 提供）

【中国共产党北山镇第六届代表大会第一次会议召开】 4月28日，中国共产党北山镇第六届代表大会第一次会议召开，长沙县委副书记吴新伟到会指导。会议听取和审议北山镇党委工作报告、纪委工作报告，选举中共北山镇第六届委员会、中共北山镇第六届纪律检查委员会。

【北山镇第六届人民代表大会第一次会议召开】 10月25日，北山镇第六届人民代表大会第一次会议召开，会议应到正式代表76人，实到代表76人。会议听取并审议《政府工作报告》《人大主席团报告》以及听取镇人民政府《财政工作报告》，依法选举产生北山镇第六届人民代表大会主席、副主席、镇人民政府镇长、副镇长。

【长青路新建市政道路通车】 11月21日，北山大道与开福区青竹湖路连接线暨长青路新建市政道路正式全面通车。该路段起于北山大道位于开福区沙坪街道与北山镇交界处起点，东接开福区青竹湖大道东延线，全程1.93千米。道路按城市主干道标准设计，双向六车道，时速60千米/小时。

星沙街道

【概况】 星沙街道位于辖京珠高速以东、长永高速以北区域，街道面积24.53平方千米，建成区面积19.62平方千米，总人口约25万人，有社区建制16个。2016年，财税总收入7亿元，比上年增长7.69%，基础税源总收入5.5亿元，比上年增长22%，一般预算收入1.6亿元，比上年增长6.7%。规模工业产值7.69亿元，全社会固定资产投资（固投）62亿元，社会消费品零售总额34.71亿元。招商引资引进内资8亿元，引进外资2400万美元，外贸进出口总额3000万美元。

项目建设。省艺术职业学院搬迁扩建项目一期、望仙桥蓝山郡居家养老装修工程、松雅安置区涵管改造及环境综合整治工程等全面竣工。星沙联络线长沙县段、地铁3号线、世景国际广场和新城吾悦广场等商业综合体、当代星沙MOMA项目和恒基三A期项目等房地产项目、中国太平洋人寿保险南方基地和奥凯航空等总部经济项目推进。

城市管理。城乡接合部环境综合整治工程中107国道提质改造工程、107国道房屋立面改造项目、灰埠夜市疏导区项目等竣工。旧城棚户区1～6区改造项目试点推进，1、2区居民自建房平改坡升层开建106栋、完工35栋。兴隆路综合体项目投资5000余万元，主体工程基本完成。落实“三年”造绿复绿大行动，投入经费约280万元，复绿面积30000余平方米。总投资约320万元，投入人力2000余人次、挖机等大型机械设备5000余台次。城乡接合部百日会战行动整治工程竣工。拆除违建12处、11690平方米，清除建筑垃圾1800平方米。

文明创建。成立文明办，主任任组长、各副主任为副组长、相关责任部门主要负责人为成员文明创建工作领导小组。投入200万元在街道辖区内全覆盖地进行公益宣传，形成处处见、人人知宣传氛围。通过规范完善并充分利用活动阵地，组织开展如“心理卸妆”“志愿气象站”等各类文明创建主题活动，形成全街上下共建共治局面。

综合治理。开展矛盾纠纷大排查48次，调处纠纷208起，调解率98%。清查传销窝点892个，遣散传销人员2500余人，解救传销受害者148人。开展流动人口“三实”信息采集。推进警务改革，刑事发案率比上年下降25%。做好原万明遗留问题处置，做好4号、5号令群体稳控，龙塘安置区建设90%。处理突发舆情10余起，未发生负面舆情事件。群众工作稳推进。走访群众7653户，发现掌握问题637起，解决637起，办结率100%。

安全生产。创建“省级安全生产示范街道”。开展安全生产大排查大管控大整治，组织专项行动60余次，检查单位817家，督促整改到位687

家。做好县级领导帮促11个安全隐患整改。开展食品安全日常和专项检查，检查经营户2700余家、群众聚餐94家。开展农贸市场农残检测369批次，做好H7N9防控工作。

社区提质。投入资金2200多万，望仙桥、杉仙岭、牛角冲、金牛湾和灰埠等社区办公场地购买、装修和办公设备采购。望仙桥蓝山郡居家养老装修工程等10个项目完工，杉仙岭社区卫生服务中心等6个项目进场施工。依托“一站式服务大厅、社区警务室、城管工作站和文体活动中心、卫生服务中心、居家养老服务中心”（“一厅一室一站三中心”），优化社区功能设置。12个社区创“县级规范化社区便民服务站”。完善“五网合一”模式，加强精细管理，服务模式由经验式向智慧化转变。做细做实“一社一品牌”，发挥“党建+”“互联网+”作用，形成“时间银行”“公益联盟”等省市县知名社区品牌。率先引进“大同社会工作服务中心”，建立社会组织孵化基地，服务居民。率先引进手机“优家园”APP，打造“智慧社区”。

社会事业。社会保障。发放低保59.91万、大病救助65.53万，养老保险参保率118.22%，办理就业失业证1246人，开展创业培训5期。公共卫生服务。计生符合率98.89%，计生信息准确率100%。推进计生优质服务，组织免费孕前优生检测294次，开展免费妇女病查治2556人次。超额献血任务，各社区均设有卫生服务用房，未出现重大公共卫生事件。精准扶贫落实到位。5户精准扶贫对象全部预脱贫。文化站和社区农家书屋全部免费开放，开展大型群众文化活动13次，获得各级荣誉10余项。投入基础教育经费100多万元。落实秋季招生新政策，消除大班额。开展校园安全整治行动6次。街道政务服务中心事项办结率98.95%。更新政府网站信息502条。市级以上宣传信息采用和媒体正面报道30余篇次。处理县长（市长）信箱94封，问政湖南45件，确保政令畅通。做好《街道志》、“长沙县历史文化丛书”编辑。落实饮水安全和安居工程，确保人民安居乐业。

（宋　妙）

湘龙街道

【概况】 湘龙街道总面积22.63平方千米，建成区面积约为11.3平方千米，总人口约18万，下辖12个社区居委会（包括3个农村社区）。2016年，商贸流通市场社零总额突破270亿元，财政总收入突破7.12亿元。

重点项目。年内有拆迁项目2个，涉及征地面积近200公顷，分布在高沙、石子、土桥三个农村社区。武警后勤基地、省安全厅、荣盛一期、星沙联络线、巨星房地产、北污扩建、西霞路等项目征拆完成，捞刀河南路、石塘路、康和路等项目相继进场施工，签订拆迁协议322户，腾地面积约80公顷；科大二期、湘龙路西沿线、城西污水处理厂、地铁五号线、广汽品牌园、机电职院扩征、水渡河农副食品仓储配送中心等项目推进中。

文化宣传。发挥街道综合文化服务中心平台优势，依托街道文化品牌“百花剧场”，开展异彩纷呈社区文体活动41场，群众参与度高、社会反响好。“活力湘龙”微信、乐善讲堂、社区学校为载体，深化宣传工作内涵，传播社会正能量。向湖南都市频道推送“最美婆媳”报道15期，有效促进家庭和谐。实施网络问政，深化政务和居务公开，发布政务信息283条。打造“责任政府”，躬行为民之政，及时处理“12345”为民服务热线128个，办理网民咨询与信件46余件次，同时，以街道门户网站和12个社区门户网站建设为重点，深入推进政务公开、居务公开。

公共服务。开展“百日会战”行动，推进街道拆违控违工作。促进卫计融合，深入宣传“全面两孩”政策，推出微信办证服务；推动流动人口卫生计生基本公服务均等化，代表长沙县在长沙市大型商贸市场流动人口重点协同治理座谈研讨会上作典型发言，代表长沙市参加湖南省流动人口专项调查；落实“十免十优”服务，与长沙县妇幼合作进行免费妇科病普查和“两癌筛查”；首次通过跨省协作方式查处一例流动人口“两非”案件；结合重大节庆日广泛开展“服务育龄群众百日行”“5·29”“无偿献血”等活动，助推卫计宣传，深受群众欢迎；推进基本公卫生服务，全面推进居民健康卡信息采集录入工作。

安全工作。组建36人专业巡逻防控中队，刑事治安案件发案率比去年下降35%；推进“红袖章万人巡防促平安”活动，红袖章队伍总人数1180人，开展巡防14281人次；落实17个重点问题领导包案制；进一步强化领导干部“党政同责，一岗双责”责任意识，党政领导带队开展食品、生产、消防、道路交通等安全检查，突出重点行业领域，高危行业领域，注重部门联动执法，深化隐患排查治理。

（张　卫）

泉塘街道

【概况】 2016年，泉塘街道财税总收入6亿元，地方一般预算收入7217万元。规模以上工业77283.9万元，社会固定资产投资382157万元，社会消费品零售额增速23.5%。招商引资到位内资38785万元，到位外资1100万元。

项目建设。推进泉塘中学出口通道、泉塘二小拆迁工作；协议签署电路板项目15户，并对6户进行拆房腾地；丁家集镇43户房屋拆迁对证和拆房腾地工作；启动远大空调项目拆迁。远大路棚户区改造试点、产业工人活动中心装修、泉塘精品社区、泉塘社区日间照料中心、远大路绿化提质改造、机关院内篮球场提质等项目建设；推进景星精品社区装修、泉塘社区公园、远大路棚户区改造等项目建设。配合经开区丁家岭路、阳高路、东七线、小塘路白改黑施工；配合县推进泉塘小学扩建、泉塘二小新建等。

基础建设。小塘路、泉韵、板桥3个社区全面提质提档工作。开展最严拆违控违行动，泉星、小塘路、泉塘、板桥、丁家岭5个安置区前后街违法建筑拆除任务，依法拆除违章建筑1016处，9912.3平方米；先后组织拆除城乡接合部、长桥强制隔离戒毒所、早安星城违法建筑，拆违控违工作成效显著。开展远大路沿线城乡接合部环境综合整治，组织集中整治行动30余次，拆除违章建（构）筑物23处、11000余平方米；远大路沿线原有临时垃圾池全部废除，并重新配置300个专用垃圾桶；拆除长桥社区老菜市场1500多平方米老化钢架屋，新建1个1500平方米停车场。

城镇管理。实施工作内容和人员网格化管理全覆盖；建成GIS管理系统（地理信息系统）、小区访客系统、实时对讲系统以及警务上街系统，开发GIS手机客户端，广泛推广和应用信息化办公软件（钉钉）；推行社会化服务，将市场管理、环卫保洁、市政维护、企业安全监管、居家养老等工作实施服务外包。社会精细化治理，解信访维稳、舆情管控、安全生产等问题。全面开展安全生产隐患排查和整治行动，全年开展各类专项整治行动10余次，安全生产形势保持平稳。

社会民社。建成泉塘街道日间照料中心，采用第三方服务引进吉祥养老机构；城乡居民养老保险、医疗保险基金征缴等指标率居全县第一。推广GIS管理系统，率先实施微信办理生育服务登记；投入30万元打造“幸福列车”项目，开展各类服务活动30余次。组织开展“三景华御杯”歌手大赛、第五届广场舞大赛、五人制足球赛、“高校杯”男子篮球赛、校园文化进社区、“最美人物”评选等大型文体活动10余场次，举办社区文化艺术节6场次；组织群众参加市、县举办各类比赛均获佳绩，主要有乒乓球、广场舞、象棋、篮球、歌唱比赛等赛事。（薛静利）

开展拆违控违行动　　（泉塘街道　提供）

榔梨街道

【概况】 榔梨街道位于长沙东郊浏阳河畔，东临空港，西靠市区，北接星沙，南邻武广。榔梨街道面积34.8平方千米，辖4个行政村和5个社区，集镇建成区7平方千米。常住人口28956人，流动人口30802人。2016年，税收总收入9.87亿元，工业总产值95.9亿元，规模企业工业产值77.8亿元，招商引资内资10.47亿元，招商引资外资910万美元，外经贸进出口贸易总额1.45亿美元。

项目建设。新增投资项目130个，投资额56亿元，新增规模企业5家，招商引资项目3个，招商引资额7亿元，由单一工程机械、汽车零配件产业向电子商务、房地产、现代服务业等多元化产业转变。全年办理批回亚林等5个项目用地红线约12.33公顷，湘大、驰宇等6个企业用地摘牌，拆迁腾地57.48公顷。2016年，全街道新增企业201家，新增个体工商户552家，带动城乡就业2018人三一重工有限公司新建榔梨基地，总投资2000万元，主要生产各类规模混凝土预制件，年产量15万立方米，国家工程机械质量监督检验中心长沙检测基地落户榔梨，主要从事汽车及专用汽车产品检测与认证服务，填补湖南省汽车工业没有整车《公告》检测和3C认证检测机构空白。

文化建设。陶公庙举办盛大庙会，

吸引上万群众前来祈福。组织主题文化为“我们中国梦”进万家活动，花鼓戏、民歌对唱等一系列精彩节目吸引许多群众驻足观看。街道举办安全生产主题文艺晚会，吸引近1500名观众观看。

基础建设。磁浮铁路榔梨段6.1千米范围内景观绿化工程分三个标段同时施工，全部景观绿化工程施工。长沙磁浮快线开通试运营，正式开始载客，市民乘客购票后可从长沙高铁南站出发，直达榔梨、黄花机场等地；街道中国铁建二期预留地拆迁腾地工作，榔梨设置长沙县首处单行路段，8月10日起实行电子警察抓拍。

民生事业。湖南省扶贫办、长沙县扶贫办和长沙爱尔眼科医院联合举办长沙县“善行湖南·万人眼健康公益行”眼睛免费检查活动榔梨街道开展。街道吉祥养老日间照料中心开展“炎炎夏日·情暖老人心”关爱活动，50多位老人参加。榔梨园区企业暨蓝思科技新春招聘会举行，40多家企业到现场招贤纳士，提供岗位2000余个，吸引本地近5000余名求职者前来“赶集”。榔梨街道计生人口学校开展期7天，人数30人以大学生主体创业培训班。落实救灾工作，武警长沙支队与街道干部一同转移汛期受灾群众二百多人。与街道联合长沙县行政执法局黄兴分局整治非法赶集点。长沙县国税局榔梨税务分局揭牌。

安全生产。走访了解企业安全生产及节后开复工生产情况，走访亚林、金源、众诚机械、世通纸塑、星沙机床等14家企业，企业发展增信心、鼓干劲。推进“百日执法”行动保障省党代会特护期和岁末年终安全生产。榔梨街道社区卫生服务中心参加食品安全事故应急演练公演。街道在一物流企业内查处大量危化品，当场收缴220公斤/桶装危化品25桶。行政执法局责令海仑九鸿物流园整改违章建筑，近万平方米违建钢架棚2天内自拆。对11家仓储物流行业开展警示约谈。街道召开安全生产警示约谈会议，14家企业负责人被约谈。街道开通安全生产隐患排查整治网格化监管平台，规范网格干部安全生产各环节工作，做实做细隐患排查整改治理。

（杨　柳）

长龙街道

【概况】 2016年，固定资产投资50.1236亿元，比上年增长38.5%，规模工业总产值44.9949亿元，比上年增长23.1%，实际到位内资13.0468亿元，比上年增长29.8%，实际到位外资4424万美元，比上年增长14.6%。是年，长龙街道获“湖南省农村社区建设示范街道”。

项目建设。蓓蕾小学、自行式高空作业平台项目、长龙商务中心拆迁腾地。蓓蕾小学、茶塘路、长龙公园等项目施工，蓓蕾小学主体工程完工。望仙路东沿线长龙段、地铁3号线车辆停车场项目开工开建；东十一线项目进场施工。长一浏燃气管道项目启动征拆，施工方进场施工。卫生服务中心、文化站等民生项目推进。

城市管理。拆除违建15259平方米，覆绿9200平方米。“百日会战”集中整治城区市容环境，94项整治清单整改销号；长永高速沿线约两公里绿带补栽补种；整治违章户外广告102处，总面积约2029平方米。对流动摊贩、渣土车管理和整治。全年派遣至街道有效数字化案件1140条，结案率100%。

环境治理。深化湘峰村杨祠组、杨湾组环境卫生示范点建设，推进环境治理良好局面；实行卫生保洁制度化，对各村（社区）、各物业公司严格进行考核。开展“三年造绿”大行动，植树4万株，改水改厕70座，绕城高速两侧200米范围内绿化工程前期测量工作和农村土地确权工作。

安全生产。落实“党政同责、一岗双责”制度，建立党政班子带队检查长效机制；聘请第三方机构对街道100家企业单位以及辖区内在建工地进行专业化评估。对安全隐患大企业进行重点整治。抽检消防安全隐患单位51家次，打非治违收缴35件烟花和30挂盘鞭并销毁，取缔两家无证无照、非法加工生产作坊和一家散煤制售作坊，处理一家无证药材加工厂；开展“两客一危”重点车辆、校车、校园食堂、道路交通隐患等专项检查；指导农村集体聚餐181家次；龙湘、龙井2个社区及通达内饰建立3个微型消防站，配备有专业消防器材并开展消防培训；创建市级标准化安监站。联合交警长龙中队对辖区内校车进行安全大检查，对校车驾驶人、安全负责人进行交通安全宣传教育，防范校车事故发生，筑牢校车安全屏障。

社会保障。街道办理特困医疗救助43人，发放特困医疗救助金250188元；办理临时救济98人，发放临时救助金121300元；城乡居民养老保险参保3968人，缴费80.3万元，基金征缴到位率103.6%。为113名残疾对象申请困难补贴，申请残疾人自谋职业奖励5人，5000元。落实保障性安居工程建设，全年危房改造10户。就业方面，全年新增城镇职工就业150人，新增农村劳动力转移150人。举办一期叉车培训班和一期创业培训

长龙街道第三届群众文化艺术节　　（长龙街道 提供）

班，培训学员110人。开展精准扶贫工作，举行“赠书籍，送诊疗，保健康”活动，小额信用贷款任务，精准扶贫工作被省扶贫网宣传推介。

科教文卫。组织队伍参加县文体局举办“蓝月亮”杯舞龙比赛、环松雅湖自行车比赛、太极拳团体比赛、送戏送电影下乡活动。自主组织2016年农历新年送春联活动、《长龙风物》发布会、“相约长龙”篮球赛、“福满金秋 礼蟹长龙”首届美食文化旅游节、长龙街道第三届群众文化艺术节。山歌传承进行保护，长沙山歌被评为省级非物质文化遗产，湘峰村陈克辉被确定为长沙山歌市级代表性传承人。

社会管理。开展矛盾纠纷排查40次，预防矛盾纠纷76起，排查出各类矛盾纠纷36起，调处民事纠纷113件，调处率98%。组织开展平安创建，评选县级平安家庭5户，街道平安家庭50户。全国两会、国庆等信访特护期间，加强对信访重点人员监控和管理，及时做好排查及疏导工作，制定防控方案，对重点上访对象制定“五包一”责任表，采取相应稳控行动。

卫计服务。2015年10月1日至2016年9月30日街道出生245人，其中政策外生育4例，计生率98.3%。年度内落实长效避孕人数32人。2015年10月至2016年9月新生儿上户205人，迁入已婚育龄妇女166人。展开育龄人群生育意愿摸底，意愿生育率40.21%。孕前优生健康检查任务50对；处置一起“两非”案件。申报2016年流动人口卫生计生基本公共服务均等化协同治理单位；组织85人参加无偿献血活动。

政务服务。规范政务服务工作流程，全年政务服务中心办理事项3050件，接待群众4900人次，办结“12345”热线工单26条；强化信息公开，实时更新街道网站工作动态179条。

【举行《长龙风物》新书发布会】《长龙风物》由长龙街道办事处发起，湖南典博文化传媒有限责任公司全程策划，并由中国作家协会会员、长沙县作协主席章庭杰作序。整本书分为长龙概况、文化 历史、长龙骄子、山水传奇四大篇章，六万字。不仅讲述长龙街道来龙去脉，也描摹地方旧日村野街巷，还回放长龙百姓文艺民俗，收录一方山水与地灵人杰，有独特历史文化价值。

【第三次全国农业普查启动】 9月20日，长龙街道办事处组织主题为“农业普查福到农家”宣传活动，主要内容为“三农普”，自此，第三次全国农业普查工作纳入长龙街道办事处重要工作议程。街道成立农业普查办公室，负责组织和协调农普工作，同时收集好人口信息、农村土地确权、林权等资料，做好各村人口数、农业合作社户数、农业用地、山场林地等基础数据摸底采集工作，为农普开展做好前期准备。11月3日，长龙街道办事处组织召开第三次全国农业普查动员大会，对街道第三次农业普查工作进行详细部署。湘峰、茶塘、长龙3个行政村和龙湘社区纳入本次农普范围。村（社区）组建农业普查工作组，同时选聘4名村级普查指导员和22名普查员，前期清查摸底了解，街道有4个普查区、76个普查小区，农户普查登记对象2698户，规模经营户登记对象3户，农业单位普查登记对象9家。

【获评长沙市经济社会发展十快街道】 3月，长龙街道被评为长沙市经济社会发展“十快街道”。“十强十快乡镇街道”是对长沙市160多个乡镇、街道2015年度主要指标得分进行加权计算，排定综合实力位次，经长沙市委、市政府审定后评出。考核评价包括“产业倍增、转型创新发展”“品质倍升、社会和谐稳定”“收入倍加、全面小康建设”“反腐倡廉、自身建设”四个方面。考核评价实行百分制计分办法，乡镇考核评价指标体系包括乡镇（街道）经济总收入、市以下公共财产财政预算收入、城乡发展规划考核得分、人均乡镇（街道）经济总收入、社会公认情况评估（民意调查）等31项指标。　　（汪　雄）

（责任编辑　张　娜）

先进模范人物

丁仁义

丁仁义，男，汉族，1957 年生，湖南省安乡县人，中共党员。2010 年，任长沙经开区总工会主席。2015 年 12 月，获评全国优秀工会工作者标兵。2011 年初，在丁仁义主导下，将园区划为汽车板块、工程机械板块、电子信息板块、综合板块“四大板块”，区总机关干部分板块深入调研服务。2012 年 2 月，区总工会开始实施工会代表“常任制”，132 位工会代表通过“常任制”这一平台，在每年一次的代表大会上，集中为职工“发声”。截至 2016 年年底，长沙经开区总工会累计收到意见、建议 2600 余条，90% 以上的问题得以及时解决。在其带领下，园区工会组织于 2013 年实现属地化管理。2015 年 11 月，丁仁义牵头创立长沙经开区总工会全媒体平台，启动“互联网 + 工会”新模式。长沙经开区总工会已成为园区 15 万多名产业工人贴心的“娘家人”。

覃 芳

覃芳，女，汉族，1974 年 12 月生，湖南省辰溪县人，中共党员，先后在长沙县人民检察院、长沙县安全生产监督管理局工作。2013 年 1 月起，任长沙县果园镇党委副书记、镇长。2015 年 12 月 4 日，覃芳当选长沙市首届“十大最具影响力法治人物”。2016 年 5 月，被中共中央宣传部、司法部授予“2011—2015 年全国法治宣传教育先进个人”称号。作为一名法律专业毕业的领导干部，覃芳时刻把法律意识、法治思维贯穿在生活和工作中的方方面面。2015 年起，她扛起乡镇基层法治文化建设大旗，开始在农村深入普法的崭新尝试。在其带领下，果园镇打破过去普法宣传教条式说教的形式，通过开展丰富多彩的活动激发干部群众参与的积极性和主动性，将法治文化建设与农村基层组织建设、党风廉政建设、生态文明建设等有机结合，既相互促进，又具有很强的针对性和实用性。在果园镇，随处可见通俗易懂的法治宣传漫画和宣传标语。为让老百姓易于接受，覃芳组织编印《果园镇法治文化建设涉农法律汇编》，将所有与农民生活相关的法律法规进行摘抄、整理，发放到每户农民家中。她还积极组织文化艺术团编排法律相关的文艺节目送法进村、进学校、进企业，以百姓喜闻乐见的方式宣传法治文化。

游 勇

游勇，男，汉族，1971 年 7 月生，湖南省长沙市芙蓉区人。工程师职称，1992—2005 年在长沙县设计院工作，2006—2011 年在长沙县建设工程安全监督站工作，2012—2017 年长沙县建设工程质量监督站工作。2016 年，被中国建筑行业协会评为全国建设工程质量监督系统先进个人。长期以来，游勇严格执行国家法律、法规和国家

工程建设强制性条文及技术规范、标准，对工程质量监督工作有着高度的责任感和良好的职业操守，寓服务于监督工作中，对所监工程存在的质量问题认真督促整改，坚持原则，秉公办事，所监督的工程从未发生质量事故和重大质量问题。监督项目100余个，建筑面积约400万平方米，工程合格率100%，其中所监督项目结构优良率在65%以上，创省优工程项目12个，建筑面积约40万平方米，其中芙蓉奖1个。

詹习成

詹习成，男，汉族，1981年7月生，湖南省浏阳市人，中南大学首届书法硕士研究生。2010年12月，获评高级工艺美术师职称。现任湖南省青年书法家协会副主席，湖南省教师学会书法教育专业委员会副理事长，中国书法家协会会员，长沙市第十二届青联常委，长沙县青联副主席兼文化信息分会主席，长沙师范学院客座教授，长沙县昕雨阳光艺校校长，湖南省楚逸国学馆馆长。作为一名从事教育教研工作的“80后”，詹习成在书画教育教学中成绩突出，曾获湖南省“伯乐优秀教师奖”“2014年度长沙市十佳杰出青年岗位能手”，所教学生作品曾获亚洲青少年艺术盛典中国赛区现场书法决赛一等奖，师生作品曾在中日书画交流展、全国青少年科学与艺术成果展、湖南省首届少儿书法展等赛事中展出，并取得优异成绩；多次联合省书法家协会、团委等部门开展社会大型公益活动；多次组织师生为灾区和贫困地区群众捐赠献艺等。2005年8月，在人民大会堂参加“全国科学与艺术颁奖大会”，被授予“优秀辅导员”称号。2013年，应湖南省委接待办之邀为北京湖南大厦创作历代湖湘名人诗词书法作品21幅。2016年5月，詹习成被共青团中央、人力资源社会保障部授予2014—2015年度“全国青年岗位能手”称号。

社会新闻人物

曹 宇

曹宇，女，汉族，1975年生，长沙县路口镇荆华村人，长沙县路口镇研展食用菌种植园法人代表。2007年起，她从一名普通的农村妇女，逐步成长为为当地妇女解决就业难题的小微企业带头人。2015年，被国务院农民工工作领导小组授予“全国优秀农民工”称号。2007年，曹宇怀着造福一方的理想回乡创业，2008年开始学习食用菌种植技术，2009年11月成立长沙县路口镇研展食用菌种植园，注册“耀祥”商标，产品由单一的秀珍菇发展到香菇、鸡腿菇、茶树菇、姬菇、金针菇、白灵菇等十多个品种，开发和引进菌包制作流水线、净化接种线、网片出菇架等新设备、新技术。随后几年里，她不断扩大企业生产规模，成立食用菌专业合作社，2014年成立长沙县路口镇地锦观光产业园，总规划面积25.33公顷，总投资2000万元，组织荆华村方塘组所有村民成立7个家庭农场，让村民在家门口创业致富。在其带动下，长沙县北部许多农户家庭均投入食用菌种植栽培项目，实现增收致富。

何清华

何清华，男，汉族，1946年生，湖南省岳阳县人，中国民主同盟盟员。1999年8月，何清华以自有核心技术创立山河智能装备股份有限公司，现任山河智能装备股份有限公司董事长兼总经理，中国工程机械学会理事，湖南省政协常委、民盟湖南省委副主委，享受国务院特殊政府津贴。2016年7月，获中国发明协会“当代发明家”称号。何清华长期从事工程装备与控制领域的基础研究及应用开发，授权专利244项，其中2项获中国专利优秀奖。其创立的“准恒功率”液压静力压桩机设计理论和方法，突破预制桩施工传统工法的多项技术瓶颈，促进绿色环保静压桩技术的推广与行业技术进步；发展机器人化工程装备控制理论与节能技术，促进隧道凿岩机器人、旋挖钻机及智能化挖掘机等高端装备的技术进步。建立液压凿岩设

备工程设计理论体系，形成系统的优化设计方法，推动液压凿岩技术进步。

肖自力

肖自力，男，汉族，1956年12月生，湖南长沙人，长沙县国家税务局主任科员。1979年，参加税收工作，30多年来一直风雨无阻地奋战在税收第一线，2016年6月退休。同年11月，因照顾重病妻子10余年的感人事迹而入选孝老爱亲类“中国好人榜”。肖自力的妻子原系长沙电瓷厂职工，1996年企业改制后成为下岗工人。由于身体一直欠佳，无法工作。双方家中还有几位80多岁年迈多病的老人需要照顾，家庭负担极为沉重，但他从无怨言，尽孝尽责。2006年3月21日，肖自力的妻子突发疾病昏倒，病情危重，经抢救脱离生命危险，但仍全身瘫痪、神志不清。从此，肖自力不离不弃，数年如一日地悉心照顾妻子。2013年3月6日，妻子病情复发，经过14个月的救治，仍处于植物人状态。肖自力每天早上都要给妻子擦洗、换衣、喂药、气管消毒，下半夜还要吸痰4～5次，14个月从无间断，以实际行动展示孝老爱亲的崇高品德，诠释爱的真谛

钟高明

钟高明，男，1981年8月2日出生，35岁，湖南省桑植县人，大学文化程度，现任湖南优冠实业集团有限公司董事长，入围“2016年度感动中国之感动湖南人物评选活动”。

钟高明始终坚持“产品即人品”的理念，对产品质量追求近乎偏执。“如果让孩子们站在‘毒跑道’的起跑线上，作为行业从业者的我，不仅丧失作为企业家的操守，更丢掉一个普通父亲的尊严。”面对塑胶行业爆发的“毒跑道”事件，他注重优冠系列产品质量，赢得用户高度赞誉。他不忘桑梓，带领企业为扶老助残、捐资助学、支援灾区等社会公益事业捐资300余万元，先后被授予“捐资社会福利事业先进个人”“捐资助学先进个人”等称号。

（责任编辑　周进银）

重要文件选辑

中共长沙县委办公室
长沙县人民政府办公室
印发《长沙县全民创业带动就业五年行动计划（2016—2020年）》的通知

长县办发〔2016〕20号

各镇党委和人民政府，街道党工委和办事处，县直机关各单位：

《长沙县全民创业带动就业五年行动计划（2016—2020年）》已经县委、县人民政府同意，现印发给你们，请认真贯彻执行。

中共长沙县委办公室

长沙县人民政府办公室

2016年6月15日

长沙县全民创业带动就业五年行动计划

（2016—2020年）

为进一步健全政府激励创业、社会支持创业、劳动者勇于创业的机制，大力培育新的经济和就业增长点，推动我县加快经济产业结构调整、转型、升级、建立现代产业体系，形成创新发展新引擎，根据上级有关文件及会议精神，结合我县实际，制定本行动计划。

一、指导思想

创业带动就业工作坚持以“政府引导、政策支持、产业导向、提质平台、强化服务、创新发展”为原则，以创业带动就业为目标，完善工作机制，培育壮大创业主体，推进产业结构转型升级。积极发展众创、众筹、众包、众扶、众智等创业新模式，大力发展众创空间和网络众创平台，拓展就业新空间，形成创客创新创业新洼地，掀起“大众创业、万众创新”新高潮，为实现长沙县“三个共同，三个共享”和“一城一地一区”的发展战略，提供社会和谐、经济发展之源。

二、工作目标

（一）创业创新公共服务体系逐步完善。

创新创业政策修订实施，助推“大众创业，万众创新”取得成效；县、镇（街道）、院校、村（社区）四级创业就业公共服务网络不断加强完善；“北部农村创客平台”服务中心建设有序推进；“一镇一品，一村一品”产业特色创业基地布局完成稳步建设，创业产业新兴业态不断涌现；“长沙县创业银信支持体系”稳妥实施取得实效；创业失败援助机制建立完善，提供创业指导、经济救助、心理抚慰创业受援者等服务有效开展；创新创业氛围更加浓厚，创业品牌活动开展影响深远，创业环境不断优化，创业文化深入人心；创建“长沙市创新创业带动就业示范单位”（县、镇、街道、村、社区）活动开展有序。

（二）创业主体快速增长。

创业主体的规模和实力较快增长，创新转型升级能力显著提升，新兴产业创业比重显著增加；全县新增创业主体4万个以上，其中大学生创业主体0.25万个；私营企业和个体工商户数分别达2万户、4.5万户，农村创客迅速增加。

（三）创业带动就业成效明显。

全民创业带动就业的能力显著增强。全县新增城乡劳动力就业7万人以上，零就业家庭100%动态清零，城镇登记失业率控制在4%以下；新创办的创业主体带动就业人数达5万人以上，其中带动大学生就业人数达0.4万人以上。

三、工作措施

（一）激发活力，大力培育创新创业主体

1.鼓励各类创业主体创新创业。重点引导、支持大学生、失业人员、残疾人、退役军人、失地农民、返乡人员、退养转产人员、劳改释放人员等自主创业；鼓励机关事业单位人员和科技人才在不违反国家法律法规、政策的前提下，辞职领衔自主创业；

鼓励以大学生为重点的青年创业就业，设立长沙县大学生就业创业状况的实名登记台账和就业创业资源管理数据库，做好离校未就业高校毕业生实名登记帮扶台账，搭建长沙县大学生创业就业对接平台，进一步营造全社会合力推进大学生创业就业的氛围。

2.鼓励支持创客农村创新创业发展。稳步推进北部农村创客平台建设，制定实施支持北部农村创客发展推进创新创业的相关文件，支持城乡居民以创客身份和各种形式到北部农村创客平台创新创业，助推农民思想观念的更新，农业产业结构的创新转型，使农村真正由“美起来”向“富起来”转变。

3.鼓励扶持重点创新创业产业。重点支持电子商务、信息网络、“互联网+”、金融、软件外包、商贸旅游、现代物流、文化传播以及临空经济、会展经济、口岸经济等现代商贸新兴业态服务业经济发展，积极发展众创、众筹、众包、众扶、众智等创业新模式，创新发展众创空间和网络众创平台，拓展就业新空间，形成创客创新创业新洼地；大力扶持农村创客在农产品销售网络平台上实现突破，鼓励在传统种养殖产业及农产品加工上以各种形式创新转型发展形成农业新型产业链；优先支持工业创业企业在新能源、高端装备制造、电子信息、新材料、节能环保等战略性新兴产业上发展，鼓励与“两型”产业相关、科技含量高、市场前景好、发展潜力大、创业带动就业成效显著的生产型中小初创企业做大做强；支持国际国内知名品牌规模连锁加盟经营。

4.鼓励支持企业二次创业。鼓励个体工商户变更改制为企业法人，对项目转型升级，扩大生产经营规模；鼓励和扶持小微企业进入规模以上企业行列，鼓励中小企业做大做强。对科技含量高、附加值高、市场前景好、带动力强、提供就业岗位多的二次创业项目，优先列入重点项目，优先给予政策扶持，优先解决项目用地。

5.降低创新创业门槛。按照“非禁即入”的原则，允许各类创业主体平等进入国家法律法规没有禁止的行业和领域，鼓励各种创新创业形态的所有制经济竞相发展。推进“五证合一”登记制度改革，精简和规范工商登记审批事项，除特定行业外，全面放开注册资本登记条件，实行注册资本认缴登记制，允许注册资本“零首付”，并由“先证后照”改为“先照后证”。简化住所登记，将年检改为年报公示制度。允许创业者以实物、知识产权、土地使用权、股权等作为出资方式依法设立企业。允许同一地址登记多家企业或个体户的住所及经营场所。创业者以家庭住所作为经营场地的，在遵守法律法规以及管理规定并征得有利害关系的业主同意后可办理注册登记。

（二）健全服务体系，优化创业环境

1.健全创业就业公共服务网络。把健全创业就业公共服务网络作为一项基础性工作来抓，将县、镇（街道）创业就业公共服务平台经费纳入同级财政预算，进一步建立健全县、镇（街道）、院校、社区（村）四级创业就业公共服务网络，切实履行创业就业政策落实、创业就业指导咨询、创业培训、创业活动开展、宣传氛围营造等服务工作职责。建立依托县、镇（街道）政务服务中心深入推行联合审批、限时办结的“一站式代办”创业服务平台。

2.着力规划推进创业创新平台载体建设。加强创业创新载体建设，建立“星沙创客大街”“星沙创客楼宇”，设立“星沙创业投资人中心”，加快发展市场化、专业化、集成化、网络化、产业化的众创空间，完善配套服务，提升承载能力，为创业创新提供良好的发展空间。根据我县产业发展方向和产业发展特色及“一镇一品，一村一品”创业基地建设原则，统筹规划加强推进创业特色镇（街道）、创业孵化平台建设。按照县创业基地规划，到2019年建成县级创业基地13个。在继续服务、建设、提升已经建成的创业基地的基础上，着力打造星沙、泉塘、湘龙“长沙县现代服务业创客孵化中心”及安沙国际电商产业创业基地，引导创业者向第三产业创业，实现产业转型，促进我县经济结构调整走上可持续发展之路。建立高新创业人才、青年、回乡创业、失地拆迁农民等创业平台来引导创业，促进人才专业技术成果的转化，实现从失地农民向城市创业居民转变，成为城市现代服务业创业生力军；强力推进“北部农村创客平台”建设，促进农业创业特色产业做大做强，以此引领“一镇一品，一村一品”的产业特色发展。引导策划在北部镇建设“长沙县时鲜花卉创业基地”，实现湖南鲜花市场本土化。加强大学生创业大厦的管理与创新，保障大厦有效安全运行，制定入驻项目绩效评估机制，加快大厦孵化进程，开展大学生创业引领计划，创新创业沙龙、创业培训等活动，真正打造成有影响的大学生创业孵化平台。建立2～3个大学生创业就业实习实训基地，引导、指导大学生创业、就业，提高创业就业成功率，助推大学生创业就业成功。引导鼓励行业协会等民间社团搭建各具特色的创业孵化平台来引导全民创业。支持现有创业基地提质升级，创建国家、省、市级创业带动就业示范基地。

3. 加大创业创新培训力度，提升创业能力。开展针对不同群体、创业活动不同阶段特点的培训项目，提高创业创新培训的针对性和有效性。充分发挥各类传媒作用，提供开放、灵活、方便的创业创新教育资源，开展在线培训教育、远程培训教育。由县人社局牵头，创新组织开展创业培训，开设创业模块及认证培训课程，加大培训力度；引导鼓励支持县域内规模高校和中等职业院校、工业园区、教育培训机构、各类创业服务机构开展多样化、专业化的创业培训和创业沙龙活动，将各类创业主体全部纳入创业培训计划，确保所有创业者都能得到一次以上补贴培训。推广“创业者选单、培训机构列单、政府买单”培训模式，加大创业培训师资建设力度，不断创新培训方式，提升培训的实效性和针对性。完善落实创业培训补贴政策，健全并加强培训补贴资金管理。5年内全县创新创业培训教育示范机构达到10个，完成创新创业教育5万人次。

4. 加强创业专家服务团建设。充分发挥创业专家服务团的智力支持作用，开展专家指导服务行动，每月安排1～2次专家服务团对接企业问诊活动，帮助创业企业解决实际难题。建立健全专家服务团分片指导镇（街道）创业主体制度，因地制宜进行专业性指导。积极吸纳具有经济管理专业背景和创业实践经验的专家、熟悉经济社会发展和创业政策的经济学家、政府部门工作人员、创业成功的企业家组成7～9人常年专家团，20人以上的专家库，为各类创业主体提供有针对性的指导，促进初创企业健康持续发展。健全创业项目评估机制，定期组织专家对创业项目、创业者进行评估，参加创业项目综合评审，确定创业扶持对象和项目。加强专家服务分片网络及绩效评价奖励体系建设，对专家按规定开展创业创新指导服务行动的，给予一定的服务补贴。

5. 加强创业者协会建设。遵从协会“服务创业、共享成功”宗旨，重点抓好协会五大资源体系数据库建设，建立全县创新创业数据库平台，使创新创业者在数据库平台上共享信息、共享资源、共享市场，共同开拓，共同发展。抓好协会日常工作的开展，充分发挥协会机构及分会作用，做到强基础、聚人心、优服务、求发展，使协会真正成为创业者会员的温暖娘家。

6. 建立健全创业银信支持体系。按照“长沙县创业银信体系建设战略合作框架协议”“4+1”模式，全力推进立体多层融资平台建设，着力解决创业项目融资难问题。设立创业贷款申报流程和创业银信支持体系工作运行机制，建立工作运行考核督查机制。扎实建成长沙县创业小额贷款信用支持体系。鼓励企业、行业协会、群团组织、天使投资人等设立创业投资基金，根据市场需求以多种方式为创业者提供资金支持，有效拓宽金融体系服务创业创新的新渠道新功能。

7. 完善创新创业项目库。结合各类专利项目、专利产品目录，细化类别，将新能源、新材料、生物医药、电子信息、节能环保等战略性新兴产业，以及现代生产性服务业、移动互联网、物联网、现代农业、家庭服务业、高端装备制造、文化创意等领域的创新创业项目纳入项目库。加强对项目库的动态管理，建立创业项目推荐机制，积极搭建平台，促进投资与项目以及创意对接，促进创新创业科技成果转化。县推进创业富民工作领导小组成员单位及各镇（街道）、院校积极推荐并公开向社会征集，吸纳一批符合产业发展政策和趋势，科技含量高、市场前景好、带动能力强，投入少见效快的创新创业项目充实项目库，到2020年入库项目达到1000个。

8. 建立长沙县创新创业人才库。储备创新创业人才，在全县以公开征集或院校、镇（街道）推荐的方式吸纳具有专业技术、知识产权的创新创业人才、有突出的创业技能，以及在创业方面有成功经验、有指导示范效应的创业者录用入库。搭建创业人才与政策、市场、产业对接的平台，促进专利技术、知识产权的市场化、产业化，带动我县创业产业的转型升级。

（三）营造氛围，提升品牌影响力

1. 继续开展创新创业品牌特色活动。进一步打造长沙县“梦想前行”“温暖前行”“协同前行”“示范前行”等四个前行创业活动品牌，激发创新创业活力，提升创新创业工作影响力。

2. 开展创业型县、镇（街道）、社区活动。按照市创建要求，根据“南工北农”的发展战略，坚持“一镇一品”

的创业产业发展原则、地域特色和产业优势，在全县创建创业氛围浓厚、创业特色明显、创业成效显著的示范性镇（街道）4个，村（社区）10个，达标经验收合格分别给予10万元、5万元一次性以奖代补资金，并开展好创建创业型县工作。

3. 整合资源，加大宣传力度。利用多种形式加强全方位立体宣传创新、创业、就业工作。在县电视台、《星沙时报》开设《创新创业在星沙》专栏，大力弘扬“艰苦创业、勇于创新、大胆探索、宽容失败”的创业文化，营造鼓励创业、支持创业、投身创业的社会风尚，掀起长沙县“大众创业、万众创新”的新高潮。

四、工作保障

（一）加强组织领导

全县各级党委、政府要高度重视创新创业、创业带动就业工作，要把它作为一项党委、政府的“民生工程、德政工程、经济发展工程、和谐稳定工程”来抓实抓好，进一步理顺和健全政府负责人牵头的全民创业带动就业工作机制，在县推进创业富民工作领导小组领导下，由县推进创业富民工作领导小组办公室（以下简称“县创业办”）统筹全县创新创业、创业带动就业工作，各单位各部门要按照工作职能、工作任务，落实责任，定期研究解决工作推进中出现的矛盾和问题。县直有关成员单位由分管领导和专人负责组织实施，各镇（街道）和有关规模院校要有专门班子和工作机构负责推进。各级各相关部门在安排公共投资和重大项目建设时，要将创造就业岗位、安置就业人数、技能人才需求、带动扶持中小企业等情况优先引进、优先规划、优先供地。

（二）强化绩效督查

建立绩效督查联动机制，将全民创业带动就业工作作为常设指标纳入镇（街道）、县直成员单位和有关院校的绩效考核内容，要将实施全民创业带动就业五年行动计划中的任务指标列为年度工作目标管理范围，明确机构和人员负责创业带动就业工作，将工作任务分解到个人，落实目标管理责任，社区（村）要积极配合开展相关工作，确保完成各项创业就业工作任务。在县委督查室、县政府督查室具体督查指导下，由县人社局、县创业办负责绩效考核及督查具体工作，县直成员单位及镇（街道）要及时上报工作进展情况，认真查找工作中存在的矛盾和问题，并配合督查抓好整改落实，确保各项工作有序进行。对在创业就业工作中取得显著成绩的单位和个人，按照国家有关规定予以表彰奖励，对不按要求履行职责的有关负责人及具体责任人严格问责。

（三）健全回访机制

建立健全专项资金及政策扶持对象抽样回访机制。开展“创业带动就业工作回头看”活动，县创业办、县财政局、县审计局要对已享受专项资金扶持的项目在资金到位一年内回访检查一次，开展绩效评价，抽查审计资金使用情况，了解企业经营状况，指导企业有效使用专项资金，提高资金的扶持效益。

（四）建立信息网络

按照市“完整、正确、统一、及时、安全”的总体要求和“一年试行、两年成型”的时间安排，建设覆盖城乡的创业就业信息网络体系，逐步实现失业登记、资金审核、创业就业培训和公共招聘等各项业务全程信息化和精准化管理，逐步实现劳动者求职、岗位招聘、政策享受等信息“一点登录、全国查询”，全面提升创业就业信息化建设水平，逐步实现信息资源的互通共享。加强统计工作，建立完善科学的统计指标体系，县直成员单位及各镇（街道）、有关规模院校要按报表要求及时做好统计工作。

（五）形成推进合力

各镇（街道）、县直有关成员单位、有关院校要将全民创业带动头指导下，加强工作沟通协调，强力推进落实本计划。充分激活并配置社会资源，引导社会各界关注创业就业，共同开创长沙县全民创业带动就业工作崭新局面。

此前出台的相关文件与本行动计划不一致的，按本行动计划执行。

中共长沙县委办公室

印发《关于在全县开展党建O2O服务的实施方案（试行）》的通知

长县办发〔2016〕36号

各镇党委，街道党工委，县直机关各单位党组织：

《关于在全县开展党建O2O服务的实施方案（试行）》已经县委同意，现印发给你们，请认真贯彻执行。

中共长沙县委办公室

2016年12月7日

关于在全县开展党建O2O服务的实施方案（试行）

为了顺应互联网发展趋势，加强基层服务型党组织建设，推进党建工作与“互联网+”的深度融合，充分发挥互联网走群众路线、为民排忧解难、接受群众监督等功能，构建“智慧党建”新格局，推动党建工作科学化水平走在全市乃至全省前列，经县委研究，决定在全县开展党建O2O服务工作。方案如下：

一、指导思想

以党的十八大、十八届三中、四中、五中、六中全会和习近平总书记系列讲话精神为指导，认真贯彻落实省委、市委关于加强服务型党组织建设的要求，将O2O电子商务模式引入党建实践，突出抓党建、转作风，突出强服务、惠民生，让群众“线上”点单，党员“线下”服务，着力破解联系服务群众“最后一公里”难题，为实现“强南富北、民生立县、挺进五强”提供坚实的组织保障。

二、目标任务

1. 利用现代信息技术，以微信为载体，组建县、镇（街道）、村（社区）、组（居、网格、片区）四级微信服务群，构建以“长沙县党建O2O”为核心的集群微信公众号，打造党群互动、宣传教育、服务便民以及管理考核的“线上”服务平台。

2. 设立县、镇（街道）、村（社区）、组（居、网格、片区）四级党建O2O服务站（办、点），办理群众事项、解决民生问题、化解矛盾纠纷，提供多渠道、无差别、全覆盖的“线下”实体服务。

3. 建立联动处理机制，按照“集中受理、分类办理、限时办结、过错问责”“谁主管、谁负责，谁办理、谁答复”“属地管理”等原则，通过微信建群四级分组、信息传递四级分流、问题整理四级分类、事务处理四级分办的“四级四分”法，建立覆盖全县、上下互动、便捷高效的党建O2O服务体系，为党员群众提供零距离、无缝隙、多样化、高效率的便民服务。

三、主要措施

开展党建O2O服务，就是把“四级”微信群、集群微信公众号作为“线上”联系群众的纽带，把“四级”党建O2O服务站（办、点）作为“线下”服务群众的窗口，实现百姓“线上”点菜下单，党员“线下”接单服务。

（一）建立“线上”网络服务体系，实现群众“点菜下单”

搭建微信群、微信公众号“线上”平台，构建党建O2O服务网络体系。

1. 组建县、镇（街道）、村（社区）、组（居、网格、片区）四级微信服务群。一是组建县级层面党建O2O中心微信群。成员由县委、县人大、县政府、县政协领导班子成员，镇（街道）和县直单位党政主要负责人组成，主要用于及时发布县委、县政府重大决策部署和最新政策文件、公布重点工作进展情况、解决民生问题和群众诉求、传递公共突发事件动态和应对措施等。二是组建镇（街道）级层面的党建O2O服务微信群。成员由镇（街道）班子成员、站办所负责人、机关干部、村（社区）书记和组织委员等组成。三是组建村（社区）级层面的党建O2O服务微信群。成员由村（社区）“两委”委员、党小组长、村（居）民组长、重点工程人员、精准扶贫人员、楼栋长、网格干部等组成，特别要将组团式结对联系服务的“两代表一委员”“农技专家”等纳入进群。四是组建组（居、网格、片区）级层面的微信服务群。以自然组或片区为单位建群，成员要包括村（居）民组长、联点“两委”委员、各（农、居、商）户代表等，另外，还要激发群众兴趣，引导更多群众自愿加入进群，对因客观条件没有加入但有意愿加入微信群的农（居、商）户，要明确1名党员对口联系服务；城市社区以网格、楼盘、片区等为单位组建便民服务微信群，成员由社区干部、网格干部、党员和楼栋长、服务于小区或网格的协会会长、物业公司人员、业委会成员、居民代表等组成，居民代表原则上要占群成员的一半以上。各层级要以微信群作为“线上”服务平台，开展政策宣传、技能培训、事务代办、困难救助、党务村务公开等工作，切实解决群众诉求，让党员干部在联系服务群众中增进感情、提高能力、改进作风。

2. 建立以“长沙县党建 O2O”为核心的集群微信公众平台。运用大数据管理模式，构建以“长沙县党建 O2O”为核心，连通全县 18 个镇（街道）的集群微信公众号。各镇（街道）要申请认证用于本单位党建 O2O 服务的微信公众号，做到“一镇（街道）一号”。县级中心微信公众号与各镇（街道）公众号无缝对接、上下互动、数据共联、信息共享。前台可提交“微心愿”“咨询求助”“意见建议”，可查询“办理进度”“办结事项”“待办事项”等。中心后台对各镇（街道）党建 O2O 服务进行统一管理、统筹调度、全程考核，对各分平台的民生事项和群众诉求进行统计汇总、分层受理、接单派单、跟踪办理，实时监测出当前阶段群众的关切、疑问与期盼等，为县委决策提供重要参考。以集群微信公众号为载体，面向全县党员群众提供即时、便捷、可视化的“掌上”服务，形成资源整合、管理规范、信息公开、办事高效、互动良好的“线上”服务平台。

（二）设立“线下”实体服务站点，实现干部“接单服务”

创建全方位、便捷式的党建 O2O 服务站（办、点），构建四级“线下”实体服务体系。

1. 设立长沙县党建 O2O 服务工作办公室。党建 O2O 服务工作办公室为县委组织部内设科室，负责全县党建 O2O 服务工作的组织领导、统筹调度、管理考核等，指导各镇（街道）搭建、推广、使用“线上”“线下”平台。同时，负责对镇（街道）需要解决的民生事项和群众诉求进行跟踪管理、督查通报，对镇（街道）提交至县级层面的民生事项、群众诉求进行接单派单、交办转办，及时回应群众的期待，确保“线上”有反映，“线下”有解决。

2. 设立镇（街道）党建 O2O 服务中心。各镇（街道）建立党建服务中心（在党建工作办公室加挂牌子），依托政务服务中心开设“党建 O2O”服务窗口，安排 1 ~ 2 名党务工作者具体负责党建 O2O 各类民生事项的导办、代办、转办、交办，打造“一站式”服务中心。成立镇（街道）党建 O2O 办公室，与党建办合署办公，明确 1 ~ 2 人具体负责镇（街道）、村（社区）、组（居、网格、片区）三级“线上”平台建设、管理、使用以及协调、处理、办结等“线下”实体服务工作。同时，对村（社区）开展党建 O2O 服务工作进行痕迹化管理、指标式考核。按照职能职责，分部门、分类别对民生事项、群众诉求实行接单派单、交办转办、跟踪管理，确保民生事项、群众诉求回应及时、办结如期。

3. 设立村（社区）党建 O2O 服务站。各村（社区）在党建服务中心设立“党建 O2O”服务窗口，安排大学生村官（村级后备干部、村干部）担任党建 O2O 管理员，实行坐班接待，现场受理群众诉求，具体负责村（社区）、组（居、网格、片区）两级“线上”平台建设、管理、使用以及“线下”实体服务等工作。同时，对组（居、网格、片区）层面开展党建 O2O 服务工作进行痕迹化管理、指标式考核。对本级能解决的民生事项、群众诉求，按照村（社区）“两委”委员的职能职责分工，实行接单派单、导办交办、跟踪管理，做到能答复的立即答复，需导办的立即导办，要解释的立即解释，需协调解决的立即协调解决，按期办结。

4. 设立组（居、网格、片区）党建 O2O 服务点。以村（居）民小组、网格、片区为单位，设立党建 O2O 服务点，并由 1 名村（居）民小组长（或党小组长）担任“民生快递员”，也可选取熟悉微信操作、热心公益的党员群众担任，具体负责收集民意、集中民智、反映民声。对没有入群的党员群众，要安排已进入微信群的党员联系，采取入户走访的形式，进行“线下”服务，确保党建 O2O 服务落实到户、到人，不留遗漏。对群众反映的问题做到“三个办”，即“能立即办的马上办”“要本人办的领着办”“不需要本人办的代为办”，以群众满意为标准，让群众在家门口就能享受到便捷高效的“线下”实体服务。

四、具体要求

推行党建 O2O 服务模式，是提升党员干部服务群众能力的重要举措，要在强化组织领导、细化管理指导、加强统筹协调、营造浓厚氛围上下功夫，确保工作实效。

（一）要强化领导、落实责任。把党建 O2O 工作开展情况作为年底绩效考核的重要内容，作为履行基层党建责任制的重要抓手和重要载体，切实强化组织领导，推动责任落实。各单位党组织书记（局长）是第一责任人，分管党建的副书记为主要责任人，其他班子成员为具体责任人。要结合实际，研究制定本单位实施方案，成立党建 O2O 服务站（办、点），明确职责分工、专人专岗，建立和完善党建 O2O 服务微信公众号、微信群等“线上”网络服务体系和“线下”实体服务站（办、点）。按照“属地管理”原则，层层压实工作责任，迅速开展宣传发动、调查摸底工作，按要求组建镇（街道）、村（社区）、组（居、网格、片区）微信群，确定“党建 O2O 服务管理员”和“民生快递员”，建立工作台账，分层分类开展培训活动，提高党建 O2O 服务工作人员的政策理论水平和业务知识技能。

（二）要精心指导、细化管理。县党建O2O服务工作办公室要采取集中培训、定期督查、随机抽查、民意调查等方式加强对党建O2O服务工作的业务指导，每半年开展一次群众满意度调查，重点了解平台运用、人员管理、作用发挥等情况。各单位党员干部要带头开展党建O2O服务工作，帮助基层党员群众学会微信使用方法，做到让全县党员群众知晓、关注并使用党建O2O服务平台，做到“应关注尽关注”“应入尽入”。各镇（街道）要加大推行党建O2O服务工作的力度，列支党建O2O服务专项工作经费，将党建O2O工作纳入镇（街道）对村（社区）的目标管理考核；将组级民生快递员和党员结对联系服务群众名单、党建O2O服务点、群众诉求“四率”（受理率、回复率、办结率、满意率）进行定期公示公开；将党建O2O服务工作与党员“三务”积分管理相结合，建立健全管理、考核、激励等制度，确保党建O2O服务工作扎实、有序、深入地开展。

（三）要加强统筹、注重协调。县党建O2O服务工作办公室要切实加强统筹调度，建立健全县、镇（街道）、村（社区）、组（居、网格、片区）四级联动机制，确保协调配合到位。各单位以党建为引领，整合党建O2O“线上”“线下”平台资源，着力将党建工作与经济社会发展有机衔接融合起来，拓展服务领域，丰富服务内容，深化服务效果，向精准扶贫、城市管理、农技推广、信访维稳等领域延伸，切实打通党员干部联系服务群众“最后一公里”。要将惠民项目资金和党建工作经费，用于解决群众关注度高、关系群众切身利益的民生问题，切实提高群众的满意率、认可度、获得感。

（四）要加大宣传、培育典型。各单位要充分运用报刊、电视、网络、宣传栏等媒介，加大党建O2O工作的宣传报道力度，培育和发掘优秀人物、总结和推广先进事迹、宣传和报道典型案例，充分发挥示范引领作用，真正树立一批“看有形象、学有榜样、特色鲜明”的先进典型，让全县广大党员干部群众学有标杆、争有目标，努力营造良好的氛围，着力打造我县党建工作特色品牌。

中共长沙县委办公室

2016年12月8日

中 共 长 沙 县 委

印发《长沙县青年干部成长工程三年行动计划》的通知

长县发〔2016〕16号

各镇党委，街道党工委，县直机关各单位党组织：

《长沙县青年干部成长工程三年行动计划》已经县委常委会会议审议通过，现印发给你们，请认真遵照执行。

中共长沙县委

2016年10月17日

长沙县青年干部成长工程三年行动计划

为进一步加大培养选拔优秀青年干部的力度，提升我县青年干部的综合能力和整体素质，根据《党政领导干部选拔任用工作条例》有关规定，以及中央和省、市委关于进一步做好优秀年轻干部培养选拔工作的要求，结合我县实际，制定本行动计划。

一、指导思想

始终坚持中央好干部标准和市委“六用六不用”、县委“四个注重”用人导向，遵循领导班子和干部队伍建设、干部成长规律，以加强培养为基础，以选准用好为根本，以从严管理为保障，切实加强和改进青年干部培养选拔机制，努力建设一支“忠诚、干净、担当、阳光”的优秀青年干部队伍，既满足近期领导班子建设需要，又着眼中长期事业发展需要，为我县“强南富北、民生立县、挺进五强”提供坚强组织保证。

二、基本原则

（一）立足当前，着眼长远。围绕全县发展大局和领导班子建设需要，加大优秀青年干部的培养选拔力度，做好近、中、远期年轻干部的培养、教育和储备工作。

（二）德才兼备，以德为先。坚持德才兼备、以德为先的选拔和培养标准，引导年轻干部自觉践行社会主义核心价值观，提高党性和道德修养，正确对待权力、地位和利益。

（三）坚持标准，择优使用。选拔干部时，遵循青年干部成长的客观规律，坚持同一选拔标准和程序，不轻易放宽资格条件、放低标准要求，做到好中选优、优中选优。

三、目标任务

（一）年轻领导干部比重进一步提高。统筹全县干部资源，进一步提高年轻干部在领导班子和干部队伍中的比重，逐步形成较为合理的年龄梯次结构。到2019年，科级领导干部40岁以下的比重提高到40%左右，其中35岁以下提高到20%左右；镇（街道）领导班子要形成以40岁左右干部为主体的梯次配备，35岁以下干部占25%左右。领导干部中保证一定数量的30岁以下干部。注重培养选拔政治素质高、工作能力强、作风过硬、群众公认的优秀年轻干部担任党政正职，使全县35岁以下党政正职数量达到并保持在8名左右。逐步优化领导班子的知识结构和专业结构，进一步重视和加强年轻女干部、党外干部的培养选拔。

（二）优秀青年干部储备满足需求。分层级、分梯队储备青年干部资源，使35岁以下副科级以上干部保持在160名左右，县委掌握的30岁左右优秀青年干部保持在200名左右。注意发现和储备一批更年轻、有潜力的优秀青年干部。

（三）能力素质水平持续提升。通过干部培训、实践锻炼等方式，使青年干部的思想政治素质进一步提高，作风进一步改进，落实上级决策部署、推动科学发展、驾驭复杂局面、做好群众工作等能力进一步增强。

（四）长效工作机制逐步建立。以实施三年行动计划为载体，加强青年干部培养、锻炼等各项制度建设，逐步形成遵循干部成长规律、符合我县青年干部队伍实际的制度和措施。

四、具体措施

（一）成立青年干部培养工作机构。在县委组织部设立青年干部科和青年干部培训科，作为青年干部日常管理和教育培训的专门机构，研究制定青年干部工作规划，了解和分析全县青年干部的情况，做好后备干部的培养管理，形成一套完整的、科学的青年干部选拔制度体系。

（二）建立优秀青年干部资源库。组织开展青年干部队伍建设专题调研，进一步了解我县青年干部队伍建设现状，掌握一批德才素质好、工作实绩突出、群众公认度高、发展潜力大的优秀青年干部，建立资源库，并纳入后备干部队伍管理。对优秀青年干部实行分层次、分梯队管理和培训，按层次可分为副科级以上和一般干部两个层次，按梯队结构可分为近期可使用的和重点培养的两类。针对不同层次和梯队，制定不同的培养方向、目标和锻炼方式。同时，根据年龄结构、表现情况，对资源库进行动态管理，定期调整。

（三）创办“长沙县青年干部训练营”。搭建青年干部素质提升和才华展示平台，创办“长沙县青年干部训练营”，对全县30岁以下青年干部进行一次轮训。训练营每年原则上举办2期，每期时间为一个半月，原则上利用晚上及周末时间进行，军训和外出培训时另行安排，采用“1+X”训练模式（“1”为课堂培训，“X”为训练活动），突出“训练”特色主题，开展“军事训练、读书分享、社会实践、体验培训、竞技PK、志愿服务、成果汇报”等主题活动，激发年轻干部学习钻研、竞争合作意识，提升青年干部的综合能力和素质。

（四）拓宽青年干部教育培训渠道。每年有计划地安排青年干部参加县委党校的主体班，注重加强理想信念和党性党风党纪教育，锤炼意志品质，筑牢信念根基，补足精神之“钙”。优先推荐青年干部参加省、市上级部门组织的专题调训班次，并有计划地安排青年干部参加各类专题业务培训班，优化青年干部的知识结构。加大外向型培训，每年有针对性地选派一批青年干部赴沿海发达地区和国内高等院校学习培训，促进青年干部解放思想、开阔眼界、拓宽思路、转变观念。设立“青年干部大讲坛”，定期或不定期地邀请领导、专家、教授或者优秀工作者授课，为青年干部提供更多优质的学习平台。

（五）搭建青年干部实践锻炼平台。在分析青年干部经历、专业和个人短板的基础上，结合青年干部培养方向，坚持缺什么、补什么原则，确定能力锻炼方式，让青年干部在实践中提升能力、增长才干。实施青年干部“见习制度”。选派优秀青年干部到县直单位、镇（街道）进行见习，列席单位党政会议，协助单位主要领导分管一项或多项工作，提升统筹协调和决策能力。选派青年干部到一线锻炼。坚持开展选派年轻干部到基层一线、征地拆迁一线、安全生产一线、信访一线、项目建设一线等挂职锻炼，促进青年干部改进作风、积累经验，增强在急难险重任务面前勇挑重担、敢于冲锋的担当意识和进取精神。鼓励单位实行竞岗轮岗。对在同一单位同一岗位工作三年以上的青年干部，应当进行内部轮岗；对中层干部岗位出现空缺时，应当拿出一定比例岗位面向青年干部进行竞争上岗，给青年干部提供锻炼平台和机会。

（六）加强青年干部日常管理。强化单位党委（党组）职责，明确党委（党组）对青年干部培养负直接责任，每年要专门听取青年干部工作汇报，研究解决青年干部工作中的问题。加强跟踪联系和指导，对青年干部苗头性、倾向性问题，要早发现、早提醒、早纠正，最大限度关心、保护青年干部。组织部门要加强对青年干部的考察了解，及时掌握他们的思想表现、工作实绩、廉洁自律以及接受培训、经受锻炼情况，定期开展谈心谈话，加强综合分析研判，为选准用好青年干部提供依据。

（七）注重大胆使用优秀青年干部。要鼓励创新，宽容失败，支持青年干部大胆工作，对通过实践锻炼，综合素质高、工作实绩突出的优秀青年干部，要及时、合理使用。对经过长期考验、基层经验较丰富、各方面比较成熟的优秀青年干部，要打破隐形台阶，放到关键岗位和重要岗位培养锻炼。对在急难险重一线完成重大任务好、做出了重大贡献或者应对突发事件表现特别突出的，适时提拔重用。

五、有关要求

培养选拔优秀青年干部，既是一项长期的战略任务，又是当务之急。全县各单位要充分认识培养选拔优秀青年干部的重要性和紧迫性，结合自身实际，制定具体计划，加大工作力度，定期分析研究，及时解决工作中存在的问题。各单位领导干部特别是主要领导干部，要增强政治责任，关心支持青年干部成长，带头做好新形势下培养选拔优秀青年干部工作。组织人事部门要进一步发挥牵头抓总作用，积极探索优秀青年干部培养选拔的有效途径和工作方法，建立健全青年干部培养选拔工作督查机制，加强组织指导和督促检查，努力提高培养选拔优秀青年干部工作的水平和成效。相关单位要积极发挥各自职能作用，配合做好培养选拔优秀青年干部工作。全县要大力宣传培养选拔优秀青年干部的重要意义，总结宣传工作经验和先进典型，形成有利于青年干部健康成长、脱颖而出的良好环境，不断开创优秀青年干部培养选拔工作新局面。

中共长沙县委办公室

2016 年 10 月 19 日

长 沙 县 人 民 政 府
印发《关于支持现代服务业发展的若干政策和措施》的通知

长县政发〔2016〕10 号

各镇人民政府、街道办事处，县直机关各单位：

《关于支持现代服务业发展的若干政策和措施》已于 2015 年 12 月 30 日第 37 次县政府常务会议审议通过，现印发给你们，请认真遵照执行。

长沙县人民政府

2016 年 3 月 24 日

关于支持现代服务业发展的若干政策和措施

为适应经济发展新常态，培育新的经济增长点，顺应产业转型升级的新要求，更好地发挥现代服务业政策的导向和扶持作用，推动本区域现代服务业向“高层次、高集聚、高融合”方向发展，特制定本政策。

第一章 总 则

第一条 坚持“全面推进，结构优化”的原则，把支持产业发展、优化产业结构的现代服务业摆在重要位置，推动本区域现代服务业质量提升和发展提速。

第二条 以引进和培育电子商务、现代物流、汽车后市场、总部经济、航空服务、现代金融、服务外包、健康养老、文化旅游等新兴服务业为主，鼓励中介服务平台、商贸流通、品牌建设、人才引进，把本区域建设成为中部现代服务业发展的高地。

第三条 大力支持现代服务业发展，设立专项引导资金5000 万元（不含各项专项资金），用于政策奖励和引导现代服务业产业发展。

第二章 扶持产业

第四条 电子商务

（一）支持电商产业聚集

经认定的电商产业集聚区、示范基地、孵化器基地，企业入驻率达80%且在营商业面积达到一定规模的，营业期满一年后，分年度给予园区补助200万元，用于园区引导企业集聚发展和公共平台建设以及相关配套设施建设。

（二）支持B2B、B2C等电商平台建设

在本区域注册的电子商务B2B、B2C等电商平台，达到一定规模的，给予一定的奖励。

（三）鼓励“互联网＋商业服务体系”融合发展

1. 在本区域注册并采用O2O模式的企业，实现线上年销售额首次达到一定规模的，给予一定的奖励。

2. 鼓励加快发展社区电子商务平台，按项目总投资的10%给予补助，每家企业一次性补助不超过20万元。

（四）鼓励“互联网＋现代农业”融合发展

建立电子商务平台或利用第三方平台的企业，销售本区域农产品达到一定规模的，给予每家企业一次性加奖10万元。

第五条 现代物流

（一）支持智慧物流配送示范基地（园区）

新建的智慧物流配送示范基地（园区），企业入驻率达80%且在营商业面积和入驻企业产值达到一定规模的，营业期满一年后，分年度给予园区补助200万元，用于园区引导企业集聚发展和公共平台建设以及相关配套设施建设。

（二）支持大型第三方物流企业、第四方物流企业入驻

新设立的第三方物流企业和第四方物流企业达到一定规模的，给予单个企业最高不超过100万元的奖励。

（三）支持物流标准仓储设施建设

在本区域物流节点上新建的标准仓储设施，单个库区仓储总面积在10000平方米及以上的，验收合格后一次性给予25元／平方米的补助，最高不超过100万元。

（四）鼓励物流企业规模化、标准化和信息化建设

1. 经审核的年度物流企业业务收入首次达到5亿元、10亿元、20亿元及以上的物流企业，按等次给予一次性奖励5万元、10万元、20万元；获评中国物流企业50强称号的物流企业给予奖励，最高不超过50万元。

2. 首次获得“国家AAAA”、“国家AAAAA”资质证书的物流企业，分别给予20万元、30万元奖励。首次获得中国仓储协会四星、五星仓储认证的物流企业，分别给予10万元、20万元的奖励。

3. 鼓励物流企业新建智慧物流信息服务平台，验收合格后，按其平台建设费用的10%给予一次性补助，最高不超过20万元。

（五）鼓励布局乡镇物流节点

在本区域10个以上乡镇（不含县城）布局直营物流配送点（含物流分拨、电子缴费、快件自取等功能）的企业，正式营业满一年后，给予该企业每个物流配送点一次性奖励3万元。

第六条 汽车后市场

（一）支持汽车后市场服务平台的建设

1. 从事汽车后市场服务的综合性平台，给予平台投资方一定的奖励，最高不超过150万元。

2. 从事汽车后市场服务的单一平台，给予平台投资方一定的奖励，最高不超过100万元。

平台入驻率达一定规模，面积达2万平方米，给予平台经营方相应的一次性奖励。

平台连锁门店达一定规模，给予平台经营方相应的一次性奖励。

汽车“互联网＋”平台销售额达一定规模，给予平台经营方相应的一次性奖励。

举办汽车旅游、探险、娱乐和表演等竞技活动，按其档次，给予举办方相应的一次性奖励。

（二）支持从事汽车后市场服务企业的发展

从事汽车后市场服务的企业，销售额首次达一定规模，给予相应的一次性奖励。

（三）对汽车金融公司给予贴息补助

经批准在本区域成立的汽车金融公司，其年度汽车金融贷款额增幅达一定规模的，按公司商业银行贷款利息的30%比例予以贴息补助，单个公司累计最高不超过100万元。

第七条 总部经济

支持企业总部、地区总部、省级以上分支机构入驻

（一）对新入驻服务业总部给予一次性补助

新注册并纳税在本区域的企业总部、地区总部、省级以上分支机构等，在第一个完整财务年度后，按其在本区域实缴注册资本给予新注册的总部企业一次性资金奖励。其中，实缴注册资本10亿元（含）以上的，补助500万元；实缴注册资本5亿元（含）以上不足10亿元的，补助200万元；实缴注册资本1亿元（含）以上不足5亿元的，补助100万元；实缴注册资本5000万元以上1亿元以下的，补助50万元。

（二）对新引进服务业总部企业的办公用房给予资金补助

新购自用办公用房（不包括附属和配套用房）的，对办公用途部分的建筑面积按1000元／平方米的标准给予补助，

最高不超过200万元，在注册之日起2年内分年度补助；本部租赁的自用办公用房的，按500元/平方米给予一次性补助，最高不超过100万元，在注册之日起2年内分年度补助。

（三）对服务业总部企业给予经营贡献奖励

本区域新设立的服务业企业总部，在企业经济效益同步增长的条件下，自认定年度第2年起，营业额每超过1亿元，奖励20万元。

第八条 航空服务

（一）航空公司政策参照《关于促进临空经济发展，积极引进航空公司的优惠政策》执行。

（二）鼓励引进航空专业培训项目

新引进的航空培训学校、通用飞行培训等项目建成并运营满一年后，按其在本区域注册公司实缴注册资本的10%给予一次性补助，最高不超过100万元。

（三）鼓励引进通用航空相关产业项目

1. 鼓励引进公务飞行、作业飞行、通用飞行俱乐部等通用航空飞行项目，项目建成后按照其年总飞行时间进行补助，补助资金按2000元/小时计，最高不超过100万元；

2. 鼓励发展FBO（通用航空运营服务基地）项目，加速湖南FBO落地开建，FBO项目建成后给予其投资方一次性补助100万元；

3. 鼓励引进通用航空销售中心（6S店）项目，项目建成后按照其年营业额的1%进行补助，补助资金最高不超过100万元。

（四）鼓励各类企业开设全货运航线

1. 新开辟洲际全货运定期航线，给予一次性奖励50万元；新开辟亚洲区域全货运定期航线，给予一次性奖励20万元；新开辟国内全货运定期航线，给予一次性奖励10万元。

2. 以各企业上年度的货运班次为基数，按其增幅档次，给予一定的资金奖励，最高不超过100万元。

（五）鼓励航空货运代理人的发展

在黄花机场集散货物的航空货运代理人，根据其货运规模，分档次给予一定额度奖励，最高不超过50万元。

第九条 现代金融

（一）鼓励互联网金融平台的发展

经批准在本区域成立的互联网金融平台，其营业达1年且无任何不良信用记录，年成交额首次超过10亿元、20亿元、50亿元的，分别给予其20万元、50万元、100万元的奖励。

（二）支持企业开展融资租赁业务

按融资租赁企业年度融资租赁总额的0.5%给予其奖励，其中，涵盖航空融资租赁服务的，加奖航空融资租赁总额的0.5%；对融资租赁企业购入本区域企业生产的设备（自购除外），按照合同金额的0.5%给予融资租赁企业奖励，每个企业该项奖励最高为100万元。

（三）支持小微金融企业开展贷款（担保）业务

经批准在本区域成立的小额贷款公司、信用担保机构等金融机构为本区域企业服务予以奖励，按当年一年期累计为县区内服务业企业担保额（放贷额）首次超过5000万元、1亿元的，一次性分别奖励20万元、30万元；

（四）鼓励增设非银行金融机构

在本区域新设立的风险投资、证券营业部、期货营业部、信托投资等金融机构，给予5万元～10万元的一次性补助。

第十条 服务外包

（一）支持服务外包产业聚集

经认定的服务外包产业集聚区、示范基地、孵化器基地，企业入驻率达80%且在营商业面积达到一定规模的，营业期满一年后，分年度给予园区补助100万元，用于园区引导企业集聚发展和公共平台建设以及相关配套设施建设。

（二）经认定的服务外包企业给予奖励

纳入商务部长沙市服务外包业务和统计系统的服务外包企业年度在岸外包执行额的增量部分超过500万美元以上的，按增量部分的3‰给予奖励，该项奖励最高不超过20万元；开展离岸外包业务的企业，以海关统计或外汇管理出口结汇统计作为依据，离岸外包增量部分超过100万美元的，按增量部分的1%给予嘉奖，该项奖励最高不超过20万元。

（三）鼓励服务外包企业的品牌建设

首次获得省部级以上国际性、全国性行业组织认定的专业资质的本区域服务外包企业，分别给予10万元和5万元的奖励。

第十一条 健康养老

（一）鼓励引进养老地产、老年社区、康复护理、养老基地、疗养基地等中高端综合性养老机构（内设医疗机构）

在运营满一年后，按其在本区域实缴注册资本给予新注册的中高端综合性养老机构一次性资金奖励。其中，实缴注册资本10亿元（含）以上的，补助300万元；实缴注册资本5亿元（含）以上不足10亿元的，补助200万元；实缴注册资本1亿元（含）以上不足5亿元的，补助150万元；实缴注册资本5000万元以上1亿元以下的，补助100万元。补助分两次给予，当年补助40%，认定1年后经核实企业注册地无迁移或未减少注册资本的，补助剩余的60%。

对新引进的国际高端医疗机构（获得康复医疗机构的认证体系CARF认证或国际JCI认证），按照实际总投资额（不含土地相关费用）的1%给予一次性加奖，最高不超过100万元。

（二）鼓励社会中介组织、家政服务等企业利用信息化手段建立集医疗、养老、体育健身、居家照料等为一体的健康服务综合平台（信息化投资不低于50万元），同时参与社区服务和居家养老服务的，经验收合格，给予其一次性补助不超过30万元。

（三）养老机构的内设医疗机构开展老年病、康复、中医医院和临终关怀等业务，给予一次性20万元补助。

（四）鼓励搭建公共健康信息平台（平台投资不低于50万元），提供健康体检、健康咨询、健康文化等长期跟踪、预测预警的个性化健康管理服务，经验收合格并运营满一年后，给予一次性补助不超过20万元。

（五）鼓励建立集健康检测、卫生服务、保健、残疾人康复、体育健身、心理辅导和文化科普等服务为一体的社区公共健康中心，经验收合格后，给予一次性补助20万元。

第十二条 文化旅游

（一）鼓励文化产业集聚发展

经认定的文化产业集聚区、示范基地、孵化器基地，企业入驻率达80%且在营商业面积达到一定规模的，营业期满一年后，分年度给予园区补助100万元，用于园区引导企业集聚发展和公共平台建设以及相关配套设施建设。

（二）支持引进文化旅游项目

新引进的文化旅游项目，且固定资产投资额（不含土地相关费用）超过3000万元，按固定资产投资额的1%给予一次性补助，最高不超过100万元。

（三）文化旅游产品推介

全额投资拍摄长沙县文化旅游等纪录片，在国家、省级电视台进行推介的，分别一次性奖励10万元、5万元。

第十三条 鼓励研发与技术服务（科技研发、第三方检验检测等）、新兴信息技术服务（云计算、大数据、物联网等）、专业服务（创意设计、会计事务所、律师事务所、资质认证）等新兴服务业企业入驻县域

新登记注册并营业的上述企业，办公实际使用面积在500平方米以上的，按实际使用面积每年一次性给予100元/平方米的补助，单个企业最高不超过20万元。

第三章 其 他

第十四条 支持社会中介平台发展

（一）对社会中介平台以商招商给予支持

通过自身影响力吸引其他商会及商会会员在本区域注册并投资的社会中介平台，按外资项目实际到位资金的5‰，内资项目形成固定资产投资部分的3‰给予其奖励。单个社会中介平台引进单个项目奖励不超过50万元。

（二）对提供政策咨询、加强行业自律、维护企业合法权益的服务业行业协会给予支持

在本区域备案的全县性服务业行业协会，协助行业主管部门开展行业发展统计工作，每年组织产业年会、学术论坛等活动，且评估等级达到AAA以上的协会，运行满一年后，每家协会一次性补助经费20万元。

第十五条 支持商贸流通业的发展

（一）支持城市商业综合体建设

1. 符合《长沙县城市商业综合体建设标准》并报经县委县政府认定的商业综合体的，以下面积按240元/平方米给予补助：正负零以下在满足停车位（地下室少于三层时不能设置机械停车位）前提下的商业面积、经规划许可跨城市道路建筑物（限交通使用空间部分）产生的面积、地面楼层设停车场部分（地面停车位不少于建筑物应配停车位总数的10%且不大于20%）产生的面积、商业综合体连廊部分（仅满足交通使用功能）面积。

2. 符合《长沙县城市商业综合体建设标准》并报经县委县政府认定的商业综合体的，商业营业面积按50元/平方米给予投资方补助。

（二）支持农村商业综合体建设

符合《长沙县农村商业综合体建设标准》并报经县委县政府认定的商业综合体的，商业营业面积按200元/平方米给投资方补助。

（三）支持社区商业的发展

新设立并纳税在本区域的社区连锁便利店（含代收费、代收货等功能），其直营门店在5家以上，经营期满一年后，按100平方米以下每个门店一次性补助2万元，100平方米及以上的每个门店一次性补助4万元。

（四）支持住宿餐饮业的发展

鼓励住宿餐饮企业发展预订平台、中央厨房、餐饮配送等传统产业升级的配套设施和服务体系，经认定后，给予一次性补助不超过10万元。

第十六条 鼓励服务业企业品牌创建

2016年起，凡首次获得“中国驰名商标”“中国名牌产品”的企业，给予一次性20万元的奖励；2016年起，凡首次获得“湖南省著名商标”和“湖南省名牌产品”的企业，给予一次性5万元的奖励。

第十七条 人才引进

支持企业引进高端人才（正高职称、海归博士等），每人发放一次性安家补助10万元；对企业成功引进高端人才产生的猎聘费用，按30%予以补助。单个企业引进高端人才补助总额每年不超过50万元。

第四章 奖励范围及原则

第十八条 奖励范围及原则

（一）奖励或补助的对象为县域行政范围内符合本办法规定的法人、自然人及其他依法成立的经济实体，申报奖励的企业三年内无违法经营行为。

（二）奖励或补助的对象必须税务登记在本区域，且奖励或补助的资金用于本企业人才引进、技术研发、升级改造、相关基础设施维护等。

（三）符合本办法规定的对象按从优、从高不重复计算的原则享受奖励或补助。已享受特殊政策优惠，或已享受县相关专项资金的，不再依本办法予以奖励或补助。

（四）落户本区域的重特大服务业项目，按“一事一议”的原则，另行确定奖励或补助政策。

（五）凡因逃避纳税义务、发生重大安全责任事故等原因，受到相关部门处罚的，或不符合县安委办《工矿商贸企业申报财政资金安全联审程序规定》（长县安办〔2015〕54号）要求的，取消补贴资格。

第五章 附 则

第十九条 自本政策生效之日起，长沙县人民政府《关于促进现代服务业发展的若干规定》（长县政发〔2011〕33号）停止执行。本政策实施期限自公布之日起至2020年12月31日止，如遇政策调整，按新的政策执行。

第二十条 本政策由长沙县商务局制定具体实施细则。

第二十一条 本政策由长沙县人民政府办公室负责解释。

长沙县人民政府办公室

2016年3月24日

长沙县人民政府

关于印发《长沙县农村饮水安全工程管理办法》的通知

长县政发〔2016〕20号

各镇人民政府、街道办事处，县直机关各单位：

《长沙县农村饮水安全工程管理办法》已经县人民政府同意，现印发给你们，请认真贯彻执行。

长沙县人民政府

2016年4月14日

长沙县农村饮水安全工程管理办法

第一章 总 则

第一条 为了加强农村饮水安全工程管理，发挥工程效益，更好地维护用水户和供水单位的合法权益，根据《农村饮水安全工程建设管理办法》（发改农经〔2013〕2673号）、《湖南省农村集中供水价格管理办法》（湘发改价商〔2015〕523号）、《长沙市城市供水用水管理条例》《村镇供水工程运行管理规程》（SL689-2013）、《村镇供水工程技术规范》（SL310-2004）、《生活饮用水卫生监督管理办法》等文件精神，结合我县实际制定本办法。

第二条 本办法适应范围为使用财政资金投资的农村饮水安全工程（不包括社会资本投资兴建、财政予以补贴的工程），包括取水设施、水厂、加压泵站、公共输配水管网以及相关附属设施的建设、运行、管理等工作。

第三条 农村饮水安全工程建设实行项目法人责任制，按有关规定组建运行管理单位，负责全县农村饮水安全工程建设、运行和管理工作。

县直相关单位切实履行农村饮水安全工程的行政监管职能：县水务局为农村饮水安全工程的行政管理部门，负责农村饮水安全工程的整体规划、行业管理和业务指导；县发改局负责项目审批、计划下达等工作和农村供水水价及入户管网安装配套费核定、入户建设费收费监管工作；县财政局负责落实财政扶持政策，审核下达预算、拨付资金、监督资金管理、审批项目竣工财务决算等工作；县卫计局负责新建、扩建、改建农村饮水安全工程的预防性卫生监督和水质监测工作；县环保局负责饮用水水源地的污染防治和水体监测及饮用水源保护监督工作；县审计局负责水厂运营和水费使用的审计监督工作；县行政执法局负责依法查处违法行为；县国土局负责农村饮水安全工程建设用地保障工作；县供电公司负责供水工程运行电力保障及用电优惠政策落实工作。

镇人民政府（街道办事处）负责辖区内饮水安全工程建设项目用地和施工环境协调工作，负责保护农村饮水安全工程设施；配合相关单位处置应急供水事务和农村饮水安全违法事件。

第二章 项目建设

第四条 依据县人民政府批准的全县农村供水总体规划，按照“统一规划、先急后缓、先近后远”的原则，科学推进全县农村饮水安全工程建设，优先解决集镇、学校、农村集中居住区及地下水污染严重区域群众的饮水安全问题。农村饮水安全工程政府投资主要解决水源工程、水厂及输配水主、支干管网建设（DE90以上），用户入户管网建设费以受益村组和农户自主筹集为主。

第五条 集镇及农村居民居住区的农村饮水安全管网工程项目建设，分别按照如下办法组织实施：

1. 纳入年度建设项目计划的农村饮水安全主次管网工程，按县人民政府相关项目建设程序，由运行管理单位按照相关基建程序组织实施；

2. 在全县农村安全饮水规划范围内的入户管网建设，由受益农户或居民联合向运行管理单位提出申请，在可供水量有保证、县水务局批准并经受益农户或居民民主决策后，可以选择委托运行管理单位组织设计、施工模式或“自建、自用、自管”模式实施。

3. 委托运行管理单位实施的，根据县发改局（物价局）核定的收费标准向受益用水单位和个人筹集入户安装材料费和工程建设费用，不足部分经县水务局批准后，从农村饮水安全维修基金中适度补助。

4. 采取“自建、自用、自管”模式建设的，运行管理单位负责在通村主管（管径DE90及以上）末端安装用水总表，其建设费用和计量表具所需费用由受益户分摊。用水总表至各用水农户（居民）的入户支管网由村、组或联户等受益主体自建、自管、自用，并经运行管理单位验收合格且向县卫计局申请进行预防性卫生监督后，方能接入供水主管网；其入户支管网及小型二次加压泵站产权归受益主体所有；运行管理费用由受益农户（居民）分摊。

第六条 分散居住的居民联合申请用水，应召开用水户民主会议，明确建设方案、资金筹集、运行机制、水损分摊等事项，并明确一名用水户（或管水员）作为全权代表与运行管理单位签订用水承诺、供水合同、建设与管理协议，作为项目建设和运行管理单位同意接入主管网的主要依据。

第七条 农村饮水安全工程规划设计时应按相关规定在集镇适当位置设置公共消防栓，由所在镇人民政府（街道办事处）负责管理。

第三章 运行管理

第八条 经县人民政府授权，运行管理单位依法自主经营、实行企业管理、独立核算，为农村饮水安全工程运行的责任主体，接受水务、发改（物价）、财政、卫计、环保、审计、行政执法等部门的监督检查，接受社会的监督、质询和评议，并将农村用水户登记造册，发放用水户手册，建立用水户台账，不得擅自扩大供水范围，不得擅自改变供水性质。

第九条 运行管理单位应加强水源地保护，并依法取得取水许可证、卫生许可证和工商营业执照，采用符合行业规范标准的制水工艺，定期组织工作人员进行健康检查和业务培训，提高运行管理水平，确保供水水质达到国家生活饮用水卫生标准。

第十条 因工程维修、施工等重大原因需要停水且时间超过36小时的应采取临时供水措施，停水前运行管理单位需向县水务局进行书面申请及审批，并提前通过发布通告或短信通知等形式告知用水单位和个人；因供水设施损坏或者遭受破坏等原因造成突发性短期停水的，供水工程管理单位应及时组织抢修，尽量缩短停水时间，及时发布突发性停水通知，并采取应急供水措施。

第十一条 运行管理单位应建立规范的档案管理制度，归档资料包括工程档案及供水档案。工程档案含：供水工程招标合同、工程竣工报告、设计文件、图表、验收文件、工程决算、财产清单等文件；供水档案含：工程运行中的水质监测记录、水源水动态变化记录、设备检修记录、生产运行报表、用水户档案、日供水量台账和运行日志等。资料应真实完整，并有专人管理。

第十二条 集中供水工程配备有净化设备和蓄水设施的，运行管理单位要加强对净化设备和蓄水设施的卫生防护，每年至少进行一次清洗和消毒。对饮用水的消毒，要按照《村镇供水工程管理单位资质标准》（SL308-2004）的要求，选择符合标准的药品和消毒措施，保证消毒时间和有效药物浓度。

第十三条 运行管理单位应大力推广节水技术和节水设备，实行计划用水和节约用水。对资源性缺水或季节性缺水地区实行用水限量管理。

第十四条 运行管理单位应按要求配备管护人员，制定管理措施，建立健全工程维修、养护、用水、节水、水费计收、水源保护、水质监测等各项规章制度，确保工程长期充分发挥效益。

第四章 水质监督与管理

第十五条 县环保局应加强对农村饮水安全工程源水水质的监控，县疾控中心按照《生活饮用水卫生标准》（GB5749-2006）对供水单位出厂水、末梢水水质进行监测，当检测结果超出水质指标限值并可能对人体健康造成危害时，县疾控中心应及时向县卫计局及县水务局报告，并增加监测频次，水质检测结果连续超标时，县水务局应及时报告县人民政府，由县人民政府组织县水务、卫计、环保等相关部门查明原因，责成供水单位停止供水并立即整改，同时采取有效处理措施防止饮水安全事故发生，必要时报县人民政府批准后应启动农村供水水质突发性事件应急预案。

第十六条 县水务局作为行业主管部门须及时掌握水质动态，建立农村供水水质检测机构，对全县农村安全饮水工程供水水质进行监督与指导；并建立农村饮水安全信息共享平台，每月向相关部门通报工作信息及水质监测结果。水质检测机构对集中供水工程源水、出厂水、末梢水供水水质每月抽检不少于 2 次。

第十七条 运行管理单位应建立水质检验制度，配备检验员和检验设备，按照《村镇供水工程运行管理规程》（SL689-2013）标准，对供水水质进行日常检测。运行管理单位不能自行检验的项目应委托具有生活饮用水水质检验资质的专业机构进行检验，并接受县卫计局的监督，保证供水水质达到国家生活饮用水卫生标准。

第十八条 县水务局会同县卫计局等相关部门制定全县农村供水水质突发性事件应急预案；各镇（街道）须编制供水水质突发性事件应急预案，制定相应的突发事件应急工作措施，并报县人民政府批准。运行管理单位必须建立水质预警系统，并根据制定的供水水质突发事件应急预案，完善应急反应措施，提高应急反应速度，确保应急供水及时、有效。

第五章 计量与收费

第十九条 运行管理单位实行有偿供水、计量收费、独立核算、自负盈亏。农村饮水供水价格应根据国家政策，按照“补偿成本、合理收益、节约用水、公平负担”的原则，依法核定。

第二十条 农村安全饮水入户管网工程部分，运行管理单位可根据县发改局（物价局）核定的收费标准向受益用水单位和个人筹集入户安装材料和工程建设费用，不足部分从农村饮水安全维修基金中适度补助，并接受县直相关部门的监管。

第二十一条 集镇和农村集中居住点供水实行“一户一表”管理，抄表到户，按户收取水费；采取“自建、自用、自管、总表结算”运行管理模式的用水受益主体实行总表结算方式，由运行管理单位按总表计量收取水费。由民政部门认定的“五保”、低保等用水户按政策每户每月减免 6 吨水费，减免部分不结转至下月。

第二十二条 运行管理单位应与用水单位、用水户签订供水合同，明确双方的权利和义务、供水质量标准、水费结算期限和方式以及违约责任等。运行管理单位收取水费必须开具统一的合法票据。

第二十三条 农村集镇环卫、绿化等市政用水原则上不得从集镇消防栓上取用，运行管理单位在集镇消防栓上装表计量，由当地镇政府（街道办事处）负责管理并按表缴存水费，水价执行农村居民生活用水价格标准。

第六章 供水设施管理

第二十四条 农村饮水安全工程应按照规定划定工程管理和保护范围，并进行确权定界；供水主管线应分段设置农村饮水安全工程管线标识桩。

第二十五条 供水主管道两侧各 1.5 米范围内，禁止任何单位和个人从事挖坑取土、堆填、碾压、爆破、打桩、顶管作业和修建永久性建筑物、构筑物等危害农村集中供水工程的活动。禁止任何单位和个人擅自改装、迁移、拆除、破坏、侵占农村供水设施或从事影响供水设施运行安全的活动。

第二十六条 镇人民政府（街道办事处）负责辖区内农

村供水设施的保护工作。因项目建设确需改装、迁移、拆除农村集中供水工程设施和在供水管道保护范围内进行对供水管道有影响的作业，应当在项目设计阶段或项目开工30日前会同供水单位提出临时供水和供水设施改造设计方案报水行政主管部门审批，且向县卫计局申请进行预防性卫生监督，相关费用由相应建设业主负责。造成供水设施损坏、资源流失的，责任单位应当照价赔偿。

第二十七条 用水单位和用水个人需要安装、改造用水设施的，应向运行管理单位提出申请，在供水单位勘察同意后，由供水单位负责勘测、规划、设计和安装，其费用由申请单位和申请用户承担。任何单位和个人不得擅自在农村饮水安全工程输配水管网上接水，不得擅自向其他单位和个人转供用水。

第二十八条 高层建筑或者高地建筑，因供水压力满足不了给水需求的，用水单位应当设置二次供水设施，并与主体工程同步设计、同步施工、同步交付使用。县水务局负责二次供水的监督管理工作；县卫计局负责二次供水的卫生监督管理工作。二次供水设施建设费用、运行管理由用水单位自行负责，确保二次供水符合国家饮用水相关规范要求，并报供水主管部门备案，同时需到县卫计局办理卫生许可证。

第七章 政策保障

第二十九条 县财政设立农村饮水安全工程运行专项补助资金，用以补偿水费不足和降低群众水费负担。根据“补偿成本、公平负担”的原则，由水务部门牵头，联合财政、审计、物价等部门，根据水厂供水成本、供水总量、供水范围及饮水人口，在产销差率不超过26%、回收率不低于95%的前提下，对供水单位的供水成本进行核算，如出现运行支出大于收入的，差额部分由县财政对供水企业进行合理补贴。

第三十条 运行管理单位设立农村饮水安全工程维修基金，专户存储，用于县域内农村饮水安全工程的日常维护、更新改造和居民入户安装建设费用不足部分的补助。

维修基金按下列方式提取：

（一）县财政每年按上级要求从财政预算中安排的财政补贴；

（二）农村饮水安全工程水费中提取的大修费（水费的5%）和折旧费（水费的10%）；

（三）农村饮水安全工程建设结余资金中可用于维修基金部分。

运行管理单位负责维修基金的日常管理，按照“专款专用、专户专账、统筹使用”的原则，制定维修基金管理使用办法，报县人民政府审定后遵照执行；县水务局、县财政局、县审计局负责维修基金监督管理。

第三十一条 农村饮水工程建设用地、用电及运营税收按照法律法规等有关规定执行。

第八章 监督检查

第三十二条 县发改、水务要会同有关部门全面加强对本县农村饮水安全项目的监督和检查。检查内容包括组织领导，相关管理制度和办法制定、项目进度、工程质量、投资管理使用、合同执行、竣工验收和工程效益发挥情况等。建立健全通报制度、年度考核和奖惩制度，引导运行管理单位强化建设管理工作，不断提高政府投资效率和效益。

第九章 附 则

第三十三条 本办法自公布之日起施行。

第三十四条 本办法由长沙县人民政府办公室负责解释。

文件目录选编

2016年中共长沙县委文件目录（部分）

▲长县发〔2016〕5号 中共长沙县委印发《关于做好乡镇党委换届选举工作的实施意见》的通知（3月7日）

▲长县发〔2016〕16号 中共长沙县委印发《长沙县青年干部成长工程三年行动计划》的通知（10月17日）

▲长县发〔2016〕19号 中共长沙县委印发《关于规范县委管理干部选拔任用工作的补充细则》的通知（12月23日）

▲长县发〔2016〕20号 中共长沙县委关于印发《县委文件审核工作办法》的通知（12月22日）

2016年中共长沙县委办文件目录（部分）

▲长县办发〔2016〕15号 中共长沙县委办公室印发《关于推进县乡纪检监察工作一体化建设的实施方案》的通知（4月23日）

▲长县办发〔2016〕16号 中共长沙县委办公室印发《关于在全县党员中开展“学党章党规、学系列讲话，做合格党员”学习教育的实施方案》的通知（4月25日）

▲长县办发〔2016〕20号 中共长沙县委办公室、长沙县人民政府办公室印发《长沙县全民创业带动就业五年行动计划（2016—2020年）》的通知（6月15日）

▲长县办发〔2016〕29号 中共长沙县委办公室关于印发《中共长沙县委书记、副书记、常委分工》的通知（8月25日）

▲长县办发〔2016〕35号 中共长沙县委办公室、长沙县人民政府办公室关于印发《长沙县社区全面提质提档三年行动计划（2016—2018年）》的通知（12月3日）

▲长县办发〔2016〕36号 中共长沙县委办公室印发《关于在全县开展党建O2O服务的实施方案（试行）》的通知（12月7日）

▲长县办发〔2016〕37号 中共长沙县委办公室长沙县人民政府办公室关于印发《长沙县机关事业单位工作人员请销假管理办法（试行）》的通知（12月7日）

▲长县办发〔2016〕38号 中共长沙县委办公室长沙县人民政府办公室关于成立长沙县深化国资国企改革工作领导小组的通知（12月16日）

▲长县办发〔2016〕39号 中共长沙县委办公室、长沙县人民政府办公室关于进一步加强村务公开和民主管理工作的通知（12月30日）

▲长县办发〔2016〕40号 中共长沙县委办公室长沙县人民政府办公室关于印发《长沙县2017—2019年造绿大行动总体方案》的通知（12月30日）

2016年长沙县人民政府文件目录（部分）

▲长县政发〔2016〕1号 关于加快旅游产业发展的若干意见（1月13日）

▲长县政发〔2016〕3号 关于下达《长沙县2016年政府投资项目计划》的通知（2月3日）

▲长县政发〔2016〕4号 关于2016年《政府工作报告》主要目标任务责任分解落实的通知（2月19日）

▲长县政发〔2016〕10号 关于印发《长沙县支持现代服务业发展的若干政策和措施》的通知（3月24日）

▲长县政发〔2016〕11号 关于调整县本级行政审批项目的决定（3月24日）

▲长县政发〔2016〕12号 关于促进与东盟经贸合作的实施意见（3月28日）

▲长县政发〔2016〕15号 关于印发《加快培育外经外贸竞争新优势的若干政策措施》的通知（4月6日）

▲长县政发〔2016〕19号 关于长沙县实施不动产统一登记的通告（4月12日）

▲长县政发〔2016〕20号 关于印发《长沙县农村饮水安全工程管理办法》的通知（4月14日）

▲长县政发〔2016〕21号 关于印发《快跨境电子商务发展的若干政策措施》的通知（4月18日）

▲长县政发〔2016〕40号 关于印发《长沙县人民政府有关部门及有关单位安全生产工作职责分工暂行规定》的通知（6月16日）

▲长县政发〔2016〕41号 关于印发《长沙县农村集体经济组织成员资格界定指导意见（试行）》的通知（6月23日）

▲长县政发〔2016〕47号 关于《长沙县困难居民医疗救助办法》有关问题的补充通知（7月14日）

▲长县政发〔2016〕48号 关于印发《长沙县鼓励和扶持全民创新创业带动就业的若干政策》的通知（7月18日）

▲长县政发〔2016〕53号 关于组织防空警报试鸣的通知（10月20日）

▲长县政发〔2016〕54 号 禁火令（10 月 21 日）

▲长县政发〔2016〕56 号 关于印发《长沙县人民政府工作规则》的通知（11 月 2 日）

▲长县政发〔2016〕58 号 关于印发《长沙县建设项目并联审批试行办法》的通知（11 月 21 日）

▲长县政发〔2016〕59 号 关于印发《长沙县政府法律顾问管理办法（试行）》的通知（11 月 21 日）

▲长县政发〔2016〕60 号 关于印发《长沙县政府投资项目管理办法》的通知（11 月 26 日）

▲长县政发〔2016〕61 号 关于印发《长沙县政府投资项目工程变更增补管理暂行办法》的通知（12 月 5 日）

▲长县政发〔2016〕62 号 关于全面落实粮食安全省长责任制的实施意见（12 月 16 日）

2016 年长沙县人民政府办公室文件目录

▲长县政办发〔2016〕1 号 关于印发《长沙县气象灾害应急预案》的通知（1 月 12 日）

▲长县政办发〔2016〕2 号 关于印发《长沙县工伤预防实施方案》的通知（1 月 22 日）

▲长县政办发〔2016〕3 号 关于印发《社会组织培育发展专项资金管理办法》的通知（1 月 28 日）

▲长县政办发〔2016〕4 号 关于印发《长沙县校车安全管理实施方法》的通知（4 月 12 日）

▲长县政办发〔2016〕5 号 关于印发《长沙县旅游突发事件应急预案》的通知（5 月 3 日）

▲长县政办发〔2016〕6 号 关于印发《长沙县乡村教师支持计划（2016—2020 年）实施细则》的通知（7 月 26 日）

▲长县政办发〔2016〕7 号 关于印发《长沙县行政执法举报奖励实施办法（试行）》的通知（10 月 25 日）

▲长县政办发〔2016〕8 号 关于印发《长沙县见义勇为奖励和保护办法》的通知（11 月 1 日）

▲长县政办发〔2016〕9 号 关于印发《长沙县建设领域中介机构管理办法》的通知（12 月 27 日）

（责任编辑 周进银）

2016年全县统计资料

表4

2016年综合统计资料

指标名称	计量单位	2016年	2015年	为上年的（%）
一、行政区域	–	–	–	–
乡镇（街道）个数	个	18	21	85.7
街道	个	5	5	100.0
镇人民政府	个	13	16	81.3
村民委员会	个	114	187	61.0
居民委员会	个	83	81	102.5
二、土地面积	平方千米	1756	1756	100.0
年末耕地面积	万公顷	5.19	5.22	99.3
其中：水田	万公顷	4.79	4.81	99.6
粮食播种面积	万公顷	8.3	8.3	100.0
三、人口情况	–	–	–	–
年末总人口（户籍人口）	万人	76.5	74.3	103.0
其中：城镇人口	万人	41.5	39.8	104.3
乡村人口	万人	35.0	34.5	101.4
年末总人口（常住人口）	万人	94.6	91.6	103.3
其中：城镇人口	万人	59.6	55.2	108.0
四、地区生产总值（当年价）	万元	12802767	11683431	109.6
第一产业	万元	740048	674694	109.7
第二产业	万元	8316994	8216345	101.2
其中：工业	万元	7096972	7092139	100.1
第三产业	万元	3745725	2792392	134.1
五、地区生产总值（可比价）	万元	12954010	11683431	110.9
第一产业	万元	705061	674684	104.5

续表 4

指标名称	计量单位	2016 年	2015 年	为上年的（%）
第二产业	万元	9094050	8216345	110.7
其中：工业	万元	7883692	7092139	111.2
第三产业	万元	3154899	2792392	113.0
交通运输、仓储及邮电通信业	万元	358837	339824	105.6
批发和零售业	万元	365209	329562	110.8
住宿和餐饮业	万元	189449	178801	106.0
金融业	万元	187281	168832	110.9
房地产业	万元	446941	389904	114.6
其他行业	万元	1584272	1364604	116.1
六、地区生产总值构成	%	100	100	–
第一产业	%	5.8	5.8	–
第二产业	%	65	70.3	–
其中：工业	%	55.4	60.7	–
第三产业	%	29.2	23.9	–
七、人均生产总值	元 / 人	137531	128715	106.8
八、工农业总产值（当年价）	万元	27890169	23909392	116.6
农业总产值	万元	1188015	1078371	110.2
其中：农业	万元	698641	641080	109.0
林业	万元	37868	37208	101.8
牧业	万元	410471	362236	113.3
渔业	万元	28554	26291	108.6
农林牧渔服务业	万元	12481	11556	108.0
工业总产值	万元	26702154	22831021	117.0
其中：规模工业总产值	万元	24179318	20588500	117.4
九、粮食总产量	吨	548619	548202	100.1
按播种面积亩平	千克	440.7	440.3	100.1
十、全社会固定资产投资	万元	8158848	7703673	105.9
十一、社会消费品零售总额	万元	4288138	3736670	114.8
十二、进出口总额	亿美元	31.9	34.7	91.9
其中：出口总额	亿美元	13.0	11.1	116.9
十三、实际到位外资	万美元	69224	60651	114.1
十四、财政一般预算收入	万元	732505	760940	96.3
财政一般预算支出	万元	1239620	1188121	104.3
十五、全体居民人均可支配收入	元	33952	31260	108.6

表 5

2016 年人口及变动情况

地区别	年末总户数（户）	年末总人口（人）								
		合计	合计中		性别		年龄			
			城镇人口	乡村人口	男	女	0～17 岁	18～34 岁	35～59 岁	60 岁以上
甲	1	2	3	4	5	6	7	8	9	10
长沙县	240786	764869	415320	349549	381977	382892	150607	181120	284684	148458
星沙街道办事处	20623	50275	50275	–	24999	25276	12049	13419	19534	5273
㮾梨街道办事处	11430	33021	25479	7542	15801	17220	6964	7981	11978	6098
湘龙街道办事处	10567	26396	26396	–	13220	13176	7475	7444	9093	2384
泉塘街道办事处	9809	24936	24936	–	12898	12038	6730	8553	7570	2083
长龙街道办事处	3072	10265	10265	–	4951	5314	2365	2622	3682	1596
黄兴镇	24661	85696	46424	39272	41879	43817	18766	20371	30207	16352
江背镇	17183	60190	32469	27721	30514	29676	11226	13348	22813	12803
黄花镇	23731	76373	24594	51779	37249	39124	16515	18562	27257	14039
春华镇	13573	47170	21181	25989	23835	23335	8912	10547	17597	10114
果园镇	7538	25274	16236	9038	12787	12487	4678	5797	9508	5291
路口镇	8711	29403	20618	8785	14804	14599	4995	6393	11266	6749
高桥镇	8947	29649	8563	21086	15090	14559	4972	6648	11882	6147
金井镇	18532	65065	17104	47961	33087	31978	11467	14710	25982	12906
安沙镇	18503	55735	26276	29459	27652	28083	9897	12600	20474	12764
北山镇	17102	53425	20078	33347	27020	26405	8400	11383	20498	13144
青山铺镇	5619	19483	6606	12877	9755	9728	3268	4386	7428	4401
福临镇	9089	29426	17206	12220	14974	14452	4569	6391	11479	6987
开慧镇	12096	43087	20614	22473	21462	21625	7359	9965	16436	9327

续表 5

地区别	本年度人口变动（人）									
	出生			死亡			迁入		迁出	
	合计	男	女	合计	男	女	省内迁入	省外迁入	迁往省内	迁往省外
甲	11	12	13	14	15	16	17	18	19	20
长沙县	12473	6462	6011	4124	2496	1628	13506	2392	2474	638
星沙街道办事处	1137	568	569	78	48	30	3027	632	519	112
㮾梨街道办事处	464	234	230	123	77	46	410	66	118	36
湘龙街道办事处	720	366	354	33	15	18	2016	302	422	40
泉塘街道办事处	707	371	336	27	17	10	1823	391	442	160
长龙街道办事处	180	104	76	129	66	63	213	35	4	2
黄兴镇	1722	883	839	338	225	113	1851	264	95	25
江背镇	853	445	408	443	251	192	451	68	103	29
黄花镇	1276	688	588	526	317	209	821	127	147	34
春华镇	670	347	323	149	111	38	367	48	80	18
果园镇	358	184	174	69	48	21	144	16	31	11
路口镇	369	186	183	74	48	26	191	31	47	25
高桥镇	370	200	170	580	325	255	117	30	50	8
金井镇	914	484	430	582	341	241	287	82	99	45
安沙镇	882	467	415	176	119	57	719	119	89	13
北山镇	649	331	318	150	117	33	427	55	123	21
青山铺镇	281	153	128	155	85	70	169	35	23	5
福临镇	332	167	165	132	79	53	170	33	39	15
开慧镇	589	284	305	360	207	153	303	58	43	39

表 6

2016 年人口和计划生育情况

指标名称	计量单位	2016 年	2015 年	为上年的（%）
一、人口自然变动情况	–	–	–	–
1. 年内出生人数	人	13918	12161	114.4
2. 出生率★	‰	18.8	16.7	–
3. 年内死亡人数	人	5544	5045	109.9
4. 死亡率★	‰	7.5	6.9	–
5. 年内自然增长人数	人	8374	7116	117.7
6. 自然增长率★	‰	11.3	9.8	–
二、计划生育情况	–	–	–	–
1. 政策内生育率	%	98.2	91.8	–
2. 已婚育龄妇女	人	153503	155075	99.0
3. 已落实节育措施人数	人	116928	131177	89.1
4. 节育率	%	76.2	84.6	–
5. 有一子女育龄妇女人数	人	96864	99215	97.6
6. 已领独生子女证	人	41088	43672	94.1
7. 领证率	%	42.4	44.0	–
8. 政策内（原计划内）出生人口	人	13667	11169	122.4
其中：二孩数	人	6247	3413	183.0
9. 政策外（原计划外）出生人口	人	251	992	25.3
其中：一孩数	人	9	3	300.0
二孩数	人	124	874	14.2
多孩数	人	118	115	102.6
10. 计划生育率	%	98.2	91.8	–

说明：1. “出生率★”“死亡率★”“自然增长率★”均按照计生统计情况测算；2. 以上数据由县计生局提供

表 7

2016 年财政收支情况

指标名称	计量单位	2016 年	2015 年	为上年的（%）
财政总收入	万元	2273778	2020067	112.6
1. 一般预算收入	万元	732505	760940	96.3
上划税收	万元	927992	633944	146.4
2. 一般预算支出	万元	1239620	1188121	104.3
一般公共服务	万元	149323	186294	80.2
国防	万元	1876	1004	186.9
公共安全	万元	56939	52880	107.7
教育	万元	162067	124911	129.7
科学技术	万元	24241	23469	103.3
文化体育与传媒	万元	22775	22445	101.5
社会保障和就业	万元	105189	94822	110.9
医疗卫生	万元	84270	71851	117.3
节能环保	万元	54490	53573	101.7
城乡社区事务	万元	164326	162368	101.2

续表 7

指标名称	计量单位	2016 年	2015 年	为上年的（%）
农林水事务	万元	176244	174028	101.3
交通运输	万元	105420	79582	132.5
资源勘探电力信息等事务	万元	62849	67018	93.8
其他支出	万元	69611	73876	94.2

说明：以上数据由县财政局提供

表 8

2016 年金融保险证券情况

指标名称	计量单位	2016 年	2015 年	为上年的（%）
金融机构各项存款余额	万元	10201526	8426118	121.1
城乡居民储蓄存款余额	万元	4500073	3833785	117.4
金融机构各项贷款余额	万元	9440318	6819798	138.4
金融机构营业收入	万元	295670	297027	99.5
金融机构网点数	万元	181	177	102.3
金融机构职工人数	人	2164	2065	104.8
人均储蓄存款	元	47580	42236	112.7
驻县银行	家	21	23	91.3
各类保险机构网点数	个	80	75	106.7
国有控股保险公司保费收入	亿元	5.7	8	71.3
证券公司营业部	家	7	5	140.0

说明：以上数据由县金融证券办提供

表 9

2016 年外贸和旅游情况

指标名称	计量单位	2016 年	2015 年	为上年的（%）
一、贸易情况	–	–	–	–
进出口总值	亿美元	31.9	34.7	92.0
其中：出口总额	亿美元	13.0	11.1	116.9
进口总额	亿美元	18.9	23.6	80.2
二、外经情况	–	–	–	–
1. 实际到位外资	万美元	69224	60651	114.1
2. 引进市外资金形成固定资产投资	万元	1604711	1407135	114.0
三、旅游情况	–	–	–	–
1、接待游客人数	万人次	846.1	624.8	135.4
2、旅游总收入	亿元	94.3	73.6	128.1
3、旅行社总数	个	6	5	120.0
4. 星级“农家乐”	个	43	52	82.7
5. 星级饭店个数	个	3	3	100.0
其中：五星级	个	1	1	100.0
四星级	个	2	2	100.0
6. 星级饭店客房总数	间	1038	1038	100.0
7. 名胜风景区和文物保护区个数	个	48	48	100.0

说明：以上数据由县商务局、县旅游局提供

表 10

2016 年教育事业情况

指标名称	计量单位	2016 年	2015 年	为上年的 %
一、中等专业学校数	所	1	1	100.0
1. 中等专业招生数	人	1234	1230	100.3
2. 中等专业毕业生数	人	1096	952	115.1
3. 中等专业学校在校学生数	人	2962	3124	94.8
4. 中等专业学校教职工数	人	188	215	87.4
二、普通中学学校数	所	39	38	102.6
1. 普通中学招生数	人	14695	13593	108.1
2. 普通中学毕业生数	人	13011	12571	103.5
3. 普通中学在校学生数	人	41074	39163	104.9
4. 普通中学教职工数	人	3356	2984	112.5
三、小学学校数	所	139	140	99.3
1. 小学在校学生数	人	67256	63511	105.9
2. 小学教职工数	人	2987	2313	129.1
四、特殊学校数	所	1	1	100.0
1. 特殊学校在校学生数	人	107	88	121.6
2. 特殊学校教职工数	人	30	30	100.0
五、幼儿园数	所	254	248	102.4
1. 幼儿园在园幼儿数	人	45112	37153	121.4
2. 幼儿园教职工数	人	3546	3328	106.6
六、学龄儿童入学率	%	100	98.2	–
其中：女童入学率	%	100	100	–
农村学龄儿童入学率	%	100	100	–
七、初中入学率	%	100	100	–
初中巩固率	%	100	99.9	–
初中升学率	%	100	98.2	–
八、高中阶段毛入学率	%	98.59	100	–
高中阶段辍学率	%	2.1	2.5	–
高中升学率	%	97.9	97.8	–
高考参考人数	人	4900	4318	113.5
九、农村中小学危房改造面积	万平方米	10995	21300	51.6
其中：C 级危房改造面积	万平方米	10995	–	–
B 级危房改造面积	万平方米	–	21300	–
十、农村现代远程教育普及率	%	100	100	–

说明：以上数据由县教育局提供

表 11

2016 年科技发展情况

指标名称	计量单位	2016 年	2015 年	为上年的（%）
高新技术产业企业数	个	170	149	114.1
高新技术企业总产值	亿元	1886	1589.2	118.7
高新技术产业增加值	亿元	412.1	470.9	87.5
其中：规模以上工业企业高新技术增加值	亿元	386	468.1	82.5
高新技术产业研究与试验发展经费	亿元	44.1	42.3	104.3
省级工程技术研究中心	家	15	15	100.0
市级工程技术研究中心	家	20	19	105.3
全年申请专利数	件	4442	3155	140.8
当年获专利授权数	件	2204	2479	88.9
其中：发明专利数	件	458	597	76.7
实施本级科技计划项目	项	172	153	112.4
获得上级政府科技进步奖励项目	项	22	14	157.1

说明：以上数据由县统计局、县科技局提供

表 12

2016 年文化体育事业情况

指标名称	计量单位	2016 年	2015 年	为上年的（%）
一、文化事业	–	–	–	–
1. 图书馆（室）情况	–	–	–	–
图书馆个数	个	1	1	100.0
图书室（农家书屋）个数	个	280	280	100.0
藏书	万册	149.6	121.9	122.7
发放借书证	万个	2.1	0.2	1050.0
图书流通人次	万人次	39.7	4.5	882.2
本年新购图书	册	500000	200000	250.0
阅览室座席数	个	1000	140	714.3
图书馆（室）场地面积	平方米	14500	4100	353.7
其中：公共图书馆（室）面积★	平方米	13000	2600	500.0
其他图书馆（室）面积	平方米	1500	1500	100.0
2. 文化馆情况	–			
文化馆个数	个	269	268	100.4
其中：群众艺术馆个数	个	1	1	100.0
镇街文化站个数	个	21	20	105.0
社区文化活动室个数	个	247	247	100.0
文化馆面积	平方米	119533	117443	101.8
其中：群众艺术馆面积	平方米	23000	21441	107.3
镇街文化站面积	平方米	37991	35901	105.8
社区文化活动室面积	平方米	60101	60101	100.0
3. 演艺中心情况	–			
演艺中心个数	个	123	121	101.7
其中：艺术表演场馆个数	个	5	5	100.0

续表 12

指标名称	计量单位	2016 年	2015 年	为上年的（%）
歌舞娱乐场所个数	个	118	116	101.7
演艺中心面积	平方米	54847	50710	108.2
其中：艺术表演场馆面积	平方米	1475	1475	100.0
歌舞娱乐场所面积	平方米	53372	49235	108.4
4. 网吧情况	–			
网吧个数	个	215	216	99.5
网吧面积	平方米	69500	69002	100.7
5. 文化广场情况	–			
文化广场个数	个	179	159	112.6
文化广场面积	平方米	980264	951796	103.0
6. 文化公园情况	–	–	–	–
文化公园个数	个	4	4	100.0
文化公园面积	平方米	50000	50000	100.0
7. 百家文艺团队	家	60	56	107.1
8. 年内电影放映场次	场	2888	2737	105.5
二、体育事业	–			
1. 体育场馆个数	个	113	130	86.9
体育场馆面积	平方米	609917	763721	79.9
2. 游泳跳水场馆个数	个	7	7	100.0
游泳跳水场馆面积	平方米	6670	6670	100.0
3. 综合房（馆）及专业训练房管个数	个	123	140	87.9
综合房（馆）及专业训练房管面积	平方米	49008	57249	85.6
4. 室外专项体育场个数	个	405	486	83.3
室外专项体育场面积	平方米	441739	449739	98.2
5. 年内举办运动会	次	20	21	95.2
参加运动会运动员	人	45000	45000	100.0

说明：以上数据由县文广局提供

表 13

2016 年卫生事业情况

指标名称	计量单位	2016 年	2015 年	为上年的（%）
卫生机构	个	457	440	103.9
其中：医院、卫生院	个	31	33	93.9
妇幼保健院（所、站）	个	1	1	100.0
专科疾病防治院（所、站）	个	1	1	100.0
卫生监督所	个	1	1	100.0
社区卫生服务中心	个	4	4	100.0
诊所、医务室	个	156	162	96.3
村卫生室	个	213	215	99.1
门诊部	个	50	23	217.4
床位数	张	4317	5464	79.0

续表 13

指标名称	计量单位	2016 年	2015 年	为上年的（%）
卫生人员	人	7725	6222	124.2
1. 卫生技术员	人	6668	5155	129.4
（1）执业（助理）医师	人	623	370	168.4
（2）执业医师	人	1674	1653	101.3
（3）注册护士	人	3561	2248	158.4
（4）药师	人	283	282	100.4
（5）技师	人	265	255	103.9
（6）其他	人	262	347	75.5
2. 其他技术人员	人	273	170	160.6
3. 管理人员	人	274	283	96.8
4. 工勤人员	人	316	493	64.1
疾病预防控制中心（防疫站）	个	1	1	100.0
疾病预防控制中心（防疫站）卫生防预人员	人	71	70	101.4
村级医生和卫生人员	人	194	215	90.2
5 岁以下儿童死亡率	‰	4.3	5	–
婴儿死亡率	‰	2.98	2.5	–
产妇住院分娩比例	%	100	100	–
诊疗人次	万人次	363.8	334.2	108.9

说明：以上数据由县卫生局提供

表 14

2016 年劳动就业和社会保障情况

指标名称	计量单位	2016 年	2015 年	为上年的（%）
城镇新增就业人员	人	15621	17272	95.7
城镇登记失业率	%	2.9	3	–
安排下岗失业人员再就业	人	2915	2512	116.0
其中：大龄就业困难对象再就业	人	1985	1279	155.0
下岗失业人员再就业培训	人	675	426	158.5
农村富余劳动力转移就业增加人数	人	5527	9635	57.4
农村劳动力转移培训	人	2320	1620	143.2
企业基本养老保险参保人数	人	172044	161405	106.6
机关养老保险参保人数	人	18761	19735	95.1
城乡居民养老保险参保人数	人	464866	482461	96.4
基本医疗保险参保人数	人	875086	942135	92.9
其中：城镇职工基本医疗保险参保人数	人	248391	219589	113.1
城镇居民基本医疗保险参保人数	人	626695	722546	86.7
失业保险参保人数	人	128000	100000	128.0
工伤保险参保人数	人	128345	124165	103.4
生育保险参保人数	人	143945	96821	148.7
社会保险基金总收入	亿元	46.7	39.9	117.0

说明：以上数据由县人社局提供

表 15

2016年民政工作和社会救助情况

指标名称	计量单位	2016年	2015年	为上年的（%）
登记结婚数	对	6212	6877	90.3
登记离婚数	对	2048	1935	105.8
各类收养性社会福利单位床位数	张	2600	2578	100.9
各类收养性社会福利单位收养人员数	人	1331	1300	102.4
财政预算安排“低保”资金增长率	%/万元	7157	7158	100.0
社会救济总人数	人	3845	4807	80.0
居民最低生活保障人数	人	14172	21277	66.6
其中：城镇居民最低生活保障人数	人	1307	1989	65.7
农村居民最低生活保障人数	人	12865	19291	66.7
特困供养人员人数	人	4155	4851	85.7
接受社会捐赠资金★	万元	1439.5	32.9	4375.4
销售社会福利彩票	万元	27000	23000	117.4
基本养老服务补贴覆盖率	%	100	100	–
已发放基本养老服务补贴人数	人	553	750	73.7

说明：1. 接受社会捐赠资金★2016年数据包含社会企业定向捐赠给泉塘街道用于购置社区办公用房；

2. 以上数据由县民政局提供

表 16

2016年交通运输情况

指标名称	计量单位	2016年	2015年	为上年的（%）
辖区内通车公路里程	千米	4909	4888	100.4
货运量	万吨	2158	2105	102.5
货运周转量	万吨千米	109894	107194	102.5
客运量	万人次	3987	3590	111.1
客运周转量	万人千米	43567	53843	80.9
公路年末到达数	千米	2414	2393	100.9
县道	千米	328	307	106.7
乡道	千米	697	695	100.2
桥梁年末数	座	244	232	105.2
县道	座	55	48	114.6
乡道	座	84	79	106.3
桥梁年末数	米	5836	5560	105.0
县道	米	2264	2053	110.3
乡道	米	1570	1505	104.3
涵洞	道	2052	2001	102.5
县道	道	899	848	106.0
乡道	道	856	856	100.0

说明：以上数据由县交通局提供

表 17

2016年房地产管理情况

指标名称	计量单位	2016 年	2015 年	为上年的（%）
发放产权证本数	本	37350	70000	53.4
发放产权证面积	万平方米	477	1100	43.3
房地产交易宗数	宗	45635	38526	118.5
房地产交易面积	万平方米	478	389	122.7
房地产抵押宗数	宗	17506	27835	62.9
房地产抵押面积	万平方米	412	566	72.9
物业服务企业个数	家	185	177	104.5
其中：县内注册	家	122	115	106.1
其中：一级资质企业	家	24	22	109.1
二级资质企业	家	23	21	109.5
三级资质企业	家	138	134	103.0
物业管理总面积	万平方米	4637	4325	107.2
物业管理从业人员数	人	14891	13057	114.0
当年归积公积金	万元	86424	68716	125.8
累计归积公积金	万元	429605	342040	125.6
累计归积公积金余额	万元	229103	183325	125.0

说明：以上数据由县国土局、县住房保障局、县公积金管理中心提供

表 18

2016年邮政通信事业情况

指标名称	计量单位	2016 年	2015 年	为上年的（%）
邮政业务收入	万元	15822	12814	123.5
函件收入	万元	73	251	29.0
包裹收入	万元	4264	2460	173.3
汇票收入	万元	8.2	12.5	65.6
报刊收入	万元	491	490	100.2
邮路总条数	条	121	121	100.0
邮路总长度（单程）	千米	4566	4566	100.0
邮政储蓄期末余额	万元	601760	512441	117.4
电信业务收入	亿元	14.2	12.4	114.5
移动电话用户	万户	161.2	157.2	102.5
计算机互联网用户	万户	27.0	25.3	106.7

说明：以上数据由县邮政公司、县电信公司、县移动公司、县联通公司、县邮储银行提供

表 19

2016 年社会治安情况

指标名称	计量单位	2016 年	2015 年	为上年的（%）
交通事故件数	件	177	189	93.7
当年交通事故死亡人数	人	29	29	100.0
刑事案件立案数	件	620	590	105.1
犯罪人数（生效判决确定的犯罪人数）	人	867	680	127.5
民事案件发案数	件	6136	5555	110.5
火灾事故件数	件	265	252	105.2
当年火灾事故死亡人数	人	2	2	100.0
亿元 GDP 安全事故死亡率	%	0.01	0.01	–
生产安全事故件数	件	57	103	55.3
当年生产安全事故死亡人数	人	22	10	220.0
群体性食品安全事故年报告发生数	起	–	–	–

说明：以上数据由县公安局、县法院、县消防大队、县安监局、县食安办提供

表 20

2016 年档案事业与馆藏情况

指标名称	计量单位	2016 年	2015 年	为上年的（%）
馆藏全部档案全宗	个	228	225	101.3
馆藏全部档案案卷	卷	228621	214222	106.7
录音、音像、影片等	盘	143	143	100.0
照片档案	张	10052	10052	100.0
资料数量	册	7550	7496	100.7
利用人数	人次	2305	916	251.6
利用档案	卷次	5218	4624	112.8
利用资料	册次	16	28	57.1

说明：以上数据由县史志档案局提供

表 21

2016 年工商登记企业（年末数）情况

指标名称	计量单位	2016 年	2015 年	为上年的（%）
工商登记年末数合计	户	22071	17559	125.7
1. 农林牧渔业	户	2442	2129	114.7
2. 工业	户	2749	2505	109.7
3. 建筑业	户	1390	1007	138.0
4. 交通运输仓储及邮电通信业	户	994	715	139.0
5. 信息传输、计算机服务和软件业	户	827	647	127.8
6. 批发和零售贸易餐饮业	户	6234	4894	127.4
7. 金融保险业	户	544	518	105.0
8. 房地产业	户	588	493	119.3
9. 租赁和商务服务业	户	2726	1944	140.2
10. 科学研究、技术服务和地质勘察业	户	2654	1978	134.2
11. 水利、环境和公共设施管理业	户	89	75	118.7
12. 居民服务和其他服务业	户	412	310	132.9
13. 教育	户	40	37	108.1
14. 卫生、社会保障和社会福利业	户	30	22	136.4
15. 文化、体育和娱乐业	户	349	245	142.4

说明：以上数据由县市监局提供

表 22

2016 年工商登记个体户（年末数）情况

指标名称	计量单位	2016 年	2015 年	为上年的（%）
工商登记年末数合计	户	73391	66359	110.6
1. 农林牧渔业	户	1441	2241	64.3
2. 工业	户	4335	4339	99.9
3. 建筑业	户	133	126	105.6
4. 交通运输仓储及邮电通信业	户	2936	1895	154.9
5. 信息传输、计算机服务和软件业	户	777	788	98.6
6. 批发和零售贸易餐饮业	户	53786	48122	111.8
7. 金融保险业	户	11	–	–
8. 房地产业	户	133	74	179.7
9. 租赁和商务服务业	户	2259	1867	121.0
10. 科学研究、技术服务和地质勘查业	户	264	315	83.8
11. 水利、环境和公共设施管理业	户	393	393	100.0
12. 居民服务和其他服务业	户	5874	5271	111.4
13. 教育	户	21	17	123.5
14. 卫生、社会保障和社会福利业	户	173	122	141.8
15. 文化、体育和娱乐业	户	857	777	110.3

说明：以上数据由县市监局提供

表 23

2016 年环境卫生事业情况

指标名称	计量单位	2016 年	2015 年	为上年的（%）
一、完成工作量	–	–	–	–
收运垃圾	吨	268825	226826	118.5
清扫街道	万平方米	1126	951	118.4
保洁从业人数	人	1988	1907	104.2
二、环卫专用设备	–	–	–	–
垃圾运输车	辆	38	31	122.6
扫路车	辆	40	32	125.0
洒水车	辆	62	54	114.8
三、环卫设施	–	–	–	–
公共厕所	座	98	92	106.5
其中：本年新建	座	6	2	300.0
垃圾站	个	85	83	102.4
其中：本年新建	个	2	4	50.0

说明：以上数据由县城管局、县环卫局提供

表 24

2016 年园林绿化情况

指标名称	计量单位	2016 年	2015 年	为上年的（%）
园林绿化覆盖面积	万平方米	2034.0	1932.9	105.2
绿化覆盖率	%	40.0	37.9	–
绿地面积	万平方米	1878.7	1785.0	105.2
新增绿地面积	万平方米	93.7	71.4	131.2
绿地率	%	36.3	35.0	–
公园个数	个	14	10	140.0
公园面积	万平方米	184	123	149.6

说明：以上数据由县城管局、县园林局提供

表 25

2016 年环境污染治理情况

指标名称	计量单位	2016 年	2015 年	为上年的（%）
一、环境污染治理本年完成投资总额	万元	50169	42578	117.8
二、环保设施情况	–	–	–	–
1. 地表水在线监测设施数	套	3	3	100.0
2. 空气自动监测站数	座	1	1	100.0
3. 污水处理厂数	座	20	20	100.0
三、工业“三废”排放情况	–	–	–	–
1. 工业废水排放总量	万吨	1136.8	1247.6	91.1

续表 25

指标名称	计量单位	2016 年	2015 年	为上年的（%）
工业废水排放达标量	万吨	985.7	976.3	101.0
工业废水排放达标率	%	98.0	97	–
2. 工业废气排放总量	万标立方米	777511	1183567	65.7
工业烟尘排放量达标率	%	89.2	95.2	–
3. 工业固体废物产生量	吨	54402.6	72536.9	75.0
工业固体废物综合利用量	吨	33347.7	46796.8	71.3
四、城市环境质量状况		–	–	–
1. 地表水质达标率	%	100	100	–
地表水水质满足Ⅲ类标准的断面比例	%	100	100	–
地表水水质满足Ⅳ类标准的断面比例	%	100	100	–
2. 城镇污水处理率	%	98.2	99.3	–
城镇污水处理量	万吨	10095.1	9171.7	110.1
3. 空气质量达标率	%	95.7	96.2	–
城市全年空气质量良好以上天数	天	350	350	100.0

说明：以上数据由县环保局提供

表 26

2016 年能源及能耗情况

指标名称	计量单位	2015 年	2014 年	为上年的（%）
行政区域土地面积	平方千米	1756	1756	100.0
城镇建成区绿化覆盖率	%	37.9	31.9	–
森林总蓄积量	万立方	418.5	402.3	104.0
活立木总蓄积量	立方米	445.1	428.2	103.9
森林面积	公顷	75269.2	71814.5	104.8
森林覆盖率	%	49.8	49.7	–
林地总面积	公顷	77809.9	77730.9	100.1
能源消费总量	吨标准煤	5161314	4868622	106.0
其中：工业能源消费	吨标准煤	2270361	2343069	96.9
单位 GDP 能耗	吨标准煤 / 万元	0.39	0.41	95.6
单位工业增加值能耗	吨标准煤 / 万元	0.29	0.33	87.9
全年用电量	亿千瓦时	50.2	42.4	118.4
其中：工业用电量	亿千瓦时	28.4	24.6	115.5
单位工业增加值能耗	吨标准煤 / 万元	0.2	0.3	93.8
全年用电量	万千瓦时	423965	364779	116.2
其中：工业用电量	万千瓦时	246191	211066	116.6

说明：以上数据由县国土局、县城管局、县林业局、县统计局提供

2016 年长沙县镇街主要经济社会指标

表 27

2016 年长沙县镇街主要经济社会指标一览

单位名称	计量单位	星沙街道	泉塘街道	湘龙街道	榔梨街道	长龙街道	黄兴镇	江背镇	黄花镇	春华镇
居民委员会个数	个	17	14	12	5	2	4	4	4	1
村民委员会个数	个	0	0	0	4	3	14	9	13	8
乡镇行政区域面积	公顷	2453	2084	2263	3471	2900	15722	17452	14083	12534
耕地面积	公顷	86	2	375	927	723	5513	5016	5954	4014
乡镇总户数	户	20623	9809	10567	11430	3072	24661	17183	23731	13573
乡镇总人口	人	50275	24936	26396	33021	10265	85696	60190	76373	47170
财政总收入	万元	521870	422006	263799	18837	7696	10505	6215	80916	1088
财政支出	万元	8342	3975	5276	6088	3855	10408	4029	7586	3471
固定资产投资完成额	万元	329638	339387	438103	687018	504236	831679	443823	354629	120953
小学校总数	个	7	6	3	5	3	11	10	16	10
小学在校学生总数	人	13799	8931	8436	3495	334	6224	2685	4091	1976
小学专任教师数	人	663	408	315	150	26	208	154	181	102
幼儿园、托儿所	个	50	32	37	17	3	24	17	20	16
医疗卫生机构个数	个	9	2	2	2	–	2	1	1	1
执业（助理）医生	个	61	151	104	–	–	55	72	36	32
医院、卫生院床位数	床	762	368	506	284	—	55	50	50	60
各种社会福利收养性单位数	个	–	–	–	–	–	2	2	4	2
其中：床位数	床	–	–	–	–	–	90	110	172	152
收养人数	人	–	–	–	–	–	90	86	102	29
新型农村合作医疗参保人数	人	28888	21782	22700	20745	8814	72420	46314	59430	39791
农村居民最低生活保障人数	人	164	73	334	734	236	1356	1165	1035	902

续表 27

单位名称	计量单位	果园镇	路口镇	高桥镇	金井镇	福临镇	青山铺镇	安沙镇	北山镇	开慧镇
居民委员会个数	个	3	2	1	2	1	1	5	3	2
村民委员会个数	个	4	5	5	12	6	4	11	8	8
乡镇行政区域面积	公顷	6858	8828	11200	20957	8222	4619	15942	14500	11474
耕地面积	公顷	2108	2408	2459	5055	2650	1604	4624	5050	3638
乡镇总户数	户	7538	8711	8947	18532	9089	5619	18503	17102	12096
乡镇总人口	人	25274	29403	29649	65065	29426	19483	55735	53425	43087
财政总收入	万元	562	1007	907	2189	304	182	6549	920	799
财政支出	万元	2372	3911	2974	7423	3867	1948	4776	12276	4205
固定资产投资完成额	万元	59540	69298	52280	208327	19759	19965	456911	182628	190686
小学校总数	个	4	7	6	12	6	5	8	9	7
小学在校学生总数	人	961	1342	891	2433	837	590	2139	1906	1825
小学专任教师数	人	60	83	57	129	58	48	117	134	90
幼儿园、托儿所	个	5	5	7	11	5	5	14	13	5
医疗卫生机构个数	个	1	3	1	2	1	1	2	1	2
执业（助理）医生	个	18	94	35	74	15	18	97	81	24
医院、卫生院床位数	床	40	240	19	87	40	20	212	60	93
各种社会福利收养性单位数	个	1	1	1	2	1	1	1	1	2
其中：床位数	床	150	120	95	270	150	62	150	150	302
收养人数	人	32	50	49	137	51	62	89	55	163
新型农村合作医疗参保人数	人	22759	25575	25472	56186	25242	17624	45405	46762	37339
农村居民最低生活保障人数	人	696	756	637	1429	791	553	1371	1417	499

（责任编辑　梁　漾）

新闻存目

表 28　　2016 年国家级媒体有关长沙县报道题录（部分）

媒体名称	时 间（期号）	作 者	标 题	版面（栏目）
经济日报	2015-05-26	平 言	以工匠精神抓好“放管服”改革	-
人民日报	2016-01-10	-	农民获得感如何“水涨船高”	10
人民日报	2016-01-11	周立耘 万丽君	低碳，让长沙生活更美好	16
光明日报	2016-02-27	-	寻找身边最可爱的基层文化人	10 版
人民日报	2016-05-07	侯琳良	首条国产中低速磁浮铁路试运营	1
人民日报	2016-05-16	孙 超	湖南长沙县将 20 多个部门的行政执法力量整合成 1 个局	4
经济日报	2016-08-15	崔国强	梦想激发创新热情	13 版
人民日报	2016-08-24	瞿长福 李华林	摆脱“谁来种地”的困惑	1 版
经济日报	2016-08-29	刘 麟	湖南三一重工：在海外建大“朋友圈”	-
经济日报	2016-10-01	刘 麟	湖南首个临空综合保税区开工	6
人民日报	2016-10-30	-	严肃党内政治生活 净化党内政治生态	1
农民日报	2016-11-16	-	大道之行	-
人民日报	2016-11-18	曾超群	把党内监督落实到“神经末梢”	11

表 29　　2016 年《湖南日报》有关长沙县报道题录（部分）

时 间	作 者	标 题	版面
2016-01-07	柏 润	诗意之家 与小镇相恋	12
2016-01-13	文 剑	交通事故受害者流产谁担责	10
2016-01-15	陶芳芳 黄艳宇 鞠文霞	长沙县请外县干部 监督作风建设	9

续表 29

2016-01-22	谢　璐	整改工作永远在路上	10
2016-01-26	欧　阳	向全国推荐深化改革的长沙县样本	18
2016-01-28	周云武 陶芳芳 鞠文霞	大胆干事 宽容失误	13
2016-02-04	周云武 欧　阳	26.2 亿元！长沙县财政收入首月“开门红”	3
2016-02-06	陶芳芳 鞠文霞 李　文	长沙县成湖南首个国家级生态县	4
2016-02-09	周云武 陶芳芳	民生，在共享中前行	1
2016-02 22	陶芳芳 孙应德 黄艳宇	长沙县自制反“四风”大片	4
2016-02-23	陶芳芳 孙应德	年内，逛“长沙县的中央公园”	9
2016-03-03	陈永刚	走南北横线“一日看遍长沙花”	7
2016-03-09	李国斌	湘绣《清明上河图》义卖寻买主	19
2016-03-17	周小雷	当好参谋助手 提升辅政水平	5
2016-03-30	陶芳芳	星沙 -- 牵手东盟走向世界	6
2016-04-01	陶芳芳 鞠文霞 孙应德	山河智能签约东盟 3 大项目	4
2016-04-11	谢　璐	以强带弱 共同富裕	6
2016-04-11	周云武	也是一种调结构	6
2016-04-18	唐爱平 张尚武	“耕王”直追“久保田”	2
2016-04-20	周小雷	“红色湘女之情”研讨会在长沙县举行	1
2016-04-21	刘　勇 张尚武	稻田“飞”来赤眼蜂	3
2016-04-25	陶芳芳 刘　飞	长沙黄兴海吉星国际农产品物流园开业	9
2016-05-09	陈永刚 曾　迪	长沙县：大数据科学研判 精准识人用人	3
2016-06-06	曹　娴	首届中国生态文明奖在京颁奖	1
2016-06-07	陈　新 蒋检花 肖　锐	在绿水青山间展翅高飞	10
2016-06-07	陈　新 蒋检花 肖　锐	建设生态环保园区 推动绿色经济发展	10
2016-06-11	田　超	全省最大县级图书馆试运行	2
2016-06-29	熊远帆 黄　姿	为“力量之都”注入“红色动力"	6
2016-07-06	熊远帆	长沙建造全球最大隧道装备产业基地	2
2016-07-22	周云武 陶芳芳	“神”来之游	14-19
2016-07-24	周云武 陶芳芳	“种”下美景 鼓起“腰包”	2
2016-07-25	陶芳芳 孙应德	长沙县经济总量稳居全省县域第一	1
2016-07-26	曾超群	117.19 亿元如何来？怎么花？	10
2016-07-27	陶芳芳 张兴莎 肖　玲	13.59 亿美元！	4
2016-08-14	编者按	在“敬畏”中开拓	4/5
2016-08-16	熊远帆	快步走向文明	13

续表 29

2016-08-19	彭雅惠	长沙 4 个项目签约过百亿	3
2016-08-28	陶芳芳 鞠文霞	长沙县吹响项目建设“冲锋号”	1
2016-09-01	张尚武	生态修复的“双江样本”	4
2016-09-06	田 超	松雅湖“高升”国家湿地公园	6
2016-09-21	谢 璐	长沙县“互联网 +”筑创业新高地	9
2016-09-21	谢 璐 彭浪波	为创业者撑起广阔的蓝天	10
2016-09-26	李传新	朱有志：“我是开慧村村民”	3
2016-09-29	周云武 陶芳芳	走向世界的姿态	10
2016-09-30	周云武	擦亮“三湘第一县”这张名片	15
2016-10-26	李曼斯 周云武	长沙县前三季度经济强劲增长	9
2016-10-28	欧阳倩 孙应德 黄 训	项目建设助力长沙县挺进“五强”	9
2016-11-06	陶芳芳 刘塑琪	长沙黄花综合保税区首批 10 大项目成功签约	1
2016-11-09	金 慧 罗庆龙	助推会展经济形成千亿级产业	9
2016-11-09	李 治 张颐佳	长沙国际会展中心开馆运营	1
2016-11-09	金 慧 罗庆龙	长沙：会展名城正起航	10
2016-11-10	贺 佳 贺 威	中央宣讲团来湘宣讲 党的十八届六中全会精神	1
2016-11-11	贺 佳	着力打造中部会展高地 争办世界一流品牌展会	1
2016-11-11	邓 晶	长沙黄花机场第二跑道竣工	4
2016-11-16	金 慧 周云武	逐梦“五强”正起航	10
2016-11-21	陶芳芳	“临空”展翅 览世界风光	10
2016-12-07	罗雅琴 熊远帆 杨 玲 方艺惟	因势而谋 应势而动 顺势而为	12
2016-12-11	陶芳芳 周云武	“不让任何人掉队"	01 转 02 版
2016-12-12	熊远帆 黄 姿	创新引领绿色发展的“经开区步调”	11
2016-12-12	陶芳芳 周云武	规律的力量	10-15 版
2016-12-14	张颐佳	长沙临空经济区启动一批重大项目	2
2016-12-18	王文隆 黄晓辉	长浏宁醴 4 县（市）上榜	1
2016-12-19	周云武 金 慧	足迹	20
2016-12-21	孙应德 陶芳芳	长沙黄花综合保税区（香港）招商推介会举行	9
2016-12-28	陶芳芳 孙应德	干部干事有“奔头”	17

说明：2016 年，长沙县外宣办围绕全县中心工作，加强主题宣传和策划，新闻宣传精准发力，不断做大做强正面宣传，及时传播正能量，弘扬主旋律。全年在中央、省、市三级主流报媒发表报道近 3800 余篇，其中央媒报道 112 篇，《人民日报》5 篇，新华社所属《国内动态清样》《新华每日电讯》等 5 篇，中央电视台 8 篇，经济日报 5 篇，中央人民广播电台、光明日报、中新社、中国青年报等其余央媒 89 篇。湖南卫视《新闻联播》报道 180 余条，《湖南日报》《长沙晚报》头版、专版报道 40 余篇。以上两表仅列出了 2016 年国家级媒体和《湖南日报》对长沙县报道的部分情况。

人文拾萃

传奇人物

妇女运动拓荒人——中国共产党第一位女党员缪伯英

在中国共产党早期组织的53名党员中，只有两位女性，即缪伯英和刘清杨。缪伯英是1920年11月由李大钊介绍入党的，她是我党历史上第一位女党员，也是我党妇女运动的先驱，尤其在宣传组织妇女方面做出过重要贡献。

缪伯英，乳名玉桃，1899年10月21日生，长沙县清泰都枫树湾（今属长沙县开慧镇）人。她的父亲缪可芸曾留学日本，是一位主张教育救国、创办过女子职业学校的爱国知识分子，对女儿缪伯英的影响很大。

缪伯英自幼聪慧好学，10岁入平江女子启明学校读书。1916年7月，她以优异成绩考入湖南省立第一女子师范。受新文化运动影响，几年间，她不仅学习用功，成绩优良，而且眼界大开，思想进步很快。1919年9月，她又以长沙考区第一名的成绩，考入北京女子高等师范学校（今北师大前身）。

在北京女高师期间，缪伯英经常阅读《新青年》等进步刊物，利用休息时间到北京大学旁听陈独秀、李大钊等教授的讲演，还经常与北大的湖南籍学生邓中夏、何孟雄等人探讨改造社会问题的办法。有一次聆听李大钊热情洋溢的讲演后，不是北大学生的缪伯英，竟请求做他的学生。李大钊见她态度坚决、诚恳，便建议她参加“北京大学马克思学说研究会”。此后，缪伯英潜心研读了《共产党宣言》《资本论》等马克思主义经典著作，积极参加讨论俄国十月革命道路和共产主义的理论问题，逐步接受了马克思主义。1920年10月，北京社会主义青年团成立，缪伯英成为首批团员。年底，她又被吸收进北京共产党早期组织。当镰刀锤头的旗帜在心中飞扬，21岁的缪伯英成为中国共产党的第一位女党员。

1921年7月中国共产党成立后，缪伯英立即投入到基层建党工作中。这年秋天，她与何孟雄结为伴侣，家就安在北京中老胡同5号寓所。他们一边学习，一边积极参加革命活动，这个家也是中共北京支部的一个秘密据点，因为他们名字中分别有“英”和“雄”二字，大家都亲切地称赞他们是一对“英”“雄”夫妻。年底北京地区第一个基层支部——中共城西支部成立，缪伯英担任第一任书记。这个支部的成员，主要是北京女高师和周边高校的青年学生，他们当中不少人，都是在缪伯英的引导下走上革命道路的。

1922年，根据中共中央关于“组织工人阶级、开展工人运动”的指示，缪伯英与邓中夏、何孟雄等北京支部成员，经常深入到丰台、长辛店、唐山等地，创办工人夜校，建立工人俱乐部，宣传马克思主义，秘密发展党员，建立党的组织，为开展工人运动作思想、组织准备。是年1月，震撼中外的香港海员大罢工爆发。中国共产党对这次罢工极为关注，中国劳动组合书记部（即后来的总工会）立即动员京奉、京汉铁路和上海、湖北、河南的工人，暂作香港海员的后盾。缪伯英等发动北京地区工人成立香港海员罢工后援会，从舆论和经济上支援香港海员，也推动了北京地区工人运动的发展。在全国各地工人的支持下，历时58天的香港海员大罢工终于取得了胜利，成为全国第一次工人运动的起点。

在中国妇女运动中，缪伯英是当之无愧的拓荒者之一。早在1920年12月，她就发表了《家庭与妇女》的战斗檄文，用马克思主义的历史唯物观，阐述了家庭的演变与妇女解放的关系，向广大妇女发出“顺着人类进化的趋势，大家努力，向着光明的路走”的呐喊，号召妇女同胞冲破一切封建罗网的禁锢，追求自身的解放，做新时代的女性，这是中共早期组织关注妇女问题少有的几篇文章之一，在社会上引起了很大的反响，促进了进步妇女追求民主权利的斗争。1922年5月，中国劳动组合书记部从上海迁到北京，缪伯英担任书记部秘书兼妇女部长，同时担任书记部机关刊物《工人周刊》的编辑。其后，她又按照党的指示，先后参与筹备北京女权同盟会、南京女权同盟会，有力地促进了当时的妇女平权运动。

1923年2月4日，震动全国的京汉铁路大罢工爆发，领导这次大罢工的有张国焘、罗章龙、项英等。缪伯英与邓中夏、何孟雄、高君宇等，全力以赴领导了京汉铁路北路的罢工。

二七惨案后，她奔走于长沙、汉口、上海等地讲演，揭露吴佩孚军阀政府残酷镇压工人的罪行。回京后，又参与编辑出版《京汉工人流血记》等宣传品，并分发各地。还到长辛店等地救护受伤工人，募捐救助失业工人；她机智、勇敢地与暗探周旋，多次摆脱跟踪，把党的温暖和家属的心愿传达给被捕的工人，坚定他们的斗争信心。

同年5月1日，北京各公团在天安门举行纪念五一国民大会，到会的有各界民众4000余人。缪伯英风尘未洗，又代表女界在大会上作了义愤填膺的讲演，以铁的事实，揭露军阀政府外交失败、内政不修和残酷镇压工人运动的罪行，号召各界人民团结起来，打倒军阀政府。李大钊十分欣赏她的宣传组织才能，称赞她是“宣传赤化的红党”。6月，中共北京区委员会成立，缪伯英担任中共北京区委第一任妇女部长。

1924年6月，由于叛徒出卖，北京地区许多共产党员身份暴露。缪伯英在组织的安排下，返回湖南躲避。不久，被省立第一女子师范校长徐特立聘为女一师附小主事（校长），她以此公开身份为掩护，担任中共湖南区委妇委书记和省妇女运动委员会主任，成为湖南爱国群众运动和妇女运动的组织者和领导者之一。她还同时担任湖南妇女进步团体——女界联合会的领导工作，并以这个组织负责人的身份，指导全省妇女运动。在她和赵先桂等人的领导下，全省妇女运动被纳入到共产党领导下的无产阶级革命运动之中，全省57个县的妇女团体加入到省女界联合会，使该会成为全省妇女运动的主要组织。妇女运动实现了由以上层知识阶层为主转变为以工农群众为主，呈现出蓬勃发展的局面。

1925年5月下旬，日、英帝国主义制造青岛惨案和五卅惨案，激起全国性的反帝运动。省会成立青沪雪耻会湖南分会，缪伯英当选为执行委员。在她的发动和指导下，长沙各女校学生组成宣传队、纠察队和募捐队，活跃在长沙的大街小巷、车站码头，成为这次省会长沙支援青岛、上海反帝爱国斗争中一道亮丽的风景。6月15日，雪耻会组织长沙10余人的游行示威，散发反英、反日传单10万份，提出解除英、日巡捕武装，没收英、日在华所办工厂等10项要求。在省女界联合会的组织下，各校女学生冒雨参加游行，群情激愤，袜套草履，振臂高呼口号，散发传单，全身被大雨湿透，也不为所动，观者无不为之动容，拼命为她们鼓掌。“女子赤足游行”亦成为轰动长沙的大新闻。

1926年1月，缪伯英以个人身份加入国民党，参加了在广州召开的国民党第三次全国代表大会。在这次会议上，作为国民党右派的代表山西会议派掀出了所谓“反共清党”论，这是孙中山“联共”后，国民党内的反共浪潮由“暗”到“明”的开端。中国共产党与国民党右派之间从“暗斗”到“明争”的较量，也至此拉开了序幕。在这次会议上，缪伯英同与会的共产党员、国民党左派一起，无情地揭露西山会议派的分裂行径，坚决拥护孙中山联俄、联共、扶助农工的三大政策和国共合作的统一战线。回到长沙后，她又在孙中山逝世一周年纪念大会上发表了《广州政府之近况》的讲演，针对国民党右派对广州国民党政府的攻击，热情介绍正筹划北伐的广州国民革命政府的政绩和情况，极大地鼓舞了湖南工农群众的斗争勇气。

这年3月，湖南人民反吴（佩孚）驱赵（恒惕）斗争更加高涨，女界联合会与工团联合会、学生联合会一起，在斗争中起到了重要作用。3月2日，以这三个团体为首的湖南百余团体3万余人在省教育会坪集会，成立湖南人民临时委员会，缪伯英作为妇女界的代表当选为委员，并为三名常委之一，成为湖南轰轰烈烈的“驱赵”运动领导人之一。集会后，举行示威游。队伍到达省长公署，由谢觉哉、缪伯英等4名代表到省政府请愿。在湖南和长沙人民强大的革命浪潮冲击下，惊恐万分的赵恒惕于3月12日通“去职”，结束在湖南的反动统治。

1926年4月7日，缪伯英作为国民党湖南省党部的代表，出席省党部妇女部发起召开的“追悼北京死难烈士”筹备会。会上，缪伯英报告了开会的意义以及“三一八”惨案的详情。会议决定组织湖南妇女追悼北京死难烈士（杨德群、刘和珍、魏士毅、杨菊群、王盛吉）大会，缪伯英被推举为筹备处副主任。4月14日，有湖南女界各团体2000多人参加的追悼大会在长沙举行，缪伯英在会上发表演说，代表湖南女界主祭并宣读祭文，她言辞热烈清楚，言简意赅，听者动容。在她的主持下，大会还以“湖南妇女追悼北京死难女烈士”的名义发出六项通电。

7月中，旬北伐军攻克长沙。缪伯英深入发动省会妇女，支援和慰问北伐军。9月，当北伐军与吴佩孚北洋军阀部队在汀泗桥、贺胜桥血战时，她又亲率湖南慰问队、红十字救护队、女子宣传队奔赴前线，救护伤员，开展阵地宣传，组织军民联欢，极大鼓舞了北伐军的士气。中共湖南区委书记李维汉称赞她是一位“杰出的妇女工作者”。

1926年10月，北伐军攻克武汉，大革命的中心转移到长沙流域。为加强武汉的工作，何孟雄调任中共湖北区委兼汉口市委组织部长，缪伯英根据党的指示来到武汉，以湖北省立第二女子中学训育主任的公开身份为掩护，协助中共湖北省委妇委书记蔡畅工作。她还将贫苦老实的族侄缪位荣一同带到武汉，一边帮自己带小孩，料理家务，一边以捡废品作掩护，做秘密交通工作，沟通中共湖北妇委与国民党湖北省党部妇女部长李文宜、湖北省女界联合会负责人赵君陶之间的联系。

1927 年 7 月宁汉合流、大革命失败后，缪伯英随何孟雄调上海做地下工作。何孟雄先后任中共江苏省委委员、省农委书记和军委书记、中共南京市委书记、中共上海沪东、沪西区委书记等职，缪伯英任中共沪东区委妇委主任。她化名廖慕群，以华夏中学物理教员的身份作掩护，开展地下工作。

当时久处白色恐怖的上海，斗争环境十分险恶。他们虽住在租界内，但国民党特务的活动仍十分猖狂。缪伯英处事慎重，胆大心细，一发现情况就立即搬家，有时才住了几天又要搬。不到两年时间，他们把各个国家在上海的租界都住遍了。为了不引起别人注意，夫妻常假装“吵架”，甚至“打架”。有时遇到紧急情况，干脆丢掉家什，只身走人。为避开敌人耳目，他们常常天没亮就出门，深夜才回家，有时回到家后还要继续工作，甚至通宵达旦。

1928 年初，缪伯英生下小女儿小英。在那腥风血雨的日子里，繁忙的革命工作、沉重的家庭负担、清贫而不稳定的生活，已完全拖垮了她本来瘦弱的身体。1929 年 10 月，缪伯英突患伤寒，已积劳成疾的身体，再也经不住这样的摧残，终因抢救无效，溘然长逝，年仅 30 岁。临终前，她深情地对丈夫说：“既以身许党，就应为党的事业牺牲，奈何因病行将辞世，未能战死沙场，真是遗憾。”

缪伯英逝世后，灵柩存放在上海扬州会馆。会馆改建时，曾登报通知各户迁出，但因何孟雄被捕，在龙华壮烈牺牲，缪伯英遗体就此遗失。两个孩子在上海龙华监狱被囚一年多后，送到上海孤儿院收养。日寇进犯上海时，失散于战乱之中，下落不明。

缪伯英 10 年革命生涯，焕发着动人的光辉。在实现中国梦的伟大征程中，我们深深怀念这位中国共产党最早的女共产党员、中国妇女运动的先驱——缪伯英。（李树凡）

史海钩沉

山村的怀念

编者按：20 世纪 60 年代起，湖南两届省委书记张平化、毛致用先后到长沙县春华山乡（今春华镇）蹲点，并将这里作为他们长期的农村调研基地和省农业高产试验点。张平化还特地在武塘村新建一栋永久性住房——抛砖屋场。一些中央和省领导同志都曾在这里工作、生活、劳动过，他们不忘本色、扎根群众的优良作风至今仍被人们称颂，春华人民怀念他们。作为长沙县文化局的一名退休干部，章资超以细腻的笔触向我们讲述这些感人的往事和细节，令人肃然起敬。在党的群众路线教育实践活动深入开展的今天，这种传统和精神尤为珍贵，更值得我们怀念、继承和发扬。

（一）华国锋扮禾

二十世纪六、七十年代，湖南两届省委书记张平化、毛致用同志，曾先后来到长沙县春华镇蹲点，并将这里作为他们长期的农村调研基地，和省农业高产试验点。为方便省委工作组在这里办公，居住，平化还在其境内武塘村建起一栋永久性住房——抛砖屋场。

过去曾在这里工作，生活，劳动过的省和中央一些领导同志，而今大都作古。春华人民怀念他们，武塘山村更记得他们；笔者将当年或亲历、或耳闻、或目睹的一些生活片断，记叙出来，以作为永远的怀念……

一九六四年金秋时节，武塘大队合兴生产队的社员正在抢收晚稻，田垅中机声欢叫，热火朝天。

突然，一个眼尖的女青年叫道：“看，那是谁来——”

远处田埂上，果然走来一行人，男男女女，都戴着白草帽。

待走近，是大队党支书章春发。只见章发爹大声喊：“黄二爹，黄二爹！”生产队队长黄松桂二爹赶紧上去接着：“稀客哒，欢迎欢迎！”

章发爹介绍：“这是省委的华国锋副书记。他刚下车就要来参加劳动，你就安排一下吧。”话没说完，华副书记后面的那些人，都已散到田里刹禾去。他们手中的禾镰，是刚从抛砖屋场来时领到的；为方便省委干部下乡劳动，省委工作组（即抛砖屋场）里面，什么锄头、禾镰等劳动工具，都配备齐全。

华副书记却向打稻机走去，黄二爹见状，赶紧拦住："华书记（中国习惯：不喜欢加副字），这太累，你也去刹禾吧。"

华副书记呵呵笑道："没关系，劳动就是要累嘛，出出汗才舒服！来，你给我当师傅！"刚说完，他就搂着一把禾上去。

黄二爹也赶紧搂着一把禾，同时站上打稻机。踩几圈，黄二爹就发现，这位华副书记不外行，他的脚随着打稻机踏板的起落而抛接，有力而又有节奏！别小瞧这踩打稻机，要蛮力，更要技巧；农村一些男劳力，踩好多年打稻机都踩不好，那踏板一上来，他就死命按住，结果一下就被他踩死，大家哄笑：你真是"刹机"啦！这就是踩者脚不灵活，不会抛接。

黄二爹笑着说："华书记，你还蛮里手哩！"

"哪里？过去下农村，也踩过，还是踩不好，你教我啰！"

抛砖屋场就建在合兴队，平化书记在这个队又先后住几年，用社员的话说，这里"大脑壳"来得多！就是说，头头脑脑来得多，"大"干部来得多，从省、市，到中央，一来就到这队里参观，劳动。黄二爹是队长，自然见的更多。他觉得，眼前这位华副书记，也像那些"大脑壳"一样，和蔼可亲，平易近人！所以，他更大胆地和华副书记说笑起来……

飞快，休息，黄二爹对满垅喊道："歇气，歇气啰！"

华副书记也和大家一起，坐到田埂上休息。黄二爹捧来一大把稻草，要给华副书记垫坐，"不必不必！"华副书记推掉，他倒是接过黄二爹递给他的一碗凉茶，大口地喝着……

那天，碰巧省花鼓剧院的演员在武塘体验生活，他们正好也在这里扮禾。当时华副书记在省委是分管文教卫，自然，演员认得他的也多。歇气时，他们都和华副书记说笑起来。

这时，华副书记注意到远处一直有个人在四处走动，他大声喊："贺主任，老贺，快来坐，歇歇气！"

这个叫贺主任的，社员们可稔熟。他叫贺秉贤，是负责省委领导保卫工作的处长。他最早随平化书记来武塘，久，社员们对他传说可就多：有人说看见过他双手打枪；有人说他骑车也能打枪；还有个年轻后生说，有回他和贺主任上山打猎，看见野兔逃窜，贺主任瞄也不瞄，枪一甩就撂倒一只，枪一点，又一只……

社员都记念着贺主任，"文革"后，已担任省乡镇企业局局长的他，还经常来春华，他是来武塘最多，又和农民最亲的人。

贺主任和华副书记是老乡，同是山西人；他们和女英雄刘胡兰也是同县老乡哩！贺当年就是该县武装大队的政委。

见华副书记招呼，贺主任忙走过来，他和那些演员也很熟，他提议："哎，专家们，唱支歌吧？大家鼓鼓劲！"

演员们凑到一起，嘀咕一会，只见青年演员李谷一站出来，就立在田埂上，高歌一曲："今日山西好风光……"那激情的歌声，那久违的、悠悠的乡音，顿时吸引住华副书记，他眯着眼，似乎醉……

这休息一唱一闹一鼓劲，大家的劲头更足，再开工时，银镰舞得更快，打稻机叫得更欢……

华副书记和大家一起，又足足地战斗一个时辰，直到山上的人家传来叫"吃饭"的呼唤，黄二爹喊收工，才和大家依依告别……

多年后，华国锋同志担任总书记、国家主席，当那熟悉的魁梧身影在电视上出现，武塘山村的农民，忍不住站起来喊："看，他还和我们扮过禾咧！"

（二）毛致用插田

一九七八年四月，又是春风吹拂，新一届省委书记毛致用同志，也兴致勃勃地来到春华山，住进武塘小山村。

他一头扎进农民家。在罗家老屋先锋生产队老贫农王早霞——王早爹家的土砖屋里，一住就是四天四夜。

他一来到王早爹家，稍事安顿，就鞋袜一脱，招呼上随从人员，到大垅里铲草皮去。

第二天，天刚泛亮，正在生产队棉田里查看出苗情况的王早爹，突然感觉后面有人，回头一看，"哦，毛书记，你这么早就起来？"

毛书记呵呵笑道："你们不是常说，'早起三朝当一工'吗？！你看，这空气多新鲜，不早起，能享受到吗？"

他和王早爹唠起种棉来。王早爹学种棉也几年，现在听毛书记说起种棉来，竟如数家珍，一套套的，他不由惊问："毛书记，你怎么咯样里手啰？"

"什么里手？还不是下乡去棉区时，多请教，多问问，学点皮毛而已。"

王早爹暗想：这些"大脑壳""大干部"就是谦虚！

"早爹，今天上午队里干什么啰？"

听说是插田，毛书记满脸高兴，"那好，我也去试试看。"

早饭后，毛书记裤管高挽，早早就来到田垅里。罗家老屋会插田，远近闻名；尤其是那帮年轻妹子，一声吆喝，可以把无数个男子汉关进“笼子”里。所以，罗家老屋那帮再牛、再叫的青皮后生，插田时都“礼让三先”，让那些姑娘插前头，自己甘愿委屈，自愿排到后面去，省得插头被关“笼子”。

毛书记一下田，就想插头前。

一个姑娘说：“毛书记，你插中间啰！”

毛书记懂行，呵呵一笑：“你是怕关我的‘笼子’吧？没事啰。”说完，他解开一把嫩葱葱的青秧，开插。

挨着毛书记旁边的那个姑娘，对同伴一使眼，于是大伙都压着手，不敢放开插，只慢慢地跟着。

插一会，这姑娘没听见水响，怎么？一抬眼，乖乖，毛书记窜到前面好远去！

哇——姑娘们都发现，于是一声吆喝，只听满田水响，姑娘们都放下手来，个个如蛟龙出海，遨游而去……

毛书记见姑娘们刹那追上来，知道她们开先是放让，现在来真格的，“这是一帮插手！”毛书记不敢怠慢，手下使劲，也更快地向前插去。

见到毛书记真会插，真能插，这帮姑娘就较劲！她们你追我赶，不惜将同伴关进“笼子”，也想追上毛书记！可不知为什么，就连那两个插得最快的姑娘，任怎么使劲，也总还要隔着毛书记那么一点点……

姑娘们笑问：“毛书记呃，你何事咯会插田啰？”

毛书记笑答：“不会哩，我也是学的啰！”

他们就这样嬉闹着，就这样追赶着，溅起一田水花，溅起一田欢笑……

中午回家吃饭，按毛书记嘱咐，家里人只搞两个荤菜，其余全部是小菜。毛书记却直说：“好吃，好吃！”吃得津津有味。

“毛书记，我们那帮姑娘，硬佩服得你不得哩！”早爹由衷地说。

“哪里？她们是放让哩！”毛书记又呵呵笑着。

一连四天，毛书记白天参加劳动，晚上就睡在早爹这农家土砖屋里。有些厅、局有紧急事，一定要向省委书记汇报的，也只能驱车春华武塘。

四天后，毛书记在满队社员的欢送声中，才依依不舍地离去……

毛书记又去公社住四天四夜，走访、座谈、调研农村基层状况。临走，他明确表示：春华公社，尤其是武塘大队，将是他、和省委长期的联系点。

从此，王早爹和毛书记也结下深厚的情缘。以后毛书记调任江西，又调北京，但不管到哪里，他总记挂着这小山村里的这位普通农民朋友。王早爹七十岁时，毛书记特地送来八盒“君山毛尖”茶，这是他老人家的家乡特产，这也是王早爹收到的最珍贵寿礼。他高兴地给全队的人都奉上一杯“毛尖茶”，“这是毛书记送给我们罗家老屋的，大家尝尝，尝尝！”喝着这甘咧芬芳的茗茶，大家又想起几十年前，毛书记在这里插田的情景……

早两年，王早爹也去岳阳毛书记的老家，看望已退休的毛老……

今年，王早爹78岁，他说，毛老今年该是81岁。过去毛老常说：“我们两人只相差三岁，兄弟一样！”早爹由衷地说：他这样的“大官”，不嫌弃我是个农民，几十年真待我如兄弟，我心里感动！今天，我们春华山，我们武塘人民仍然念记他，都衷心地祝愿毛老健康，长寿！

（三）陶铸送稻种

自一九六三年以来，省委书记张平化就在春华山武塘长期驻点。从六三年到六六年，平化书记有近半时间住在武塘。六三年时，平化书记已在整个春华地区策划“八百斤大会战”，以带动全省的农业飞跃。那时湖南农村的水稻产量，大都在一两百千克徘徊，亩产四百千克，就意味着一年要翻番。

产量要飞跃，关键在品种。当时春华水稻全部是高杆品种，产量要加倍，杆高撑不住，易倒伏；高杆彻底换矮杆，一场品种改革的战斗打响！一声令下，大批矮杆品种陆续调进春华。可矮杆也要选良种，有几个王牌矮杆良种当家，才能保证持续丰收。这时，平化书记想起远方的一个人——他向陶铸书记“求援”！

陶铸当时是中南局局委书记，居广州，主持南方几省工作。他每次来湖南，必定到武塘。武塘是省委书记的农业试点，他同样高度关注。接到平化书记“求援”电话后，他一口答应。

果不其然，几天后，他亲自送稻种来！稻种是广东省选育的。广东是农业大省，广东更是农业发达地区，其农业无论哪方面，在中南地区、甚而在全国，它都是领先的。

陶书记在抛砖屋场禾坪前刚下车，平化书记就快步迎上去。只见陶铸书记亲手提着一只小布袋，随即交给平化书记说：“这叫珍珠矮，是广东刚选育成功的。”

“就这么多哇？”平化书记诧异。

陶铸书记乐呵呵地说：“还嫌少哇？三斤哩！他们刚选育出来，不是我去，他们还不给哩。”

他秘书也笑说：“这可是陶书记专程坐飞机送来的啦。一路上，我都不能拿，他亲手提着这宝贝来的呢！”

平化书记一听，笑着向陶书记双

手一拱："那就感谢感谢，感谢陶大书记喃！"说完，他把稻种交给一旁的史部长、何院长，并郑重嘱咐："马上安排下种，千万小心啦！"然后，他就陪陶书记下田垅去。这是陶书记规矩：一到武塘，先看平化书记试验田。

省委农村工作部史平副部长和省农科院何光文院长，是最早随平化书记到春华武塘蹲点的。这两位农村工作专家一商量，马上找来省农科院调来这长期蹲点的万名选技师。

武塘的社员都亲切地称万技师叫万老师、万大爹。万来自大科研机构，他理论厚实，实践经验丰富。来武塘点上后，他什么重活，难活抢着干；夏、秋天在田垅做事，不戴帽子，不穿衣服，连背心也不穿，真是"赤膊上阵"，一身晒得黑古溜秋，谁晓得他是省里来的农技干部？他比农民还象农民！

他还有个笑话。万的妻子是教师，在外地区工作。那些细心的堂客们发现，只要是万老师站在池塘里放肆"开光"的时候，肯定是他要去妻子那里"探亲"！万老师一年难得探两次亲，去之前，他拿着毛巾，香皂，站在塘边浅水里，开满一身香皂后，就用毛巾死命擦他那一身黑皮肤；可任他怎么用劲，皮肤擦得通红，那层黑皮就是不褪！急得他直喘气……

万老师干农活，这里的壮劳力都抵不他！可社员是敬他，又怕他。你和他干活，做事，若稍有差池，他不是批评，他是骂，骂得你受不！但社员一见他什么事都带头干，只是脾气躁，又都原谅他；而且伴着他做事，保证你每回都能学到新知识，新技术。所以，社员还是和他亲！多年以后，就在他离开武塘回单位后，社员还经常去看他。据说他以后评研究员，他发明的"水稻免耕法"，曾在全省广为推广。

万老师赶到后，史、何两位领导说：这稻种就交你负责种植培育！这稻种可是金贵啦，陶书记明年还要来看的。你办事历来细心，负责，我们可就拜托你喃！

当时正是浸种育秧季节，受此重托，万老师格外谨慎。当时催芽都是用大扮桶，他想把这"珍珠矮"多催芽，催齐芽，于是他把这小布袋种裹在扮桶的大批种谷中，这样温度高，出芽齐。

谁料，到时万老师把种谷掏出来一看，不由大惊——高温烧种！"嗡"地一声，他脑袋都大！这怎么办？这怎么办？他双手直抖，捧着这小袋种谷，在堂屋中转圈……

正在此时，队上一位老农章六爹从此路过，听万老师这一说，他也急，这可是大事哇，怎么得？到底是老农民，有经验，看万大爹急成那样，他接过稻种，对万大爹说："别急别急，我去想想办法，试试看！"他暗想：死马当作活马医吧……

章六爹拿个竹箕，把这小袋种浸在池塘清水里，放势洗，放势搓……然后，再用低温催芽；种到秧田后，万大爹天天去看，几天后，竟然长出17棵小芽芽……

万大爹用这17棵小秧苗，精心地分插，渡种繁殖，第二年，居然育出一大坵"珍珠矮"……

果然，第二年陶铸书记一到武塘，马上要看"珍珠矮"。在那叶青穗大、格外惹眼的"珍珠矮"稻田边，听万大爹说完去年那"高温烧种"的故事后，陶铸书记呵呵大笑说："好，有惊无险，有惊无险！"他紧握着万大爹的手说："难为你，谢谢！"转过身来，他更用力地握着章六爹的手："更得感谢你哟，六爹，你救我'珍珠矮'的命呀，谢谢，谢谢！"

自此后，品性卓越、增产势强的广东良种"珍珠矮"，在这里大显身手，为平化书记的"八百斤大会战"立下汗马功劳，并作为矮杆当家品种，在这里延种多年。

（四）杜修经取名

张平化书记来春华山武塘蹲点之初，干部还是分散住在社员家中。后来来的人越来越多，为方便干部的工作，生活，也为不太多打扰当地农民，平化书记决定在这里建一栋永久性住房。

房子决定建在武塘合兴队大镜园山脚下。建房任务全权委托给合兴队队长黄松贵二爹。平化书记嘱咐：建房水平按当地一般标准，不能超标。檩木就用当地土杉树，盖瓦用当地窑烧小瓦；砌砖也用当地人做的泥巴土砖，房子刷白就行。

说来不信，这偌大的抛砖屋场，这以后几位省委正、副书记一住数年的省委工作组，当时所有建房费用，包括全部建房材料，全部人工工资，总共只花三千多元。这可见当时物价之便宜，也足见省委建房之节约、简陋。

那天阳光灿烂，社员正在热火朝天建房。平化书记和一位老者来看房子。

这位老者社员也熟识，他叫杜修经。他也是和平化书记最早来武塘的。这是一位充满传奇色彩的人。大革命时期，早在1928年，他曾代表湖南省委，四上井冈山，成为知名的党史人物。可他一生曾三次入党，又两度脱党，可谓一生坷坎，一生传奇。

他俩说笑着来到建房的前坪。平化书记说："我们建这栋房子，有人说，就叫省委工作组得！我觉得，屋场还是应该取个名字。杜老，您说，叫什么好呢？"

其时，杜老已是一位民主人士。唯其深厚的历史背景，平化书记尊重他；也唯其他已不在党内，平化书记还是尊重他，而且是真诚地尊重他。

那时农村建房，砌墙大都用土砖。墙砌上一人多高后，下面做小工的，就把土砖一口口抛上去，砌匠师傅站在墙上，一口一口，接着砌。杜老眯着眼，望着这砌砖的一抛一接，一接一抛，觉得颇有意思；良久，他突然灵机一动："书记，我们这屋，是不是就叫抛砖屋场？"

平化书记一楞，他看着砌匠们那有规律、有节奏的动作，也正看入神……"什么？抛砖屋场？"他一时也陷进现状，暗想：抛砖——这名太实吧？他真一时还没反应过来。突然，他一声大叫："哇——好！抛砖屋场，好！"

心有灵犀，他和杜老几乎同声叫出："抛砖屋场——抛砖引玉！"平化书记抓着杜老的手直摇晃："好，就叫抛砖屋场！抛砖引玉，抛砖引玉——我们就是来抛砖的，引这之玉，引全省之玉！"

新屋建成后，平化书记一声令下，这里就叫抛砖屋场！杜老深感平化书记厚待、知遇之情，又在这里工作两年后，才奉命调离而去。从此，他再没回来。据说，他直到2007年，在湖南文理学院因病去世，享年101岁。

（五）王震栽红薯

春末夏初，正当红薯栽种季节。武塘合兴队男女老少，趁着丽日晴天，都在山上栽种红薯。满山银锄闪动，漫山山歌飞扬……

昨天队长就说，今天又会有位"大脑壳"来参加劳动。据说还是北京来的中央领导。"大脑壳"虽说来得多，中央来的还是稀罕啵，于是大家一边栽红薯，一边猜测：这回来的"大脑壳"，又会是谁呢？

正当人们议论着时，队长黄二爹引着一行人来。走头的是省委副书记李瑞山，这是老熟人，只见李副书记大声说："社员们呃，今天中央领导王震同志来看望大家，我们欢迎！"

王震！这可是大家熟悉的名字呵！《南泥湾》不就是唱王震么？！满山欢呼起来。

王震个头不高，可说话嘹亮："乡亲们呃，我和你们还是老乡哩，我家就住隔壁，浏阳人！"

他风趣的几句开场白，一下就把距离拉近了，引来满山社员的欢笑……

他锄头一举，就开始栽种红薯。远、近处社员都好奇地望着。这才真叫把式——只见他抡起锄头来，上下飞舞，熟练自如；两个年轻警卫，一个放薯秧，一个放肥料，还搞手脚不赢……

"到底是三五九旅的，开荒出身，真有两下子！"

"你看他那身手，咯多年，还冒丢哒？！"社员看着，忍不住，悄悄议论起来……

王震望望旁边地块里栽种的社员，好奇地问："你们怎么这样栽啰？"

社员一看，果真，他栽法完全不同。我们习惯栽平地，不起行。可王震，却是一行行的，起垄栽种。

有个后生子愣头愣脑喊："你那要不得咧，你那栽法不结红薯！"

王震一怔，尔后呵呵一笑："试试看啰。说不定，我这栽法，红薯还会结得多哩！"

王震一边栽，一边和社员说：这起垄的栽法，易散水，易控苗，红薯自然结得多。他又笑说："一个师傅一度符，你们还是按你们的搞啰！秋后收红薯，你们再对比一下，哪种栽法结得多，就用哪种啰。我可没瞎指挥啦！"他大声调侃，大声笑说着……

当年秋后收红薯，我们真的作对比。王震的栽种法，果真红薯结得多些，个头大，皮光滑。以后我们栽种红薯，就同时使用两种栽法。

那天，在武塘体验生活的省木偶剧团、省曲艺团也和我们一起栽红薯。应李副书记邀请，在中途歇气休息时，省木偶剧团两位男女青年演员，首先对唱《南泥湾》；然后，由省城长沙"弹词王"彭延坤的两位女高足，就是现在省曲艺团的大、小刘两姊妹，在地头说唱开传统弹词《东郭救狼》，那原汁原味的唱腔，那栩栩如生的表演，直博得满山的叫好……

王震也站起来鼓掌，他似乎也为家乡这古老的传统艺术而陶醉，直大声说："唱得好，唱得好！"

坐下后，王震应满山的演员和社员请求，向大家说起当年南泥湾的故事；说起他在新疆几年屯垦戍边的经历；他还说起解放初期，数万农垦官兵不仅条件艰苦，三、四十岁还打光棍，为稳定军心，让他们安居乐业，王震亲飞北京，面请毛主席恩准，从而能破例回湖南家乡招收女兵；王震素称王胡子，他也从而演绎出这段王胡子让"八千湘女上天山"的传奇来……

演员和社员今天都格外高兴，开工时，大家都还在热议着王震讲的故事，尤其是那"八千湘女上天山"，这位演绎传奇的英雄，而今就实实在在站在我们的面前，还和我们一道栽红薯……

和我们栽一上午红薯后，王震下午就回浏阳老家去。以后，王震又来过武塘多次。他从云南、海南给我们引进的橡草、水浮莲，这里至今还栽种着呢。

（六）张平化请客

一九六三年，张平化书记就开始在春华地区策划“八百斤大会战”。那时，湖南农村水稻亩产大都在三、四百斤徘徊。他决心从解剖春华这个“麻雀”入手，以点带面，来引领全省水稻产量的突破，实现全省农业的全面飞跃。

那年春节刚过，在春华公社“八百斤大会战誓师动员大会”上，平化书记向全公社的生产队长许诺；今年秋后论英雄，哪些生产队亩产超过四百千克，那些队长坐上席，我请客，我们省委领导敬酒。他又说：你们就放心干，我为你们当“后勤”。生产上有什么困难，要求，尽管找我，我一定为大家排忧解难，当好你们的“后勤部长”。

平化书记说到做到。他在广泛征求农业专家意见后，先从品种改革入手，将全社水稻高杆全部换矮杆。随后，省内外大量优良水稻矮杆品种源源调进春华；为寻求当家良种，他还不惜向远在广州的中南局局委书记陶铸求援，从而引出一段“陶铸送稻种”的佳话……

为解除全社的旱涝灾害，他在春华境内先后建起一座中型水库，三条引水渠道，八座排灌机台……这样有效保障高产会战的成功。

为引进外地先进的水稻种植、耕作技术，他又先后从浙江、广东、江苏等农业发达地区，请进一批农民技术员，住进武塘等试点队，手把手地传授，面对面的学习。“他山之石，可以攻玉”，从而让很多外地先进技术在春华传播，扎根，以传承至今。

为让基层干部和青年农民系统学习农科技术，政治理论，他在春华创办“红专夜校”，利用晚上和农闲上课，授课的大都是省委领导，农业专家。一办数年，持之以恒，从而有效地提高春华地区农民的整体素质。

为挖掘本地人才，因地制宜地组织大会战，平化书记走访春华很多有经验的老农。他看到年过六十的老农民，不是握手，而是用中国传统的双手作拱，并虚心请教。事后这些老农民都说：这些“大脑壳”就是谦和！他们感动之余，自然，并不惜奉献出他们的良言，良策……

这年金秋收割，春华喜讯频传，很多生产队都亩平跨过四百千克。在公社年终总结大会上，平化书记隆重请客，这些队长果真坐上席。平化书记领着省委其他领导，逐一向他们敬酒；见省委书记亲自敬酒，这些作田汉子，激动得捧着酒杯直抖，话又说不出来……

平化书记举起酒杯说：“感谢你们，你们是农业的功臣！你们为全省农业带个好头，全省都要广泛推介春华经验，把农业迅速搞上去！”

尔后，春华农业一直领先。1965年，整个春华地区水稻亩超四百千克，在全省率先跨“纲要”；

1985年，在全省开展大规模吨粮田建设竞赛中，春华镇三年连续夺得金杯；

1987年，春华成为湖南省第一个成建制过吨粮的乡镇，并成为金杯的永久得主；也从而流传出“三捧金杯”的佳话。

世界闻名的“杂交水稻之父”袁隆平先生，也看中春华这块“风水宝地”。2006年3月9日，他亲自来春华考察，选中春华为种植他超级杂交稻的基地。随后，隆平高科基地、湘研种业基地也相继在春华落脚，袁隆平先生亦数度来春华……

两届省委书记张平化、毛致用，先后在春华蹲点数年，他们精心培育的这一农业试验基地，从粮食生产，到水稻种植，至今都走在全省的先列。

（七）周立波租房

二十世纪六十年代初期，周立波先生随张平化书记蹲点来到春华。

周立波时任省文联主席。第一次见面，平化书记就高兴地向大家介绍：“这位你们认得啵？他就是大名鼎鼎的大作家周立波先生！《暴风骤雨》大家看过么？看过，好，他就是以这部小说荣获斯大林文学奖！中国得这个世界大奖的，只有两个人，另一个就是丁铃，她也是我们湖南人呢！她以《太阳照在桑干河上》获奖。”

大家有点惊讶地望着他，这个省委书记，对文学都这么熟？

周立波人精瘦，却挺精神。住进抛砖屋场，住在武塘小山村里，他喜欢到处走走；清早起来，走进大镜园，到油菜花丛中呼吸新鲜空气；白天和社员们一起，去田垅做做事；晚上，他也和社员一样，喜欢到禾场去乘凉。

山村禾场大，凑到一起热闹。在禾场边，有人早早就点燃一堆秕谷谷壳，借其烟火驱蚊；悠悠南风吹拂，满禾场散坐着的作田老少又开始天南海北地扯淡，海侃，从天上说到地下，从省城说到乡村，只要碰到、或听到什么新鲜事，大家都争着一吐为快……

禾场边，周立波一个人静静地坐着，静静地听着，从不插嘴。夜深，曲终人散，社员打着哈欠往家去，周立波也静静地跟在他们身后，悄悄地走……

终于有个晚上，一个小青年发现坐在禾场边的周立波。面对社员的疑问，周立波笑着说：“我们爬格子的，在城市，要去坐茶馆，在农村，就要坐禾场。在这样的场合，能听到你们说的好多新鲜事，好多稀奇人，这样，我们才有东西写。所以，我只有这样来静静的听，悄悄的学！”哦，大家似乎有点明白，原来，作家就是这么当的！

周立波来，省会好多文艺界人士也来；周立波发现，这个小山村确实是个体验生活的好地方。于是，他和省文化局领导一起商量，干脆，省会的文艺、文化单位轮流来。这下可热闹，几年间，先后有省湘剧院、省歌舞剧院、省花鼓戏剧院、省戏剧学校、省京剧团、省木偶戏剧团，省曲艺团等都来；享誉全国的大草原“乌兰牧骑”也演出来……

他们一来，都和当地社员实行“三同”：同吃、同住、同劳动。在田垅扮禾，插秧，歇气休息时，演员站起就为社员唱歌、唱戏、唱弹词，社员乐得嗬嗬大笑，他们也趁机收集一些生活素材，进行新的创作。他们和当地农民结下深厚的情谊。数十年后，李谷一、龚谷音（俩人系《补锅》兰英、刘大妈饰演者）等看见笔者，都忙着问武塘，问她们当年住的房东，竟还是那么地亲切，那么地深情……

当时，省群众艺术馆也来。与抛砖屋场隔一口池塘，他们专门砌一栋房子，省《群众艺术》编辑部全部搬来居住，办公。他们在这里辅导农民开展多种群众文化活动，并培养龙罗生、王志坤、章资超等一批农民作者。直到文化革命开始，他们才撤回省城。“文革”结束后，他们把这栋房子送给当地公社文化站，以延续“文化”的使命。

那几年中，周立波组织、协调省会大批文艺工作者在这里劳动、学习、体验生活，他自己更对这里产生深厚的感情。1965年秋天，他告笔者说，省文联想在武塘格外租一栋房子，让作家来体验生活。他也想在这里多住几年，以此为素材，晚年再在这写一部长篇。

笔者带他看几处地方，他都不甚满意。最后，笔者带他进武塘斋公冲，这里山冲幽静，鸟语花香，他一下就喜欢上。这栋古屋正门门楣，悬写一幅老对联：鸡谈世业，蚁渡家声。他站着看好久，沉思着说：这幅对联，还有点意思。

不久，文化大革命开始，从此，周立波再没有回来……

数年后，武塘农民看到报纸上刊发的周立波逝世讣告，都不胜惋惜：唉，又走了一位好老人！

（八）书记送清泉

每当干旱时节，望着那从春华渡槽欢快奔来的哗哗流水，流进干涸的农田，救活、滋润着满垅的禾苗，我们就不由想起两届省委书记！当年，是他们，深入田间地头，时刻关心我们的生产，关心着农民的疾苦，并率领我们春华人民，经过数年奋战，修起这座高架渡槽；也是他们，将这汩汩清泉，年年送进这干渴待灌的万亩农田，也流进我们的心里……

一进春华境内，老远你就能看见那巍峨雄伟的春华渡槽，十里飞虹，横空出世，若苍龙出海，在那丽日蓝天中游弋……

每逢盛夏金秋，湖南省这座最长、最高的高架渡槽，就开始开槽放水，渠水在云天中流淌，唱着欢歌，奔向那广袤的田野；一路欢歌，叙说着它光辉灿烂的历程……

二十世纪五十年代，其时的湖南省委书记张平化到春华蹲点。他率人深入调查后，为解决其境内春华、谷塘、黄花等几个乡镇的干旱困境，即争取到国家投资200万，春华人民投工7万多个，在春华、大鱼境内，修建起一座农村中型水库——红旗水库。

二十世纪六十年代，为让红旗渠水流灌谷塘、黄花境内，平化书记又派专人勘测、绘图，准备修建春华大型渡槽，引水西渡，可因爆发文化大革命而搁浅。

1967年，新一届省委书记毛致用又到春华蹲点。解上述情况后，他亲自去争取国家水利投资500万元，尔后，春华、谷塘、黄花等乡镇人民，共投工6万个，终于修建起我省这座跨度最长、最高的大型水利设施——春华渡槽。

春华渡槽东起武塘移山，飞渡捞刀河，跨越武塘、春华两村数千亩农田上空，直落天鹅山山嘴。尔后哗哗流淌几十里，直奔谷塘、黄花，灌溉滋润着其数万亩干涸的农田。

看着这滚滚而来的清水，这里的老人说：它不但救活我们的禾苗，它还救活我们的天鹅呢！原来，这天鹅山之名，源自于一个美丽的传说。很古很古的时候，这里十年九旱，抗不住苦旱的煎熬，飞禽水鸟，都含泪离去……可那只最大的白天鹅，舍不得这生它养它的故乡，硬是守在这里。一月，两月过去，一年，两年过去，这只白天鹅终于干死在这里，变成这座大山。人们为纪念它对故乡的忠贞，特将这座大山叫为天鹅山。千百年来，人们多盼这高山来水，来救活这里的禾苗，玉米，来救活这人们珍爱的天鹅呵！

那年勘探绘图，不知是巧合，还是设计师想圆人们这个美梦，他们真把大渡槽的落水口选在天鹅山！你看，渠水一进天鹅山，天鹅就活，“嘎嘎”

地欢叫着，象箭一样，振翅飞上蓝天……当然，这是个美丽的传说。这段佳话，叙说着春华人民对故乡的深情……

春华渡槽已列为湖南省重点文物保护单位。春华渡槽全长2100米（相当于湘江大桥的两倍），是我省目前为止最长，最高的高架渡槽。远远望去，它气势恢宏，雄伟壮观，似一道人间彩虹，横际于天地之间，成为我省一道亮丽的水利风景线，一幅绮丽的田园风景图，一处游人争睹的旅游景点。它不仅吸引着国内的游客，还引来日本、美国、斯里兰卡、西欧等众多国际友人前来观光，旅游。沿着层层石级，攀上没入云天的渡槽最高处，迎着飒飒天风，他们用力地挥舞着帽子，纱巾，狂喊着“OK，OK！”尽情地，贪婪地浏览着中国的壮丽山河……

半个世纪来，春华渡槽的潺潺清泉，不舍昼夜地流淌；她用母亲般的乳汁，灌溉、滋润着春华、黄花两乡镇数万亩农田，就连两地一些干旱死角，高岸田，也因有春华渡槽汩汩流来的渠水，而能保其年年丰收。春华渡槽的修建，惠及子孙，恩泽世代；可以说，它的价值评估是无法计算的，是无限的，是永恒的。

（九）程潜送藏书

武塘大镜园是张平化书记的试验山，经数年修整，这座山从山脚到山顶，都成层层梯田。这里春种棉花，冬栽油菜，油菜杆子长得酒杯粗，棉花炸苞碗口大；春天，满山油菜花开，金黄似海，秋天，漫山棉开，洁白如云。这山终年花香弥漫，观赏者常年人来人往……

那些年，平化书记差不多有一半日子住在这里。要是去省城开会，回武塘，一下车就往山上跑。程潜省长来，也最爱上这山看看。省长年岁已高，身体也不太好，上山时，随从搀扶；有时，书记也搭上一把手。省长喘着气说：“书记，您点上真有东西看呵！”

书记忙纠正：“不，省长，这也是您的点啦。是省委的点，是我俩的点哩！”

省长呵呵笑：“沾光，沾光！”

“颂公（平化书记有时也这样尊呼省长），有个事想和您商量，我们想在春华办一所红专夜校，利用晚上和农闲上课，一周两次；学文化，学政治，学农科技术。对象主要是基层干部，青年农民。”

省长眼睛一亮：“好事哟，好事！”

“到时还得请您上上课喃！我们还想倡议，为夜校捐点书籍”

省长满口答应。数天后，果然，省长来春华时，竟为夜校送来一大卡车书，数万册呢。平化书记惊问：“颂公，怎么这么多？”

省长呵呵笑道：“我在省政府机关一动员，号召每人捐两本书，多多亦善。这不，一下就捐这么多！”

他的秘书笑告：“省长回去清一天，他把自家三千册藏书，也全部捐献呢。”

省长的捐书格外码着，平化书记一看，那大都是线装书和古文书籍。书记知道，这都是老省长的心爱之物。省长是饱学儒家，一生爱书。

红专夜校举行开学典礼后，平化书记提议：请省长上第一课。程潜省长欣然答应。红专夜校就设在春华山老街的公社文化站里，那天在抛砖屋场早早吃过晚饭后，省长坚持不要车送，他和随行人员慢慢步行。从这里到春华老街，有近两华里的路程，走在飘溢着稻香的田垅里，省长心情格外轻松，愉悦；当走进春华那条麻石老街时，省长说，直想去看看当年长沙和平解放条文的签约地。当公社社长引着他走到恒丰楼，告诉他，这就是当年签订条文的地方时，老省长格外兴奋，前后到处看，他高兴地说：“这地方我晓得，签条文那年我没来，我派程星龄、罗文浪他们来的。和解放军代表在这里一签约，长沙就宣布和平解放！这地方好，好，有历史纪念意义！”

那晚听说是程潜省长来上课，全公社的基层干部都来，周围好多农民，亮着手电，也自发的来；人太多，只能临时把教室改到礼堂，礼堂都挤得满满的。

那晚省长就是讲党的统一战线。不知是触景生情，还是有感而发，面对眼前春华山这长沙和平解放条文的签约地，他异常兴奋，甚而有点亢奋。他一反往常的柔声细语，而声音宏亮，中气实足，差不多讲两个钟头，他详细回忆湖南和平解放过程中他亲身的经历。这位国民党元老以亲身之历，深有感触地颂扬共产党和毛主席统一战线的政策之英明伟大。

他深情地说：解放前，我主政湖南，是湖南省政府主席。和平解放后，毛主席一再坚持，仍然要我任湖南省省长。毛主席还派和我一道起义的陈明仁将军去镇守海南，任驻军司令，那可是面对台湾，面对蒋介石的最前线呀！他对我们如此放心，由此看出，党中央和毛主席对我们这些起义投诚的将领，是多么地看重，又是多么的信任呵……

以后，程潜省长又连续为红专夜校讲过几堂课。那些有点文化的基层干部、农民，听着他那发自内心肺腑的讲课，读着盖有他印章的藏书时，对这位老省长的深情，更多一份感触……（章资超）

秀美山川

北山森林公园

丰梅岭水库　　（北山镇 提供）

北山省级森林公园是2013年8月2日经湖南省人民政府《关于同意建立苏仙五盖山登6处省级森林公园的批复》（湘政函〔2013〕148号）公布的省级森林公园。公园位于长沙县西北部的北山镇，东与长沙县安沙镇接壤，南与长沙市开福区毗邻，西与长沙市望城区交界，北与汨罗市相连。公园地理坐标为北纬30° 40′ ~ 28° 23′，东经112° 58′ ~ 113° 04′，总面积3374.5公顷，其中林地面积3007.9公顷。

公园距长沙县城15千米，距长沙市区15千米，属长衡丘陵盆地的北部，幕阜山脉，境内山体呈南北走向，南北长12.2千米，东西宽7.3千米，范围涉及北山镇内七个村（社区），分别是北山村、蒿塘社区、荣合桥社区、牌楼村、福高村、明月山村、石常村。公园一般海拔在300.0米以下，最高海拔为明月山，也是全县最高峰，海拔662.6米；最低为福高村的上坡，海拔为62.0米。地貌类型以丘陵为主。

森林园内森林资源丰富，分布着大面积外貌深绿、林相较好的马尾松林，面积达670公顷；观赏性极高的毛竹林及人工杉木林，面积分别达400公顷、220公顷，公园整体森林覆盖率90%以上。公园内水资源十分丰富，庙王河、峰明河（湖）流水终年不断，英波冲、白溪冲、丰梅岭、北山四大水库，总流域面积达17.65平方千米，总库容量1053.9万立方米。园内森林茂密，人口较少，径流长年不断，水质、空气优良。森林公园内动植物资源丰富，共有种子植物118科、387属、657种，共有保护植物19种；公园共记录野生动物170种，隶属5纲26目63科。

风景如画的丰梅岭、巍峨壮丽的明月山、气势磅礴的青坪瀑布、竹叶婆娑的毛竹林，北山省级森林公园以森林资源景观为主体，融地文、水文、天象和人文景观于一体，各类景观单体优良，且互为补充，为现代人提供了一个回归自然的修身养性之地。

公园建设注重以自然风光、康体养生和文化体验为重点，以具有北山特色的丰梅文化和“福、茶、书、画”文化为方向，通过完善基础设施、服务设施和游览设施等吸引游客人流，正逐步成为和谐、自然、生态的城市“绿肺”和天然氧吧，集休闲度假、生态养生、健身康体、文化体验等功能于一体的城郊综合型森林公园。

2017年6月，《湖南长沙北山省级森林公园总体规划（2017—2025）》获省林业厅批复同意。　　（北山镇）

大山冲森林公园

大山冲森林公园位于长沙县东部路口镇境内，地理坐标为北纬28° 23′ 58″ ~ 28° 24′ 58″，东经113° 17′ 46″ ~ 113° 19′ 8″。交通便捷，距省会长沙市约46千米，距路口集镇1千米，紧邻省道207线，公园土地总面积525.3公顷，其中国有186公顷，绿化覆盖率98%，森林覆盖率80%以上。

公园内山体密集，山冲众多，群峰叠翠，古树参天，动植物种类繁多，溪水潺潺，空气清新，气候宜人，游人春可览茫茫花海，夏可乘林海清凉，秋可眺金果红叶，冬可赏玉琢冰雕，自然风景相当优美。同时张吴二姓人家山林权属之争的传奇故事，中国军队抗击日寇入侵时留下的战壕遗址，以及与公园相隔不到0.5千米的东兴庵旺盛的香火等人文景观，更添公园魅力。

公园山系为幕阜山余脉的西缘，最高峰为乔才坨，海拔216米，最低处为秧田坝，海拔55米，相对高差为161米，地貌属高丘陵型，总地势为从东南向西北倾斜，形成一个东南—西

大山冲森林公园 （路口镇 提供）

北向长约2.5千米，东北—西南向宽约1千米的山体密集型狭长主山冲，另有十几条岔山冲与之相连，自然风景空间类型为井式。

公园地处中亚热带东南季风湿润气候区，由于受小地形影响，加上植被良好的原因，形成了特殊小气候。光照时数要比周边少，空气湿度较周边大。特别是夏季，周边地区热浪炙人，公园内却凉爽宜人。

公园内植物有430种之多，堪称长沙县的植物园，国内一级保护珍稀植物，如曾轰动世界的一枝叶片可换回五吨钢材的“活化石”——水杉林，珍稀植物有红豆杉，誉满全球的中国“鸽子树”珙桐和最新引种的台湾杉、福建柏等；野生动物有野猪、麂子、野兔、野鸡、野鸭、白鹭、斑鸠、喜鹊、穿山甲、蛇类、螃蟹等50种。公园内胸径在40厘米以上的大树比比皆是。植物季相易燃明显，色彩斑斓，极具观赏价值，如生长在塘坡中的池杉，由于受季节性水淹的影响，树干基部膨大成纺锤形，形状奇特。

公园内水资源丰富，坐落在东南方向方两座小（1）型水库汇水面积2.15平方千米，总库容为267万立方米，可利用水面26.6公顷。主题公园内溪水清澈见底，常年长流不断。环境幽雅，空气清新，负离子含量多，是天然的氧吧。 （路口镇 提供）

公交指南

第一部分 市县对接公交

★ X115 路（华湘安置区—火车南站东广场）

经营企业：通畅巴士

投诉热线：84088681

营运时间：夏季：6:00—21:00 冬季：6:00—20:30

发车间隔：高峰 6 ~ 8 分钟 / 趟，平峰 10 ~ 12 分钟 / 趟

线路走向：由华湘公交基地出发。经漓湘路、（左转）东六路、（右转）盼盼路、（左转）东四路、（右转）新安路、（左转）东二路、（右转）远大路、（左转）红旗路至火车南站东广场，线路全场 18 千米。（本线路长沙市内走向及停靠站点必须经市交通局批准）。

上行：华湘公交基地、湘丰装备、丰源迪美、湖南质检、包装厂、警校北门、康桥长郡、方略潇邦、东城茗苑、圣利华苑、电力职院东、电力职院、物流学院、张村路口、新安安置区、农科院北门、农科院、红旗路白竹坡路口、红旗路人民东路口、格田、农大西门、托溪小学、红旗路劳动路口、东山街道、火车南站东广场。

下行：火车南站东广场、东山街道、红旗路劳动路口、托溪小学、 农大西门、 格田、红旗路人民东路口、红旗路白竹坡路口、农科院、农科院北门、新安安置区、张村路口、物流学院、电力职院、电力职院东、圣利华苑、东城茗苑、方略潇邦、康桥长郡、警校北门、包装厂、湖南质检、丰源迪美、湘丰装备、华湘公交基地。

★ X116 路（海吉星市场—锦泰广场）

经营企业：通畅巴士

投诉热线：84088681

营运时间：6:00—19:30

发车间隔：高峰 10 分钟，平峰 15—20 分钟。

线路走向：

从海吉星市场发车，（直行）黄江大道、（右转）黄兴大道、（左转）人民东路、（右转）望龙路、（左转）远大路、（左转）二环线至锦泰广场。

停靠站点：

上行：海吉星市场、海吉星招呼站、打卦岭、黄江公路口、北溪路口、花园路口、桂花大道口、中轴大道口、磁浮㮾梨站、秋江西路口、福中路口、城市花园、八寺槽门、北汽福田、蓝思科技（㮾梨厂区）、梨江中学、紫东苑、黄兴大道口、东六路口（东）、东六路口（西）、东四路口、经四路口、东湖路口、合平路口、合平村、科教路口、红旗路口、望龙路人民路口、白竹坡路口、马坡岭小学、张公岭（东）、张公岭、东大门、汽车东站、东屯渡桥东、东屯渡桥西、远大路古曲路口、陶家山、马王堆、火星镇、锦泰广场

下行：锦泰广场、荷花路口西、杨家山北、杨家山北、荷花路口东、锦泰广场、火星镇、马王堆、陶家山、远大路古曲路口、东屯渡桥西、东屯渡桥东、汽车东站、东大门、张公岭、张公岭东、马坡岭小学、白竹坡路口、望龙路人民东路口、红旗路口、科教路口、合平村、合平路口、东湖路口、经四路口、东四路口、东六路口（西）、东六路口（东）、黄兴大道口、紫东苑、梨江中学、蓝思科技（㮾梨厂区）、北汽福田、八字槽门、城市花园、福中路口、秋江西路口、磁浮㮾梨站、中轴大道口、桂花大道口、花园路口、北溪路口、黄江公路口、打卦岭、海吉星招呼站、海吉星市场。

★ X103 路（上海大众—火车站）

经营企业：通畅巴士

投诉热线：84088681

营运时间：6:00—19:30

发车间隔：高峰 10 分钟，平峰 15—20 分钟。

线路走向：

上行：从上海大众出发经大众南路、（左转）梨江大道、（右转）黄兴大道、（左转）东升路、（右转）东六路、（左转）龙华路、（直行）长㮾路、（左转）人民路、（右转）望龙路、（左转）远大路（左转）东二环、（右转）人民路、（右转）车站路至火车站。

下行：从火车站出发经车站路、（右转）远大路、（右转）望龙路、（左转）人民路、（右转）长㮾路、（直行）龙华路、（右转）东六路、（左转）东升路、（右转）黄兴大道、（左转）梨江大道、大众南路至上海大众。

线路站点：

上行：上海大众、上海大众（南）、弘广物流、上海大众（北）、保家安置区（东）、保家安置区、湖南开关、博能科技、汇丰家俬、梨江大道口、八字槽门、自来水厂、㮾梨国土所、㮾梨街道（卫生院）、㮾梨法庭、东六路口、陶公庙、县二医院、庄家岭、湾塘、东四路口、东湖路口、合平路口、合平村、科教路口、红旗路口、望龙路人民路口、

白竹坡路口、马坡岭小学、张公岭（东）、张公岭、东大门、汽车东站、东屯渡桥东、东屯渡桥西、长沙血液中心、陶家山、马王堆、火星镇、锦泰广场、荷花路口、杨家山西、金苹果大市场、长沙火车站。

下行：长沙火车站、五里牌、三湘大市场、火星镇、马王堆、陶家山、长沙血液中心、东屯渡桥西、东屯渡桥东、汽车东站、东大门、张公岭、张公岭东、马坡岭小学、白竹坡路口、望龙路人民东路口、红旗路口、科教路口、合平村、合平路口、东湖路口、东四路口、湾塘、庄家岭、县二医院、陶公庙、东六路口、榔梨法庭、榔梨街道（卫生院）、榔梨国土所、自来水厂、八字槽门、梨江大道口、汇丰家俬、博能科技、湖南开关、保家安置区、保家安置区（东）上海大众（北）、弘广物流、上海大众（南）、上海大众。

★ X111 路（松雅小区—善塘）

经营企业：通畅巴士

投诉热线：84088681

营运时间：夏季：6:00—21:00　冬季：6:00—20:30

线路走向：

从松雅湖发车，经星沙大道、（右转）开元路、（左转）天华路、（左转）北斗路、（右转）星沙大道、红旗路、（右转）香樟路、（左转）体院路、（右转）木莲路、（左转）香月路、（右转）湘府路至广电产业园。

停靠站点：

上行：善塘、泰禹家园、香月路木莲路口、木莲路沙湾路口、中南院学校、中南院、龙骧巴士公司、圭塘、长托、东山村、火车南站东广场、东山街道、红旗路劳动路口、雨花区托溪小学、湖南农业大学西门、格田、红旗路人民东路口、红旗路白竹坡路口（大汉建材城）、农科院、东门尚苑、板桥小学（东）、楚天世纪城、可口可乐、楚天中苑、星沙汽车站（南）、星沙汽车站、二区市场、盼盼小学、凉塘路口、易初莲花、星 沙中学、县广电局、茶叶市场、东一路首末站。

下行：东一路首末站、东二路口、茶叶市场、县广电局、星沙中学、易初莲花、凉塘路口、盼盼小学、二区市场、星沙汽车站、星沙汽车站（南）、楚天中苑、可口可乐、楚天世纪城、板桥小学（东）、东门尚苑、农科院、红旗路白竹坡路口（大汉建材城）、红旗路人民东路口、格田、湖南农业大学西门、雨花区托溪小学、红旗路劳动路口、东山街道、火车南站东广场、东山村、长托、圭塘、龙骧巴士公司、中南院、中南院学校、木莲路沙湾路口、香月路木莲路口、泰禹家园、善塘。

★ 114 路（火车站—黄花机场）

经营企业：湖南巴士

营运时间：6:30—18:30

投诉电话：84127641

票价：二元

线路走向：由火车站发车，（右转）远大路、（左转）黄花路、（右转）黄谷路、（左转）远大路、（右转）机场专用道至黄花机场，往返运行。

停靠站点：

上行：长沙火车站、五里牌、火星镇、马王堆、陶家山、远大路古曲路口（长沙东大医院）、东屯渡桥西、东屯渡桥东、汽车东站、东大门、张公岭、张公岭东、马坡岭、马坡岭东、红旗路口、农科院北门、司法警官学校、泉塘、泉塘市场、砖厂、市看守所、长沙县一中（北）、黄兴大道口、警校、东九路口、丁家岭、丁家粮库、排头铺西、合心路口、观山村、地税局、黄花新街、长沙县六中、黄花集镇、黄花老街、空港国际星城（小塘安置区）、黄垅、黄花工业园、机场口、青牛培训基地（毛公塘）、航空物流、黄花机场。

下行：黄花机场、航空物流、毛公塘、机场口、黄花工业园、黄垅、空港国际星城（小塘安置区）、黄花老街、黄花集镇、长沙县六中、黄花新街、地税局、观山村、合心路口、排头铺西、丁家粮库、丁家岭、东九路口、警校、黄兴大道口、长沙县一中（北）、市看守所、砖厂、泉塘市场、泉塘、司法警官学校、农科院北门、红旗路口、马坡岭东、马坡岭、马坡岭小学、张公岭东、张公岭、东大门、汽车东站、东屯渡桥东、东屯渡桥西、远大路古曲路口（长沙东大医院）、陶家山、马王堆、火星镇、锦泰广场、荷花路口、杨家山北、高建市场（杨家山西）、人民路立交桥北、长沙火车站。

★ 362 路（火车站—湖南警察学校北门）

经营企业：湖南巴士

营运时间：6:30—19:00

投诉电话：84127641

票价：二元

线路走向：由火车站发车，（右转）远大路、（左转）东二路、（右转）新安路、（左转）东三路、（右转）盼盼路、（左转）东六路、（右转）漓湘路至湖南警察学院北门、往返运行。

停靠站点：

上行：长沙火车站、五里牌、火星镇、马王堆、陶家山、远大路古曲路口（长沙东大医院）、东屯渡桥西、东屯渡桥东、汽车东站、东大门、张公岭、张公岭东、马坡岭、马坡岭东、红旗路口、农科院北门、新安安置区、张村路口、物流学院、东三路口、橄榄城（创业乐园）、电力职院、电力职院东、圣力华苑、东城名苑、方略萧邦、康桥长郡（北）、警校北门。

下行：警校北门、康桥长郡（北）、方略萧邦、东城名苑、圣力华苑、电力职院东、电力职院、创业乐园、东三路口、物流学院、张村路口、新安安置区、农科院北门、红旗路口、马坡岭东、马坡岭、马坡岭小学、张公岭东、张公岭、东大门、汽车东站、东屯渡桥东、东屯渡桥西、远大路古曲路口（长沙东大医院）、陶家山、马王堆、火星镇、锦泰广场、荷花路口、杨家山北、高建市场（杨家山西）、人民路立交桥北、长沙火车站。

★ 127 路（火车站—东一路公交站）

经营企业：湖南巴士

营运时间：6:30—21:30

投诉电话：84127641

票价：二元

线路走向：由火车站发车，（右转）远大路、（左转）长星路、（右转）盼盼路、（左转）板仓路、（右转）望仙路、（左转）天华路、（右转）灰埠路、（右转）星沙大道、（左转）特立路、（左转）东一路至东一路公交站，回程由东一路公交站发车，（左转）东二路、（左转）滨湖路、（左转）星沙大道、（右转）灰埠路、（左转）天华路、（右转）望仙路、（左转）板仓路、（右转）盼盼路、（左转）长星路、（右转）远大路、（直行）八一路、（左转）晓园路、（左转）五一大道至火车站。

停靠站点：

上行：长沙火车站、五里牌、火星镇、马王堆、陶家山、远大路古曲路口（长沙东大医院）、东屯渡桥西、东屯渡桥东、汽车东站、东大门、张公岭、锦林社区、长星路高家坡路口、隆平高科技园、盼盼路长冲路口、中岸生物、千山药机、新长海广场、星沙一桥、金茂路口、聚鑫市场、楚天家园、县财政局、特立公园（西）、大众传媒学院、长沙卫生职业学院、茶叶市场、东一路公交站。

下行：东一路公交站、星沙大道口、长沙卫生职业学院、大众传媒学院、县劳动局、县工商局、楚天家园、聚鑫市场、金茂路口、星沙一桥、新长海广场、千山药机、中岸生物、盼盼路长冲路口、隆平高科技园、长星路高家坡路口、锦林社区、张公岭、东大门、汽车东站、东屯渡桥东、东屯渡桥西、远大路古曲路口（长沙东大医院）、陶家山、马王堆、火星镇、南湖大市场、蓉园路口、晓园路、长沙火车站。

★ 158 路（火车站—东一路公交站）

经营企业：湖南巴士一公司

营运时间：6:30—19:00

投诉电话：84127641

票价：二元

线路走向：由火车站发车，经车站路、（右转）远大路、（左转）东二环、（右转）鸭子铺路、（左转）万家丽路、（右转）三一大道、（右转）汽配城路、（左转）时钟路、（右转）开元路、（左转）东升路、（右转）特立路、（左转）东一路至东一路公交站，往返运行。（2016 年 5 月 24 日起因特立路西霞路口由东往南禁止左转改道）。

停靠站点：

上行：长沙火车站、五里牌、南湖大市场、南湖大市场东、省教育厅、芙蓉苑、火炬村、省血液中心、朝阳村、马栏山、广电中心（会展中心）、世界之窗、省高管局、紫晶城、星沙汽配城、汽贸城、中南二手车市场、中南物流园、筑梦园、湘绣城、县公安局（西）、县交通局、县乡镇企业局、特立公园、长沙师范学院、茶业市场、东一路公交站。

下 行：东一路公交站、茶业市场、长沙师范学院、特立公园、县乡镇企业局、县交通局、县公安局（西）、湘绣城、筑梦园、恒广国际景园、中南物流园、中南二手车市场、汽贸城、星沙汽配城、紫晶城、世界之窗、广电中心（会展中心）、月湖公园、马栏山、朝阳村、省血液中心、火炬村、芙蓉苑、省教育厅、南湖大市场东、锦泰广场、荷花路口、杨家山北、高建市场（杨家山西）、人民路立交桥北、长沙火车站。

★ 136 路（火车站—东一路站）

经营企业：湖南巴士

营运时间：6:30—21:00

投诉电话：84127641

票价：二元

线路走向：由火车站发车，（右转）车站路、（左转）

八一路、（右转）迎宾路、（左转）东风路、（右转）三一路、（左转）东二环、（右转）洪山路、（右转）万家丽路、（左转）三一路、（左转）卫星路、（右转）凉塘路、（左转）时中路、（右转）开元路（左转）东升路、（右转）特立路、（左转）东一路至东一路公交站，往返运行，往返运行。

停靠站点：

上行：长沙火车站、蓉园路口、省公安厅、袁家岭、省军区、烈士公园南门、省博物馆（烈士公园西门）、砚瓦池、下大垅、王家垅、九尾冲、国防科大、喻家冲、百花园路口、德雅路口、洪山桥（163医院）、长沙大学、月湖公园北、山月路口、月湖公园、广电中心（会展中心）、世界之窗、省高管局、中南汽配城（博达物业）、五金机电城、卫星北路、中南物流（筑梦园）、湘绣城、县公安局（西）、县交通局、县乡镇企业局、特立公园、长沙师范、茶叶市场、东一路公交站。

下行：东一路公交站、茶叶市场、长沙师范、特立公园、县乡镇企业局、县交通局、县公安局（西）、湘绣城、筑梦园、中南物流、卫星北路、五金机电城、中南汽配城（博达物业）、世界之窗、广电中心（会展中心）、月湖公园、山月路口、月湖公园北、长沙大学、洪山桥（163医院）、德雅路口、百花园路口、喻家冲、国防科大、九尾冲、王家垅、下大垅、砚瓦池、省博物馆、烈士公园西门、烈士公园南门、省军区、袁家岭、省公安厅、晓园路、长沙火车站。

★ 204路（蓝思科技（榔梨）—新城新世界）

经营企业：宝骏巴士公司

投诉热线：84088681

营运时间：6:00—20:30

线路走向：从蓝思科技榔梨厂区出发，经东十路（左转）文明路（右转）黄兴大道（左转）盼盼路（右转）东六路（左转）漓湘路（左转）星沙大道（右转）盼盼路（左转）亚大路（右转）远大路（右转）双杨路（左转）营盘路（左转）万家丽路（右转）古汉路（左转）马王堆路至新城新世界。

停靠站点：

上行：蓝思科技（榔梨厂区）、梨江中学、紫东苑、人民东路口（广汽菲亚特）、泉塘小区三期、县一中、博雅湘水湾、泉塘安置区、电力职院（东）、圣力华苑、星城国际、长丰猎豹、山河智能、蓝思科技（曙光集团）、新奥燃气、楚天世纪城、板桥小学（东）、板桥小区、中岸生物、长冲路口、亚大公司、张公岭、东大门、汽车东站、双杨路远大路口、双杨路桐西路口、高家坡路安油路口、营盘路浏阳河大桥东、新桥（审计厅东门）、古汉路口、马王堆医院南、马王堆路凌霄路口、马王堆市场、惠泽园、芙蓉中学、荷花路口、樟木坝、马王堆路人民路口、马王堆路朝晖路口、马王堆路高桥大市场北、马王堆路长沙大道口、新塘垅小区、马王堆南路、马王堆劳动路口（新城新世界）。

下行：马王堆劳动路口（新城新世界）、马王堆南路、新塘垅小区、马王堆路长沙大道口、马王堆路高桥大市场北、马王堆路朝晖路口、马王堆路人民路口、樟木坝、荷花路口、芙蓉中学、惠泽园、马王堆市场、马王堆路凌霄路口、马王堆医院南、古汉路口、新桥（审计厅东门）、营盘路浏阳河大桥东、高家坡路安油路口、双杨路桐西路口、双杨路远大路口、汽车东站、东大门、张公岭、亚大公司、长冲路口、中岸生物、板桥小区、板桥小学（东）、楚天世纪城、新奥燃气、蓝思科技、山河智能、长丰猎豹、星城国际、圣力华苑、电力职院（东）、泉塘安置区、博雅湘水湾、县一中、泉塘小区三期、人民东路口（广汽菲亚特）、紫东苑、梨江中学、蓝思科技（榔梨厂区）。

★ X208线（该线路暂开到汽车北站）

经营企业：星沙公司

投诉热线：84012811

营运时间：6:00 — 18:00

线路走向：

北山新区、北山大道、（左转）X037、（右转）新联路、（左转）芙蓉北路、华夏，该线路单程24.5千米，拟投入运力25台。

停靠站点：

上行：北山、石子坳、沙坪镇、沙坪湘绣研究所、沙坪湘绣文化广场、上浅塘、谭家老屋、陈冲、大明、中青路长青路口、高源村、卫星桥、市一医院北院、兴联路彭家巷路口、竹隐村、高岭国际商贸城、兴联路植基路口、兴联东路西口、戴家河、兴隆村、车辆检测站、金霞苑、汽车北站、开福区政府、马厂、新码头、陈家湖、伍家岭北、华夏、华夏首末站。

下行：华夏首末站、华夏、伍家岭、北陈家湖、新码头、马厂、开福区政府、汽车北站、金霞苑、车辆检测站、车辆检测站、兴隆村、戴家河、兴联东路西口、兴联路植基路口、竹隐村、高岭国际商贸城、兴联路彭家巷路口、市一医院北院、卫星桥、高源村、中青路长青路口、大明、陈冲、谭家老屋、上浅塘、沙坪湘绣文化广场、沙坪湘绣研究所、沙坪镇、石子坳、北山。

★ 216 路（湖南省艺术学院—高岭商贸城）

经营企业：宝骏巴士

营运时间：冬 6:30—20:00，夏 6:00—20:30

发车间隔：15 分钟

投诉电话：89679188

票价：二元

线路走向：从黄兴大道停车场始发—经黄兴大道—（右转）望仙路—（左转）东七路—（右转）凉塘路—（左转）东一路—（右转）三一路—（左转）时中路—（右转）博展路—（左转）锦绣路—（右转）三一大道—（右转）车站北路—（右转）福元西路—（左转）东二环—（右转）双河路—（左转）兴联路高岭商贸城。

停靠站点：上行：黄兴大道停车场、望仙路口、光大燃气、城东小区（东）、睿城小区、睿城小区（南）、百熙实验学校、三一重工（北）、盼盼二小、幸福里（南）、经开区（东）、经开区（南）、步行街、星沙购物中心、星沙文化公园、三一桥西、蒸湘路物贸路口、二手车市场、天潮长安汽车、世界之窗、广电中心（会展中心）、德雅路口、百花园路口、天都、学堂园路口、车站北路福元路口、海棠子、环线路口、凤羽小学、中岭小学、彭家巷口、向家湾、市一医院北院、兴联路彭家巷路口、竹隐村、高岭国际商贸城。

下行：高岭国际商贸城、竹隐村、兴联路彭家巷路口、市一医院北院、向家湾、彭家巷口、中岭小学、凤羽小学、环线路口、车站北路福元路口、学堂园路口、喻家冲、百花园路口、德雅路口、广电中心（会展中心）、世界之窗、省高管局、天潮长安汽车、二手车市场、蒸湘路物贸路口、三一桥西、星沙文化公园、星沙购物中心、步行街、经开区（南）、经开区（东）、幸福里（南）、盼盼二小、三一重工（北）、百熙实验学校、睿城小区（南）、睿城小区、城东小区（东）、光大燃气、望仙路口、滨湖路口、黄兴大道停车场。

★ 217 路（东一路公交首末站—雷锋大道口）

经营企业：宝骏巴士

营运时间：6:00—20:00

投诉电话：89679188

票价：二元

线路走向：东一路公交首末站—经东二路—（右转）开元路、福元路—（右转）芙蓉路—（左转）盛世路过福元路大桥—（左转）银杉路—（右转）茶子山路—（左转）岳华路—（右转）杜鹃路至杜鹃路雷锋大道口。

停靠站点：

上行：杜鹃路雷锋大道口、杜鹃路杜容路口、窑塘村、望岳办事处、市委、八方小区、橘洲移民小区、金岭小区、银杉路茶子山路口、金麓小区、长巷子、福元路大桥银杉路口、开福区政府南、开福区政府、渔业分场、陈渔路口、八家大屋、海棠子、福元路洪山路口、环线路口、长大附中、福元路山月路口、工程兵学院西、福元东路、骏豪路口、筑梦园、湘绣城、县公安局、易初莲花、县邮电局、幸福里、凤凰城小区（东）、松雅湖中学（西）、东一路公交首末站。

下行：东一路公交首末站、松雅湖中学（西）、凤凰城小区（东）、幸福里、县邮电局、易初莲花、县公安局、湘绣城、筑梦园、骏豪路口、福元东路、工程兵学院西、福元路山月路口、长大附中、环线路口、福元路洪山路口、海棠子、八家大屋、陈渔路口、渔业分场、开福区政府南、福元路大桥银杉路口、长巷子、茶子山小区、银杉路茶子山路口、金岭小区、橘洲移民小区、八方小区、市委、望岳办事处、窑塘村、杜鹃路杜容路口、杜鹃路雷峰大道口。

★ 808 路（丁家岭—中山亭）

经营企业：宝骏巴士公司

投诉热线：84088681

营运时间：夏季 6:00 —21:00 冬季 6:00 —21:00

线路走向：从通畅巴士基地出发，经东十路（左转）丁家岭路（右转）东九路（左转）漓湘路（右转）东二路（左转）北斗路（右转）板仓路（右转）开元路（左转）天华路（左转）特立路（左转）东升路（右转）开元路（左转）万家丽路（右转）洪山桥路（右转）过洪山桥（右转）三一路（右转）德雅路（左转）双拥路（左转）车站北路（右转）营盘路过年嘉湖隧道（左转）黄兴北路至中山亭。

停靠站点：

上行：通畅巴士基地、丁家岭安置区、丁家岭小学、华夏实验学校、警校北门、方略潇邦、东城名苑、星城国际、长丰猎豹、山河智能、维胜科技、县实验中学、三一宿舍、星沙汽车站（南）、星沙一桥、三一路口、聚鑫市场、楚天家园、县政府、山水人家、县乡镇企业局、县交通局、县公安局（西）、湘绣城、筑梦园、骏豪路口、福元东路、工程兵学院、洪西村、洪山路山月路口、月湖公园北、长沙大学、洪山桥（163 医院）、德雅路口、德雅路口北、双拥路、学堂园路口、天都、三一大道口、丝茅冲北、跃进湖、兑泽街（烈士公园东门）、新华联（王府花园）、长沙市一中、市一医院（三公里）、省中医院（巡道街）、培元桥、中山亭。

下行：中山亭、省中医院（巡道街）、市一医院（三公里）、长沙市一中、新华联（王府花园）、兑泽街（烈士公园东门）、跃进湖、丝茅冲北、三一大道口、喻家冲、百花园路口、德雅路口、洪山桥（163医院）、长沙大学、月湖公园北、洪山路山月路口、洪西村、工程兵学院、福元东路、骏豪路口、筑梦园、湘绣城、县公安局（西）、县交通局、县乡镇企业局、特立公园、传媒公寓、县政府、楚天家园、聚鑫市场、三一路口、星沙一桥、星沙汽车站（南）、三一宿舍、县实验中学、维胜科技、山河智能、长丰猎豹、星城国际、东城名苑、方略潇邦、康桥长郡（北）、警校北门、华夏实验学校、丁家岭小学、丁家岭安置区、通畅巴士基地。

★ 809 路（中国铁建—新开铺污水处理厂）

经营企业：宝骏巴士公司

投诉热线：84088681

营运时间：6:00—21:00

线路走向：从中国铁建国际城出发（经螺丝塘路（右转）东七路（右转）社塘路（左转）东六路（右转）盼盼路（左转）东三路（右转）新安路（左转）东二路（右转）远大路（左转）红旗路（右转）人民路（左转）曙光路（右转）车站南路（左转）芙蓉路（右转）新姚路（右转）木莲西路（左转）新开铺路（右转）友谊路至新开铺污水处理厂。

停靠站点：

上行：中国铁建、铁建重工、方略潇邦、星城国际（东）、圣力华苑、电力职院（东）、电力职院、橄榄城（创业乐园）、物流学院、张村路口、新安安置区、农科院北、大汉建材城、大汉招呼站、望龙小区、望龙村、亚大南路口、东岸建材市场、古曲路口、芙蓉区政府、德政园东、杨家山西、人民路立交桥西、曙光路口、人民路口南、左家塘北、滴水井、桂花路口、公交新村、赤岗冲、赤黄冲路口、长沙卷烟厂、王家冲路口、曙光南路口、华侨村、桂园立交桥东、竹塘路口、莲花山、新姚路口、红卫小学、木莲路口、石竹路口、新开铺、1103厂、新开铺污水处理厂。

下行：新开铺污水处理厂、1103厂、新开铺、石竹路口、木莲路口、红卫小学、新姚路口、莲花山、竹塘路口、桂园立交桥东、曙光南路口、王家冲路口、长沙卷烟厂、赤黄路口、赤岗冲、公交新村、桂花路口、滴水井、左家塘北、人民路口南、曙光路口、人民路立交桥西、杨家山西、德政园东、芙蓉区政府、古曲路口、东岸建材、亚大南路、望龙村、大汉建材（红旗路口）、人民东路口、农科院、农科院北门、新安小区、张村路口、物流学院、橄榄城（创业乐园）、电力职院、电力职院（东）、圣力华苑、星城国际（东）、方略潇邦、铁建重工、中国铁建。

★ 901 路（新开铺—保利香槟国际）

经营企业：湖南巴士

营运时间：6:00—22:00

投诉电话：84127641

票价：二元

线路走向：

上行：由保利香槟出发，（直走）湘龙路、（右转）万家丽北路、（右转）洪山路、（洪山桥左转）东二环、（右转）三一大道、（右转）德雅路、（左转）双拥路、（左转）德汇路、（右转）三一大道、（左转）东风路、（右转）体育馆路、（直行）湘春路、（左转）蔡锷北路、（右转）中山路、（左转）湘江中路、（左转）解放西路、（右转）蔡锷南路、（右转）城南西路、（左转）书院路、（右转）柏家河路至新开铺。

下行：由新开铺出发，（直走）柏家河路、（左转）书院路、（右转）城南西路、（左转）蔡锷南路、（左转）解放西路、（右转）湘江中路、（右转）中山路、（左转）黄兴北路、（右转）营盘路、（左转）蔡锷北路、（右转）湘春路、（直行）体育馆路、（左转）东风路、（右转）三一大道、（左转）东二环、（洪山桥右转）洪山路、（左转）万家丽北路、（左转）湘龙路至保利香槟国际。

停靠站点：

上行：新开铺、百姓市场、猴子石路口、尚美医院（广厦新村）、公用客车厂、湖南革命陵园、殷家冲北、玉泉寺、长沙市九中、碧沙湖、杏花园、大椿桥、第一师范、书院路、碧湘街、长郡中学、天心阁西门、兢才修业学校（柑子园西）、司门口、贾谊故居、解放西路口、长沙轮渡、中山亭、巡道街、省中医院（营盘街）、省妇幼、省人民体育场、烈士公园西门、省博物馆、砚瓦池、下大垅、王家垅、九尾冲、国防科大、喻家冲、百花园路口、德雅路口、洪山桥、长沙大学、月湖公园北、山月路口、洪山路口、洪西村、工程兵学院、鸿胜化工、特立西路口、机电学生公寓、龙塘小区、保利香槟国际。

下行：保利香槟国际、龙塘小区、机电学生公寓、特立西路口、鸿胜化工、工程兵学院、洪西村、洪山路口、山月路口、月湖公园北、长沙大学、洪山桥、德雅路口北、德雅路口、百花园路、百花园路口、喻家冲、国防科大、九尾冲、王家垅、下大垅、砚瓦池、省博物馆、省人民体育场、省妇幼、兴汉门、省中医院（营盘街）、水风井、中山路、先锋厅、长沙轮渡、解放西路口、贾谊故居、司门口、兢才修业学校（柑子园西）、天心阁西门、长郡中学、碧湘街、书院路、第一师范、大椿桥、杏花园、碧沙湖、长沙市九中、玉泉寺、殷家冲北、湖南革命陵园、公用客车厂、尚美医院（广厦新村）、猴子石路口、百姓市场、新开铺。

★ 701 路（新开铺—松雅小区）

经营企业：宝骏巴士

营运时间：6:00—21:00

投诉电话：89679188

票价：二元

线路走向：

上行：友谊西路—（右转）新开铺路—（右转）木莲路—（左转）芙蓉南路—（右转）劳动路—（左转）韶山路—（右转）八一路—（左转）车站北路—（右转）晚报大道—（左转）东二环辅道—（右转）火炬路—（左转）万家丽北路—（右转）三一大道—（左转）锦绣路—（右转）博展路—（右转）时中路—（左转）漓湘路—（左转）板仓路—（右转）三一路—（左转）天华路—（右转）开元路—（左转）东三路—（右转）望仙路—（左转）黄兴大道至特立东路口。

下行：特立东路口发车—（右转）黄兴大道—（右转）望仙路—（左转）东三线—（右转）开元路—（左转）天华路—（右转）三一路—（左转）板仓路—（右转）漓湘路—（右转）时中路 -（左转）博展露—（左转）锦绣路 -（右转）三一路（广电）—（左转）万家丽北路—（右转）火炬路—（左转）东二环辅道 -（右转）晚报大道—（左转）车站北路—（右转）八一路—（左转）韶山路—（右转）劳动路—（左转）芙蓉南路—（右转）木莲路—（左转）新开铺路—（左转）友谊西路。

停靠站点：

上行：金盛蓉园布市、1103 厂、新开铺、石竹路口（湖南机床厂）、木莲西路云峰路口、明德天心中学、省劳动保障厅、木莲冲路口、新姚路口、莲花山、中联重科海外公司（浦沅）、麻园塘、涂家冲（省第二人民医院）、黄土岭南、黄土岭、侯家塘南、侯家塘、雅礼中学、东塘西、东塘北、曹家坡、长岭、窑岭北、袁家岭、省公安厅、蓉园路口、五里牌北、竹园路口、蓉园小区、车站北路口、南湖大市场北、长沙晚报、省高院、芙蓉苑、（火炬路）、火炬村、（菜科所）、朝阳村、马栏山、广电中心（会展中心）、世界之窗、省高管局、天潮长安汽车、星沙汽配城、省种子公司、长沙县人防办、星沙一桥、经贸路口、星沙购物中心、盼盼小学、（玉楼东）、易初莲花、县邮电局、幸福里、县地税局、（东六线路口）、金鹰小学、松雅小区。

下行：松雅小区、金鹰小学、（东六线路口）、县地税局、幸福里、县邮电局、易初莲花、（玉楼东）、盼盼小学、星沙购物中心、（经贸路口）、星沙一桥、长沙县人防办、明城国际大酒店、省种子公司、星沙汽配城、天潮长安汽车、世界之窗、广电中心（会展中心）、月湖公园、马栏山、朝阳村、（菜科所）、火炬村、（火炬路）、芙蓉苑、长沙晚报、南湖大市场北、车站北路口、蓉园小区、竹园路口、五里牌北、蓉园路口、省公安厅、袁家岭、窑岭北、窑岭南、长岭、曹家坡、东塘北、东塘西、雅礼中学、侯家塘、侯家塘南、黄土岭、黄土岭南、涂家冲（省第二人民医院）、麻园塘、中联重科海外公司（浦沅）、莲花山、新姚路口、木莲冲路口、省劳动保障厅、明德天心中学、木莲西路云峰路口、石竹路口（湖南机床厂）、新开铺、1103 厂、金盛蓉园布市

★ 703 路（东升路公交首末站—侯家塘）

经营企业：宝骏巴士

营运时间：6:00—21:00

投诉电话：89679188

票价：二元

线路走向：从东升路公交首末站发车，经东升路、（右转）明月路、（右转）天华路、（左转）特立路、（右转）星沙大道、（右转）开元路、（左转）板仓路、（右转）漓湘西路、（左转）寿昌路、（右转）盼盼路、（左转）长星路、（右转）雄天路、（左转）亚大路、（右转）远大路、（左转）古曲路、（右转）朝晖路、（左转）马王堆路、（右转）长沙大道、（右转）车站南路、（左转）城南东路、（左转）韶山路、（右转）劳动西路、（右转）芙蓉中路、（右转）城南路接原线。

上行：东升路公交首末站、灰埠小区（天华路）、大众传媒学院北、特立公园、长沙师范、县广电局、星沙中学、易初莲花、楚天家园、聚鑫市场、金茂路口、星沙一桥、长

沙县人防办、明城国际大酒店、盼盼路长冲路口、隆平高科技园、振兴路口、亚大公司、张公岭、东大门、汽车东站、东屯渡桥东、古曲路远大路口、古曲路法院路口、古曲路人民路口、古曲路朝晖路口、朝晖路嘉雨路口、朝晖路万家丽路口、马王堆路高桥大市场北、高桥大市场南、狮子山、阿弥岭、阿弥岭路口、左家塘、长沙市妇幼保健院（长岭）、曹家坡、东塘北、雅礼中学、侯家塘北。

下行：侯家塘北、小林子冲、长沙市第十一中学、广济桥、长岭、左家塘、阿弥岭路口、阿弥岭、高桥大市场南、马王堆路高桥大市场北、朝晖路万家丽路口、朝晖路嘉雨路口、古曲路朝晖路口、古曲路人民路口、古曲路法院路口、古曲路远大路口、东屯渡桥西、东屯渡桥东、汽车东站、张公岭、亚大公司、振兴路口、隆平高科技园、邦田检测中心、省种子公司、长沙县人防办、星沙一桥、金茂路口、聚鑫市场、楚天家园、易初莲花、星沙中学、县广电局、长沙师范、特立公园、大众传媒学院南、大众传媒学院北、灰埠小区、东升路公交首末站。

（2017—02—16）长交运输【2017】10号，拆分703路为703路和230路。703路（东升路－侯家塘）

★ 704路（汽车西站—泉塘小区）

经营企业：宝骏巴士

营运时间：6:00—21:00

投诉电话：　89679188

票价：二元

线路走向：

上行：由汽车西站出发，右转上西二环、（右转）迎春路、（右转）南园路、（右转）枫林路、（左转）玉兰路、（右转）桐梓坡路、（左转）银盆南路、（右转）岳麓大道、（直行）三一大道、（左转）锦绣路、（右转）蒸湘路、（直行）三一路、（右转）天华路、（左转）长永高速辅道、（右转）星沙大道、（左转）漓湘路、（右转）东六路至星沙泉塘小区。

下行：由星沙泉塘小区出发，（右转）东六路、（左转）漓湘路、（右转）星沙大道、（左转）长永高速辅道、（右转）天华路、（左转）三一路、（直行）蒸湘路、（左转）锦绣路、（右转）三一大道、（直行）岳麓大道、（左转）银盆南路、（右转）桐梓坡路、（左转）玉兰路、（左转）枫林路、（右转）西二环至汽车西站。

停靠站点：

上行：汽车西站、玉兰路、雷锋大道口、玉兰路口、商学院、咸嘉花园、咸嘉新村、白鸽咀、省肿瘤医院、湘雅医学院、湘雅三医院、桐梓坡、六沟垅、岳麓区滨江小学、银双路湘岳路口、银盆岭、银盆岭大桥西、九尾冲、国防科大、喻家冲、百花园路口、德雅路口、广电中心（会展中心）、世界之窗、省高管局、中南汽车世界（锦绣路口）、锦绣路（卫星路口）、蒸湘路（时中路口）、蒸湘路（物贸路口）、三一桥西、星沙文化公园（松柏寺）、星沙购物中心、二区市场、星沙汽车站、楚天中苑、可口可乐、新奥燃气、蓝思科技、山河智能、长丰集团、星城国际、圣力华苑、电力职院东、泉塘安置小区。

下行：泉塘安置小区、电力职院东、圣力华苑、星城国际、长丰集团、山河智能、蓝思科技、新奥燃气、可口可乐、楚天中苑、星沙汽车站、二区市场、星沙购物中心、星沙文化公园（松柏寺）、三一桥西、蒸湘路（物贸路口）、蒸湘路（时中路口）、锦绣路（卫星路口）、中南汽车世界（锦绣路口）、世界之窗、广电中心（会展中心）、德雅路口、百花园路口、喻家冲、国防科大、九尾冲、银盆岭大桥西、银盆岭、银双路银盆路口、银双路岳华路口、湘雅三医院、湘雅医学院、省肿瘤医院、白鸽咀、咸嘉新村、咸嘉花园、商学院、雷锋大道口、玉兰路、汽车西站。

★ 203路（汽车西站—东升路首末站）

经营企业：宝骏巴士

营运时间：6:00—21:00

投诉电话：89679188

票价：二元

线路走向：

上行：汽车西站—（右转）西二环—（右转）迎春路—（右转）南园路—（右转）枫林路—（左转）玉兰路—（右转）桐梓坡路—（右转）谷丰路—（左转）咸嘉湖路—（直行）营盘路隧道—（直行）营盘路—营盘路、迎宾路口（掉头）—营盘路—（右转）东风路—（右转）德雅路—（左转）车站北路—（右转）福元路—（左转）万家丽路—（右转）湘龙路—（右转）西霞路—（左转）特立路－（左转）天华路—（左转）明月路—（左转）京珠高速辅道东升路公交首末站

下行：东升路公交首末站—京珠高速辅道（掉头）—京珠高速辅道—（右转）明月路—（右转）天华路—（右转）特立路—（右转）西霞路—（左转）湘龙路—（左转）万家

丽路—（右转）福元路—（左转）车站北路—（右转）德雅路—（左转）东风路—（右转）营盘路—（直行）营盘路隧道—（直行）咸嘉湖路—（右转）谷丰路—（左转）桐梓坡路—（左转）玉兰路—（左转）枫林路—（右转）西二环—汽车西站。

停靠站点：

上行：汽车西站、玉兰路、雷锋大道口、玉兰路口、商学院、咸嘉花园、咸嘉新村、谷丰路咸嘉湖路口、咸嘉湖西路金星大道口、咸嘉湖路金星大道东口、省肿瘤医院南、西湖公园北、英才园、市一医院（三公里）、长沙市一中、烈士公园南门、烈士公园西门、省博物馆、烈士公园北门、长沙市七中、德雅村、丝茅冲西、丝茅冲北、三一大道口、天都、学堂园路口、车站北路福元路口、海棠子、环线路口、长大附中、福元路山月路口、工程兵学院西、鸿盛化工、特立西路口、机电学生公寓、机电职院西、机电职院、湘龙家园南、三一街区、特立公园西、大众传媒学院、灰埠、东升路公交首末站。

下行：东升路公交首末站、灰埠、大众传媒学院、县乡镇企业局、三一街区、湘龙家园南、机电职院、机电职院西、机电学生公寓、特立西路口、鸿盛化工、工程兵学院西、福元路山月路口、长大附中、环线路口、车站北路福元路口、学堂园路口、天都、三一大道口、丝茅冲北、丝茅冲西、德雅村、长沙市七中、烈士公园北门、省博物馆、烈士公园西门、省展览馆、市一医院（三公里）、英才园、西湖公园北、省肿瘤医院南、咸嘉湖路金星大道东口、咸嘉湖西路金星大道口、谷丰路咸嘉湖路口、咸嘉新村、咸嘉花园、商学院、雷锋大道口、玉兰路、汽车西站。

★ 142 路（华夏—水渡河市场）

经营企业：宝骏巴士

营运时间：6:00—21:00

投诉电话：89679188

票价：二元

线路走向：由华夏出发，（直行）三一大道、（右转）芙蓉路、（右转）湘雅路、（左转）蔡锷路、（左转）中山路、（直行）八一路、（直行）远大路、（左转）马王堆路、（左转）古汉路、（右转）紫薇路、（右转）火炬路、（左转）万家丽路、（右转）湘龙路、（左转）西霞路、（左转）滨湖路、（右转）石子铺路、（左转）蟠龙路（左转）万家丽路至水渡河市场，往返运行。

停靠站点：

上行：华夏、伍家岭南、潘家坪、唐家巷、湘雅、湘雅医院、兴汉门、省中医院（营盘街）、水风井、小吴门、清水塘（军区医院）、省军区、袁家岭、省公安厅、蓉园路口、五里牌、火星镇、马王堆市场、马王堆路凌霄路口、长沙市实验中学、龙柏路口、省检察院、火炬村 、省血液中心、 朝阳村、月湖公园、洪西村、三字墙、鸿盛化工、特立西路口、机电学生公寓、机电职院西、机电职院、湘龙家园南、三一街区、湘龙家园东、湘龙家园北、工程职院、金鹰机电市场、水渡河农产品市场。

下行：水渡河农产品市场、金鹰机电市场、工程职院、湘龙家园北、湘龙家园东、三一街区、湘龙家园南、机电职院、机电职院西、机电学生公寓、特立西路口、鸿盛化工、国防科大 3 号院、三字墙、洪西村、月湖公园、马栏山、朝阳村、省血液中心、火炬村、省检察院、龙柏路口、长沙市实验中学、马王堆路凌霄路口、马王堆市场、火星镇、三湘大市场、蓉园路口、省公安厅、袁家岭、省军区、清水塘（军区医院）、小吴门、水风井、省中医院（营盘街）、兴汉门、湘雅医院、湘雅、湘雅路口、唐家巷、潘家坪、伍家岭南、华夏。

★ 501 路（松雅湖中学—松雅湖中学）

经营企业：龙骧巴士

营运时间：6:00—20:30

投诉电话：85671110

票价：二元

线路走向：

南线：由松雅湖中学（特立路站）出发，（直行）特立路、（左转）天华路、（右转）开元路、（左转）板仓路、（右转）漓湘路、（左转）寿昌路、（右转）盼盼路、（左转）长星路、（右转）远大路、（右转）万家丽路、（左转）、马王堆路、（右转）龙柏路、（左转）火炬路、（左转）环线支桥、（右转）晚报大道、（左转）车站路、（右转）八一路、（直行）中山路、（右转）黄兴北路、（左转）营盘路、（右转）湘江大道、（右转）开福寺路、（左转）华夏路、（右转）三一大道、（左转）锦绣路、（右转）博展路、（右转）申湘路、（左转）漓湘路、（左转）天华路，（右转）特立路至松雅湖中学（特立路站）。

北线：由松雅湖中学（特立路站）出发，（直行）特立路、（左转）天华路、（右转）漓湘路、（右转）申湘路、

（左转）博展路、（左转）时中路、（右转）三一大道、（左转）华夏路、（右转）开福寺路、（左转）湘江大道、（左转）营盘路、（右转）黄兴北路、（左转）中山路、八一路、（左转）车站路、（右转）晚报大道、（左转）环线支桥、（右转）火炬路、（右转）龙柏路、（左转）马王堆路、（右转）万家丽路、（左转）远大路、（左转）长星路、（右转）漓湘路、（左转）板仓路、（右转）开元路，（左转）天华路、（右转）特立路至松雅湖中学（特立路站）。

停靠站点：

南线：松雅湖中学、茶叶市场、长沙师范、县劳动局、县工商局、长沙县政府、通程广场（楚天家园）、三一路口（聚鑫市场）、金茂路口、星沙一桥、明城山庄（新长海广场）、明城国际、长冲路口、隆平高科技园、长星路高家坡路口、锦林社区、张公岭、东大门、汽车东站、东屯渡桥东、东屯渡桥西、长沙血液中心、陶家山、马王堆汽配城，马王堆医院南、田家炳中学、龙柏路口、省检察院、芙蓉苑、长沙晚报、南湖大市场北、车站北路口、蓉园小区、竹园路口、五里牌、蓉园路口、省公安厅、袁家岭、省军区、清水塘（军区医院）、小吴门、中山路、中山亭，营盘路西、通泰街、三角塘、湘雅路西口、竹山园、开福寺西、华夏路口、九尾冲、国防科大、喻家冲、百花园路口、德雅路口、广电中心（会展中心）、世界之窗、省高管局、天潮长安汽车、星沙汽配城、省种子公司、明城国际，漓湘路口、县城管局、星沙汽车站、二区市场、盼盼小学、凉塘路口、县政府、县工商局，县财政局、特立公园、长沙师范、茶业市场、松雅湖中学。

北线：松雅湖中学、茶业市场、长沙师范、县劳动局、县工商局、县政府、凉塘路口、盼盼小学、二区市场、星沙汽车站、县城管局、漓湘路口、明城国际、省种子公司、星沙汽配城、天潮长安汽车、世界之窗、广电中心（会展中心）、德雅路口、百花园路口、喻家冲、国防科大、九尾冲、华夏、开福寺东、开福寺、开福寺西、竹山园、湘雅路西口、通泰街、营盘路西、培元桥、中山亭、中山路、小吴门、清水塘（军区医院）、省军区、袁家岭、省公安厅、蓉园路口、五里牌、竹园路口、蓉园小区、车站北路口、南湖大市场北、长沙晚报、芙蓉苑、省检察院、龙柏路口、田家炳中学、马王堆医院南、马王堆汽配城，陶家山、长沙血液中心、东屯渡桥西、东屯渡桥东、汽车东站、东大门、张公岭、锦林社区、长星路高家坡路口、隆平高科技园、邦田检测中心、省种子公司、明城山庄（新长海广场）、星沙一桥、金茂路口、三一路口（聚鑫市场）、通程广场（楚天家园）、县政府、县工商局、县财政局、特立公园、长沙师范、茶业市场、松雅湖中学。

★ 503 路（火车南站—灰埠小区）

经营企业：龙骧巴士

营运时间：6:00—20:30

投诉电话：85671110

票价：二元

线路走向：

停靠站点：

上行：长沙火车南站、红旗路曲塘路口、万科魅力城、花桥路劳动东路口（灰埠往武广方向没有此站）、花桥路石坝路口、花桥路长沙大道路口、新华都·万家城、沙湾路口、大桥东、长沙大道口（高桥建材批发城）、朝晖路口（五一驾校）、芙蓉区政府、古曲路口、双杨路口人民东路口、东岸乡政府、汽车东站、东大门、张公岭、张公岭东、马坡岭、马坡岭东、红旗路口、长冲路口、板桥小学（东）、楚天世纪城、可口可乐（南）、漓湘路口、县城管局、星沙汽车站、二区市场、盼盼小学、凉塘路口、县政府、山水人家、县财政局、特立公园（西）、大众传媒学院、灰埠

下行：灰埠、大众传媒学院、特立公园（西）、县财政局、山水人家、县政府、凉塘路口、盼盼小学、二区市场、星沙汽车站、县城管局、漓湘路口、可口可乐（南）、楚天世纪城、板桥小学（东）、长冲路口、红旗路口、马坡岭东、马坡岭、张公岭东、张公岭、东大门、汽车东站、东岸乡政府、双杨路口人民东路口、古曲路口、芙蓉区政府、朝晖路口（五一驾校）、长沙大道口（高桥建材批发城）、大桥东、沙湾路口、新华都·万家城、花桥路长沙大道路口、花桥路石坝路口、万科魅力城、红旗路曲塘路口、长沙火车南站。

★ 220 路（黄兴故居—锦泰广场）

经营企业：宝骏巴士

营运时间：6:30—20:30

票价：二元

线路里程：20 千米

线路走向：从黄兴故居发车，经 X046、（右转）树新路、（左转）黄江大道、（右转）红旗路、（左转）曲塘路、（右转）古曲南路、（左转）劳动路、（右转）马王堆路、（左转）荷花路、（右转）东二环掉头至锦泰广场。锦泰广场不设尾站，返回从东二环杨家山立交桥掉头、（右转）荷花路

接原线，往返运行。（因红旗路暂未通车，改走直行黄江大道、（右转）花侯路、（左转）曲塘路后接原线运行）

上行：黄兴故居、甲田坪、唐家田、黄兴新村、长沙轴承厂、树新路黄江大道口、黄兴镇政府、新都城、光达村部、金凤村委会、光达故居、梯塘路口、长沙国际会展中心、香樟东路口、曲塘路花侯路口、黎托村、黎托安置小区、曲塘路沙湾路口、曲塘路、古曲路曲塘路口、吉联巷、古曲路劳动东路口、美林景园、砂子塘新世界小学北门、马王堆南路、新塘垅小区、马王堆长沙大道口、马王堆高桥大市场北、马王堆朝晖路口、马王堆人民路口、703A 樟木坝、芙蓉区地税局、239A 锦泰广场（东侧）。

下行：锦泰广场（西侧）、荷花路口（西侧）、杨家山北（西侧）、杨家山北（东侧）、荷花路口（东侧）、芙蓉区地税局、马王堆路荷花路口、樟木坝、马王堆人民路口、马王堆朝晖路口、马王堆高桥大市场北、马王堆长沙大道口、新塘垅小区、马王堆南路、万家丽路口西、砂子塘新世界小学北门、美林景园、古曲路劳动东路口、吉联巷、曲塘路、曲塘路沙湾路口、黎托安置小区、黎托村、曲塘路花侯路口、香樟东路花侯路口、长沙国际会展中心、梯塘路口、光达故居、金凤村委会、光达村部、新都城、黄兴镇政府、树新路黄江大道口、长沙轴承厂、黄兴新村、唐家田、甲田坪、黄兴故居。

注：上行终点站站牌牌面设置在二环线东侧锦泰广场站上，下行起点站站牌设置在二环线西侧锦泰广场站上，荷花路口、杨家山北两站在二环两侧上述站点均设置牌面。锦泰广场－黄兴故居方向花侯路左转香樟东路新增香樟东路花侯路口站。

因轨道交通四号线树木岭施工需要，劳动东路（马王堆路至万家丽路）于 2016 年 8 月 6 日至 2017 年 5 月禁止公交车辆等重型车辆双向通行。线路走向：从黄兴故居发车，经原线运行至劳动东路后，改走（右转）万家丽路、（左转）石坝路、（右转）马王堆路接原线往返运行。

第二部分　县内城市公交

★ X101 路（县交警大队—县一中）

经营企业：通畅巴士

投诉热线：84088681

营运时间：夏季 06:00— 20:10　冬季 06:00—20:10

线路走向：从县交警大队出发，经汽配城路、锦绣路（右转）博展路（左转）卫星路（右转）三一路（左转）时中路（右转）开元路（右转）东升路（左转）凉塘路（左转）板仓路（右转）天华路（左转）特立路（右转）龙喜路（右转）望仙路（左转）天华路（左转）盼盼路（右转）东六路（左转）远大路至长沙县一中。

停靠站点：

上行：县交警大队、紫晶城、卫星南路、中南汽配城、二手车市场、恒广国际花园、筑梦园、湘绣城、东升路口、通程广场（楚天家园）、长沙县法院、长沙县卫生局、灰埠小区、大众传媒、特立公园、传媒公寓、长沙县政府、凉塘路口、盼盼小学、星沙二区市场、星沙汽车站、长沙县城管局、漓湘路口、板桥小学、板桥小区、盼盼门业、威重化机、橄榄城（创业乐园）、电力职院、泉塘小区、星沙医院（泉塘分院）、市看守所、长沙县一中。

下行：长沙县一中、市看守所、星沙医院（泉塘分院）、泉塘小区、电力职院、创业乐园、威重化机、盼盼门业、板桥小区、板桥小学、漓湘路口、县城管局、星沙汽车站、二区市场、盼盼小学、凉塘路口、县政府、山水人家、财政局、特立公园西、大众传媒、灰埠小区、县卫生局、县法院、通程广场（楚天家园）、东升路口、湘绣城、筑梦园、恒广国际花园、二手车市场、中南汽配城、卫星南路、紫晶城、县交警大队。

★ X102 路（松雅小区—物流学院）

经营企业：通畅巴士

投诉热线：84088681

营运时间：06:00—20:30

线路走向：从松雅小区出发，经东六路（左转）望仙路（右转）东七路（右转）棠坡路（左转）中心街（右转）开元路（左转）板仓路（左转）三一路（右转）天华路（左转）南山路（右转）星沙大道（左转）漓湘路（右转）东六路（右转）远大路（右转）东二路（右转）新安路至物流学院

停靠站点：

上行：松雅小区、东六路口、金鹰小学、松雅招呼站、城东小区（东）、城东小区、诺亚山林、凯旋门、东三路口、幸福里、县邮政局、易初莲花、通程广场（楚天家园）、聚鑫市场、购物中心、二区市场、星沙汽车站、楚天中苑、可口可乐、新奥燃气、蓝思科技（曙光集团）、山河智能、长丰猎豹、星城国际、圣力华苑、电力职院（东）、泉塘小区、浦沅（泉塘中学）、砖厂、泉塘菜市场、泉塘西、司法警校、新安小区、物流学院。

下行：物流学院、泉塘菜市场、砖厂、浦沅（泉塘中学）、

泉塘小区、泉塘招呼站、电力职院东、圣力华苑、星城国际、长丰猎豹、和祥科技园、蓝思科技、新奥燃气、可口可乐、楚天中苑、星沙汽车站、二区市场、购物中心、凉塘路口、通程广场（楚天家园）、易初莲花、县邮电局、幸福里、税务局、诺亚山林、城东小区、城东招呼站、松雅招呼站、金鹰小区、东六路口、松雅小区。

★ X102 区间线（华湘安置区—湘绣城）

经营企业：通畅巴士

投诉热线：84088681

营运时间：7:00—19:00

线路走向：从华湘安置区，经远大路（左转）东十路（右转）映霞路（右转）东六路（左转）漓湘路（右转）星沙大道（左转）南山路（右转）天华路（左转）开元路至湘绣城

停靠站点：

上行：华湘安置区、招呼站、丁家岭、东十路口、招呼站、广汽菲亚特、映霞路口、中联重科、浦沅重机、泉塘小区、招呼站、明天一城、圣力华苑、星城国际、长丰猎豹、山河智能、蓝思科技（曙光集团）、新奥燃气、可口可乐、楚天中苑、星沙汽车站、二区市场、盼盼小学、凉塘路口、县公安局、湘绣城（中南小学）。

下行：湘绣城（中南小学）、县公安局、凉塘路口、盼盼小学、二区市场、星沙汽车站、楚天中苑、可口可乐、新奥燃气、蓝思科技（曙光集团）、山河智能、长丰猎豹、星城国际、圣力华苑、明天一城、招呼站、泉塘小区、浦沅重机、中联重科、映霞路口、广汽菲亚特、招呼站、东十路口、丁家岭、招呼站、华湘安置区。

★ X104 路（中国铁建—海洋半岛）

经营企业：通畅巴士

投诉热线：84088681

营运时间：7:00—19:00

线路走向：由中国铁建国际城出发，经漓湘路、（右转）天华路、（左转）三一路、（左转）卫星路、（右转）博展路、（左转）三一大道、（右转）车站北路、（右转）栖凤路至四方坪

停靠站点：

上行：中国铁建、星城国际、长丰猎豹、山河智能、蓝思科技、新奥燃气、漓湘路口、县城管局、星沙汽车站、二区市场、星沙购物中心、星沙文化公园、三一桥西、蒸湘路物贸路口、蒸湘路时中路口、卫星南路、中南汽车世界、世界之窗、广电中心（会展中心）、德雅路口、百花园路口、天都、学堂园路口、世方水岸、海洋半岛

下行：海洋半岛、世方水岸、学堂园路口、天都、喻家冲、百花园路口、德雅路口、广电中心（会展中心）、世界之窗、中南汽车世界、卫星南路、蒸湘路时中路口、蒸湘路物贸路口、三一桥西、星沙文化公园、星沙购物中心、二区市场、星沙汽车站、县城管局、漓湘路口、新奥燃气、蓝思科技、山河智能、长丰猎豹、星城国际、中国铁建。

★ X105 路（光达地铁站—中国铁建）

经营企业：通畅巴士

投诉热线：84088681

营运时间：7:00—19:00

线路走向：由光达地铁站公交停车场出发，经悌塘路、（左转）黄江公路、（左转）黄兴大道、（左转）东升路、（右转）东六路至中国铁建国际城

停靠站点：光达地铁站公交停车场（柞树塘）、长沙国际会展中心、光达故居、光达村部、黄兴镇政府、树新路口、湖南物流总部、胜利路口、黄江公路口、北溪路口、花园路口、桂花路口、中轴大道口、磁浮㮾梨、秋江西路口、城市花园、八寺槽门、㮾梨自来水厂、㮾梨国土局、㮾梨街道（卫生院）、㮾梨法庭、党校、新屋子、红光村、映霞路口、中联重科、星沙医院（泉塘分院）、泉塘小区、电力职院（东）、圣力华苑、星城国际、螺丝塘、中国铁建

★ X106 路（威尼斯城—农大）

经营企业：通畅巴士

投诉热线：84088681

营运时间：6:30—19:30

线路走向：从威尼斯城出发，经星沙大道（右转）滨湖路（左转）明月路（左转）板仓路（左转）特立路（右转）星沙大道（右转）开元路（左转）天华路（左转）新安路（右转）东二路（右转）远大路（左转）红旗路（左转）人民东路（右转）农大路（左转）长农路至农大

停靠站点：

上行：威尼斯城、县实验小学、灰埠小区、县乡镇企业局、特立公园、长沙师范、县广电局、星沙中学、易初莲花、凉塘路口、盼盼小学、二区市场、星沙汽车站、县城管局、漓湘路口、板桥小学、早安星城、山河智能第二产业园、物

流学院、张村路口、新安安置区、农科院北门、大汉建材城北、大汉建材南、科教路口、农大

下行：农大、红旗路人民东路口、大汉建材（农科院）、农科院北门、新安安置区、张村路口、物流学院、山河智能第二产业园、早安星城、板桥小学、滴湘路口、县城管局、星沙汽车站、二区市场、盼盼小学、凉塘路口、易初莲花、星沙中学、县广电局、长沙师范、特立公园、县乡镇企业局、灰埠小区、县实验小学、威尼斯城。

★ X107 路（蓝思科技（榔梨）—农大）

经营企业：通畅巴士

投诉热线：84088681

营运时间：7:00—19:00

线路走向：从蓝思科技（榔梨）出发，经东十路（左转）黄兴大道（左转）东十路（左转）远大路（左转）红旗路（左转）人民东路（右转）农大路至农大。

停靠站点：

上行：榔梨公租房小区（蓝思科技）、梨江中学、紫东苑、人民路口、广汽菲亚特、自来水厂、东十路口、警校南门、县一中、市看守所、砖厂、泉塘、司法警校、农科院北门、省水稻研究中心、人民东路口、红旗路口、望龙村、红旗路口、农大。

下行：农大、红旗路口、望龙村、红旗路口、人民东路口、省水稻研究中心、农科院北门、司洗警校、泉塘、砖厂、市看守所、县一中、警校南门、东十路口、自来水厂、广汽菲亚特、人民路口、紫东苑、梨江中学、蓝思科技（榔梨）。

★ X108 路（榔梨公租房小区至东一路公交首末站）

经营企业：通畅巴士

投诉热线：84088681

营运时间：7:00—19:00

线路走向：从榔梨公租房小区（蓝思科技）出发，经东十路、（右转）映霞路、（左转）枫树路、（左转）滴湘路、（右转）东十路、（左转）社塘路、（左转）长桥路、（右转）滴湘路、（右转）东一路、（左转）三一路、（右转）星沙大道、（右转）特立路、（左转）东一路至公交首末站，线路全长 17 千米。

停靠站点：

上行：榔梨公租房小区公交基地、蓝思科技、高峰零部件交易中心、顺捷物流、吉星汽配、卡斯马、蓝色产业园、远大路口、胜通汽配、镭目科技、众泰汽车、众泰汽车南、丽奥科技、长桥路社塘路口、康桥长郡、方略潇邦、东城名苑、星城国际、广汽三菱、山河智能、蓝思科技（曙光集团）、长沙玮希国际学校、经开区南、经开区、星沙中学、县广电局、茶叶市场、东一路公交首末站。

下行：东一路公交首末站、东二路口、茶业市场、县广电局、星沙中学、经开区、经开区南、长沙玮希国际学校、蓝思科技（曙光集团）、山河智能、广汽三菱、星城国际、东城茗苑、方略潇邦、康桥长郡、长桥路社塘路口、丽奥科技、众泰汽车西、众泰汽车、镭目科技、胜通汽配、远大路口、蓝色产业园、卡斯马、吉兴汽配、顺捷物流、高峰零部件交易中心、蓝思科技、榔梨公租房小区公交首末站。

★ X109 路（融城医院—桃阳村）

经营企业：通畅巴士

投诉热线：84088681

营运时间：7:00—19:00

线路走向：从融城医院出发，经伊莱克斯大道（右转）市场路（右转）南湖大道（右转）暮云大道（左转）伊莱克斯大道（左转）芙蓉南路（右转）高云路（左转）月塘路（右转）万家丽南路（右转）金海路（左转）正大路（右转）振华路（左转）圭白路（左转）环保中路（右转）兴安路（左转）黄谷路（右转）万家丽南路至桃阳村。

停靠站点：

上行：融城医院、暮云镇、暮云大道南二线路、伊莱克斯大道口、南塘小学、南塘小区、南湖大道口、长沙生态动物园、西湖路口、西湖村、高云路芙蓉路口、高云路月塘路口、月塘路高云路口、天心区龙湾小学、长沙理工大学、省物勘院、丽发新城、金井小区、正大路振华路口、振华路兴安路口、圭白路职教城、白田小区、圭白路环保大道口、兴安路环保大道口、兴安路黄谷路口、黄谷路金园路口、环保科技园、桃阳村。

下行：桃阳村、黄谷路金园路口、兴安路黄谷路口、兴安路环保大道口、圭白路环保大道口、白田小区、圭白路职教城、振华路兴安路口、正大路振华路口、金井小区、丽发新城、省物勘院、长沙理工大学、天心区龙湾小学、月塘路高云路口、高云路月塘路口、高云路芙蓉路口、西湖村、西湖路口、长沙生态动物园、南湖大道口、南塘小区、南塘小学、伊莱克斯大道口、暮云大道南二线路、暮云镇、融城医院。

★ X2 路（汽车东站—汽车北站）

经营企业：星沙公交

营运时间：5:50—21:00

投诉电话：84012811

票价：二元

线路走向：

上行：由汽车东站出发，（左转）远大路、（左转）亚大路、（右转）雄天路、（左转）板仓路、（右转）北斗路、（左转）星沙大道、（左转）三一路、（右转）天华路、（右转）开元路、（左转）星沙大道、（左转）特立路、（右转）西霞路、（左转）湘龙路、（右转）贺龙体校路、（右转）滨湖路、（左转）石子铺路、（左转）水渡河路、（左转）万家丽路、（右转）洪山路、（右转）东二环、（左转）福元路、（右转）芙蓉路至汽车北站。

下行：由汽车北站出发，（直行）芙蓉路、（左转）福元路、（右转）东二环、（左转）洪山路、（左转）万家丽路、（右转）水渡河路、（右转）石子铺路、（右转）滨湖路、（左转）贺龙体校路、（左转）湘龙路、（右转）西霞路、（左转）特立路、（右转）星沙大道、（右转）开元路、（左转）天华路、（左转）三一路、（右转）星沙大道、（右转）北斗路、（左转）星沙二桥、（右转）南山路、（左转）板仓路、（右转）雄天路、（左转）亚大路、（右转）远大路至汽车东站。

停靠站点：

上行：汽车东站、张公岭、亚大公司、天雄皮革贸易商城、燕京啤酒、怡清源、板仓南路口、千山药机、明城山庄（新长海广场）、星沙一桥、星沙汽车站、市八医院、星沙步行街、盼盼小学、凉塘路口、易初莲花、星沙中学、县广电局、长沙师范、特立公园、县乡镇企业局、三一街区、湘龙家园（南）、机电职院前门、宏梦卡通、湘龙小学、工程职院、城西安置区、城西小区（西）、世景华庭、贺龙体校（安全学院）、机电学生公寓、特立西路口、鸿盛化工、工程兵学院、洪西村、洪山路口、山月路口、月湖公园北、长沙大学、洪山桥、一六三医院东、杉树坡子、环线路口、福元路洪山路口、海棠子、八家大屋、陈渔路口、渔业分场、开福区政府、汽车北站。

下行：汽车北站、开福区政府、渔业分场、陈渔路口、八家大屋、海棠子、福元路洪山路口、杉树坡子、一六三医院东、洪山桥、长沙大学、月湖公园北、山月路口、洪西村、工程兵学院、鸿盛化工、特立西路口、机电学生公寓、贺龙体校（山水湾）、世景华庭、城西小区（西）、城西安置区、工程职院、湘龙小学、宏梦卡通、机电职院前门、湘龙家园（南）、三一街区、县乡镇企业局、特立公园、长沙师范、县广电局、星沙中学、易初莲花、凉塘路口、盼盼小学、星沙步行街、市八医院、星沙汽车站（南）、明城山庄（新长海广场）、千山药机、板仓南路口、怡清源、燕京啤酒、天雄皮革贸易商城、亚大公司、张公岭、东大门、汽车东站。

★ X202 路（长沙师范北校区—圭塘河）

经营企业：星沙公交

营运时间：6:00—20:00

发车间隔：12—15 分钟

投诉电话：84012811

票价：二元

线路走向：

上行：由师范北校区发车，（直行）G107、（左转）明月路、（右转）天华路、（右转）盼盼路、（左转）长星路、（右转）远大路、（左转）古曲路、（左转）荷花路、（右转）浏阳河路、圭塘河（地铁站）。

下行：圭塘河（地铁站）、（右转）古曲路、（右转）远大路、（左转）长星路、（右转）盼盼路、（左转）天华路、（左转）明月路、（右转）G107、长沙师范北。

停靠站点：

上行：师范北校区、水渡河桥（北）、水渡河桥（南）、明月路口、灰埠小区、大众传媒、县劳动局、县工商局、县政府、凉塘路口、盼盼小学、星沙二区市场、星沙汽车站、县城管局、漓湘路口、板桥小学、中岸生物、长冲路口、隆平高科技园、长星路高家坡路口、锦林社区 、张公岭、东大门、汽车东站、东屯渡大桥东、古曲路远大路口、芙蓉公寓、白沙湾路口、圭塘河。

下行：圭塘河、东屯渡社区、古曲路法院路口、古曲路远大路口、东屯渡大桥西、东屯渡大桥东、汽车东站、东大门、张公岭、锦林社区 、长星路高家坡路口、隆平高科技园、长冲路口、中岸生物、板桥小学、漓湘路口、县城管局、星沙汽车站、星沙二区市场、盼盼小学、凉塘路口、县政府、山水人家、县财政局、特立公园（西）、大众传媒学院、灰埠站、明月路口、临长高速、水渡河桥南、水渡河桥北、师范北校区。

★ X204 路（金鹰机电—海伦春天）

经营企业：星沙公交

营运时间：夏季 6:00—20:00，冬季 6:30—19:00

投诉电话：84012811

票价：二元

线路走向：由金鹰机电市场出发，（直行）石子铺路、（右转）水渡河路、（左转）万家丽路、（左转）特立路、（右转）东二路、（左转）望仙路、（右转）东六路、（左转）开元路、（右转）东八路至海伦春天，往返运行。（东六路维护，暂时借道东七路）。

停靠站点：

上行：金鹰机电市场、工程职院、城西安置区、城西小区（西）、世景华庭、贺龙体校、机电学生公寓、锦绣路口、雷公岭路口、长丰星城、县乡镇企业局、特立公园、长沙师范、茶叶市场、东二路口、松雅湖中学、东三路口、东四路口、政务中心、金鹰小学、东七路口、当代广场、海伦春天。

下行：海伦春天、当代广场、金鹰小学、政务中心、东五路口、东三路口、松雅湖中学、东二路口、茶叶市场、长沙师范、特立公园、县乡镇企业局、长丰星城、雷公岭路口、锦绣路口、机电学生公寓、贺龙体校、世景华庭、城西小区西、城西安置区、工程职院、金鹰机电市场。

★ X205 路（安沙国际建材城—安沙国际建材城）

经营企业：星沙公交

营运时间：夏季 6:00—21:00，冬季 6:30—20:30

投诉电话：84012811

票价：二元

线路走向：

东线：安沙国际建材城、万家丽北路、蟠龙路、石子铺路、滨湖路、贺龙体校路、湘龙路、万家丽路、晚报大道、车站路、三一大道、东二环、福元路、万家丽路、水渡河路、石子铺路、蟠龙路、万家丽北路、安沙国际建材城。

西线：安沙国际建材城、万家丽北路、蟠龙路、石子铺路、水渡河路、万家丽路、福元路、东二环、三一大道、车站路、晚报大道、万家丽路、湘龙路、贺龙体校路、滨湖路、石子铺路、蟠龙路、万家丽北路、安沙国际建材城。

停靠站点：

东线：安沙国际建材城、物流大道口、水渡河小学、沙安路口、水渡河市场、招呼站、工程职院、湘龙小学、宏梦卡通、机电学院西、机电学生公寓、特立西路口、鸿盛化工、工程兵学院、三字墙、洪山路口、马栏山、朝阳村、省血液中心、火距村、芙蓉公安分局、紫薇路口、长沙晚报、南湖大市场北、车站北路口、王府花园、兑泽街、跃进湖、丝茅冲、三一大道口、喻家冲、百花园路口、德雅路口、洪山桥、杉树坡子、长大附中、学府华庭、工程兵学院西、鸿盛化工、特立西路口、机电学生公寓、贺龙体校山水湾、世景华庭、城西小区、工程职院、金鹰机电、招呼站、水渡河市场、沙安路口、水渡河小学、物流大道、安沙国际建材城。

西线：安沙国际建材城、物流大道口、水渡河小学、沙安路口、水渡河市、招呼站、工程职院、城西小区、世景华庭、贺龙体校山水湾、机电学生公寓、特立西路口、鸿盛化工、工程兵学院西、山月路口、长大附中、杉树坡子、洪山桥、德雅路口、三一大道口、丝茅冲北、跃进湖、兑泽街、王府花园、同心站、车站北路口、南湖大市场北、长沙晚报、紫微路口、芙蓉公安分局、火炬村、省血液中心 、朝阳村、月湖市场、三字墙、、工程兵学院、鸿盛化工、特立西路口、机电学生公寓、机电学院西、宏梦卡通、湘龙小学、工程职院、招呼站、水渡河市场、沙安路口、水渡河小学、物流大道、安沙国际建材城。

★ X206 路（金鹰机电—金鹰机电）

经营企业：星沙公交

营运时间：夏季 6:00—20:00，冬季 6:30—19:00

投诉电话：84012811

票价：二元

线路走向：由金鹰机电市场出发，（直行）石子铺路、（右转）水渡河路、（左转）万家丽路、（左转）特立路、（右转）锦绣路、（直行）汽配城路、（左转）时中路、（右转）开元路、（左转）西霞路、（左转）特立路、（右转）南塘路、（右转）湘龙路、（左转）西霞路、（左转）滨湖路、（右转）石子铺路至金鹰机电市场。

停靠站点：

上行：金鹰机电市场、工程职院、城西安置区、城西安置区（西）、世景华庭、贺龙体校、机电学生公寓、特立西路口、石塘路口、锦绣路口、中南机电城、三一西路口、紫晶城、星沙汽配城、汽贸城、中南二手车市场、中南物流园、筑梦园、湘绣城、西霞路口、长丰星城、湘瑞社区、湘龙家园（南）、湘龙家园（北）、工程职院、金鹰机电市场

下行：金鹰机电市场、工程职院、湘龙家园（北）、湘龙家园（东）、湘龙家园（南）、湘瑞社区、长丰星城、西霞路口、湘绣城、筑梦园、中南物流园、中南二手车市场、

汽贸城、星沙汽配城、紫晶城、三一西路口、中南机电城、锦绣路口、石塘路口、特立西路口、机电学生公寓、贺龙体校、世景华庭、城西安置区（西）、城西安置区、工程职院、金鹰机电市场。

★ X112 路（交通职院—新城新世界）

经营企业：通畅巴士

营运时间：6:10-19:00（10-15 分钟）

票价：二元

投诉热线：84088681

由于黄江公路的黄江大桥在建，以及劳动新城新世界段地铁在围档施工，为此，该线路暂时绕道。

线路走向：从交通职院出发，经交通职院路、（右转）黄江公路、（右转）黄江大道、（左转）国民路、（右转转）劳动路、（右转）沙湾路、（右转）石坎路、右转古曲南路（右转）劳动路、（右转）马王堆南路至马王堆路劳动路口（新城新世界）终点站。

停靠站点：

上行：交通职院、交通职院路口、干杉绕城高速路口、海吉星市场、黄兴大道路口、胜利路口、省物流中心、树新路口、黄兴镇政府、金凤村委会、光达故居、长沙国际会展中心东门、柞树塘、国展路学园西路口、万科魅力之城、劳动东路花侯路口、劳动东路黎托路口、长沙交通集团、石坝路、广益中学、美林景园、砂子塘新世界小学北门、新塘垅小区、马王堆南路、马王堆路劳动路口。

下行：马王堆路劳动路口、马王堆南路、新塘垅小区、砂子塘新世界小学北门、美林景园、广益中学、石坝路、长沙交通集团、劳动东路黎托路口、劳动东路花侯路口、万科魅力之城、国展路学园西路口、柞树塘、长沙国际会展中心东门、光达故居、金凤村委会、黄兴镇政府、树新路口、省物流中心、胜利路口、黄兴大道路口、海吉星市场、干杉绕城高速路口、交通职院路口、交通职院

第三部分　城乡公交

★城乡公交 1 号线（保家安置区—爱琴海岸）

经营企业：通畅巴士

投诉热线：84088681

营运时间：6:30—19:30

线路走向：从保家安置区出发，经梨江大道（右转）黄兴大道（左转）漓湘路（右转）星沙大道（右转）滨湖路至东一路公交首末站。

停靠站点：

上行：东一路公交首末站、爱琴海岸、茶业市场、县广电局、星沙中学、经开区、八医院、楚天中苑、可口可乐、新奥燃气、曙光集团（蓝思科技）、山河智能、长丰猎豹、星城国际、东城名苑、方略潇邦、康桥长郡北、康桥长郡、爵士湘、县一中、泉塘三期、人民东路口、紫东苑、梨江中学、蓝思科技（榔梨厂区）、北汽福田、八寺槽门、招呼站、城市花园、漓湘大道口、汇丰家俬、博能科技、湖南开关、保家安置区。

下行：保家安置区、湖南开关、博能科技、汇丰家俬、漓湘大道口、八寺槽门、北汽福田、蓝思科技（榔梨厂区）、梨江中学、紫东苑、人民东路口、泉塘三期、县一中、爵士湘、康桥长郡、康桥长郡北、方略潇邦、东城名苑、星城国际、长丰猎豹、山河智能、曙光集团（蓝思科技）、新奥燃气、可口可乐、楚天中苑、八医院、经开区、星沙中学、县广电局、茶业市场、东一路公交首末站。

★城乡公交 2 号线（黄花工业园—长沙晚报）

经营企业：星沙公交

营运时间：夏季 6:00—20:00，冬季 6:00—19:30

投诉电话：84012811

票价：上车二元，跨湘绣城三元

线路走向：由黄花工业园出发，（右转）黄谷路、（左转）黄花路、（左转）远大路、（左转）S207、（左转）开元路、（直行）福元路、（左转）东二环、（右转）三一大道、（左转）车站路、（左转）晚报大道至长沙晚报，往返运行。

停靠站点：

上行：黄花工业园、空港国际新城、小塘安置区、黄花老街、黄花集镇、长沙县六中、黄花新街、都市学院、黄花中学、黄花商业街口、黄垅新村、黄花工业园口、易通科技、东冲、兴屋坡、华穗生态园、长丰村、长丰精灰厂、猫坡、花山、长丰小学、长丰村北、招呼站、黄花村、经丰欧美、长龙村东、长界路口、星沙产业园、云箭集团、幸福家园、长龙村、茶塘村、陈家坪、龙塘、东八路口（星湖湾）、城东小区、诺亚山林、恒基凯旋门、东三路口、幸福里、县邮电局、易初莲花、县公安局、湘绣城、筑梦园、骏豪路口、福元东路口、工程兵学院西、学府华庭、长大附中、杉树坡子、洪山桥、德雅路口、三一大道口、丝茅冲北、跃进湖、兑泽街、新华联（王府花园）、车站北路口、南湖大市场北、

长沙晚报

下行：长沙晚报、南湖大市场北、车站北路口、新华联（王府花园）、兑泽街、跃进湖、丝茅冲北、三一大道口、喻家冲、百花园路口、德雅路口、洪山桥、杉树坡子、长大府中、学府华庭、工程兵学院西、福元东路口、骏豪路口、筑梦园、湘绣城、县公安局、易初莲花、县邮电局、幸福里、东三路口、诺亚山林、城东安置区、东七路口、东八路口（星湖湾）、龙塘、陈家坪、茶塘村、长龙村、幸福家园、云箭集团、星沙产业园、长界路口、长龙村东、经丰欧美、黄花村、招呼站、长丰村北、长丰小学、花山、猫坡、长丰精灰厂、长丰村、华穗生态园、兴屋坡、东冲、易通科技、黄花工业园口、黄垅新村、黄花商业街口、黄花中学、湖南都市学院、长沙县六中、黄花集镇、黄花老街、小塘安置区、空港国际新城、黄花工业园。

★城乡公交 3 号线（星沙汽车站—武警直属支队）

经营企业：星沙公交

营运时间：夏季 6:00—20:00，冬季 6:30—20:00

投诉电话：84012811

票价：二元

线路走向：由星沙汽车站出发，（直行）北斗路、（左转）星沙大道、（左转）开元路、（右转）天华路、（左转）明月路、（右转）107 国道至武警直属支队。

停靠站点：

上行：武警直属支队、龙华岭北、龙华岭、县光荣院、信息学院、安沙考场、新东方烹饪学院、安沙工业园、桥湾、长沙师范北校区、水渡河桥北、水渡河桥南、临长高速、明月路口、灰埠站、大众传媒学院、县劳动局、县工商局、县政府、易初莲花、经开区管委会、八医院、星沙汽车站

下行：星沙汽车站、八医院、经开区管委会、易初莲花、县政府、山水人家、县财政局、特立公园西、大众传媒学院、灰埠站、明月路口、临长高速、水渡河桥南、水渡河桥北、长沙师范北校区、桥湾、安沙工业园、新东方烹饪学院、安沙考场、信息学院、县光荣院、龙华岭、龙华岭北、武警直属支队。

★城乡公交 4 号线（星沙汽车站—黄花机场）

经营企业：龙骧星沙分公司

营运时间：6:15—19:00

投诉电话：84011013

票价：二元

线路走向：由星沙汽车站发车，（直行）北斗路、（右转）星沙大道、（左转）漓湘路、（右转）东六线、（左转）远大路、（左转）黄花路、（右转）黄谷路、（直行）远大路、（右转）机场联络线至黄花机场，往返运行。

停靠站点：

上行：星沙汽车站、楚天中苑、可口可乐、新奥燃气、蓝思科技、山河智能、长丰猎豹、星城国际、圣力华苑、电力职院、泉塘小区、星沙医院（泉塘分院）、市看守所、县一中（远大城）、螺丝塘、丁家村、丁家粮库、排头铺（西）、排头铺、合心路口、观山村、地税三分局、黄花新街、县六中、黄花集镇、黄花老街、小塘安置区、黄垅、黄花工业园、机场路口、大路村、毛公塘、航空物流、黄花机场

下行：黄花机场、航空物流、毛公塘、大路村、机场路口、黄花工业园、黄垅、小塘安置区、黄花老街、黄花集镇、县六中、黄花新街、地税三分局、观山村、合心路口、排头铺、排头铺（西）、丁家粮库、丁家村、螺丝塘、县一中（远大城）、市看守所、星沙医院（泉塘分院）、泉塘小区、电力职院、圣力华苑、星城国际、长丰猎豹、山河智能、蓝思科技、新奥燃气、可口可乐、楚天中苑、星沙汽车站。

★ XT1 路（灰埠—青山铺）

经营企业：星沙公交

投诉热线：84012811

营运时间：6:00—19:00

线路走向：灰埠—G107—青山铺

停靠站点：灰埠站、明月路口、水渡河桥南、水渡河桥北、师范北校区、桥湾、安沙工业园、新东方烹饪学院、安沙考场、兰天汽修、安华加油站、信息学院、县光荣院、龙华岭、龙华岭北、武警直属支队、华远石化、莲塘、莲塘北、站塘、安沙镇政府、县中医院、安沙派出所、和平村（南）、和平村、唐田治超站、六角塘、油铺村、五龙村、唐田中学、唐田、龙塘坡、欧家大屋、青山铺。

★ XT2 路（开慧—白沙）

经营企业：星沙公交

投诉热线：84012811

营运时间：6:00—19:00

线路走向：开慧—X024—X022—X021—白沙

停靠站点：开慧纪念馆、开慧小学、水管站、汉硕培训

基地、开慧医院、开慧中心幼儿园、斯洛特小镇、开慧文化馆、大友桥、竹山铺、开慧粮库、敬老院、张家磅、开慧中心小学、大垅源、永兴桥、新垅村、新屋里、南门桥、张家咀、甘家垅、白沙桥、天福、童南沅、杨家咀、木鱼神、白沙中学、江南小学、白沙客运站。

★ XT6 路（青山铺—高桥）

经营企业：星沙公交

投诉热线：84012811

营运时间：6:00—19:00

线路走向：青山铺—X025（苍马公路）—高桥

停靠站点：青山铺、岭上屋、青山铺小学、广福、广福中学、胡家坡、傍上屋、高叶塘、毫珠塘、胜塘湾、洪河桥、洞天岸、梅素桥、堆山屋、金坑桥村路口、梅家咀、东八线路口、昌蒲塘、陶田坳 、桥上屋、百录村、桥里、易家桥、红花收储点、直荀学校、高桥广场 、高桥镇政府、高桥中学、高桥集镇。

★ XT7 路（青山铺—开慧）

经营企业：星沙公交

投诉热线：84012811

营运时间：6:00—19:00

线路走向：青山铺—X024—开慧

停靠站点：青山铺、万佳惠超市、青山铺小学、甘头坳（加站）、青山铺卫生院、食品站（派出所移动并改名的）、宏旺碎石场（加站）、段家大屋、天华小学（加站）、天华村部、响水坝、黄田里、赛头铺小学、赛头铺（移动至安全位置）、火风口、长乐港（加站）、长乐村（需移动至电站）、文化站（加站）、福临镇政府、福临邮电局、福临集镇、福临客运站、福临中学、善塘坡（同兴口子）、庵背里（加站）、南山（移站开慧与福临界碑处）、淡家屋场、青泰桥、十八公里（移动站点，金湘园改名十八公里）、斯洛特小镇（葛家山改名斯洛特小镇）、开慧医院、汉硕培训基地、（加站）、开慧水管站（由 282 基地改站名）、开慧小学（加站）、开慧纪念馆。

★ XT9 路（浔龙河—白沙）

经营企业：星沙公交

投诉热线：84012811

营运时间：6:00—19:00

线路走向：浔龙河—黄兴大道—X021（金开线）—白沙

停靠站点：浔龙河、陶家冲、万年桥村、八亩田（加站）、苏家园、牛坡咀、枫树站、群里站、明月村、瓦屋（加站）、路青路口、冯家巷、汀家港、坡里屋、挖塘村（应群众要求加站）、塘墈、地锦农庄、广福、青山、来宝冲、菖蒲塘、谭家冲、大毛公村、黑水坝、车公冲（被村民往浔龙河方向移动了 500 米）、大胜塘（为原车公冲位置）、易家坳（加站）、胡家、石水坑（移动至胡家与泉源村樟树位置）、泉源村（原石水坑站位置）、尧旁上（往浔龙河移动 500 米）、上华村、石燕村、米山桥、报母村、桃源村（加站）、锡福村、白石庙、（加站）白沙卫生院、李家山（白沙集镇）、白沙。

★ XT10 路（青山铺—北山）

经营企业：星沙公交

投诉热线：84012811

营运时间：6:00—19:00

线路走向：青山铺—X037—北山

停靠站点：青山铺、三角坪、磨冲塘、汉山、槐树屋、小许园、刘家村、井巷子、新桥集镇、新桥粮店、北山加油站、苦竹坳、常乐村、屈家饭铺、中华渡槽、欧塘路口、石常集镇、石常粮店、新中路口、圣毅园、平田（渡漕）、北山大道口、官桥、马家村、长山坳、北山集镇、北山镇政府、文化广场路口、北山文化广场。

★ XT12 路（安沙—北山）

经营企业：星沙公交

投诉热线：84012811

营运时间：6:00—19:00

线路走向：安沙—X038—北山

停靠站点：安沙、县三中、新华村部、新华水库、彭家坳、余家坳、李家坳、长大热能厨具、招呼站、雷家桥、雷家桥集镇、交卜塘、新云村、西湖村、清水塘、北山养路班、西塘、福安村村部、变电站、北山大道口、周家湾、土地冲、高塘中学、北山卫生院、北山集镇、北山镇政府、文化广场路口、北山文化广场。

★ XT13 路（椇梨—座寺岭）

经营企业：星沙公交

投诉热线：84012811

营运时间：6:00—18:00

线路走向：榔梨街道—东升路—黄兴大道—座寺岭

停靠站点：榔梨街道、榔梨国土所、自来水厂、福中路口、秋江西路口、劳动路口、中轴大道口、桂花大道口、花园路口、北溪路口、黄江大道口、打卦岭（有站无站台）、楠竹山、鹿芝岭路口、蓝田新村、蓝田工业园、咩子冲、匝口、仙人市集镇、仙人市村、枫树组、秋坳岭、竹山、新塘坪、早禾、排楼塘、朝宗塘组、腰塘组、沿江山小学、沿江山集镇、沿江山村部、五美路口、招呼站（村部请求设立）、座寺岭。

★ XT14 路（崩坎—黄花）

经营企业：星沙公交

投诉热线：84012811

营运时间：6:00—18:00

线路走向：三一工厂—蓝田路—凉塘路—湖南都市学院

停靠站点：黄花工业园、黄花老街（有站未设置）、黄花镇、黄花镇政府、自来水厂、山河工业城、长龙路口站（前后站点间距太远）、住友橡胶、蓝田北路、长龙湾、长丰路口（前后站点间距太远）、县职教中心、东塘、县看守所、新湘村、杨家湾（前后站点间距太远）、咀上、小顽固亲子乐园、新塘、回龙林场、仙姑岭、五新钢模、蒲塘、崩坎村部、坪上（前后站点间距太远）、崩坎、铁皮湾、龙家滩、金家屋场、孙家坪（前后站点间距太远）、石岭、大兴小学（前后站点间距太远）、回龙农商行、大兴、大兴村部（前后站点间距太远）、茶山岭、南田路口、县看守所、东塘、县职教中心、长丰路口（前后站点间距太远）、长龙湾、蓝田北路、住友橡胶、长龙路口站（前后站点间距太远）、山河工业城、自来水厂、黄花镇政府、黄花镇、黄花工业园、黄花老街（有站未设置）。

★ XT3 路（松雅—浔龙河）

经营企业：通畅巴士

投诉热线：84088681

营运时间：夏季 6:30—18:30，冬季 6:30—18:00

线路走向：浔龙河—黄兴大道—望仙路—东六路—松雅小区

停靠站点：浔龙河、谭山咀、黄桥村、楠竹山、老尾村、老屋冲、象鼻咀、青松老年公寓、腰塘、梁家湾、干一渠、回龙村、龙湾潭、莲花堂、滨湖路口（无线路走向）、望仙路口（无线路走向）、金鹰小学（无线路走向）、松雅小区（无线路走向）。

★ XT4 路（白沙—路口）

经营企业：通畅巴士

投诉热线：84088681

营运时间：夏季 6:30—18:30，冬季 6:30—18:00

线路走向：白沙—X021—金井—S207—路口

停靠站点：路口、大山冲、石门坎、合兴桥、螺岭桥、石塘口、高桥村、菖马路口、高桥镇、高桥镇东、茶叶研究所、涧山、沙田村、县九中、沙田一村、金龙铸造厂、金井镇西（需往西移 4-5/ 百米）、金茶路口、金井镇政府（需往西移 1/ 千米）、金井卫生院、中间屋、品墙屋、窍塘碑、新沙村、下边山、上边山、脱甲、脱甲村部、湘丰集团、脱甲桥、脱甲十三队、姑桥、南岳庙、东上屋、官山坳、象背屋里、锡福村、锡福桥、东八路口、白沙卫生院、白沙镇。

★ XT5 路（星沙客运枢纽—路口）

经营企业：通畅巴士

投诉热线：84088681

营运时间：夏季 6:30—18:30，冬季 6:30—18:00

线路走向：三一跨线桥—三一路—星沙大道—开元路—S207—路口

停靠站点：上行：路口公交站、路口街口中、路口街口、九田村、干塘、水坡坳东、龙塘、水坡坳、燕尾，楠木、长高村、大鱼中学、大鱼集镇、大鱼塘西、西湖、春华林业站、留芳岭，春华敬老院、前新（未设站牌）、宇田农业、春华卫生院、洲上、春华镇、春华山、春前村、草塘，农资市场、花山、长丰小学、长丰村北、黄花村、经丰欧美、长界路口、星沙产业园、云箭集团、幸福家园、长龙村、茶塘村、陈家坪、龙塘、东八路口（星湖湾）东七路口、城东小区、诺亚山林、东三路口、幸福里、县邮电局、经开区、星沙步行街、购物中心、星沙文化公园（松柏寺）。

★ XT8 路（青山铺—路口）

经营企业：通畅巴士

投诉热线：84088681

营运时间：夏季 6:30—18:30，冬季 6:30—18:00

线路走向：青山铺—X026—路口

停靠站点：路口公交站、长沙县一医院、路口镇政府、驰祥农业基地、上杉市、路口变电站、李家坳、四里牌、华山店、东八路口、麻林集镇、麻林桥、白石神、泉塘坡、沙塘组、广福安、青山加油站、广福收费站、青山铺政府、青山铺（除李家坳、四里牌 2 个公交站已设站牌外其他站点都未设公交站台）。

★ XT11 路（路口—双江）

经营企业：通畅巴士

投诉热线：84088681

营运时间：夏季 6∶30—18∶30，冬季 6∶30—18∶00

线路走向：双江—X026—路口

停靠站点：路口公交站、大山冲、石门坎、合兴桥、螺岭桥、老屋子、石塘口、高桥镇西、菖马路口、高桥镇、高桥镇东、茶叶研究所、涧山、水果山、沙田村、县九中、沙田一村、金龙铸造厂、金龙大酒店、金井镇西（需往西移 4-5/百米）、金茶路口、金井镇政府（需往西移 1/ 千米）、国土所（需往西移 2-3/ 百米）、金井镇东（需往西移 4-5/ 百米）、夏家冲（需往西移 3/ 百米）、桃花源（需往西移 8/ 百米）、民主村（需往西移 1/ 千米）、拔苗田、上家屋、白竹、王梓园村、苍口、潭山咀、大桥、双江加油站、双江镇、双江汽车站。

★ XT15 路（东一路公交首末站—海吉星市场）

经营企业：通畅巴士

投诉热线：84088681

营运时间：6∶00—19∶00

线路走向：海吉星市场—（左转）黄江大道—黄兴大道—开元路—东七路—东一路首末站

停靠站点：

上行：东一路公交首末站—松雅湖中学—东三路口—东四路口—政务中心—金鹰小学—松雅招呼站—城东招呼站—东七路口—德普企业公元—漓湘路口—康桥长郡—爵士湘—县一中—泉塘小区三期—人民东路口—紫东苑—梨江中学—蓝思科技（榘梨厂区）—北汽福田—八寺曹门—城市花园—福中路口—秋江西路口—磁浮榘梨站—中轴大道口—桂花大道口—花园路口—北溪路口—黄江公路口—打卦岭路口—海吉星招呼站—海吉星市场（东十一路）。

下行：海吉星市场（东十一路）—海吉星招呼站—打卦岭路口—黄江公路口—北溪路口—花园路口—桂花大道口—中轴大道口—磁浮榘梨站—秋江西路口—福中路口—城市花园 - 八寺曹门—北汽福田—蓝思科技（榘梨厂区）—梨江中学—紫东苑—人民东路口—泉塘小区三期—县一中—爵士湘—康桥长郡—漓湘路口—德普企业公元—城东招呼站—松雅招呼站—金鹰小学—政务中心—东三路口—东五路口—松雅湖中学—东二路口—东一路公交首末站。

★ XT16 路（浔龙河—花山）

经营企业：通畅巴士

投诉热线：84088681

营运时间：夏季 6∶30—18∶30，冬季 6∶30—18∶00

线路走向：浔龙河—黄兴大道—X027（瞿麻线）—S207—花山

停靠站点：浔龙河、陶家冲（新增）、万年桥（新增）、香坡（新增）、仰山殿（新增）、毛坡、红花村西（改为红花坳）、油库（新增）、红花村委、红花村东（改为荷家坪）、和通超市（新增）、果园汽车站、果园医院（新增）、月形山路口、果园中学（新增）、徐家坳、大河车身厂招呼站（新增）、田汉路口（新增）、木瓜塘、果福车业、古井桥（新增）、过路坡（新增）、大茶坡、敬老院（新增）、朱家塅（改为瞿家塅）、高塘、花山。

★ XT17 路（路口—蒲塘）

经营企业：通畅巴士

投诉热线：84088681

营运时间：夏季 6∶00—18∶00，冬季 6∶30—18∶00

停靠站点：路口公交站、大山冲、石门坎、合兴桥、螺岭桥、老屋子、石塘口、高桥镇西、菖马路口、高桥镇、高桥镇东、茶叶研究所、涧山、水果山、沙田村、县九中、沙田一村、金龙铸造厂、金龙大酒店、金井镇西、金茶路口、金井镇政府、国土所、金井镇东、夏家冲、桃花源、民主村、白马田、岳家源、星驰实业、观佳村部、敬老院、农全小学、农全村部、土地湾、大山坡、窑坡上、曹家坡、蒲塘商店、刘公冲、蒲塘村部、常家冲、团冲源、长平交界处。

★ XT18 路（榘梨—江背）

经营企业：通畅巴士

投诉热线：84088681

营运时间：夏季 6∶30—18∶30，冬季 6∶30—18∶00

线路走向：榘梨—梨江大道—X056（八清公路）—X033—S103—江背

停靠站点：江背中学、江背集镇、江背桥（新增）、江背小学（西）、毛岭冲、阳雀路口、抄冲路口、梅花客车厂（新增）、菖蒲湾（西）、株桥东、株桥西（新增）、万征车架厂（新增）、梅花汽车厂、同心实业宿舍、同心实业总公司、梅花中学、八仙路口、杉园背、蒋家垅（需靠西设点）、联丰路口（西）、双杏商店、金三角批发部、鱼塘村、黄林桥西、沈家铺子、凤凰路口、高岸子东、高岸子西、大岭、大岭东、大岭西、百祥安置小区、大众103总站、上汽大众正门、弘广物流、上汽大众北门、保家东、保家西、博能科技、汇丰家俬、黎江大道口、八寺槽门、县七中（新增）、水厂（新增）、榔梨街道（新增）。

★ XT19路（开慧—米山桥）

经营企业：星沙公交

投诉电话：84012811

发车时间：6:00—18:00

线路走向：开慧纪念馆、骄杨西路、X053、福金路、米山桥村

停靠站点：开慧纪念馆、板仓路、瓦铺里、开慧通用机场、尧傍上、风行山、樟树坝、毛家坳、联盟、门井屋里、老铺里、朱铺里、楼口里、西冲学校、石板上、陈家大屋、春华坝、呆子园、福字桥、福临中学、双胜桥、福临客运站、福临农贸市场、新屋里桥、沧浪桥、烟家冲、高山塅、石坝上、罗家桥、君子桥、梁家塅、米山桥、米山幼儿园、东八路口。

★ XT20路（五美—榔梨）

经营企业：通畅巴士

投诉热线：84088681

营运时间：6:30—20:00

线路走向：榔梨街道—东升路—黄兴大道—梨江大道—成功路—X034—五美

停靠站点：五美街南、五美集镇、五美街北、好布岭、武源建材、福田村部、杨置沙场（无线路站牌）、田心桥、梅花集镇、梅花社区、上贯冲（无线路站牌）、锦绣江南农庄、七桥村、洞井路口、石塘冲水库、斗塘新村、长安村、暮石路口、廖家垅（无线路站牌）、、干杉中学、夏家大屋、干杉镇政府、卓越电子、交通职院路口、干杉车身厂、石弓湾、戒毒所、长沙特警训练基地、看守所、秋江路口、福星路口、博能科技、汇丰家俬、福中路口、黄兴大道口、县七中、水厂、榔梨街道。

★ XT22路（东一路公交站—金塘）

经营企业：通畅巴士

投诉热线：84088681

营运时间：6:30—20:00

线路走向：

上行：东一路公交首末站、东二路口、国泰九龙湾、望仙路口、棠坡路口、开元路口、三一重工、广汽三菱、星城国际、东城名苑、方略潇邦、康桥长郡（北）、警校北门、包装厂（东十路口）、湖南质检（未报站无站牌设施）、丰源迪美、湘丰装备、远大路口、合心路口、观山村、地税三分局、黄花新街（未报站）、县六中（未报站）、黄花集镇、黄花派出所（未报站）、空港国际新城（小塘安置区）、黄垅、黄花工业园、机场口、机场口（东）、金甲村、茶铺子（金甲村和茶铺子站点位置要交换）、金凤路口、石塘铺、沙场、金塘。

下行：金塘、沙场、石塘铺、金凤路口、茶铺子、金甲村、机场口（东）、机场口、黄花工业园、黄垅、空港国际新城（小塘安置区）、黄花老街、黄花派出所（未报站）、黄花集镇、县六中、黄花新街、地税三分局、观山村、合心路口、远大路口、湘丰装备、丰源迪美、湖南质检、包装厂、警校北门、康桥长郡（北）、方略潇邦、东城名苑、星城国际、广汽三菱、三一重工、开元路口、棠坡路口、望仙路口、翡翠华庭（西）、国泰九龙湾、东二路口、东一路公交首末站。

★ XT24路（座寺岭—五美—江背）

经营企业：通畅巴士

投诉热线：84088681

营运时间：6:30—20:00

线路走向：座寺岭—X031—五美—X034—江背

停靠站点：

上行：座寺岭、、司古、金潭、石岭（新增）、金洲村、双庆桥、吴家大屋、湘阴小学、湘阴港油坊、湘阴港、湘阴港村、肖家托、五美、烂泥塘、伏水桥、东茅塅、八角亭（新增）、印山村杨四庙（新增）、福冲、河田白石建材、江背中学。

下行：江背中学、河田白石建材、福冲、杨四庙（新增）、印山村、八角亭、东茅塅、伏水桥、烂屋子、五美、肖家托、湘阴港村、湘阴港、湘阴港油坊、湘阴小学、吴家大屋、双庆桥、金洲村、石岭（新增）、金潭、司古、座寺岭。

★ XT26路（东升路首末站——新公安局）

经营企业：星沙公交

投诉热线：84012811

营运时间：7:00—19:00

线路走向：东升路首末站、特立路、板仓路、望仙路、新公安局

停靠站点：东升路首末站、县卫生局、县法院、县政府、国税局、金海岸、东一路口、东二路口、松雅湖中学、东三路口、东四路口、政务中心、金鹰小学、东七路口、新公安局。

★ XT28 路（安沙—浔龙河）

经营企业：星沙公交

发车时间：6:00—18:00

线路走向：安沙、安沙中路、安黄公路、X028、浔龙河

停靠站点：浔龙河、谭山咀、黄桥村、红星湾、圆明殿、陆公地、双王村、鼎功桥村部、鼎功幼儿园、鼎功桥、鸭婆桥、农贸市场、安汨园、石牛山、钦澳苗木合作社、桂花塘、万佳利超市、长沙县中医院、安沙镇政府。

★ XT30 路（星沙东一路站—黄花综合保税区）

经营企业：龙骧巴士一公司

投诉热线：86800768

营运时间：6:00—19:30

线路走向：从星沙东一路站始发，经特立路、东四路、远大路、东六路、人民路、黄金大道（S207）、大元路、临空南路至保税区综合大楼。

停靠站点：

上行：东一路站、东二路口、国泰九龙湾、望仙路口、棠坡路口、凉塘路口、三一重工、广汽三菱、泉塘街道办事处、湖南水利水电学院、泉塘市场、砖厂、中联重科、映霞路口、红光村、东六路口（东）、黄兴大道路口、海关、中轴路口、东十一路口、东十二路口、长湘路口、蓝田大道口、合心村、联通阅读基地（原为龙峰大道口）、快速路入口、黄金大道口、黄花综合保税区、临空南路口、临空壹号、黄花机场。

下行：黄花机场、临空壹号、临空南路口、黄花综合保税区、快速路入口、联通阅读基地、龙峰大道口、合心村、蓝田大道口、长湘路口、东十二路口、东十一路口、中轴路口、海关、黄兴大道路口、东六路口（东）、红光村、映霞路口、中联重科、砖厂、泉塘市场、湖南水利水电学院、泉塘街道办事处、广汽三菱、三一重工、凉塘路口、棠坡路口、望仙路口、国泰九龙湾、东二路口、东一路站。

注：绿色为新做独立式站牌，共计 8 个。

第四部分 定制公交

★园区区间穿梭巴士 A 线（中国铁建—丁家岭首末站）

经营企业：通畅巴士

投诉热线：84088681

营运时间：6:30—19:00，7:00—9:00、16:30—18:30 高峰期发车间隔 10 分钟，其余为平峰期发车间隔 15 分钟。

线路走向：从中国铁建（809 公交首末站）出发，经东六路、（左转）漓湘路、（左转）黄兴大道、（右转）螺丝塘路、（右转）东十路至丁家岭首末站，线路全长 7.5 千米。

停靠站点：

上行：中国铁建 809 路首末站、螺丝塘路口、星城国际东、东城名苑、方略潇邦、康桥长郡、黄兴大道漓湘路口、德普企业公元、国通快递、长沙牧泰莱、众泰汽车、丁家岭安置区、丁家岭公交首末站。

下行：丁家岭首末站、丁家岭安置区、众泰汽车、长沙牧泰莱、国通快递、德普企业公元、黄兴大道漓湘路口、康桥长郡、方略潇邦、东城名苑、星城国际东、螺丝塘路口、中国铁建 809 路首末站。

票价： 二元。

★园区区间穿梭巴士 B 线（丁家岭首末站——中国铁建）

经营企业：通畅巴士

投诉热线：84088681

营运时间：6:30—19:00，7:00—9:00、16:30—18:30 高峰期发车间隔 10 分钟，其余为平峰期发车间隔 15 分钟。

线路走向：从丁家岭公交首末站出发，经东十路、（右转）映霞路、（右转）东六路、（左转）盼盼路、（右转）东四路、（右转）漓湘路、（左转）东六路至中国铁建（809 路首末站），线路全长 9 千米。

停靠站点

上行：丁家岭公交首末站、廖家祠堂水厂、广汽菲克、东十路映霞路口、广汽菲亚特、中部智谷、映霞路公交基地、中联重科南、中联重科、星沙医院泉塘分院、泉塘安置小区、电力职院、创业乐园、星城国际、星城国际（东）、螺丝塘路口、中国铁建（809 公交首末站。

下行：中国铁建 809 首末站、螺丝塘路口、星城国际东、星城国际、镁镁科技、电力职院、泉塘安置区、星沙医院泉

塘分院、中联重科、中联重科南、映霞路公交基地、中部智谷、广汽菲亚特、东十路映霞路口、广汽菲克、廖家祠堂水厂、丁家岭首末站。

车辆配置：新能源公交车 6 台。

票价：二元。

★园区区间穿梭巴士 C 线（山河工业城——松雅小区）

经营企业：通畅巴士

投诉热线：84088681

营运时间：6:30—19:00，7:00—9:00、16:30—18:30 高峰期发车间隔 10 分钟，其余为平峰期发车间隔 15 分钟。

线路走向：从山河工业园出发，经凉塘东路、（右转）蓝田北路、（左转）开元东路、（左转）东六路至松雅小区，线路全长 8.5 千米。

停靠站点：

上行：山河工业城、湖南南洋电器有限公司、英利汽车部件有限公司、住友橡胶、蓝田北路、云箭集团、幸福家园、长龙村、茶塘村、陈家坪、龙塘、星湖湾、城东小区招呼站、金鹰小学、松雅小区、松雅小区 102 公交首末站

下行：松雅小区 102 首末站、松雅小区、金鹰小学、城东小区招呼站、东七路口、东八路口、龙塘、陈家坪、茶塘村、长龙村、幸福家园、蓝田北路、住友橡胶、英利汽车部件有限公司、湖南南洋电器有限公司、山河工业城。

车辆配置：6 台。

票价：二元。

★经开区穿梭巴士 D 线（榔梨公租房小区至华湘安置区）

经营企业：通畅巴士

投诉热线：84088681

线路走向：从榔梨公租小区出发，经东十路、（右转）大元路、（左转）东十一路、（左转）枫树路、（右转）远大路、（左转）东十一路、（右转）漓湘路至华湘安置区，线路全长 7 千米。

停靠站点：

上行：榔梨蓝思科技、公租房小区公交基地、中国铁建、夏工、东十一路人民路口、吉美科技、旺德府工业园、融城物流、远大路口、丁家岭站、物丰机械、丰源迪美、湘丰装备、华湘安置区公交基地。

下行：华湘安置区公交基地、湘丰装备、丰源迪美、物丰机械、丁家岭站、远大路口、融城物流、旺德府工业园、吉美科技、东一路人民路口、夏工、中国铁建、公租房小区公交站、榔梨蓝思科技。

营运时间：6:30—19:00，7:00—9:00、16:30—18:30 高峰期发车间隔 10 分钟，其余为平峰期发车间隔 15 分钟。

车辆配置：拟配置新能源公交车 5 台。

票价：二元。

★定制公交（长丰星城—广汽三菱）

经营企业：星沙公交

投诉热线：84012811

营运时间：广汽三菱 6:45、14:50、16:20、17:30，长丰星城 6:25、7:35、15:20、17:00

线路走向：漓湘路—东四路—开元路—星沙大道—特立路

停靠站点：广汽三菱、易初莲花、长丰星城

★开慧快速公交线

经营企业：星沙公交

投诉热线：84012811

营运时间：开源鑫城 8:00-14:00 杨开慧纪念馆 10:00-17:10（开慧至开源鑫城 7/8/9 月末班为 17:40，其他月份为 17:10）

线路走向：开源鑫城—杨开慧纪念馆

线路站点：京港澳高速直达

★开慧内循环线

经营企业：星沙公交

投诉热线：84012811

营运时间：8:00-17:00

线路走向：杨开慧纪念馆—杨开慧纪念馆（双向对开）

线路站点：杨开慧纪念馆、板仓站、安公坝、桃花岛、花园榜、开明村部、陆沙榜、集中居住地、缪伯英故居 -、咀上屋、飘峰村部、缪家桥、露营基地、黄花水库、飘峰古塔、友谊路口、酒铺里、六棵松、毛公塅、南门桥、新屋里、新垅、永红桥、大垅源、开慧中心小学、竹山粮库、竹山铺、大友桥、斯洛特小镇、开慧中心幼儿园、开慧医院、汉硕培训基地、水管站、开慧小学、开慧纪念馆。

（责任编辑 周进银）

索 引

说 明：

1. 本索引采用分析索引方法，按索引词首字汉语拼音音序排列，首字音序相同者，按第二字音序排列，依此类推。

2. 类目、分目、副分目标题以及人名作索引词的均用黑体字标明。

3. 索引词后的阿拉伯数字表示内容所在页码，拉丁字母 a、b、c 分别表示左、中、右栏（仅有左、右两栏时则分别以 a 、b 表示）；索引词后括注“图”“表”字样的为图或表。

4. “特载”“专文”“大事记”“统计资料”“综录”中部分内容未作索引。

A

B

C

M

N

P

Q

R

（责任编辑 张 娜）